松心窝

江西省历史学会◎编

江西教育出版社
JIANGXI EDUCATION PUBLISHING HOUSE
·南昌·

赣版权登字-02-2024-372

图书在版编目（CIP）数据

北面斋集 / 江西省历史学会编. —— 南昌：江西教育出版社，2024.12. —— ISBN 978-7-5705-4351-9

Ⅰ. K207-53

中国国家版本馆CIP数据核字第2024NJ9848号

北面斋集
BEIMIAN ZHAI JI

江西省历史学会　编

江西教育出版社出版

（南昌市学府大道299号　邮编：330038）

各地新华书店经销

江西千叶彩印有限公司印刷

787毫米×1092毫米　　16开本　　38.25印张　　661千字

2024年12月第1版　　2024年12月第1次印刷

ISBN 978-7-5705-4351-9

定价：190.00元

赣教版图书如有印装质量问题，请向我社调换　电话：0791-86710427

总编室电话：0791-86705643　　　　编辑部电话：0791-86706170

投稿邮箱：JXJYCBS@163.com　　网址：http://www.jxeph.com

鹤势骞飞远耐看^①

——姚公骞先生治学试述

邵 鸿

在诸多授业老师中，姚公骞先生是很特殊、也令我特别难以忘怀的一位。多年来一直想写一点纪念文字，却迟迟未能下笔，因为总觉得还不能真正理解和写出先生的境界风范和治学成就，就好像游赏领略了一处奇佳山水，觉得好是一回事，真要把好处说透彻却不容易。时光飞逝，先生辞世已二十四载，今年更是先生百年诞辰，江西有关方面正在筹备纪念活动，并将整理出版先生文集和书法集。自觉不能再拖延了，谨写此文，以为缅怀。

奇才卓识 文采风流

1978 年 3 月进入江西师范学院历史系不久，就听系里老师盛称"姚公"——姚公骞先生是个"才子"。在深受著名历史学家谷霁光先生影响的历史系，师长多是端肃严谨、恪守分界的学人，但自从听了一次姚公关于中国古代历史分期问题的讲座之后，这位学历仅为大学一年肄业的先生就给大家留下了才气过人、不同凡响的深刻印象。随着时间推移，我们越来越多地感受到他的独特魅力。

---

① 本文发表在江西省政府文史研究馆编《江西文史》第 27 辑。

姚公聪颖异常，学问广博。现在互联网上对他有如此介绍："承继家学，文史兼通，好诗词、工书法，涉猎禅机佛理。"这一评价出自胡迎建先生《中华诗词文库·江西诗词卷》，是对姚公治学范围和特色比较恰切的概括。说"比较"，是因为至少姚公对戏曲、篆刻等也是素有研究的，这里并未提到。龚自珍诗云"从来才大人，面目不专一"（《题王子梅盗诗图》），姚公是也。

姚公最大的特点，即他是文史并治的通人，而非拘守一域的专家。他既邃于中国历史，又谙熟古典文学，长于辞赋文章。历史系老师中，这是他特有的光芒。姚公在课堂上曾说自己的治学经历，是由经学、文学而史学。他早年和兄长姚一苇（本名公伟，著名文学家、戏剧家）在父亲姚敏（字钝剑）先生指导下熟读古代经史诸子和古文诗词，打下了扎实的中国古典学的基础。青年时期醉心古代文学，大学报考厦门大学中文系，而且留下了一个广为人知的掌故：他因一篇骈文为郑朝宗先生激赏而被破格录取。虽然最终转向史学，但用他的话说，仍是"课余暇日，喜治中国古典文学，兴趣广泛，不宗一家"。他晚年自认学术归宿是中国文化史，在我看来，这实际上也是文史融合之学在当代历史学科中最适合的定位和归类。

姚公学问大，文章也极漂亮。骈文是中国传统文化和文章学的经典形式，他那篇敲开大学之门的骈文今已无可寻觅，但从新中国成立后他为数不多的骈文之作如《〈惜余诗草〉序》《〈竹村韵语〉序》《为〈江西诗词〉季刊募集发展基金启》等来看，清华畅切而不浮靡空洞，展现了其深湛的古代文学功底和才华。姚公之文，文白相间，气韵生动，即使是学术论文，也引经据典却又流贯精粹，饶有风致，后学很难学摹。他70岁时所写《北面斋茶话》，更是少有的学术散文佳品。近年读到黄永玉先生的文学自传，忆及抗战时期好友，促成他和梅溪先生婚礼的"作家"姚公骞（时任赣州《干报》副刊编辑），自然不是误记。

姚公是诗词联语大家。其诗情盛，诗才敏捷。一位老同学回忆：当年鄱阳中学高中毕业，他仅用两三小时，为30多位同班同学各写一首格律诗赠别，且内容贴切，绝不雷同。姚公诗作，朗豁蕴藉，沉郁恢奇，诗格多样，每有真切不俗之句。因本文多有引叙，这里且举一首《秦兵马俑》：

> 一闭辒辌二世休，空留土偶护灵丘。
>
> 长平赵卒坑中骨，易水燕歌剑下头。
>
> 应省崇陵同蚁穴，讵知大泽有狐篝。
>
> 朔风落叶咸阳道，雾掩前村未尽收。

劲直苍凉，感怅深沉，方之前贤咏史诗，似可无愧。他曾被推为江西省诗词学会会长，可见其在省内旧体诗界的地位。姚公的联语亦为人称道，典型如为汤显祖纪念馆、王安石纪念馆和白鹿洞书院所题诸联（前者与著名戏剧家表兄石凌鹤合撰，系当时中国第二长联），不独文辞精到，而且意指深刻，启人长思，脍炙人口，享有盛誉。我个人尤喜王安石纪念馆联：

> 天变不足畏，祖宗不足法，人言不足恤，自古英雄钦卓识；
>
> 道德可以师，学问可以传，文章可以诵，至今乡里仰遗风。

工稳精当，数语尽显荆公高标风范和历史地位。有人议论姚公是搞"诗词歌赋"的，其实颇符姚公的诗家本色。

姚公书法造诣很深，出入二王欧褚之间，又多一分雄健潇洒，有自家面目。他有一句诗并刻成闲章："不师赵董师黄庭"，并多次以此提示我们学字与治学都要取法乎上。又有论书诗云："平生眼拙艰真赏"，亦见胸次之高。当代著名书家张海、叶培贵等先生对姚公书作给予很高评价，许为大家手笔。而且他多书本人诗作联语，字辞双美，为一般书家所难及。平时求字者众，他几乎有求必应，也从不取费。周銮书老师说他"屏幅匾联，绣被赣乡"，洵非夸张。这里顺便讲一件我亲历之事：20世纪80年代庐山白鹿洞书院重修，有关方面通过我转请姚公题写楹联，他慨然应允，新创和重书楹联多幅，为之增色，而他依旧是倒贴纸墨，未收一分润笔。

这样一位才子老师，上课自然精彩动人。讲台上，姚公通常只有一纸提纲，但内容丰赡，胜义纷呈，庄谐并出，妙语连珠，于听者实在是难得的享受。感忆尤深的，是他善于以诗讲史。如他谈治学，强调"转益多师是汝师""尝试成功自古无"；论唐代官学衰落，引"广文先生官独冷""广文先生饭不足"；形容宋代士大夫，诵

"临川先生天下士，古貌古心成古癖"；讲述宋时民间文艺，吟"斜阳古柳赵家庄，负鼓盲翁正作场"；痛诋明清儒者泥首科举、不学无术，他背起了徐灵胎的《洄溪道情·时文叹》：

> 读书人，最不济，烂时文，烂如泥。国家本为求才计，谁知道，变做了欺人技。三句承题，两句破题，摆尾摇头，便道是圣门高弟。可知道"三通""四史"是何等文章？汉祖、唐宗是那一朝皇帝？案头放高头讲章，店里买新科利器：读得来肩背高低，口角嘘唏，甘蔗渣儿嚼了又嚼，何滋味？辜负光阴，白白昏迷一世。就叫他骗得高官，也是百姓朝廷的晦气。

此时先生手夹香烟，目眯头摇，声如朗磬，座中学子意驰神往，陶醉其中，这一场景终生难忘！

姚公的乐观开朗、风趣可亲也是少有的。记忆中，先生从来都是笑眯眯的，极罕严词厉色。他常臧否人物，喜欢用"嗦拉西"（南昌话"差劲"）、"压压乌"（江浙话"不咋地"）、"狗屁不通""一塌糊涂、糊涂一塌"等评价揶揄，闻者皆噱。"文化大革命"中一家人被贬住澡堂，他遂自号"藻（澡）堂"，说将来出文集，就叫《藻堂文集》，还专门请人刻了数方闲章。他的诗词联语，也每有幽默之作，如金婚日写给老伴汪老师的《天天曲》：

> 五十年来两傻瓜，天天和水捏泥巴。揉干先塑吾将汝，捣烂重雕你与咱。珍重糟糠心贝肉，安排酒菜饭烟茶。如今寸步须依倚，片刻离开即怨嗟。
> 并蒂终生不谢花，耐寒耐热耐风沙。朝参般若波罗蜜，晚趁维吾达板车。情话番番炒豌豆，骂声切切拢琵琶。儿孙堂上尊翁媪，不怕旁人笑肉麻。

幽默戏谑，颇似启功先生。因此，学生在他面前是比较随便的。叩访姚公可以不约而至，入室不必正襟危坐，尽可放言高论，无所拘忌。听姚公谈天说地，不仅有趣，还能受到学术熏陶，知晓许多学林掌故逸事，令人不觉暑移。最近看到姚公若干旧札，向老友感叹访客太多，接待耗时，可我们从来所感受到的，只有其乐融融的师弟之欢。此际想起这些，更能体会到先生的好啊。

如果用一句话来形容这位才子老师，我想胡迎建先生挽联中"奇才卓识，文采风流"八字，可谓的评。吴宓先生曾说理想的中国文人标准是博学能文、工书善画，钱仲联先生认为好的文史学者需能骈文、善辞赋且自成一家，以此论，姚公自是够格的。陈平原先生感慨当今之世有诗意、有境界的学者越来越少，我想姚公正是一位有诗意、有境界的学者。"才大不惭师号美"（宋陈克《送僧归天宁万年禅院》），多年后回头看，我深感在姚公身上，我们更能够感受才士良师的风雅格局，领略品味中国历史文化的大趣异彩，体会大学之所以美好和应然。有师如此，又岂非一种幸运？能不尊重敬爱？

人称杂家是知言

姚公治学兴趣广泛，跨越文史，因而以"杂家"知名。然而当年这顶帽子实有褒、贬二意：是之者誉其博洽通贯，非之者讽其驳杂不专。要认识和评价姚公的学术成就，此实为关键。

首先要说的是，姚公自己对此的看法似乎是矛盾的。

1986 年姚公在江西师范大学历史系讲授中国文化史略义，我有幸回校旁听，笔记至今尚存。他在回顾自己的学术进路时说：

> 三十岁左右，治学仍杂乱无章，自评为"心多杂念，学无常师"；五十以后，"心多杂念归一念，学无常师尽是师"。治学向中国文化史上明确，但很长时间不敢在人前显露一言，依然以杂家面目出现。

这里，一方面，姚公表明个人治学在 20 世纪 70 年代中期有重要转变，那以后他已自认是文化史家而非"杂家"；但另一方面，他并没有改变文史兼治、兴趣广泛的风格，"依然以杂家面目出现"。

我们也多次听姚公声明自己就是杂家。一次上课，他专门对"杂家"做了一番考论。他先举《庄子·天下》"九杂天下之川"，认为"杂"当训"治"；复引《汉书·艺文志·诸子略》："兼儒、墨，合名、法，知国体之有此，见王治之无不贯，此其所长也。"故"杂家"实为"治家"。此论见解独到,很有价值。以"治"训"杂"不见旧诂,但按之《天下》,文意确实可通。更重要的是,姚公实际上指出古代杂家绝非杂集众说之思想拼盘,而是试图整合集成诸子学说,为封建国家治理提供有效指导的理论体系,因而是秦汉"大一统"意识形态的一种先声和努力。他又说本人近撰一联:"天下之川九杂,胸次不名一家。"此联巧妙嵌入"杂家"二字,自诩显而易见。后来他还有一联,我已记忆不全,大概是:"喝茶不失觉,抽烟不咳嗽,饮酒不胡闹,□□□□□□□;读经能知道,研史能得要,临文能识妙,人称杂家是知言。"末句"人称杂家是知言"我印象极深。他还有一方闲章,文曰"杂文史涵雅俗",表现了同样意趣。

然而从姚公的讲述和以上二联又可清晰感到,先生自认"杂家",满含着对个人治学得不到恰当评价的不满和反讽。以杂学不专视姚公绝非"知言",是他完全不能接受的。他对"杂家"即"治家"的强调,也无非想表明他这个"杂家"绝非泛泛,而是有内在学术理路和高远追求的。他有一首论学绝句,并曾写赠包括笔者在内的多人:"不着僧家百衲衣,墙间宁忍腹中饥(或作耻食祭余归);多师转益开生面,自理(或作抚)琴弦定一徵。"体现的也正是这样一种学术抱负和自信。

姚公对"杂家"的这种矛盾纠结,何以致之?

近代中国在西方学术体制影响下,传统学术文史哲不分的特征被改变。史学不仅与文学、哲学、艺术分离,余下部分也被划为各种专门史、断代史、区域史等,形成严格分工和区隔。史学研究与教育日趋精细,教师多属分科而治的专家,教导要求学生的通常也是选定专业、深耕细作。这一转变有个过程,如陈平原所论,晚清及五四时代读书人,与此前根柢六经的传统儒生和此后术业专精的学者都不同,视野开阔,博采旁收,是"杂学的一代"。来新夏先生说,陈垣、余嘉锡、张星烺等老一辈学人给予他的教导是文史并重的,"求杂胜于求纯",足见这一代学人的治学教人的博通特色。

分科体制有其推动史学发展的积极意义,但随着这一体制的全面支配,道术为裂,接续传统、融通文史的学者与主流学术范式日益扞格。结果"杂学"和"通人"学者日渐稀少,也严重制约了对社会历史丰富、整体和会通性认识。当代史学界多匠师而少大师,此为重要原因。因此打破学科界限,整合学术向整体和贯通发展,乃现代史学乃至人文社会科学最重要的进路之一。故而无论史学研究还是人才培养，"杂家"都是非常珍贵和不可缺少的。同样以"杂家"名世的吴小如先生有言：在今日学术领域中，专家固不可少，"杂家"似乎也还需要。我以为不是似乎需要，而是十分必要。

回到姚公，他虽然晚出"杂学一代"数十年，却是其殿后者之一。个人天赋、家学传统和独特志趣，共同塑造了"杂家"姚公。在他那里，真正是"文史（哲）不分家"的，诗词歌赋、书画戏曲、宗教文化等回归，义理、考据、辞章之学兼具，历史更为广阔丰富和生动多彩。虽然文化史给了姚公一定程度文史兼治的学科合法性，但并没有改变他的基本治学方法和场域，因而他不能不仍然是"杂家"。他对"杂家"的矛盾态度，正是作为超越文史学科分界的"通人"学者，在分科体制下个人治学难以被安顿认可的必然结果。

然而姚公正是以其"杂"，使我们这些刚走出"文化大革命"，处于文化断层之后的学子，得以一睹"杂学"一代的风采，接触文史贯通的文脉，有所弥补中国古典学的短板。我以为，这是姚公的最大价值和贡献所在。多年来每每看到名流学者不谙古典而露怯遇窘，我总不禁会想，那是因为太缺少姚公这样的老师啊。

如果将姚公视为一个旧式文史学人，那也是失当的。作为文化史家，姚公具有大视野、求贯通的治学特点。他讲中国文化史，特别重视中国历史分期、土地和地租制度、宗族与社会结构、宗教与社会意识形态等问题，而且都有比较综贯的思考，以此来统领具体文化事象的认识阐释。因此，他的文化史既有丰富的文化内容，又有整体性的追求把握，可归于社会文化史而与一般文化史有所区别。

姚公自陈，"真正好的方法论，还是马克思主义"。他对上述宏观文化问题的关注探讨，显然是学习运用马克思主义的结果。这在姚公的多篇文章特别是《试谈古史分期的几个问题》《先秦经籍中几个有关阶级结构的史料斟疑》等文中有突出体现。又如《〈松雪斋集〉校记》在论述赵孟頫文学艺术成就的同时，还揭示了他关于元代钞法的可贵见解。文章用大量笔墨阐述货币学原理，足见其对马克思货币思想的深刻把握，因而能发他人之所未见。当年史学界有一个说法，在历史分期问题上主魏晋说的，多是马克思主义理论功底较好的学者，验之姚公，似非偶然。对马克思主义理论的深入学习和运用，使姚公和传统的文史通人有所不同又具超逾之处。

姚公一生没有个人专著，正式的学术论文拢共也不到 20 篇。不要说和现今学人动辄著书以十计、论文以百计相去甚远，即与多数同辈相比也显得太少。但姚公的论文多精品，如《论东汉和西域的"三绝三通"——兼论班超的一家》《江西人和南北曲》《匡庐之得名与慧远〈庐山记〉辨》《〈松雪斋集〉校记》《王安石的知变与司马光的守常》《东乡发现的王安石家书辨伪》等，都是见解独到、学术价值较高的佳构。然而他不能以专著和论文尽展其学识才华，实在令人遗憾。但 20 世纪 80 年代以来，姚公写了数十篇序跋、杂著文字，展现了他多方面的学术见解，十分可贵。古人讲"序者，叙典籍之所以作"，姚公则更多将序跋等当作学术讨论来写。要真正了解、评价姚公的学术成就和地位，不能不特别关注他的序跋、杂著，以惯常的专著、论文标准，不足以论姚公之学。试举数例。

《〈江西古代书院研究〉序》。此序精要概述了中国书院发展历史，提出书院之兴起，实为中国古代教育两大传统——师法与家学相结合的产物，又与中古儒家哲学化发展和佛教禅宗讲堂说法相关联，有其内在必然性。

《〈王安石教育思想研究〉序》。他在序中指出，研究中国古代教育要以私学为主，官学只能摆在附庸地位。在官学体系中谈不上教育家和教育思想，王安石的教育改革却是例外：其政治目的非常鲜明，是全面变法的重要组成部分，有许多闪光的思想内容。又指出王安石教育改革失败的重要原因之一在于科举制本身，其统一的评卷和录取标准，必然走向舍内容而取形式并且越来越死，最终形成八股取士。

为曹国庆《严嵩与明代政治》所书序。这是一篇 1.2 万字的长文，着重讨论了明代内阁制度的深刻内在矛盾，以及嘉靖朝"斋醮政治"的特点及后果，认为明后期是没有政治和政治家的时代，严嵩是高度集权的封建专制主义特定时代、特定政治的产物。

为胡迎建《近代江西诗话》《江西古文精华丛书·诗词卷》两书所作序。这两序可视为姊妹篇。前者着重揭示了宋代江西诗派与江右禅风的内在关系，客观评价了江西诗派的实质与历史影响。姚公向来对江西诗派评价不高，批评其"缒幽凿险掉书袋"，在序言进而论述："山谷可贵，而江西诗派不足贵；江西之诗人以有自家面目者为可贵，而一味规摹前人，不识自身之在何时何地者，为不足贵。杨万里、姜白石、汤若士、蒋心余、陈散原辈百世以下皆可贵，其所可贵者，不外有其自家面目尔。境界阔，功力深，面目显，则其所为诗必有可存可传者；境界窄，功力薄，面目失，则一描红仿真之具耳。"后文提要钩玄，叙述江西在中国古代诗词史上的突出成就和地位，弥补了前文仅及于江西诗的缺憾。两序和《江西人和南北曲》，是先生关于江西文学戏曲史研究的代表作。

《北面斋茶话》。这是先生晚年关于茶文化的一组学术随笔。其考述了唐五代茶风与禅风的关系，发覆"吃茶去"这一禅林典故的历史底蕴，又勾勒出中国古代饮料的基本情形和变迁。可惜这组随笔只写出5篇，即因其身体原因未能继续。

《老学杂咏》。此为姚公1998年所作论学诗，前有长序，合计近600字。其要旨，以为中国古代学术大势，由汉学通经，宋明理学穷理明心，再到乾嘉考据学识字考辨，治学态度、方法逐渐趋近于理性和科学，这是中华文化精神元气和宝贵遗产。今人治学需继承此真精神，但必须跳出古人"肆力发挥圣人之言"的根本局限，避免文化"祖先崇拜"，"循此力探寻，庶几达彼岸"。此诗及序实际上是一篇精彩的学术短论，很值得注意。

限于篇幅，这里不多引述。我非常同意刘良群同学的评价：姚公之文"识见精辟，多言人所未言，成一家之言"。他的序跋、杂著当然包括在内，而且所涉问题范围远超论文，文字也更为简明精粹，给人以才情横溢、琢玉功深的学术美感。可以说，姚公是以短篇杂著为特色的学者，其所展现的关于中国古典文化的深厚底蕴和卓识洞见，使他在现代学林自应有一席之地。

姚公多杂著主客观原因都有。客观上，姚公家累特重，另外他学问宽广，在系里总被当作"机动兵"使用，教研任务屡次变更，制约了他的研究。后来他担任了行政职务，事务愈繁，更受影响。近年于网上购得数件先生20世纪七八十年代致友人信，都在陈述"开会多，看稿（包括师、生、朋友、刊物编辑及他人辗转托人送来的等）多，来聊天的多，终日忙于迎送"；"陪客、陪会、陪时间，一语可尽"，身不由己的无奈、苦恼充溢纸上。主观上，姚公对著述要求很高，他说有钱锺书、饶宗颐先生的书在，轻易著作恐贻笑大方。同时他看重教书育人，把培养人才放在个人著书立说之上，投入大量精力。此外也不能不承认，姚公性好交游热闹，又不善拒绝，这也让他很难摒除外预，集中精力研究和写作。

姚公晚年文字中，岁已迟暮、有志无成的怅然之情屡有表露。如《〈近代江西诗话〉序》"余尝欲尚论古今江西人之诗，岁月荏苒，今且老矣，事终不就"；《〈江西史稿〉序》"怀蓄此志，历有年所，而人事倥偬，岁月不居，今且老矣，卒于无成，徒增愧憾而已"。他感觉时日不多，想把所思考的东西讲出来，便多作简短散论的序跋文字，这既可弥补遗憾略布其学，也是很符合个人性情处境的写作方式。然则他的"杂家"桂冠，也就更加坐实了。也因此，现在辑集姚公之文，将断金碎玉汇聚成编，以彰显先生之学和便益后学，也就特别有必要和值得期待。

史志文博　江右老师

"文化大革命"十年，江西也以批判赣版"三家村"为先导。史学泰斗谷霁光先生被打成"黑店老板"，周銮书先生是"少老板"，当时还只是讲师的姚公荣膺"伙计"。近一个甲子前的这出荒诞剧无意中反映了一个事实，即姚公和谷老、銮书先生关系密切，以及他在江西史学界的突出地位。1981年，姚公离开江西师范学院，先后任江西大学历史系主任、江西省社科院副院长兼历史研究所所长，以及江西省社科院名誉院长、江西省社联副主席、省历史学会会长等职。多年来，他为江西历史文博事业的发展作出了不可替代的突出贡献。

作为学者，姚公致力于中国文化史，在江西历史文化研究方面建树最多。统观前文所举姚公学术成果，可以一目了然。作为江右史学的老前辈，他对江西地方史研究的宏观指导提点尤其值得珍视。多年来他一直强调：研究江西古代文化，必须具有宏观达识，综而理之，否则不免如断线风筝或一盘散珠。姚公着重拈出江西古代文化的一条主线，即从先民之信巫鬼，两汉儒术杂以神仙方士，魏晋之交的道教，再到唐代佛教禅宗，宋明陆王心学，远源近流，心貌异同，共同形成了古代江西思想文化颇具特色之处，治江西史者应特别予以留意（对此姚公有多文阐述，最完整的见《关于江西省史编研的几个问题》，载《江西社会科学》1993年第1期）。无论是研究方法还是具体认识，这一提示今天都仍具有重要指导意义。在占有丰富史料基础上，宏观上纵贯联系、以求会通，是姚公研究江西历史文化问题的基本方法和显著特色。他的有关文字，即使所述细微，也有大历史的观照和脉络贯串，足以示范导引后学。

姚公为江西地方志事业发展提供指导支持，其劳亦著。在全省层面，他担任江西省地方志编纂委员会副主任，积极参与省志组织领导工作，对新编省志的体例、纲目以及编纂方法等都提出了建设性意见。在地市层面，姚公担任了 30 多个市县单位的新志编修顾问，先后评审过 50 多个县市、4000 多万字的志稿。他在相关会议上多次作报告和讲话，写了不少指导文章，又为多部地方志写序，这些也是他学术成就的重要部分。在江西方志界，姚公是当之无愧的德高望重的导师和顾问。他和左行培、许怀林等先生一起，在辛勤指导各地地方志工作的同时，还培训了一批方志工作者，同样意义重大。

作为教师，姚公为江西历史文博教育作出了重大贡献。他曾经任教、执掌的江西师范学院和江西大学历史系，为江西乃至全国培养了众多史学人才，在江西史学教育史上具有重要地位。从全省史学事业大局出发，姚公对人才培养极为看重，他曾明确表示：当务之急不是考虑个人"功名"写专著，而是搞好科研梯队建设，愿以革命烈士献身精神为后人当好人梯，"尽快把青年人培养出来"。因此他不顾年事已高多开课程，帮助谷霁光先生指导中国古代史研究生，到江西各地讲学指导，不以为苦，乐在其中。他提携后学不遗余力，凡问学者都热情接待，从不拒绝。他耗费大量时间精力帮人看稿，写了那么多序跋文字，也正是提携后学的深心使然。学生有所成就，他欣然如己，为之鼓励扬誉。1996 年，拙著《商品经济与战国社会变迁》获得江西社会科学优秀成果一等奖。事后得知，当时还有一位知名前辈的大作参评，作为史学评审组组长的姚公从奖掖青年出发，最终给了我这份荣誉。

作为行政领导，姚公为江西文博事业的发展尽职尽责、倾注心力。20 世纪 80 年代以来，他积极协助时任江西省委宣传部副部长、江西省社科院院长和省社联主席的周銮书老师，推动开展了一系列文化建设工程。如江西十大名人纪念馆等重点博物馆、展览馆、纪念馆建设，《江西古文精华丛书》《江西省社会科学志》《江西诸子大全》等重要书籍和资料编撰，对"千古一村"——流坑村等重要历史文化遗址和古村落的调查、保护和合理开发利用，以及庐山世界自然与文化遗产和国家风景名胜区的申报和规划建设等方面，姚公都起到了特殊作用。姚公以他的过人才学履职尽责，成为江西人文社会科学界受人尊敬的一位领导者。

总之，20 世纪八九十年代江西历史文博事业的诸多成就，都离不开姚公的推动致力。他是江西史志文博战线真正意义上的一位"老师"。多年前我和赵明同学在叙述周銮书先生时曾经写道:"学术史和文化需要传承和积累。晚清以后,江西是一个学术和文化相对落后的地区,要想改变这种面貌,需要一代又一代人的努力。銮书老师以自己的努力,为我们留下了丰硕的成果。他和他这一辈学者,是尽到了一代人责任的,向着未来,为后来者铺垫了前进道路。"这段话用在姚公身上,也完全适用。后人书写现代江西,特别是改革开放以来的史学史和文化史,姚公骞是不可绕过、值得纪念的一个代表性人物。

要读懂和说清楚姚公的精彩,既需要深入了解,也要有足够的底蕴和识见。于我而言,青年从学的时候,远未能真正悉晓先生的境界佳处。随着阅历眼界增长,逐渐能够更深一些认识和理解他,也更加感念先生于我们的惠益。但此时,仍感拙笔还是不能充分写出他的高韵逸致和实际成就。不尽之意,我愿托之南宋诗人陈景沂游滕王阁所写诗句——"江城滕阁倚空寒,鹤势骞飞远耐看",此正可形容先生:人虽远去,然而光华不泯,愈见不凡,令人永久怀念。

2024 年 9 月 7 日写毕于北京

目录

第一编　论　文

第三编 杂 著

397

第四编　诗词联语

519

诗词

联语

后记

第一编

论文

论东汉和西域的"三绝三通"①
——兼论班超的一家

一

匈奴远在战国时就是北方的一个强悍的民族,它经常侵扰秦赵燕三国的北部边境。燕昭王、赵武灵王和秦昭王他们都曾经和匈奴打过仗,这三个国家还费了不少的气力,先后筑起长城来作为屏障。秦统一后,把这些长城连缀起来,号称万里长城。可见,抵御匈奴入侵的问题早在战国时就是一个相当严重的问题。到了秦代,曾于始皇三十二年(公元前215年)派将军蒙恬率大军三十万北伐匈奴,收回了河套地区,并把长城的修筑推进到黄河北岸,暂时地解决了一些问题。不久,秦帝国被农民战争摧垮了,接着爆发了楚汉之争,匈奴又趁当时北部边境防守薄弱的机会,再次越过长城,侵入河套地区。这时,匈奴已发展成为一个包括有许多部落的强大的奴隶制国家。西汉初年,承秦之弊和历时五年的楚汉相争,把社会经济搞得相当残破,加上国内还有"外托君臣之名,内有敌国之实"的异姓侯王,因此,经济上和政治上都亟待恢复和巩固。尤其是在高帝七年(公元前200年),当匈奴联络了叛王韩王信大举入侵,刘邦亲率三十万大军出击,被匈奴军四十万围于平城白登山达七日之久。冒了这样一次大危险以后,刘邦吓得不敢动了。在当时的形势下,他采纳了臣下娄敬的建议,向匈奴求和,高帝九年(公元前198年),双方订立了和亲之约。

历史上的所谓和亲问题,是一个复杂的问题,对它的评价不可一概而论。有的时候,和亲政策是历史上处理民族关系的一个好政策,如唐玄宗时和吐蕃弃宗弄赞的和亲,就是一个加强民族团结、促进经济文化交流的好范例。但有的时候,和亲

---

① 本篇为姚公骞为石凌鹤的赣剧剧本《西域行》所作跋,题名为编者所加,内文有修订整理。石凌鹤的《西域行》于1959年10月有了初稿,1960年10月被修改演出,1962年2月定稿。——编者

政策并不如此，它带来的是一方仍然受到侵扰和屈辱，而另一方却增加侵略者的气焰，西汉初年与匈奴的和亲就是这样，除了汉以公主为匈奴单于的阏氏（相当于皇后）外，每年还要送给匈奴许多的缯、锦绣、黄金、米、酒等物。可是这样做，并没有减轻匈奴对北部边境所加予的经常性的军事威胁。史载高帝九年和亲，次年就发生了匈奴武装支援陈豨反叛的事件。自后到吕后手里，匈奴或以武装支持异姓王的反叛或直接南侵，有史可考的即有五次之多。汉文帝时，匈奴的侵扰有加无已。其时，汉朝方面力主和亲，要求双方尽量维持一个和平关系。汉文帝有过一封写给匈奴单于的信，上面说道：

> 先帝制：长城以北，引弓之国，受命单于；长城以内，冠带之室，朕亦制之……朕闻天不颇覆，地不偏载。朕与单于皆捐往细故，俱蹈大道，堕坏前恶，以图长久，使两国之民若一家子。元元万民……莫不就安利而辟危殆……朕闻古之帝王，约分明而无食言。单于留志，天下大安，和亲之后，汉过不先。[①]

措辞极为委缩，划定疆界，原是"捐往细故"，"使两国之民若一家子"，并且年年还送些礼物，"诏吏遗单于秫糵金帛丝絮佗物岁有数"，希望能够达到和匈奴和平相处的目的。其时，汉和匈奴还达成了一个协议，布告天下。协议规定："匈奴无入塞，汉无出塞，犯令约者杀之。"[②]可是，曾几何时，匈奴背弃前约，撕毁了协议，复绝和亲。匈奴的军队侵入云中、上郡又有三万骑，"杀略甚众"，不但北部沿边的人民陷于浩劫，即甘泉、长安也警报频传。自文帝后元六年（公元前158年）起，至武帝决定反攻的前一年（公元前134年）止，二十四五年间，匈奴入侵代、燕、雁门等地，又有四五次之多。文帝初年，匈奴还攻破了月氏，进入西域，控制了楼兰、乌孙、呼揭及其旁二十六国，至此，匈奴的势力更加强大了。

事实证明，"和亲自古非长策"（陆游诗句），"和亲"对匈奴奴隶主来说，根本

---

① 《史记》卷一百一十《匈奴列传》。
② 《史记》卷一百一十《匈奴列传》。

解决不了问题，和平是不可能乞求来的，如果不向侵略者进行坚决的斗争，即使达成了一个协议，侵略者也是会随时随地加以撕毁的。因此，斗争是不可避免的了。到了汉武帝时，由于社会经济经过七十年间的恢复与发展，它提供了解决这一矛盾的物质条件。一场汉与匈奴的决战，便从汉武帝时开始了，这就是众所熟知的卫青、霍去病等人几次出击匈奴的战争。

我在这里需要指出的是，反击匈奴的决策一经拟定，通西域的问题就必然地要提到议事的日程上来。自汉文帝时匈奴势力发展到河西走廊和西域之后，它即一面变西域各国为其部落奴隶，一面以西域为据地，配合南侵主力，从西面来攻汉帝国。所以，西域成了匈奴一条有力的右臂。正因为如此，在汉帝国反击匈奴的决策上，斩断匈奴右臂就成了整个战略计划的一个主要组成部分。从汉武帝建元三年（公元前138年）起，就开始了张骞"凿空"西域的壮举。

在汉武帝统治期间，由于反击匈奴的胜利，打通了河西走廊，再经过几次的争夺战，击退了匈奴在西域的势力，树立了汉帝国在西域的威信与优势。自公元前126年至公元前108年，汉帝国首先经营了河西走廊，加强了军事防卫，设官田，兴屯垦，修水利。自武帝元封六年（公元前105年）以后，更把这一条军事保卫线伸展到西域，"自敦煌西至盐泽，往往起亭"①。从此，阳关、玉门关成了通往西域的重要关隘。同时，又在轮台、渠犁两地置使者校尉及屯田兵数百人。这时，汉帝国的力量已经伸入西域南道。

到了西汉昭帝、宣帝统治期间，又一度爆发了与匈奴争夺西域的战争。在匈奴当时处于内外矛盾日益尖锐的形势下，汉帝国最后取得了胜利，匈奴负责统治西域的日逐王投降。至此，汉的势力控制了西域全境。使者校尉一职改为都护，宣帝神爵二年（公元前60年）郑吉做了第一任都护，在龟兹的乌垒城建立"西域都护府"。其时，匈奴的势力，不仅退出了西域，而且，由于内部矛盾引起分裂，以呼韩邪单于为首的一部于宣帝甘露元年（公元前53年）降汉。至此改变了长期以来的北方的战争和侵扰的局面，赢得了一个较长时期的安定。《汉书》卷九十四《匈奴传》说："北边自宣帝以来，数世不见烟火之警，人民炽盛，牛马布野。"至于西域的情况，

---

① 《汉书》卷九十六《西域传》。

则汉的屯田已达轮台、渠犁间，中亚与西域的商人往来南北两道，仆仆于河西走廊之间，他们往往"欲通货市买，以献为名"①，做着大规模的买卖。

这样的一个和平局面，大致说来维持了60余年。到了王莽时期，由于国内阶级矛盾的激化和统治者的荒谬无能，又重新引起了匈奴的侵扰，北地诸郡又复受害不小。《汉书·匈奴传》说："及莽挠乱匈奴，与之构难，边民死亡系获……数年之间，北边虚空，野有暴骨矣！"和平中断，战衅重开，这样一个局面，又一直延续到东汉。其时，西域都护失去了中央的支持，已无力控制西域各国。"焉耆国近匈奴，先叛，杀都护但钦，莽不能讨。"②王莽天凤三年（公元16年）最后一任都护李崇没，西域遂绝，西域各国又重新为匈奴所役属。因此，到东汉初年，东汉帝国所面临的匈奴问题，在很大程度上是和西汉初年的情况相类似的。

大体上说来，在光武帝建武元年至十二年（公元25年至36年）间，匈奴基本上支持、怂恿或联络当时北方的割据势力如北地卢芳、渔阳彭宠等为害北方。到了建武十三年（公元37年）以后，则是直接进犯。此后数年，"北边无复宁岁"③，如河东、上党、天水、扶风等地都受到了匈奴贵族的蹂躏。光武帝刘秀为了首先巩固内部的统治，所以面对匈奴的侵犯，也只好采取消极的防御政策，甚至"渐徙幽、并边人于常山关、居庸关已东"④，建武十五年（公元39年）又"徙雁门、代郡、上谷吏人六万余口，置居庸、常关以东"⑤以避匈奴。

正在那个时候，匈奴内部却发生了变化。变化来自两个方面：一方面匈奴连年旱蝗，赤地数千里，引起人畜饥疫，死耗大半；一方面统治者内部闹分裂，于建武二十四年（公元48年）分为南北二部，南匈奴款五原塞内附，建武二十六年（公元50年），南匈奴正式成为东汉的藩属，他们被允许居住在云中郡一带，不久更内徙至河西郡的美稷一带。这样，沿边八郡才得到了一个和平的环境。自是沿边八郡民始"归于本土"⑥。但是，当时的北匈奴却仍然是一个严重的威胁。明帝即位以后，从永

① 《汉书》卷九十六《西域传》。
② 《汉书》卷九十六《西域传》。
③ 《后汉书》卷八十九《南匈奴传》。
④ 《后汉书》卷八十九《南匈奴传》。
⑤ 《后汉书》卷十八《吴汉传》。
⑥ 《后汉书》卷一《光武帝纪》。

平五年（公元62年）起，北匈奴就接二连三地"寇五原""寇云中""数寇边""寇钞不息"。因此，反击北匈奴的问题就和西汉时期一样成为一个朝野瞩目的问题。明帝时，反击匈奴的条件基本上具备了，因而才有永平十六年（公元73年）的以窦固、耿忠等为首的大出击，"至天山，击呼衍王，斩首千余级。呼衍王走，追至蒲类海。留吏士屯伊吾卢城"①，也才有班超的出使西域。这下面就进入了《西域行》的正文，话就可以打住了。

毛主席教导我们说："历史上的战争分为两类，一类是正义的，一类是非正义的。一切进步的战争都是正义的，一切阻碍进步的战争都是非正义的。"②两汉防御匈奴的战争是正义的、进步的战争。它之所以是正义的、进步的，就在于它抵御了野蛮的匈奴贵族的侵扰和掠夺，保卫了北部边境的先进文化地区不致遭到蹂躏，并在一定程度上解救了西域人民几乎沦为部落奴隶的命运。

匈奴当时是一个草原奴隶制的国家，而且还是处于它的早期，因此，正如恩格斯所指出的：

> 他们是野蛮人：掠夺，在他们看来，是比创造的劳动更容易甚至更荣誉的事情。③

只要看一看东汉初期的情景，就完全可以看出匈奴在北方边境的侵扰所带来的灾害是相当严重的。还在匈奴未分裂以前，沿边诸郡那种徙民以避的惨状——"边陲萧条，无复人迹"④固然不可卒睹，就在匈奴南北分裂以后，北匈奴"焚烧城邑，杀略甚众"，一直弄到"河西城门昼闭"⑤，人民受害依然至为严重。恩格斯说：

> 在这里文明较低的征服者，残杀或者驱逐某一国度的居民，并且由于不会

---

① 《后汉书》卷二十三《窦固列传》。
② 《毛泽东选集》第二卷，人民出版社，1991，第475—476页。
③ 恩格斯：《家庭、私有制和国家的起源》，张仲实译，人民出版社，1954，第158页。
④ 《资治通鉴》卷四十三"光武建武二十一年"条。
⑤ 《后汉书》卷八十九《南匈奴传》。

利用他们的生产力而使其遭到破坏或令其衰落下去……每一次当文明较低的人民是战胜者的时候，经济发展的进程不言而喻就遭到阻碍，大批的生产力遭受破坏。[1]

这不独北部边境的人民是如此，还有西域的人民在匈奴的奴役下所受的苦难，更是一言难罄。《汉书》卷九十六《西域传》写道：

> 西域诸国大率土著，有城郭田畜，与匈奴、乌孙异俗，故皆役属匈奴。匈奴西边日逐王置僮仆都尉，使领西域，常居焉耆、危须、尉犁间，赋税诸国，取富给焉。

根据《后汉书》卷四十七《班超传》附子勇传的记载看来，匈奴僮仆都尉在西域的地位，实际上是一个太上皇的地位，他和西域人民的关系，实际上是部落奴隶主与奴隶的关系。史称：

> 北虏（匈奴——引者）遂遣责诸国，备其逋租，高其价直，严以期会……

欠租（对奴隶主的贡赋）可以无限制催逼，贡额可以无限制扩大，人民要在限期内去草原为匈奴奴隶主服沉重的苦役，过着牛马般的奴隶生活。所以到东汉初年，西域各国普遍感到"匈奴敛税重刻，诸国不堪命"[2]，在这样的情况下，西域人民和匈奴贵族奴隶主之间存在着不可调和的矛盾。他们逃亡，反抗，斗争一直没有停止过。西域人民在反抗匈奴贵族奴隶主的斗争中，深深地了解到这一点，由于自己本身"各有君长，兵众分弱，无所统一"[3]，要想完全摆脱匈奴奴隶主的役属，是极为困难的，只有和汉族人民团结起来，才能获取胜利。因此，在西汉武帝初通西域及至宣帝设置都护前后六七十年间，西域人民受到汉帝国的统治，虽然依然存在着剥削和

---

① 恩格斯：《反杜林论》，吴黎平译，人民出版社，1956，第196页。
② 《后汉书》卷八十八《西域传》。
③ 《汉书》卷九十六《西域传》。

压迫，但是汉代是封建社会，封建制的生产关系在当时处于上升的阶段，它和奴隶制比较起来是先进的，所以西域人民在王莽统治期间重新沦为匈奴役属之后，他们迫切地希望汉族兄弟再一次地去帮助他们摆脱奴隶的命运。东汉建国以后，他们一再主动地"皆遣使求内属，愿请都护"，及待班超进入西域，他们更表现出了"倚汉与依天等""依汉使如父母"①的感情，这种感情是不难理解的，正因为他们能够摆脱掉部落奴隶的命运，对他们来说，这是一次解放。所以说汉代防御匈奴的战争是正义的、进步的，汉通西域的行动是正义的，道理就在这里。

汉代防御匈奴的战争是正义的、进步的，这就进一步说明了当时的和亲政策是屈辱性的，是不可能真正赢得和平的一种政策。历史证明了这一点，在以掠夺为荣的侵略者面前，一味地和亲、退让，只能一步步助长他的气焰，人民愈益陷入深深的浩劫。所以在长期与匈奴的斗争中，汉代有一部分人已逐渐形成一种观念，就是"以战去战"的思想。东汉明帝（永平）十三年（公元 70 年），是岁匈奴频犯塞，中郎耿秉上书曰：

中国虚费，边陲不宁，其患专在匈奴，以战去战可也。②

和这个观念相联系的就是先通使西域，断其右臂，然后出击匈奴的战争部署。耿秉说：

愚以为当先击白山，得伊吾，破车师，通使乌孙诸国，以断其右臂，未可先击匈奴也。

后来的经过，大体上皆如耿秉所说，首先是做好反击匈奴的战争准备，不断地孤立敌人，如联络南匈奴和通使西域，后来才是和帝时窦宪的远征，把北匈奴逐出了大漠。

---

① 《后汉书》卷四十七《班超传》。
② 袁宏：《后汉纪》卷十《明帝纪》。

如此看来，看了《西域行》这出戏，它的主题思想应该集中到这一点上。

> 中华民族的各族人民都反对外来民族的压迫，都要用反抗的手段解除这种压迫。他们赞成平等的联合，而不赞成互相压迫。[①]

至于像《列宁主义万岁》一文中说的：

> 帝国主义为着达到它的掠夺、压迫的目的，总是有它的两手，一手是战争，一手是"和平"；因此，各国无产阶级和各国人民一定也要有两手来对付帝国主义，一手是揭穿帝国主义的和平欺骗，竭力争取真正的世界和平，一手是准备在帝国主义发动战争的时候，用正义战争来结束帝国主义的不义战争。

假如我们不是去摆脱历史的具体条件，反历史主义地胡作比附，那么对这样一个真理的深入理解，也未尝不可以从历史中去获得教益，获得借鉴。

二

汉通西域不仅对当时的政治有着积极的意义，而且在经济和文化上还有着重要的影响。它带来了汉和西域各民族的经济文化交流，带来了中西交通的发展。它不仅使汉文化获得了新的血液的滋养，又不仅使西域各民族的社会生产力很快地获得了发展，而且更由于有了中西交通的发展，我们伟大的祖国早在公元前 2 世纪至公元 1 世纪期间即以自己高度发展着的文明，给了全人类以卓越的贡献。

历史记载了西域诸国的冶金和铸造的技术是在西汉时期由中原传过去的。《汉书》卷九十六《西域传》说：

> 自宛以西至……不知铸铁器。及汉使亡卒降，教铸作它兵器。

[①] 《毛泽东选集》第二卷，人民出版社，1991，第 623 页。

穿井建筑技术也是在同时传过去的,《史记》卷一百二十三《大宛列传》说:

> 宛城中新得秦人,知穿井……

秦人就是汉人。这一技术不久即由大宛推广到乌孙,而且还学会了掘大井和通渠的技术。这种通过掘井与地下通渠相连,利用地下水为生产服务的先进技术的推广,又是和生产工具铁器的使用是分不开的。可知,冶铸术和掘井术传入西域,改进了西域的生产工具,也解决了缺水地区的水利灌溉问题,这对当地生产事业的发展,起了很大的促进作用。

汉通西域以后,中国和西方的国际贸易就日渐发达起来,早在西汉时,自张骞"凿空"以后,赴西域的使者,相望于道,他们实际上都是官方的商队,"一辈大者数百人,少者百余人"①。像张骞第二次出使,带去的货物就达到"牛羊以万数,赍金币帛直数千巨万"②。到了东汉班超通使西域以后,商业更形发展,所谓"驰命走驿,不绝于时月;商胡贩客,日款于塞下"③。当时人即盛称西域人善经商,说"西域贾胡,到一处辄止"④。近人根据在古楼兰的废墟和古长城的废垒中发现的古窣利文,以及在古尼雅的废墟中发现的佉卢文,考证出早在东汉时期,康居、奄蔡以及里海以北一带的商人和中亚及印度西北一带的商人,已纷纷经塔里木盆地进入中国。⑤和帝永元九年(公元 97 年)班超还派遣了他的部将甘英出使大秦(罗马),虽然由于受到安息人的阻挠,"故遮阂不得自达"⑥,没有到达目的地,但是,在甘英为向西方寻求通往大秦的旅途中,他越过葱岭(帕米尔高原),穿过安息,到达了波斯湾头(有的学者说可能到达了地中海东岸),成了中西交通史上一次值得纪念的大事。其后,到桓帝延熹九年(公元 166 年)罗马皇帝安敦派使者由日南来到中国,这是当时中西两大帝国的一次正式接触。这一接触正是在通西域以后,长期地受到

① 《汉书》卷六十一《张骞传》。
② 《汉书》卷六十一《张骞传》。
③ 《后汉书》卷八十八《西域传》。
④ 《后汉书》卷二十四《马援传》。
⑤ 参看斯坦因《西域考古记》(向达译),中华书局,1936,第 55 至 67 页,第 98 至 99 页,等。
⑥ 《后汉书》卷八十八《西域传》。

经济文化交流和影响的结果。

当时，中国在对西方的国际贸易上，最大宗的货物是丝织品。出玉门关、阳关，经鄯善至莎车，再西越葱岭，可达大月氏、安息和大秦。这是一条通往西域的南道，也是班超通西域和甘英使大秦所经过的道路，当时就被称为"丝路"，而当时的中国也被西方人称为"丝国"（Seres）。大宗精美华丽的彩绢和丝帛，由南道进入安息。安息人之所以不愿汉与大秦直接交往，其最大的原因，就是他们不肯放弃华丝贸易上的居间专利的暴利。因为，中国的丝织品进入安息以后，是再由安息商人转运到罗马去的。

汉通西域以后，从西方输入的东西也不少。西域及葱岭以西各地的毛织品由北道（自天山南麓西行越葱岭之北为北道）输入，所以北道又称为"毛皮路"。班超在西域时，他的哥哥班固就曾经写信托过他向大月氏买毛织物等，信上说：

> 白素三百匹，欲以市月氏马、苏合香、罽登（按：罽登即氍毹，是一种比较细的毛织褥）。

在塔里木盆地汉墓中，还出土过在织染技巧上富有希腊罗马式样的中亚毛织物，这种毛织物如果从它的艺术风格上说，又正是中西美术的混合物。

此外，当时自西域传入的瓜果、蔬菜等各种经济作物及各种特产品为数很多。如葡萄、石榴、胡桃（核桃）、胡豆（包括蚕豆、豌豆、绿豆等）、胡瓜（黄瓜）、胡蒜（大蒜）等，及至波斯的橄榄、印度的胡椒等，特产品如名马橐驼及其他异兽珍禽、香料、宝石等"殊方异物"之类，更是不胜枚举。

至于在文化艺术上，两汉一代无论在题材、风格、技艺以及文化用品等各方面都有不同程度的吸收和影响，如：造型美术上的立体石雕，东汉时已广泛地采用了狮子、胡马、橐驼等题材；在东汉最为流行的石刻画像，题材上还广泛地表现了西域人民的生活形象如杂技、舞蹈等。在铜铸图像上如当时最著名的海马葡萄镜，也是吸收了西域艺术的风格而至今被视为珍品的。音乐上当时传入的有虎篪、胡笳、胡笛、笳、琵琶、箜篌、觱篥、角等，乐曲则早在张骞通西域时即已传《摩诃》《兜勒》二曲。舞蹈与杂技也有很多的输入，见于出土石刻的有"蹋舞"、裸体舞及弄丸、吐火等杂技。见于文献的如《旧唐书》卷二十九《音乐志》所载：

> 大抵散乐杂戏多幻术，幻术皆出西域，天竺尤甚。汉武帝通西域，始以善
> 幻人至中国。安帝时，天竺献伎，能自断手足，刳剔肠胃，自是历代有之。

又说：

> 汉世有橦木伎，又有盘舞……今并存。

西域的音乐、舞蹈及杂技经汉代陆续传入后，到了唐代，的确有了更大的发展，像音乐几乎达到了极盛的地步。

根据上面极粗略的引述，就完全可以看出汉通西域这一历史事件，对于当时兄弟民族之间的经济文化交流，对于中国和西方的经济文化交流，对于西域人民在生产上的提高和改进，对于汉文化的发展，以及对世界文明的贡献，无疑都有着非常重要的意义。

西域（指今新疆维吾尔自治区地区）远在两千年前便已成为祖国的一个组成部分。从那时候起，汉族和西域各族劳动人民就是忧乐相关、休戚与共的，他们同生死、共命运，结成了血肉相连的情谊，在长期的历史过程中，奠定了牢不可破的互助合作的基础。所以说：汉通西域是符合人民的利益和历史发展的要求的，而张骞和班超便成了历史上可以纪念的人物。[①]

<h1 style="text-align:center">三</h1>

两汉的朝廷中对反击匈奴与通使西域的问题，是一直存在着争论的。一派是主张反击匈奴与通使西域的，一派是反对派，他们主张"和亲"和放弃西域，在长时期里，争论都是很激烈的。

[①] 本节材料系参考陈竺同著《两汉和西域等地的经济文化交流》（上海人民出版社 1957 年版——编者）一书，请参看。

早在汉武帝时，主张反击匈奴的太行王恢和主张"和亲"的御史大夫韩安国就有过两次辩论。第一次发生在元光元年（公元前 134 年），辩论的结果是反对派取得胜利。当时韩安国的主要论点是："匈奴负戎马足，怀鸟兽心，迁徙鸟集，难得而制"，"汉数千里争利，则人马罢，虏以全制其弊，势必危殆"。一个是"难得而制"，一个是"势必危殆"，暴露了反对派的畏敌心理，当时朝廷中的大多数人都受了这种心理的影响，"群臣议多附安国"。尽管王恢指出了"汉与匈奴和亲，率不过数岁即背约"的危险，但结果汉武帝还是许了和亲。

第二次辩论发生在第二年，反对派又进一步提出"轻疾悍亟"，双方力量"势不相权"，因此肯定反击匈奴是"难以为功"的。但是，这一次由于汉武帝下了决心，才没有听从反对派的意见，采纳了王恢的建议，就在这一年揭开了反击战的序幕。

不幸的是，这一次出兵由于计划不周密，闹了一个笑话。王恢竟以逗桡罪论斩，太后想求情，武帝以为王恢"本建造兵谋"，"今不诛恢，无以谢天下"，实际是不足"以慰士大夫心"。①结果王恢死了，可见当时的士大夫中，反对派的势力是不小的。

后来，虽然还是展开了汉对匈奴的大规模的反击战，但是，反对派的活动并没有终止，元朔二年（公元前 127 年）又有反对派御史大夫公孙弘和中大夫朱买臣之间关于应不应该主朔方郡的辩论②。在此前后，还有主父偃、徐乐、严安等人的谏伐匈奴③，他们这些人也都是反对派。

东汉时期，围绕着反击匈奴与通使西域问题的这场斗争一直在继续着，进行过多次的朝堂大辩论。如果说，西汉时辩论还是侧重在要不要反击匈奴的问题上，那么，到了东汉，辩论的中心则已侧重在应不应该通使西域的问题上了。在这场斗争中，班超一家，几乎都成了斗争的中心人物，为了节省篇幅，这里只举出其中三次较大的辩论。

第一次的辩论发生在班超出使西域后的第三年，即明帝永平十八年的年底和次年的年初（公元 75 至 76 年）。当时，明帝初崩，章帝新即位，北匈奴乘机纠合焉耆、龟兹，攻没西域都护陈睦，并围戊校尉耿恭于车师后部之疏勒城（按：疏勒

---

① 以上引文均见《汉书》卷五十二《韩安国传》。
② 参看《汉书》卷五十八《公孙弘传》与同书卷六十四《朱买臣传》。
③ 参看《汉书》卷六十四《主父偃传》《徐乐传》《严安传》。

城与疏勒国异地同名），戊己校尉关宠于车师前部之柳中城。当时戊己二校尉的两部兵马，合起来只有数十人，困守孤城，抗御匈奴大军历时三个月，形势发生了对东汉不利的变化。朝廷中以司空第五伦为首的反对派，借机抬头。当关宠上书求救时，下诏公卿会议，第五伦就力主不宜救，后来虽经司徒鲍昱的反对，还是发了救兵去①。可是，一直到次年正月，派去的救兵虽然打败了北匈奴，取得了车师，但是这些将领们在反对派的影响下，听说关宠已死，便不想再救耿恭，"欲引兵还"。幸而耿恭派去领取兵士寒服的军吏范羌，"固请迎恭"，"诸将不敢前，乃分兵二千人与羌"②，依靠了范羌的勇敢，才算把耿恭等人从危城中解救了出来。在反对派弃之不顾的情况下，耿恭等遭遇到极大的苦难，经过几个月的孤危饥困，最后只剩下三十六个人，而得生还玉门关的则只有十三人，有一半人竟在东归的道路上死去了。这件事说明了反对派一得势，在反击匈奴与通使西域的问题上，就会遇到很大的困难，造成很大的损失。

就在这年正月，东汉朝廷里又发生了一场争论。这是由反对派校书郎杨终的上疏引起的。杨终在疏中极力反对"北征匈奴，西开三十六国"，反对在西域屯田，他所持的理由有两个：一是认为人民都乐于"安土重居"，今"去中土之肥饶，寄不毛之荒极"是错误的；一是主张"不以鳞介易我衣裳"，瞧不起西域诸国及其人民，把他们视为异类。章帝将他的章疏提交臣下讨论，第五伦当即表示支持。只有太尉牟融、司徒鲍昱和班超的哥哥校书郎班固表示反对，经过一场辩论，反对派又胜利了。章帝接受了杨终的建议，"听还徙者，悉罢边屯"③，接着又"迎还戊己校尉，不复遣都护"④，并下令征还班超。

这时，班超虽然由于西域人民的挽留，没有应征回来，可是业已处于孤立无援的境地。这个困境，前后达四年之久。班超在西域人民的支持下，才最后摆脱了困境。可见，班超遭到的反对派的打击是不小的。

第二次的辩论发生在和帝永元元年（公元89年），即在班超升任西域都护的前

---

① 参看《后汉书》卷十九《耿恭传》。
② 《后汉书》卷十九《耿弇传》。
③ 以上引文均见《后汉书》卷四十八《杨终传》。
④ 《后汉书》卷八十八《西域传》。

两年。这时正值北匈奴遭到来自东方的鲜卑的打击，加上内乱、饥馑，国力大为削弱。而其时章帝已死，和帝即位，窦太后临朝，以窦宪、耿秉为首的主张反击匈奴派正是得势的时候，因此朝廷乃有联合南匈奴大举出兵反击北匈奴的决定。

但是，这个决定未定之前，即遭到了尚书宋意的反对①，既定之后，又遭到三公九卿许多元老重臣的反对，其中反对最激烈的是司徒袁安、司空任隗，侍御史鲁恭、何敞和尚书仆射郅寿等人②。这一次的斗争颇为激烈，虽然郅寿一度因谏下狱，但袁安、任隗等人仍然"免冠朝堂，固争者十上"。他们的论点可以鲁恭一疏为代表，鲁恭除了说了些什么"上观天心，下察人志，足以知事之得失"的空话和什么"臣恐中国不为中国，岂徒匈奴而已哉"的危言耸听外，还举了明帝末年西域都护陈睦陷没的故事来作为他们反对反击匈奴的口实。鲁恭说：

> 白山之难，不绝如缝，都护陷没，士卒死者如积，迄今被其辜毒。孤寡哀思之心未痒，仁者念之，以为累息，奈何复欲袭其迹，不顾患难乎？③

当时距陈睦之死，已事隔十四五年，且西域的形势已发生了极为有利于东汉的变化。然而在反对派的眼里，陈睦之死仍然是主张反击匈奴与通使西域派的严重过错。而陈睦之死，在反对派看来，祸实基于班超之通西域。可以想象，班超受到的反对派的责怪是一直没有停止的。

这一次斗争以反对派的失败而告终，因此，才有窦宪、耿秉等的远征，"登燕然山，去塞三千余里"④，北单于"逃亡不知所在"⑤，获得了空前的胜利。从而，班超才能在西域底定全功，结束了北匈奴在西域的残暴统治。

第三次的辩论发生在安帝永宁元年（公元120年）。其时班超已死了十多年，由

---

① 参看《后汉书》卷四十一《宋意传》。

② 参看《后汉书》卷四十五《袁安传》，卷二十一《任隗传》，卷二十五《鲁恭传》，卷二十九《郅寿传》；又参看袁宏《后汉纪》卷十二《章帝纪》。

③ 以上引文均见《后汉书》卷二十五《鲁恭传》。

④ 《后汉书》卷二十三《窦宪传》。

⑤ 《后汉书》卷八十九《南匈奴传》。按：北匈奴经过这几次反击之后，主力的残部西徙，逐渐越过乌拉尔山地，进入欧洲境内，其余留在原地的十余万部落则逐渐与鲜卑融合了。

于后来发生"羌乱",道路阻绝,加上东汉在西域的官吏"牧养失宜"①,因此,曾经引起了西域一些国家的不满,朝廷中的反对派乘机抬头,"公卿议者以为西域阻远,数有背叛,吏士屯田,其费无已。永初元年,遂罢都护"②。这一来,又有十余年"西域绝无汉吏"③,"北匈奴即复收属诸国,共为边寇十余岁"④,并在永宁元年(公元 120年)杀死汉后部司马及敦煌长史索班等人。问题又重新严重起来,就在这一年发生了一次大的争论。

这一次,反对派在公卿中无论就数量上或地位上说都居于压倒的优势,其中有尚书某、长乐卫尉镡显、廷尉綦毋参、司隶校尉崔据、太尉属毛轸等人,而另一方几乎只有班超的儿子军司马班勇一人。反对派的论点集中起来不外两点:一、"朝廷前所以弃西域者,以其无益于中国而费难供也";二、"今车师已属匈奴,鄯善不可保信,一旦反覆……能保北虏不为边害乎"。后来,经过班勇的权衡利害、据理力争,总算把反对派的意见驳回去了。结果朝廷只接受了班勇的一半意见,"置西域副校尉居敦煌",他的另一半建议"遣西域长史将五百人屯楼兰",则未被采纳。因而问题并没有解决,"其后匈奴果数与车师共入寇钞,河西大被其害"⑤,"朝廷不能禁,议者因欲闭玉门、阳关,以绝其患"⑥,反对派又抬起头来。直到三年后,安帝延光二年(公元 123 年)敦煌太守张珰上书,陈西域三策——"出击""屯田""入塞"⑦,形势稍有改变。张珰这个人本来恐怕也是个反对派,观其书中所云:

> 臣在京师,亦以为西域宜弃,今亲践其土地,乃知弃西域则河西不能自存。⑧

事实教育了张珰,才使得他改变了态度,转过来支持通使西域派。接着尚书

----

① 《后汉书》卷四十七《班勇传》。
② 《后汉书》卷四十七《梁慬传》。
③ 《后汉书》卷四十七《班勇传》。
④ 《后汉书》卷八十八《西域传》。
⑤ 以上引文均见《后汉书》卷四十七《班勇传》。
⑥ 《后汉书》卷八十八《西域传》。
⑦ 参看《后汉书》卷八十八《西域传》。张珰以出兵集昆仑塞,先击匈奴呼衍王,绝其根本,发鄯善兵胁车师后部为上计;置军司马屯田柳中为中计;弃交河城,收鄯善等悉使入塞为下计。
⑧ 《资治通鉴》卷五十《汉纪》。

陈忠上书，分析了当时的局势，强调了通西域的必要性，朝廷最后才采纳了他们的建议，也即班勇的后一半建议，"乃以班勇为西域长史，将弛刑士五百人，西屯柳中……自建武至于延光，西域三绝三通"①。

这个"三绝三通"，正好反映了东汉前期朝廷中的一场政治斗争的三次反复。

两汉以来，朝廷中关于应不应该反击匈奴与通使西域的争论，实际上是一场政治上的斗争。站在反对派立场上的不外乎是这样三种人：一种人是患有恐战病的胆小鬼。如卫侯李邑，他一到西域就碰上龟兹在匈奴的支持下攻打疏勒，他立即"恐惧不敢前，因上书陈西域之功不可成，又盛毁（班）超拥爱妻，抱爱子，安乐外国，无内顾心"②，竟把人家冒险犯难的英雄行为诬蔑为贪图安乐，此种人之毫无心肝，可以想见。第二种人，是政治上目光短浅、狭隘逼仄的保守主义者。他们认为反击匈奴与通使西域都不免是"劳师远涉，损费国用，微功万里"③，是"无益于中国"的。只图近利而无远虑，多一事不如少一事。这种人根本没有想到如果不反击匈奴与通使西域，则将来会受到百倍的损失。他们实在可以看成是那个时代的"和平主义"者，如宋意、袁安、鲁恭等人可为代表。第三种人，抱有狭隘的民族偏见，如杨终所说的"不以介鳞易我衣裳"，就露骨地表现了这种民族自大狂的狂妄与愚蠢。

这三种人往往结合在一起，甚至可以在一个人的身上集中这样三种思想。他们的势力不小，在他们的影响下，形成了一种封建的传统观念，在某些统治者的上层和一般士大夫中颇为流行。一直到晋代，我们从袁宏对班超的评价上，还可以看到这一影响。袁宏说：

> 古之有天下者，非欲制御之也，贵在安静之。故修己而无求于物，治内不务于外，自小至大，自近及远，树之有本，枝之有叶。故郊畿固而九服宁，中国实而四夷宾。夫唐、虞之盛，德泽之浓，正朔所及，五千里而已，自此以外，羁縻而弗有也。三代建国，弗动远略，岐、邠、江、淮之间，习其故俗；朔野辽海之域，戎服不改。然而冕旒端委，南面称王；君臣泰然，不以区宇为

---

① 《后汉书》卷八十八《西域传》。
② 《后汉书》卷四十七《班超传》。
③ 《后汉书》卷四十五《袁安传》。

狭也。故能天下义安，享国长久。至于秦、汉，开其土宇，方于三五之宅，故以数倍矣。然顾瞻天下，未厌其心，乃复西通诸国，东略海外。故地广而威刑不制，境远而风化不同，祸乱荐臻，岂不斯失！当世之主，好为身后之名，有为之人，非能守其贫贱，故域外之事兴，侥幸之人至矣。夫圣人为治贵英才，安天下资群才，故侥幸之人，王制之所去也。班超之功非不可奇也，未有以益中国，正足以复四夷，故王道所不取也。①

顶好回到三代以上的老样子去，"正朔所及，五千里而已"；阻挠民族之间的自然联合，割断民族之间的联系，"习其故俗""戎服不改"，如其不然，便是"王制之所去""王道所不取"，给班超戴上一顶可怕的帽子。袁宏的这番话，正好说明了政治上的保守主义、反侵略战争中的和平主义以及狭隘的民族心理的坏影响确实是不小的。

和这些人相反，在两汉，主张反击匈奴和通使西域的人物中，政治眼光较远，敢于和敌人斗争，具有联络兄弟民族的要求的也还大有人在。西汉的且不说，光就东汉而言，如班勇就看出了汉与西域是唇亡齿寒的关系。他说：

愚以为边境者，中国之唇齿，唇亡则齿寒，其理然也。

又说：

今通西域，则虏（指匈奴——引者）势必弱，虏势弱则为患微矣……若弃而不立（指校尉与长史——引者），则西域望绝。望绝之后，屈就北虏，缘边之郡将受困害，恐河西城门必复有昼闭之儆矣……今设以西域归匈奴……则因西域租入之饶，兵马之众，以扰动缘边，是为富仇雠之财，增暴夷之势也……且西域之人无它求索，其来入者，不过禀食而已。今若拒绝，势归北属，夷虏并力以寇并、凉，则中国之费不止千亿。②

---

① 袁宏：《后汉纪》卷十四《和帝纪》。
② 《后汉书》卷四十七《班勇传》。

陈忠也说：

> 西域内附日久，区区东望扣关者数矣，此其不乐匈奴慕汉之效也……弃而不救，则诸国从矣。若然，则虏财贿益增，胆势益殖，威临南羌，与之交连。如此，河西四郡危矣……议者但念西域绝远，恤之烦费，不见先世苦心勤劳之意也……蹙国减土，经有明诫。①

分析了当时的形势，权衡了几方面的利害，从长远打算，从大处着想，像这样的一些见解，在当时都是很正确的见解。

班超在这场政治斗争中，无疑是一个极为重要的人物，可惜的是，他的许多见解和议论，文献上没有保留下来。但，他一生不仅是一个反击匈奴与通使西域的主张者，而且还是一个实行者。我们仍然可以从关于他的一些片断的记载中，去想见他的议论风采。如他当着都护陈睦已没，玉门关业被遮断，自己处于孤立无援之境，朝廷已下诏征还而为西域上下极力挽留的时候，《后汉书·班超传》上说："超恐于阗终不听其东，又欲遂本志，乃更还疏勒。"所谓"欲遂本志"的这个"本志"，就是他当年投笔时所说的"大丈夫无它志略，犹当效傅介子、张骞立功异域"的大志。过去，一些资产阶级人物片面地强调班超投笔从戎封侯万里的个人英雄主义的一面，是不对的。实际上，班超之要效法傅介子和张骞，应该看作他有着一贯的政治见解，即是说，反击匈奴与通使西域是他的一贯主张。所以，他才能排除万难，为实现他的"本志"，战斗了一辈子。

他在建初三年（公元78年）上疏请兵时，就又再提道：

> 臣伏自惟念，卒伍小吏，实愿从谷吉效命绝域，庶几张骞弃身旷野。

又说：

---

① 《后汉书》卷八十八《西域传》。

愿下臣章，参考行事。诚有万分，死复何恨。①

一再表示他的决心，因此，说他是这一场政治斗争中代表主张反击匈奴和通使西域派的中坚人物，谅来不算是厚诬古人的。

如此看来，在这一派中还有如窦固、窦宪一家，耿秉、耿忠一家，他们都是主张反击匈奴与通使西域派的重要人物。我们固无意要对他们作出历史的全面评价，他们在历史上的功罪的全面估计问题，顶好让专家来做。但是，我们要说的是，在这样的一个问题上，他们仍不失为政治眼光比较远的一流。

因此，重新揭出这一场历史上的政治斗争，对今天的观众或读者来说也许不会是没有意义的。

下面，还想附带谈一个问题。

东汉在通西域这件事情上，对和西域人民的关系方面，还存在着两种相反的态度。一种态度就是班超的"荡佚简易，宽小过，总大纲"的态度，它收到了"不动中国，不烦戎士，得远夷之和，同异俗之心"的结果。②这种态度表现在政策上的基本一点，就是班勇后来所说的："既为胡虏节度，又禁汉人不得有所侵扰。"③即一面防御匈奴，一面团结西域人民。因此，班超得到了西域人民的支持，做出了伟大的事业。另一种态度则是如任尚的"性严急"④，他和段禧两人先后继班超任西域都护时，就造成了"牧养失宜""时有叛者"⑤的结果。旧史简略，虽没有具体说出任尚等在西域的种种"严急"的表现，然而从其结果看来，这种"严急"不能不是表现在欺压西域人民上面。我们可以举出一个旁证，任尚、段禧两个人后来都是镇压羌人反抗的刽子手，任尚并因此得封乐亭侯，食邑三百户。这个常败将军在镇压羌人的战争中表现得非常残酷，一次曾"诱杀降者二百余人"，后来，更用卑劣的暗杀手段，先后刺杀了暴动的领导者杜季贡和零昌，还把零昌的妻子也杀害了。在这场战

---

① 以上引文均见《后汉书》卷四十七《班超传》。
② 以上引文均见《后汉书》卷四十七《班超传》。
③ 《后汉书》卷四十七《班勇传》。
④ 《后汉书》卷四十七《班超传》。
⑤ 《后汉书》卷四十七《班勇传》。

争中，他还"诈增首级，受赇枉法，赃千万已上"①，无所不为。可见，他在西域任都护的时候，不能不是一个制造民族矛盾的祸首。

如此看来，在主张反击匈奴通使西域这一派人中（据《后汉书·窦宪传》载，"宪……以耿夔、任尚等为爪牙，邓叠、郭璜为心腹。班固、傅毅之徒，皆置幕府"，可证任尚也算是这一派的重要人物），虽然他们有一定的政治眼光，可是在对待民族关系的问题上，一般都不过是任尚般的一流人物，即像耿秉这个人，于永平十七年（公元74年）出击车师后部时，即"纵兵抄掠"②，求如班超那样的作风和态度，的确是不多觏。早在公元1、2世纪间，班超在对待民族关系的问题上能够出类拔萃，能够稍稍懂得"平等的联合"，因此，在我们伟大祖国形成统一的多民族国家的历史过程中，班超留下了他不可磨灭的业绩。即就这一点而论，班超诚是值得后世纪念的人物。

四

班超的一家，不仅是当时一代的史学世家③，而且一家人都是主张反击匈奴与通使西域派的重要人物，祖孙、父子、兄弟、姊妹，差不多没有一个人不和这个大事件有着切身的联系，今稍稍钩稽旧籍，略加考定。

班彪，班固的父亲。东汉光武建武二十八年（公元52年）北匈奴遣使诣阙贡马及裘，更乞和亲并请音乐，又求率西域诸国胡客与俱献，光武帝下三府议酬答之宜，司徒掾班彪奏曰：

> 臣闻孝宣皇帝敕边守尉曰："匈奴大国，多变诈。交接得其情，则却敌折冲；应对入其数，则反为轻欺。"今北匈奴见南单于来附，惧谋其国，故数乞

---

① 以上引文均见《后汉书》卷八十七《西羌传》。

② 《后汉书》卷十九《耿秉传》。

③ 《后汉书》卷四十《班彪传》，称彪"既才高而好述作，遂专心史籍之间。武帝时，司马迁著《史记》，自太初以后，阙而不录……彪乃继采前史遗事，傍贯异闻，作后传数十篇，因斟酌前史而讥正得失"。同书《班固传》，称固"以彪所续前史未详，乃潜精研思，欲就其业……故探撰前记，缀集所闻，以为《汉书》"。同书卷八十四《曹世叔妻班昭传》，称昭因"兄固著《汉书》，其《八表》及《天文志》未及竟而卒，和帝诏昭就东观藏书阁踵而成之"。

和亲，又远驱牛马与汉合市，重遣名王，多所贡献，斯皆外示富强，以相欺诞也。臣见其献益重，知其国益虚；归亲愈数，为惧愈多。然今既未获助南，则亦不宜绝北，羁縻之义，礼无不答。谓可颇加赏赐，略与所献相当，明加晓告以前世呼韩邪、郅支行事。①

可见班彪对匈奴问题是有一定的了解的，他的分析基本上是符合"交接得其情"的。只要北匈奴暂时地没有对沿边发动骚扰，就可以维持一个和平关系。加上当时东汉朝廷在整个决策上是"方忧中国，未遑外事"②，出击匈奴与通西域的力量还不具备，所以班彪的这一主张在当时是正确的。他替光武帝起了一个回报匈奴的草稿，做到了"报答之辞，令必有适"③。可以说，班彪是班家第一个研究匈奴问题的人物，这不会不对他的子女以深的影响。

班固，班超的哥哥。他在做校书郎时，即参加过和反对派杨终、第五伦的辩论，后来他是窦宪一党。"永元初，大将军窦宪出征匈奴，以固为中护军，与参议。北单于闻汉军出，遣使款居延塞，欲修呼韩邪故事，朝见天子……宪上遣固行中郎将事，将数百骑与虏使俱出居延塞迎之。会南匈奴掩破北庭，固至私渠海，闻虏中乱，引还。"④可知他一度做过与匈奴交接的使者。同时，他在窦宪反击匈奴取得胜利以后刻石纪功时，作了铭辞，对这样一场战争，大加颂赞。⑤这些都可以说明他也是主张反击匈奴与通使西域派的一个重要人物。

可是，他在《汉书·西域传赞》中却说：

自建武以来，西域思汉威德，咸乐内属……数遣使置质于汉，愿请属都护。圣上（指光武帝——引者）远览古今，因时之宜，羁縻不绝，辞而未许。虽大禹之序西戎，周公之让白雉，太宗之却走马，义兼之矣。亦何以尚兹！

---

① 《后汉书》卷八十九《南匈奴传》。
② 袁宏：《后汉纪》卷八《光武帝纪》。
③ 《后汉书》卷八十九《南匈奴传》。
④ 《后汉书》卷四十《班固传》。
⑤ 参看《后汉书》卷二十三《窦宪传》。

对光武帝当时不通西域的主张赞扬了一番，这样一来，似乎产生了些矛盾。其实，我们不要为他这番话所迷惑，细审他的一生行事，他实是一贯站在主张反击匈奴与通使西域的立场上的。这个赞看来很可能是在窦宪失败，自己已先坐免官，反对派得势之后，逼于情势，为避祸计，不得已如此着笔的。试看他在章帝初年反驳杨终、第五伦等拒通西域的意见时，说道：

> 孝子无改父之道，先帝所建，不宜回异。①

这里所说的先帝，指的是明帝，反击匈奴与通使西域是从明帝时开始的。班固用"先帝所建，不宜回异"的理由，来责难反对派，强调"孝子无改父之道"，显然他是一贯支持明帝这一主张的。而明帝明明改了他父亲光武帝之"道"，由不通西域转为通西域，班固并没有指斥明帝做得不对。可证班固在写《西域传赞》时是别有隐衷的。细审赞辞文义，于字里行间，寓征婉之意，就可以了然了。

班雄，班超的长子。他的生平，旧史记载得很简略，据袁宏《后汉纪》卷十五《殇帝纪》载：

> （延平元年）冬，西域诸国反，都护任尚上书求救，遣骑都尉班雄、校尉梁慬将五千人出塞。

《后汉书》卷四十七《班勇传》载：

> 永初元年，西域反叛，以勇为军司马。与兄雄俱出敦煌，迎都护及西域甲卒而还。

两书指的是同一件事（又可参看《后汉书》卷四十七《梁慬传》）。由于班雄兄弟是熟悉西域情况的，他们曾长期随父亲一起居留西域，所以才有这一次的派遣。

---

① 《后汉书》卷四十八《杨终传》。

班勇，班超的少子。他可以说是班超事业的继承者，前面已经有所论述。关于他的生平，《后汉书》附有专传，兹不赘述。

班昭，班超的妹妹，关于这个人需要多说几句话。

班昭的生平，《后汉书》虽有专传，但极简略。我们仅知道她的丈夫叫曹寿，早死。她守寡抚养的一个儿子叫曹成（字子谷）。由于她"博学高才"，有家学渊源，因此，在班固死后，和帝要她续成《汉书》的《八表》及《天文志》。她经常被召入宫，和帝令皇后、诸贵人师事之，号曰"大家"①，"每有贡献异物，辄诏大家作赋颂"。今存的有《大雀赋》一篇，载《艺文类聚》卷九十二，《小序》谓：

> 大家同产兄西域都护、定远侯班超献大雀，诏令大家作赋……

安帝永初七年（公元113年），因儿子曹成为陈留长，她曾一度随儿子离开洛阳至陈留。《文选》保留有班昭的一篇《东征赋》，有云：

> 惟永初之有七兮，余随子乎东征。

可证。大概，过了不久，她又回到了洛阳，据《后汉书》本传，知班昭死在邓太后之前，时已七十余岁。考邓太后死于永宁二年（公元121年），二月得病，三月死，可知班昭之死至迟亦应在建光元年以前。从永初七年至建光元年，相隔八年，永初七年，曹成尚为陈留长。但《本纪》载："以（昭）出入之勤，特封子成关内侯，官至齐相"，则知其子"圣恩横加，猥赐金紫"（班昭语）的时间，至早应在永初七年以后。那么假定班昭于永初七年去陈留，第二年就回到洛阳，直到她死，最多也只有六七年的时间"与闻政事"，才得以"出入之勤"，使儿子受到特封。而在班昭去陈留之前，邓太后已临朝了七八年，那时班昭在洛阳，永初四年（公元110年）呈有上邓太后听邓骘乞身行服疏，但是那时候她还不大"与闻政事"，所以直到永初七

---

① 《资治通鉴·汉纪》胡注："家，今人相传读曰姑。又据《皇后纪》，冲帝母虞贵人，梁冀秉政，抑而不加爵号，但称大家而已。则大家者，宫中相尊之称也。"

年，儿子还是一个陈留长。而且，班昭还要以暮年之身，离开洛阳，随儿子至官。可见，永初七年以前，班昭主要是在宫中教书，邓太后"自入宫掖，从曹大家受经书，兼天文、算数"①，兼续修汉史，也可能还参与了邓太后主办的"东观雠校传记"②的工作。总之，在永初七年以前，她的主要活动是学术方面的和辞章方面的。永初七年以后，陈留再回到洛阳，才更多地"与闻政事"，使儿子受到特封，这之间确实有一个较大的变化，我们认为这个变化是和东汉朝廷某些政策的改变相关联着的。

我们知道，邓太后于和帝元兴元年（公元105年）冬临朝，外戚邓氏柄政，第三年（安帝永初元年）即发生了"公卿议者以为西域阻远，数有背叛，吏士屯田，其费无已……遂罢都护"的事件，这个事件，正说明了邓太后和她的哥哥邓骘是站在反对派那一边的。邓家一家与窦家一家历来政见不同，《后汉书》卷十六《邓骘传》载："自祖父禹教训子孙，皆遵法度，深戒窦氏。"这几句话不仅仅说明了邓家一家想引窦家一家的"轻薄怨望"为戒，也恰恰说明了邓骘他们在政治上是保守的。像窦宪那样的"徼功万里"，他们自然是要反对的，所以，邓氏一当权，反对派就抬起头来。西域绝而不通使者，便历时十有余年。

可是到了邓太后临朝的后期，朝廷中对西域的政策，开始有了某些改变。这是由于东汉一旦放弃西域，"北匈奴即复收属诸国，共为边寇十余岁"。问题越来越严重，到元初六年（公元119年），敦煌太守曹宗"患其暴害"，乃"上遣行长史索班，将千余人屯伊吾以招抚之"，初步加强了一些对西域方面的防卫。可是到第二年春天，索班等竟被匈奴杀害了。鄯善求救于曹宗，"（曹）宗因此请出兵击匈奴，报索班之耻，复欲进取西域"。就在这种情况下，才发生了班勇与许多反对派大臣之间的一次关于应否通西域问题的朝堂大辩论。这个争论是在邓太后亲自主持下进行的，结果，邓太后虽然没有答应曹宗的请求，但仍接受了班勇的一半建议，即"置护西域副校尉，居敦煌"③，遥控西域，显出了东汉朝廷在对西域问题的政策上有了正式的改变。

我们认为这个政策的改变，可能与班昭后来的"与闻政事"是有着某些联系的。

① 《后汉书》卷十《和熹邓皇后传》。
② 《后汉书》卷十《和熹邓皇后传》。
③ 以上（本段）引文均见《后汉书》卷八十八《西域传》。

《通鉴》卷五十载："太后闻军司马班勇有父风，召诣朝堂问之。"时距班超之死已隔十八年，而陪侍邓太后出入甚勤又熟悉班家情况的，只有这一位女老人——"大家"。邓太后在改变了对西域问题的态度后，她能知道班勇有父风，极可能是从班昭那里听来的。所以，姑可作这样的推论：班昭于永初七年去陈留，在此以前，班昭并没有怎样"与闻政事"，直到她再度由陈留回到洛阳以后，才开始了更多的"与闻政事"的政治生活。这是和邓太后要改变对西域的政策有关的。因为作为一个女人，又是她的先生的班昭，不仅是一位史学名家，而且更是功在西域的班超的妹妹，邓太后要了解西域问题，班昭就成了她要咨询的最理想的人物。所以，本来班昭因政见不合，才以暮年之身，随儿至官，离开了洛阳。可是，就在她离开洛阳几年以后，朝廷已开始感到西域问题的重要。因而，班昭才又回到洛阳，做了邓太后在政治上的得力顾问，进而促成了有班勇参加的朝堂大辩论，从而才使她的儿子曹成能够一下子被特封为关内侯。班昭以七十余岁的高龄，在基本上实现了她要求通使西域的政见以后，就在这一年死去了。

可惜，史阙有间，我们只能就一些史实的线索，姑且构成这样一个推论。匡正纠谬，俟诸来日。

班昭在封建社会里长时期受到了歪曲，由于《后汉书》保留了她所著的《女诫》七篇，而她其他的著作又大多散失^①，因而，她逐渐成了一个道貌岸然的封建女圣人。特别是到了明代，明神宗这个在位四十八年仅见臣下数次的糊涂虫，居然高兴起来，认为《女诫》"足为万世女则之规"，要王相作注解，还由自己署名写了一篇序文，把它和成祖的徐皇后写的《内训》合刻，颁示中外。这一来，班昭这位女圣人更加俨然起来。后来，这部书再和唐宋若昭的《女论语》及王相的母亲刘氏写的《女范捷录》合刻，居然叫起"闺阁女四书"来了，成了封建社会末期维护封建统治秩序

---

① 《后汉书》卷八十四《列女传》载，昭"所著赋、颂、铭、诔、问、注、哀辞、书、论、上疏、遗令，凡十六篇，子妇丁氏为撰集之"。《隋书·经籍志》《新唐书·艺文志》均有著录，《隋志》载《班昭集》三卷，《唐志》作二卷，后遗失，清顾怀三补《后汉书·艺文志》，曾著录了可以考知的篇目若干篇。1923年出版有富平张鹏一辑的《曹大家集》（《扶风班氏遗书》卷三），列入《关陇丛书》，今未见。（胡文楷的《历代妇女著作考》载有篇目，请参看。）清严可均辑《全汉文》，《艺文类聚》《太平御览》《初学记》《文选注》中共辑得《东征赋》《大雀赋》《蝉赋》《欹器颂》等若干篇（包括仅存的断片残句，自《本传》辑出者不计）。

和礼教的一个可怕的工具。

可以说，班昭写的《女诫》在历史上是起了坏作用的，但如要全面评价班昭，则她写《女诫》，只是应该给以批判的一个方面，而不能代表她一生的功过。我们仍然认为班昭是公元 1、2 世纪间的一位伟大的学者，能够"出入与闻政事"的政治家，在距今两千年左右的时间，在当时的社会里，作为一个女人，能够取得这样许多方面的成就，实在是极为罕见的。因此，为了表彰班超的"西域行"，而联系到也表彰班昭，用艺术的形式来恢复她在历史上的地位与真面目，谅来也是读者与观众所希望的。

石凌鹤的《西域行》系赣剧剧本，中国戏剧出版社 1962 年出版，剧作者署名"凌鹤"。——编者

论曹操在历史上的作用①

曹操在历史上是一个被歪曲了的人物。他在舞台上被歪曲得更厉害，得到了粉面角色的遭遇。这是不公道的。曹操一生做了不少的坏事，对人民犯了罪过，这些坏事，应当否定，应受指责，但是这不是曹操主流的一面，曹操也做了许多有利于历史发展、生产发展的好事。从总的方面来看，对曹操的评价，应当予以肯定。这是历史唯物主义者对曹操的一个应有的看法。

我们知道，评价曹操，是研究个人在历史上的作用问题。马克思列宁主义者在肯定人民群众对历史发展的决定作用的基础上，从来不抹杀个人的作用。但是，在研究个人在历史上的作用的同时，必须要研究个人的活动所赖以成功的历史条件，而历史条件的创立，绝不是个人的力量所能奏效的，而是必须依靠人民群众的集体创造。所以，在处理个人的作用的时候，必定要与人民群众推动历史前进的决定作用结合起来看。评价曹操是有助于全面地观察和论证人民群众的历史作用的，具体地讲，更具有助于了解作为当时历史推动力量的黄巾农民战争的伟大作用。

因此，从上面所提出的问题看来，对于讨论曹操的重要意义，应当予以足够的估计。因为，这不仅是评价曹操个人的作用，单纯地替曹操作个肯定的评价而已。目前，在史学界正在掀起一个讨论曹操问题的热潮，这是完全可以理解的。

我们知道对曹操的评价是历史上长期以来聚讼纷纭的问题。在封建社会里，他时而被肯定，时而被否定。在北宋以前，肯定的多，否定的少；在南宋以后，否定的多，肯定的少。不管肯定与否定都是受着反动的和反科学的封建正统论的支配。资产阶级的学者曾经有不少的人对曹操作过肯定的评价，有的是从现象上来观察曹操，有的从曹操的个人才能上来评价曹操，完全抹杀人民群众对历史的推动作用，像梁启超就是其中的一个。梁启超在《中国历史研究法补编》分论第二章中，说曹

---

① 本文系合撰，姚公骞为第二作者。

操之所以能削平群雄，统一北方，完全是他个人的特殊才能力征经营的结果，是英雄造时势，不是时势造英雄。这就是资产阶级历史学评价人物的一个主观唯心主义的标准。因而，他们都不可能正确地评价曹操。只有无产阶级的历史唯物主义观点才能给曹操作出正确的评价。历史唯物主义者最科学最客观，因为历史唯物主义是研究历史发展的规律的。这规律是不以人们的意志为转移的，只有正确地掌握了规律，才能避免主观主义、唯心主义。因此，从历史发展的角度来衡量历史人物，对历史发展起了促进作用的就应当被肯定，对历史发展起了阻碍作用的就应当被否定。有了这样的科学的客观的准则，曹操就可以得到正确的处理，也会得出对曹操的一致的看法。尽管曹操的形象长期受到歪曲，但是，马克思列宁主义已经深入人心，这种在人民心目中被歪曲了的曹操的形象，是会加以澄清的。

在未正式讨论曹操的历史作用之前，有必要叙述一下曹操所处的时代，历史在这个时代面前提出了什么问题。

自2世纪以来（东汉安帝以后），由于贵戚、官僚、商人奴隶主的大肆兼并土地，加上政治的败坏，水利的失修，天灾的流行，以及战争的频仍，征调无度，广大的农民被迫离开土地，成为流民。东汉安帝永初二年（公元108年）"二月乙丑，遣光禄大夫樊准、吕仓分行冀、兖二州，禀贷流民"①。四年（公元110年），三辅一带，"人庶流冗"②。到桓帝永兴元年（公元153年），有三十二郡国"百姓饥穷，流冗道路，至有数十万户，冀州尤甚"③。

东汉统治者也曾经企图解决一下流民问题，但是采取的是一些微不足道和无济于事的办法，对贵戚、官僚、商人奴隶主的大肆兼并更是谈不上有任何限制。因此，到了东汉末年，到处出现了"死亡流离"④，"京师厮舍，死者相枕，郡县阡陌，处处有之"⑤的现象，表现了东汉统治者是无法解决流民问题的。

因此，农民被迫起来进行暴动。2世纪以来，农民起义和农民战争几乎没有一年停止过，地区遍于全国。农民起义对当时的统治者给予了一定的打击。虽然他们在

---

① 《后汉书》卷五《孝安帝纪》。
② 《后汉书》卷五《孝安帝纪》。
③ 《后汉书》卷七《孝桓帝纪》。
④ 《后汉书》卷六《孝顺帝纪》。
⑤ 《后汉书》卷七《孝桓帝纪》。

当时还不可能明确地提出土地问题，更谈不上解决土地问题，但是农民战争却把历史推进了一大步。

这时候，随着阶级斗争的日益开展，农民的封建化过程也日益加剧了。这是当时的历史所面临的一个重要问题。

我们知道古代中国农村公社的瓦解过程是极其缓慢的，中间经历了几百年的时间。在几百年的长时期中，土地自由买卖的结果，首先使农村公社"转变为小所有者——农民所组成的乡村"①。在这里，一方面产生了农民的分化，一方面，"从'自有地，即自由攫取的地产产生'的那个时候起，'……大土地占有制的产生只是时间问题了'"②。因此，随着大土地占有制的日趋发展，农民经济的分化过程更日益加速起来，终于使大部分农民丧失了土地。他们再不可能像以前一样取得公社的某些保障，只好从土地游离出来。这一情况，在西汉后期便开始显著。到了东汉，大土地所有制有了很大的发展。当时大土地占有者的田庄已构成一个独立的经济单位，在田庄上的直接劳动者，便是依附于大地主的丧失了土地和自由的农民。到了东汉末年，各地更是在这种田庄的基础上形成了规模很大的坞垒营壁的组织形式。

独立的、自给自足的大土地占有者的田庄的形成过程，也是古代中国建立在奴隶劳动上的城市的崩溃过程。由于古代城市的寄生性日见糜烂，农村中大量的农民趋于破产，成为流民，因此，工商业因销路缺乏而日益衰敝下来。而军阀的混战，更使这种衰敝，达到了非常严重的程度。如《后汉书》卷四十九《仲长统传·昌言·理乱篇》所云"名都空而不居，百里绝而无民者，不可胜数"，说明了东汉末年工商业已处于崩溃境地。

在这种情况下，小生产者的农民在公社瓦解以后，他们本身的经济力量，是不足以抵御各种各样自然的和人为的灾害的。城市的衰敝，自然经济又把小生产者的农民经济活动的范围缩减到极小的程度，堵塞了破产的农民流向城市寻找生路的任何可能。农民除了转死于沟壑以外，便又不得不回到农村里，以丧失自己的自由作为代价，去摆脱自然经济给他带来的困难。因此，经济的自然性，是促成农民依附

① 恩格斯：《反杜林论》，吴黎平译，人民出版社，1956，第 173 页。
② 《马克思恩格斯全集》第 16 卷，第 392 页，转引自波梁斯基著、北京大学经济史经济学说史教研室译：《外国经济史（封建主义时代）》，生活·读书·新知三联书店，1958，第 48 页。

化过程的一个重要前提。这是一方面。另一方面，当时大量土地已经掌握在大土地占有者的手中，大土地占有者占有土地，目的在攫夺直接生产者的剩余产品，来满足本身贪婪的欲望。因此，他们拼命地争取劳动力，并把它固着在土地上，使其依附于自己来达到攫取的目的。这样，大批的流民便落入大土地占有者的田庄中，成为大土地占有者的依附农民。农民依附化过程的出现在当时是必然的。在当时生产力尚处于低下的情况下它是一种进步的生产形式，比奴隶占有制的大庄园经济具有更大的优越性，对当时脱离生产的流民来讲，对当时处于自然灾害和军阀割据下朝不保夕的小农来说，都更富于生产性。

他们或者以"宗族"（同族的）或者以"宾客"（非同族的）的名义，成为大土地所有者的"部曲""徒附"，平时替大地主劳动耕种，战时要替大地主当兵打仗，他们没有任意离开土地的自由，他们所受的痛苦，仅仅区别于奴隶。因此，依附农民与大土地占有者之间，阶级斗争是尖锐的。从黄巾农民大起义所信奉的太平道和五斗米道曾经在个别地区短暂时间内实行的"作义舍，以米肉置其中以止行人"[①]的办法看来，在很大程度上是"出入相友，守望相助，疾病相扶持"的农村公社的翻版。农民要求返回到公社里去，当然，这终究是不可能实现的美丽的幻想。历史不可能重新回到公社生活的历史阶段上去，历史的命运使农民终究不能摆脱依附化的过程。

尽管如此，但是，阶级斗争是历史发展的动力，农民对地主的斗争，又必然要迫使统治者作出某种程度的让步，来缓和激化了的阶级矛盾。统治者被迫只能这样做，不这样做，便无法保证对剩余产品的攫取。因此，历史就是在这样曲折的过程中向前发展的，曹操就是生活在这样的时代。

研究曹操就要研究他所实行的政治和经济措施，是不是对人民作了让步，符不符合历史的发展趋势。如果对人民作了让步，符合了历史的发展势趋，那么曹操就应该被肯定；不是这样，那么，曹操就应当被否定。

曹操在一生的政治生活中，主要推行了如下几项政治、经济措施：实行屯田、兴修水利、减轻赋税、抑制豪强等。这些措施牵涉政治、经济的各方面，评价曹操

---

① 《三国志》卷八《张鲁传》。

时不抓住这些措施来研究，具体地来衡量曹操的作用，就不会是全面的。同时，这些措施实行的时间较长，实行的范围较广，从政治的角度看来，带有基本政策的意义，是经常性地在起作用的东西。因此，我们更不能不抓住这些措施来讨论对曹操的评价问题。

首先我们拿曹操的屯田来看。曹操开始大规模地实行屯田，是在汉献帝建安元年（公元196年），在许下首先实行的。《魏志》卷一《武帝纪》载：

> 公曰："夫定国之术，在于强兵足食……"是岁乃募民屯田许下，得谷百万斛。于是州郡例置田官，所在积谷。征伐四方，无运粮之劳，遂兼并群雄，克平天下。

屯田是曹操所实行的一项最重要的经济措施。在曹操看来，实行屯田，目的只不过是强兵足食，解决军粮问题，争取比在江淮靠吃蒲蠃维持的袁术和在冀州靠吃桑葚维持的袁绍具有绝对的优越的物质条件。但是，普遍地推行屯田，势必要吸引许多的流民来进行屯种，这样对于丧失了土地、到处颠沛流离的农民说来，却给了他们能安定生产的物质条件。屯田的租额，一般是对分制；官给耕牛的是四六分制，官得六分，屯田民得四分。对分制和四六分制作为封建社会的国家对农民的剥削来讲，剥削量是很重的。但是在当时的具体情况下，这种剥削量，并没有超过地主榨取农民的私租额。在农民的依附化过程中，一般还算是比较正常的产品分配制度。因此，曹操实行的屯田制度，并没有过分加重依附农民的经济负担。加之在民屯中，还免除了屯田客的兵役徭役，这对农民经常性的安定生产也是有积极意义的。

兴修水利是结合着屯田来进行的。三国时候，曹操在北方推行水利事业是比较显著的，像夏侯惇在济阴，修太寿陂，"身自负土，率将士劝种稻，民赖其利"[1]；刘馥为扬州刺史，在合肥一带，"立学校，广屯田，兴治芍陂及茹陂、七门、吴塘诸堨以溉稻田，官民有畜"[2]；贾逵修小弋阳陂；等等。兴修水利，对保证农业生产有

---

[1] 《三国志》卷九《夏侯惇传》。
[2] 《三国志》卷十五《刘馥传》。

很大的作用。统治阶级兴修水利，当然是利用民力，但是大规模的水利事业，如果单纯依靠个体经济的农民自行兴修是不可能办到的，即使是豪强大族，也无能为力。曹操及其部下，利用国家的力量，作为国家的职能，才能比较顺利地达到。因此，对曹操在兴修水利上的作用，也应当予以足够的估计。

其次曹操实行了户调式的赋税制度，户调式的内容，规定每户调绢二匹，绵二斤，粟四升。数量比之东汉末年，有所减少。东汉末年，汉桓帝延熹九年（公元166年）及汉灵帝中平二年（公元185年）两次增税，共二十钱，增加的税，就远远超过四升。曹操在推行户调时，实行平赀。《三国志·魏志》卷九《曹洪传》载："初，太祖为司空时，以己率下，每岁发调，使本县平赀。"因此，比之东汉末年，赋敛"出于平人，回入奸吏"[1]。比之袁绍在冀州，"下民贫弱，代出租赋"[2]，无端地把繁重的赋税直接转嫁到农民身上而加重农民的负担是有好处的。所以户调制的推行，给自耕农民保证了安定的生产条件和最低限度的生活条件。

再说，抑制豪强，也有积极的意义，其意义主要表现在抑制豪强过度的兼并。这样可以保障屯田，也可以抑止一些豪强兼并自耕农民的土地的趋势。《三国志·魏志》卷十六《杜畿传附子恕传》载：

> 时征北将军程喜屯蓟，尚书袁侃等戒恕曰："程申伯（喜字——引者）处先帝之世，倾田国让于青州……宜深有以待之。"

从这个例子来看，这件事（指程喜"倾田国让于青州"的事）虽是发生在曹操以后，但可以反映在曹操时这种现象也会存在。这就说明在个别情况下，曹操对个别豪强还强迫他交出部分土地，使之成为屯田，归封建国家直接掌握。又《三国志·魏志》卷十六《仓慈传》载：

> （明帝）太和中，迁敦煌太守……慈到，抑挫权右，抚恤贫赢，甚得其理。

---

① 《后汉书》卷六十五《皇甫规传》。
② 《三国志》卷一《武帝纪》。

旧大族田地有余，而小民无立锥之土；慈皆随口割赋，稍稍使毕其本直。

这对自耕农民也起了暂时的保障作用。这虽然发生在曹操之后，但也可以推知曹操在压抑豪强中必然更会注意到这样的问题。所以，抑制豪强对于促进农业生产也有积极的作用。

此外，曹操还注意了整顿吏治。东汉末年，吏治败坏，贪吏横行。三国时，曹操在北方，部下循吏较多。举几个例子来看，像有"居处贫穷"的梁习①，有"清素在公，妻子不免于饥寒"的郑浑②，有"性清俭……不治产业"的夏侯惇③，有"家无所储，终不问产业"的袁涣④，等等。"性清俭"，说明能抑制其贪婪的欲望；"不治产业""终不问产业"，说明其不敢过度地并兼。曹操的各项措施，像屯田、兴修水利主要就是依靠这样一些人来推行的，像夏侯惇就是对兴修水利、奖励耕垦行之有力的一个。袁涣对推行屯田、梁习对抑制豪强也都有功绩。总的说来，推行屯田、兴修水利、抑制豪强、改革吏治等，都是曹操实行的基本政策的有机组成部分。历史有许多事实证明，这些措施都取得了一定的成效。

因此，在北方，生产便逐渐地得到恢复和发展，阶级矛盾也相对地缓和下来（反抗曹操统治的，有，但是不多）。残破的洛阳，到曹丕的时候便是"都畿树木成林"⑤，洛阳周围，"垦田特多"⑥。在袁绍时，靠吃桑葚以维持的冀州，这时也"户口最多，田多垦辟"⑦。在袁术时，靠吃蒲蠃以维持的江淮，也已"官民有畜"⑧。至于封建国家的库藏，更是"五年中仓廪丰实"⑨，"数年中，所在积粟，仓廪皆满"⑩。这些都可以反映出当时的生产已在逐渐恢复和发展。土地单位面积产量也有所提高，

① 《三国志》卷十五《梁习传》。
② 《三国志》卷十六《郑浑传》。
③ 《三国志》卷九《夏侯惇传》。
④ 《三国志》卷十一《袁涣传》。
⑤ 《三国志》卷二十七《王昶传》。
⑥ 《三国志》卷二十七《王昶传》。
⑦ 《三国志》卷十六《杜恕传》。
⑧ 《三国志》卷十五《刘馥传》。
⑨ 《三国志》卷十一《国渊传》。
⑩ 《三国志》卷十六《任峻传》。

《晋书》卷四十七《傅玄传》载：

> 近魏初课田，不务多其顷亩，但务修其功力，故白田收至十余斛，水田收数十斛。

这虽然不能算作一般的现象，可能数字还有夸大，但结合嵇康《养生论》说的：

> 夫田种者，一亩十斛，谓之良田，此天下之通称也。

可见，自曹魏至晋初，农业单位面积产量是有提高的。

当时生产的恢复和发展以及北方政治的比较安全，还可以从各处流民还乡中反映出来。汉献帝建安五年（公元200年），流入荆州民十万家返关中；江淮流民"越江山而归者以万数"①。终曹魏之世，《三国志·魏志》中关于辽东还民，不止一次地见于记载。

这样，由于东汉末年苛暴的政治和残酷的剥削所造成的人民"流离沟壑，嫁妻卖子"②的现象已经有所改变。这是劳动人民推动生产恢复和发展的伟大成果，曹操所实行的让步措施也起了积极的促进作用。因此，曹操起了促进历史发展的作用，我们应予肯定。像杨炳同志那样，没有什么根据，降低曹操实行的政治、经济措施的历史意义，得出否定曹操的评价，这不是历史唯物主义者所应有的看法。

当然，曹操所推行的屯田制度中，屯田农民的身份和地位是很低的。屯田的土地，为封建国家所有，屯田农民固着在封建国家的土地上，依附于封建国家，不能任意离开土地，丧失了自由农民的自由身份。但，是不是可以据此便来否定曹操呢？我们认为这是不可以的。

我们在前面已经讲到，自东汉安帝以来，豪族世家兼并土地的情况愈来愈严重。自由农民依附于豪强，变成"部曲""宾客"。到了东汉末年，已是"豪人之室，连

---

① 《三国志》卷十五《刘馥传》。
② 《后汉书》卷五十二《崔寔传》。

栋数百，膏田满野，奴婢千群，徒附万计"①。"徒附"都是依附的农民，他们向豪强交纳高额地租，受着沉重的超经济强制。自由农民变成不自由的依附农民了，这是农村公社瓦解以来，农民不可避免的历史命运。这个过程对农民来说是痛苦的，但又是必然的。曹操承黄巾农民战争之后，实行屯田，以安置流民，把流民变成屯田客，在客观上是符合了历史发展规律的，因此不能据以否定曹操。

马克思列宁主义教导我们说："社会和阶级由个体、个人构成，人们创造历史，这是对的。但是社会不是个体、个人的总和，而是社会关系的总和。社会、阶级、民族——这是历史发展的产物。也可以这样说，普通人和卓越的历史人物都是社会关系的产物。每一个个体，一在社会上出现，就会遇到现成的、不是他所建立的社会关系，这种社会关系决定他的地位、社会作用、他的意识、他的意志。"曹操正是在这种社会关系上表现了他的作用，他的意识和意志。因此，我们不能离开当时的历史条件来任意地否定曹操。我们不能要求曹操能超越和摆脱这种社会关系。正是因为曹操的一些举措，在客观上符合了生产关系一定要适合生产力性质的规律，因此，北方生产事业大大遭到破坏之后，它的恢复和发展却比吴蜀还来得快，我们没有看到吴蜀两地采取这么多有利于生产恢复和发展的措施。

总的说来，在中国封建社会的前期，封建国家往往凭借国家土地所有制，把农民固着在土地上，使其依附于封建国家，一般都能较多地向人民作出让步，从而有利于生产的恢复和发展。晋初之占田制，北魏、北周、北齐、隋、唐前期的均田制在不同程度上都体现了这一点。魏孝文帝、唐太宗都是推行均田比较有效的皇帝，历史对他们推行均田都作了应有的肯定。曹操实行了屯田制，对人民作了一些让步，我们也应当加以肯定。何况，曹操在这方面，还是他们中的一位先驱者（当然，在这里并没有意思要把屯田制和均田制完全等同起来），没有足够的评价，是不公允的。

因此，我们认为曹操确是封建社会中的一位杰出的政治家。他所处的时代正是封建社会尚处于上升的时候，封建生产关系还基本上适合于生产力性质。封建统治者在一定条件下还可能作出一些在客观上符合历史发展、促进历史发展的事情，列宁说：

---

① 《后汉书》卷四十九《仲长统传》。

历史上，取得统治地位的每一个阶级，都推举出了自己善于组织运动和领导运动的政治领袖和先进代表。[①]

曹操之所以能提出那样一些有利于促进历史发展的措施出来，我们可以从历史唯物主义中获得理解。

当然，在评价曹操时，我们更应该认识到生产关系一定要适合生产力性质这一规律对历史的发展起着根本的作用，在阶级社会中，这一规律又必须通过阶级斗争才能实现，因此，我们绝不能忽视阶级斗争推动历史的意义。具体地说，农民战争尤其是黄巾大起义是推动曹操实行让步的政治、经济措施的直接动力。要知，曹操之所以减轻屯田农民的某些负担及实行其他让步措施，这并不是出于曹操主观的善良愿望。在对抗性的社会关系下，要求统治者实行什么仁政是不可能的。国家"是阶级压迫阶级的工具。对于敌对的阶级，它是压迫的工具，它是暴力，并不是什么'仁慈'的东西"[②]。它之所以实现了这些措施，完全是在阶级斗争的强大压力下所取得的结果，其迫使统治者不得不实行某种调节。较有远见的政治人物，他意识到这一点，便能作出某种调节、某种让步，企图来缓和阶级矛盾，来维持其阶级的统治，曹操的政治就是在这种情况下产生的。就拿曹操的一些改革吏治措施来说，是由于农民战争打击了东汉统治者的缘故。在这里，我们可以作个对比，曹操在汉灵帝中平元年（公元184年），参加镇压黄巾之后，任济南相，当时有十余县的县史"阿附贵戚，脏污狼藉"[③]，被他奏免了八个。这是他的整顿吏治，并已获得成效。我们又看《后汉书》卷六十七《李膺传》，汉桓帝延熹二年（公元159年），李膺欲按治羊元群赃罪，羊元群赂于宦官，"膺反坐输作左校"。这也是整顿吏治，可是没有成功，一成一败不是别的，这是一是在黄巾农民大起义发动之前，统治者没有受到严重的教训；一是在农民大起义发动之后，一些统治者接受了农民战争的教训。所以曹操改革政治能获得成功，受到来自其本阶级的阻力较小，就是这个缘故。因此，我们完全可以讲，曹操的政治、经济措施，是农民战争直接推动的结果。这些措施，带

---

① 《列宁论工会》，工人出版社，1959，第99页。
② 《毛泽东选集》第四卷，人民出版社，1991，第1476页。
③ 《三国志》卷一《武帝纪》。

有缓和阶级矛盾的实际意义，得到了人民的支持。正是这样，曹操在东汉末年军阀割据和群雄混战的局面中，他的势力由小到大，由弱到强，最后击破了吕布，打败了袁术和袁绍，统一了北方。这一切，归根到底，并不是曹操个人有什么特殊的超人的本领，而是人民在推动着历史前进。不是英雄造时势，而是时势造英雄。

因此，我们对这一历史时期中农民进行的阶级斗争所起的历史作用，可以得出如下结论：当封建社会生产方式尚处在上升运动的时候，当封建生产关系基本上还符合生产力性质的水平的时候，农民所进行的阶级斗争之所以是进步的，"并非因为它动摇了封建制度，反之，是因为它促进了封建制度的增强和巩固，促进了利用封建制度中一切潜力来使生产力进一步发展。当时，阶级斗争限制了封建剥削，导致了占有生产资料的直接生产者生活状况的改善，限制了封建主榨取全部剩余产品的企图，提供了技术发展和扩大再生产的可能性"[①]。我们知道封建主能否攫取直接生产者的全部剩余产品或其一部分剩余产品的问题，是由阶级力量的对比、阶级斗争的规模和尖锐程度来决定的。尽管这一时期的阶级斗争，还无法使农民摆脱依附的地位，但是阶级斗争的威力，迫使封建主在一定程度上限制了剥削，采取了某些让步的措施，使封建社会获得了发展。农民正是用自己的血和汗为封建社会的发展铺平了道路。所以，评价曹操个人在历史上的作用问题，其根本意义在于通过个人的作用来认识人民群众推动历史发展的决定作用，离开了这个原则，人物评价就会变得毫无意义，而陷入主观唯心主义的错误。

在通过曹操阐明了人民群众的作用以后，我们还可以附带地解决下面一个问题。

杨炳同志对曹操镇压农民起义给以无情的揭露，这是正确的。但是，他由此而否定曹操以后所进行的一切战争，这就不见得如何恰当。[②]当然，曹操后来所进行的战争大多是统治阶级、集团之间的厮杀，从其实质上说，都是你争我夺，没有什么区别。可是，我们不妨具体分析一下，为什么在这些战争中，曹操往往是胜利者呢？为什么北方的统一是在曹操的手里实现的呢？原因很简单，就由于曹操所采取的政治、经济措施比较好，人民在漫无秩序的混乱中，选择了较有秩序的代表者曹

---

① E.B. 古特诺娃等：《论封建社会形态的基本经济法则问题》，《史学译丛》1955 年第 2 期。
② 参看杨炳《曹操应当被肯定吗？》，《新华半月刊》1959 年第 12 期。

操，支持了曹操的统一事业。事实上，当时的社会矛盾在军阀混战时开始有了转化，在以前阶级矛盾占着主要地位，在以后统治阶级内部矛盾占了主要地位，这时候，人民渴望结束无休止的混战，渴望统一，是完全可以理解的。因此，曹操所进行的统一的战争，便带有进步的性质。列宁教导我们：

> 历史上常有过这样的战争，它们虽然带来了必然伴随一切战争而产生的种种惨祸、暴行、灾难和痛苦，而终究是进步性的。[1]

曹操平定群雄的战争，就是这样一种类型的战争，从当时看来，统一比割据好，统一战争中所酿成的祸害，较之长期分裂所酿成的祸害，总要小得多。很难设想，当时的北方，如果长期处在军阀混战中不能获得统一，人民将会继续遭到怎样的惨祸！因此，曹操平定群雄的战争，尽管他杀了很多人，还是应该肯定的。杨炳同志之所以要来否定这一类型的战争，是由于他片面地忽视了曹操的政治、经济措施的历史意义，孤立地来讨论战争的缘故。至于曹操在赤壁失败，没有及身完成统一全国的事业，这是统一全国的条件一时还未具备（战略上犯了错误，也是个重要原因）。但是，统一的北方毕竟给以后西晋的统一全国奠定了基础。

在论述了曹操在历史上的作用以后，我们不能不指出目前在讨论曹操评价问题上存在着两种偏向。一种偏向，就是没有在历史唯物主义的指导下正确地具体地把阶级观点和历史观点结合起来；另一种偏向，也是没有在历史唯物主义的指导下正确地把人民群众和个人在历史上的作用结合起来。

第一种偏向，还表现出两个方面。一个方面表现为片面对待历史观点，忽视阶级观点。郭老认为曹操继承了黄巾农民战争，把黄巾组织化了，曹操没有违背黄巾农民战争的目的。[2]我们认为这是片面对待历史观点，忽视阶级观点的一个错误。我们讲曹操实行的政治、经济措施，在客观上促进了生产的恢复和发展。这是农民利用了这些条件，通过生产斗争和阶级斗争来实现的，至于他的主观目的，却是要通

---

[1] 列宁：《社会主义与战争》，外国文书籍出版局，1954，第7页。
[2] 参看郭沫若《替曹操翻案》，载《人民日报》1959年3月22日第7版。

过这些措施来达到维护封建统治，保证攫取剩余产品。曹操不可能具有农民的目的，如果说，曹操继承了黄巾农民战争，没有违背黄巾的目的，好像曹操所代表的阶级和农民之间不存在对抗性的矛盾，这就会令人模糊曹操与农民之间的阶级界限。对郭老说来，这不能不算是一种不应有的疏忽。须知曹操对农民让步，只是手段，不是目的。因此，在这个问题上，我们一方面要看到曹操慑于农民战争的威力，对农民作出了一些让步，譬如屯田可以不服徭役与兵役之类，使阶级矛盾获得一定的缓和，有利于生产的恢复与发展；但一方面也要看到，在屯田制中，封建统治者对农民的超经济强制仍然很严重，租额的负担仍然很不轻，阶级矛盾仍然存在，有的时候还很尖锐。曹操在世时，屯田客和农民就有过不止一次的反抗，《魏志》卷十一提到了屯田民的逃亡，同书卷二十三《赵俨传》记载了屯田客吕并起义，而且大都遭到了曹操的镇压，这足以说明农民和曹操之间是存在着对抗性的矛盾的。从矛盾的一方农民来说，农民陷于依附化过程，并不是出于农民的自愿，更不是农民战争的目的，因此，农民还在不断地掀起反抗；从矛盾的另一方面曹操来说，他的政府权力是在农民依附化的基础上和在同农民的斗争中产生和巩固起来的，封建主为了保证"对依附农民的农奴制剥削，尤其是使他们沦为农奴的最初过程，需要有政治的保障、司法的制裁、国家的支持"①。因此，双方的矛盾总是不可调和的，它们构成了封建社会中的基本矛盾。因此，不言而喻，如果说曹操镇压了农民起义，又没有违背起义者的目的，好像曹操后来的一些举措已经达到了农民战争的目的了，那么试问屯田客吕并的起义又是为了什么呢？这不是恰恰表明，曹操毕竟是封建统治者，他虽然对农民作了某些让步，但是并不能满足农民的要求，符合农民起义的目的，农民还在继续进行斗争，事实上阶级矛盾与阶级斗争并没有停止过。

另一个方面表现为片面地对待阶级观点，忽视历史观点。有人认为曹操是当时剥削阶级的代表，既是剥削阶级中人，天下乌鸦一般黑，曹操自然应该被否定。杨炳同志就是这样，他没有注意到当时的封建社会尚处在上升阶段，生产关系基本上还适合生产力的发展，只是片面地运用阶级观点，对曹操加以一笔抹杀，因此，许

---

① 波梁斯基：《外国经济史（封建主义时代）》，北京大学经济史经济学说史教研室译，生活·读书·新知三联书店，1958，第50—51页。

多问题便得不到正确的解释。历史告诉我们，曹操所实行的一些政治、经济措施对生产的恢复和发展确实起了一定的积极作用，对这一问题应当如何解释呢？何况，曹操所实行的这些措施，正是农民战争直接推动的结果，如果把曹操时代的政治情况和东汉末年的情况等同起来，又从哪里去看出阶级斗争推动历史的作用呢？事实上，这样做的结果，终会将历史发展的进程变成简单化和抽象化的公式，人民群众推动历史发展的具体内容得不到全面的阐明，阶级斗争怎样打击了封建统治，从后来的历史中怎样看出阶级斗争的成果，都不能得到应有的正确的反映。因此，过分地把历史简单化，是得不出正确结论来的。

历史唯物主义是无产阶级的阶级观点，也是无产阶级的历史观点，讲阶级观点，本身就包括了历史观点，讲历史观点，本身就包括了阶级观点，削弱了或忽视了任何一面，都不是历史唯物主义，用来评价曹操，就无法作出正确的恰如其分的评价。

第二种偏向，没有很好地把个人在历史上的作用和人民群众在历史上的决定作用结合起来。评价曹操，郭老在《替曹操翻案》一文中，赞扬曹操是大政治家、大军事家、大文学家，杰出的民族英雄，而将黄巾农民军却说成是"乌合之众""有奶便是娘"，把曹操看作"救命恩人"，等等。这不能不令人产生一种这样的印象：农民军是"乌合之众"，毕竟干不了什么大事，只有曹操才算英雄。不管郭老主观愿望如何，实际上是削弱了黄巾农民战争推动历史发展的重大意义。事实当然不是这样，曹操所实行的哪一项重要的措施，不是农民战争推动的呢？没有农民战争对东汉统治者猛烈的冲击，曹操的那些政治和经济措施是无法实行的；没有人民的支持，曹操的势力不可能发展得这样快，不可能统一北方，相反，他还可能会被别人平定。

由此可见，只有遵循历史唯物主义的阶级观点与历史观点的结合，只有遵循历史唯物主义关于人民群众与个人在历史上的作用的原则，才能正确地处理历史人物，才能正确地评价曹操。

载《科学与教学》1959年第 3 期。

试谈古史分期的几个问题

一、从西周论立说，无法具体解释为什么殷代的生产关系已经发展到完全阻碍社会生产力前进的地步。封建制的产生，很难看出是合乎规律的现象

殷代社会生产力究竟发展到一个怎样的程度，存在着一些不同的说法，有的人说它已发展得很高了，根据《尚书·微子》的"今殷民乃攘窃神祇之牺牷牲用以容，将食无灾"这句话，把殷代的"庙会"作了一番想象：

> 不难想像，这些庙宇的广场上是挤满了行商坐贾的。市场的周围分布着手工业作坊，手工业者带着自己的商品——青铜器、陶器、武器、绢帛来到市场，而农民则带着谷物、蔬菜、水果、牲畜等来出售。外来商人的摊子上摆满了玉、贝、象牙等贵重的商品。为了解决这些杂遝的人群的饮食问题，在市场之外必有鳞次栉比的酒楼饭馆。《战国策·秦策》说："太公望齐之逐夫，朝歌之废屠。"在我们看来，太公望虽未必屠牛于朝歌，而朝歌是必有屠户来供给这些酒楼饭馆以肉类的。殷代商业的繁荣情况，大概如此。①

就凭这样的想象，有的人把殷代奴隶制说成是高级阶段的奴隶制。尽管如此，几乎所有的人，也包括高级阶段论者在内还不能不承认，当时殷代的生产工具还没有排斥石器，甚至是以石器为主的。殷代末年长期对东夷进行的战争，还在大规模地俘获奴隶，完全没有迹象可以看出殷代奴隶制生产已经没有什么发展余地了。当然，也更完全没有迹象可以看出在殷代的社会内部已孕育了新的生产关系的萌芽，尽管恩格斯援引马克思的话说过：

---

① 李亚农：《殷代社会生活》，上海人民出版社，1955，第53页。

马克思对这一点（指家长制家庭时期奴隶制的出现——引者）补充道：现代的家庭，在萌芽时，不仅包含着奴隶制，而且也包含着农奴制，因为它从最初起，就是和耕地操作有关的。它以缩影的形式包含了一切的对抗，这些对抗后来在社会及其国家中广泛地发展起来。[①]

但作为封建生产关系的农奴制，毕竟是作为依次衔接于奴隶制的社会形态，它终究不可能在奴隶制社会里从一开始就获得和奴隶制平行的发展。封建制的出现，作为新的生产关系的萌芽的出现，应该不是偶然的，它总要反映两个方面：一、生产力发展的结果；二、旧的生产关系对生产力的发展已经在起着阻碍的作用了。什么统治者的经验、愿望，毕竟不能改变一个社会的生产方式。那么，应该从什么地方看出殷代末年作为新的生产关系的萌芽来呢？实在是看不出来的。

有的西周论者也不同意"经验"之说，而提出周灭殷时殷代的奴隶制已经到了末路，周之灭殷，正和西欧的日耳曼族之进入罗马一样。[②]然而，这到底有什么根据呢？殷代的奴隶制为什么已经到了末路？就是高级阶段论者也没有下这样的一个结论，在他看来，殷代发展到了高级阶段，也还没有走到末路，奴隶制的崩溃是到了西周后来的事。[③]殷代不能拿来和罗马相比附，这是学过世界史的人都知道的。更何况殷代在实际上还没有发展到高级阶段。

有人且不管殷代末年社会内部有没有封建制的因素，只说周族远在古公亶父时就已经出现了新的封建的生产关系。周之灭商是周的新制度战胜了殷的旧制度[④]，这种移植论恐怕也难以成立。即使是先进的"小邦周"[⑤]征服了落后的"大邦殷"[⑥]，要移植一种新的生产方式到偌大的关东地区来（要知道殷所据有的地区较之古公亶父和文王的泾渭之间和丰镐之间不知要大到多少倍），恐怕是极不容易的事。何况，文

---

① 恩格斯：《家庭、私有制和国家的起源》，张仲实译，人民出版社，1954，第55页。
② 参看王玉哲《关于范著中国通史简编修订本第一册的几点意见》，《历史研究》1954年第6期。
③ 参看李亚农《殷代社会生活》和《西周与东周》。
④ 参看范文澜《关于中国历史上的一些问题》，载中国科学院历史研究所第三所编辑委员会编辑《中国科学院历史研究所第三所集刊》第一集，科学出版社，1954。
⑤ 如《尚书·大诰》："兴我小邦周。"
⑥ 如《尚书·召诰》："天既遐终大邦殷之命。"《尚书·康诰》："皇天改大邦殷之命。"

献上记载，周人在灭殷以后，还花了九牛二虎之力，才逐渐控制了这一地区，其中，还不得不采用"往敷求于殷先哲王，用保乂民"①"启以商政""启以夏政"②的办法，要来一个"周因于殷礼"。更何况周族到古公亶父迁于岐下之前，还是过着"陶复陶穴，未有家室"③的生活，而后来的文王也还仅是一个部落联盟长的身份，在那里"秉鞭作牧"④，"卑服，即康功田功"⑤。又更何况，至今的地下的发掘材料，还不能提供任何一点实物来证明周族的生产力已跑在殷人的前面了。

我对世界史很不熟悉，据说有这样的情况，有的民族在它处于原始社会的末期就直接跳跃了奴隶制的阶段，确乎进入到封建制里去了。但是这种情况的产生，总应该有其特殊原因，像苏联学者斯特鲁威所指出的：

> 原始公社制度在其发展中，如没有更为发展的社会的影响，便不可能越过奴隶制生产方式。原始公社制度要变成奴隶制，而不是变成封建制，这是马克思有关社会结构的基本原理之一。既然古代东方各国的阶级社会是在人类文明开始之时独立地形成而无其他阶级社会的影响，那么，任何证明古代东方社会有半封建制成分的企图，在客观上便不免对马克思列宁主义关于社会发展学说最主要的法则作了修正。⑥

也还有另一种情况，日耳曼人作为一个蛮族确乎是没有经过奴隶制阶段的，但它之所以直接进入封建社会，又正如马克思、恩格斯所指出的：

> 封建主义决不是现成地从德国搬去的；它起源于蛮人在进行侵略时的军事组织中，而且这种组织只是在征服之后，由于被征服国家内遇到的生产力的影

---

① 《尚书·康诰》。
② 《左传·定公四年》。
③ 《诗经·大雅·绵》。
④ 《楚辞·天问》。
⑤ 《尚书·无逸》。
⑥ 斯特鲁威：《论古代东方与古典世界》，日知译，转引自华南师范大学历史系编《华南师大历史系论文集》第一集，1984，第295页。

响才发展为现在的封建主义的。①

如此看来，两种情况都不是，周族在灭殷以前固然不可能独特地跳过奴隶制阶段发展为封建制，又不可能受到被征服族殷人原存在的生产力的影响——像古罗马的废墟一样，而发展为封建制。因此，从西周封建论立说，在这一点上，首先就遇上了一个难题，它使我产生了上述的疑问。

姑且可以作这样的同意：西周铁器的有无，不能成为争论的焦点。这一方面是尽管有人作了很大的努力来考证"取厉取锻"之"锻"与"驷骥孔阜"之"骥"以及金文上的"戠""𨰠"等等都和铁有关，但毕竟在地下发掘上还没有一点证明，争论很难有个结果。另一方面，也有人提出区别奴隶社会和封建社会的关键，是剥削方法的交换，是所有制的不同。至于生产工具制作的变化，在奴隶制向封建制的转化上，并不一定起决定性的作用。那么，从这个论点出发，可以不必去考察铁器的有无。②这个论点对不对，暂且不去讨论。我是从另一个角度才同意不去争论铁器的有无的。铁器的使用，绝不能说成是只有封建制才能适应它，事实上，它可以是早期奴隶制，也可以是发展阶段的奴隶制，这在世界史上是不乏先例的。因此，即使证明西周已使用铁器也无助于分期问题的解决，更何况现有的证明还很不足。所以说，西周有无铁器的问题，可以暂时摆一摆，等以后条件成熟了再来讨论。但是在这里却不能不由此产生另一个问题，尽管西周有无铁器大可不谈，却不能不看到殷代的石器。当殷代的生产工具还在使用石器的时候，为什么奴隶制的生产关系却竟然阻碍了生产力的发展了呢？为什么殷代的奴隶制在当时的生产力状况下就不能再有发展的余地了呢？在这个问题上，西周论者是无法回避的，是要寻求解答的，可是，却是难以解答的。

因此说，从西周论立说，无法具体解释为什么殷代的生产关系已经发展到完全阻碍社会生产力前进的地步。封建制的产生，很难看出是合乎规律的现象。

① 《马克思恩格斯全集》第三卷，人民出版社，1960，第83页。
② 参看范文澜《关于中国历史上的一些问题》第六节，载中国科学院历史研究所第三所编辑委员会编辑《中国科学院历史研究所第三所集刊》第一集，科学出版社，1954。

二、从西周论立说，无法确定束缚于领主经济下的农奴身份，也无法肯定它的地租形态

西周论者在处理西周一段历史上，论点是最严密的，如果不去从它的前和后求其通，如果单只孤立地截取西周一段来考察，几乎是无懈可击的。确实，从许多形式上看，西周俨然是一个领主经济占主导地位的封建社会，我过去有过一段较长的时间是服膺西周论的，就是从这一点出发的。可是近来也发生了一些疑窦，究竟应该从什么地方去确定领主经济下的农奴身份呢？

大家都不否认从殷到西周是实行集体耕作制的。殷代的"协田"①，西周的"千耦其耘"②，以及井田制下的"藉田"③，全是集体耕作制。到了春秋还可以看见"二十五家为一社"④的较小的集体生产，从战国到秦汉间，才可以普遍看见由"八口之家"⑤到编户齐民的个体生产。西周时期在耕作上还是集体的性质，直接生产者能不能是农奴呢？马克思曾经指出，在农奴制劳动地租形态之下，"他独立经营他的农业和与农业结合在一起的农村家庭工业"⑥。列宁也指出过：农奴制的徭役经济是自己经营的小农经济。⑦小农经济当然不是专指农奴而言，但作为农奴，他虽然对于领主构成人格的依赖，而却是以小家庭为单位独立进行生产劳动的。从一般的情况看来，奴隶制发展到了它的后期，以奴隶生产的大庄园无法获利了，剥削者才被迫采取隶农式或农奴式的经营，尽管封建大地产可以无限制地扩大，但是生产是在封建庄园里的各个细小地段上进行的。因此，如果说西周采用了农奴式的集体耕作来代替奴隶式的集体耕作，这种农奴的身份是很难得到解释的。

西周论者一般把鲁宣公十五年的"初税亩"这一赋税制度的变化，看成是土地

---

① 《殷虚书契续编》（2.28.5）："王大令众人曰协田！其受年，十一月。"
② 《诗经·周颂·载芟》。
③ 《殷契粹编》（1299）："辛丑贞，□□人三千藉。"《周礼》："甸师掌帅其属，而耕耨王藉，以时入之，以共齍盛。"
④ 《左传·哀公十五年》杜预注："二十五家为一社，籍书而致之。"
⑤ 《孟子·尽心上》："百亩之田，匹夫耕之，八口之家足以无饥矣。"
⑥ 马克思：《资本论》第三卷，郭大力、王亚南译，人民出版社，1953，第1031页。
⑦ 参看中共中央马克思恩格斯列宁斯大林著作编译局编译《列宁全集》第三卷，人民出版社，1960，第158页。

所有制变化的标志，认为从此农村里出现了不同于领主的地主阶级以及有土地与少地或无地的农民阶级。并且还有人认为从此封建领主向农奴榨取的力役地租就为地主向农民榨取的实物地租所代替，认为这是一次巨大的变化。

真实的情况是不是这样呢？春秋时期确实发生了这样的变化，事实上不仅是鲁国，由于各国发展的不平衡，其他很多国都先后不同程度地发生了类似的变化。齐国早在桓公时，管仲就提出"相地而衰征"①的改革，晋国在惠公时曾有"作爰田"的改革，这些改变究竟意味着什么？《左传·僖公十五年》记载了晋国作爰田的经过，原来晋国和秦国战于韩原，晋国战败，惠公被俘，秦穆公打算和晋国讲和，惠公使人先行回国，《左传》说：

> 晋侯使郤乞告瑕吕饴甥，且召之。子金（饴甥字）教之言曰："朝国人而以君命赏。且告之曰：'孤虽归，辱社稷矣，其卜贰圉也。'"众皆哭。晋于是乎作爰田。吕甥曰："君亡之不恤，而群臣是忧，惠之至也，将若君何？"众曰："何为而可？"对曰："征缮以辅孺子。诸侯闻之，丧君有君，群臣辑睦，甲兵益多。好我者劝，恶我者惧，庶有益乎？"众说（悦）。晋于是乎作州兵。

原来晋国打了败仗，在主辱臣忧的情况下，为了激励国人，为了扩大兵员"作州兵"，才采取了作爰田的措施。鲁国的初税亩，虽然没有具体说到国人，但和四年后鲁国作丘甲联系起来看，《左传》说"为齐难故作丘甲"②，和晋国有类似的情况。后来郑国在子产执政下，作了"都鄙有章，上下有服。田有封洫，庐井有伍"③的改革，接着就作丘赋，《左传》上记载这件事说："郑子产作丘赋，国人谤之。"④郑国之"作丘赋"和鲁国的"作丘甲"，完全是同一个内容，都是为了扩大军赋，也都是和国人有着切身利益的关系。如此看来，要说这些变化是封建领主经济向地主经济的变化，是农民身份的变化，就不免有扞格难通之处。试问国人是些什么样身份的人

① 《国语·齐语》。
② 《左传·成公元年》。
③ 《左传·襄公三十年》。
④ 《左传·昭公四年》。

呢？能不能说国人是封建领主制下的农奴呢？

国人不是农奴，是自由的平民，西周论者对此都是肯定了的。我要说的是国人不仅是自由的平民，而且是和周统治者同族的平民（农村公社成员）。原来在西周进行军事殖民时，就让统治族的平民住在国中，他们主要承担军事上的责任，而让被统治族人（农村公社成员）居住于野，主要负责生产。在井田制没有破坏以前，他们都要在村社的组织里进行集体耕作，不过国人与野人的负担不同而已。到了春秋时期，由于生产的发展、各地区经济的发展不平衡性，为打破旧有的以宗法为纽带的氏族贵族等级制度提供了客观条件，首先引起了各国之间的兼并，这时候，某一个国家如果想在兼并中谋得发展、谋得存在，如晋之图雪秦耻，鲁之谋避齐难，以及郑国之处于楚、晋两大国之间而岌岌谋自保，都必须努力加强军备，这就要求首先把国人团结起来。所以，上述这些改革，就是从这一点出发的。

在奴隶制社会里，尤其在它的早期阶段，平民与贵族的矛盾和奴隶与奴隶主的矛盾是同时存在的两大矛盾，而且前者的矛盾往往表现得更为突出。平民与贵族的矛盾发展到尖锐化程度，往往可以动摇甚至覆灭氏族贵族奴隶主在一个国家中的统治。这在春秋是不乏事例的，如卫懿公好鹤，引起国人的不满，狄人侵入时，这些国人不愿作战，卫国几乎因此亡国（闵公二年）；莒国的纪公由于"多行无礼于国"，遭国人杀死（文公十八年）；后来的莒子庚舆"虐而好剑，苟铸剑，必试诸人，国人患之，又将叛齐，乌存帅国人以逐之"（昭公二十三年）。至于像僖公十九年梁国因"民溃"而卒亡于秦，文公三年楚国会合一些诸侯伐沈，沈国亦因民溃而亡，这种"民溃"事件的发生，也多和国人与氏族贵族的矛盾有关。因此说，从齐桓公称霸，采取管仲的"相地而衰征"，到晋、鲁、郑等国的一些土地上的改革都应看作与缓和这一矛盾有关。不管称霸也好，图存也好，总要先缓和一下国内平民与贵族的矛盾，才有兵可用，有军赋可收。所以管仲要在"相地而衰征"的同时，才来制定士乡十五，所谓"作内政以寄军令"①，其道理也就在此（按：乡即国，遂即野，乡遂等于国野）。

为了缓和平民与贵族的矛盾，要从土地上的改革着手，这是由于生产的发展，

---

① 《国语·齐语》。

大集体耕作制正在向小集体耕作制过渡，甚至有的正在向个体耕作制过渡，农村公社开始遭到了破坏，就是说井田制在遭到破坏。我们且不管"相地而衰征""作爰田""初税亩"以及"伍庐井""伍田畴"的具体内容如何（这个问题说来话长，只好将来另作讨论），但有一点可以看出，都在不同程度上承认和原来的公社成员个人的土地占有权有关，承认了个人的土地占有权，就标志着公社成员向个体农民的过渡，这在客观上不可避免地将要出现这样的结果：

> 自耕农民的自由的小土地所有制形态，当作支配的通常的形态，一方面在古典的古代的最盛时期，形成社会的经济基础。[①]

但是，这个改革在春秋还远没有完成。井田制的破坏和氏族贵族的统治之间是有着矛盾的。从氏族贵族想扩大他的统治和剥削这方面说，他未尝不想"人有土田，女反有之，人有民人，女复夺之"[②]，对井田制和在此基础上的"受民受疆土"是不满足的，他当然要破坏它。但是从氏族贵族想巩固他的统治和剥削这方面说，由于他毕竟是氏族贵族，宗法制度的权威、名器的森严，却是他进行统治的一套难以舍弃的灵符，井田制正是它的支柱，因此，他又不敢去破坏它，或彻底地去破坏它。春秋时期，这一改革仅限于国人，其道理在此。氏族贵族不可能完成这个改革，他在国人中进行的这一改革，实在是矛盾夹缝中的产物。而改革的结果，虽然可以赢得图存、争霸于一时，但最终却走上了氏族贵族主观愿望的反面，挖了他的墙脚。这一改革到战国才能完成，而最终彻底完成于秦国，它确与氏族贵族的势力消长有关。这个改革愈彻底，氏族贵族就愈离开历史舞台了。

话得说回来，在井田制的大集体耕作制下，我们看不出农奴的身份。在井田制发生变化的情况下，也看不出农奴身份的变化，和农奴制根本不相干。因此，要说在西周占主导地位的是领主经济，是很难成立的。所有制不是这一回事，阶级关系不是这一回事，而受这两者决定的分配关系，当然也不是这一回事，要说在西周已

---

① 马克思：《资本论》第三卷，郭大力、王亚南译，人民出版社，1953，第1053页。
② 《诗经·大雅·瞻卬》。

具有封建的地租形态，这一论点更是难以成立的。

历来对于贡、助、彻这个问题的谈论是言人人殊的，我不想纠缠到里面去，盼望有人对此作深入研究，求得正确的解决。我只能谈一点极粗浅的看法。"夏后氏五十而贡"这句话，暂时可以存而不论，因为有关夏代的材料实在太少了。至于"殷人七十而助"与"周人百亩而彻"①这两句话，虽然"七十"与"百亩"这两个数字究竟如何，还没有更多的佐证，"助"与"彻"的含义连孟子也没有搞清楚，但如把先秦文献和后人的一些注释稍稍清理一下，所谓"助"与"彻"的含义还是可以看出一点轮廓来的。

先说"助"。《孟子》说："助者，藉也。"《国语·鲁语》："季康子欲以田赋，使冉有访诸仲尼。仲尼不对，私于冉有曰：'求来！汝不闻乎？先王制土，藉田以力，而砥其远迩……'"《左氏宣公十五年传》："初税亩，非礼也，谷出不过藉。"《礼记·王制》："古者公田，藉而不税。"郑玄注："藉之言借也，借民力治公田。"《周礼·匠人》郑氏注亦云："助者，借民之力以治公田。"《说文》第四篇下："鉏，商人七十而鉏。鉏，耤，税也。从耒，助声。"《周礼》曰："以兴鉏利萌。"段玉裁注谓："今《孟子》作助，《周礼》注引作莇。鉏，即以耤释之，耤税者，借民力以食税也。遂人注云：'郑大夫读鉏为藉，杜子春读鉏为助，谓起民人令相佐助。'按郑意，鉏者，合耦相助，以岁时合耦于鉏，谓于里宰治处合耦，因谓里宰治处为鉏也。许意以周礼证七十而鉏，谓其意同。"王念孙《广雅疏证》卷二云："《说文》殷人七十而鉏，鉏字亦作莇，又作助，助与藉古同声。"可知鉏、助、莇、藉，实际上是一个字，都是借民之力以治公田的意思。而且这一办法，也并不限于殷代才有，从上引，"先王制土，藉田以力""谷出不过藉""古者公田，藉而不税"，《公羊传》"古者什一而藉"，《穀梁传》"古者什一，藉而不税"，以及孟子说的"惟助为有公田，由此观之，虽周亦助也"等看来，实际上也是周制，它的含义如用郑玄的话来说，实际上指的就是集体耕作制。

西周在宣王以前，天子要行藉田礼，行礼之时，除了一套宗教仪式外，还要

---

① 《孟子·滕文公上》。

"王耕一垡，班三之"，然后"庶民终于千亩"①。这是什么意思呢？原来在氏族社会的时候，氏族长是不脱离劳动的，周文王就曾经从事过"作牧"和"田功"。西周建国，氏族大家长一跃而为天子，成了氏族贵族奴隶主的最高代表者，源于父系家长制血缘关系的宗法制度，成了维系与巩固氏族贵族统治的纽带，从而一些氏族制度的传统经过奴隶主的改造而被传习下来，藉田礼就是其一。从氏族长的不脱离劳动，到天子只举行耕一垡的仪式，可以看出这一沿袭的痕迹，实际上统治者早已脱离劳动了。真正的劳动者除了奴隶外，就是农村公社的成员，他们仍然在村社的组织中进行集体的耕作。他们本是与氏族贵族们同一氏族的成员，然而在阶级对抗中，他们只得在温情脉脉的宗法关系下，在典礼皇皇的宗教仪式下，去"庶民终于千亩"，承受着沉重的负担，流尽他们的血汗。这就是所谓藉田，也就是所谓"助"法，氏族贵族奴隶主就是这样在剥削奴隶和剥削村社成员的劳动上，过着荒淫无耻的生活。

但公社成员毕竟不是农奴，"助"与"藉"不能理解为地租，这是极为明显的。

再说"彻"。这个字的解释，自孟子起就是不清楚的，孟子一面说殷人行"助"法，周人行"彻"法，好像两者有所区别；一面又说"虽周亦助也"，好像又没有区别。又在解释"彻"字时，只说了一句"彻者，彻也"，真是越说越糊涂。但是，我想如果不去钻牛角尖，或能从牛角尖里再钻出来，那么，这个字的含义古人实际上也是解决了的。《论语·颜渊》篇"盍彻乎"，郑玄注："周法什一而税谓之彻，彻，通也。"又《周礼·匠人》郑玄注："诸侯谓之彻者，通其率以什一为正。"究竟怎样才叫作"通"呢？看来还是朱熹说得比较不错，他说："耕则通力而作，收则计亩而分，故谓之彻。"②姚文田《求是斋自订稿》也说"惟《周礼·司稼》云：'巡野观稼，以年之上下出敛法。'是知彻无常额，惟视年之凶丰，此其与贡异处。助法正是八家合作，而上收其公田之入，无烦更出敛法。然其弊必有如何休所云'不尽力于公田'者。故周直以公田分授八夫，至敛时，巡野观稼，合百一十亩通计之，而取其什一，其法亦不异于助。故《左传》云'谷出不过藉'，然民自无公私缓急之异，此其与助异处"。把朱熹和姚文田两个人的话合起来看，尽管一个人说的是先合后分，一个人

---

① 《国语·周语》。
② 朱熹：《孟子集注·滕文公章句上》。

说的是先分后合，但他们把通字基本上都解释对了。"彻"，实际上就是助，在初期应如朱熹所说的"耕则通力而作，收则计亩而分"。因为那时井田制虽没有遭到什么破坏，但已经显示了各个个体家庭劳动生产率的不同，所以其稍有异于助者，在于"计亩而分"而已。在后期则应如姚文田所说的"直以公田分授八夫，至敛时，则巡野观稼，合百一十亩通计之，而取其什一"。因为那时井田制已经在开始动摇了，公田上的劳动在实际上已经不再是大集体耕作制了，完全由小集体或个体家庭负担了。可是在征取上却仍然沿袭了大耕作制的老规矩，"合百一十亩通计之"。这个办法当然阻碍了小集体或个体生产者的积极性，实际上愈到后来愈行不通，然后才有鲁宣公十五年的"初税亩"，从法律上开始承认小集体或个体家庭的土地占有权，从而改变了征取田税的办法。

总的说来，所谓"助"，就是在氏族贵族奴隶主统治下的农村公社的集体大耕作制；所谓"彻"，就是这一大集体耕作制逐渐在向小集体耕作制或个体耕作制过渡时统治者向农村公社征取贡纳的办法，它基本上和"助"法类似，在它的前期尚可适应于农村公社所发生的微弱的变化，在它的后期则已不能适应农村公社所发生的急剧的变化。所以，战国时的孟子从复古出发，还想借用龙子的"治地莫善于助"[①]的话，企图返回到古老的、完全没有遭到破坏的农村公社大集体耕作制的老样子里去。当然，他的想法——包括他所设想的井田制的一套——不过是一个完全不能实现的"理想"而已。

"助"与"彻"的内容大体如此，它们和封建社会的地租是不相同的。

三、从春秋战国之际论立说，无法解释在中国封建社会的初期为什么封建地主经济一开始就是和商品经济相联系的奇特现象。土地由"国有"向私有的过渡不能决定社会形态的变化。阶级斗争在社会形态转变过程中的作用受到了削弱

列宁在《俄国资本主义的发展》中谈到劳役经济的基本特点时指出：

---

① 《孟子·滕文公上》。

　　我们把这种经济制度叫作徭役经济。显然，这种经济制度的占优势是以下列必要条件为前提的。第一，自然经济占统治地位。农奴制的领地必然是一个自给自足的和闭关自守的整体，同外界很少联系。①

马克思在《资本论》中说：

　　在真正的自然经济内，——在其内，农业生产物全然不加入流通过程，或仅有极小的部分加入流通过程，甚至代表地主的所得的那部分生产物，也只有比较很小一部分加入流通过程……——大领地的生产物和剩余生产物，并不单纯是由农业劳动的生产物构成。那也包括工业劳动的生产物。家庭的手工业劳动和手工制造业劳动，当作形成基础的农业的副业，便是有这种自然经济在其上建立的生产方式的条件。②

马克思在论到生产物地租时，还说：

　　生产物地租，在它的纯粹的形态上，虽然也能够残存在更发展的生产方式和生产关系内，但依然是以自然经济为前提；经济条件的全部或最大部分，还是在本经济单位内被生产，是直接由本经济单位的总生产物得到补偿和再生产。它更假定农村家庭工业和农业的合一……③

　　由此可知，封建主的经济基本上是自然经济，商品交换是不发达的。可是春秋战国时代，我们能看到的却是奴隶数量增多、商品货币关系发达、城市兴起、社会经济繁荣等现象，这些现象照理都不是封建社会初期所应有的现象。如果说，中国封建社会是在这样一个社会经济条件下形成的，不能不被认为是一个十分奇特的

　　① 中共中央马克思恩格斯列宁斯大林著作编译局编译《列宁全集》第三卷，人民出版社，1984，第161页。
　　② 马克思：《资本论》第三卷，郭大力、王亚南译，人民出版社，1953，第1026页。
　　③ 马克思：《资本论》第三卷，郭大力、王亚南译，人民出版社，1953，第1038页。

现象。

我们知道，奴隶制的经济基本上也是自然经济，尤其是在它发展的最初阶段，还是具有家长制的性质的时候，表现得更为显著，用马克思的话来说：它是"主要为生产自己需用品的奴隶经营"①，仅仅是为了满足几乎不进行交换的氏族贵族奴隶主的需要。春秋以前"工商食官"②的垄断局面，正是这一特征的具体表现。可是后来的情况却有所变化，随着奴隶占有制经济的发展，商品交换逐渐起着更加显著的作用。变化的结果，仍用马克思的话来说：

> 在古代世界，商业的影响和商人资本的发展，总是结果为奴隶经济；或视其始点如何，结果不过把奴隶制度，由家长式（Patriarchalischen）的，以生产直接生活资料为目标的，转化为以生产剩余价值为目标的。③

春秋战国之际社会经济所发生的变化，正是符合马克思的这一论断，即是说完全符合古代社会的发展规律。

关于战国秦汉时期商品货币关系的发展情况，史料很多，也是大家所习见的，用不着多占篇幅，只消把《史记·货殖列传》所列举的商品看一看，就知道"皆中国人民所喜好，谣俗、被服、饮食、奉生、送死之具也"，这是说商品交换的范围之广。《管子》说"万乘之国必有万金之贾，千乘之国必有千金之贾"，这是说大商人之富。司马迁说"天下熙熙，皆为利来；天下攘攘，皆为利往"，又说"夫用贫求富，农不如工，工不如商，刺绣文不如倚市门"，这是说商业在当时社会经济中所占的地位。这些材料容有某些夸大之处，但从几个角度反映了当时商品货币关系的发展情况却是不能抹杀的事实。同时，值得注意的是，这种发达的商品货币关系却都是和奴隶制结合在一起的，《史记·货殖列传》所提到的大商人、大矿冶主几乎同时都是大奴隶主。从这些情况看来，如果认为他们所反映的是封建社会初期的面貌，那就叫人无法理解了。如果看成是奴隶制发展阶段的现象，那么它们就完全是合乎

---

① 马克思：《资本论》第三卷，郭大力、王亚南译，人民出版社，1953，第1049页。
② 《国语·晋语》。
③ 马克思：《资本论》第三卷，郭大力、王亚南译，人民出版社，1953，第410页。

规律的现象。

下面想抽出货币与高利贷资本问题谈一点个人的意见。

战国时期，由于商业的发达，作为交换媒介的货币，无论就数量上和种类上说都有了显著的增加。黄金作为一种贵金属，以秤量计，已成为当时国家和上层贵族大量地赏赐馈赠之物，已经起了货币的作用。而当时各国一般进行交易的则为铜制的铸币，布、刀、圜钱、蚁鼻钱等已有大量的发现，这些都是习见的事实。铸币的流通逐渐排斥了所有其他的各种货币，也逐渐在一定的地区如城市、一定的单位如官府，代替了实物交换与实物支付，如秦汉间物价多用钱计算。政府征收的税也多以钱计，发付的俸给，钱亦居半，这些也多是习见的事实。问题值得研究的是：究竟在什么样的条件下，货币不仅是买卖商品的手段，而且已开始成为通过商业和高利贷来占有别人劳动的手段，即用来攫取剩余劳动及其产品的剥削手段。

战国时期，高利贷已很盛行，齐国的孟尝君贷钱于薛，息钱高达十万[①]。《管子》书中曾经提到为政者要"问邑之贫人，债而食者几何家""问人之贷粟米有别券者几何家"，成了政治上的一个问题。西汉时有所谓子钱家[②]，他们甚至具有左右政局的力量。一直到东汉，《后汉书》卷二十八《桓谭传》说："今富商大贾多放钱货，中家子弟为之保役。趋走与臣仆等勤，收税与封君比入。"这些都反映了高利贷的猖獗。

马克思说：

> 高利贷资本的发展，是与商人资本的发展，并且特别是与货币经营资本的发展，结合着的。在共和末期以降的古代罗马，手工制造业远在古代的平均发展程度以下，但商人资本，货币经营资本，高利贷资本，已经——在古代形态之内——发展到最高点了。[③]

高利贷资本首先是在奴隶制的发展阶段上发展起来的，它后来又在封建社会的后期再度猖獗起来，但是，在封建社会的前期，特别是在封建社会开始的时候，它

---

① 参看《史记》卷七十五《孟尝君列传》。
② 参看《史记》卷一百二十九《货殖列传》。
③ 马克思：《资本论》第三卷，郭大力、王亚南译，人民出版社，1953，第770页。

却比较显得不甚活跃，马克思曾经引用居尔巴特的话说：

> 在中世纪，人口纯然是农业的。在那里，像在封建统治下一样，交易是很少的，从而利润也只是微小的。所以，取缔高利贷的法律，在中世纪，是被认为正当的。并且，在一个农业国，人们也很少需要借钱，除非为贫穷所迫。①

马克思自己也说：

> 在中世纪，不曾在任何国家，有一般的利息率起支配作用。教会自始就禁止一切放债取息的行为。法律和法庭对于贷借，很少给与保障。②

但到封建社会的后期，当高利贷资本再度猖獗起来以后，马克思却又说：

> 所以，一方面，高利贷对于古代的和封建的财富，对于古代的和封建的所有权，发生了覆灭的和破坏的影响。另一方面，它又颠覆了，破坏了小农民的和小市民的生产，总之，颠覆了，破坏了一切在其内生产者还是当作他的生产资料的所有者出现的形态。③

因此在这里，我们很需要弄清楚一个关键性问题，究竟在战国秦汉间高利贷资本是怎样"颠覆了，破坏了一切在其内生产者还是当作他的生产资料的所有者出现的形态"的？我们知道，"高利贷资本是与小生产，自耕农民，和小手工业老板占主要地位的情形相适合的"④，它所破坏的正是这些小生产者和自耕农民。这些被破坏了的小生产者和自耕农民的命运如何？它关系到整个社会的性质。在中国由战国到两汉，这些小生产者、自耕农民的命运，在它的前期和后期是不相同的。在由战国到东汉

---

① 马克思：《资本论》第三卷，郭大力、王亚南译，人民出版社，1953，第793页。
② 马克思：《资本论》第三卷，郭大力、王亚南译，人民出版社，1953，第775页。
③ 马克思：《资本论》第三卷，郭大力、王亚南译，人民出版社，1953，第774页。
④ 马克思：《资本论》第三卷，郭大力、王亚南译，人民出版社，1953，第772页。

以前，他们的命运往往是沦为债务奴隶（当然也有的沦为佃农与雇佣，而且在一段较长的时间内，农民由于债务或其他原因被从土地上抛出来而成为流民，更是大量地存在）。孟子曾经提到当时的农民终年勤劳却不能养活父母，"又称贷而益之，使老稚转乎沟壑"①。韩非子说：农民遇到天寒岁饥，就不得不"嫁妻卖子"②。《汉书》卷二十四《食货志上》也说，农民"当具有者半价而卖，亡者取倍称之息，于是有卖田宅、鬻子孙以偿债者矣"。

马克思在提到古代罗马的情况时，曾说：

> 贵族们不是用平民所需的商品，如谷物，牛马等等直接给与平民，而是把那种对于他们自己无用的铜贷与平民，利用这个地位，来榨取异常大的高利贷利息，由此使平民变为他们的债务奴隶……在罗马帝国，人们也常常看到，饥馑逼迫人出卖儿女，甚至通过自卖身的办法，而由自由人变为富人的奴隶。③

中国自战国迄于东汉前的社会，在一定条件下是和上述罗马的情况相类似的。

可是自东汉以降，这种情况有了变化，一般来说，由于生产力向前发展，债务人的命运除了沦为流民外，不是下降为债务奴隶，而是和债权人形成一种依附关系，如《后汉书》卷三十二《樊宏传》称：

> （樊宏父重）赀至巨万，而赈赡宗族，恩加乡闾……其素所假贷人间数百万……更始立……（宏）与宗家亲属作营堑自守，老弱归之者千余家。

又如前引《后汉书·桓谭传》说："今富商大贾，多放钱货，中家子弟，为之保役。"这种宗族亲属和中家子弟之归附与保役，便已经不是债务奴隶的身份，而是一种新的依附关系了，这种依附关系，应当是封建制的依附关系。马克思说：

---

① 《孟子·滕文公上》。
② 《韩非子·六反》。
③ 马克思：《资本论》第三卷，郭大力、王亚南译，人民出版社，1953，第778页。

在查理大帝治下，法郎克的农民，也是由战争而破产的，以致对于他们，除了由债务人变为农奴，再没有什么别的办法。[①]

上述这些情况，总的看来，或可以概括起来这样说：由于商品交换的发展，高利贷资本也获得了发展，它所适合的正是刚由农村公社瓦解后不久出现的小农的乡村。在商业资本与高利贷的侵蚀下，有许多的小农终于沦为债务奴隶，债务奴隶的急剧增多，从而促进了奴隶制社会的繁荣。但是高利贷发展的结果，对农民的生产最终起了破坏的作用。高利贷本身虽然不能改变生产方式，如马克思说的"在亚细亚的各种形态上，高利贷能够维持得很长久，而没有在经济崩溃和政治腐败之外，再引起别的结果"[②]，但是，当封建制因素已经萌芽与增长的时候，它却也不能不适应这一新的变化。

当然，在对待这一时期的商品货币关系与高利贷资本问题的讨论中，我并无意于要夸大它的发展程度。虽然，这一时期的商品货币关系确实有着一定程度的发展，和它的前期相比较，似乎能形成一个发展阶段，但是它绝对没有达到古典的高度。由于债务奴隶始终没有废除，它的发展受到很大的局限，自然经济仍然占着统治地位。农业与家庭手工业相结合是社会经济结构的基本形式，只有在奴隶制的商品生产中，才看得出"由家长式的，以生产直接生活资料为目标的，转化为以生产剩余价值为目标的"这一变化。而规模最大的官府手工业，虽然它们更加是奴隶制生产，但是，基本上不是商品生产。所以，商品生产的发展便被限制于狭小的领域，在这里，它呈现出这一时期的社会繁荣面。

根据上述这些理解，如从春秋战国之际立说，是很难令人折服的。春秋战国之际，奴隶制生产还没有走完它的里程。只是到了东汉后，封建制的生产关系才开始要提到历史的地位。

春秋战国之际的封建论者还有一个论点，认为井田制的崩溃，由公田转向私田的发展，土地的私有制代替了"国有"制，这一变化过程应该看作是生产资料所有

---

① 马克思：《资本论》第三卷，郭大力、王亚南译，人民出版社，1953，第778页。
② 马克思：《资本论》第三卷，郭大力、王亚南译，人民出版社，1953，第775页。

制的质的变化，它反映了由封建制代替奴隶制的过程。

关于这个问题，我不想多作讨论。事实上，在春秋战国之际，土地有没有真正的私有化，至今还是一个问题，农村公社解体以后，出现了小农的乡村，这种小农和土地的关系，究竟是被赋予了个体对土地的占有权还是所有权，还大大值得研究。照理在古代东方专制主义统治下，真正的土地私有的出现的确是比较困难的。

即使承认当时的土地确已私有化了，也同样不能作出社会此刻必须向封建制过渡的结论。因为，一般说来，"这种观念——关于自由的土地私有权的法律观念——在古代世界，只出现在有机的社会秩序（organischen Gesellschaftsordnung）解体的时期；在近代世界，只是随资本主义生产的发展而出现。在亚细亚，那不过间或由欧洲人输入"①。恩格斯说过：

> 自各个人之间发生交换，及随着生产品底转化为商品以后，怎样迅速地开始出现生产品支配其生产者底权力——这一点雅典人在其自身的经验中很快就体验到了。随着商品生产一道，出现了个人自营的土地耕作，以后不久又出现了个人底土地所有。随后又出现了货币，即其余一切商品都可与它交换的一般商品。②

恩格斯还指出：

> 以后的雅典政治历史，直到梭伦时代，知道的很不完全……贵族底权力日益加强，直至纪元前六〇〇年左右，已经令人不能忍受了。加以，货币与高利贷已成为压迫人民自由的主要手段……由此而日益发达的货币经济，正如腐蚀性的酸类一样，浸入以自然经济为基础的古老的乡村公社生活方式中。氏族制度与货币经济绝对不能相容……债务契据及土地抵押（雅典人已经发明了押典权）既不顾到氏族，也不顾到胞族了。而旧的氏族制度既不知有货币，也不知

---

① 马克思：《资本论》第三卷，郭大力、王亚南译，人民出版社，1953，第804页。
② 恩格斯：《家庭、私有制和国家的起源》，张仲实译，人民出版社，1954，第108页。

有押款，更不知有货币债务。因此，贵族底日益繁荣的货币统治，为了保护债权者以对付债务者，为了认可货币所有者对于小农的剥削，也造成了一种新的习惯法。在亚蒂加的田地上到处都插着抵押的牌子，上面写着这一块地已以多少钱抵押给某某人了。没有插这种牌子的田地，大半都因未按期付还押款或利息而出售，归贵族高利贷者所有了……不仅如此，倘若出卖土地所得的钱，不够还债，或者债务没有抵押保证，那末债务者便不得不把自己的子女出卖到海外去做奴隶，以偿还债务，父亲出卖子女——这就是父权制及一夫一妻制底第一个果实！要是吸血鬼还不满足，那末他可以把债务者本人出卖做奴隶。雅典族底文明的曙期，就是如此。[1]

在希腊，那种"卖田宅、鬻子孙"的现象，经典作家是把它视为由奴隶制的早期阶段向发展阶段过渡的现象。在中国战国秦汉间的"卖田宅、鬻子孙"的现象，怎能一定是由奴隶制向封建制发展的现象呢？所以说，春秋战国之际封建论者的这一论点，也是难以令人折服的。

春秋战国之际论者，还有这样一个论点：奴隶暴动所起的进步作用是通过统治阶级内部的矛盾与斗争而体现出来的。贵族内部本来存在着矛盾和斗争，奴隶和国人不知有多少次作了这种矛盾和斗争的牺牲品，但在一定条件之下，由于阶级斗争的压迫，贵族内部的矛盾也可能转化为新旧质的矛盾，即封建制的社会关系和奴隶制的社会关系的矛盾。因此，春秋战国之际，各国先后发生的变法或改革，就被赋予了革命的意义。[2]

这一论点也是值得讨论的，我们应该怎样去理解"革命是历史的火车头"[3]这个真理呢？《列宁主义万岁》一文，向我们揭示出：

人类有史以来一切社会的更迭，都是这样。封建制度代替奴隶制度，资本

---

① 恩格斯：《家庭、私有制和国家的起源》，张仲实译，人民出版社，1954，第 107 页。
② 参看常悟《关于中国奴隶制向封建制过渡的问题》，《历史研究》1959 年第 3 期。
③ 中共中央马克思恩格斯列宁斯大林著作编译局编译《马克思恩格斯全集》第七卷，人民出版社，1959，第 99 页。

主义制度代替封建制度，这些也都是不以人们自己的意志为转移的规律，而所有这些更迭，也都是通过革命。

　　所谓革命，就是意味着被压迫阶级使用革命的暴力，意味着革命战争。奴隶革命是这样，资产阶级革命也是这样。

革命，指的就是被压迫阶级使用革命的暴力，就是革命战争。奴隶所进行的暴动和革命战争，既要和贵族之间利用奴隶和国人进行的统治阶级内部的战争区别开来，也要和在奴隶主专政的国家政权下所进行的某些改革区别开来。当然，统治阶级所进行的某些改革，应该看作是阶级斗争作用的结果。但是，如果改革要引起社会的质的变化，改革将意味着旧统治者作为一个阶级的覆灭，那么，像这样的改革，原有的统治者、统治阶级是不能完成的。因为，这种改革就是彻底的革命。如果说，这种革命的作用，最终只是通过统治阶级内部的矛盾与斗争才能体现出来，统治阶级自身创造了新的历史，这是无法理解的。不管具备什么样的条件，如果把贵族的内部斗争看作是在社会质变过程中具有革命的意义，都是不妥当的，都是不对的。

　　所以说，如从春秋战国之际封建论立说，阶级斗争的理论在事实上受到了削弱。

　　事实上，春秋战国之际，各国先后发生的变法和改革，只是意味着氏族贵族奴隶主的没落和由军功起家或由工商致富的平民上升的奴隶主的兴起。在当时王室久已衰微，公族亦渐削弱的情况下，作为大夫的家族，为了争夺政权，他们采取了所谓"行阴德于民"①的办法，联合了平民中的上层士，用军功爵禄作为钓饵，取得了新兴奴隶主和平民的拥护，从而形成"政在家门"②的局面。至此，他们不仅分割了公室，而且大夫间的兼并也在激烈地进行，这就是所谓的"夺室"③之争。争夺的结果，胜利者最后在国内"僭越"了政权，开始了战国时期。

　　战国时期，各国的改革仍在不同程度地进行，而以秦国的改革最为彻底，改革的结果，不是否定了奴隶制，而是促进了奴隶制的发展。它丝毫没有触动奴隶制的

---

　　① 《史记》卷四十六《田敬仲完世家》。
　　② 《左传·昭公三年》。
　　③ 如《左传·襄公十九年》载："齐崔杼杀高厚于洒蓝，而兼其室"，同年，郑"子展、子西，率国人伐之，杀子孔而分其室"。襄公三十年，"楚公子围杀大司马蒍掩而取其室"。昭公十年，齐"栾施、高强来奔。陈、鲍分其室"。

基础，只不过是破坏了农村公社的公有制，加速了农民的分化，促进了债务奴隶的增加，结束了氏族贵族的统治。总之，它是从政治上反映了我国古代社会从家长制奴隶制向它的发达阶段的过渡。它是进步的改革，但，决不是革命。[①]

拉杂写来，我的发言到这里可以暂时告一个段落了。总括起来，可以把我的意见大致申述于下：从殷代到战国初，中国的社会还是处于早期奴隶制阶段，农村公社还是当时的基本生产单位。农业上还盛行着集体耕作制。专制主义国家享有农村公社征收租税的权利，此种权利，正是家长制处在解体的条件下产生的义务的转化。同时，奴隶制还没有得到充分发展，基本上还都是国家奴隶或称集体奴隶，私人的蓄奴还不多。但是国王和贵族对奴隶的剥削形态却是比对农村公社的剥削形态较为进步。这因为，如果说剥削"农业居民"应溯源于家长制的义务，那么，剥削奴隶却是在阶级社会条件下所出现的制度，所以，从当时来说，奴隶制的剥削仍然是主导的。

从春秋中叶起，特别是自战国开始直到东汉帝国的崩溃，这时期，农村公社已经解体。社会生产力的提高，为集体耕作制向个体耕作制发展提供了可能，从而公社的瓦解，就正如恩格斯说的，出现了"农民所组成的乡村"[②]。国家用法律的形式承认了个体对土地的占有权。这一改革的结果，促进了生产力的发展，商业也跟着发展起来了。由于小农经济的不稳定性，它经常处于分化中，在分化的过程中，小农的命运如何，它常常可以用来作为检测一个社会性质的尺度。从战国到东汉前，

---

① 这里所说的革命，指的是一种社会制度到另一种社会制度的转变过程中的革命，是马克思所说的："社会的物质生产力发展到一定阶段，便同它们一直在其中活动的现存生产关系或财产关系（这只是生产关系的法律用语）发生矛盾。于是这些关系便由生产力的发展形式变成生产力的桎梏。那时社会革命的时代就到来了。"（《马克思恩格斯全集》第十三卷，人民出版社，1962，第8—9页）是这样的一种革命。按：恩格斯在《家庭、私有制和国家的起源》中把古代雅典梭伦的改革也看成是一种政治革命（参看人民出版社1954年版110页），这种革命实际上是一次政治改革。因为它只是在原则上废除了氏族贵族的政治特权而代之以财产法定资格。恩格斯说："这样，在宪法中便加入了一个全新的因素——私人所有制。国家公民底权利与义务，是按他们土地财产底多寡来规定的，有产阶级既开始获得了势力，于是旧的血缘亲族关系的集团就开始被排斥了；氏族制度又遭受新的失败。"（111页）因此，这一改革促进了奴隶制的发展，在这一点上它被赋予了革命的意义。中国商鞅等的变法是否和梭伦的改革相类似，在此不加以讨论。即使商鞅变法和梭伦改革很相像，也是一次革命，那也不能如春秋战国之际论者所说的是封建制革奴隶制的命，这是极为明显的。

② 参看恩格斯《反杜林论》，吴黎平译，人民出版社，1956，第173页。

小农的命运不是转化为封建制的依附农民，而是大多数降为债务奴隶。债务奴隶的增加，私人蓄奴的盛行，就在比较大的程度上发展了商品生产。但是，在中国的奴隶社会里，债务奴隶制始终没有被废止。因此，发展到后来，债务奴隶制又对生产起了阻碍的作用。这由于：一方面，它不可能完全侵入农业中，把自由小生产者排挤出去；而另一方面，自由小生产者在破产以后，又极力逃避奴隶的命运，因而出现了严重的流民问题。所以说，债务奴隶制没有废止，流民众多，最终限制了中国奴隶制的发展，不能够达到古典的程度。

同时，小农经济在一定意义上构成古代专制主义国家的基础，小农经济激剧的分化，破产和大量农民的流亡，使阶级矛盾迅速地尖锐起来，它直接动摇专制主义国家的统治。因此，与其说，汉代统治者不保障奴隶主大商人的利益，毋宁说，它是为了在更大范围内来巩固奴隶主的统治。所以，常常看到当时一些要求农民"地著"的政见和政令，也才有"尚本抑末"和"孝弟力田"等政策的出现，也才有一些限制土地兼并和债务奴隶的政策的提出。可是，董仲舒的"限民名田"与"去奴婢"的建议，在武帝时根本没有实现，师丹的"限田限奴婢"议，又终究是一张空文，王莽"王田""私属"的改制，不过是一方面在疯狂地扩大国家奴隶，一方面限制私人蓄奴，并把私人奴隶改为家内奴隶，企图拉回到氏族贵族统治的时代里去而已，所以，结果都失败了。到了东汉光武时，才算下了几道解放奴婢的命令，可是这些命令又都附有一定的条件，并不是全面地废止债务奴隶制。因此说，债务奴隶制未能废止，农民的流亡问题就没有得到一定的解决，所以，从汉武帝末年起，阶级斗争就始终没有真正得到缓和过。可以看出，这个问题不仅阻碍了中国奴隶制的更大发展，而且它加速了阶级斗争的尖锐化程度。农民与奴隶在前仆后继的阶级斗争中，终于结束了奴隶制的统治，促进了封建制的到来。

值得注意的是，东汉后期发展起来的农民起义，其次数之多、时间之长、范围之广，不仅是空前的，而且在以后中国封建社会的一个较长时间里，也是不能比拟的。从安帝永初元年起到黄巾起义前的七十六年间，仅据粗略统计，有史可考的农民起义即达四十一次之多，平均一年多一点就爆发一次。而自黄巾起义爆发为全国大起义以后，这一起义的余波又一直坚持斗争了二十余年，没有一日间断过。这一现象如果不把它看成是社会转型期间的一场大决战，而仅仅把它看成是封建社会前期的现象，也是难以解释的。

值得注意的是：自西汉后期以来，在阶级斗争的推动下，一种新的依附关系在萌芽、滋长和发展。新的剥削者用"宗族""宾客""家兵""部曲"等形式，把农民世代束缚在土地上，他们脱离了国家的编户，成为大土地占有者的私属人口，在超经济强制下，承担着沉重的劳役和田租。同时，还有值得注意的是，东汉后期以降，商品经济极不活跃，城市逐渐成了经济上的赘疣，自然经济结构更加增强起来。东汉末年的军阀混战，使城市遭到惨重的破坏，嗣后，几乎在几百年内没有得到真正的恢复，就在这种情况下，大土地占有者和依附农民所结成的生产关系，就在全国范围内到处兴起了"田园别墅""坞堡壁垒"的自给体，货币几乎失去了作用，交换又恢复到原始的状态。像这样一幅典型的早期的中世纪图画，在这一时期里出现，绝不是偶然的，它标志了中国封建制的确立。

我对中国古史分期问题的看法，大致如此。

这是一些极不成熟的意见，一定有着很多的错误，还可能有着根本性的错误。我只是在党的"百家争鸣"的方针感召下，才大胆地把它写出来，诚恳地希望得到史学前辈和同志们的教益。

载《中国古代史分期问题讨论集》，江西省历史学会编，江西人民出版社1962年出版。

先秦经籍中几个有关阶级结构的史料斠疑

一、野人·庸·氓

国人、野人之义，近人多有论述，有谓"起于异部族之相争者也"①。持此论者，始于吕思勉。嗣后杨向奎、何兹全两先生均主此说，并加以申论。杨先生谓"西周以后，野民大多数是由殷人转化的"②，何先生更进一步指出国人与野人的关系从其原来意义上说，是征服族周人和被征服族殷人所结成的不平等的部落联盟的关系。③我很同意这个看法，爰拾其胜义，略加考辨。

根据《尚书》《左传》《周礼》《孟子》《论语》等材料，可以看出周族在征服了殷族以后，在被征服族被迫承认征服族的领导下，两者合在一起，组成部落国家。其时，被征服族的以聚族而居的形式结成的公社共同体，并没有被解散。他们作为野人，聚居在一国的外圈，与统治族国人处于不平等的地位，他们没有和国人一样的参与政治的权利，甚至没有资格服兵役，但却要担负力役，并以"助"的形式，为统治者提供租税粮食。这些就是国人与野人的基本区别。何文已言之甚详，无待赘述，我要补允的是，他们在祭祀上也是有区别的。

虽然"礼不下庶人"，但农民一年中也有社祭、蜡祭的节日，这种节日无疑是农业氏族部落的宗教仪式的传习。西周时，国人和野人的待遇不同，这一情况，也反映在社祭和蜡祭上。从文献上看，似乎国人祭社时，野人没有资格参加，《礼记·郊特牲》在提到社祭时，只说到国人。

"家主中霤而国主社，示本也。唯为社事，单出里；唯为社田，国人毕作；唯社，丘乘共粢盛，所以报本反始也。"而在蜡祭时，却又只提到野人：

---

① 参看吕思勉《先秦史》第十一章第四节，上海古籍出版社，1982，第291—301页。

② 杨向奎：《试论先秦时代齐国的经济制度》，载文史哲杂志编辑委员会编《文史哲丛刊第二辑——中国古史分期问题论丛》，中华书局，1957，第83—116页。

③ 参看何兹全《关于中国古代社会的几个问题》，载文史哲杂志编辑委员会编《文史哲丛刊第二辑——中国古史分期问题论丛》，中华书局，1957，第117—169页。

> 天子大蜡八……岁十二月，合聚万物而索飨之也……蜡之祭，仁之至，义
> 之尽也，黄衣黄冠而祭，息田夫也。野夫黄冠，黄冠草服也。

野夫即是野人，郑注：野服，"野人之服也"。又《礼记·玉藻》：

> 凡尊必上玄酒，唯君面尊。唯飨野人皆酒。

郑注："蜡饮，故不备礼。"孔疏："飨野人，谓蜡祭时也。"

古之有国者必立社稷，以社稷之存亡示国家之存亡。周人征服了殷人，他们所立的社叫作周社①，周人祀奉的田祖是后稷，和殷人祀奉的田祖——神农也不一样②，所以作为国人的周人祭社时，殷人当然没有资格参加，这不仅因为周人祭社和作为一个统治族所建立的国家有关，也和祀奉的田祖有关。

野人有没有社祭，史文不详，想来也应该是有的，不过，他们的社已经是所谓"丧国之社"或"胜国之社"，这种社已经被周统治者遮起来了。《礼记·郊特牲》说：

> 天子大社，必受霜露风雨，以达天地之气也。是故丧国之社屋之，不受天
> 阳也，薄社北牖，使阴明也。

注："薄，本亦作亳。"亳社就是殷人之社，鲁国也还保留有亳社。由于亳社是胜国之社，所以，只有"男女之阴讼"，才把"听之于胜国之社"③视为不吉祥之事。因此可以说，即使野人有社祭，也绝无像国人那样举行盛大的祀典。

至于蜡祭则不同，这本来就是殷制的承袭。据丁山的考证，周代的蜡祭和殷卜辞的协日有关④，我们看蜡祭的八神，第一个叫作"先啬"，《诗经·小雅·甫田》正

---

① 参看《左传·定公六年》中记载的"阳虎又盟公及三桓于周社"。
② 参看丁山：《中国古代宗教与神话考》"后稷与神农"。
③ 《周礼·媒氏》。
④ 参看丁山：《中国古代宗教与神话考》"祭典分论"。

义引传笺谓"先啬，始耕田者，谓神农也"[1]。神农为殷人的农神，所以蜡祭时才有殷人参加。

国人参加不参加蜡祭史亦无明文，但据《礼记·杂记》：

> 子贡观于蜡，孔子曰："赐也，乐乎？"对曰："一国之人皆若狂，赐未知其乐也。"

似乎国人也参加蜡祭。这或者已是春秋后期的现象，也可能，他们的参加只是像子贡的参观一样。

在阶级社会里，宗教成了一种政治的工具。周人的社祭，殷人无资格参加，正是通过这一宗教仪式借以巩固与维系周之国家——社稷的尊严，划清国人与野人的界线，构成国人与野人的对立面。但同时，为了缓和国人与野人之间的矛盾，也是从另一面去巩固与维系周之统治，他们又利用野人原有的宗教仪式，把殷之协祭改称为蜡祭，也让野人乐一乐，这就是所谓"百日之蜡，一日之泽"之妙用。孔子对子贡说得好：

> 子曰："百日之蜡，一日之泽，非尔所知也。张而不弛，文武弗能也；弛而不张，文武弗为也，一张一弛，文武之道也。"[2]

所以说，周人征服了殷人以后，和殷人结成了一个不平等的联盟，野人的地位自然比不上国人，但为了"一张一弛"的"文武之道"，周统治者不仅保留了"胜国之社"的"亳社"，还保留了"蜡祭"，这也许可以看作是"启以商政"和"周因于殷礼"之所在。

---

① 先啬即指神农，是不错的，可参看《礼记·郊特牲》注。唯《诗经·小雅·甫田》云："与我牺羊，以社以方。我田既臧，农夫之庆。琴瑟击鼓，以御田祖。"此为周人报社之诗，诗中只提到田祖，《毛传》解释田祖为先啬，实误，此处之田祖，乃是后稷，正义虽未及详考，又不敢有违传笺，然尚迁就而言曰："祭田祖之时，后稷亦食焉。"按：周之田祖为后稷，可参看丁山《中国古代宗教与神话考》"后稷与神农"。

② 《礼记·杂记》。

野人绝不是奴隶，也不是农奴，他们既可以"宅尔宅""畋尔田"[①]，又可以"帅其宗氏，辑其分族"，甚至还可以"将其类丑"。[②]他们在和周人结成不平等的部落联盟下，保持着自由民的身份。孟子说："请野九一而助。"[③]有人把它看成是封建性地租，是难以解释通的。

关于"庸"的解释，多数人主张是奴隶，1959年6月蓝田新出土的询簋，载有"先虎臣后庸"一语，王祥诸家也均释为奴隶，最近谷霁光先生不同意这一说[④]，将其重新解释为农奴。我过去跟着也赞成奴隶一说，近经谷文的启发，再仔细考虑一下，觉得这个字的意义颇为复杂，就其本义来说，"庸"既非奴隶，也不同于农奴，而是和野人具有同样的身份，基本上属于被征服族的公社成员，他们和征服者结成不平等的联盟。试为笺证于下。

《周礼·春官·典庸器》："典庸器掌藏乐器、庸器。"注："庸器，伐国所获之器。"按：伐国之器既又称为庸器，伐国之人故亦可称为庸。《诗经·大雅·崧高》："因是谢人，以作尔庸。""谢人"正是伐国所获之人，他们处于被统治族的地位，故得称为"庸"，可证庸与野人在身份上很相似。

又《荀子·修身》："庸众而野。"按：庸、野可以互训，引申均有鄙朴之义。《礼记·仲尼燕居》："敬而不中礼谓之野。"疏："野谓鄙野。"《汉书·周勃传》："鄙朴庸人。"可证"庸"与"野"，义每可通。

又"庸"与"野"为双声，《广韵》载，野，羊者切，属以母；庸，余封切，也属以母。而庸与人为音转，清儒及近代音韵学家虽每谓上古东、真两韵不合，唯至汉世易林始见有东真合韵者。然方言中实可音转，故吴人谓"人"曰"侬"，"侬"即"人"之音转。"人"可音转为"侬"，似亦可转而为庸。《礼记·王制》说："五方之民，言语不通。"此若不谬，则"野人"一词，或亦可切而为"庸"。

如此看来，野人与庸，声义俱通，然"野人"一词其本义似乃专指被征服之殷人，以之称其他族，似有不合，故周人于被征服之其他族则称庸，询簋："先虎臣后

① 《尚书·多方》。
② 《左传·定公四年》。
③ 《孟子·滕文公上》。
④ 参看谷霁光：《询簋考释质疑》，载江西省历史学会编《中国古代史分期问题讨论集》，江西人民出版社，1962，第51—66页。

庸。"所指为夷人，《诗经·大雅·崧高》："因是谢人，以作尔庸。"所指为谢人，此盖庸与野人在用法上的分别，而详其原义，则一也。

按询簋所载赏赐锡予之类别，颇与《崧高》所载者相合，如询簋所说的"邑人"，实即"崧高"；"迁其私人"的"私人"从其采邑而言谓之邑，从其私属而言谓之私，义殊无别（详后）。询簋所说的"笭侧新造"（从谷霁光先生的释文）[①]，殆即《崧高》之"路车乘马"之类，而询簋所谓之"庸"，故亦相当于《崧高》之"谢人"。这些类别，也颇合于《左传·定公四年》所载"分鲁公以大路、大旂"者，即"路车乘马""笭侧新造"也，分"殷民六族"者，即相当于"庸"与"谢人"也。故知"庸"与"谢人"均非奴隶，是和"殷民六族"一样的野人。

然其中实有奴隶，《左传·定公四年》所说的"土田陪敦"，"陪敦"（敦为台之误字，应作陪台）即奴隶，相当于询簋所说的"肆人"与"降人服夷"。《崧高》只提到土田，似未提到奴隶，可能是被略去了，亦犹询簋提到了奴隶却又略去了土田一样，其实，这些都是必然有的。

按"庸"字之本义，已如上述，然随着时代的推移，其义亦逐渐发生变化，盖自春秋以后，国与野在族别上的界限渐泯，野人已成了一般的贱称、农民的名称，故"庸"之本义亦失。

农村公社成员本有为社事共负力役之举，当此农村公社的义务集中为统治者的权力以后，则此项义务自公社农民而言，遂成为一种力役的负担，此项负担者，《周礼》谓之"任"，郑注："任力役之事者。"任孳而为赁，《说文》："赁，庸也。"故庸赋有赁义。在公社逐渐瓦解的过程中，由于小农经济的不稳定性，在受到高利贷的侵蚀而破产以后，只好大多靠赁力以偿债。《管子·治国》：

> 耕耨者有时，而泽不必足，则民倍贷以取庸矣。

又《管子·山至数》：

---

① 询簋"笭侧新造"一语，郭沫若、王祥诸家以"造"字残泐太甚，不释，断句至新字止，作"师笭侧新，××夷"（参看《文物》1960年第2期郭沫若《弭叔簋及訇簋考释》及《考古》1960年第5期王祥《说虎臣与庸》两文）。唯谷霁光先生释为"造"，姑从之。

苟从责（尹知章云责读为债——引者）者，乡决州决，故曰"就庸一日而决"。

为了"取庸"以为生，或"就庸"以偿债，故不得不奔走四方，实际上他们已经成了流民，流民故亦谓之流庸。《汉书·昭帝纪》：

（始元四年）秋七月诏曰：比岁不登，民匮于食，流庸未尽还。

这些流庸当他们在城乡找到受主的时候，往往被称为"庸客""庸赁""庸作""庸保""市庸"，[①]《汉书·匡衡传》颜师古注曰：

庸作，言卖功庸为人作役而受顾也。

这种庸，虽然丧失了生产资料——土地，但还未丧失自由民的身份。庸与受主的关系，应如《韩非子·外储说左上》所说：

夫卖庸而播耕者，主人费家而美食，调布而求易钱者，非爱庸客也。曰：如是，耕者且深，耨者熟耘也。庸客致力而疾耘耕者，尽巧而正畦陌者，非爱主人也。曰：如是，羹且美，钱布且易云也。

故范雎曾诈称"为人庸赁"，高渐离曾"变名姓为人庸保"，栾布"赁庸于齐为酒人保"，司马相如曾"与庸保杂作"。又《汉书·高惠高后文功臣表》谓："诏令有司求其子孙，咸出庸保之中。"这些人尽管因"穷困"而为庸，但身份却都是自由的。

庸之本义，非奴隶，引申为庸赁，亦非奴隶。但"庸"可音转而为"台"，台与陪连称为陪台，陪台则是奴隶，《左传·昭公七年》楚无宇说的"陪台"，亦即召伯虎簋上的"仆庸"，也即是《诗经·鲁颂·閟宫》的"附庸"（按：此附庸即仆台之

---

① "庸客"见《韩非子·外储说左上》；"庸赁"见《史记·范雎列传》；"庸作"见《汉书·匡衡传》；"庸保"见《史记·刺客荆轲传》，又《栾布传》，又《汉书·司马相如传》；"市庸"见《荀子·议兵》。

假借字，非如后来《礼记·王制》及《孟子·万章》篇中所谓的附庸），"陪台""仆庸""附庸"，均系"仆台"，关于他们何以是奴隶，下面还会说到。①

庸在先虽非奴隶，且只在转为"仆庸"时，始作奴隶解，然至少到了西汉后期，庸字本身又不免具有奴隶的意义，《方言》卷三"甬……奴婢贱称也"。《汉书·翟方进传》谓："（翟）义与刘信弃军庸亡。"注引孟康说：

> 谓挺身逃亡，如奴庸也。

我以为庸字至汉代逐渐取得奴隶的意义，是和当时社会债务奴隶的增多分不开的。公社解体后，小农的分化，其一极之最终即为债务奴隶，故不管流民如何挣扎奔走求食于四方，其最终之命运，殊难逃出债权人之手，始则"卖庸"，终则自卖或鬻子孙。故当其为庸时，虽仍保有自由民之身份，个别的如栾布、司马相如之流，且可找寻机会，飞黄腾达起来。然就绝大多数而言，则今日卖庸明日遂沦为奴矣，故庸与奴在小农分化过程中，其地位之相差实不过一间。所以，当债务奴隶增多以后，遂如《方言》卷三所云："自关而东，陈魏宋楚之间保庸谓之甬。"适直呼之为奴了。

正因为如此，故后来于"庸"字又分出一个"佣"字来。《说文》："佣，均直也。"段注："《广雅》云：'佣，役也。'谓役力受直曰佣。"佣与庸，义实无别，然庸既已取得奴隶之含义，则借佣又可为一间之别耳。

总之，庸，本是被统治族的公社成员，自国野之界限泯，庸之本义亦失。适其时，农村公社亦趋解体，小农日益丧失其土地，小农分化的结果，庸遂获得庸赁、庸客之义。然而在古代，雇佣的出现，只是小农分化过程中的现象，非能如近代终而形成先进的工人阶级，故其结果又多沦为债务奴隶，而"庸"字遂又终于获得奴隶的含义。不意于一"庸"字竟可窥见古代社会阶级结构的某些递嬗关系，旧史每于此等处往往含混不清，我愧不学，非扶隐显幽，不能言其详也。

---

① 按《左传·襄公二十七年》："崔氏之乱，申鲜虞来奔，仆赁于野，以丧庄公。""仆赁"一词，仅此一见，颇难索解。如仆赁即为仆庸，则似申鲜虞一度为奴于鲁，申鲜虞本系齐庄公之近臣，崔杼弑庄公，申鲜虞逃亡于鲁，后楚国闻其贤，乃召之如楚为右尹，则其为奴，殆亦箕子佯狂为奴之意，非真为奴。如其不然，则仆赁亦即赁也，为庸客最早之见于史者。

氓，也不表示什么封建依附关系。按《说文》："氓，民也。"又《史记·秦始皇本纪》集解引如淳说："甿，古'氓'字。"《汉书·陈项传》赞注引如淳说："甿，古'萌'字。"似乎氓、甿、萌是一个字，都是民也，其实不然，朱骏声《说文通训定声》谓：

> 氓，民也，从民，亡声，读若盲。按自彼来此之民曰氓，从民从亡，会
> 意，亡亦声，与甿义别……假借为甿。
>
> 甿，田民也，从田亡声，与氓义别……假借为氓。

段玉裁《说文解字注》亦曾谓"氓与民小别"，"盖自他归往之民，则谓之氓，故字从民亡"。

段氏只指出了氓与民的分别，朱骏声才进一步指出氓与甿的分别，盖就民、甿、氓三字本义言之，民为通称，甿乃田民，氓则实指客民也。

故《周礼·遂人》说："以田里安甿。"又说："凡治野以下剂致甿。"郑注："变民言甿，异内外也。"按段玉裁《说文解字注》谓："甿为田民，农为耕人，其义一也。"甿即指的是农民，然其所以变民言甿者，目的在于"异内外也"。所谓异内外，其旨不外两点。一、古代农村公社未遭解体以前，自村社的内部而言，基本上是以聚族而居的形式组成的，但亦可能杂有异姓之人，故有民、甿之别。甿者指异姓成员。《周礼·旅师》："凡新甿之治皆听之，使无征役，以地之嫩恶为之等。"注："新甿：新徙来者也。"二、自村社与村社之关系而言，则同族者得谓之民，非同族者谓之甿，此亦异内外也，此殆"甿"字的本义。

氓则不然，它的出现当在农村公社逐渐解体的时候。他们是从村社流离出来的人群。《孟子·公孙丑上》说：

> 廛无夫里之布，则天下之民皆悦而愿为之氓矣。

赵注《周礼·载师》曰："凡宅不毛者，有里布，田不耕者，有屋粟；凡民无职事者出夫，家之征。"孟子欲使宽独夫去里布，则人皆乐为之氓矣。

又《孟子·滕文公上》：

> 有为神农之言者许行，自楚之滕，踵门而告文公曰：远方之人，闻君行仁
> 政，愿受一廛而为氓。

这些从村社游离出来的人群，他们已经脱离了土地，有的根本没有职业，像《孟子·万章下》说的："君之于氓也，固周之。"① 这些人只能指靠一点救济，有的也只是跑到城市里靠一点手工技作为生，如许行和他的徒弟数十人"皆衣褐，捆屦、织席以为食"。正因为他们还是独立谋生的，所以他们往往免不掉负担，如《晏子春秋·内篇杂上》说："晏子饮景公酒，令器必新，家老曰：财不足，请敛于氓。"孟子也说他们要出"夫里之布"，以致造成"民氓饥寒冻馁"② 的情况。

氓是从村社解体后所游离出来的人群，还可从《战国策》中得一证明，《秦策一》载张仪之言说：

> 赵氏中央之国也，杂民之所居也……而不忧民氓。③

杂民之所居，亦即民氓混杂在一起。村社解体后，小农分化的结果，一部分流离到城市称为氓，他们实际上也是流庸，或称"宾萌"，"宾萌"亦即客民，战国游士每多袭此称号。④ 氓与庸客的分别，仅仅在于后者多托事一主，役力而受直，而氓则

---

① 按《孟子·万章下》："万章曰：'士之不托诸侯，何也？'（赵注：托，寄也，谓若寄公食禄于所托之国。）孟子曰：'不敢也，诸侯失国而后托于诸侯，礼也。士之托于诸侯，非礼也。'（赵注：谓士位轻，本非诸侯敌体，故不敢比失国诸侯，得为寄公也。）万章曰：'君馈之粟，则受之乎？'曰：'受之。''受之何如也？'曰：'君之于氓也，固周之。'曰：'周之则受，赐之则不受，何也？'曰：'不敢也。'曰：'敢问其不敢何也？'曰：'抱关击柝者皆有常职以食于上，无常职而赐于上者，以为不恭也。'"可知，游士入他国无常职者，固不得比之于失国而为寓公的诸侯。孟子于此处，又以氓作比，则可确证氓为脱离生产之流民，过着寄食的生活。
② 《晏子春秋·内篇谏上》第一。
③ 又见《韩非子·初见秦》篇。
④ 《荀子·解蔽》："昔宾孟之蔽者，乱家是也。"集解引俞樾说："《吕氏春秋·高义》篇载墨子之言曰：若越王听吾言用吾道，翟度身而衣，量腹而食，比于宾萌，未敢求仕。高注曰：宾，客也，萌，民也。所谓宾萌者，盖当时有此称，战国时游士往来诸侯之国，谓之宾萌，若下文墨子、宋子、慎子、申子、惠子、庄子皆其人矣。"有人把宾萌视为封建依附关系，实误。

多营手工技作，犹自独立营生，或竟不事生产，游荡城市，靠救济过活，这一分别，正是实际生活中小农分化过程复杂性与多样性的反映。

《诗经·小雅·黄鸟》"此邦之人，不可与处"和《魏风·硕鼠》"逝将去汝，适彼乐土"，这已是农村公社成员脱离村社的反映。春秋以后，各国颇有徕民的，《论语·子路》："叶公问政，子曰：近者说，远者来。"又说："夫如是，则四方之民襁负其子而至矣。"不管这种村社成员是自动地脱离村社"适彼乐土"，还是被动地受招徕"襁负而至"，如其可能，其结果，大概还能成其为甿，盖尚有一块土地可耕，如《周礼·旅师》所言。不然，就不会视为"乐土"或"襁负而至"了。

春秋时期，虽已有化装为"氓之蚩蚩，抱布贸丝"①来求婚的，可以证明其时村社已开始趋向解体，不过那时的氓，可能为数还不多。但是到了战国时期，由于统治阶级对农民的残酷剥削，村社更日趋于解体中，这时大量出现的氓，就不是什么"适彼乐土""襁负而至"的问题，而是如孟子所说的"老弱转乎沟壑，壮者散而之四方"的结果，可见由甿而氓，可以反映出村社在解体过程中的某些变化。

二、私属·私属徒·隐民

"私属"一词，近来也有人把它看成是封建依附关系，其实这也是一种误解，按《左传·宣公十七年》：

> 十七年春，晋侯使郤克征会于齐……郤子至，请伐齐，晋侯弗许；请以其私属，又弗许。

杜注："私属，家众也。"

杜预释私属为家众，实已得其解，以其言之不详，今试加考辨于下。

大夫之家称私家，《礼记·礼运》："冕弁兵革，藏于私家，非礼也。"此私家即指大夫之家。大夫之家臣亦可称私人，《礼记·玉藻》："士曰传遽之臣，于大夫曰外私，

① 出自《诗经·卫风·氓》。有人说这个化装为氓的人是扮成农奴的样子，实在不像，从恒理言之，说化装为一个自食其力、以物易物的流民或客民来相亲求婚，理则有之，硬要化装为一个农奴来求婚，则何为自苦乃尔！

大夫私事使，私人摈则称名。"注："士臣于大夫者，曰私人。"又可简称为私。《仪礼·士相见礼》："宾对曰：某也夫子之贱私。"故知私人、私均是属于大夫之家臣，《诗经·大雅·崧高》："王命传御，迁其私人。"疏谓：

> 私人者对王朝之臣为公人，家臣为私属也。

故又知家臣亦即私属，私人或私亦即私属。①

按属即族也。《左传·定公四年》"辑其分族"，疏曰："族，属也。"又《左传·成公十六年》："栾、范以其族夹公行。"疏引刘炫曰："族者，属也。""（栾、范）以其族夹公行"亦可改为以其属夹公行。又《左传·文公二年》"狼瞫……及彭衙既陈，以其属驰秦师死焉"。此"以其属驰秦师"，固亦可改为"以其族驰秦师"。栾、范、狼瞫皆大夫，是其族属即私属也，私属又即私族也。《左传·昭公十九年》"私族于谋"，此私族亦即私属。

大夫之族何以要称私属，盖对诸侯之族称公族而言。亦犹大夫之私人对王朝之公人而言，其义则一也。

《诗经·魏风·汾沮洳》："彼其之子，美如玉。美如玉，殊异乎公族。"《毛传》："公族，公属。"《左传·宣公二年》："使屏季以其故族为公族大夫。"疏曰："族即属也。"故知公族也就是公属。公族本是指诸侯之直系亲属，晋国凶"丽姬之乱，诅无畜群公子，自是晋无公族"。②掌公族之事者称公族大夫，《国语·晋语》："栾伯请公族大夫。"注："公族大夫掌公族与卿之子弟。"公族之有公族大夫亦犹大夫之有家老，《国语·晋语》："（叔向）见宣子曰……盍访之訾祏……且吾子之家老也。"注谓："訾祏，宣子家臣。"按家老亦可简称为老。《左传·昭公二十五年》："平子怒，拘臧氏老。"又"臧氏老将如晋"。从《国语》《左传》所叙这些家老的史实看来，他们在大夫之家的地位颇不低，殆即掌私属者。

《周礼·冢人》："凡诸侯居左右以前，卿大夫士居后，各以其族。"可知虽为同

---

① 《诗经·小雅·大东》："私人之子，百僚是试。"此处"私人"一词非指大夫之家臣而言，乃一特殊用法，应如正义所云"私，居家之小人也……仕于私家，谓之私人，非此类也"。

② 《左传·宣公二年》。

姓，而诸侯、卿大夫仍各有其族，盖族者，同姓而序昭穆者也。《礼记·祭统》："夫祭有昭穆，昭穆者，所以别父子、远近、长幼、亲疏之序而无乱也。"为了分别昭穆而无乱，故族必有族籍。"族籍"一词，先秦虽无明文，固疑《周礼·小宗伯》"辨庙祧之昭穆"者，或即掌王之族籍之官，所谓"掌三族之别，以辨亲疏"者是也。（也可能是《周礼》小史的职掌："掌邦国之志，奠系世，辨昭穆。"注引郑司农说："系世，谓帝系、世本之属。"）

诸侯，卿大夫既各有其族，亦必各有其族籍。《史记·商君列传》"宗室非有军功论，不得为属籍"，此属籍即族籍也，盖古代社会氏族足贵族之统治，必以宗法为其纽带，宗法与政治不分，世卿者必世禄，故"不得为属籍"者，即不得立族籍也，不得立族籍，亦即晋无畜群公子，无公族之意。所谓晋无公族，乃是说，不立为公族，不承认其为公族，亦即不承认其政治上之地位。故知公族、私族不可须臾离，如《左传·文公七年》载："（宋）昭公将去群公子，乐豫曰：不可，公族，公室之枝叶也，若去之，则本根无所庇荫矣。"商鞅变法废氏族贵族的特权，宗室必以军功，才承认其政治地位，宗法关系至此时才渐失却其作用。于此，亦可觇知氏族贵族在政治上的消长，战国之变法，实为其中一大关键也。《索隐》谓："宗室若无军功，则不得入属籍，谓除其籍，则虽无功不及爵秩也。"改"为"为"入"，末句尤极含混，实未得其正解。（按：《史记会注考证》引《索隐》末句无"虽"字，作"则无功不及爵秩也"，又多出《正义》逸文一条，作"属籍谓属公族宗正籍书也，宗室无事功者，皆须论，言不得入公族籍书也"，此若不假，则唐人实已得其解。）

私属既为大夫取得政治地位的基础，故私属之人亦可依例取得官职，《左传·襄公三十年》：

> 三月癸未，晋悼夫人食舆人之城杞者，绛县人或年长矣，无子，而往与于食。有与疑年，使之年……赵孟问其县大夫，则其属也。召之而谢过焉，曰："武不才，任君之大事，以晋国之多虞，不能由吾子，使吾子辱在泥涂久矣，武之罪也。敢谢不才。"遂仕之，使助为政，辞以老，与之田，使为君复陶，以为绛县师。

原来，绛县老人本是赵孟之族，"则其属也"，亦即赵孟的私属，因遭流落而失去了照顾，及待赵孟查究出来，马上就给以官做，还向老人作了一番检讨，可证私属的地位是不低的，把私属看成封建依附关系，实在没有什么根据。

在宗法关系没有完全遭到破坏以前，私属不仅是大夫得以专政的政治力量，而且也是其军事力量，二者是密切不可分的。所以古籍中凡是说到私属之处，都和军事分不开。"郤克请以其私属"是为了伐齐，"栾、范以其族夹公行""狼瞫……以其属驰秦师"，也都是在作战，"宗室非有军功，论不得为属籍"，也显然和军事有关。

古代出兵，要简车徒，战士有甲士，也有徒兵，当大夫在专用徒兵的时候，就又出现了"私属徒"一词。《左传·哀公八年》：

> 微虎欲宵攻王舍，私属徒，七百人三踊于幕庭。卒三百人，有若与焉。

杜注："卒，终也，终得三百人任行。"据此，则私属徒七百人中，孔子弟子有若是其中的一个，有若是士的身份，可证，从"私属徒"一词也根本看不出有什么封建依附关系。有人说，卒是卒，私属徒是私属徒，有若是卒，不同于私属徒，如果照这个解释，姑不论文理通不通，卒与徒在此仍是一个东西。《左传·僖公二十八年》："丁未献楚俘于王，驷介百乘，徒兵千。"杜注："徒兵，步卒。"又《左传·隐公元年》："缮甲兵，具卒乘。"注："步曰卒，车曰乘。"卒乘即是车徒的倒称。《公羊传·桓公六年》："简车徒也。"（又见《公羊传·昭公八年》）车徒即卒乘，徒就是卒，有若即使是卒，仍然还是一个私属徒，何况细审左哀公年传文，杜预已得其解，实无容再骋其辞也。

大夫之徒兵称私属徒，也是对诸侯之徒兵称公徒而言，《诗经·鲁颂·阃宫》"公徒三万"指的是诸侯的徒兵，《左传·昭公二十五年》记载了鲁昭公攻季氏一事，两下都是徒兵交战，①《传》曰"公徒释甲，执冰而踞"，后面又说"公徒将杀昭子"，

---

① 又《吕氏春秋·先识览·察微》作："仲孙氏、叔孙氏相与谋曰：'无季氏，则吾族也死亡无日矣。'遂起甲以往，陷西北隅以入之。"这里说的仲孙、叔孙氏之兵不是徒兵，而是甲士，盖传闻而异辞。按大夫之私兵中诚有甲士，亦可称甲，如《左传·襄公十九年》称："郑子孔之为政也专，国人患之，乃讨西宫之难，与纯门之师，子孔当罪，以其甲及子革、子良氏之甲守。"

都指的是诸侯的徒兵。

诸侯之族叫公族，大夫之族叫私属，诸侯之徒兵叫公徒，大夫之徒兵叫私属徒，这正是在古代社会里，宗法血缘关系和政治军事相结合的产物，从中实在看不出有什么封建依附关系。

关于"私属"一词，在《史记》和《汉书》里还各有一条材料，需要提出来讨论一下。

《史记·周本纪》载：

> 古公亶父复修后稷、公刘之业，积德行义，国人皆戴之。薰育戎狄攻之，欲得财物，予之，已复攻，欲得地与民，民皆怒，欲战，古公曰："有民立君，将以利之，今戎狄所为攻战，以吾地与民，民之在我，与其在彼，何异。民欲以我故战，杀人父子而君之，予不忍为。"乃与私属遂去豳，度漆、沮，逾梁山，止于岐下。

关于古公亶父避狄人之侵犯，自豳迁岐的传说，在先秦载籍中，见于《诗经》《孟子》《庄子》《吕氏春秋》诸书，《孟子·梁惠王下》作：

> 昔者大王居邠，狄人侵之。事之以皮币，不得免焉；事之以犬马，不得免焉；事之以珠玉，不得免焉。乃属其耆老而告之曰："狄人之所欲者，吾土地也，吾闻之也；君子不以其所以养人者害人。二三子何患乎无君？我将去之。"去邠，逾梁山，邑于岐山之下居焉。

孟子并没有提到私属一词，《庄子·杂篇·让王》与《孟子》文小异，写作：

> "且吾闻之，不以所用养害所养。"因杖策而去之。

《吕氏春秋·开春论·审为》也写作：

"且吾闻之，不以所以养害所养。"杖策而去。

两书也都没有提到"私属"字样，（又《淮南子·道应训》也作："且吾闻之也，不以其所养害其养。"杖策而去。）固疑《周本纪》"私属"云云为史公不经之文，故《诗经正义》释《绵》传笺未引《史记》，而《史记》本文，三家亦无注。

即使《史记·周本纪》另有所本，则所谓"私属"也者，亦可解释为古公亶父之私族，即他的直系亲属。先是古公亶父只带着他的直系亲属去豳而至歧，而后才是豳人"从之者如归市"。有人根据《周本纪》的"私属"一词，遽尔判定周人早在古公时代即已有封建依附关系之存在，实为臆测之辞，无待深论。

又《汉书·食货志》载王莽改制云：

今更名天下田曰王田，奴婢曰私属，皆不得买卖。

王莽改制往往假托经义，传会《周礼》，唯"私属"一词，不见于《周礼》，诸经均未有以私属称奴婢者。王莽把奴隶改称私属，禁止买卖，殆即把奴隶改为私家所隶属之人。

细审王莽改制的内容，其实质在于企图返回古代氏族贵族的统治，故一面想实行分封制和井田法，一面禁止土地和奴隶的买卖。考古代氏族贵族统治时期，贵族之获得奴婢大多是通过赏赐赠予而来，的确很少是通过买卖来的，此在金文与经传中已屡见不鲜。此种被赏赐的奴隶，其实质类似"国家奴隶"，虽在官为官奴，在私为私奴，唯在氏族贵族统治下，官与私不分，国与家不分，所以两者没有区别，一般都不能买卖。因此，在古代私家的奴隶，不管是家内奴隶也好或生产上的奴隶也好（不包括后起的债务奴隶），其形式上都和后来的私人蓄奴有区别。

王莽企图恢复古制，故一面大肆地扩充官奴婢，一面把私人蓄奴当作是由王室赏赐的私家奴隶，开玩笑式地给他们换上一个名称，叫作"私属"。这种改奴隶为"私属"的办法，既不是奴隶的解放，也不是什么"奴隶向农奴转化的一种身份形态"，这只是在开倒车，回到氏族贵族统治的老一套里去，"私属"仍为奴隶，没有两样。

王莽称奴婢曰"私属"，此"私属"当然和春秋时期作为大夫之家族的"私属"不类。有人写的"王莽"的小册子，居然引《左传·宣公十七年》杜注"私属，家众也"一语，用来解释王莽的"私属"，这真不免张冠李戴了。

但，大夫之家确有奴隶，因此，如果说大夫之家族或私属拥有奴隶，则这句话是对的。认真地说，氏族贵族如果离开了奴隶，就不成其为贵族了。从这一层意义上讲，王莽改奴婢曰私属，如果不是生造，而确在那里附会经传，那么，虽然生拉硬凑，显得不通，但又未尝不可以拉上一点关系。

到了春秋后期，大夫之家，私属之外，还有隐民，《左传·昭公二十五年》：

政自之出久矣，隐民多取食焉，为之徒者众矣。

有人又把这里的"隐民"，视为封建依附关系，这也值得讨论。

按春秋后期，政治上发生了一个很大的变化，出现了公室卑弱、大夫专政的局面，"政出家门"的结果，一方面"庶民罢敝，而宫室滋侈，道殣相望，而女富溢尤，民闻公命，如逃寇仇"，一方面"民人痛疾，而或燠休之，其爱之如父母，而归之如流水"。[1]大夫之家利用了当时诸侯失政、阶级矛盾日趋尖锐的机会，向公室展开了争取民众的斗争。专政的大夫搞一点小恩小惠，像齐国在"民参其力，二入于公，而衣食其一，公聚朽蠹，而三老冻馁，国之诸市，屦贱踊贵"的情况下，陈氏能够"以家量（大量）贷而以公量（小量）收之"，结果自然是"公弃其民，而归于陈氏"。[2]鲁国也是如此："鲁君世从其失，季氏世修其勤。"结果自然也是"民忘君矣，（昭公）虽死于外，其谁矜之"，而"（季氏）以贰鲁侯，为日久矣，民之服焉，不亦宜乎"。[3]

春秋后期，农村公社的解体日趋急剧，社会上已出现了流民，加之各国的政治日见败坏，因之"民无所依""民将流亡"[4]的情况更为增多。这些流民仍然是自由

① 《左传·昭公三年》。
② 《左传·昭公三年》。
③ 《左传·昭公三十二年》。
④ 《左传·昭公二十六年》。

民的身份，他们为大夫之家所收留，就成为大夫之家的隐民。有的虽然不是流民，却因为"公室无度"①"公厚敛焉"②，也不得不跑到大夫之家藏起来。问题在于这些隐民一经进入大夫之家后是否便失去了自由民的身份，而成了大夫的封建依附者。

原来，这种隐民具有两个特点，一是不事生产，"取食"于大夫之家，所谓"陈氏厚施焉，民归之矣"；一是替大夫当兵，成了大夫之家的武装力量，故"为之徒者众矣"。值得注意的是，春秋末年，大夫的私兵往往不称族、属或私属、私属徒，而只单单称一个徒字，如《左传·昭公二十五年》：

帅徒以往，陷西北隅以入。

又《左传·哀公二年》：

以徒五百人宵攻郑师。

又《左传·哀公十四年》：

以命其徒攻桓氏。

又《左传·哀公十三年》载吴国王孙弥庸"属徒五千"与越人战，十四年齐阚止"属徒攻闱与大门"。这两处的"属"字是动词，杜注："属，会也。"即集合率领的意思，亦犹上文所引孟子说的"乃属其耆老而告之曰"，属，赵注："会也。"义同。有人把《左传》这两句也看成是私属徒，是错误的，其实这两句所指的仍是徒。春秋末年，大夫的私兵不称私属徒而称徒，其原因就在于私属之中有了隐民。私属即私族，本是宗法关系，而新收的隐民却不是同族的，大夫为了扩大其政治的和军事的势力，为了觊觎公室，原有的私属已经不能满足他们的政治野心，因此，有隐民参

---

① 《左传·昭公三年》。
② 《左传·昭公二十六年》。

加进来了。这一来，原来的私属徒便只好称为徒了。隐民的参加便意味着大夫之家的私属，这个带有浓厚的氏族血缘残余的宗法结合体，已趋于破坏。随着大夫最后夺取了诸侯的权力，登上了国君的宝座，开始了战国之局，私属与隐民遂均不见于载籍，而养士之风起。我因此怀疑，春秋末年大夫之家出现的隐民，殆即战国养士食客之风的滥觞，试为证明于下。

《韩非子·诡使》载：

> 悉租税，专民力，所以备难充仓府也；而士卒之逃事状匿，附托有威之门，以避徭赋而上不得者万数。

有人也把这条材料看成是封建依附关系，这也是错误的。其实，韩非子所谓之"士卒"，指的是战士，在同一篇文章里，有好几处提到战士一词。

> 城池之所以广者，战士也。
>
> 今战胜攻取之士劳而赏不沾，而卜筮、视手理，"狐"《蛊》（从俞樾校改）为顺辞于前者曰赐。
>
> 夫陈善田利宅，所以战士卒也；而断头裂腹，播骨乎平原野者，无宅容身，身死田夺。
>
> 大臣左右无功者，择宅而受，择田而食，赏利一从上出，所以善制下也，而战介之士不得职。
>
> 赏赐，所以为重也，而战斗有功之士贫贱。

原来韩非的意思是说当时的国君不爱惜战士，不仅封赏不至，而且徭役频繁，以至战士"无宅容身，身死田夺"，他们才不得不"逃事伏匿，附托有威之门"。

这种战士或士卒即是春秋以前的士的转化。春秋以前，士属于自由民的身份，他们平时往往是大夫的家臣、私人，战时便成为他们的士卒（甲士或徒兵），所以士亦即武士。随着自由民的贱视劳动，到了春秋后期，士更逐渐脱离了劳动，有一些成了"四体不勤，五谷不分"的游士或学士，而更多的则成为取食于公室或私家的武士。《吕氏春秋·慎大览·报更》说了这样一个故事：

> 昔赵宣孟将上之绛，见骫桑之下，有饿人卧不能起者，宣孟止车，为之下食，蠲而餔之，再咽而后能视。宣孟问之曰："汝何为而饿若是？"对曰："臣宦于绛，归而粮绝，羞行乞而憎自取，故至于此。"①

这个桑下饿人是士的身份，后来他成了晋灵公的武士，晋灵公欲杀宣孟（赵盾），"令房中之士疾追而杀之"，其中一个就是这位桑下饿人，是他把宣孟救了。可知这种人宁愿饿死也不劳动，但却愿充当武士，又可知这种武士虽是受主人豢养的，但身份还是比较高的。

战国时期，宗法的樊篱被冲破了，为了政治的和军事的目的，养士之风大起，大量的食客寄食于名公子之门，这些名公子如孟尝、信陵、平原、春申之流就是韩非子所谓的"有威之门"，而"逃事状匿"的士卒也即构成食客的一部分，他们成为私门的武装力量。所以我很同意韩连琪先生在《春秋战国时代的农村公社》一文中所指出的战国私门的养士，其中的一部分就是这种士卒。②

所以，我以为春秋后期所出现的"隐民"，和战国间的"士卒"相类似，他们都是"逃事状匿"的。按"隐民"一词，杜注作"隐，约，穷困"解，不确。清儒马宗琏《春秋左传补注》说：

> 《尔雅》云：隐，微也。郭注：微，谓逃藏也。《众经音义》引旧注云：谓逃窜也。是隐民乃逃窜之民，季氏养之，故云多取食焉，杜注非。③

他们又都是不事生产的，战国的士卒、食客是由主人供养的，隐民亦"多取食焉"；他们又都是作为私门的武装力量的。隐民为徒与食客为士卒都是战士。可知春秋后期隐民的出现，实为战国时期养士之风的滥觞，此说当不诬。

---

① 又参看《左传·宣公二年》和《史记·晋世家》。
② 韩连琪：《春秋战国时代的农村公社》，《历史研究》1960 年第 4 期。
③ 《皇清经解》卷一百五十七。

也可以说，隐民的出现和养士之风的盛行，正是村社解体，自由民在分化过程中所呈现的复杂性的反映，也是新兴的士阶层在不断冲击氏族宗法关系和氏族宗法关系在日趋解体的反映。

三、皂·舆·隶·僚·仆·台

《左传·昭公七年》载楚无宇说：

> 天有十日，人有十等，下所以事上，上所以共神也。故王臣公，公臣大夫，大夫臣士，士臣皂，皂臣舆，舆臣隶，隶臣僚，僚臣仆，仆臣台，马有圉，牛有牧。

当前史学界不管是站在哪个学派的人大都认为士以下的皂、舆、隶、僚、仆、台，都是奴隶之称，几乎没有什么争论了，可是最近谷霁光先生别创新说，认为这些人基本上都是属于士的依附者，他们的身份一般不是奴隶，甚至他们有的还保留了士的身份。因此，所谓十等者，不能看成是阶级结构的排列，只能看成是职事上的某种排列。

谷先生的这一看法，足以引起人们的重新考虑。确实，古人用语，往往不如现代人的精确，再加上字有歧义，字有通假，因而很容易造成解释上的混乱，如果不进一步去全面地加以探讨，仅仅选择于自己的立论有利的地方，各执一词，这个争论就很难得到解决。

从文献上看，关于皂、舆、僚、台这四种人在单独用的场合上，的确比较难看出他们具有奴隶的身份。旧训皂，如《左传·昭公七年》正义引服虔注："皂，造也，造成事也。"《史记·邹阳传》索隐引韦昭说："皂，养马之官，下士也。"没有说到是奴隶。旧训舆，如《孟子·滕文公下》赵注："输人、舆人，作车者。"《考工记》也说"舆人为车"，虽然"工商食官"，作车的也应是奴隶，但此舆人也可以像一些人说的解释为监督作车的"贱官"之类。又有些场合提到的舆人，也确实应如旧训解作"众也"，如《左传·僖公二十八年》"听舆人之诵"与《左传·襄公三十年》"舆人诵之"，这两处的舆人都可以作众人解，所以《吕氏春秋·先识览·乐成》叙子产治郑，改《左传》的"舆人诵之"为"民相与诵之"，像这些地方的确都难以判别他们的阶级成分。过于滥用，把他们都说成是奴隶，是难以令人信服的。至于旧训"同官为僚"的"僚"，在很多场合上意义更为含混，有很多的记载的确指的是官吏，《尔雅·释诂》说"僚，官也"是不错的，所以更不应乱用。而"台"字的含义似乎也不明显，除了《左传·昭公七年》提到一个"台"字外，《孟子·万章下》还提到一句"自是台无馈也"，注"贱官，主使令者"。此外，就得搞清楚如《左传》提到的陪台和《方言》中提到的台隶的身份问题了。总之，旧训都没有明白解释为奴隶的，这些地方都应该作细心的研究。不要含糊其辞，这一点我是同意的。但是，能不能根据一些字的歧义或旧训，就完全断定没有奴隶了呢？或楚无宇说的这六种人都不是奴隶呢？我以为还应该作具体的分析，对先秦经籍上所出现的这些字，统统视为奴隶，不恰当，统统视为非奴隶，更不恰当。应该实事求是地进行研究，我以为楚无宇在这里提到的六种人，还应该看作是奴隶，试为证明于下：

六种人中，隶与仆这两种人多指奴隶而言，这是有旧训作根据的，如《周礼·司厉》："其奴，男子入于罪隶，女子入于舂槀。"注引郑司农说："谓坐为盗贼而为奴者，输于罪隶舂人槀人之官也，由是观之，今之为奴婢，古之罪人也。"《周礼·司寇》除载有罪隶之外，还有蛮隶、闽隶、夷隶、貉隶等等，疏谓："此中国之隶言罪隶。"注谓其余各隶皆为征南夷、南蛮、东夷、东北夷所获，又谓："凡隶众矣，此其选以为役员，其余谓之隶。"又有所谓奚隶，《周礼·禁暴氏》："凡奚、隶聚而出入者，则司牧之，戮其犯禁者。"注："奚隶，女奴男奴也。"还有提到隶人的，如《仪礼·既夕礼》说："隶人涅厕。"注："隶人，罪人也，今之徒役作者也。"这当然也指的是奴隶。又《国语·周语》载太子晋说的一番话：

> 有夏虽衰，杞、鄫犹在；申、吕虽衰，齐、许犹在。唯有嘉功，以命姓受祀，迄于天下。及其失之也，必有慆淫之心闲之，故亡其氏姓，踣毙不振，绝无后主，湮替隶圉……是以人夷其宗庙，而火焚其彝器，子孙为隶，下夷于民。

这里所说的"隶圉"和"子孙为隶，下夷于民"的"隶"，当然，也是指奴隶而言。

又《国语·鲁语》：

> 襄公在楚，季武子取卞，使季冶逆，追而予之玺书，以告曰："卞人将畔，臣讨之，既得之矣。"公未言。荣成子曰："子股肱鲁国，社稷之事，子实制之。唯子所利，何必卞？卞有罪而子征之，子之隶也，又何谒焉？"

这里的"隶"，同样指的也是奴隶。和上引《周语》说的一样，都是把被征服族（国）的俘虏降为奴隶。

至于仆，有的时候作动词用，当御车解，有的时候转为名词，当御者解，也难看出它的固定的身份来，但在经籍上遇童仆或臣仆连称时，则确实训为奴隶。

《说文》："童，男有罪曰奴，奴曰童，女曰妾。"徐锴谓："童则罪人之子没官供给使者也。"又《说文》："仆，给事者。"《诗经·小雅·正月》："民之无辜，并其臣仆。"《毛传》："古者有罪，不入于刑，则役之圜土，以为臣仆。"郑笺："辜，罪也，人之尊卑有十等，仆第九，台第十，言王既刑杀无罪，并及其家之贱者。"《正义》："此解名罪人为臣仆之意也……古有肉刑，而罪有等级，重者入于肉刑，轻者役于圜土，谓昼则役之，夜是入圜土，以圜土表罪之轻者也，非在圜土而役。当役之时，为臣仆之事，故号之为臣仆。"可证童仆、臣仆也和罪隶一样，都是由罪人没而为奴隶的。故《易经·旅卦》"六二得童仆贞""九三丧其童仆贞"，及《公羊传·襄公二十七》"夫负羁絷，执铁锧，从君东西南北，则是臣仆庶孽之事也"，所指的都是奴隶。又《国语·鲁语》"宣公使仆人以书命季文子"，《国语·晋语》"魏绛至，授仆人书而伏剑"，注谓："仆人掌传命。"这里提到的仆人，其实也是公室中负责传命的奴隶。故知《周礼·夏官·序官》郑注"仆，侍御于尊者之名"及《说文》中"仆，给事者"，就是指这种从事贱役的家内奴隶或宫廷奴隶。

楚无宇说的六种人中，其中有隶与仆两种，有旧训确可证明是奴隶，则我们就可以进一步依据这一个线索去考察皂、舆、僚、台这四种人在这里是不是指的也是奴隶。

按载籍中多有以隶与皂、舆、台等连称之辞，每作"皂隶""舆隶""台隶"之称，现分别考释于下。

皂隶。《左传·襄公九年》载:"其庶人力于农穑,商工皂隶,不知迁业。"《左传·襄公二十四年》载:"庶人工商皂隶牧圉皆有亲。"又《左传·昭公三年》:"栾、郤、胥、原、狐、续、庆、伯,降在皂隶。"又《国语·晋语》:"庶人食力,工商食官,皂隶食职。"这里所说的皂隶,指的都是奴隶。

有人说,《左传》说的"栾、郤、胥、原、狐、续、庆、伯,降在皂隶"一语,不能证明晋国八姓之后,都真正地降为奴隶了,因说"皂隶"一词,未必即指奴隶而言。即如其言,晋八姓之后并未都成了奴隶(事实上亦无确证),但《左传》所载乃是晋国保守分子叔向说的话,叔向十分不满意当时"今亦季世""政在家门"的现状,因对八姓的衰替极为愤懑,说他们"降在皂隶"乃极言之辞,是牢骚语,故愤愤然告诉晏子说:"这八姓的人都成了奴隶了!"亦犹《左传·僖公十七年》载卜招父说的"男为人臣,女为人妾"一样,晋太子圉西质于秦,并未真正成为奴隶。此亦史家附会传说通过卜人极言其危之辞,都不能根据表面的联系据为典要,而说皂隶、臣妾都不是奴隶。其实,真正细审传文,则这两条材料都恰恰可以反证皂隶与臣妾全是奴隶。

又有人说,《国语》"皂隶食职"一语,正好证明他们也是所谓官职之类,不是奴隶。其实这是误解了"食职"一词,按这里所说的职,不是指的职官,而是指一种应分做的事务。《周礼·大宰》:"闲民无常职。"注:"谓无事业者。"可证,职也可指职务而言,"皂隶食职"者,正是指家内奴隶或宫廷奴隶为主人供役而生活的意义。

舆隶。《吕氏春秋·为欲》:"夫无欲者,其视为天子也,与为舆隶同。"按旧注"舆,众也",实误。下文接言"舆隶至贱也,无立锥之地至贫也"。舆隶是至贱之人,当然是指奴隶而言。又《左传·昭公四年》:"自命夫、命妇,至于老疾无不受冰。山人取之,县人传之,舆人纳之,隶人藏之。"此亦舆隶并称,可证舆也是奴隶的身份。

又《左传·昭公八年》:"舆嬖袁克,杀马毁玉以葬(陈哀公),楚人将杀之,请置之,既又请私,私于幄,加绖于颡而逃。"这个袁克是陈哀公的舆嬖,即奴隶而受宠于哀公的。杜注:"舆,众也。"是错误的。

又《淮南子·兵略训》说:

夫论除谨，动静时，吏卒辨，兵甲治，正行伍，连什（行）伯，明鼓旗，此尉之官也。前后知险易，见敌知难易，发斥不忘遗，此候之官也。隧路亟，行辎治，赋丈均，处军辑，井灶通，此司空之官也。收藏于后，迁舍不离，无淫舆，无遗辎，此舆之官也。

可知古代在作战时战士、斥候、军事工事、辎重等均各有所属，出兵时，他们都走在前面，只有舆是走在后面的，故高诱注谓："舆，众也，候领舆众在军之后者。"除释舆为众是因袭前人之误外，这一句"在军之后者"确给了我们以启发。盖古代作战，担任战士是贵族与自由民的职责，奴隶是没有份的，他们不能享受战士的荣誉，但在出军时，却要跟在后面服劳役。《尚书·费誓》云："马牛其风，臣妾逋逃……汝则有常刑。"可证军中是有奴隶的。奴隶在军中服劳役，管理这些奴隶的官叫舆尉[①]。（按：《周礼·夏官·序官》有舆司马一职，其具体内容缺。）

按《左传·襄公三十年》载："晋悼夫人食舆人之城杞者。"城杞与军事有关，《春秋经》记载襄公二十九年谓："仲孙羯会晋荀盈、齐高止、宋华定、卫世叔仪、郑公孙段、曹人、莒人、滕人、薛人、小邾人城杞。"《传》作："晋平公，杞出也，故治杞。"原来，晋平公的母亲悼夫人是杞人，平公即位，为了帮助外家，乃令诸侯城杞，加强杞的防务，也是为了在各诸侯面前争取杞的地位，所以几个诸侯国都派了些人来帮助杞国筑城，也因此晋悼夫人才特别亲自出来慰劳一番，所谓："食舆人之城杞者。"就在这当中，赵孟突然发现绛县老人就是他的族属，居然也在城杞之列，因此一怒之下，就把管理筑城的舆尉免掉了，《传》称"而废其舆尉"。这些城杞的舆人既统归舆尉率领，可证为军事部勒，与上引《淮南子·兵略训》结合起来看，则知这里所说的舆人乃是服役于军事的奴隶，赵孟之族的绛县老人居然降在奴隶，这才引起赵孟的检讨，连舆尉也免职了。因此，在这里杜注仍谓"舆，众也"，也是错误的。

由此又可知《吕氏春秋·仲秋纪·决胜》说：

---

① 《左传·襄公十九年》载："军尉、司马、司空、舆尉、候奄，皆受一命之服。"

　　善用兵者，诸边之内莫不与斗，虽厮舆白徒，方数百里皆来会战，势使之
然也。

《吕氏春秋》所说的"厮舆白徒"，亦即《战国策·魏策》所载"厮徒"的简称，[①] 厮
舆本来不是打仗的，所以《战国策》引苏秦说魏王的话把它排在武力、苍头、奋击
之后，作：

　　今窃闻大王之卒，武力二十余万，苍头二十万，奋击二十万，厮徒十万。

但在战场上，善用兵者在作战时，事实上正如《吕氏春秋》所言，把厮舆等人也都
用上了。可知奴隶们虽然不能取得战士的称号，却在事实上既要作苦役，又要为奴
隶主卖命。这在战国时，由于战争的规模更大了，就表现得更为显著。但是绝不能
因此说厮舆已经是战士，便不是奴隶，其实，奴隶仍然还是奴隶，所以《汉书·扬
雄传》载《长杨赋》有云"蹂尸舆厮"一语，王先谦补注引刘奉世说：

　　舆，舆隶也。厮，厮卒也。

这个解释是完全正确的。

　　台隶。台与隶连称见《后汉书·济南安王康传》，史称：

　　建初八年，肃宗复还所削地，康遂多殖财货，大修宫室，奴婢至千四百
人，厩马千二百匹，私田八百顷，奢侈恣欲，游观无节。永元初，国傅何敞上
疏谏康曰："……大王以骨肉之亲，享食茅土，当施张政令，明其典法，出入进
止，宜有期度，舆马台隶，应为科品。而今奴婢厩马皆有千余……"

---

　　① 又《史记·张仪列传》载张仪说韩王曰："料大王之卒，悉之不过三十万，而厮徒负养在
其中矣。除守徼亭鄣塞，见卒不过二十万而已矣。"《索隐》："厮音斯，谓杂役之贱者。负养谓负檐
以给养公家，亦贱人也。"按："厮徒负养"本不是战士，张仪把他们统统算上，乃是企图极力证明
韩国兵力的单薄，远非秦国的敌手。《索隐》云云亦可证"厮舆白徒"是奴隶。

无疑，这里说的台隶，指的是奴隶。又《后汉书·袁绍传》：

> 臣以负薪之资，拔于陪隶之中。

注谓："陪隶犹陪台。"可证台亦隶也。按"仆庸""陪敦""附庸"已经史家证明即是"陪台"，则亦知道即是"陪隶"，台为奴隶，已无疑义。

"陪台"一词，见于《左传·昭公七年》，楚王"为章台之宫，纳亡人以实之"，无宇的阍人亦在其内，"无宇执之，有司弗与"，无宇引"天有十日，人有十等"及文王之法以争之，他最后说道："逃而舍之，是无陪台也。"有人以为无宇的逃人是阍人，似乎阍人未必是奴隶的身份。其实，《左传·襄公二十九年》说："吴人伐越，获俘焉，以为阍。"可证阍人是俘虏的奴隶担任的。又《公羊传·襄公二十九年》："阍者何？门人也，刑人也。"又可证明这种阍人也是罪人为奴者所从事的职役。

陪台是奴隶，台也是奴隶。但有人引《孟子·万章下》说的"自是台无馈也"一语，认为此台不是奴隶，盖以为无有向奴隶磕头之理，按《孟子》原文作：

> （孟子）曰："缪公之于子思也，亟问，亟馈鼎肉。子思不悦。于卒也，摽使者出诸大门之外，北面稽首再拜而不受，曰：'今而后知君之犬马畜伋。'盖自是台无馈也。"

子思"北面稽首再拜"，是不是拜奴隶呢？当然不是，因其"以君命将之"，故不得不"再拜稽首而受"，这是奴隶制国家等级制度下的礼节。子思最后发脾气，就是因为缪公每一次的馈赠，都叫台人以君命将之，害得子思"仆仆尔亟拜"。而每次的馈赠，都不过酒肉而已。喂牲口的是奴隶，送酒肉给子思的也是奴隶，当着奴隶的面还要每次拜而受之，这才越想越恼火，最后索性把使者摽出去，说什么"如今才知道缪公是作为犬马一般地待养我啊！"子思的发脾气正是由这一联想而来。所以下面孟子又说："其后廪人继粟，庖人继肉，不以君命将之。"这就是"养君子之道"，盖不以君命将之，就可以不拜了。就不算作是"犬马畜伋"了，就应算作是"养君子之道"了。可见，台之为台，正以其为奴隶也。原来在子思之辈的眼里，向着奴隶拜受君赐，是视为十分恼火的事。

皂、舆、台在古书上多有与隶连称的，俱已考证系指奴隶而言。唯独僚没有和隶连称的，但我们认定它所指的也是奴隶，试为证明于下。

《国语·晋语》：

> 中行伯既克鼓，以鼓子苑支来，令鼓人各复其所，非僚勿从。鼓子之臣曰夙沙釐，以其孥行，军吏执之，辞曰："我君是事，非事土也。名曰君臣，岂曰土臣？今君实迁，臣何赖于鼓？"穆子召之，曰："鼓有君矣，尔止事君，吾定而禄爵。"对曰："臣委质于狄之鼓，未委质于晋之鼓也……"

原来晋国灭了"鼓国"以后，把它的首领苑支俘虏了带回晋国，临行下了一道命令，"鼓人各复其所，非僚勿从"。就是说除了僚以外，什么人都不要跟去，唯独苑支之臣沙釐不接受这个命令，一定要跟着苑支走，被晋之军吏所执，盖以其非僚也。夙沙釐是苑支之臣，却不是僚，可证这里说的僚，不能像旧训作"同官为僚"解，韦注"僚，官也"，实误。这里说的僚，不但不是官，而且不属于"鼓人"身份之列，盖已规定"鼓人各复其所"。我因此论定苑支的僚，是苑支的宫廷奴隶，它既不同于自由民的"鼓人"，更不具有官的身份。

又《左传·昭公十一年》：

> 孟僖子会邾庄公，盟于祲祥，修好，礼也。泉丘人有女，梦以其帷幕孟氏之庙，遂奔僖子，其僚从之。盟于清丘之社，曰："有子无相弃也。"僖子使助薳氏之簉。反自祲祥，宿于薳氏，生懿子及南宫敬叔于泉丘人。其僚无子，使字敬叔。

注："薳氏之女为僖子副妾，别居在外，故僖子纳泉丘人女，令副助之。"薳氏为副妾，"助薳氏之簉"，则为副妾之副妾。副妾之副妾，其身份不是女奴是什么？泉丘女子本身就是女奴，所谓"其僚从之"者，乃其同僚从之也。故知僚不仅可训"同官为僚"者，盖亦可训同奴为僚也，杜注谓："邻女为僚友者，随而奔僖子。"解释得

颇为含糊。

楚无宇在谈到人有十等时，提到僚；晋伐鼓（狄人之国）时，提到僚；泉丘女子私奔孟僖子时，提到僚。按孟僖子与邾庄公盟于祴祥，"祴祥"一地，无考。泉丘，杜预虽注为鲁邑，恐亦系推测之辞，我固疑泉丘或可能与邾人有关，果尔，则南楚、北狄、东邾的奴隶都可称为僚，这或者原是中土之人对边裔各地俘获奴隶的异称。叔夷钟有"为女敌寮"一语，寮即僚；敌，《说文》："仇也。"敌寮或即虏奴之意，但到后来楚国自己也把奴隶称为僚了。

又明焦竑《焦氏笔乘》卷六谓："僚当读为牢，僚即古牢字。"按《说文》："牢，闲也，养牛马圈也。"又按"僚"可通"獠"，《尔雅·释天》："宵田为獠。"注："管子曰獠猎毕弋，今江东亦呼猎为獠。"故僚或亦可释为照应牛马从事田猎杂役的奴隶。按《周礼·司寇》"蛮隶，掌役校人养马""闽隶掌役畜养鸟，而阜蕃教扰之""夷隶掌役牧人养牛马，与鸟言""貉隶掌役服不氏而养兽，而教扰之"，可证自边裔俘获之奴隶多使之养牧牛马、驯养禽兽，这都与牢、僚有关，而僚又正是从边裔俘获来的奴隶，我因此怀疑"蛮隶""闽隶""夷隶""貉隶"等等又可统而称之为僚也。

综上看来，已足证明《左传·昭公七年》楚无宇说的皂、舆、隶、僚、仆、台这六种人都属于奴隶身份。但我又认为这六种奴隶都是家内奴隶或宫廷奴隶，他们只是在所服的职役上有所不同，不一定表示他们之间还有什么高下的等级。故皂、舆、仆、台等都可以和隶连称。楚无宇把他们排成等第，可能只是一种执事上的排列，譬如皂是养马的奴隶，舆在平时是替贵族管藏物件的奴隶，贵族在出行或作战时，舆又是看顾车子或服其他劳役的奴隶，按《左传·闵公元年》载"震为土，车从马"，车总是跟在马后面的，所以舆也排列在皂的后面了。所以说，皂、舆、隶、僚、仆、台这六种奴隶，绝不能像建立在宗法关系上的氏族贵族奴隶主等级制度——王臣公、公臣大夫、大夫臣士一样，也有什么等级可言。他们都是一样的奴隶，彼此都是受着贵族奴隶主的奴役，相互间不可能还有什么上下隶属关系，因此，楚无宇说的皂臣舆、舆臣隶等等，这里面的臣字，不过是语言游戏而已。

这六种人都是所谓家内奴隶或宫廷奴隶，他们可以构成贵族奴隶主的最下层的扈从。他们可以替公室传命如"仆人"，也可以替公室守门如"阍人"，还可以替君命赐酒食如"台人"，个别的还可以得到贵族统治者的宠信如舆嬖袁克之类，这并不奇怪，外国也是有的，如罗马。苏联学者科尔松斯基在一篇文章里写道：

> E.M.施塔耶尔曼引证的阿米努斯·马赛林努斯关于大批由奴隶组成的跟着显贵的人到处跑的扈从的记载，只是证实下列无可反驳的事实，权贵的仆婢是由奴隶构成的。①

因此，这里就牵涉到旧训所谓"贱官"一词的正确解释的问题，如《左传·昭公四年》杜注："舆、隶皆贱官。"又《孟子·万章下》赵注："台，贱官，主使令者。"官上冠一贱字，这个官字究应作何解释？我以为这种"官"，应如《国语·楚语》观射父所说的，是"百姓、千品、万官、亿丑"中的"万官"：

> 民之彻官百。王公之子弟之质能言能听彻其官者，而物赐之姓，以监其官，是为百姓。姓有彻品十于王，谓之千品。五物之官，陪属万为万官。官有十丑，为亿丑。

"百姓"是指氏族贵族，"千品"是指贵族的僚属，所谓"万官"仅仅是相当于过去彝族的管家娃子而已，他们之下虽有十丑（奴隶），但管家娃子对主人而言则仍是奴隶。《周礼·掌讶》："掌讶掌邦国之等籍，以待宾客，若将有国宾客至，则戒官修委积，与士逆宾于疆，为前驱而入。"注："官谓牛人、羊人、舍人、委人之属。"又《仪礼·士相见礼》："与居官者言，言忠信。"注："居官，谓士以下。"可证，这里所谓的"官"都不属于士的身份，这就是所谓"贱官"。楚无宇说的六种人，作为一个阶级看，应该都是奴隶，不可能个个都是"贱官"，都成了管家娃子。但在个别用法上专指个别人而言，则可能具有管家娃子般的"贱官"的身份。对旧训要有具体的分析，既不必要全弃旧训，也不要太泥于旧训，更不能把封建社会经过改造而承用

---

① A.P.科尔松斯基：《论4—5世纪时罗马帝国西部各省中奴隶、被释奴隶与科洛尼的地位》，载"历史研究"编辑部编译《罗马奴隶占有制崩溃问题译文集》，科学出版社，1958，第86—118页。

的术语，硬向古代套上去。其结果势必会陷入矛盾，而无法自解。

最近一期的《北京大学学报》（人文科学版，1962年1期）上面刊载了一则报道，说聂崇岐先生曾在北大作过一次关于中国古代官制问题的学术报告，可惜没有看到报告的原文，据报道上说，聂先生关于古代官制的问题有如下两个论点：

> 我国古代官制在战国以前有一个总的特点：握重权的总是王室宗族，而且世代相传……这是氏族社会的特点的延续。但到了奴隶社会又逐渐出现了另一种情况：奴隶或奴隶头也可以参预政治，甚至执掌大权。例如商初的伊尹以"媵臣"辅汤，传说也是以奴隶辅佐武丁。后来的"宰""臣""仆"等称谓也是这样产生的。可见商代已经发展到奴隶社会的高级阶段（低级阶段的奴隶主是不会让奴隶参预政事的），并开始转化了。

聂先生说的："我国古代官制在战国以前有一个总的特点，握重权的总是王室宗族。"这一点我很同意，我以为这正是古代氏族贵族政治的特色。聂先生又说："奴隶或奴隶头也可以参预政治……后来的'宰''臣''仆'等称谓也是这样产生的。"这一点我基本上也同意。但聂先生又说，由此"可见商代已经发展到奴隶社会的高级阶段（低级阶段的奴隶主是不会让奴隶参预政事的），并开始转化了"，这一点就难以令人同意了。事实上，在奴隶制处于早期的时候，个别奴隶能够获得参预（与）政治执掌权力的现象也是存在的。国王为了力图摆脱氏族传统习惯的约束力，为了力图提高王权，把国家机器凌驾于全氏族之上，也有可能起用原属于大家长制下的个别奴隶——家臣，来作为这一政治斗争的工具。这一现象的出现，正是国家在形成过程中所出现的情况，是氏族社会末期遗留下来的家臣制度的转化。所以夏商之际的伊尹和武丁时期的传说能够由奴隶而参预（与）政治、执掌权力，正是这一情况的反映。虽然，奴隶制末期，也存在个别奴隶能够获得参预（与）政治的现象，但是从夏商之际和武丁时期来说，实在无法证明其时已处于奴隶制的末期，这只是一种过早的推论。

当氏族贵族所组成的国家获得一定的巩固以后，这时，政治上已完全形成了贵族统治集团和一套源于宗法制度的贵族等级制度。奴隶处于和牛马一样的最下层，陷于苦难的深渊，这时，再有什么个别的奴隶上升到统治者的地位，恐怕是绝无仅有的了。但是"宰、臣、仆"等称谓却仍旧保留了下来，表现在贵族的官职上和低级贵族向高级贵族的谦称上，如《左传·成公十六年》："婴齐，鲁之常隶也。"又如《左传·昭公二十年》："寡君之下臣，君之牧圉也。"从中都还可以看出这一家臣制度在称谓上的沿袭，但实际上他们早已是处于贵族的地位，完全不是什么由奴隶转化而来的了，这正如元代的怯薛和清代满人贵族对着皇帝犹自称奴才一样，仅仅是称谓上的沿袭而已。①

因此，从古代官制的称谓上去研究和探溯氏族社会末期的家臣制度是有意义的，这不仅从"宰""臣""仆"等称谓上可以看出这一制度的残痕，还可以从隶（如后世有司隶之职）、从僚（如卿事寮、太史寮之类）等称谓上看出这一制度的残痕。但绝不能由此项研究而不加条件地得出这是奴隶制处于向封建制转化过程中所出现的结论，更不能由于奴隶主统治者某些官职上的称谓和实际的奴隶阶级的某些称谓存在着一点混淆，就遽尔否定有奴隶阶级的存在，或者仅仅把当时存在的奴隶制看成只是一点残余，这个结论更是不符合历史实际的。

四、结语

我这篇短文只是就目前尚存在着争论的几个有关古代社会阶级结构的史料进行了一些考索，它不可能全面涉及中国古代社会整个的阶级结构问题，也不可能在这里把生产关系的基础——生产资料所有制问题阐述清楚。像对农村公社的研究，时贤已经做了许多工作，除了应该继续深入外，对中国古代社会存在着农村公社的结构这一点，在我来说是没有疑问的了。因此，在这篇短文里，我没有花力量再来讨论农村公社的存在问题，而只是在承认史学界研究此一问题已获得的成果的基础上，对中国古代社会阶级结构的某些方面和某些现象，谈出我的看法。至于说到当时的土地制度问题，那应该做许多具体的研究，我为才力所限，只有寄望于今后的努力了。

---

① 元代的蒙古人和清代的满人如何进入封建社会，有其具体的历史条件，和夏商周之际的情况，不可相提并论。不能因"怯薛"和"奴才"的称谓直接沿用到封建社会，遽谓夏殷或殷周之间，亦当如此。

在奴隶制社会里，存在着奴隶主与奴隶两大阶级的对立，在实际生活中，还存在着自由民与奴隶的区别。自由民中包括奴隶主和平民两个阶级，他们本是同氏族的成员，在氏族大家长制向国家转化的过程中，在氏族成员中首先分化出氏族贵族奴隶主和平民，因此，在自由民中间，又形成氏族贵族与平民的对立。尔后，随着平民与贵族的斗争日益尖锐，促使氏族贵族奴隶主的没落，从而又出现了奴隶主与小农的对立。这些矛盾、对立和斗争汇合在一起，构成了古代社会阶级结构的复杂性，这是人所共知的事实。

但其复杂性还不仅如此，就中国古代社会而言，在一段较长的时间内，父权家长制的传统被保留了下来，源于血缘关系与财产继承权相结合产生的宗法制度，又把氏族贵族奴隶主形成为若干等级。同时，由于农村公社在特定历史条件下，到了古代社会还获得了保留和发展，因此，它又使基于这种氏族贵族奴隶主的等级制度所组成的奴隶制国家，带上了专制主义的特点。正如马克思在《资本主义生产以前各形态》中说的："在东方专制主义和那在专制主义之下法律上似乎并无财产的条件下，事实上这种部落的或公社的财产是作为其基础而存在着的。"①专制主义和等级制度相结合，它形成为中国古代社会前期在政治上的一个重要特点，它也构成中国古代社会阶级结构更具复杂性的一个方面。

在农村公社未遭到破坏尚保存其完整性时，平民就是农村公社的成员，从一个族来说，他们原本是同氏族的成员，随着部落联盟的日益扩大及其向国家的过渡，不同族而属于一个联盟的一般成员，也构成为一个国家下的农村公社成员。又随着奴隶制国家对外掠夺的日益扩大，征服者虽然往往把被征服族的俘虏降为奴隶，但却不可能把被征服族的全族都降为奴隶，特别像周族征服殷族，是在一个具体历史条件下由小邦征服大邦，这就更难于把殷人全部贬为奴隶，而不得不在承认被统治的条件下而保留其原有的阶级结构，从而又出现了征服族与被征服族结成为不平等的联盟这一特殊形式。这样，被统治族的一般成员，也构成为一个国家下的农村公社成员。因此，当农村公社未遭破坏以前，在平民这个阶级中，他们就已存在着上

---

① 民族问题译丛编译室编译：《马克思恩格斯关于殖民地及民族问题的论著》，中央民族学院研究部，1956，第541页。

述的复杂性，既有民甿之别，又有国野（庸）之分。

不仅如此，随着奴隶制国家多次不断地进行兼并战争，战争成了奴隶制国家政治的继续，因此，作战本是全氏族的荣誉又转而成了自由民的荣誉，特别是贵族的荣誉。平民也负有当兵的职责，在平民中，又由于耕与战在实际上的分工（不管是兵农合一，或兵农分离，耕与战都存在着事实上的分工），特别是在奴隶制的早期，生产的落后性决定了"国之大事，在祀与戎"，从而在耕与战中又突出了战士的地位。因此，在平民——农村公社成员中，便又分化出武士这一阶层出来，作为武士，或士，他们逐渐脱离了农业劳动，[①] 专门干着"见危致命"的营生。这种士，逐渐构成了平民的上层，或者说是介乎平民与贵族之间的阶层，在氏族贵族的血缘纽带下成为"宗族"或"家族"主要的军事力量。从而在平民这个阶级中，又呈现出另一个复杂性，出现了私属、私属徒、私人之类的名称。

不仅如此，随着生产的发展，农村公社到后来又逐渐趋向解体，和这一解体过程同时出现的，并为它所决定的，是氏族贵族宗法等级制度也逐渐丧失其作用，在经济上出现了"私肥于公"，在政治上出现了"化家为国"，这一激剧的变化，不仅在统治阶级中表现为氏族贵族奴隶主的没落，而且在平民阶级中更加出现了极大的分化。一方面是士这一阶层呈现出前所未有的变化，他们中有许多人或因军功起家，或因工商致富，成了新兴的握有实际势力的奴隶主，他们在"化家为国"的过程中成了政治上的重心，终于"致身卿相"，掌握了实际权力，在多次的政治改革中，把奴隶制社会由它的早期推向到它的发展阶段。与此同时，士这个阶层也获得了前所未有的扩大。一方面是旧贵族的没落，他们竟然由"乘田""委吏"，而后才得以"从大夫之后"，一方面凡属有一技之长在战争中能为统治者服务的如"引车卖浆""监门屠狗"之流，也可以跻身士的行列。其中更多的则成为统治者的军事力

———————

① 士早先没有脱离农业劳动，可参看杨树达《积微居小学述林》卷三《释士》引吴承仕说。又"士有隶子弟"（《左传·桓公二年》）一语，应解释为士是一个小家长的身份，即使士后来脱离劳动了，他的家人子弟也还没有脱离劳动，《礼记·少仪》"同士之子长幼，长则曰能耕矣，幼则曰能负薪未能负薪"可证。有人把"士有隶子弟"一语，看成是封建依附关系，连楚无宇说的六等人也都算上，不确。又士作为武士，可以获得"士食田"（《国语·晋语》）的赏赐。享有一个农村公社的赋税，以一个小家长的身份上升为一个农村公社的掌权者，这是可能的，可参看韩连琪《春秋战国时代的农村公社》一文。

量——士卒。他们在春秋后期，一般只是作为私家的"隐民"而存在，到了战国，他们或是大而成了国家的客卿，小而成了国家的士卒，或是作了私门的座上客或私门的武装力量，从而构成士的儒武两途。"儒以文乱法，侠以武犯禁"两语，大可以概括当时出现的各种儒士、学士、侠士、武士以及各种各样的游士的面貌，他们浮沉于奴隶主与平民之间，本身也还在不断地分化，这就是农村公社解体和宗法等级制度破坏以后，在平民阶级中引起激剧变化的一个方面。

平民分化过程中的另一个方面，是农村公社解体后涌现出了小农阶层。由于小农经济的不稳定性，他们更是日趋于分化过程中，除了个别游离出来从事工商或置身于士伍外，大多数在分化过程中丧失了土地而沦为流民。在流民层中又由于实际生活的不同而呈现出种种差异性，有的有手工技作的流入城市成为氓，有的出卖劳力流于城乡成为佣，有的过着寄食的生活，也成为氓。而他们辗转挣扎的结果，又往往沦为债务奴隶。至此，小农的分化形成了两极，一极是少数人上升到士的阶层，有希望接近于统治者的地位，一极是多数人下降为奴隶。因此说，在农村公社的解体与宗法等级制度的破坏的条件下，平民的分化，其结果必然形成为奴隶制社会所独有的阶级分化。它关系到中国奴隶制社会发展变化的全局，成为奴隶制社会阶级结构中一个更为复杂的方面。

至于奴隶阶级也同样有其复杂性，在氏族大家长制下所出现的奴隶是在战争掠夺中从异族俘虏来的奴隶，随着奴隶国家的出现，在奴隶主的专政下，本族中的"罪犯"也多沦为奴隶，这些奴隶开始还是作为家内奴隶而存在。在农村公社获得保留的情况下，生产的主要承担者还是公社成员，家内奴隶虽亦可以使之从事生产，但所从事的仍多是农业以外的其他生产部门，或是在氏族贵族奴隶主如王室、公室的宫廷或大夫之家服各种各样的非生产性的劳役，在农业生产上还不能取得主要的地位。①

① 我以为金文和载籍中常见的"臣妾"一词是生产奴隶，如不其簋："易女……臣五家，田十田。"大克鼎："易女井家，匐田于埜，以丼臣妾。"《史记·商君列传》："名田宅臣妾衣服以家次。"臣或臣妾都和田连称。又《群书治要》卷三十六引《尸子·发蒙》篇谓："家人子姪（按：姪字应从王引之改作姓字，下同，见《经义述闻》卷五）和，臣妾力，则家富，丈人虽厚，衣食无伤也；子姪不和，臣妾不力，则家贫，丈人虽薄，衣食无益也。"均可证臣妾指的是生产奴隶，又有"蚕妾"一名，见《左传·僖公二十三年》，亦可为证。

在古代专制主义和宗法等级制度相结合的政治制度构成上层建筑的基本特征的情况下，自外俘获来的奴隶和"罪犯"及其家属因服刑而成的奴隶，都由奴隶主国家所掌握，他们实际上处于国家奴隶的地位。但是他们除了一部分直接为王室所奴役外，对其他的奴隶，又通过分封、赏赐的方法，一层层地归于各级贵族所奴役。这些被分封、赏赐而归于各级贵族的奴隶，从表面上看来，他们确是私家的奴隶，但他们和后来的私人蓄奴不尽相同，尽管他们也可以作为抵押或通过变相的交换而易其主人，可是，他们毕竟不能公开投入市场。在世禄制度和礼乐名分制度的规定下，他们的主人是被永远固定下来了的，氏族贵族的宗法等级制度，也保证了对各级贵族的奴隶的供给。因此，在氏族贵族奴隶主的统治下，在一个很长的时间内，奴隶市场很不盛行，它至多是作为贵族们获得奴隶补充的辅助形式而存在。

可是，随着农村公社的趋于解体，小农的日益破产与分化，其一极的终结，便是自卖鬻身或鬻子孙为奴的人数大大增多了。[①]债务奴隶的增多，为国内奴隶市场的盛行提供了必要的条件。同时，氏族贵族的没落和宗法制度的破坏，已无力保证对各级贵族的奴隶的供给，且名分僭越，习为故常。新兴奴隶主正是要打破老一套的束缚才能使自己成为奴隶主的。因此，奴隶市场盛行了，真正的私人蓄奴直到这时才大量出现。

所以说，在研究中国古代社会奴隶阶级时，既要从生产上去区别他们的不同形式，是家内奴隶还是生产奴隶，在家内奴隶中又要研究他们是从事哪些职役的奴隶，在生产奴隶中又要研究他们是从事哪些生产部门的奴隶；还要从奴隶主对生产者的全部人身占有上去区别他们的不同形态，是国家的占有形态，还是私人的占有形态。

---

① 《周礼·质人》："掌成市之货贿、人民、牛马、兵器、珍异。"注曰："人民，奴婢也。"又《周礼·县师》："而辨其夫家人民田莱之数。"疏曰："人民谓奴隶。"此处称奴隶为"人民"，且可以买卖，此殆早期的债务奴隶，以其既非战俘，又非"罪犯"，而为农村公社成员因穷困下降者，故得以"人民"称之。春秋后期，债务奴隶增多了，《吕氏春秋·察微》："鲁国之法，鲁人为臣妾于诸侯，有能赎之者，取金于府。"（又见《淮南子·齐俗·道应》）这成了当时鲁国为了争取平民而颁布的一项法令。战国以降，债务奴隶越来越多，故王莽诏书说："秦为无道……又置奴婢之市，与牛马同兰，制于民臣，颛断其命，奸虐之人，因缘为利，至略卖人妻子。"这已经成了普遍的现象。不像春秋以前，由于出现得比较少，所以还特别称之为"人民"，以示和其他奴隶略有区别，到了后来，债务奴隶成了奴隶的主要来源了，就径直呼之为"臣妾"和"奴婢"了，和别的来源的奴隶在称谓上完全没有什么区别了。

同时，这里面还夹杂着奴隶的不同来源问题，是俘虏还是罪犯，或者是债务奴隶。这许多不同情况交错在一起，所以，在古籍上就出现了各种不同的名称，和一个名称在含义上又随着时代的推移而出现各种不同的变化。这些不同的名称及其变化，正是中国奴隶制社会阶级结构复杂性的反映。

正因为它在历史实际中存在着复杂性和多样性，因此，给我们的研究带来了很大的困难。中国古史分期之所以长期不能获得定论，固然有许多的原因存在，但是，对古代社会阶级结构的复杂性与多样性研究得不够，应该看成是主要原因之一。

历史实际中既然存在着如此的复杂性与多样性，这就要求历史研究者不能把历史实际处理得过于简单化。我们必须做许多细致深入的工作，才有希望把混茫的古史清理出一个头绪来。

我自谂才力不足，绝难胜任这一项重要的工作。这一篇短文只是作为一个习作的尝试。明知以蚊负山，犹冀其愚有一得而已。

载《中国古代史分期问题讨论集》，江西省历史学会编，江西人民出版社 1962 年出版。

王安石的知变与司马光的守常

——论王安石与司马光在政治思想上的分歧

北宋神宗时期，以王安石为首的变法派与以司马光为首的反对派之间，在政治思想上存在着很大的分歧。这一篇短文不可能全面论述他们之间的分歧，只能着重从他们的政治思想的一个主要方面，提出一些问题来讨论。

司马光与王安石之间的分歧的根本点，是观察当时形势的指导思想有所不同，王安石主张"知变"，司马光主张"守常"。王安石说：

> 夫天下之事，其为变岂一乎哉？固有迹同而实异者矣。今之人谔谔然求合于其迹，而不知权时之变，是则所同者古人之迹，而所异者其实也。事同于古之迹而异于其实，则其为天下之害莫大矣，此圣人所以贵乎权时之变。①

司马光说：

> 君子之心，于喜怒哀乐之未发，未始不存乎中，故谓之中庸。庸，常也，以中为常也。及其既发，必制之以中，则无不中节，中节则和矣。是中、和，一物也……故曰：中者，天下之大本也；和者，天下之达道也；智者，知此者也；仁者，守此者也。②

又说：

---

① 《临川先生文集》卷六十七《非礼之礼》。
② 《司马文正公传家集》卷六十四《中和论》。

虽然，古之天地，有以异于今乎？古之万物，有以异于今乎？古之性情，有以异于今乎？天地不易也，日月无变也，万物自若也，性情如故也，道何为而独变哉？子之于道也，将厌常而好新，譬夫之楚者，不之南而之北，之齐者，不之东而之西，信可谓殊于众人矣。得无所适失其所求，愈勤而愈远邪？呜呼！孝慈仁义，忠信礼乐，自生民以来，谈之至今矣，安得不庸哉？如余者，惧不能庸而已矣，庸何病也。①

所以司马光从守常的思想出发，对王安石的变法，深至不满，他说：

今介甫为政，尽变更祖宗旧法……使上自朝廷，下及田野，内起京师，外周四海，士吏兵农，工商僧道，无一人得袭故而守常者。②

司马光所谓的守常即是"致中和"，能"致中和"才能够"君子存神于内，应务于外，虽往来万变，未尝失其所守"。③所以司马光唯恐自己不能守常，"如余者，惧不能庸而已矣"，他当然要反对变法。

王安石并不反对"中者，天下之大本也"这一命题，但他在这一命题下却提出一个新命题——趣时。他认为：

中者，所以立本，而未足以趣时。④

接着，他大胆提出：

①《温国文正司马公文集》卷七十四《迂书·辨庸》。
②《司马温公文集》卷七十《与王介甫书》。
③《司马文正公传家集》卷六十四《中和论》。
④《临川先生文集》卷六十五《洪范传》。

趣时，则中不中无常也，唯所施之宜而已矣。①

"常"只是一个基础，从根本上说，基础虽然没有变，但随着时代的推移，却又不免要发生某些变化，所以王安石才在政治上得到一条结论：

有本以保常而后可立也……有变以趣时而后可治也。②

"保常"是为了保护基础的不致动摇，这是一个根本目的。但为了真正巩固这个基础，又不能不有"知变"与"趣时"的手段。所以"保常"是体，"知变""趣时"是用。王安石说：

夫君之可爱而臣之不可以犯上，盖夫莫大之义而万世不可以易者也，桀、纣为不善而汤、武放弑之，而天下不以为不义也。盖知向所谓义者，义之常，而汤武之事有所变，而吾欲守其故，其为蔽一，而其为天下之患同矣，使汤、武暗于君臣之常义，而不达于时事之权变，而岂所谓汤、武哉？③

汤、武之放弑桀、纣，正是"趣时"与"知变"，但其目的却是史好地巩固万世不易的君臣之义，"保常""趣时""知变"相结合，就构成了王安石变法的指导思想。

司马光只要"守常"，王安石则不仅要"守常"，还要"趣时""知变"，这就形成了他们之间在政治上的分歧，王安石一些主张变法的议论和司马光一些反对变法的议论，都是从这个分歧出发的。

他们为了贯彻双方各自不同的论点，都要分别从历史上找寻理论根据，他们两

---

① 《临川先生文集》卷六十五《洪范传》。
② 《临川先生文集》卷六十五《洪范传》。
③ 《临川先生文集》卷六十七《非礼之礼》。

个人在学术上都各拥有一个阵地，一个是经，一个是史①。王安石集中了一些人（连儿子在内），专致力于《三经新义》的修撰，由王安石提举经义局，并由自己亲心训释《周礼义》。司马光也集中了一些人（连儿子在内），专致力于《资治通鉴》的修撰，由司马光"自选辟官属，于崇文院置局"，后又许"书局自随"。②司马光不仅在各人纂辑的长篇基础上作了最后的加工，而且还用"臣光曰"的方式写了124条史论③。

王安石主编的《三经新义》，绝大部分已经散佚了④，使我们无法窥其全豹，但曾经看到《周礼义》全文的晁公武说过：

> （介甫）以其书理财者居半，爱之，如行青苗之类皆稽焉，所以自释其义者，盖以其所创新法，尽傅著之，务塞异议者之口。⑤

可证王安石的《三经新义》是为他的变法服务的，为了贯彻他的变法主张，他把古典的儒学经典作了一些新的解释。我们尚可从文集中一些有关讨论《诗》《书》《易》

---

① 为什么保守派要以史学为阵地，而变法派要以经学为阵地？初看起来，不易理解，盖从一般说，研究历史总是要究明变化的，这就是司马迁所说的"通古今之变"；而经学却是不变的，经的含义就是常。可是在司马光、王安石两个人身上，二者偏偏颠倒过来了。要解决这个问题，不是几句话可以的，这里只能就近取譬。北宋时期治史学的多从治春秋学而来，早在西汉，董仲舒就说过"春秋大一统者，天地之常经，古今之通谊"这句话。北宋首开春秋学的孙复，著有《春秋尊王发微》，据王得臣说，这本书的基本论点是："以为凡经所书，皆变古乱常则书，故曰春秋无褒。"欧阳修说它："明于诸侯大夫功罪，以考时之盛衰，而推见王道之治乱，得于经之本义为多。"司马光的《资治通鉴》亦本春秋学，"专取关国家盛衰，系生民休戚"，为编年一书。他也反对变古乱常，和孙复的史观相接近，这是中国封建社会长期以来春秋学治史的一个很不好的结果。

王安石的治经，用他自己的话说正是"经术正所以经世务"。《宋史·王安石传》载有宋神宗和王安石的一段谈话："上（神宗）谓曰：'人皆不能知卿，以为卿但知经术，不晓世务。'安石对曰：'经术正所以经世务。但世所谓儒者，大抵皆庸人，故世俗者以为经术不可施于世尔。'上问：'然则卿所设施以何先？'安石曰：'变风俗，立法度，最方今之急也。'"通经的目的是通世务，通世务的目的是变法。《宋元学案》引刘静春的评论说："介甫不凭注疏，欲修圣人之经，不凭今之法令，欲新天下之法，可谓知务。"可以看出，"通经术、知世务"，正是一切托古改制者的口头禅。

② 《司马温公文集》卷一《进〈资治通鉴〉表》。

③ 《资治通鉴》共有史论213条，司马光自写的计124条，选辑前人成说的计89条。司马光在选辑这些成说时，是含有深意的，所以这些成说也同样可以代表司马光的观点。

④ 《诗义》《书义》《周礼义》都已散佚，清人自永乐大典辑出《周礼义》若干，分为十六卷。

⑤ 《郡斋读书志》卷一。

《礼》等经籍方面的文章，看出他在如何找寻变法的根据。除他对《尚书·洪范传》的解释已如上述，不再论列外，他在《礼乐论》上说：

> 是故星历之数，天地之法，人物之所，皆前世至精好学圣人者之所建也。后世之人，守其成法，而安能知其始焉。①

又在《九卦论》上说：

> 故礼之弊必复乎本，而后可以无患，故君子不可以不知复。虽复乎其本，而不能常其德以自固，则有时而失之矣，故君子不可以不知恒。虽能久其德，而天下事物之变，相代乎吾之前，如吾知恒而已，则吾之行有时而不可通矣，是必度其变而时有损益而后可，故君子不可以不知损益……然则其行尤贵于达事之宜而适时之变也。②

恒就是常，光知常则行有时而不可通，故必须度其变而有所损益。可知王安石的解释各个儒家经典的指导思想都是一贯的。他以经学为阵地，到处都在贯彻他的保常、趣时、知变的主张，并用政治的力量得到了神宗之许可，把他的《三经新义》颁行于天下，作为他的变法的基本理论，"令学者定于一"③，借以减少变法的阻力，抬高新法的地位。

司马光主编的《资治通鉴》完全保存下来了，我们可以从这部巨著中研究他的政治思想，正如司马光在《进书表》上说的，他编纂这部书的目的是：

> 专取关国家盛衰，系生民休戚，善可为法，恶可为戒者，为编年一书。

他要求皇帝"时赐省览，鉴前世之兴衰，考当今之得失，嘉善矜恶，取是舍非，足

---

① 《临川先生文集》卷六十六。
② 《临川先生文集》卷六十六。
③ 《续资治通鉴长编》卷二百二十九"熙宁五年正月条"。

以懋稽古之盛德，跻无前之至治"。所谓"稽古"即"师古"，司马光说：

> 史者今之所以知古，后之所以知先，是故人主不可以不观史。善者可以为
> 法，不善者可以为戒。自生民以来，帝王之盛者，无如尧舜，书称其德，皆曰
> 稽古。然则治天下者，安可以不师古哉！①

《资治通鉴》的中心思想贯穿着一个"礼"字，司马光的"臣光曰"开宗明义第一篇
"名分论"上的第一句就说：

> 臣闻天子之职，莫大于礼。②

又在"论唐太宗君臣议乐"中说：

> 夫礼乐有本、有文：夫，音扶。中和者，本也……先王守礼乐之本，未尝须
> 臾去于心。③

可知"天子之职，莫大于礼"的"礼"就是"致中和"，也就是守常。司马光站在史
学的阵地上，也到处都在贯彻他师古、守常的主张，作为他反对变法的基本理论。
所以他假借"论智伯之亡"发挥了他的"才德论"，认为"正直中和之谓德"④，提出
"才德全尽谓之圣人，才德兼亡谓之愚人，德胜才谓之君子，才胜德谓之小人"⑤的
看法，又说：

> 自古昔以来，国之乱臣，家之败子，才有余而德不足，以至于颠覆者多
> 矣，岂特智伯哉！故为国为家者苟能审于才德之分而知所先后，又何失人之足

---

① 《司马温公文集》卷八《乞令校定资治通鉴所写稽古录札子》。
② 《资治通鉴》卷一"周威烈王二十三年"。
③ 《资治通鉴》卷一百九十二"唐太宗贞观二年"。
④ 《资治通鉴》卷一"周威烈王二十三年"。
⑤ 《资治通鉴》卷一"周威烈王二十三年"。

患哉！①

司马光以只有有德的人才能"致中和"，才能守常，没有德的人便是小人，便是乱臣败子的说法，用来指斥当时以王安石为首的变法派。司马光《资治通鉴》的史论部分里，像上述这样借古讽今的例子很多，正如胡三省说的：

> 治平、熙宁间，公（指司马光——引者）与诸人议国事相是非之日也。萧、曹画一之辩，不足以胜变法者之口，分司西京，不豫国论，专以书局为事。其忠愤感慨不能自已于言者，则智伯才德之论，樊英名实之说，唐太宗君臣之议乐，李德裕、牛僧孺争维州事之类是也。至于黄幡绰、石野猪俳谐之语，犹书与局官，欲存之以示警，此其微意，后人不能尽知也。编年岂徒哉！②

可知《资治通鉴》一书也成了司马光反对变法的政治工具。所以元丰八年（公元1085年）三月，神宗死，五月，司马光自洛赴京师，拜门下侍郎，九月奉圣旨重新校定《资治通鉴》。次年，哲宗元祐元年（公元1086年）闰二月，司马光拜相（尚书左仆射兼门下侍郎），新法次第被废除，十月，《资治通鉴》奉圣旨下杭州镂板，正式颁行了。③

一个主张知变，一个主张守常；一个以经学为阵地，发挥他的主张变法的理论，一个以史学为阵地，发挥他的反对变法的理论。他们不仅在具体的政治问题上到处存在着分歧与争论，而且都肆力于著书立说，在理论上各树一帜，并且通过迩英进讲的机会，通过延对的机会，在皇帝面前进行着激烈的辩论。《宋史·司马光传》载：

> 吕惠卿言："先王之法，有一年一变者，'正月始和，布法象魏'是也；有五年一变者，巡狩考制度是也；有三十年一变者，'刑罚世轻世重'是也……"

---

① 《资治通鉴》卷一"周威烈王二十三年"。
② 胡三省《新注资治通鉴序》。
③ 参看苏轼《司马文正公行状》及《资治通鉴》附录《奖谕诏书》。

（司马）光曰："布法象魏，布旧法也，诸侯变礼易乐者，王巡狩则诛之，不自变也。刑新国用轻典，乱国用重典，是为世轻世重，非变也。"

综上可证，知变与守常确为王安石与司马光之间在主张变法与反对变法的斗争中一个最基本的分歧点。弄清楚他们分歧点的实质所在，对进一步研究王安石变法或研究司马光的元祐改制，甚而研究北宋一代政治上的转折、党争的起伏等问题，都会有一定的帮助。

王安石何以要主张"知变"，司马光何以要主张"守常"，要解决这个问题，不能向王安石或司马光的脑子里去寻找答案，要根据认识论是反映论的原理，任何意识的产生都是客观物质世界的反映的马克思主义原理。王安石和司马光的思想同样是当时社会矛盾的产物。由于他们在对当时社会形势的看法上以及在谋求解决矛盾的认识上有所不同，所以才产生了思想上的分歧。

我们知道，北宋自真宗时起，社会矛盾已有了显著的加剧，至仁宗时期，北宋的统治日益陷入危机中，在对内外政策上已到了"内则不能无以社稷为忧，外则不能无惧于夷狄"①的田地。在王安石变法之前，已有许多地主阶级中人开始感到惴惴不安，他们纷纷以不同的角度提出了一些政治主张，范仲淹的"庆历新政"是一个比较突出的代表。但是他们的一些主张在地主阶级的各个官僚集团中没有取得一致，如范仲淹的主张虽曾于一个短时期内实行了一点，但很快就被反对派攻掉了。因此到了王安石与司马光参与中央政权的时候，自真宗时开始全面暴露的政治危机，并没有得到丝毫的改变。

在这样的形势面前，王安石和司马光在看法上并不是没有相同之处的，如王安石说：

官乱于上，民贫于下，风俗日以薄，财力日以困穷。②

---

① 《临川先生文集》卷三十九《上仁宗皇帝言事书》。
② 《临川先生文集》卷三十九《上时政疏》。

司马光也说：

> 国家忽于久安，乐因循而务省事，执事之臣，颇行姑息之政。①

又说：

> 今民既困矣，而仓廪府库又虚……臣恐国家异日之患，不在于他，在于财
> 力屈竭而已矣。②

尽管他们在当时的形势面前有着大致相同的估计，可是在应该提出什么对策来改变当时的局面这个问题上却出现了恰恰是针锋相对的对立面。原因是他们对当时的政治出路存在着不同的分析。

王安石针对当时的政治危机形势，提出必须"立法度，变风俗"的主张，鼓励统治者在政治危机面前不退缩，不保守，而要进取，要以"创法立制"的艰难来改变"因循苟简"、危机四伏的局面。他说：

> 知天助之不可常恃，知人事之不可怠终，则大有为之时，正在今日。③

王安石认为自北宋开国至神宗时期能够"享国百年天下无事"的原因，不是由于祖宗立法之美，相反倒是"本朝累世，因循末俗之弊……未尝如古大有为之君与学士大夫讨论先王之法，以措之天下也"。所以虽然幸而没有亡国（无事），却已险象丛生，只是"赖非夷狄昌炽之时，又无尧汤水旱之变，故天下无事，过于百年，虽曰人事，亦天助也"④。王安石假天助不可常恃之说进一步指出覆亡的危险是存在的，他在《上仁宗皇帝言事书》上说：

---

① 《司马文正公传家集》卷二十四《上谨习疏》。
② 《司马文正公传家集》卷二十五《论财利疏》。
③ 《临川先生文集》卷四十一《本朝百年无事札子》。
④ 《临川先生文集》卷四十一《本朝百年无事札子》。

陛下其能久以天幸为常，而无一旦之忧乎？盖汉之张角，三十六方同日而起，所在郡国，莫能发其谋。唐之黄巢，横行天下，而所至将吏，无敢与之抗者。汉唐之所以亡，祸自此始。

因此，不能以天幸为常，亦即暗指不得以祖宗为法，否则，便有覆亡的危险。《续资治通鉴长编纪事本末》卷五十九，还保留了下面一段材料：

三月己未，上谕王安石曰："闻有三不足之说否？"安石曰："不闻。"上曰："陈荐言外人云，今朝廷为天变不足惧，人言不足恤，祖宗之法不足守……此是何理？"安石曰："……至于祖宗之法不足守，则固是如此。"

这是明指祖宗之法不足守，因而王安石才一再强调变法的重要性和必要性，如说：

以古准今，则天下安危治乱，尚可以有为，有为之时，莫急于今日，过今日，则臣恐亦有无所及之悔矣。①

总而言之，王安石在形势的面前看到了两个方面，一方面是危机的局面，事实上存在着覆灭的危险，而这一危险，正是祖宗遗留下来的遗产；另一个方面是尚有可为的方面，他认为要想摆脱危机，谋求出路，不是谨守祖宗法制，恰恰相反，正是要求变更祖宗法制，只有用重新"创法立制"的进取精神，才有希望打开当时的严重局面。

所以王安石在受到神宗知遇之后，就极力想通过神宗的支持，实现他的以"大有为"来克服当时政治危机的期望。《宋史·王安石传》载：

帝曰："唐太宗何如？"曰："陛下当法尧、舜，何以太宗为哉……"帝留

① 《临川先生文集》卷三十九《上时政疏》。

安石坐，曰："有欲与卿从容论议者。"因言："唐太宗必得魏徵，刘备必得诸葛亮，然后可以有为，二子诚不世出之人也。"安石曰："陛下诚能为尧、舜，则必有皋、夔、稷、离；诚能为高宗，则必有傅说。彼二子皆有道者所羞，何足道哉？"

王安石一再地鼓励神宗，要他效法尧舜，作为"创法立制"的最高标准。在当时北宋一片衰敝声中，王安石的话虽然带来了一点朝气，却未尝不带有更多的幻想。

司马光与王安石恰恰相反，尽管司马光和王安石一样也看到了政治危机的严重，可是在谋求政治出路上，司马光不是主张进取，而是主张守成；不是主张变革祖宗法制，而是主张谨守祖宗法制；不是创业，而是保业。

在司马光看来，有创业垂统之君，有继体守文之君，创业垂统之君指的是开国之主，只有这样的开国之主，所谓"自非智力首出于世，则天下莫得而一也"[1]才可以谈到进取；所谓"自非圣人得位而临之，积百年之功，莫之能变也"[2]才可以谈得到创法立制。

至如继体守文之君，指的是开国君主的继承人。在司马光看来，继体守文之君往往不能保持开国规模，"承祖宗光美之业"，容易为"乱臣败子"弄得"陵夷衰微""横流四海"。因此他从历史上得到一条教训，谓为"天下重器也，得之至艰，守之至艰"[3]。他在元丰八年（公元1085年）上《请更张新法札子》中一开始就强调指出：

臣闻诗云："毋念尔祖，聿修厥德。"故夏遵禹训，商奉汤典，周守文武之法，汉循高祖之律，唐行太宗之制。子孙享有天禄，咸数百年。国家受天明命，太祖太宗，拨乱反正，混一区夏，规摹宏远，子孙承之，百有余年，四海治安，风尘无警，自生民以来，罕有其比，其法可谓善矣。[4]

---

[1]《司马温公文集》卷三《进五规状·保业》。
[2]《司马文正公传家集》卷二十四《上谨习疏》。
[3]《司马温公文集》卷三《进五规状·保业》。
[4]《司马温公文集》卷七《请更张新法札子》。

在司马光看来，自真宗以降，政治危机的暴露，不仅说明了谈不到什么创业，甚至连守成也不容易。因此，他在仁宗晚年嘉祐六年（公元1061年）时，就大声疾呼要"保业"，他的《进五规状》的第一篇就是"保业"，他在进状上说：

> 伏以祖宗开业之艰难，国家政治之光美，难得而易失，不可以不谨，故作
> 保业。

接着嘉祐七年（公元1062年）他在《论财利疏》上又说：

> 今朝廷不循其本而救其末，特置宽恤民力之官，分命使者，旁午四出，争
> 言便宜，以变更旧制……张设科条，不可胜纪。或不如其旧，益为民患。[①]

因此，不能变，只能守，成了司马光谋求当时政治出路的坚定主张，到了神宗时期，他当然要反对王安石的变法。

神宗熙宁七年（公元1074年），王安石的变法推行了六年之后，他在《应诏言朝政阙失状》上，对宋神宗和王安石都作了露骨的讽刺与嘲弄。他说：

> （陛下）即位以来，锐精求治，耻为继体守文之常主。高欲慕尧舜之隆，
> 下不失汉唐之盛。擢俊杰之才，使之执政，言无不听，计无不从……执政者亦
> 悉心竭力，以副陛下之欲，耻为碌碌守法循故事之臣，每以周公自任，是宜百
> 度交正，四民丰乐，颂声旁洽，嘉瑞沓至，乃其效也。然六年之间，百度纷
> 扰，四民失业，怨愤之声，所不忍闻；灾异之大，古今罕比，其故何哉？[②]

与此同时，他还指出了变更祖宗法制有覆亡统治的危险，他说："故自行新法以来……臣恐鸟穷则啄，兽穷则攫，民困穷已极而无人救恤，羸者不转死沟壑，壮者

---

① 《司马文公传家集》卷二十五《论财利疏》。
② 《司马温公文集》卷七《应诏言朝政阙失状》。

不聚为盗贼，将何之矣……当是时，方议除去新法，将奚益哉！绿林、赤眉、黄巾、黑山之徒，自何而有？皆疲于赋敛，复值饥馑，穷困无聊之民耳。此乃宗庙社稷之忧！"[①]

一个认为政治危机严重正是祖宗法制不善的结果，一个认为政治危机严重正是没有遵行祖宗法制的结果；一个主张只有进取，变革祖宗法制，才有可能找到摆脱政治危机的出路，一个主张守成，只有率由旧章，才可能有重致太平的希望；一个说，不变，有酿起农民起义推翻宋的统治的危险，一个说，变了，才真会酿起农民起义致贻宗庙社稷之忧；一个说要致君尧舜，以创法立制，作为精神的鼓舞，一个说，高慕尧舜，不能继体守文，只是个莫大的讽刺。这些就是王安石的"知变"与司马光的"守常"在政治思想上所产生的分歧的几个基本点。

王安石的变中有不变，这就是上面曾经提到过的知变与保常，保常是根本，知变是趣时，知变是服务于保常的，这一论点，反映在他的变法上是非常清楚的。

其实司马光的不变中也有变，他在《答李大卿孝基书》中曾经提到变与常的关系，他说"光闻一阴一阳之谓道，然变而通之，未始不由乎中和也"，又说"善为之者，损其有余，益其不足，抑其太过，举其不及，大要归诸中和而已矣"。[②]变而通的开始，是常（中和），变而通的结果也是常（中和），以不变为变，变在不变之中，所以守常的旨归正是为了应变。司马光在政治上的所谓的变，指的就是历史的治乱盛衰，治与乱指统一与分裂而言，盛与衰指朝代的兴亡而言，他说：

盛衰之相承，治乱之相生，天地之常理，自然之至数。[③]

他根据自东周以迄于宋上下一千七百余年的历史，其间治乱盛衰的变化结果是乱多治少，盛衰相踵，"天下一统者五百余年而已，其间时时小有混乱，不可悉数……援古以鉴今，知太平之世难得而易失"[④]。

---

① 《司马温公文集》卷七《应诏言朝政阙失状》。
② 《司马文正公传家集》卷六十一。
③ 《司马温公文集》卷三《进五规状·惜时》。
④ 《司马温公文集》卷三《进五规状·保业》。

因此，司马光认为变不是好兆头，由治到乱、由盛而衰是变，但这种变化就意味着一个王朝的覆灭；由乱到治、由衰而盛也是变，但这种变化只意味着另一个王朝的兴起。所谓"自非圣人得位而临之，积百年之功，莫之能变也"。所以，凡是由乱变到治、由衰变到盛的变，只有对创业垂统的开国之君来说，才是好事情。而对继体守文的君来说，他如果不能"承祖宗光美之业"，不能"谨而守之，不敢失坠"①来维持不变，那么所有的变，都只能是意味着由盛而衰，由治而乱，走上覆灭的道路，或者是意味着有一个新的王朝新的开国之君要开始出现在历史舞台上。

所以，对继体守文之君来说，任何的变都没有好处，唯一的出路在司马光看来，就只有守常以防变。他说：

> 夫继体之君，谨守祖宗之成法，苟不骛之以逸欲，败之以谗谄，则世世相承，无有穷期。及夫逸欲以骛之，谗谄以败之，神怒于上，民怨于下，一旦涣然而去之，则虽有仁智恭俭之君，焦心劳力，犹不能救陵夷之运，遂至于颠沛而不振。呜呼！可不鉴哉！②

不能守常，就不能防变，变将自来，而卒致覆亡，这就是司马光所以要坚决反对变法的缘故。如何才能守常以防变，司马光作了一个浅近的比喻，他说：

> 凡守太平之业者，其术无他，如守巨室而已。今人有巨室于此，将以传子孙，为无穷之规，则必实其堂基，壮其柱石，强其栋梁，厚其茨盖，高其垣墉，严其关键。既成，又择子孙之良者使谨守之，日省而月视，欹者扶之，弊者补之。如是则虽亘千万年无颓坏也。③

房子是由祖宗做好了的，规模全具，子孙只要尽维修的责任，维修的目的，只是防止它的颓坏。这些话是司马光在仁宗末年时讲的，到了神宗熙宁二年（公元

---

① 《司马温公文集》卷三《进五规状·保业》。
② 《司马温公文集》卷三《进五规状·惜时》。
③ 《司马温公文集》卷三《进五规状·惜时》。

1069 年），他在迩英进读，当着皇帝的面与吕惠卿辩论时，又进一步说：

> 且治天下譬如居室，敝则修之，非大坏不更造也。[①]

这就是说，继体守文之君只能维修祖宗做好的老房子，求它能"亘千万年无颓坏"。真要损坏了，要想再来造一栋新房子是不可能的，那就意味着改朝换代，什么都完了。虽有"仁智恭俭之君，焦心劳力，犹不能救陵夷之运"。王安石要想在旧房子的基础上做一栋新房子，在司马光看来是不可能的。所以，他要视之为"乱臣""败子"。他怀着亡国的忧虑，在《资治通鉴》东汉灵帝熹平四年"臣光曰""论三互法"中借用叔向的"国将亡，必多制"一语，表面上是批评东汉的亡国之征，实际上是对王安石的变法寄寓了慨叹，所谓"以今视之，岂不适足为笑而深可为戒哉!"[②]

一个变中有不变，变正是为了不变；一个不变中有变，不变正是为了防变。他们中间的分歧就在于一个以变应不变，以小变求不变；一个以不变应变，以不变防大变。由于观察社会形势的立足点，两者有所不同，因此在指导思想上就把知变与守常的作用互相颠倒过来而加以强调了。

王安石的一部《三经新义》，就是从保常、趣时的思想出发，提出了他的变法的具体方案与理论根据。司马光的一部《资治通鉴》就是从守常、保业、防变的思想出发，提出了他的守成的具体主张与历史依据。我们不要小看了这个问题，它们是中国封建社会完全成熟期的两种版本的封建统治者的政治教科书。在封建统治术上，他们各自提出了一套方案，在一定的历史条件下，他们之间虽然会存在着此长彼短，一消一长的区别，但是从根本上说，他们都企图达到殊途同归的目的。

王安石与司马光的政治主张虽有不同，但他们都是地主阶级的政治家，他们的目的都是一致的，他们都想在当时社会政治危机严重的情况下，谋求政治的出路，维护北宋皇朝的统治，维护地主阶级的利益。因此他们都力求如何来维护封建土地

---

① 《宋史》卷三百三十六《司马光传》。
② 《资治通鉴》卷五十七《汉纪四十九·熹平四年》。

所有制和加强封建专制主义中央集权，在这一点上，不管是知变也好，守常也好；变法也好，反对变法也好，总的目的是一致的。

所以，王安石虽然提出了知变，但他的目的却是保常。所谓保常，就是要巩固封建的土地所有制，就是要维护封建的社会基础，他的一切变法措施不仅没有丝毫触动地主土地所有制，而且通过巩固北宋的地主阶级政权的办法来更加力求巩固它的基础。这就是他的保常、趣时、知变的主张的本质所在。保常是根本，趣时、知变是方法，保常是体，趣时、知变是用，如果用王安石的哲学上的话来说就是：

> 道有体有用。体者，元气之不动；用者，冲气运行于天地之间。①
> 静为动之主……动而不知反于静，则失其主矣。②

如果用王安石的政治上的话来说，就是：

> 变更天下之弊法，以趋先王之意。
> 夫二帝三王，相去盖千有余载，一治一乱，其盛衰之时具矣。其所遭之变，所遇之势，亦各不同，其设施之方亦皆殊，而其为天下国家之意，本末先后，未尝不同也。③

常是体，是静，是"元气之不动"；变是用，是动，是"冲气运行于天地之间"。但"静为动之主……动而不知反于静，则失其主"，亦即常为变之主，变而不知保常，则失其主，所以"变更天下之弊法"的目的，就是要"趋先王之意"，而这个"先王之意"是不变的。

因此，从王安石的保常思想这一个根本点来说，他和司马光是完全一致的。如果用司马光的哲学上的话来说，那就是：

---

① 王安石：《道德经注·道冲章第四》，转引自侯外庐、赵纪彬、杜国庠等《中国思想通史》第四卷上册，人民出版社，1957。

② 王安石：《道德经注·重为轻根章第二十六》，转引自侯外庐、赵纪彬、杜国庠等《中国思想史》第四卷上册，人民出版社，1957。

③ 《临川先生文集》卷三十九《上仁宗皇帝言事书》。

> 玄得而神明生之，则动静之变皆玄事也……天地阖辟，万物并兴，而玄不动，若雕若刻，生生化化，而玄无为……

王安石的变法完全没有触动封建社会的基础，时贤已经有所论列，可不具论。唯其用知变以保常，"静为动之主"作为变法的指导思想这一点，则向来为人们所忽视。聊发一复，并求正于通人。

王安石与司马光之间有一致的地方，并不妨碍他们之间存在着很大的分歧。抓住他们的一致性，了解他们都是封建地主阶级在政治上的代表人物，就可以供我们在评价古人当中，不致越出历史的轨辙。但是，只看他们之间的一致性还不够，正如马克思说的：

> 同一——就主要条件说同一的——经济基础，仍然可以由无数不同的经验上的事情，自然条件，种族关系，各种由外部发生作用的历史影响等等，而在现象上显示出无穷无尽的变异和等级差别。对于这些，只有由这各种经验上给予的事情的分析来理解。①

恩格斯也说：

> 为了认识个别部分（详细部分）起见，我们不得不把它们从其自然的或历史的联系中抽取出来，按其本性，按其特殊的原因和结果等等加以分别的研究。这本来是自然科学及历史研究的任务……②

因此，研究他们之间的差别就需要按照"各种经验上给予的事情的分析"，"按其特殊的原因和结果"来加以研究。从中就可以看出，他们虽然都是地主阶级的政治家，有着一致的目的，但是由于他们又分别代表着地主阶级中某一部分人的利益，

---

① 马克思：《资本论》第三卷，郭大力、王亚南译，人民出版社，1953，第1033页。
② 《恩格斯自然辩证法》，曹葆华、于光远、谢宁译，人民出版社，1955，第18页。

因此，他们才在相同中又显现出很大的差异。王安石更多的是代表没有拥有政治特权的乡户地主和工商业者的利益，司马光更多的代表拥有政治特权的官户地主和大商人的利益。一个所代表的是政治上颇受歧视的一部分地主，一个所代表的是政治上已享有特权的既得利益集团。所以一个才主张知变，一个才主张守常，他们之间的知变与守常的矛盾，正是乡户地主和官户地主、没有特权的工商业者和拥有特权的大商人之间矛盾冲突的反映。

北宋时期，官户、形势户地主以及一些与他们有联系的大商人都享有不同程度的政治特权，他们有着特殊的社会地位，他们的经济掠夺是紧密依靠着政治压迫而取得的。因此，他们时时刻刻都想保有他们的特权，极力维护与巩固他们在政治上的既得利益，他们感到一切既已享有的政治特权和经济优势是现存的法制所扶植与保护的。因此，任何的变法如果触及了他们的利益，都要遭到他们的反对。也因此，他们利益的代表者才把守常这一思想从巩固阶级的利益引申到巩固他们集团的具体利益上来。从守常到保业，从保业到防变，构成了他们一套反变法的政治方案。

但是，北宋的官户和形势户地主虽然拥有政治特权，却和中国封建社会前期的门阀士族地主有所不同。门阀士族地主也拥有政治特权，这种特权的取得是和他们的地方势力、宗族势力、私人武装势力直接联系的，因此，它的兴衰和一个政权的兴衰在很大程度上不发生什么关系。南北朝时期，政权的更迭不能影响门阀士族地主的地位，他们在政治上的既得利益，不会因为改朝换代而丧失。所以，这种门阀士族地主是政治上造成割据的社会基础，它是专制主义中央集权的对立物。

宋代的官户和形势户地主跟门阀士族地主不一样，他们没有像门阀士族地主一样拥有深厚的地方势力、宗族势力和强大的私人武装势力，他们取得的政治特权主要是和当时政权直接相联系的，他们大多是通过科举、官职、功勋的道路才享有政治特权的。所以，他们的兴衰直接和政权的兴衰有关，政权倒台了，改朝换代了，他们的政治特权也就垮了（尽管他们还可以是地主）。为了维护他们的特权，他们不是反对专制主义中央集权，而是要求加强专制主义中央集权。所以，我认为一些人把北宋这种官户、形势户地主笼统称为品级性地主，把门阀士族地主和官户、形势户地主等同起来，是不恰当的。看不到他们之间的区别，实际上是看不到中国封建社会前后期的封建土地占有关系上的变化。

北宋时期，作为官户、形势户地主尚有加强专制主义中央集权的要求，那么作为乡户地主，就更加有这个要求。这个道理很浅显，没有政治特权的乡户地主要维护他们对农民的封建性的经济剥夺，没有封建的国家机器的保护是办不到的，即是说没有地主阶级专政的政权支持是办不到的。因此，在要不要加强专制主义中央集权上，在要不要巩固北宋皇朝的统治上，官户、形势户地主和乡户地主之间是没有分歧的。所以，司马光和王安石在这一点上也是没有分歧的。

可是，官户、形势户地主和乡户地主之间在如何加强专制主义中央集权，在怎样巩固北宋皇朝的统治的问题上却有着不同的要求。特别是当北宋的政治危机明显地暴露出来以后，如何谋求一条政治出路，他们之间更有着不同的打算。因此，两者的分歧就特别显著起来。

官户、形势户地主的政治特权的具体表现是他们拥有乡户地主所没有的经济特权，譬如他们可以隐瞒赋税、豁免差役、大放高利贷、大做操纵市场与物价的买卖等，这一切都得到北宋政府公开的和不公开的认可。因此，任何削弱或损及他们经济利益的措施，都意味着是对他们的政治特权的打击。他们绝不希望封建国家用干预他们的经济利益、削弱他们的既有权力的办法，用分摊他们的剥削收入、限制他们的兼并活动的办法来加强中央集权，而是希望封建国家用进一步强化政治的职能的办法，用进一步保护他们的既得利益的办法来加强中央集权。所以，他们要求用提高皇权的办法来调整他们地主阶级内部的矛盾，用对外妥协、对内镇压的办法来强化他们的阶级统治（因为在阶级矛盾中，他们和农民的矛盾表现得最尖锐），用遵守祖宗法制的口号来保护他们的既得利益（因为他们的既得利益正是祖宗法制规定了的）。离开了这三条，再有什么人提出别的加强中央集权的办法，他们都一律反对，都以"乱臣败子"来对待。这就是形成司马光的守常、保业、防变的政治思想的阶级基础。

司马光是这一部分地主人物的利益的忠实代表者，在他一生的政治活动中，对上述的三条原则是信守不渝的，从来没有离开一步。

第一，司马光主张提高皇权。他反对做皇帝的优柔寡断，反对皇帝抱着"群臣各以其意，有所敷奏，陛下不复询访利害，考察得失，一皆可之"[①]的态度，反对

———————

① 《司马温公文集》卷二《陈三德上殿札子》。

"朝廷或以众言而罚之……或以众言而赏之"①的做法，他要求皇帝要有仁、有明、有武，能任官、信赏、必罚，要做到"廓日月之融光，奋乾刚之威断，善无微而不录，恶无细而不诛"②，使皇权绝对化，用此来调整地主阶级的内部矛盾。

第二，在对外政策上，司马光反对开边。在熙河与西夏问题上，他反对用兵，主张示恩信，归侵地，放弃米脂五寨，③主张"先阜安中国，然后征伐四夷"④。

在对内政策上，司马光主张用重刑，不轻赦，如说：

> 今岁府界、京东、京西，水灾极多，严刑峻法，以除盗贼，犹恐春冬之交，饥民啸聚，不可禁御……若有一人敢劫夺人斛斗者，立加擒捕，依法施行，如此则众知所畏，不敢轻犯。⑤

又说：

> 臣窃以赦者害多而利少，非国家之善政也。⑥

用此来强化对内的阶级统治。因而，他反对王安石变法中一切与开边有关的措施，也反对王安石主张轻刑的论点。⑦

第三，司马光主张遵守祖宗法制，保护官户、形势户地主的既得利益。所以他反对免役法，特别是反对官户要出免役钱；他反对青苗法，认为实行青苗法是国家在与民争利，他主张国家应该奖励发展地主经济，应该保护高利贷者的利益。如说：

> 令民能力田积谷者，皆不以为家赀之数……告谕蓄积之家，许行出利借贷

---

① 《司马温公文集》卷二《上殿论御臣札子》。
② 《司马温公文集》卷二《上殿论御臣札子》。
③ 参看《司马文正公传家集》卷五十《论西夏札子》。
④ 《司马温公文集》卷七《应诏言朝政阙失状》。
⑤ 《司马温公文集》卷五《言除盗札子》。
⑥ 《司马温公文集》卷二《论赦及疏决状》。
⑦ 参看《宋史》卷二百一《刑法志三》。

与人，候丰熟之日，官中特为理索，不令遗欠。^①

总之，他反对封建国家干预享有特权的官户、形势户地主的经济利益，反对削弱他们的既有权利，反对过多地分摊和限制他们的剥削收入。否则，他就一律斥之为"聚敛"，并危言国家将有"一旦涣然离散"的危险。

王安石与司马光恰恰相反，在上述三个方面都存在着一定的矛盾。这是由于王安石所代表的是乡户地主的利益。

与官户、形势户地主比较，乡户地主没有政治特权，相形之下，他们感到在政治上受到压抑，在经济上受到排挤。所以，他们和官户、形势户地主之间存在着一定的矛盾。他们要求皇权要维护他们的利益，他们对民族矛盾比较敏感，有在一定程度上放松一点阶级统治的要求。更重要的是，他们要求中央集权的国家干预官户、形势户地主滥用政治特权所造成的经济危机。他们反对祖宗法制是天经地义的论调，要求在一定条件下打破原有的封建地主阶级内部的等级配置，要求更多地从经济方面（具体说是从财政方面）来加强中央集权，从而达到所谓的"富国强兵"的目的。所以在北宋社会矛盾日益激化、政治危机日益严重的情况下，他们就乘机把要求集中起来，从而出现了王安石变法。

王安石是乡户地主利益的忠实代表者，在他主持的变法当中，他所提出的一切变法措施都没有脱离乡户地主的愿望。

虽然王安石也主张提高皇权，可是和司马光不同，司马光之流主张的提高皇权，实际上是希望皇权在调整统治阶级内部矛盾上站在士大夫一边；王安石主张的提高皇权，实际上是希望皇权在调整统治阶级内部矛盾上站在"百姓"一边^②。这里的士大夫和"百姓"是两个特定概念，士大夫指的是官户、形势户地主，当无疑问。所谓"百姓"，在地主阶级专政下，只能指乡户地主，绝不应该把农民包括进去。

王安石在对外政策上主张备边开边，在对内政策上主张缓和一点阶级统治，主张用轻刑，希望能把矛盾引到外面去，所以有"保甲""保马""置将"诸法，有熙

---

① 《司马温公文集》卷五《言蓄积札子》。
② 《续资治通鉴长编》卷二百二十一载："上（宋神宗）曰：'更张法制，于士大夫诚多不悦，然于百姓何所不便。'（文）彦博曰：'为与士大夫治天下，非与百姓治天下也。'"

河开边之举，而且还于熙宁三年（公元1070年）上刑名未宁者五事，提出了减刑从轻的主张 ①。

在经济政策上，王安石主张实行青苗法，来限制那些拥有特权的高利贷者的活动；主张实行免役法，来削弱官户、形势户地主的政治特权；主张实行方田均税法，来平均乡户地主与官户、形势户地主之间的负担，主张实行均输法、市易法，来避免与官户有联系的大商人对市场物价的操纵。而且通过这一系列措施，国家还可以搞到更多的钱，来加强封建国家的经济力量。这就是王安石之所以要反对司马光从保业出发的"节用"主张而提出"生财之道"的道理。

从上面粗略提到的他们两个人的政治思想的阶级基础和在各个具体政策上的分歧看来，可以清楚地看出，王安石的保常、趣时、知变的政治思想与司马光的守常、保业、防变的政治思想之间，既有一致又有分歧，既有统一又有矛盾的现象，正是他们既同属于地主阶级，代表地主阶级的共同利益，又分别代表地主阶级中某一部分人的特殊利益的既统一又有矛盾的产物。

王安石和司马光比较起来，当然王安石具有一定的进步性，而司马光则带有更多的保守性。这是因为司马光所代表的是享有政治特权的官户、形势户地主，他们在经济的剥削中带有更多的经济外的强制，在当时商品——货币关系已有一定程度的发展情况下，他们的社会经济地位除了依靠政治的权力从事掠夺外，在客观上根本不具有任何生产性。因此，经济上的落后与反动，使他们根本提不出发展生产的任何措施，而表现在政治上就只有保守一途。由于他们的政治地位和北宋皇朝休戚与共，所以他们在政治危机面前就只有祈求皇权的不堕，皇朝一天不倒，他们的政治特权就一天存在。维持原状，对他们是最有利的。他们反对政治上的任何变革，因为任何变革对他们来说，不是意味着特权的削弱（如王安石变法），就是意味着特权的丧失（如改朝换代）。因此，他们在政治上必然要成为保守派。

王安石所代表的是没有享有政治特权的乡户地主，他们在经济的剥削中较多地依靠经济内的经营与擘画（当然，同样还存在着经济外的强制，只是程度稍有不同而已）。因此在当时的具体历史条件下（封建社会还没有面临崩溃的时候），正如恩

---

① 《宋史》卷二百一《刑法志三》。

格斯说的：

> 马克思体会到了历史的不可避免性，他理解到古代底奴隶所有者，中世纪的封建君主，作为人类进步的原动力，对历史的某个有限时期，具有正当性。所以也承认剥削即取得别人劳动底收益在某个时期内历史的正当性。[①]

这个一定历史时期内的历史的正当性，在北宋时期说来，只是表明乡户地主的经济地位还具有一定的生产性。

所以，王安石变法中的一项最突出的成绩，要算他的农田水利法，以及在青苗法中所具有的一部分发展农业生产的因素。这固然是王安石本人卓越之处，但归根到底，还是"历史的正当性"决定的。司马光就无论如何也看不到这一点。这就是王安石的进步性。

经济地位上的进步性（与官户地主比较而言），表现在政治上就使他们带有较多的进取性。因此，他们才不能满意于维持原状，而提出来了一系列的变法要求，成了政治上的变法派。

评价一个历史人物，当然首先要看到他的阶级性——共性，但也还要看到他的为阶级性所决定的个性。司马光虽然是保守派的代表，但他所接触到的生活教育和积累起的政治经验，又使他和一般的昏庸糜烂的保守派显出一些不同。他虽然主张保守不变，极力维护官户、形势户地主的既得利益，然而，在面临政治危机日益严重的形势下，他也是不得不主张：

> 其所以养民者，不过轻租税，薄赋敛，已逋责也。[②]

要求在经济的剥削上，不为已甚。他虽然主张强化封建国家对内镇压的职能，反对轻刑妄赦，但也不得不提出"消恶于未萌，弭祸于未形"[③]，主张统治者要"远

---

① 恩格斯：《法律家社会主义》（1887 年），译文载《新建设》1949 年第 1 卷第 7 期，第 17 页。
② 《司马温公文集》卷十《王介甫第一书》。
③ 《司马温公文集》卷三《进五规状·重御》。

谋""重微"，要预先缓和一下紧张的阶级关系，不要等到阶级矛盾紧张了，再来讲轻刑宽赦。而且，他还用了毕生的精力主编了一部《资治通鉴》，企图从历史上来积累更多的政治经验。因此，他虽然保守，却并不十分昏庸，也因此，他在以后的一切偏于保守的政治人物的眼睛里，成了一个典范。

王安石的变法，虽然带有一定的进步性，可是为期不长，熙宁九年（公元1076年）以后，王安石第二次罢相，从此没有问政。此后新法实际上是在神宗亲自主持下继续推行。神宗虽然是地主阶级的最高代表者，但他又是皇权的特殊利益的代表者，在他看来，究竟站在"士大夫"一边，还是站在"百姓"一边，并不是什么主要的目的。他主要的目的是维持皇权，要多搞到一点钱。因此，他的实行新法，并不完全代表乡户地主的利益。自熙宁九年以后，大规模的农田水利的兴修被停止下来了，原来具有的有利于生产发展的因素不大看见了。元丰时期，军事的需要突出了，很多的钱都被用在扩充军备方面，单只军器监的贮存，就足供数年之用。所以当时就有人指出："元丰之政多异于熙宁。"① 到了元祐变制以后，自绍述之议直到蔡京当国，新法虽然表面上还在实行，可是它更加变质了。实际掌握推行新法的是一小撮腐朽的官僚集团，他们既不代表乡户地主的利益，也并不代表官户地主的利益，他们只想和皇帝一道，拼命地搜刮，拼命地浪费，来满足他们一小撮人的贪婪欲望。新法的一步步变质，其责任当然不能由王安石来负，但新法能够搞到更多的钱却是一个很大的诱惑力，史称熙宁元丰间，光缗钱（合苗役易税等钱）一项，"所入乃至六千余万"②，而元祐期间，缗钱的收入已减至四千八百四十八万，收支不敷一百八十二万。③ 所以北宋末年的执政者才不愿抛弃新法这块招牌。这样看来，他们后来许多的搜刮钱财的办法（朱熹称之为"伎俩"的），迹其造端，又不能不说是王安石为他们开了一个方便之门。想不到这样的一个结果，还在王安石变法开始不久，竟不幸而为司马光所言中：

> 又言利者，见前人以聚敛得好官，后来者必竞生新意，以朘民之膏脂，日

---

① 徐自明：《宋宰辅编年录》卷一，引陈瓘语。
② 《建炎以来朝野杂记》甲集卷十四《财赋一》"国初至绍熙天下岁收数"条。
③ 苏辙：《栾城集后》卷十五《元祐会计录·收支叙》。

甚一日……不为过论也。^①

王安石和司马光真是两个所谓"趣向虽殊，大归则同"^②的历史人物，由于他们分别代表了地主阶级中的某一部分人的利益，所以，才一个主张保常、趣时、知变，一个主张守常、保业、防变。随着历史的推移，这样两个人物得到了不同的评价。自南宋以降，当中国的封建社会正在沿着迂回的道路向下滑的时候，阶级斗争日益尖锐，地主阶级的统治日益感到困难，而所有地主阶级中不管哪部分人，都已日益丧失其"历史的正当性"，而对生产力的发展只是日益起着阻碍的作用。这时候，不少封建社会的当权人物，在谋求政治出路上都偏重于保守。因此，他们大多欣赏司马光的守常、保业、防变的一套，而不敢轻易谈一点趣时与知变，这就是历史上自南宋以降一直到梁启超以前，不少的当权人物对王安石都有詈骂，而对司马光却特别垂青的缘故。

到了梁启超手里，由他给王安石作了翻案，可是，他的翻案只是为他自己的变法捧场，抬高王安石的目的在于抬高他自己。以后等而下之的一些资产阶级学者在评价王安石中，也同样是既歪曲了古人，又歪曲了历史。只是到了今天，在马克思主义指导下，通过大家的研究、讨论，才真正有可能看清这两个历史人物的真面目。

载《科学与教学》1963 年第 2 期。

---

① 《司马温公文集》卷十《与王介甫第二书》。
② 《司马温公文集》卷十《与王介甫第一书》。

东乡发现的王安石家书辨伪

1974 年，有人在江西东乡县虎形山垦殖场上池大队找到一部《上池中源王氏族谱》，从中发现了王安石的两封家信。一封是宋神宗元丰七年甲子（公元 1084 年）阴历九月一日写给他侄儿王旂（字伯祥）的信；一封是元丰八年乙丑（公元 1085 年）阴历七月十六日（既望）写给他弟弟王安上（字纯甫）的信。兹将两信加以标点，照录于下。

第一信

形象三付（按：付应作幅）及功德文簿、原舍田契、收粮条段清册、收和（按：和疑为租）文簿，原付与城陛寺僧普慧收藏，谕之世宝；看守坟墓、山林惟谨。汝于盐埠岭建造祠堂，务要门庑、厅屋、寝室、厨庖、墙壁完固，以存宗祀，无忝尔祖。子其勉之。

元丰甲子九月一日，介甫寓江宁官舍，书此嘱侄伯祥还宗之记。

第二信

保儿来，备道祠堂成。甚喜，可谓宗祀有人矣。但予老病笃，皮肉皆消，为国忧者，新法变更尽矣！虽然此法与先帝议之二年乃行，天若祚宋，终不可泯，必有能复之者。慎勿与外人道也。今秋会面良难，写容以布。不悉。

元丰乙丑七月既望，寓金陵官舍，介甫与弟纯甫书。

（附注："第一信""第二信"六字原件无，原件在第二信前有一"又"字，兹略去。）

两信发现后，曾在一些报刊上作了介绍。1976 年 5 月，"四人帮"的"帮刊"《学习与批判》登载的黑文《司马光登台一年》中，引用了两信上的一些词句，作为反党炮弹，引起了我们的注意。同时，也觉得非常可笑，因为只要粗略地看一看这两封信，就能发现其中有不少可疑之点，与历史史实不符。一个严肃对待历史的人，在没有辨明材料的真伪之前，是绝不会妄加引用的。而"四人帮"及其御用的文人墨士，为了达到其反革命目的，居然不择手段地胡乱引用，这就充分暴露了他们的无耻和堕落。1976 年 6 月 24 日，我们江西师范学院历史系几位同志专程去了一趟东乡，从上池大队借到《上池中源王氏族谱》，发现里面还有不少伪造的东西。返校后，我再查阅了一些材料，考证出这两封信确是伪造的。7 月 8 日，我写成了一篇短文，目的是揭穿"四人帮"玩弄的鬼把戏。当时只送给几位同志看过，没有发表。今天，为了打好揭批"四人帮"的第三战役，肃清其"古为帮用"的影射史学的流毒和影响，特将旧稿加以整理，草成此文。

一、辨"新法变更尽矣"之伪

第二信上有"为国忧者，新法变更尽矣"这样一句话，意思是说，王安石在元丰八年七月十六日写信时，他的那些"新法"就全部被罢废了。这是和史实完全不符的。

今天，我们还能够从史书上清楚地查证出，有哪些"新法"是在七月十六日以前被罢废的，又有哪些"新法"是在七月十六日以后被罢废的。

从元丰八年三月初五日（戊戌）宋哲宗即位，到五月二十六日（戊午）司马光拜门下侍郎止，这期间，元丰之政已开始有了一些改变。如"罢修城役夫，撤钔逻之卒，止御前造作"和"斥退近习之无状者，戒饬有司奉法失当、过为烦扰者，罢物货等场及民所养户马，又宽保马年限"等，不过是"微有所改"①，或者叫作"即政之初，变其一二"②。但从元丰八年五月二十六日至七月十六日之前，"新法"却没有什么改变。据李焘《续资治通鉴长编》（以下简称《长编》）卷三百五十八，在元丰八年七月十二日（甲辰）条下，有"诏……保马别议立法"一语，似乎七月十二日，罢了保马法。然而《长编》卷三百六十四，在元祐元年（公元 1086 年）正月

---

① 《续资治通鉴长编》卷三百五十五。
② 《续资治通鉴长编》卷三百五十六。

十四日（癸卯）条下又书："诏保马别立法以闻。"李焘自己没有搞清楚，他在这一条下面注上："保马别议立法，已见元丰八年七月十二日司马光疏后，不知《旧录》何故于元祐元年正月十四日始书，《新录》又因之，当考。"其实，元祐元年正月十四日罢保马法是对的。元丰八年（公元1093年）七月十二日，保马法还未罢废。所以司马光在元丰八年十二月二十九日（己丑）上的奏疏上还说："群臣犹习常安故，惮于更张。虽颇加裁损，而监司安堵，将官具存，保甲犹教阅，保马犹养饲，边州屯戍不减，军器造作不休，茶盐新额尚在，差役旧法未复……"①

可证，从元丰八年三月初五日至七月十六日之前，"新法"只不过"微有所改"，连司马光直到十二月二十九日——也就是元丰八年年底，还说"群臣犹习常安故，惮于更张"。"新法"改变得太少了，怎么王安石反而早在七月十六日就说"新法变更尽矣"了呢？

为了彻底弄清这个问题，不妨再把王安石的几项比较重要的"新法"的罢废日期，查证于下。

元丰八年七月二十二日至十二月六日，保甲法陆续被罢废。《长编》卷三百六十一，李焘注："（元丰八年）七月二十二日甲寅，遣官按阅三路保甲。八月二十六日己亥，罢提举钱粮官。自正月至十月，分四番教阅。十月二十八日己丑，罢提举保甲司，令提刑兼领，止冬教三月。十一月十六日丙午，罢监教官。十二月六日丙寅，第五等户两丁免冬教。"按：八月，壬戌朔，是月无己亥，八月二十六日应为丁亥。《长编》卷三百五十八，李焘在另一个注里作"八月二十六日丁亥"，是。

元丰八年八月八日，罢市易法（《长编》卷三百五十九）。按：《宋史·食货志》亦作八月。《宋史纪事本末》作"十二月壬戌，罢市易法"，误。

元丰八年十月二十五日，罢方田均税法（《长编》卷三百六十）。按：《长编》作十月丙申，《宋史·哲宗纪》作十月丙申。十月壬戌朔，无丙申。应从《宋史》作丙戌，为十月二十五日。又《宋史纪事本末》作十一月，误。

元祐元年（公元1086年）二月六日，罢免役法（《长编》卷三百六十五）。按：当时罢免役法，曾引起了很大的争论，连司马光一派的人也有不少反对的。所以，

---

① 《续资治通鉴长编》卷三百六十三。

元祐元年二月二十八日，又下诏，设详定所，详定役法（《长编》卷三百六十七），再次加以审定。又据《三朝名臣言行录》卷六引《厄史》说："王荆公（安石）在金陵，闻朝廷变其法，夷然不以为意。及闻罢募役法，愕然失声曰：'亦罢至此乎！'良久曰：'此法终不可罢，安石与先帝（神宗）议之二年乃行，无不曲尽。'后果如其言。"这个材料告诉我们，王安石在金陵听到朝廷罢废了他的一些"新法"时，并不怎么介意，直到元祐元年二月，得知罢了免役法，这才感到惊愕，发出了"此法终不可罢，安石与先帝议之二年乃行"的感喟。想不到这句话，居然在第二信里出现，变成了"此法与先帝议之二年乃行"，而且紧接在"新法变更尽矣"一语之后，"此法"二字竟是指所有的"新法"而言，文理既属不通，且抄袭之迹未掩。不难看出，《厄史》是符合事实的，而第二信是依托于《厄史》再加以篡改的。

元祐元年八月初六日，罢青苗法（《长编》卷三百八十四）。按：王安石死于元祐元年四月初六（癸巳）日（《宋史·哲宗纪》），下距青苗法的罢废，整整四个月。可证，王安石生前，"新法"尚未"变更尽矣"。

综上可知，第二信上说的"新法变更尽矣"这句话是不可信的。历史的事实是，"新法"的变更基本上不在元丰八年七月十六日之前，相反，许多重要的变更，恰恰都在七月十六日之后。

二、辨"盐埠岭建造祠堂"之伪

第一信里提到王安石的侄子王旂在抚州"盐埠岭建造祠堂"；第二信又提及"保儿来，备道祠堂成"。两信都和盐埠岭的祠堂有关。前信说的是正在建造，后信说的是已经建成。第一信里还提到了"城陂寺"，《临川集》卷八十三载有《城陂院兴造记》一文，寺作院，其址在王安石的祖父王用之的坟墓附近。似乎这两封信上写的祠堂、庙宇、坟墓诸事，颇有根据。

抚州盐埠岭是王安石的老家。王安石写过一首《过山即事》诗，中有句云："盐步庭帏眼欲穿。"盐埠作盐步。此诗《临川集》失载，见于李壁《王荆文公诗笺注》卷三十三。南宋初年的吴曾，江西崇仁人，著有《能改斋漫录》一书。书中写道："盐步门，乃抚州郡城之水门，卸盐之地。公（王安石）旧居在焉，今为祠堂。"李壁是南宋中期人，宋宁宗时曾一度"谪居抚州"（《宋史》作李璧，误）。《王荆文公诗笺注》就是李壁谪居抚州时著的。李壁在《过山即事》诗下注云："抚州盐步门，即公所居。余尝至其处，今有祠堂。"可证：一、两宋时，盐埠岭应称盐步门，盐埠岭之称是迟至元代才被讹改的（见下引虞集文），第一信里作盐埠岭是不可信的；二、吴曾、李壁二人都提到盐步门原有王安石的"旧居"，至南宋时，已建为祠堂。

究竟这所祠堂是在什么时候才开始建起来的呢？

元人虞集《王文公祠堂记》（《道园学古录》卷三十五）中写道："按郡志，宋崇宁四年（公元1105年），郡守田登为堂于守居之侧，肖公像而祠之。"这是有关祠堂的最早的记载。可知崇宁四年，田登建祠，祠址在郡守住宅之旁。（按：明《抚州府志》中的《王文公祠记》上说："宋崇宁五年，郡守田登因公旧宅创祠肖公像而祀之。"文内有错误，应据虞文改。一、五年应作四年；二、"因公旧宅"应作"守居之侧"。盖虞集根据的是宋元的郡志。明人不重考据，往往以后改前，致多讹误。）

宋人陆九渊《荆国王文公祠堂记》（《象山文集》卷十九）说："公（王安石）世居临川，罢政徙于金陵。宣和间，故庐丘墟，乡贵人属县立祠其上。绍兴初，常加葺焉。逮今余四十年，隳圮已甚……郡侯钱公（象祖）……慨然撤而新之，视旧加壮，为之管钥，掌于学官，以时祀焉。"按：陆文作于南宋孝宗淳熙十五年（公元1188年）。

上面提到的虞集的文章中也说："淳熙十五年，郡守钱某更筑祠，而象山陆公九渊为之记。公（王安石）故宅在城东偏盐步岭，有祠在焉。"

从这两条材料中可以看到：王安石"世居临川"，盐埠岭有他家的老房子（陆文叫"故庐"、虞文叫"故宅"）。后来王安石"徙居金陵"，没有再回临川居住。到了北宋徽宗宣和年间（公元1119—1125年），盐埠岭的老房子已经毁坏了——"故庐邱墟"。这两个材料虽然都没有明白地提到田登在"守居之侧"建造的祠堂后来是否还存在，但是陆文说北宋宣和间临川县官府已在王安石的"故庐"的基址上，建起了祠堂。陆、虞二人还都提到南宋淳熙十五年，又由临川郡守钱象祖"更筑祠"，并且明确地指出这一祠址也是建在王安石的老房子的地基上（"公故宅在城东偏盐埠岭，有祠在焉"）。

由此可证：一、田登建祠虽最早，但祠址不在盐埠岭，而在"守居之侧"，盐埠岭当时无祠堂。二、北宋宣和年间和南宋淳熙十五年，钱象祖等先后建祠，不在

"守居之侧"，而在盐埠岭，盐埠岭有祠堂，实自北宋宣和年间始。三、盐埠岭的祠堂是建在王安石的"故庐""故宅"之上的。"故庐""故宅"只能解释为住家的老房子，不能解释为"故祠"，这也可以证明，在北宋宣和年间建祠之前，盐埠岭只有王安石的老家房子的基址，根本没有什么祠堂的基址，王安石生前并没有在盐埠岭建造祠堂。四、两宋时期，祠堂的所有权掌握在当地的官府手里——"掌于学官"，还没有转到王氏后裔手里。这就是两宋时期有关祠堂的始末。

到了元代，虞集的文章中说道："明年（至顺三年，公元1332年）故翰林学士吴公澄，就养郡中，过宋丞相荆国王文公之旧祠，见其颓圮而叹焉。侯（监郡塔不台）闻之曰：'是吾责也。'乃出俸钱，命郡吏董某、谭某、儒学直学饶约、揭车使经营焉。乐安县达鲁花赤、前进士燮理博化兴国路经历、前临川县尉张雩与郡士之有余力者，各以私钱来助，经始于某年月日，以某年月日告成……公故宅在城东偏盐步岭有祠在焉，作而新之，则侯用吴公之言也。"可知，元时塔不台又在钱象祖建祠的旧址上加以重建。这是元代有关祠堂的记载。

到了明清两代，问题复杂起来了。祠堂、祠产成了王氏后人争夺的对象，它的所有权问题成了历时二百多年的一场公案。关于这场公案，下面还会详述。这里先把明清两代有关祠堂的始末提一提。

明《抚州府志》中的《王文公祠记》条下载："临川七十九都有上池王氏者，谱牒相沿为弟安上后。国初有名孟演者，为本府教授，遂主公祠。天顺、成化间，其孙宗琏两以遗祠转典与千户所王表者，忽认安礼之后。嘉靖廿五年（公元1546年），请托千户熊邦杰以力夺之。知县应云鹭遂祭于其家。"

清同治《东乡县志》中的《王文公祠》条下载："按康熙六十一年（公元1722年）安上公裔复创祠于原址。"

可知，明初，盐埠岭的祠堂的所有权已转到王安石的弟弟王安上的后裔手里，曾经由王孟演"主公祠"。后来王孟演的孙子王宗琏将祠产转典给了王表者。到了嘉靖二十五年（公元1546年），抚州城北又有一个王姓，把祠堂所有权夺去。此后直到清初，祠堂的所有权的情况不详。但到康熙六十一年，产权回到了王安上的后裔手里，并在原址上重新修起了祠堂。这是明清时期有关祠堂的梗概。

综上可知，王安石生前，他的弟弟王安上、侄儿王旃并没有在盐埠岭"建造祠堂"。当时盐埠岭只有王安上的老家"故宅"。盐埠岭建有祠堂是从北宋宣和年间开始的。这个祠堂就建在"故宅"旧基之上，历南宋、元、明、清祠址未变。不过祠产的管理权、所有权则自明代起便由官府所有转到王氏后裔一姓所有，因而引起了王氏后裔各个支派之间的争夺。从这个问题上也可以看出这两封信是后人伪造的。其作伪的缘由与争夺祠产有关，详见下文。

三、辨"写容以布"之伪

两封信上都提到了画像，第一信有"形象三付（幅）"一语，第二信有"写容以布"一语。第一信的"形象三付"究竟是指谁的形象，以其语焉不详，无从考索，可以存而不论。第二信的"写容以布"紧接"会面良难"之后，指的应是王安石本人的容像。似乎王安石生前曾将他自己的容像寄给了他弟弟王安上。

关于王安石生前绘有容像问题，蔡上翔的《王荆公年谱考略》卷首收集了一些有关材料，兹略加补充，移录下。

王安石自己写过一首诗，叫《传神自赞》，载《临川集》第二十六卷。黄庭坚有《书王荆公骑驴图》一文，此图系当时的名画家李公麟的手笔，载《豫章黄先生文集》卷二十七。南宋陆游的《入蜀记》中的"乾道六年（公元1170年）七月八日"条下载："旧闻先君言，李伯时（公麟）画文公像于庵之昭文斋壁（按：即金陵钟山定林庵），著帽束带，神彩如生……今庵经火，尺椽无复存。"（《渭南文集》卷四十四）又王安石还有一首《寄金陵传神者李士云》诗，是王安石晚年作的。可知当时为王安石画像的，不仅有李公麟，还有个叫李士云的（《临川文集》卷二十九）。这些材料都可证明王安石生前确有画像，似乎第二信的"写容以布"一语，应不假。

可是，抚州保存下来的王安石画像，却并非王安石生前的写真。抚州有王安石的画像始于北宋崇宁四年，是郡守田登建祠时画的。前引虞集《王文公祠堂记》中，已明确指出，"郡守田登为堂于守居之侧，肖公像而祠之"。明《抚州府志》也说郡守田登"创祠，肖公像而祀之"。虞集的祖籍虽属四川仁寿，但自他父亲起就迁来抚州崇仁，成了江西人。虞集晚年，一直定居在临川（参看《元史》卷一百八十一）。《抚州府志》更是当地人士所编纂，可证元明时期，抚州临川的当地人，只知道王安石的画像是田登画的，根本不知道王安石生前曾将自己的容像交给了王安上。

　　田登画的王安石像历宋元明清一直存在。由于王文公祠产所有权由官府转入王氏后裔手中，于是供在祠堂里的画像，也成了王氏宗族各个支派争夺的对象。据前引《抚州府志》，明朝天顺、成化年间（公元 1457—1487 年），由"主公祠"的上池王孟演的孙子王宗琏将祠堂转典给千户所王表者，"并以公及夫人二像附之"。又说："公像且数百年，鲜完如故。"明嘉靖二十五年，祠堂和画像又被城北王姓夺去。到了清康熙六十一年，祠堂和画像又回到上池后裔手中，"公像今归上池后裔"（《同治东乡县志》）。乾隆十五年（公元 1750 年）江西布政使彭家屏《题王荆公画像》中谓："予同年顾君栋高欲为公编辑年谱，以补艺苑之缺，且求公像绘于简端。予因从公裔孙处得遗像览之，橅（摹）其副本，应顾君之请。重装潢是轴，并为题识，付公子孙藏之。"彭家屏所看到的画像就是康熙末年又重新回到上池王氏后裔手里的画像。乾隆四十六年（公元 1781 年）蔡上翔曾同友人王思泰亲往上池看到这幅画像。《王荆公年谱考略》中的《杂录》卷二《王交三墓志铭》载："东乡上池王氏，荆公之弟安上之后也。世藏有荆公画像，君（王思泰）又亲往求之……然后得从瞻仰焉。有题其上者，则江西前布政使彭公。"可知，蔡上翔看到的画像也就是彭家屏看到的。

　　综上可证，抚州盐埠岭王文公祠中的王安石画像，是北宋崇宁年间田登画的。这幅画像入明后，由上池王姓族人保管，后来几经辗转，至清代康熙末年复归上池。蔡上翔看到的就是这幅画像，并不是上池王姓还别有一幅王安石生前亲付与王安上的画像。

　　然而蔡上翔看到这幅画像后，竟拿陆游《入蜀记》上的"著帽束带，神彩如生"两句话，便判断这幅画像是李公麟画的。他说："及阅陆务观《入蜀记》，谓李伯时尝图公像于定林昭文斋，所谓著帽束带，神采如生，与予所见图悉合，则知此轴亦出于伯时之手无疑也。"[①]按陆游并没有亲眼看见金陵定林庵内的李公麟画的王安石像，他只是从他父亲那儿听来的。不知蔡上翔何以能从"著帽束带，神采如生"八个字中判断出上池所藏的画像是李公麟画的，这实在是主观臆断，绝不可信。何况，蔡上翔尽管是亲往上池看到了画像并安定为李公麟所画，却仍然没有以上池族谱中的

---

① 《王荆公年谱考略》卷首二《传神总论》。

两封信为根据，进一步断定这幅像是王安石生前交给王安上的。这又可以反证第二信的"写容以布"一语为无据。

四、辨"寓江宁官舍""寓金陵官舍"之伪

第一信有"寓江宁官舍"字样，第二信又有"寓金陵官舍"字样，似乎王安石于熙宁九年（公元 1076 年）再度罢相、改判江宁府后，到元丰七年和八年（公元 1084—1085 年），他还住在"江宁（金陵）官舍"里。这又是不可信的。

考王安石于熙宁七年（公元 1074 年）四月，一度罢相，以吏部尚书、观文殿大学士知江宁府。这样六月王安石到了江宁。他在《观文殿学士知江宁府谢上表》上向神宗报告："臣已于六月十五日到任讫。"（《临川集》卷五十七）因为已到职视事，所以，那时他确曾住过"江宁官舍"。王安石写过一篇《金陵郡斋诗》，《王荆文公诗笺注》卷四十三注云："此诗作于熙宁七年秋。"就是证明。

熙宁九年，王安石再度罢相，虽然开始时官衔和上次差不多，先后任"检校太傅、尚书左仆射同中书门下平章事、使持节都督洪州诸军事、充镇南节度管内观察处置使、判江宁府"（《临川集》卷五十七《辞免使相判江宁府表》），也是判江宁府，可是情况却和上次大不相同，这次他是没有到职的。

清杨希闵据《续资治通鉴长编》和《临川先生文集》编的《熙丰知遇录》对此载之颇详，摘引于下，并加注释：

> 熙宁九年十月丙午，王安石罢相，判江宁府。王安石上《辞免使相判江宁府表》。
>
> 熙宁十年（公元 1077 年）三月，王安石上《朱炎传圣旨令视府事谢表》（按：《谢表》载《临川集》卷五十八，中云："三月二日，提举江南路太常丞朱炎传圣旨令臣便视府事者。"）
>
> 又上《乞宫观札子》凡五次恳辞乃免。（按：《临川先生文集》卷四十四《乞宫观札子五道》似为熙宁七年罢相后上的。此处应据《临川先生文集》卷六十《乞宫观表四道》，改为"凡四次恳辞乃免"。）
>
> 六月，王安石以使相为集禧观使。

可见，熙宁九年，王安石罢相，来到江宁后，一直上表辞职，没有接判江宁府的任。他在给友人的信上说"自春以来，求解职事，至于四五"①（《临川集》卷七十三《与参政王禹玉书》），辞了四五遍。到了熙宁十年三月，神宗还派了朱炎去催他到职视事。王安石又一再"乞宫观"，要求"食祠禄"。又求了四次，终于到六月份获得批准。从此，王安石的头衔就成了尚书左仆射充观文殿大学士集禧观使②（按：南宋龙舒本《王文公文集》，左仆射作右仆射）。这是个根本不管事的挂名职务。可见，王安石这次回到江宁，他没有接任判江宁府。熙宁十年六月以前，他不会去住"官舍"，"食祠禄"后，他更不会去住"官舍"。所以，他来江宁后，一开始就闲居在钟山。

南宋初年的詹大和（按：四部丛刊本，汪藻《浮溪集》卷二十八《詹太和墓志铭》，大和作太和），于高宗绍兴十年（公元1140年）知抚州时，刊印了王安石的《临川先生文集》百卷本，江西刻印《临川先生文集》是从他开始的。他还编了一个简单的《王荆文公年谱》，这是一个最早的王安石年谱。《王荆文公年谱》上说："元丰元年（公元1078年）戊午食观使禄，居钟山。有《示蔡元度》诗、《寄吴氏女》等诗。"

《示蔡元度》是王安石写给他女婿蔡卞的诗。《临川先生文集》卷一作《示元度》，题目下面王安石自注云："营居半山园作。"诗里写道："今年钟山南，随分作园囿。凿池构吾庐，碧水寒可漱……老来厌世语，深卧塞门窦……"王安石又有一首《呈陈和叔》诗，自序云："元丰元年，某食观使禄，居钟山南。"（《临川集》卷十七）可证，元丰元年，王安石就在钟山做了一栋私宅，他一直住在那里。（按：《示元度》诗，作者未载明年月。蔡上翔《王荆公年谱考略》卷二十二将此诗系于元丰五年，蔡氏《例略》自称："荆公谱前此既无所承，即生平自著其文亦多无岁月可考，故虽年谱告成，犹不能无憾心焉。"蔡上翔没有看到詹大和的《年谱》，也没有细检王安石的诗文，他把这首诗系在元丰五年，并无别据。故应从詹谱系于元丰元年为确。）

到了元丰七年（公元1084年），王安石生了一场大病。病中，曾把自己住的半

---

① 《临川先生文集》卷七十三《与参政王禹玉书》。

② 《临川先生文集》卷五十八《除依前左仆射观文殿大学士集禧观使谢表》。

山园居舍作为僧寺，得到皇帝的批准，他的半山园遂成了报宁寺（参看《临川先生文集》卷四十三《乞以所居园屋为僧寺并乞赐额札子》和《临川先生文集》卷六十《诏以所居园屋为僧寺及赐寺额谢表》）。王安石病好后，没有房子住，就在江宁城中租了一栋房子住，一直到死。

北宋魏泰《东轩笔录》卷十二载："王荆公再罢政，以使相判金陵，到任即纳节，让同平章事，恳请赐允，改左仆射。未几，又求宫观，累表得会灵观使。筑第于南门外七里，去蒋山亦七里。平日乘一驴，从数僮，游诸山寺。欲入城，则乘小舫，泛潮沟以行，盖未尝乘马与肩舆也。所居之地，四无人家。其宅仅蔽风雨，又不设垣墙，望之若逆旅之舍。有劝筑垣，辄不答。元丰末，荆公被疾，奏舍此宅为寺，有旨赐名报宁。既而荆公疾愈，税城中屋以居，竟不复造宅。"

魏泰是曾布的妻弟，年龄稍小于王安石。晁公武《郡斋读书志》卷三下称《东轩笔录》是魏泰于"元祐中纪其少时公卿间所闻，成此编云"。魏泰可说是与王安石同时的人，他记下了王安石死前是"税城中屋以居"。这是有关王安石晚年居住情况的最早记载。

詹大和《王荆文公年谱》上也说："元丰七年甲子（一〇八四）。公引病奏乞以住宅为寺。有旨赐名'报宁'。既而疾愈，税城中屋以居，不复别造。"

李壁《王荆文公诗笺注》在《题半山寺壁二首》诗下有注云："半山报宁禅寺，公故宅也。由东门至蒋山，此为半道，故以半山为名……元丰七年，公以病闻。神宗遣国医诊视。既愈，乃请以宅为寺。因赐额为报宁禅寺。"接着又引《续建康志》称："元丰之末，公被疾，奏舍此宅为寺，有旨赐名报宁。既而疾愈，税城中屋以居，不复造宅。父老曰：今江宁县治后废惠民药局，其地即公城中所税之宅也。"（卷四）按《续建康志》成书于南宋宁宗庆元六年（公元1200年），上距元祐元年114年（参看晁公武《郡斋读书志》卷五上），当时的父老还能指出王安石在江宁城里租的房子的原址。

又李壁在王安石的《昼寝》诗题目下面注云："元丰七年，公是年属疾，奏乞以宅为寺。疾愈，傡居城中。"（《王荆文公诗笺注》卷二十二）

"税城中屋以居"和"傡居城中"，都是说租城里的房子住，决不是住"官舍"。

总之，王安石从元丰元年到元丰七年，有意不住"官舍"，住在郊外一所临时建成的没有垣墙的私宅；绝不可能在元丰七年之后，以衰病之身，于聚谤之日，把私宅舍去，反而住进了"官舍"。所以魏泰、詹大和、李壁和《续建康志》所说的是可信的，而两信里说的什么"寓江宁官舍""寓金陵官舍"是不可信的。

五、作伪的缘由和时限

我们看到的东乡上池《中源王氏族谱》是民国三十一年（公元1942年）木刻本，共六大册，以诗、书、礼、乐、家、声六字编号。诗、书二字号为谱头，附有吊图。礼、乐以下为世系。谱头备载明代洪武以下各序。借此可知，宋元两代的王氏族谱经元季兵燹，至明初已荡然无存。所以上池王氏有族谱实自洪武（公元1368—1398年）始。据洪武年间主修者王猷序称："逮元壬辰之乱，兵燹荡焚，一为灰烬（按：元代有两壬辰，一为至元二十九年，公元1292年；一为至正十二年，公元1352年。此处应为至正十二年）。后生小子有不知其所自来，长幼之序亦几乎熄矣。猷不才，承长者之训，复得古砠基青册，大略可稽，虽不能详而为谱，以诏后世；乃为一图轴，分宗派，序尊卑，俾岁时祭拜会宗之际，张以示众。"可知明洪武年间王猷修的族谱，纯属草创，只搞了一个简单的吊图，并无详细的谱系。严格地说，还不能算真正的族谱。到了他儿子王蕃手里才复加修辑，于洪武二十六年（公元1393年）始成粗略之谱，是为洪武本。以后，正统年间续修一次，嘉靖二十九年（公元1550年）又重修一次。到了清代，乾隆、嘉庆、同治年间都续修过。入民国后，则七年（公元1918年）和三十一年各修了一次。

从谱序上看，嘉靖本以前的诸谱，对于上池王氏的始迁祖究竟是谁还没有弄清楚，对于王安石的祖、父、兄、弟、子、侄之间的世系关系也没有弄清楚，搞得很乱。如洪武时的王蕃序称伯祥为始迁祖，但却不知王旃（伯祥）是王益的孙子、王安石的侄子、王安上的儿子，竟误指王益、王安上兄弟为其后人。序称"至伯祥公……辟居明珠峰之西，五世舜良公（王益）跻高弟，六世安尚（上）公昆季益显"。洪武本的刘三吾一序沿袭其误，说："有祖伯祥公者，悦明珠山水之胜，遂卜宅其下，后昆益蕃，有官至大理寺丞讳安国者，实宋荆国公之懿弟也。"也把王安石兄弟说成是王旃的后裔。明杨士奇写于正统戊午年（公元1438年）的序言里，也还是没有弄清楚，又把上池王氏的始迁祖说成是王安石的曾祖父王明。序称："至宋克明公（王明）性耽山水，悦珠峰之壮丽，乃存故宅于府，命子公达堂构其下。"这种混乱直到嘉靖本才统一起来。嘉靖年间王氏才确认上池王氏始祖为王旃，并确认王旃是王安上的儿子。嘉靖《东乡县志》卷上载："今考上池王氏谱牒，乃公（王安石）季弟安尚（上）之子旃徙于此里甚明。"嘉靖以后的上池族谱都拿嘉靖本为祖本，说它"体裁甚善，记载详明。兹修多所折衷"，"但有足备文献之征者，仍照嘉靖本旧例，采录于后"。

我们发现，就是这个"祖本"——嘉靖本，里面有不少是伪造的和荒诞不经之辞，值得注意。

其一，王安石死后，葬在江宁，此为考史者所熟知。可是嘉靖本里居然有托名宋代赖文俊画的《月塘凤山图》，图示"宋荆国文公（王安石）与纯甫公（王安上）合葬凤山桃源寀"。其旁还附有上池族人王廷瑞（明成化、嘉靖年间人）写的跋文，说："纯甫公与荆国公同父昆季也。冢君抚城盐埠岭仪望公（即王旃）见此山川秀丽，故将二祖考之灵合厝焉，迄今三百余年矣。"王安石居然和他弟弟王安上合葬于东乡。有什么证据呢？王廷瑞说："瑞历涉山川十余年，得省先人名墓古迹。初观未得其确，及考之峦头，证之理气，按之族谱旧图，乃知祖莹钟山川之灵，即千载犹有神灵之感也。"什么"峦头""理气"，全是堪舆家的风水迷信的妄语；所谓宋代赖文俊"旧图"，也是凭空伪造的。荒诞不经，可笑之至。

其二，王安石的妻子是金溪吴氏，是吴敏的孙女，吴芮的女儿，王安石的母亲的内侄女，这也为考史者所熟知。从来未闻王安石还别有所谓被封为"荆国夫人"的"陈贾二夫人"者，而上池族谱世系居然写上"安石配陈、贾氏，封荆国夫人"，唯独没有提到吴氏。又嘉靖二十九年（公元 1550 年）族人王怀济的一篇跋文里还说："宋初自府治徙于临川上池明珠峰西，其世址也。西挹则荆公山，肘外则司空坂，西远二里许，则陈、贾二夫人舍产，东远二里许，则学士墓所，纪于家集，镌于邑志，班班可考，盖以系出宋相荆国公弟安尚（上）公裔也。"则尤其矛盾百出。上池王氏既不是迁自宋初，更没有什么陈、贾二夫人的舍产。按王安石晚年曾以其在江宁上元所居园屋舍为僧寺，以及将上元的田产舍与蒋山太平兴国寺，两事俱载《临川集》卷四十三，当中从未见到有舍产上池的根据。可知什么王安石的坟墓，什么陈、贾二夫人的舍产，什么荆公山、司空坂、学士墓等等几乎全不可信。如嘉靖

《东乡县志》卷上载："荆公山在县南二十二都……荆公或居与否，未有的据。"就是明证。

其三，嘉靖二十九年族人王廷臣的序文里还说："助教克允（王猷）、训导孟演（王蕃），当元季兵燹之余，国朝文明之际……作图轴以别尊卑，编谱系以序昭穆。族谱既成，犹卷卷致念乎荆国文公血食之废，遂以其事白于当道，迺（乃）捐己资，仍抚之盐埠岭旧基，重建祠堂于其上……命胤子颢以居之。"清初王玉辂的跋文里也说："洪武年间，克允公之子孟演公见祠毁坏，捐己资而重修焉。"竟一口肯定明洪武年间，盐埠岭的王文公祠是王蕃"捐己资"重建的。按前引明《抚州府志》只说"国初有名孟演者，为本府教授，遂主公祠"。嘉靖本居然把"主公祠"——掌管祠堂，改成"捐己资""重建祠堂"，这里很值得怀疑。和上面两个伪造联系起来看，不难看出，这也是伪造的。

上述这些伪造都和坟山、地产、祠堂有关。历史材料证明，到了明代，由于王文公祠的产业所有权由官府转到王氏后裔手里，这就发生了各个王氏支派为争夺财产所有权的斗争。明代初年，由上池王姓掌管了祠产。到天顺、成化年间，就出现了上池王姓将祠产典卖与他人的现象。祠产的转移造成所有权的混乱，于是到了嘉靖二十五年（公元 1546 年），便有临川的城北王姓，自认为王安礼（也是王安石的弟弟）的后人，明《抚州府志》上说："有城北王某者，忽认安礼之后，嘉靖廿五年，请托千户熊邦杰以力夺之。"把王文公祠夺了过去。同治《东乡县志》卷末《志余》引雍正《抚州府志》与明《抚州府志》同，但把"城北王某"写成"城北百瑞"。又按：嘉靖二十五年，任临川知县的是应云鸑。应云鸑就是明代在江西刊印《临川集》百卷本的人。明《抚州府志》上说，王文公祠被城北王姓夺去后，"知县应云鸑遂祭于其家"。应云鸑《王临川文集序》上也说："公（王安石）墓不知所在，谋所以专祠公而不获。公二十二世孙王生瑞从予乞祀田。予既刻公文，复稍助之，以延公祀云。"可证，应序上的王瑞，就是明《抚州府志》上说的那个自称王安礼之后的"城北王某"，同治《东乡县志》引雍正《抚州府志》作百瑞，乃"王瑞"之误刊。应序和《抚州府志》说的是一回事。

由此可知，明代初年，上池王姓还弄不清他们的始迁祖是谁，也还没有确定王安上和王旂的父子关系。到了嘉靖年间，为了争夺祠产，这才正式确定了世系。于是，一个自称王安上之后的上池王姓和一个自称王安礼之后的城北王姓，在嘉靖二十五年打了一场争夺祠产的官司。主判者为知县应云鸑。应云鸑不仅把王文公祠判给了城北王瑞，而且王瑞"从予乞祀田"，"复稍助之"，连祠堂的田产也给了王瑞。这样一来，上池王姓的这场官司完全打输了。由此又可证明，嘉靖二十五年，当两支王姓对簿公堂时，上池王姓还拿不出什么凭据，来证明祠产所有权是属于他们的。他们所持的旧谱那时还没有关于王安石与安上合葬桃源窠、陈贾二夫人舍产以及王蕃"捐己资""建公祠"等种种记载。

上池王姓打输了官司当然不甘心，千方百计地要把祠产夺回来。于是他们便从族谱上打主意。《上池中源王氏族谱》嘉靖本，刊刻于嘉靖二十九年，正是打输了官司四年之后。恰恰说明上池王姓为了再打官司，这才多方编造起来，以供日后兴讼的佐证。

应云鸑刊刻《临川集》于嘉靖二十五年，应云鸑的序文中说了一句"公墓不知所在"，这句话反映了应云鸑也沾染了明人不重考据的习气。上池王姓便利用了这句话编造起王安石与安上合葬于桃源窠的伪据，塞进了族谱；并有意用王廷瑞的名义作《月塘凤山图》，因王廷瑞死于嘉靖二十二年，在打官司之前，可借以掩饰作伪的痕迹；而且还陆续编造了陈、贾二夫人舍产和王蕃出私钱建祠等伪证。

王安石的两封信是不是这个时候伪造出来的？虽无确据，但是，这两封信绝不可能出现于上池族谱嘉靖本之前。因为，嘉靖本之前，上池王姓族人连王旉和王安石、王安上的父子、叔侄关系还搞不清楚，甚至始迁祖究竟是谁也没有确定，当然不可能出现这两封信。所以，可以断言，两信被伪造出来的时间，其上限不能超越明嘉靖。如果真的是嘉靖时伪造的，那么，也可以断言，和其他的伪造一样，只不过用来作为打官司的伪证而已。在上池王姓族人看来，伪造出王安石本人写的信，将来打起官司来，似乎就可以提出具有权威性的证据。所以，两封信里都一再提到祠堂和画像，就是从争夺祠产、打赢官司的目的出发而编造出来的。可见，两封信的价值，只能和族谱里的《月塘凤山图》、陈贾二夫人及王蕃出私钱建祠一样，是毫无意义的。

前面已经提到，据同治《东乡县志》载，清康熙六十一年，祠堂和画像的所有权又回到了上池王姓手中。查《上池中源王氏族谱》诸序，虽然没有明文提到这一年打赢了官司，但族谱载有江汉《重建王丞相祠堂记》一文，文后附有上池王姓族人王玉辂的注文，从注文里可以找到这场官司的证据。注文说："荆公祠在郡城盐埠岭，于洪武年间，克允公之子孟演公见祠毁坏，捐己资而重修焉。细查孟演公本系奉二公（按：据《族谱》世系，奉二为王旂的派名）之后裔，中源即奉二肇迁之地，则是荆公祠为中源一族之故址也，又何疑焉。兹因兴讼之后，故将祠堂及空地丈尺载明（按：下开祠堂四至丈尺，从略）。日后子孙，依此照业，永远存据。"此注没有载明年月，查族谱世系，得知王玉辂生于顺治十七年（公元1660年），殁于雍正十一年（公元1733年），康熙六十一年，王玉辂六十二岁。注内所说的"兴讼之后"，指的正是这一年打赢了官司，祠堂回到了上池王姓手中。所以王玉辂才在注文里重申历史的所有权，搬出了王蕃"捐己资而重修"的伪证，还详开祠堂所辖的范围及面积，以供"日后子孙，依此照业，永远存据"。这一年，上池王姓是怎样打赢这场官司的？此中原委，虽然我们无从知道，但是，看来《族谱》里面编造的种种伪证起了某种作用，骗住了断案的糊涂虫，是完全可能的。

上池王姓为了争夺祠产打的这场官司真可谓马拉松式的官司，从明嘉靖二十五年打起，一直打到清康熙六十一年，打了177年。是不是到康熙六十一年这场官司算结束了呢？没有。据在抚州调查，一直到此地解放前，官司还在断断续续地打着。因此，我们还应弄清这两封信出现的下限时间。

细查《上池中源王氏族谱》，自洪武以来，所有序跋诗文，其中涉及这两封信的只有一处，见于乾隆、嘉庆年间的上池族人王载吾祭王安石的诗中。有句云："公书远寄关河外，开缄附像公宛然。遂使流传数百年，间阎男子经几换，而宋元明无失焉。"诗中"公书远寄""开缄附像"，即指两封信上说的"形象三付"和"写容以布"一事。诗里还特别强调"而宋元明无失焉"，表示信是王安石亲笔写的，像是王安石亲手交的，历宋、元、明没有遗失，是地道的王麻子剪刀，一点儿掺假也没有。

查《族谱》世系，王载吾生于乾隆十八年（公元1753年），殁年有阙字，谱作"道光□年十一月十一，享年六十有□"，当系死于道光元年（公元1821年），69岁。《上池中源王氏族谱》于清嘉庆十年（公元1805年）曾重修一次，这年王载吾53岁。因此，可以断定两封信出现的下限不能后于嘉庆本。

前面已经提到，乾隆四十六年（公元1781年）蔡上翔和王思泰两人曾亲赴上池看了王安石的画像。王思泰是东乡黎墟人，属于上池中源王姓的一个支派。黎墟距上池只有七里（蔡上翔《王荆公年谱考略》作十里，不确）。王思泰是蔡上翔的挚友，两人都喜欢研究王安石，有同好（参看《考略》附录卷二《王交三墓志铭》）。可是，王思泰只邀蔡上翔去上池看王安石的画像，却一丝儿也不提及上池还刊有王安石的两封家信。而且，他们到了上池，能亲眼看到画像，却独独没有看到这两封信。在蔡上翔的《王荆公年谱考略》里没有一点反映。如果不是蔡上翔不屑一顾，那么，很有可能这两封信的出现还后于乾隆四十六年，迟至嘉庆十年才被伪造出来的。

总之，两信出现于《上池中源王氏族谱》的时限，其上限不能超过明嘉靖，其下限不能后于清嘉庆。其所以要伪造的原因，完全是为了要打赢一场争夺祠产的官司。这是稽之族谱，考诸邑乘，参及文集而得出来的结论。

本来，要辨别两封信的真伪，并不难。我之所以不避辞费，琐细地加以考辨，目的就是要揭露"四人帮"的黑写作班子罗思鼎之流的丑恶嘴脸，挖出他们的黑心肝，让大家看一看这伙打着研究历史的招牌、出卖灵魂、大搞"影射史学"的坏东西是怎样愚蠢无知和下流无耻。

罗思鼎化名康立写的《司马光登台一年》，就是一篇歪曲历史、篡改历史、颠倒历史、大搞"影射史学"的典型。在这篇黑文里，他们借批司马光为名，用了许多无耻的谎言，来影射攻击伟大的领袖和导师毛主席，攻击以毛主席为首的党中央，攻击英明领袖华主席和邓副主席，赤裸裸地暴露出他们迫不及待地要篡党夺权、复辟资本主义的狼子野心。

然而，谎言决不能代替事实，乌云终不能遮住太阳。罗思鼎之流的肮脏勾当，其结果只能是增添历史笑料，丝毫无损于太阳的光辉。

罗思鼎之流一窍不通，根本读不懂历史材料。《司马光登台一年》这篇黑文里有这样一句话："正当司马光盛气凌人的时候，患病在家的王安石'夷然不以为意'，明确表示反对。""夷然不以为意"一语，出于《厄史》（见前引）。原意是说，王安石在未听到罢免免役法的消息之前，对一些"新法"的改变，他还和平常一样，并不怎么介意。可是这句话到了罗思鼎的嘴里，竟成了"明确表示反对"的同义语，连"夷然"两个字也读不懂，岂非天大的笑话！

黑文就在紧接这句话之后，又写道："王安石在一封家信中深为不安地说：'为国忧者，新法变更尽矣。'并希望将来'必有能复之者'。"罗思鼎如获至宝地把伪造的王安石家书当作一发篡党夺权的炮弹发射出来，又闹了一个天大的笑话。

其实，所谓的王安石的第二信就是从《厄史》那里脱胎再加以歪曲伪造出来的。而罗思鼎鬼迷心窍，偏偏把两个——真的和假的紧紧靠在一起。他主观上是想以假充真，以假乱真，来个真假杂糅，叫你真假莫辨；而其结果，恰恰相反，弄巧成拙，矛盾百出，人们一眼就能看出它的马脚。这发炮弹正好打在罗思鼎的头上，中在"四人帮"的身上，使罗思鼎及其主子"四人帮"这伙不学无术、寡廉鲜耻的江湖骗子现出了原形。

一九七六年七月八日初稿，一九七七年十一月二十九日改稿。

载《江西师范学院学报》
1978 年第 1 期。

《松雪斋集》校记

一

元赵孟頫《松雪斋集》，历来著录家均以元至元后己卯花溪沈氏家塾本为最早的版本，也是最好的版本。我见到的是《四部丛刊》的影印本。此外如傅增湘藏的元至元辛巳建安虞氏务本堂七卷本（七卷皆诗），缪荃孙藏的元至正刊十二卷本（文集十卷，外集、续集各一卷）均未见。据说建安虞氏务本堂本和花溪沈氏本颇有异同，虞本所收的诗比沈本多十数首，可惜是海内孤本，无缘校读。

明清两朝的版本已见著录的有明正德方氏刊二卷本，明天顺复刻花溪沈氏本，明万历刊二卷本，清康熙刘氏刊本和曹培廉刊本，清种德堂重刊沈氏本，等等。明刊本亦极罕见。清刊本我见到两种，一为曹培廉刊本，一为重刊沈氏本，均藏江西师院图书馆。

元刊沈氏家塾本分文集十卷，外集一卷。集前首列元至顺三年（公元1332年）谥文，并何贞立一跋、戴表元一序。集后刊有元至治二年（公元1322年）杨载写的赵孟頫行状。十卷之后，附有元至元后己卯花溪沈璜的短跋。

清康熙曹培廉刊本，又称城书室刊本。分文集十卷，外集一卷，续集一卷。集前首列曹培廉的小引，接着是戴序。再后列元史赵孟頫传、谥文和行状，十卷之后附有沈璜短跋和何贞立跋。较元刊本增元史本传和曹培廉的小引外，编次略有移置。据曹培廉小引称，这个本子是依据元刊沈氏家塾本的，故文集十卷和外集一卷，与沈本无异，只是续集一卷是由曹培廉"裒他书及石刻所载，合之家藏墨迹"编辑而成的。我所见的这个本子，半页十行，每行十九字。版口下端刻有"城书室"三字。封面页后有一木记，上书"壬戌冬仲板归神庐"字样。按神庐为郭麐的室名，郭麐为清嘉道年间吴江人，壬戌是清嘉庆七年（公元1802年）。可见这个本子是城书室版易主后的印本，时间相当晚。印刷相当粗劣，有些地方字体不一致，是经过补刻的。这个版本实在糟，错字很多。

清重刊沈氏本，文集十卷，外集一卷。次第一依元刊，只是将谥文移至卷尾行状之前，何跋作为后序移在十卷之后，沈跋附在最后。半页十行，每行十九字。写刻颇精，印刷也好。但没有任何标记可以看出翻刻的时间、人名或堂号。唯遇清讳，只避玄烨二字，禛、贞、真及弘字皆不避。颇疑为康熙初年刻本，盖康熙初年，对私人刻书有严禁，所以，什么标记也没有。当然也可能是解禁后的重刻本。因未见清种德堂重刊本，不知二者异同，只好存疑。另外，我院图书馆还收有一部八卷本的《松雪斋集》，仔细一看，原来就是这个重刊沈氏本。可能是原版遭到破损，书坊便将八卷以后割弃，把前面的目录也截至八卷止，使表面上不像一个残本，借以射利。

我将上述三个本子——影印元刊沈氏家塾本、曹培廉城书室刊本、清重刊沈氏本，校读一过，发现元刊沈氏本虽然版本最精最好，历来为版本家所称道，如钱基博《版本通义》称"元以降，赵松雪之书盛行，刻书多仿其体；其尤著者，如至元后己卯花溪沈氏伯玉刊元赵孟𫖯《松雪斋集》十卷……字仿孟𫖯，摹刻最精"，然而，在校勘上并不精，错字累见。潘景郑《著砚楼书跋》中曾写道："按松雪此集，字体摹写，殊类手迹，疑即仲穆所抚……仲穆为父编辑遗集，而篇中衍讹，犹所不免。"他叹息说："几尘落叶，校勘之业，知非易易耳。"曹培廉城书室本虽然是个刊印俱劣的本子，错字不仅多而且离奇，然而，它也有两点好处。一、它可能是现在见到的《松雪斋集》的几个版本中的最足本。胡玉缙《四库全书总目提要补正》引李慈铭《荀学斋日记》后指出"是曹本即重翻沈本，别为续集一本，当以此本为最足，提要（《四库全书总目提要》）盖未之见耳"。二、据曹培廉小引自称，他父亲旧有沈氏家塾本的抄本，又"近从长洲友人家获借先朝文博士寿承所藏原刻本，校正其讹缺"。确实，这个本子还能校正元刊本的一些错字。如卷七《默斋记》，"传曰：'言行，君子之枢机。枢机之发，荣辱之主也'"。（按：此语引自《易·系辞》，而元刊本和重刊本"主"字均误作"至"字。）又卷九《临济正宗之碑》，"使为佛种，不锲而断"，元刊本与重刊本"锲"均误作"镇"，等是。而且它还在一些地方补了元刊本的缺。我初校一过，就发现有二十七条之多。特别是像碑铭之类的文章，元刊本在一些官名、人名上都有所删略，而城书室本则往往补上。如卷七《文定全公神道碑铭》，元本作："父讳乞台萨理，早受浮屠法……圆通辩悟，当时咸推让之。累赠纯诚守正功臣……"清重刊本同。而城书室本则作："父讳乞台萨理，早受浮屠法……圆通辩悟，当时咸推让之。故其师又名之曰万全，事世祖皇帝，历大同路僧众都提领、释教都总统，同知总制院事、统制院使，积阶资德大夫，号正宗弘教大师，累赠纯诚守正功臣……"多出五十一字。又如卷八《故成都路防城军民总管李公墓志铭》，元刊本和重刊本均作："女三人，孙男三人、孙女九人。"城书室本则作："女三人。长适行省郝公之子，四川行中书省参知政事天挺；次适东平转运副使张仲端之子，忻州秀容县主簿藻；次适汾州西河县尹吴公之子某。孙男七人。曰乞，早世；曰兴宗，曰兴祖，方向学；曰某，曰某，曰某，曰某，尚幼。孙女九人。"多出七十七字，另改正一字。可见城书室本尽管版本粗劣，也还有一点价值。

清重刊沈氏本虽然是根据元刊本重刻，而且本身也出现了一些错字，但是，这个本子对元刊本确实也做了一番校勘工作，改正了元刊本的不少错字。据我初校，共得七十三条。如卷二《游弁山》诗"屡欲还吾驾"。屡，元本和城书室本均作娄（按：娄、屡古通用）。《酬滕野云》诗"但恐君未闻"。闻，元本与城书室本均误作闲。卷四《赠郑之侨》诗"已解赋凌云"。凌，元本和城书室本均误作齐。卷七《贤乐堂记》"惟古之为园池台榭也"。池，元本和城书室本均误作也。这些都是明显的误字。此外，还有五十五条异文，与元本颇难甲乙。如卷二《酬滕野云》诗，其中一句，元本和城书室本均作"尔来荒芜甚"，而重刊本作"耒耜荒芜甚"。同卷《题耕织图二十四首·织·六月》诗，其中一句，元本和城书室本作"沽酒田家饮"，而重刊本作"沽酒及时饮"。卷三《赠相者》诗，其中一句，元本和城书室本均作"醉倒花前犹满引"，而重刊本作"醉倒花前且高枕"，等等。由于重刊本没有作任何说明，我们无从知道这些异文的根据是什么。看来，这个本子既然能纠正元刊本的一些错字——这些错字，城书室本往往循而不改，那么，这些异文不会是随随便便更改的。可惜，现在我们还很难找到它的根据。

总之，上述三个本子经过对勘后，可以认为，今后如果要印行《松雪斋集》，元刊花溪沈氏本当然是最重要的，但是，曹培廉城书室本和清重刊沈氏本也还有校勘上的价值。如能再把一些海内孤本搜集到，就可以精校出一本更好的《松雪斋集》。至于曹培廉城书室本也还不能视为真正的足本，散见在其他书上的赵孟頫的诗文题跋还可以收集到不少。如将汪珂玉的《珊瑚网》，朱存理的《铁网珊瑚》（或作赵琦美撰）、《珊瑚木难》，张丑的《清河书画舫》，郁逢庆的《书画题跋记》，以及卞永誉的《式古堂书画汇考》等等的有关材料加以收集，作为补遗，再把前人对赵孟頫的评价，加以收集，作为附录，就可以出一本相当完善的《松雪斋集》。这是我对出版界的一个希望。

二

我之所以提出这个希望，就是希望我国文化界的一些同志对赵孟頫多作一点研究。赵孟頫是我国元朝的一位艺术大师，是一个在文学艺术领域内有着多方面的成就的人物。他的作品不仅在元代风靡一时，而且有一些方面竟一直影响到清代中叶，时间长达五六百年。今天看来，不管他的影响是好是坏，或者是好坏都有，他的影响都是不能低估的。在中国文学艺术史上，他应该有一定的位置。只有对他进行全面的研究，才有可能对他作出实事求是的评价。本着这个愿望，我在校读《松雪斋集》之余，想把赵孟頫的多方面的成就作一些初浅的介绍。

赵孟頫生于南宋理宗宝祐二年（公元1254年），死于元英宗至治二年（公元1322年），吴兴人，宋朝宗室。高祖赵伯圭和宋孝宗是兄弟。父亲赵与訔，宋度宗时，任户部侍郎兼知临安府浙西安抚使。赵孟頫未成年时，即"试中国子监，注真州司户参军"，实际上在宋朝没有做官。他二十三岁时，元兵入临安，吴兴已非宋有。从此，赵孟頫就一直闲居家乡。十年之后，即元世祖至元二十三年（公元1286年），赵孟頫三十三岁时，元行台治书侍御史程钜夫奉诏搜访江南遗逸，把赵孟頫找了出来，这才做了元朝的官。他一直做到翰林学士承旨、荣禄大夫、知制诰修国史，死后追封魏国公，谥文敏。

赵孟頫，字子昂。斋名松雪，亭号鸥波，自称松雪道人，后人也有叫他为赵鸥波的。因他做过集贤学士、荣禄大夫、翰林学士承旨，后人也有叫他赵集贤、赵荣禄、赵承旨的。因他是吴兴人，也有称他为赵吴兴的。

《松雪斋集》附有元杨载写的赵孟頫《行状》，《元史》本传就是从《行状》里摘出来的。杨载和赵孟頫齐名，是元初四大家或五大家之一。他在《行状》里，对赵孟頫的一生成就，作了如下的评价：

公治《尚书》，尝为之注，多所发明。律吕之学尤精深，得古人不传之妙，著《琴原》《乐原》各一篇。性善书，专以古人为法。篆则法《石鼓》《诅楚》，隶则法梁鹄、钟繇，行草则法逸少、献之，不杂以近体。他人画山水、竹石、人马、花鸟，优于此或劣于彼。公悉造其微，穷其天趣，至得意处，不减古人。事有难明，情有难见，能于手书数行之内，尽其曲折。尤善鉴定古器物、法书、名画，年祀之久近，谁某之所作与其真伪，皆望而知之，不待谛玩也。诗赋文辞，清邃高古，殆非食烟火人语，读之使人飘飘然若出尘世外。或得其书，不翅拱璧，尺牍亦藏去为荣。手写释道书，散之名山甚众。天竺国在西徼数万里外，其高僧亦知公为中国贤者，且宝其书。然公之才名，颇为书画所掩。人知其书画而不知其文章，知其文章而不知其经济之学也。

从中可以看出，杨载对赵孟頫的评价大致包括这样几个方面：学术、文学、艺术（艺术又可分绘画、书法、音乐、金石篆刻等方面）和考古等。此外还有政治——杨载所谓的"经济之学"，他认为赵孟頫在这许多方面都是有成就的。本文试图依照杨载所提供的方面逐一做些介绍。限于见闻学力，在很多方面我都是外行，扣槃扪烛，贻笑通人，所在不免。

为了方便起见，先从赵孟頫的"经济之学"谈起。

赵孟頫确实算不上什么政治家，尽管他入仕元朝后，曾从中央到地方，又从地方到中央，做了三十六年的官，但是元朝的皇帝却只是把他作为一个文学侍从之臣看待的。元仁宗爱育黎拔力八达曾经举出他有七个优点，除了说他帝王苗裔、状貌昳丽、操履纯正这三点外，其余就是博学多阅、文词高古、书画绝伦、旁通佛志之旨造诣玄微等四条，内中没有一条说到政治。然而赵孟頫虽不是个政治家，但他的"经济之学"并不是没有可说的。杨载写的《行状》里提到赵孟頫对钞法的看法，便是一例。《行状》说：

（元世祖）诏集百官于刑部议法，公（赵孟頫）适侍立左右，上命公往共议。众欲以至元钞二百贯赃满，处死。公曰："始造钞时，以银为本，虚实相权。今廿余年间，轻重相去，至数十倍。虽改中统为至元，历廿年后，则至元必复如中统。使民计钞抵法，疑于太重。古者以米、绢二物，乃民生所须，谓之二实；银、钱与二物相权，谓之二虚。四者为直（值），虽升降有时，终不大相远，以绢计赃，最为适中。况钞乃宋人所造，施于边徼，金人袭而用之，皆出于不得已……"公曰："……中统钞虚，改至元钞，谓至元钞终无虚时，岂有是理哉！"（《元史》本传同）

赵孟頫对元初钞法的看法，可以归结为如下几点：（一）钞乃宋人所造，金人袭而用之，皆出于不得已，不是什么好办法。（二）钞法在当时的条件下是行不通的，最终要遭到破坏。他预见到至元钞将会和中统钞一样贬值。（三）他主张恢复金属货币银钱与米绢实物相权，使物价保持稳定。

这些看法对不对呢？我认为在当时来说，是正确的。

从世界史看，纸币的产生是商品生产高度发达的结果，最早也早不过 17 世纪末到 18 世纪初。北美于 1692 年，法国于 1716 年，俄国到了 18 世纪 60 年代，英国则晚到 19 世纪初才发行纸币。唯独中国的纸币出现得很早，大约 10 世纪末到 11 世纪初，在四川地区首先出现，叫作交子，来源于民间。它的出现，一方面固然要看到商品生产有了一定程度的发展，但另一方面也要看到，由于四川发行铁钱——贱金属货币，人们携带极为笨重，才出现了临行流通的纸币，所以它的发行量、流通地区以及持续的时间都是很有限的。到了宋仁宗天圣元年（公元 1023 年）由政府在益州设交子务，正式把纸币发行权收归官办。北宋末年又把交子改为钱引，但它们的流通地区仍然是不广的，而且是可以兑现的。到了南宋，情况大有不同，不仅政府发行的纸币名目多，有关子、交子、会子等，而且数量越来越大，流通的地区也越来越广，伪造的也层出不穷，贬值也就越来越厉害。虽然有时采取兑现的办法，求得稳定于一时，可是在战争状态之下，在军费浩繁、国事日蹙的状态之下，南宋政府的财政赤字自初年起就与日俱增，每年自数十万缗到几千万缗，只有靠发行纸币以求苟且。所以，到了末年，景定、咸淳之间，贾似道当国，大兴公田、关子之议，结果，物价翔贵，币值暴跌。方回《桐江集》载："自更易关子以来，十八界二百（贯）不足以贸一草履，而以供战士一日之需。"二百贯还买不到一双草鞋，弄得民不聊生。而到咸淳十年（公元 1274 年），正当宋室摇摇欲坠之际，贾似道还发行一千万贯的关子，作了最后一次的残酷的搜括。

金朝发行纸币确实是受了宋的影响，在完颜亮贞元二年（公元1154年）就设置交钞库，发行交钞。此后五十年间，币制累换，贬值不已。到金章宗泰和六年（公元1206年），居然下令禁民间使用金属货币——铜钱，大肆滥发大小交钞（规定民间交易典质在一贯以上的，及商旅携带现钱超过十贯的都应换成交钞）。在遭到人民的反对和抵制之后，又居然下令禁止民间讨论钞法问题。《金史·食货志》称："时民以货币屡变，往往怨嗟，聚语于市。上（金章宗）知之，谕旨于御史台曰：'自今都市敢有相聚论钞法难行者，许人捕告，赏钱三百贯。'"企图用高压政策强制推行。因此，到了金朝末年，纸币与白银的比价达到天文数字，等于说银价涨了几千万倍。纸币形同废纸，"万贯唯易一饼"，就是当时的写照。

可见，赵孟頫的第一点看法："钞乃宋人所造，施于边徼，金人袭而用之，皆出于不得已"是正确的。当时和他持同一论点的刘宣也说："原交钞所起，汉、唐以来，皆未尝有。宋绍兴初，军饷不继，造此以诱商旅，为沿边籴买之计，比铜钱易于赍擎，民甚便之。稍有滞碍，即用现钱，尚存古人子母相权之意。日增月益，其法浸弊，欲求目前速效，未见良策。新钞必欲创造，用权旧钞，只是改换名目。无金银作本称提，军国支用不复抑损，三数年后亦如元宝（钞）矣。宋、金之弊，足为殷鉴。"[①]当时的许衡更尖锐地指出："夫以数钱纸墨之资，得以易天下百倍之货，印造既易，生生无穷，源源不竭，此世人所谓神仙指瓦砾为黄金之术……（宋宁宗）嘉定以一易二，是负民一半之货也；（宋理宗）端平以五易一，是负民四倍之货也。无义为甚。"[②]

蒙古贵族在未灭金之前，受宋金的影响，便已发行过纸币。到忽必烈中统元年（公元1260年）"始造交钞……是年十月，又造中统元宝钞……然元宝、交钞行之既久，物重钞轻。二十四年遂改造至元钞……每一贯文当中统钞五贯文"[③]。至元二十四年（公元1287年）首次发行至元钞，就是因为中统钞已贬值。自中统二年（公元1261年）至至元二十四年，相隔26年。照赵孟頫的说法，"今廿余年间，轻重相去至数十倍"，而至元钞与中统钞的兑换率只不过是一比五。换句话说，元朝

① 《元史·刘宣传》。

② 《许文正公遗书·楮币札子》。

③ 《元史·食货志》。

政府却只承认物价上涨了五倍。这就决定了至元钞一出世，它的币值就处于很不稳定的状态。果然，不出赵孟頫所料，二十三年以后，即元武宗至大二年（公元 1309 年），发行至大银钞。就像至元钞与中统钞的比值一样，至大钞与至元钞的兑换率也是一比五。正好应了赵孟頫说的"历廿年后则至元必复如中统"。可见，赵孟頫的第二个论点也是正确的。

纸币是由国家发行的货币符号。纸币本身没有价值，不具备执行商品的价值尺度的职能，它只不过是代替了金属的流通手段的职能。因此，如果发行的纸币相当于流通所需的黄金量，那么纸币的购买力就同金币的购买力是一致的。如果超过了这个量，则如马克思在《资本论》中所说："然若纸币越过了它的限界（即同名称金铸币能够流通的量），那就不说它难免有信用完全破坏的危险。"[①]纸币在中国封建社会中出现，这个现象是比较特殊的。尽管宋元时期，商品经济有一定的发展，然而资本主义生产关系的萌芽，还远远没有出现。货币在商品流通过程中的作用，从全国范围看，还没有普遍达到需要用纸币代替金属货币的程度。交子在四川的出现，带有一定的地区特殊性和偶然性。由于它适应了四川地区的特殊要求，因此，在一定时期内，客观上促进了当地商品经济的发展。可是一旦收归官办，大量发行，广泛通用，很快就大大超过了金属货币在流通中的需要量，引起纸币贬值，物价上涨，从而严重阻碍了商品生产的发展。这是因为封建国家发行纸币只是为了解决财政赤字问题，尤其是在战争时期和危亡时期，发行纸币成了封建统治者手中的救命稻草，所以说，封建国家是根本不会顾及商品流转的需要的。像南宋绍兴初年，国家财政赤字就是靠发行纸币来弥补的。据李心传《建炎以来系年要录》载，绍兴四年（公元 1134 年），赤字五十一万余缗；绍兴五年（公元 1135 年），一千万余缗；绍兴七年（公元 1137 年），一百六十一万余缗。因此，"自来遇岁计有缺，即添支钱引"。绍兴四年即添印纸币五百七十六万道，五年添印二百万道，六年添印六百万道。元代也是如此，据《元史·世祖纪》记载，在赵孟頫发表意见的四年后，即至元二十九年（公元 1292 年），当年预算收入只有二百九十七万八千三百五锭，而到十月时，支出已达三百六十三万八千五百四十三锭，这一亏空，当然也只有靠发行

① 马克思:《资本论》第一卷，郭大力、王亚南译，人民出版社，1953，第 123 页。

纸币来弥补了。

宋金之时发行的纸币，有时还可以兑现，至少在法律上是可以兑现的。元朝建国之前发行的中统钞，原来也是可以兑现的。这种可以兑现的纸币，还多少有些像证券、票据的性质。但到至元二十四年，发行至元钞时，便规定不许兑现，从而在纸币发行上不受任何约束。元代后期，纸币发行上的混乱和不统一（甚至赏赐有"功"之人拥有发行权）达到极其惊人的程度。这就不仅是依靠发行纸币把封建国家的开支转嫁到劳动人民身上，加重对人民的剥削，而且已经变成了赤裸裸地、毫无限制地对人民的肆意抢夺和劫掠了。终于和封建统治者的主观愿望相反，饮鸩止渴的结果，预示着王朝的覆灭。所以说，封建国家发行纸币绝不是为了适应商品经济的发展，而是一种变相的超经济的剥削，它和商品经济恰恰成了对立物。这种现象一直到清代后期，当中国已经处于半殖民地半封建社会的境地时，还是如此。《资本论》曾转引1858年《驻北京俄国公使馆关于中国调查研究》中的一个故事。"理财官王茂荫有一次曾上条陈给天子，暗中要把不兑现的钞票化为可以兑现的银行券。1854年4月大臣审议的报告中，对于他的计划，曾痛加指斥……报告的结论说：'臣等仔细审议了该项计划，发觉他完全是为商人利益，于皇室毫无利益可言。'"（前引书第122页注，王茂荫于清朝咸丰年间曾任户部尚书。1854年是咸丰四年。）可见，在封建社会里，纸币和商品经济的对立，正是皇室——王朝和商人对立的反映。赵孟頫认为"始造钞时，以银为本，虚实相权"，基本上是把纸币作为白银的货币符号，用来代替它作为流通手段的，然而，尚且"廿余年间，轻重相去至数十倍"。因此，他认为这不是办法，还不如恢复使用金属货币，使民生所需的绢米"二实"，与金属货币银钱"二虚"，"四者为直"，那么，物价"虽升降有时，终不大相远"。这在当时来说，倒是真正适应商品经济的发展的。所以，赵孟頫的第三点也是正确的。关于赵孟頫的经济思想的材料可惜太少。我们从这一节看，认为他和南宋浙东的叶适，观点上是相接近的，他们都在一定程度上反映了商人的利益。这是颇堪值得注意的。

三

赵孟頫的挚友戴表元为《松雪斋集》作序，中谓："子昂未弱冠时，出语已惊其里中儒先。稍长大，而四方万里重购以求其文，车马所至，填门倾郭，得片纸只字，人人心惬意满而去……余评子昂古赋，凌厉顿迅，在楚汉之间；古诗沉潜鲍、谢。自余诸作，犹傲睨高适、李翱云。"这个评价是比较高的。

但是，在中国文学史上，一般都是称虞、杨、范、揭为元初四大家，即虞集、杨载、范梈、揭傒斯四人，而不是赵孟頫，只有元末明初的陶宗仪著《南村辍耕录》称虞、赵、杨、范、揭为五家。清曹培廉写的小引里，据《辍耕录》谓虞集曾向杨载学诗，又据杨载写的《行状》，自称受业于赵孟頫几二十年，则赵孟頫是他们的前辈。因而曹培廉认为元初四大家之名，首先是由虞集自己提出来的，虞集"第及其同时才名相雄长之人而止"。所以，他才没有提到赵孟頫。曹培廉得出结论说："若以有元一代之诗论之，当自文敏公始，无疑也。"

清人顾嗣立《寒厅诗话》也说："元诗承宋金之季……东南倡自赵松雪（孟頫），而袁清容（桷）、邓善之（文原）、贡云林（奎）辈从而和之。时际承平，尽洗宋金余习，而诗学为之一变。延祐、天历之间，风气日开，赫然鸣其治平者，有虞（集）、杨（载）、范（梈）、揭（傒斯）……一以唐为宗，而趋于雅，推一代之极盛。"

这都是说，元代的诗风创自赵孟頫，而盛于虞、杨、范、揭四大家。赵孟頫在元代诗风上有着很大的影响。

当然，更多的人不承认这种说法。清人吴景旭的《历代诗话》说："元诗以虞待制、杨编修、范应奉、揭应奉为称首，谓之四大家。而惟赵承旨得颉颃其间……评论者亦动引数人为高例。"近代曲学家吴梅于《辽金元文学史》中也写道："孟頫以宋朝皇族，改节仕元，故不谐于物论。然论其才艺，则风流文采，冠绝当时，不但翰墨为元代第一，即其文章，亦揖让于虞、杨、范、揭之间，不甚出其后也。"

这又是说，四大家还是那四大家，不过，赵孟頫还能够和他们相颉颃，相揖让，差不多，或者相差也无几。这一评价便把赵孟頫降到了四大家的陪衬地位。至于像沈德潜在《说诗晬语》里说，"虞、杨、范、揭四家，诗品相敌……赵、王、孙暨金华诸子，声价虽高，未宜方驾"，则是将赵孟頫降到四大家之下了。

近代以来，一般的文学史家谈到元代的文学，都以元曲为代表，大谈其杂剧、散曲，而于其他文学体裁则很少论及，或根本不谈。赵孟頫之名，除了吴梅这位曲学家反而能顾及外，几乎在文学史上看不到了。

解放后，倒有两部中国文学史都提到了赵孟頫，一部是中国科学院文学研究所编写的；一部是北京大学中文系一九五五级编写的。

文学研究所本是这样写的：

> 由于他（赵孟頫）以宋王孙仕元为显官，颇为当时遗民所轻。他侄子也因这件事和他断绝了来往，蒙古贵族中也经常有一些人反对他。因而心情上比较矛盾，诗中常常有自我谴责之意，如《罪出》……忏悔、抑郁之感，情见乎词。《述怀》《送高仁卿还湖州》《至元庚辰由集贤出知济南暂还吴兴赋诗书怀》等作品，都流露了这种无可奈何，希望放归乡里的心情。这种情绪在元初被迫出仕的文人中有它的代表性。由于赵孟頫和宋王朝有着更密切的关系，所以，他对南宋的灭亡，比他人表现了更多的黍离之悲。《松雪斋集》里很多这类作品，其中《岳鄂王墓》是比较特出的……通过叹惜岳飞的屈死，指责了南宋君臣苟安政策，既有慨叹，又有惋惜。国土沦亡，山河变色，在诗人笔下，西湖的山水好像也不胜悲愁，沉痛悲愤之情溢于言表。他的词也大多是这种意境，如《木兰花慢》《虞美人》等作品，但其中流露了更多的感伤情调。艺术上则多半因袭前人，很少创造。

北大中文系本是这样写的：

> 那些入仕元廷的文人，还有一类自我谴责的诗，诗中表现了他们内心的矛盾，这中间当然也有故作痛苦聊以解嘲的。像赵孟頫（子昂）的"昔为水上鸥，今如笼中鸟。哀鸣谁复顾，毛羽日摧槁"，就是这一类的作品。

后一说是对前一说的否定，但，我基本上同意前一说——文学研究所的意见。只是对它说的"艺术上则多半因袭前人，很少创造"一语，稍有不同的看法。

自明迄今，都有一些人把赵孟頫看成是文学艺术上的复古派。关于绘画方面下面还会谈到，这里先说他的文学方面。

赵孟頫曾经说过文章"一以经为法，一以理为本"（《刘孟质文集序》），又说"今之诗犹古之诗也"（《薛昂夫诗集序》）。这是不是算作复古或因袭呢？其实，赵孟頫的上述论点是有所指的。在他看来，"宋之末年，文体大坏。治经者不以背于经旨为非，而以立说奇险为工；作赋者不以破碎纤靡为异，而以缀缉新巧为得"（《第一山人文集叙》）。看来，赵孟頫是不喜欢那些伪道学家的。以他的才情横溢和多方面的爱好，似乎应受当时争言道学的风尚所影响。然而，他竟绝口不谈，宁逃于禅道之间，和他相交的朋友中也没有一个道学家。有一个吴澄，是个大道学家，《松雪斋集》里，有一篇《送吴幼清南还序》，好像也算个朋友。其实，不过是同被程钜夫搜访出来的，有此一谊而已，故文中语涉微讽。可以认为，赵孟頫说的写文章要"以经为法""以理为本"，这个"理"，不是道学家所说的"理"，而是"士少而学之于家，盖亦欲出而用之于国"的"有用之学"和"可行之学"（《送吴幼清南还序》）。否则，都是有"背于经旨"，都是"立说奇险"，这就叫作"文体大坏"。可见，赵孟頫提出"以经为法"，其目的不是因袭前人，而恰恰是为了救当时之弊。

在诗歌上，赵孟頫说过"今之诗犹古之诗也"，指的是作诗的基本原则。如说："诗在天地间视他文最为难工，盖今之诗虽非古之诗，而六义则不能尽废，由是推之，则今之诗犹古之诗也。"（《南山樵吟序》）他倒是反对追蹑前人的，他借陈子振的《壮游集》指出："至读君自序，有曰不好追蹑前人法则。嗟乎！若是者虽余亦壮之。"在遵守六义这一原则上，古今之诗是一致的，但并不是追蹑前人法则。这就是赵孟頫的观点。他反对"破碎纤靡""缀缉新巧"，也是有所指的。南宋时期，诗坛上兴起了以"永嘉四灵"——赵师秀、翁卷、徐照、徐玑为代表的"江湖派"，他们的宗旨本是反对当时已经发生了许多流弊的"江西派"的，应该说，这方面他们是有功绩的。然而，正如顾嗣立《寒厅诗话》所说："四灵以清苦为诗，一洗黄、陈之恶气象、狞面目，然间架太狭，学问太浅。"沈德潜《说诗晬语》也说："而四灵诸公之体，方幅狭隘，令人一览易尽，亦为不善变矣。"沈德潜还提到四灵之外，还有范石湖的"恬缛"，杨诚斋、郑德源的"谐俗"，刘潜夫、方巨山的"纤小"，这些都和赵孟頫有相似的看法。到了南宋末年，理宗时期，"江湖派"的诗就越加显得纤巧破碎了。赵孟頫为了救其流弊，才主张"一以唐为宗而趋于雅"，"尽洗宋金余习"（《寒厅诗话》）。

赵孟頫的这些主张和实践对不对，当然还可以研究，更不能说他的这些主张就没有流弊，应该指出他的流弊也是有的。清人李重华《贞一斋诗话》说："金元间诗体略同，最著者为元遗山、虞伯生、萨天锡、赵子昂诸家……要之，宋人惟无意学唐，故法疏而天趣间出；金元人专意学唐，故有法而气体反弱。后先升降，岂风会使然欤？"这一说法是否准确地抓住了宋、金、元三朝诗歌的特点，是否准确地抓住了金、元的弱点，姑置勿论。不过，说元人之诗，专意学唐，而且法密，则近于事实，不能说赵孟𫖯没有起不良影响。但是，也应指出的是，真正扩大这一影响，使流弊越来越大的，不是赵孟𫖯，而是四大家，其中又以江西清江人范梈为代表。范梈曾经说过："吾平生作诗，稿成读之，不似古人即焚去。"居然以似古人为荣。这一恶劣影响传到明初，就出现了明前七子的假古董。这恐怕不是赵孟𫖯始料所及的。今天，我们读赵孟𫖯的诗，还能明显地感到它的清新典丽，有其自家面目，并不像后来的假古董。说赵孟𫖯"艺术上则多半因袭前人，很少创造"，似乎不太公允。

至于北大文学史上说道："那些入仕元廷的文人，还有一类自我谴责的诗，诗中表现了他们内心的矛盾。"但却把赵孟𫖯排斥在外，不承认他有什么内心矛盾，有的不过是"故作痛苦聊以解嘲"。这就更加不公允了。

历来都对赵孟𫖯有所苛求，一般都是指他不该以宋朝王孙而入仕元廷，坏就坏在他是赵氏宗室子弟，因而，对他在文学艺术上的成就，也一概加以贬低。现在看来，这样的责备当然毫无意义。那么，为什么赵孟𫖯却连写自己的内心矛盾的资格都没有了呢？是不是说赵孟𫖯根本没有什么内心矛盾呢？"诗言志"这一原则是不是对赵孟𫖯不适用了呢？

赵孟𫖯是在南宋灭亡十年后才被征出仕的。他的被征，表面上似乎是元朝皇帝加给他的荣誉，骨子里却是元朝统治者为了消除隐患的一个措施。清人陆心源《宋史翼》引《东阳县志》有这样一段记载：

> 赵若恢，字文叔……登咸淳乙丑进士。宋亡，避地新昌山，遇族子孟𫖯，与居，相得甚。时元主方求索赵氏之贤者，子昂转入天台，依杨氏，为元所获，若恢以间得脱。程钜夫之使江南也，有司强起之，称疾且曰："尧舜在上，下有巢由，今孟𫖯、孟贯已为微、箕，愿容某为巢由也。"钜夫感其义，释之。

这段材料写得较真实。原来，《元史》本传上所说的"程钜夫奉诏搜访遗逸"是"求索"，是地道的搜查。或者是"获"，或者是"释"，这里面确实含着恐怖的。赵孟頫后来虽然得到了元世祖的赏识，可是这种恐惧并没有排除。《元史》本传多处写着，如"或言孟頫宋宗室子，不宜使近左右""或以孟頫年少，初自南方来，讥国法不便，意颇不平""孟頫自念，久在上侧，必为人所忌，力请补外""又有上书言国史所载，不宜使孟頫与闻者"等等，都能说明赵孟頫的处境不是很坦夷的，他的内心不会不充满着矛盾。他在《罪出》诗中写道：

> 在山为远志，出山为小草。
>
> 古语已云然，见事苦不早。
>
> 平生独往愿，丘壑寄怀抱。
>
> 图书时自娱，野性期自保。
>
> 谁令堕尘网，宛转受缠绕。
>
> 昔为水上鸥，今如笼中鸟。
>
> 哀鸣谁复顾，毛羽日摧槁。
>
> …………

这种矛盾心理，这种内心的苦楚，难道是假的？他晚年写了一首《自警》：

> 齿豁头童六十三，
>
> 一生事事总堪惭。
>
> 唯余笔砚情犹在，
>
> 留与人间作笑谈。

像这首诗，与其说"聊以解嘲"，倒不如说已预感到身后之谤了。记得清初的吴梅村（伟业）也写过这样的诗，如《病中》："忍死偷生廿载余，而今罪孽怎消除。受恩欠债须填补，纵比鸿毛也不如。"一个写得隐约，一个写得直率，但矛盾的心理是相同的，自我谴责之意也是相近的。文学研究所编的文学史的有关分析是对的，北大编的文学史不同意它的分析，而有意把赵孟頫划出去，就不免令人费解了。

总之，赵孟頫在文学上的成就，历来未有定评。但是，不管毁誉如何，他在文学史上的影响是客观存在的。以元代而论，除了元杂剧而外，谈到当时的诗文，不能不提到赵孟頫；而要研究赵孟頫，更不能离开他的文学成就而去谈他的某一项艺术造诣，否则，那将是极不全面的。

四

杨载在《行状》中说道："他人画山水、竹石、人马、花鸟，优于此或劣于彼，公悉造其微，穷其天趣，至得意处，不减古人。"这是说，赵孟頫在绘画上是个全才。加上他一家人包括妻子（管道升）、兄弟（弟孟吁）、儿子（雍、奕）、孙子（凤、麟）以及亲戚如外孙（王蒙）、孙婿（崔复）等，都是元代著名的画家。因此，吴兴一派，不仅左右了当时的艺坛，而且还一直影响到明清两代。

前人论赵孟頫的画，大都是推崇的。如明人董其昌《画禅室随笔》称"赵集贤画为元人冠冕"，清人王时敏《西庐画跋》也说："赵于古法中以高华工丽为元画之冠。"把赵孟頫放在元代第一的位置上。但是他们推崇赵孟頫都是首先从师承关系上着眼的。原来明清之际，艺术界分出了"浙派"和"吴派"，畛域很森严。特别是"吴派"的势力很大，他们仿照佛教禅宗分裂为南北二宗，也封自己为"南宗"，而诋"浙派"为北宗。南宗远祧唐代王维为祖，实际上是以南唐宋初的董源、巨然为师。明人莫是龙的《画说》、沈颢的《画麈》、董其昌的《画禅室随笔》、清人唐岱的《绘事发微》等，都是站在所谓南宗——"吴派"的立场上，一方面轻诋"浙派"，一方面标榜其师承关系的。他们把董源、巨然的地位抬得很高。如清初四王之一的王原祁在《麓台题画稿》中说："画之有董巨，犹吾儒之有孔颜也。"吴历《墨井画跋》也说："画之董巨，犹诗之陶谢也。"把董巨二人看成如儒家的孔子、颜回，诗家的陶潜、谢灵运。因为赵孟頫在山水画上学过董源，《绘事发微》说："至董北苑（源）则墨法全备，荆浩、关仝、李成、范宽、巨然、郭熙辈，皆称画中贤圣……元时诸子，遥接董巨衣钵，黄公望、王蒙、吴镇、赵孟頫，皆得北苑正传，为元大家。"所以，赵孟頫也成了南宗的一个巨匠。

明清画苑中的吴派，虽然在艺术上有较高的成就，在理论上也有不少创见，但是，他们有一个致命伤，就是以临摹古人为能事。明代董其昌提倡最力，如他《题赵文敏画谢幼舆丘壑图》有云："此图乍披之，定为赵伯驹。观元人题跋，知为鸥波笔，犹是吴兴刻画前人时也。诗、书、画家成名以后，不复模拟，或见其杜机矣。"（明汪珂玉《珊瑚网》）意思是说，董其昌初看到这张画时，误以为是南宋画家赵伯驹的作品，等到看了题跋才知道是赵孟頫画的，是赵孟頫模仿前人阶段的作品，而且模仿得很逼真。从而，董其昌发表议论，认为一个画家即使成名以后，也不能脱离模拟，否则，就要变成杜撰了。可见，他评价赵孟頫，只是称赞他模仿前人的作品，一离开了模仿，他就骂人家是杜撰了。这种恶习后来愈演愈烈，把中国画的师自然、师造化的优良传统，几乎丢掉了。像王原祁的《麓台画跋》中所题的差不多全是仿前人的作品。它的严重恶果，是扼杀了绘画艺术的生机。在清初四王手里，绘画艺术确乎也成了陈陈相因、死气沉沉的假古董。

因而，追源祸始，有人便认为造成这一恶习的始作俑者，就是赵孟頫。俞剑华《中国绘画史》说：

> 元初如赵孟頫、钱选辈其力非不能创作，而乃力倡复古之论，不特其自身空负此天造之才，以致碌碌无所发明，且使当时以及后世之画坛，俱舍创作而争事临摹，此毒一中，万劫不复。元明清三朝画家非不多，画迹非不夥，画论非不汗牛充栋，但十九不出临摹之范围，以致陈陈相因，画家俱变为印刷机而无复新意；其间偶有一二杰出之士，思欲挽此狂澜，但终以孤立无援，不胜楚人之咻，盖已积非成是。画家只知有临摹，只知有古人，若语以创作，无不惊骇却走以为狂怪。此种风气，阶之厉者，不能不归罪于首先提倡复古之赵孟頫一派。

赵孟頫确实说过："作画贵有古意，若无古意，虽工无益。今人但知用笔纤细、傅色浓艳，便自为能手，殊不知古意既亏，百病横生，岂可观也。吾所作画，似乎简率，然识者知其近古，故以为佳。此可为知者道，不为不知者说也。"（张丑《清河书画舫》引赵孟頫《自跋画卷》）又说："宋人画人物不及唐人远甚，予刻意学唐人，殆欲尽去宋人笔墨。"（明朱存理《铁网珊瑚》）说他是复古派的理论上的证据就是这两条。

但是，赵孟頫也有题《苍林叠岫图》绝句：

> 桑苎未成鸿渐隐，
>
> 丹青聊作虎头痴。
>
> 久知图画非儿戏，
>
> 到处云山是我师。

意见还蛮尖锐，如果不把绘画当作儿戏，就应该以自然为师。

赵孟頫还说过：

> 余尝见卢楞伽罗汉像，最得西域人情态，故优入圣域。盖唐时京师多有西域人，耳目所接，语言相通故也……余仕京师久，颇尝与天竺僧游，故于罗汉像自谓有得，此卷余十七年前所作，粗有古意。（引自《清河书画舫》）

可知，赵所说的"古意"，又是和他的写生相联系的。

汪珂玉《珊瑚网》载有赵孟頫《题子仲穆画幅》的短跋和诗：

> 昨自杭回，道经茅山西墅，时夕阳也。松如偃盖，水若鸣琴，青山万重，白云千顷。山下有乘骏马者，出没于其间，乃天然一图画。心有所得，以目疾未愈，不能举笔，因命子雍代之。
>
> 云白山青几万重，
>
> 溪边游子马如龙。
>
> 眼前有景画不尽，
>
> 归去鸥波命阿雍。

看来，赵孟頫也蛮讲究写生，似乎又不完全像一个临摹匠、复古派。

我认为，把赵孟頫列入复古派，多少有点冤枉。赵孟頫虽一面主张"作画贵有古意"，但也一面主张"到处云山是我师"。他在临摹古人时，也是兼收并蓄的，如山水画，他既师董源，也效法赵伯驹，而赵伯驹恰恰是将后来的吴派列入北宗的。人物画则薄宋而尊唐。总之，在临摹上，他主张"以不似为似"（清恽寿平《南田论画》），择善而从，镕裁独出，根本不像吴派那样以门户畛域自限。他教儿子把学习宋的界画作为基本功练习（《珊瑚网·画继·杂论》），但也要儿子写生。他在绘画艺术上的多方面的成就，也说明他既注意师承，又不拘一格，荟萃众长，造诣极深，用复古派来概括他，不免以偏概全了。在我这个外行看来，赵孟頫之所以蒙此垢诟，倒是后来所谓的吴派害了他。因为，他的名气很大，影响很深，明代从文徵明到董其昌都是学他的。明人以临摹为工，成了一代风尚，特别是董其昌，身价很高，而影响极坏，为了藏拙欺人，把临摹吹得神乎其神，拉前人作他的护符，于是赵孟頫就成了吴派的护法。加上赵孟頫的同时代画家，也确有以临摹著称的，如赵的好朋友钱选（舜举）。明人朱谋垔《画史会要》称他"尝借人白鹰图，夜临摹装池，翌日以临本归之，主人弗能觉"。以临摹骗人，居然成了佳话，对后人不能说没有影响。所以，赵孟頫夹在他们中间，作为一个班头，不得不代人受过了。

然而，又不能说赵孟頫和后来的临摹恶习没有一点关系。我认为赵孟頫对临摹派的一个重要影响，不在他的"作画贵有古意"，而在他的"书画同法"说。

故宫博物院藏的赵孟頫《秀石疏林图》，上有他的自题诗一首：

石如飞白木如籀，

写竹还于八法通。

若也有人能会此，

方知书画本来同。

书画同法，并非赵孟頫的创见，中国画的特点之一是一向讲究笔墨，但以前所谓笔墨，一般指的是绘画上的用笔。把书法明确地用在绘画上是在两宋时期。宋郭熙《林泉高致》说："一种使笔，不可反为笔使……此亦非难，近取诸书法，正与此类也。故说者谓王右军喜鹅，意在取其转项，如人之执笔转腕以结字，此正与论画用笔同。故世之人多谓善书者往往善画，盖由其转腕用笔之不滞也。"北宋时期的文同、苏轼、米芾等开后世文人画——"墨戏"之先河，他们都是书家，特别像苏、米更是书法大家。他们虽然没有明显地说书画同法，但他们追求的笔墨意趣，却给后人以极大的影响。到了元代，以赵孟頫这个一代冠冕的多面手，享有盛名的书法家，最先明确揭橥出"书画同法"，这个影响确是不能低估的。因此，到了明代，文人画和吴派成了同一名称，"书画同法"的调子叫得更高。李日华《竹嬾画滕》："余尝泛论学画，必在能书，方知用笔。"（转引自沈子丞《历代论画名著汇编》）董其昌也说："故古人如大令，今人如米元章、赵子昂，善书必能善画，善画必能善书，其实一事耳。"（《画禅室随笔》）

平心而论，"书画同法"这一用语，虽然有很大毛病，但是，把中国独有的书法运用到中国绘画上去，它确实构成了中国画的重要的特色之一，为西洋画所未有，它有助于形成中国画的独特的民族风格。

然而，它有两个大毛病。一个是，一味强调书画同法，一味追求笔墨情趣，就会使绘画艺术走上脱离现实、脱离生活、脱离群众的死胡同里，最终要掉进主观唯心主义和形式主义的泥坑。还有一个是，如果把学画和学书法看成是同一法门，就势必要走上临摹一途。郭熙早就说过："人之学画，无异学书，今取钟王虞柳，久必入其仿佛。"（《林泉高致》）因为学书法是以临摹入手的，通过兼收并览、广议博考，然后才自成一家。如果绘画也走上这样一个路子，那就恰恰相反，它的结果，就只有扼杀生机了。所以从这一点看，赵孟頫的"书画同法"说，对后世的影响有其不好的一面是难以讳言的。

清人笪重光《画筌》有一段说得好：

　　善师者师化工，不善师者抚缣素；拘法者守家数，不拘法者变门庭。叔达变为子久，海岳化为房山。黄鹤师右丞而自具苍深，梅花祖巨然而独称浑厚，方壶之逸致，松雪之精妍，皆其澄清味象，各成一家，会境通神，合于天造。画工有其形而气韵不生，士夫得其意而位置不稳。前辈脱作家习，得意忘象；时流托士夫气，藏拙欺人。是以临写工多，本资难化，笔墨悟后，格制难成。

这段话是颇值得后人深思的。

五

赵孟頫在文学艺术上的多方面的造诣，其中对后世影响最大的，也许要数书法。康有为《广艺舟双楫》说：

> 元明两朝，言书法者日盛。然元人吴兴首出。惟伯机实与齐价，文原和雅，伯生浑朴，亦其亚也。惟康里子山奇崛独出。自余揭曼硕、柯敬仲、倪元镇虽有遒媚，皆吴兴门庭也。自是四百年间，文人才士纵极驰骋，莫有出吴兴之范围者。

明代末年至清初，虽有董其昌一度崛起，"几夺子昂之席"；然而到乾隆时，又"竞讲子昂"。只是到了嘉庆道光以后，北碑汉隶以及篆籀金石之学日盛，赵孟頫的影响才衰落下来。

前人多说赵孟頫的书法"备聚诸体""变态不常"，这是不错的。

杨载《行状》说："篆则法《石鼓》《诅楚》，隶则法梁鹄、钟繇，行草则法逸少、献之，不杂以近体。"

明初宋濂说："盖公之字法凡屡变，初临思陵，后取则钟繇及羲献，末复留意李北海。"（《珊瑚网》，宋濂《题赵书高上大洞玉经》）

明王世贞《书苑》称他："小楷法《黄庭》《洛神》……碑刻出李北海……惟于行书，极得二王笔意。"总之，"各体俱有师承"。

明文嘉说："盖公于古人书法之佳者，无不仿学，如元魏常侍沈馥所书魏定鼎碑，亦常效之，谓其得钟法可爱，则其于元常，固惓惓矣。至其晚年，乃专法二王。"（《珊瑚网》，文嘉《题赵书小楷高上大洞玉经》）

元虞集也说："楷法深得《洛神赋》而揽其标，行书诣《圣教序》而入其室，至于草书，饱《十七帖》而变其形。"（同上，虞集《题赵临智永千文卷》）

几个人的说法虽略有不同，但都认为赵孟頫是"备聚诸体"，以学王羲之、王献之为主，最初学过宋高宗，后来学过钟繇，晚年还学过李邕。

此外，还有人说赵孟頫的书法是得北宋米芾之传的。如明解缙《书学传授谱》

说："独吴兴赵文敏公孟頫，始事张即之，得南宫之传，而天资英迈，积学功深，尽掩前人，超入魏晋，当时翕然师之。"而董其昌还说过赵的真书是学自唐人钟绍京，他的《临钟绍京书跋后》说："赵文敏正书实祖之。"（《画禅师随笔》）董其昌的意思是说，赵孟頫学王献之是自钟绍京入手的，因为钟绍京是学王献之的。董其昌在书法上处处要和赵孟頫比高下，他的这一判断可能有贬低赵孟頫的意思。

正因为赵孟頫以二王为主，"备聚诸体"，加上"积学功深"，终于自成一家，在书法艺术领域里享有很高的声誉。"昔人谓之仪凤冲霄，祥云捧日"，"上下五百年，纵横一万里，举无其敌"（引自王世贞《文氏停云馆帖十跋》）。虞集也说："赵松雪书，笔既流丽，学亦渊深。观其书得心应手，会意成文……可谓书之兼学力天资，精奥神化，而不可及矣。"（《珊瑚网》，虞集《题赵临智永千文卷》）这样的评价虽不免过分夸张，但他博得了雅俗共赏，却非过誉。正如明人姚公绶说的："公之书法，固不待赞。赞之者，无间于往古来今，无间于簪绂韦布。"（《珊瑚网》，姚公绶《题赵书湖州妙严寺碑记横卷》）

"簪绂"指封建官僚士大夫，"韦布"指平民百姓。清人徐康《前尘梦影录》说："元代不但士大夫竞学赵书……其时如官本刻经史，私家刻诗文集，亦皆摹吴兴体。至明初吴中四杰高杨张徐，尚沿其法。"连印刷出版业也受到了赵孟頫书法的影响，其至今仍是版本学上鉴定元代和明初刊本的一项重要依据。可见，赵孟頫的书法能够在历史上获得相当长时期和较大的普及，是和广大的民间也欣赏他的书法艺术分不开的。

当然，不满意赵孟頫书法的人也是有的。批评意见主要有两点：一是说他的书法"姿媚"；一是说他"时有俗笔"。

最早说赵书姿媚的是他的朋友鲜于枢。鲜于枢在《题赵书过秦论》上说："子昂篆隶正行颠草，俱为当代第一，小楷又为子昂诸书第一。此卷笔力柔媚，备极楷则。"（清卞永誉《式古堂书画汇考》）好像是在称赞他，但是用了"柔媚"二字。

后来，王世贞就批评赵书"时有俗笔"，还说他学李邕又"稍厚而软"（《书苑》）。

董其昌并不反对"姿媚"，他在评价《怀仁〈圣教序〉真迹》时，就用了"姿媚"二字，说"此书视陕本特为姿媚"。但他很轻视赵孟頫的书法，常说："余常临米襄阳书，于蔡忠惠、黄山谷、赵文敏，非所好也。"他在《画禅室随笔》里到处轻诋赵书，一会儿骂他"此赵吴兴所以不入晋唐门室也"，一会儿骂他"赵吴兴弗能解也"，一会儿骂他"赵吴兴未梦见在"，纯属一派狂人口吻。董其昌在绘画上对赵孟頫还比较客气，在书法上却很不客气，这都有他个人的目的。他明知在绘画上是无法和赵比的，把赵拉入吴派作护法，可以提高自己的地位。而在书法上，他是不甘示弱的，只有把赵孟頫的影响抹掉，他才能称霸书苑。因此，他往往拿自己来比赵孟頫，自吹自擂，如说什么"而子昂之熟，又不如吾有秀润之气"。此人人品至劣，于此可见。

到了清代，大声斥责赵孟頫为"姿媚"的是包世臣和稍后的康有为。包世臣著有《艺舟双楫》，康有为更张大其意，著有《广艺舟双楫》。他们的书法观点，都是提倡碑学，反对帖学，认为唐以前可学，唐以后不可学。用康有为的话说，叫作"本汉、传卫、宝南、备魏、取隋、卑唐"。他们对当时的为应付科举，写大卷、写白折的"馆阁体"更是深恶痛绝；而自乾隆之世，馆阁体又盛行赵书，乾隆以后，馆阁体虽兼采别家，而赵书仍不废，所以，他们对赵书攻击也最力。

包世臣说赵书"如挟瑟燕姬，矜宠善狎"，骂他像一个卖唱卖笑的姑娘，也就是所谓的"姿媚"。又说："吴兴继起，古道遂湮。"又说："吴兴书则如市人入隘巷，鱼贯徐行，而争先竞后之色，人人见面，安能使上下左右空白有字哉？其所以盛行数百年者，徒以便经生胥吏故耳。然竟不能废者，以其笔虽平顺，而来去出入处，皆有曲折停蓄。其后学吴兴者，虽极似而曲折停蓄不存，惟求匀净，是以一时虽为经生胥吏所宗尚，不旋踵而烟消火灭也。"

康有为说："元明两朝，言书法者日盛……皆吴兴门庭也……故两朝之书，率姿媚多而刚健少。"这里，他径直用了"姿媚"二字。又说："近代法赵，取其圆美而速成也。"他还大声疾呼："更勿误学赵、董（其昌），荡为软滑流靡一路，若一入迷津，便堕阿鼻牛犁地狱，无复超度飞升之日矣。"真够吓唬人的。

经过他们的大力提倡，加上考古学日益昌明，从此，书法一道，讲究甲骨、金文、秦篆、汉隶、魏碑之风大盛，赵孟頫的书法，几乎人人讥为姿媚庸俗而近乎式微了。

应该指出，包、康之论，对于那种拘束于科举制度下，弄得千人一面、"状如算子"的"馆阁体"，是有廓清之功的。他们提倡学习篆籀金石碑刻，给书法艺术拓开一条更广阔、更深厚的途径，给书坛带来了新的风尚和新的气象，也是有很大贡献的。然而，他们对赵孟頫的评价，却不免偏激，不免矫枉过正，造成"软滑流靡"的结果，原因是多方面的，不能都算在赵孟頫的账上。下面再就所谓赵书姿媚问题，说一点外行话。

首先，"姿媚"二字，对书法来说，并不一定是坏字眼。虽然韩愈《石鼓歌》"羲之俗书趁姿媚"算是第一个开始用"姿媚"二字批评书法的人，然而，他批评的是王羲之，这并不妨碍王羲之在书法艺术上的卓绝地位，相反，令人觉得"姿媚"二字能反映出书法的美感。前人论书法的篇籍，也有用类似"姿媚"之字眼来表达书法的高度造诣的。如唐孙虔礼《书谱》就说过："凛之以风神，温之以妍润，鼓之以枯劲，和之以闲雅。"又说："又一时而书有乖有合，合则流媚，乖则雕疏。"又说："譬夫绛树青琴，殊姿共艳。"所谓"妍润""流媚""姿艳"，都是用以描写书法艺术的美的姿态和美的感受的。张怀瓘《书断》说："若真行妍美，粉黛无施，则逸少第一……逸少可谓《韶》'尽美矣，又尽善也'。"就是用类似姿媚的语言，高度评价王羲之的。正因为"姿媚"二字并不一定是坏字眼，所以，鲜于枢题赵孟頫三十八岁（至元辛卯）写的字，就是用"柔媚"二字作评价的（见上引）。

其次，"姿媚"二字，未必能完全代表赵孟頫书法的特色。大致说来，早年的赵书比较姿媚，到了晚年，笔随人老，后人多用"俊洒飘逸""端雅而有雄逸之气"来评价它。如明人杨士奇《题赵临兰亭卷》说："此卷松雪晚年笔也，笔力精神，清劲飘逸，拟之早年，如出二手。"（引自《珊瑚网》）可见，对赵孟頫晚年的书法，应该用"俊逸"二字来评价。所以，历来也有人对用"姿媚"来评价赵书，深表不满。早在元代，虞集看了鲜于枢的评语，就表示了不同意见。他在鲜于枢题赵书过秦论后，写上："吴兴公为民瞻书此卷时年三十八，惜伯机诸公不及见其暮年书矣。"（引自《式古堂书画汇考》）虞集题跋之年，为元英宗至治二年，较鲜于枢题跋之年晚了三十二年。伯机为鲜于枢字。虞集惋惜鲜于枢早死了，没有看到赵孟頫晚年的作品，显然，他不同意再用"姿媚"二字来概括赵晚年的书法。明宋濂说得更尖锐，他在《题赵书度人经》上说："区区小夫，惟见公早岁书，概以插花美女为病，使其见此，必将吐舌而走矣！"（《宋学士集》）

传世赵书，不仅有早年晚年之分，还有真赝之别。许多人对赵书产生"软滑流靡"的印象，这和市场上充斥着赝品也有很大关系。古代没有照相术，一般很难看到真迹，大都只能看到摹刻本。于是，商人乘机射利，辗转翻刻，结果弄得完全失真，甚至还有伪造真迹的。明人朱国祯《涌幢小品》说："陈谦，字士谦，姑苏人，居京师，能楷行书，专效赵松雪，华媚可人。时染古纸，伪作赵书，猝莫能辨。购书者踵接户外，势家贵人每酬以金帛，用是起家。"清人朱彝尊《曝书亭集》也说："赵文敏书，伪本最多，即有乱真者，仅得其妩媚而已。"（《跋赵书十二月织图后》）这样的赝品，冒充得最好的，充其量也不过"华媚""妩媚"而已，然而，却害得赵孟頫蒙此恶声，实在是冤枉得很。现代科学发达，影印真迹大量问世，价廉物美。试看解放后影印出版的赵孟頫真迹多种，无一不是"俊洒飘逸"，何尝有丝毫的"软滑流靡"，何尝有丝毫的庸俗。实物俱在，用不着我多说了。

书法艺术和其他艺术一样，也应该"百花齐放"，丰富多彩，不应持门户之见，互相排斥，更不应强求一律。包世臣、康有为不喜帖学，不喜姿媚，而喜欢"雄厚恣肆"（包世臣语），喜欢"剑戟森森"（康有为语），有其自己的艺术风格，是完全允许的，完全应该的。但是，用不着己所不欲，硬施于人，把不同的艺术风格和流派说得一无是处，结果，往往人家也以其人之道还治其人之身，给后人落一个话柄。如包世臣常常讥笑赵孟頫用笔"平顺"，甚至说："若以吴兴平顺之笔，而运山阴矫变之势，则不成字矣！"骂得够呛。然而，何绍基同样讥讽包世臣，说："包慎翁之写北碑，盖先于我二十年，功力既深，书名甚重于江南，从学者相矜以包派。余以横平竖直四字绳之，知其于北碑未为得髓也。"（《跋张黑女志》）横平竖直，是初学书法的基本要求，何绍基说包世臣连横平竖直都上不去，这也真骂得够呛了。所以说，文人相轻，门户之见，是不应该有的，是毫无道理的。

还应该指出，后人学赵孟頫也有学歪了的，结果走向了反面。是不是听从包世臣、康有为的就没有学歪了呢？同样，有的人结字未稳、笔法未精，却故作姿态，把字体弄得怪怪奇奇，而昌言曰："此甲骨、金文、汉隶、魏碑之变体也。"论者亦随声附和曰："此所谓雄厚恣肆，剑戟森森者也。"岂不可叹！

近人邓之诚说得好："唐贞元中，吴通微创院体书，字近隶，堂吏多仿之；士人不工书翰，辄习院体，喜其能藏拙也。今一世竟舍帖言碑，其实不能工书也。"（《骨董琐记》）似乎不幸而言中。

又是赵孟頫说得好："临帖之法，欲肆不得肆，欲谨不得谨，然与其肆也，宁谨。非善书者莫能知也。"（《松雪斋续集·临右军乐毅论帖跋》）我这个外行看来，也觉得初学者还是谨一点为好。

六

最后，还要简单地介绍一下赵孟頫在考据、音乐、篆刻等方面的见解和成就。

赵孟頫著有《书今古文集注》一书，是一部研究《尚书》的著作，这部书已失传。《松雪斋集》里保留了一篇序文。从序文里可以看出，赵孟頫已考证出《古文尚书》是伪作，这在当时来说，是深具卓识的。他说：

> 《诗》《书》《礼》《春秋》，由汉以来，诸儒有意复古，殷勤收拾，而作伪者出焉。学者不察，尊伪为真，俾得并行，以售其欺，《书》之古文是已。嗟夫，《书》之为《书》，二帝三王之道于是乎在，不幸而至于亡，于不幸之中幸而有存者，忍使伪乱其间耶！又幸而觉其伪，忍无述焉以明之，使天下后世常受其欺耶！余故分今文、古文而为之集注焉。

《尚书》的篇数，据《汉书·艺文志》载："上断于尧，下讫于秦，凡百篇。"这只是汉代的传说。事实上，经过秦火以后，汉初只搜集到二十九篇（其中《泰誓》后来亡佚，故现存二十八篇），是用当时通行的书体写定的，称《今文尚书》。汉武帝时，又从孔子故宅壁中发现用古文字写的《尚书》，较《今文尚书》多出十六篇，称《古文尚书》。这十六篇后来也亡佚了。

到了东晋时，有个做过豫章内史的梅赜，伪造了《古文尚书》二十五篇，又从《今文尚书》里分出五篇，共五十八篇，唐代孔颖达作了《正义》，从此，成了官方定本，视为经典，传了一千多年。历隋、唐、五代、北宋，都没有人提出怀疑。南宋时，才有吴棫、朱熹等三四个人稍稍提出了怀疑。元代除了赵孟頫外，还有吴澄，明代则有赵汸、梅鷟、郑瑗、归有光、罗敦仁等人，到了清初，才由阎若璩著《古文尚书疏证》八卷，彻底作了清算，宣告了《古文尚书》的死刑，了结了这场公案。

然而，谈到这场公案时，人们一直都忽略了赵孟頫。如清人朱彝尊《曝书亭集》载：

> 南渡以后，新安朱子始疑之，伸其说者，吴棫、赵汝谈、陈振孙诸家，犹未甚也。迨元之吴澄，明之赵汸、梅鷟、郑瑗、归有光、罗敦仁，则攻之不遗余力矣。(《尚书古文辨》)

《四库全书总目提要》称：

> 古文之伪，自吴棫始有异议，朱子亦稍稍疑之，吴澄诸人本朱子之说，相继抉摘，其伪益彰；然亦未能条分缕析，以抉其罅漏。明梅鷟始参考诸书，证其剽剟，而见闻较狭，搜采未周。至若璩乃引经据古，一一陈其矛盾之故，古文之伪乃大明。

两者都没有提到赵孟頫。连近人张心澂著《伪书通考》，旁搜博引，致力甚勤，也把赵孟頫遗漏了。这主要是因为赵孟頫的书没有传下来，实在令人惋惜。

生长在元朝的赵孟頫，敢于指出《古文尚书》是假的，这需要一定的胆识。他把今古文分开来加以集注，杨载《行状》中说它"多所发明"。可以想象，所谓古文集注，实际上就是对《古文尚书》加以考辨，这不仅需要深厚的经学基础，还需要一定的科学方法。作为一个文学家和艺术家，还能兼通考据学，确实是难能可贵的。

又杨载《行状》说赵孟頫"律吕之学尤精，深得古人不传之妙，著《琴原》《乐原》各一篇"。

《琴原》《乐原》是两篇讨论音乐的文章，已收进《松雪斋集》。因为我完全不懂音乐，读不懂这两篇文章，所以，无法了解究竟哪些是"古人不传之妙"，这是需要请音乐家或音乐史家加以研究和鉴别的。

但，也还有几句话可说。《乐原》一文中写道：

> 乐本乎律。律始于数，正于度。度曷从而正之？曰：以候气正之。何以知其然也？古者有累黍之法。黍之为物也，大小不齐，就取其中者，纵累之而

然，横累之而否？是故不可以为定法也。必择土中，使善历者候气焉。气应则律正，律正则度正矣。较之累黍之为，不亦善乎。

这里，赵孟頫提出了两点见解：（一）不同意用累黍之法以定律；（二）主张采用候气之法。

累黍定律出于《汉书·律历志》，谓："声者，宫商角徵羽也……五声为本，生于黄钟之律，九寸为宫，或损或益，以定商角徵羽。"又谓："度者，分寸尺丈引也，所以度长短也。本起黄钟之长，以子谷秬黍中者，一黍之广，度之九十分，黄钟之长。一为一分，十分为寸，十寸为尺，十尺为丈，十丈为引。"这就是古人因黍生度、因度生律之说。

然而，古书简略，或有脱漏，致使解释多歧，累法不一。据史记载，北魏孝文帝太和十九年（公元495年），用横累黍定尺度，而以后又有纵累、横累、斜累三法之不同。北周武帝保定年间，累黍造尺，也是纵横不定。唐时，"以黍广为分"，而五代后周时，王朴又以纵黍定尺。到了宋代，争论更多，自太祖、太宗、真宗，直到仁宗，多次累黍定尺，迄无一定。如宋仁宗景祐中，阮逸、胡瑗主张横累百黍为尺，邓保信、李照却主张纵累百黍为尺。加上黍的大小长圆也不一致，无法取得大家都满意的标准。当时，丁度等上议，说：黍有长圆大小，"岁有丰俭，地有硗肥，就令一岁之中，一境之内，取以校验，亦复不齐"（《宋史·律历志》）。所以，累黍定律的办法是不科学的，它的大小不齐和横累与纵累的争论，当然会引起音乐家的怀疑和思考。赵孟頫认为它"不可以为定法"，就是有感于前代的争论不休而提出异议的。

虽然，赵孟頫不满意累黍定律，可是，他提出以候气之法来代替累黍也同样是不科学的，甚至是更不科学的。

候气定律之说出于司马彪《续汉书》，《隋书·音乐志》言之颇详。这种方法大致是，在一间房子里，先把地面整得极平，然后埋下律管，上面要齐，下面则深浅不一，实以葭灰，覆以素縠。据说，冬至这一天，"阳气"距地面九寸而止，黄钟律管受到"阳气"的影响，"气至则灰飞"。这种说法实在玄得很。隋代毛爽、宋代李照等人都做过试验，根本不灵。但是，由于它是汉儒之说，一些历法家又鼓吹律以候气衍历之术，汉刘歆就是一个。赵孟頫不懂历法，为汉儒所误，希望借助历法家来解决定律问题，提出"使善历者候气"的主张，同样，陷入了谬误。

然而，赵孟頫毕竟是懂得音律的，他还对元曲有过研究。清人方成培《香研居词麈》引元戚辅之《佩楚轩客谈》说：

> 元戚辅之《佩楚轩客谈》，纪赵子昂说歌曲，八字一拍。当云乐节，非句也。夫乐不同拍板，以鼓为节。戚谓当改板与鼓同节为佳。观此，知元曲以八字为一拍，板以鼓为节，此语甚精。

这是一条很重要的材料。因为，关于元曲的拍节问题，前人几乎没有什么记载留下来，只有赵孟頫留下了"八字一拍"四个字，为研究元曲者提供了线索。可惜戚书言之太简，令人遗憾。

赵孟頫又是一个著名的篆刻家。明清以来，刻印成了一门艺术，和书法、绘画相并立又相配合，绽放艺坛，而实由赵孟頫开其先河。赵孟頫著有《印史》。朱彝尊《曝书亭集》《丁氏印谱序》中说："宋则晁克一、王球、颜叔夏、姜夔、王厚之，元则吾丘衍、赵孟頫各著有谱录，惜乎志经籍者，略而勿道也。"《松雪斋集》中保存了《印史序》一文，中谓：

> 余尝观近世士大夫图书印章，一是以新奇相矜，鼎彝壶爵之制，迁就对偶之文，水月木石花鸟之象，盖不遗余巧也。其异于流俗以求合乎古者，百无二三焉。

赵孟頫不满意宋元之际的刻印家"一是以新奇相矜"，斥之为"流俗"，遂创为元朱文，文字以小篆为宗，尽洗新奇纤巧俗恶之弊。到了明代，文徵明、文彭父子进一步发展了刻印艺术，卓然成为大家。文氏父子书画皆师赵孟頫，刻印艺术当然也是受了赵孟頫的影响。嗣后，程邃稍变其法，被人称为北宗，文氏父子和何震称南宗。到了清初，丁敬继起，由元明而上溯秦汉，遂开刻印学之浙派；邓石如又另辟蹊径，创立皖派，从而把刻印艺术推到了一个更高的阶段。最近出版的马衡《凡将斋金石丛稿》，有专门《谈刻印》一文，言之颇详，请参看。

从上面一些粗浅的介绍看来，赵孟頫不愧是一个有着多方面成就的文学艺术家，杨载写的《行状》，对他并没有溢美。他的诗文、绘画（其中包括花鸟、人物、山水、竹石等方面）、书法（其中包括真、草、隶、篆等方面）、音乐、篆刻，都给后世以影响，有的影响还相当大，此外，学术上兼通考据之学，政治上也有自己的见解。13世纪中叶至14世纪初，在中国的土地上，出现了这样一位文学艺术家，绝非偶然。他的多方面的成就，是中华民族悠久文化长期滋育的结果，是中国劳动人民用血和汗直接哺育的结果。研究他的一生成就及其阶级的和历史的局限性，将有助于我们了解元明清时期中国文化艺术的继承和发展上的某些关系和线索，也将有助于探讨这一发展过程中的某些成就和流弊。看来，这一工作不是没有意义的。

另外，赵孟頫之所以能取得如此多方面的成就，前人多归之于他个人的天资和学力，虞集说他，"天资高而学力到，未有不精奥而神化者也"（《珊瑚网》）。其实，就一个人而言，天资——聪明是不可靠的，只有力学不倦，勤奋不息，锲而不舍，才有成就的希望。《南村辍耕录》有这样一段记载："江浙平章子山公，书法妙一时，自松雪翁之后便及之。尝问客，有人一日能写得几字？客曰：闻赵学士言，一日可写万字。"明人文壁说："余见子昂临《临河序》，何翅数百本，无一字不咄咄逼真。"（《珊瑚网》）董其昌也说："赵文敏临《禊帖》，无虑数百本，即余所见，亦至夥矣。"（《画禅室随笔》）可证，赵孟頫一生光是临《禊帖》一项就不知写了多少遍。赵孟頫自己还说过："凡作字虽戏写，亦如欲刻金石。"有人看过他写的诗稿，"点窜涂注间，皆不苟且。"（引自《式古堂书画汇考》李升语）可见，书法虽小道，如果没有持之不懈的勤学苦练，也是不可能有什么成就的。即此一端，也还有值得我们借鉴的地方。

校毕《松雪斋集》，我原来的想法，只想写一点校勘记。后来，在写的过程中，发现校勘记过于琐细，似以附于原书之后为好；就改为撮其大要，写了第一段。随后，断断续续地翻了一些书，觉得对赵孟頫还有些话可说，于是又写成了后五段。结果，所谓"校记"，反为所掩，成了附庸，未免走了题。但，想想还是用了原先的题目，仍叫作《松雪斋集》校记"，以示不忘始初也。同时，也表示这只不过是校读后的一点随笔，除了材料，差不多全是外行话，谈不上对赵孟頫有什么研究；而错误，挂漏一定不少，唯冀博学通识，多予教正！

　　附注：文中凡引赵孟頫语，未注明出处者，均见《松雪斋集》。

一九七九年三月初稿

载《江西师院学报（哲学社会科学版）》1979 年第 2 期。

历代庐山志书目提要

一、东晋释慧远《庐山记》

慧远，俗姓贾，雁门楼烦（山西崞县）人。东晋穆帝永和间，拜名僧道安为师，追随逾十年，为佛教般若学大师。孝武帝太元三年（公元 378 年），四十五岁时，始来庐山，先住龙泉精舍，后居东林寺，从此，居庐山三十余年，终老不复出山。

慧远《庐山记》，今存。宋陈舜俞《庐山记》引远书称《庐山略记》。清《四库全书》收有陈舜俞《庐山记》残本三卷，并附《庐山纪略》一卷。《提要》谓："释慧远《庐山纪略》一卷，旧载此本之末，不知何人所附？今亦并录存之。"另据日本大正刊《大藏经》所收陈舜俞《庐山记》全本五卷，则慧远《庐山记》系插入《总叙山水》第一篇之内，并非别有一卷。

慧远《庐山记》、郦道元《水经注》、刘昭《续汉志注》、刘孝标《世说新语注》，均有征引。又《世说新语注》除引慧远《庐山记》外，又引慧远《游庐山记》。《游庐山记》，早佚。

慧远《庐山记》，历来被人们尊奉为庐山志书之祖。其实，文中多称引神仙方术之士，不类佛徒口吻，乃系南朝初年道教徒之伪作，不可据信。详见附录二《匡庐之得名与慧远〈庐山记〉辨》。

二、东晋周景式《庐山记》

周景式生平不详。吴宗慈《庐山续志稿》引《豫章文献略》说他是浔阳（江西九江）人。

周景式《庐山记》，久佚。《水经注》《艺文类聚》诸书有征引。明桑乔《庐山纪事》说："今不及见，独见其数语于类书中。"可知明嘉靖时，此书即已不存。前人多以为慧远早于周景式，如清乾隆间龚琰《补刊庐山志板跋》、清末朱锦《重修庐山志板序》，都称慧远的庐山志为"初志"，周景式的为"续志"。唯吴宗慈《庐山志》卷十《庐山专著书目汇载》，则列周景式于慧远之前，作为庐山志书之首。其实，周景式生平不可考，他和慧远孰先孰后，殊难判定。上述两说，俱无确证。

三、宋陈舜俞《庐山记》

陈舜俞，字令举，浙江乌程（湖州）人。宋庆历进士。神宗时，知山阴县。熙宁三年（公元1070年），因不奉新法，谪监南康军（江西星子）酒税。《宋史》有传。陈舜俞来星子时，值筠州（江西高安）人刘涣（字凝之，史学家刘恕的父亲，宋天圣进士，任颍上令，后辞官）归隐庐山。两人时常过从，相与乘黄犊往来山中。先是刘涣尝杂录庐山见闻，未暇诠次，后来，陈舜俞便在他的原稿基础上加以增广，写成《庐山记》五卷（参见刘涣《陈舜俞庐山记序》）。

陈舜俞《庐山记》今存。《四库全书》据《守山阁丛书》残本收入，只存三篇，即《总叙山篇》《叙山北篇》《叙山南篇》，共三卷。《提要》谓："勘验《永乐大典》，所缺亦同。"日本大正刊《大藏经》所收为全本，一、四、五三卷为旧抄本，二、三两卷为宋椠。卷尾有罗振玉（玉误作云）民国二年（公元1913年）跋语。全书共八篇，分为五卷，除上引四库本三篇外，其余五篇为《山行易览》《十八高贤传》《古人留题篇》《古碑目》《古人留名篇》。四库所收，不仅第四篇以下残缺，其分卷也非原样。1932年，吴宗慈取四库残本和日本大正刊合校，成合校本五卷，收入吴著《庐山志》副刊之五。陈舜俞另有庐山《俯视图》则久佚，各本俱无。

据宋李常序称："熙宁五年，嘉禾陈令举舜俞谪官山前，酷嗜游览，以六十日之力，尽南北高深之胜。昼行山间，援毫折简，旁抄四诘，小大弗择；夜则发书考之，至可传而后已。其高下广狭，山石水泉，与夫浮屠、老子之宫庙，逸人、达士之居舍，废兴衰盛，碑刻诗什，莫不毕载。而又作俯视之图纪，寻山先后之次，泓泉块石，无使遗者。成书凡五卷。"

陈舜俞在《自记》中也说："余始游庐山，问山中塔庙兴废及水石之名，无能为余言者。虽言之，往往袭谬失实。因取《九江图经》、前人杂录，稽之本史，或亲至其处，考验铭志，参订耆老，作《庐山记》。其湮泐芜没，不可复知者，则阙疑焉。凡唐以前碑记，因其有岁月甲子爵里之详，故并录之，庶或有补史氏云云。"

《四库全书总目提要》称赞此书说："北宋地志，传世者稀。此书考据精核，尤非后来《庐山纪胜》诸书所及。"

四、宋马玕《续庐山记》

马玕，北宋广陵（江苏扬州）人，曾知南康军。其生平不可详考，尝录庐山碑记为四卷，以补陈舜俞《庐山记》之缺，名《续庐山记》。早佚。明桑乔著《庐山纪事》时，已"购之不得"。

五、宋释法琳《庐山记》

法琳生平不详。清蔡瀛《庐山小志》载其撰《庐山记》一卷。书佚无考。

六、南宋戴师愈《庐山古今文物列传》

戴师愈，号玉谿子，江西星子人，宋孝宗隆兴元年（公元1163年）进士，官湘阴县主簿。曾摭拾庐山古今人物，著《列传》十三卷，曾恺为之跋。书早佚。

明桑乔《庐山纪事》自序谓："宋陈舜俞《庐山记》、马玕《续庐山记》、戴师愈《庐山文物列传》，并称名作，亦购之不得。"

七、南宋朱端章《庐山拾遗》

朱端章，里贯不详。宋孝宗淳熙十年（公元1183年），知南康军。蔡瀛《庐山小志》载其撰《庐山拾遗》二十卷。书佚无考。

八、元鲜于枢《庐山志》

鲜于枢，字伯机，渔阳（河北蓟县）人。官至太常寺典簿。晚年筑困学斋，自号困学民，又号直寄老人。有《困学斋集》行世。工辞赋，书法尤负盛名。所著《庐山志》，早佚。吴炜《庐山续志序》谓："鲜于枢之旧志，余所数四购求而不可得者。"可见，清初此书即已不存。

九、元黎崱《庐阜人物艺文》

黎崱，字景高，交趾人。居汉阳湖上，著书种树。性耽山水。泰定中，再游庐山，记其所见，并人物、艺文为二卷。有龙仁夫、揭傒斯、姜肃敬、许有壬等为之序。桑乔《庐山纪事》列入引用书目。清初尚存，见查慎行《庐山纪游》。今佚。

十、明桑乔《庐山纪事》

桑乔，字子木，江都（江苏扬州）人。明世宗嘉靖十一年（公元1532年）进士，官至监察御史。以首劾严嵩为所构陷，谪戍九江以卒。《明史》有传。

《庐山纪事》十二卷，即其在戍所时所作。书成于嘉靖四十年（公元1561年）。清代收入《四库全书》。后胡思敬又从四库本抄出，编入《豫章丛书》中。又清康熙五十九年（公元1720年），有蒋国祥（暨阳人，曾任南康同知）刊行本，今未见。

据《豫章丛书》本，卷一、卷二为通志。卷一包括山纪、品汇、隐逸、仙释、杂志、灾祥、怪异、艺文诸目；卷二则总论登山道路，以及山林寺观等。卷三至卷十二，为山川分纪，循游山道路，先山南而后山北，起讫有序。

是书体例仿自《水经注》，以名目位置为纲，分疏其沿革、现状，引用书目多达一百二十八种。后来诸家重修的《庐山志》多不能越其范围，甚至称其为《桑疏》。清李濙《庐山续志序》称："桑公子木考疆域，辨原委，钩稽群籍，仿郭、郦二注之体而加详焉。使数百里怪伟奇丽之状，了若指掌，亦近代不刊之书也。"又说："若夫仿《禹贡》《山海经》为之纲，郭、郦诸注为之目，则《纪事》一书，固志之正体，弗可易也。"

《四库全书总目提要》引范礽序称："乔书质而辨，文而约，纪事皆题原采书名。"蒋国祥序也说："笔墨简括，兴致萧疏，不事铺张烘染，而庐山面目，较若列眉。"

十一、明但宗皋《庐山文纪·诗纪》

但宗皋，字直生，号陶村，江西星子人。明熹宗天启元年（公元1621年）举人，曾任开化县令，后杜门著述。所著庐山诗文二纪，今佚。

明末宋之盛《续庐山纪事序》称："远如桑子木原本，近如但陶村诗文纪，皆辅山邓林也。"把但书和桑乔的《庐山纪事》并列，并称赞它收集了丰富的资料。

十二、明宋之盛《匡南所见录》

宋之盛，字未有，后改名惕，江西星子人。明崇祯十二年（公元 1639 年）举人。理学家，讲学髻山，世称髻山先生。著书多不传。今存《髻山文钞》二卷。胡思敬收入《豫章丛书》。所著《匡南所见录》，已佚。

十三、明张密《庐山杂记》

十四、明佚名《庐山事迹》

十五、明卜无咎《庐山记拾遗》

以上三书均佚，作者亦无考。书名仅见于蔡瀛《庐山小志》。

十六、清范礽《续庐山纪事》

范礽，字祖生，浙江会稽（绍兴）人。清顺治举人。顺治十五年（公元 1658 年）官南康推官。受巡按御史许世昌的嘱托，取桑乔《庐山纪事》重为补订，把山南和山北区分开，山南属南康（星子），山北属九江。又取桑乔以后百余年间的事迹缀补于后，体例一遵桑乔。《四库全书》所收的桑乔《庐山纪事》就是经过范礽补辑的。《豫章丛书》所收的也是这个本子。可见范著早已附入桑纪，并未别出单行。

十七、明释定嵩《庐山通志》

释定嵩，名闻极。明清之际，居庐山万松庵，其俗姓、里贯均不详。康熙二十六年（公元 1687 年）卒。

《庐山通志》，宋之盛序称作《续庐山纪事》。毛德琦《庐山志》又称作《新志》。书今佚。其成书年代，吴宗慈《庐山志》定为康熙五十六年（公元 1717 年）丁酉，其实大误。

按宋之盛《髻山文钞》载有《续庐山纪事序》和《庚子刻成答闻极上人札》两文。宋为明朝遗老，入清后，不用清室纪年，但标甲子。序作于丁酉，札作于庚子。

考宋之盛殁于康熙七年（公元1668年），则丁酉、庚子应为顺治十四年（公元1657年）和十七年（公元1660年）。又其《答闻极上人札》中，已明言"庚子刻成"，故知《庐山通志》实刊于顺治十七年（公元1660年）庚子。另据苏万石《毛德琦庐山志序》，中有"顺治庚子之志，尤为成书"一语，指的就是这部《庐山通志》。这也是一个确证。吴宗慈《庐山志》既明知宋殁之年，见于卷九《历代人物》，然而，又在卷十《历代文存》注中，竟谓宋序作于康熙五十六年（公元1717年）丁酉，并指定晷《庐山通志》即刊行于是年。不知这一年，不仅宋之盛已死，连定晷也死了。查慎行于康熙三十一年（公元1692年）壬申游庐山［吴宗慈又误为乾隆十七年（公元1752年）］，著有《庐山纪游》，中谓："至万松坪，即闻极上人辑《庐山通志》处……闻公为牧云禅师法嗣，示寂已五年。"俱可证吴志之误。

《庐山通志》，今佚。其卷帙、体例均不详。查慎行《纪游》已谓："《通志》刻版在高阁上，求刷本不得。"可见当时已很难得。宋之盛序中说它"绘峰泉、注经刹，人物特详"，是个图文兼备的本子。康熙末年，毛德琦重修《庐山志》，曾加引用，但评价很低，说："今之《通志》，为僧定晷所订，割裂旧本，文不雅驯，不足观也。"

十八、清吴炜《庐山续志》

吴炜，字粲叟，北平（河北遵化）人。康熙六年（公元1667年），官江西学政，在任所主编《庐山续志》。

《庐山续志》十五卷，分星野、舆地、祀典、隐逸、仙释、物产、灾祥、山川分纪、艺文诸篇。体例沿袭桑乔《庐山纪事》，内容有所损益，引书达一百九十二种。吴炜自序说："广搜博访，裒集古今瑰异，以补苴见闻之所不逮，使远在数千里外者，可以神游而心会。"毛德琦称许他"博洽详明"。

按是书实出李滢之手。李滢，字镜月，江苏兴化人。顺治二年（公元1645年）举人。与兄沛、沂俱有文名，皆未仕。滢性喜游历，著《敦好堂诗文集》三十卷。康熙四年（公元1665年）夏，滢与友人闵麟嗣往游庐山。闵字宾连，安徽歙县人，也是一位文士。喜游历，与李滢有同嗜，足迹几遍天下，所至皆有诗，著有《卧雪诗草》，而庐山一集，尤脍炙人口。他们两人自庐山返归南昌，时值诗人施闰章任江西参议，施乃极力怂恿他们编写《庐山志》。于是由李主笔，由闵搜集资料，至康熙六年（公元 1667 年），写出初稿。是年，吴炜来江西任学政，遂改由吴任主编。吴炜在他们的原稿上作了一些校订增补，于康熙七年（公元 1668 年）刊行于南昌。

是书存佚不明。早在康熙五十八年（公元 1719 年），毛德琦重修《庐山志》时，就说："惜版亦不存，其书罕觏。"

十九、清查慎行《庐山志》

查慎行，初名嗣琏，字夏重，后改今名，字悔余，号初白，浙江海宁人。康熙四十二年（公元 1703 年）进士，官翰林院编修。其学出黄宗羲之门，耽山水，擅诗名，著有《敬业堂集》。

据查慎行《滏城集》自序说："庚午春，朱恒斋守九江，枉书见招。逾年，始践约。既为辑《庐山志》，复遂庐山之游。"又集中一诗题作"余方辑《庐山志》，拟入山访旧迹，频为雨阻，恒斋有作，和之"。皆可证查慎行曾编过《庐山志》。不过，似未刊行过，其同时人毛德琦修志时，竟不知有此书。

又按庚午应为康熙二十九年（公元 1690 年），次年辛未，又次年壬申，康熙三十一年（公元 1692 年），为查慎行游庐山之年。其时，查慎行尚未中进士。吴宗慈《庐山志》卷十《历代诗存》注云"初白辑《庐山志》在康熙三十年辛未"，而卷十《历代文存》注又云"查初白游庐山为乾隆十七年壬申"，两注皆误。前注年号不错，而干支错了，后注干支不错，而年号错了。自相抵牾，可发一笑。

二十、清毛德琦《庐山志》

毛德琦，号心斋，浙江鄞县人。恩贡生。康熙五十三年（公元 1714 年），任星子县令。在任所主编《庐山志》和《白鹿洞书院志》。

《庐山志》十五卷，今存。卷首绘有庐山总图，并附《庐山志》诗文爵里姓氏考。卷一包括星野、舆地、祀典、隐逸、仙释、物产、杂志、灾祥等门。自卷二至卷十三，为山川分纪，卷十四、十五为艺文。据《凡例》说："搜桑纪、吴志而合订之，间有补续，集二类而成一编。"可知是把桑乔的《庐山纪事》和吴炜的《庐山续志》两书加以合编，略予补充而成。体例一从桑纪。正如毛德琦自序所说："山川分纪多仍其旧，文翰则随时而增。至于白鹿、秀峰近事，一一累记，以昭旷典。（按：此系指康熙帝颁赐白鹿洞书院匾额及十三经、二十一史、《古文渊鉴》、《朱子全书》、《周易折中》诸书，又改开先寺为秀峰寺，并为题额等事。）凡两易寒暑，书成。总原文旧文，始终不敢攘为己有，而没先民之矩矱也。"

王思训在序文中称赞它说："其书原本前人，然增删精确，更广搜众考，证以身所阅历，眉目朗列，脉络通贯，俾读者如久居此山，一一亲所登眺，可谓既造其地又览其胜，而详言之不谬者。"

是书刊行于康熙五十九年（公元 1720 年），后来板片迭有破损残缺。有清一代累经修补。其中修补工程较大者约有四次，即乾隆五十八年（公元 1719 年）、咸丰九年（公元 1859 年）、同治十二年（公元 1873 年）、宣统二年（公元 1910 年）。到了民国四年（公元 1915 年）还修补了一次。今江西师院图书馆藏本就是最后一次的修补本，这种修补本，草率从事，讹错滋多，远非善本。

二一、清蔡瀛《庐山小志》

蔡瀛，字惠瞻，一字小霞，号蒿蔚子，江西九江人。嘉庆、道光间例贡生。

《庐山小志》二十四卷。卷一至卷十二为山川胜迹，卷十三至卷十九为艺文，卷二十、二十一为碑记，卷二十二为杂记，卷二十三为杂记及庐山书目，卷二十四为神异。

据蔡瀛自序略云："暇日检校毛志，帙累文繁，证以耳目所经，类多同异，爰据鄙见删补，汇为若干卷，颜曰《庐山小志》。道光四年天庆节浔阳蔡瀛小霞叙。"

二二、民国吴宗慈《庐山志》

吴宗慈，字霭林，江西南丰人。清末邑庠生。早年从事新闻工作。民国十九年（公元 1930 年），居庐山，主编《庐山志》。嗣后，历任史职，如《清史稿》检校、中山大学历史系教授、江西通志馆馆长兼总纂、江西省文献委员会主任等。解放后，任江西省人民政府参事。1951 年卒。

吴宗慈《庐山志》十二卷又附录五种。民国二十二年（公元 1933 年）印行。卷一为地域，包括庐山总图、经纬度、地质志略、山脉、水系、形胜、疆界、面积、气候等；卷二至卷六为山川胜迹，山北分四路，山南分七路；卷七为山政，包括各租借地交涉案汇考、省行政及建设、地方自治，以及商工、生计、礼俗、宗教、方言、本山房屋与人口统计等；卷八为物产，包括植物动物二志；卷九为历代人物小传；卷十与卷十一为艺文，包括庐山专著书目汇载、历代文存、历代诗存、金石目等；卷十二为杂识。附录五种：（一）庐山金石汇考，（二）庐山历代文广存，（三）庐山历代诗广存，（四）庐山古今游记丛钞，（五）宋陈舜俞《庐山记》、张维屏《花甲丛谈三种》等。又附庐山地质图一幅、庐山历史风景画片一册、庐山金石存真一册。

此志费时三年，始克编成，征引书籍除前代诸志外，旁及一百六十三种。于网罗旧文，整齐文字，用力颇勤。较诸旧志，约有数长：（一）地域一门，附有经纬度和近代测绘地图五幅，为旧志所不具；（二）山政一门，涉及政治、经济、外交等方面，可备史乘，为旧志所不及；（三）地质志略与植物动物两志，均属专家之学，撰述者为李四光、胡先骕等海内名家，别开生面，尤为创例；（四）人物小传较前增多，历代诗文，搜选较备；（五）附录诸篇，如游记丛钞、金石汇考、诗文广存等，皆可供研究者考镜之用。

但因属稿非一人，或有庸手杂厕其中，以至昧于史实，考订粗疏者有之，年月失检，自相抵牾等者有之，且校对不精，错字累见。本书《凡例》说："本志旨在翔实，盖爬梳三百余年旧闻，益以五十年中外交涉近事，虽经搜集，断烂鳞爪，已感非全；今失记载，久将尽佚，故叙次近长篇，未能力求简质。详则不洁，实则不文，贻讥大雅，知所难免。"所言颇近事实。

1947 年，吴宗慈又以江西省文献委员会名义，主编《庐山续志稿》七卷。所录约自 1933 年至 1946 年间事。体例悉依前志，间有补遗。唯卷末附大事记和庐山抗战始末记，为前志体例所无。又卷首列"特载"，艺文列"专载"，内容皆极反动，腐恶不堪。总以奄奄末日，草率成篇，文弊风衰，终成狗尾。无可取资，聊记于此。

庐山志书，自东晋以降，屡有修辑，其时间之长，数量之多，堪称中国山志之冠。吴宗慈《庐山专著书目汇载》已加著录。唯所涉范围颇广，只要言及庐山者，不问体裁如何，一概编入，少有别择；又但列书名，未加提要，且次序颠倒，学者无从窥其涯略。因取其体例近于志书，如史家之著述者，按其先后，粗加诠次，并撮取大凡，为补提要，计得二十二种。其他体例不类者，概不阑入。又前人游庐山多有记游之文，如宋之周必大、陆游，元之李泂，明之王祎、李梦阳、王世贞、世懋、罗洪先、王思任、袁宏道、汤宾尹、徐宏祖、方以智、黄道周、宋之盛等，清之黄宗羲、查慎行、李绂、邵长蘅、潘耒、袁枚、洪亮吉、恽敬等，皆有记述，不但文字可传，亦且有裨史乘。唯因体例所限，未予列入。吴宗慈《庐山古今游记丛钞》，采录颇富，可参看。笔者家无藏书，见闻狭陋，加以仓促成篇，挂漏不免，谨援阙以待问之义，幸匪不逮。

一九八〇年二月

匡庐之得名与慧远《庐山记》辨

编者按：本省历史学会将于今年暑期在庐山举行会议，其内容之一是讨论研究庐山地区的历史。因为庐山已经成为国际旅游之地，与之相关的传说和历史，常为人们所喜闻乐道。本文探索了匡庐一名的由来，慧远《庐山记》的真伪，兼及宗教史上的问题，为喜闻乐道者划清历史和传说的界线，并说明庐山曾经是佛道的争夺之地，具有一定的参考价值。

一

庐山一名匡山，或称匡庐。这一名称最早见于郦道元《水经注》引《豫章旧志》、晋释慧远《庐山记》和周景式《庐山记》三书。

《水经注》卷十（影印《永乐大典》本）上面是这样写的：

> 《豫章旧志》曰：庐俗，字君孝，本姓匡，父东野王，共鄱阳令吴芮佐汉定天下而亡。汉封俗于鄡阳，曰越庐君。俗兄弟七人，皆好道术，遂寓精于宫亭之山，故世谓之庐山。汉武帝南巡，睹山以为神灵，封俗大明公。
>
> 远法师（按：即慧远）《庐山记》曰：殷、周之际，匡俗先生受道仙人，共游此山。时人谓其所止，为神仙之庐，因以名山矣。
>
> 又按周景式曰：庐山匡俗，字子孝，本东里子，出周武王（作者按：《艺文类聚》引作威王）时，生而神灵，屡逃征聘，庐于此山，时人敬事之。俗后仙化，空庐犹存，弟子睹室悲哀，哭之旦暮，事同乌号。世称庐君，故山取号焉。

《豫章旧志》和周景式的《庐山记》，两书今佚，现存者唯释慧远的《庐山记》。慧远《庐山记》一作《庐山记略》。宋陈舜俞《庐山记》在《总叙山川篇》中引录最详，可能是全文。晚近有吴宗慈取四库所收《守山阁丛书》残本陈舜俞《庐山记》，和日本大正刊《大藏经》所收大谷大学藏本及元禄十年刊本合校本，载入其主编的《庐山志副刊》之五，算是现存的比较完备的陈舜俞《庐山记》，可以参证。

又据《太平御览》四十一引慧远《庐山记》，凡五十三字，与《世说新语·规箴篇》注所引基本相同（《世语》注但少三字）。又刘孝标在上述同一注里，既引了慧远的《庐山记》，复引其《游庐山记》，可见是不同的两篇。可惜，这篇慧远的《游庐山记》，已经无法窥其全豹了。

《水经注》引《豫章旧志》而未书作者姓名，刘昭《续汉志注》和刘孝标《世说新语注》引此书也不书作者姓名。考《隋书·经籍志》作《豫章旧志》三卷，晋熊默撰，《唐书·艺文志》作八卷，徐整撰。据《经典释文·叙录》，徐整为三国时豫章人，字文操，吴太常卿。熊默生平无考，《隋志》只写他是晋会稽太守。如果《水经注》引的是徐整《豫章旧志》，那就比慧远早得多。如果引的是熊默的，则和慧远先后不远。杨守敬、熊会贞合著的《水经注疏》认为《豫章旧志》的作者应该是熊默，说："按徐整有《豫章列士传》三卷，亦见《隋志》，恐《唐志》因之误系。"

周景式的《庐山记》隋、唐《志》均未著录，除见于《水经注》《艺文类聚》有所引录外，桑乔《庐山纪事》曾列入引用书目，可证此书明嘉靖中尚存。周景式生平不详，据吴宗慈《庐山续志》引《豫章文献》得知周为浔阳人，距慧远当不甚远。清康熙时人白潢《毛德琦重修庐山志序》谓："庐山旧志始自东晋慧远，又景式而下十余家皆失传。"朱锦宣统二年（公元1910年）《补刊庐山志序》也说："而慧远初志，周景式续志，俱未有传。"则知周景式《庐山记》至清初已佚，它和慧远《庐山记》的后先次序，是慧远先于景式；至称一为初志，一为续志，但不知所据何书，可能是以《水经初注》所引的次第为次第的。

《豫章旧志》、慧远《庐山记》和周景式《庐山记》都提到匡庐的得名，是由一个姓匡的神话传说而来。不过，它们之间，说法并不完全一致。

一、时间有早晚。慧远说，匡俗当殷周之际；周景式说，在周威王时（据《艺文类聚》引）；《豫章旧志》作在秦汉之交。又刘昭《续汉志注》引《豫章旧志》"匡俗字君平，夏禹之苗裔"，为《水经注》所未载。

二、名字未固定。匡俗之俗，或作续，或作俗；字君孝，或作子孝，或作君平。

虽属谐音讹写所致，但也可以看出尚处于口耳相传阶段，尚未写定。

三、庐山得名的由来未划一。一说，俗封越庐君；一说，时人称俗之居为神仙之庐；一说，俗仙去，室庐尚存，后人尊为庐君。总之，或为封号，或为屋舍之名，或系后人追慕之称。

不难看出，造成这一混乱的原因，主要是传说尚处于形成过程中，还没有最后获得一个划一的口径。本文不想探讨这一传说的由来和变异，而只想要指出这一传说的制造和形成的时间绝不会太早，大约和上述三书写定的时间相差不远。

又据南齐谢颢《庐山广福观碑》引古《浔阳记》云（载吴宗慈《庐山志·艺文》，建碑年月失考，碑今佚）：

（匡）先生名续，字子希（按：希或当作孝）；周时，师柱下史老聃，得久视之道，结茅于南鄣虎溪之上，修炼七百年。定王尝问柱下史伯阳父，方今神仙之在世者，伯阳父举五岳诸仙以对，先生其一也。王召之日，先生不见。后二百载，威烈王复遣使以安车迎之，未至之二日，白日轻举。使者访其隐所，仅有草庐焉。回奏。因命南鄣山为靖庐山。邦人以先生姓呼匡山，又曰匡阜，至今其乡若社因先生而命名。虎溪由是为三十六福地。汉初以灊之天柱为南岳，鄣山为之贰。武帝元封五年，南巡狩，登祀天柱，尝望秩焉。既而射蛟浔阳江中，顾问此山何神也？有对以先生成道此山者，由是封为南极大明公。

谢颢引《浔阳记》未注明作者。按晋宋之间，撰《浔阳记》者有张僧鉴、山谦之、王缜之三家。谢引当出张僧鉴本。张本《新唐书·艺文志》已著录，鉴作监。《说郛》亦已收入。《永乐大典》引《江州志》说："张僧鉴，南阳人。父须无，徙浔阳，世为州别驾从事。僧鉴善属文。先是须无尝作《九江图》，具载八州曲折，成江者九。僧鉴因之，遂作《浔阳记》。"《浔阳记》讲的匡续的故事比上述三书讲的都要完整得多。值得注意的是，在这里，匡续和老聃挂起钩来了，成了老聃的弟子；又和五岳挂起钩来了，成了周代五岳之一的活神仙；而且，到了汉武帝时，还正式被授予大明公的封号。可见，匡俗的传说，到了这里，不能看作是古代一般方士的附会，而应该是道教形成以后的产物，是道教附会于道家之后有意制造出来的。

二

这就引出了一个问题：匡俗的传说，既是道教的产物，为什么一个佛教徒慧远，要把道教的宣传品引入《庐山记》中而津津乐道呢？

慧远《庐山记》全文，据陈舜俞《庐山记》所引，只有六百九十三字，除了两处寥寥数语（"昔野夫见人著沙门服，凌虚直上"，"南对高岭，上有奇木，独绝于林表数十丈，其下似一层佛浮图"云云）颇有点佛徒的口吻外，贯穿全篇的几乎全是神仙家、道教之言。如说："故时（一本作后）人谓其（匡俗）所止为神仙之庐，因以名山焉"，"上有悬崖，古仙（一本作德）之所居也"。文中提到的两个关于庐山的传说，都是和道教有关的。其一就是匡俗的故事，还有一个是关于董奉的传说，原文如下：

> 汉董奉复馆于岩下，常为人治病，法多神验。病愈者令栽杏五株，数年之间，蔚然成林。计奉在人间近三百年，容状常如三十时。俄而升仙，绝迹于杏林。

董奉的传说，又见于道教葛洪写的《神仙传》，这又是一部道教鼓吹得道成仙的宣传品。

虽然佛教与道教都是搞宗教迷信的，但是一个宗教形成后，就具有强烈的排他性。如果信仰某一种宗教的人，为另一种宗教作宣传，就等于叛教，至少是法门不谨，为同教者所不满。而对于一个享有名望、为教徒所崇信的人来说，则更加要森严壁垒，何至自诒伊戚？所以，不能不令人怀疑慧远《庐山记》的真实性，它的作者难道真的是慧远吗？可是，长期以来，由于郦道元的《水经注》、刘昭的《续汉志注》和刘孝标的《世说新语注》等这些离慧远不远的书都引用了这篇《庐山记》，因而，人们一直没有去怀疑它。这就需要费一点笔墨来加以考察了。

陈垣《释氏疑年录》、汤用彤《汉魏两晋南北朝佛教史》均定慧远生于东晋成帝咸和九年（公元 334 年），卒于安帝义熙十二年（公元 416 年），终年 83 岁〔两书所据皆出《梁高僧传》《出三藏记集》《世说新语·文学篇》注引张野《远德师铭》。又谢灵运《远德师诔》作义熙十三年（公元 417 年）卒]。东晋孝武帝太元三年（现在一般作太元六年。——编者），慧远 45 岁时，自襄阳下荆州，最后定居于庐山东林寺，一直到死，在庐山待了 39 个年头，成为东晋晚期中国南方的一位佛教大师。到了唐代，还被佛教徒尊为净土宗的鼻祖。

慧远年轻的时候，虽然博综六经，尤善老庄，出入儒家道家，但到 21 岁时，拜名僧道安为师，听道安讲佛教大乘《般若经》，大为赞赏，便认为"儒道九流，皆糠秕耳"，从此，出家当了和尚，成了般若学派虔诚的信奉者和宣传者。

佛教般若学派宣扬一切物质的和精神的现象都是虚幻的、不实在的，属于客观唯心主义的哲学流派。传入中国的时候，正值唯心主义玄学在封建统治阶级中普遍流行。有的教徒为了引起统治者对佛教的重视，也由于玄学的"本无"思想和般若学有某些相通之处，往往将般若学与玄学相比附。如东晋早期的支遁，就是一个"理趣符老庄，风神类谈客"的玄谈和尚，而道安、慧远也常常借助于玄学来解释佛经。《梁高僧传》称：

> （慧远）年二十四，便就讲说，尝有客听讲，难实相义，往复移时，弥增疑昧。远乃引《庄子》义为连类，于是惑者晓然。是后安公（道安——引者）特听慧远不废俗书。

慧远没有摆脱两晋时期佛教徒的习气，为要阐明般若，他主张在哲学上融合内外，称引玄言，借中国古代道家老庄的哲理为"连类"，如说"内外之道，可合而明"（《沙门不敬王者论》）；"苟会之有宗，则百家同致"（《与刘遗民等书》）。这个"会之有宗"的宗旨是不能改变的，只是为了达到"合内外之道，以弘教之情"（《三报论》）的目的。在他看来，只有佛教，才是所谓"独绝之教，不变之宗"（《沙门不敬王者论》）。

用玄学解释佛教哲理，在东晋时，对于佛教的流布起过不小的作用，逐渐引起了当时上层人物的重视，适应了他们政治上的需要，终于使佛教成为东晋南朝时期最为盛行的宗教，而玄学反而逐渐地为人们所忽视。这一盈虚消长的过程，既是互相渗透又是互相吞噬的过程。像慧远这样的佛教徒，就是当时最具代表性的人物，从而庐山也成了南方佛教的重地。汤用彤说："（慧远）卜居庐阜，三十余年，不复出山。殷仲堪国之重臣，桓玄威震人主，谢灵运负才傲物，慧义强正不惮，乃俱各倾倒……提婆之毗昙，觉贤之禅法，罗什之三论，三者东晋佛学之大业，为之宣扬且特广传于南方者，俱由远公之毅力。"又说："庐山在东晋初叶即为栖逸之地。玄学家有翟汤，名僧有竺昙无兰。其后远公莅止，北方佛道因之流布江左，释教赖其维系。"（《汉魏两晋南北朝佛教史》）

既然，慧远在阐扬佛法时，可以融合内外，称引道家，那么，他在宣传佛教时，是不是也可以融合两教，宣传道教呢？

应当指出，佛教开始传入中国的时候，在汉魏之际，那时，中国人士确实一度把佛教和方术之士同样看待，佛和神仙在人们眼里没有什么区别，佛教的哲学理论还没有大量传入。但自魏晋以后，正如上述，佛教已获得广泛的流传，佛教哲学也已为上层人物所接受。而这时，中国土生土长的道教，也正在和佛教作殊死的竞争，佛道二教的堡垒是森严的，它们的区别是明显的，它们之间，不仅谈不到融合，甚至可以说是水火不容的。

虽然，佛道二教都是宣扬唯心主义的宗教，但是，佛教主张灵魂不灭，反对肉体成仙；主张涅槃净土，永绝轮回，反对长生久视，丹灶延龄。而道教则是主张炼形炼神，以求长生不死、肉体飞升的。据《出三藏记集》与《梁高僧传》，东晋安帝元兴元年（公元402年），慧远在庐山曾与刘遗民、周续之、雷次宗等123人，于佛像前建斋立誓，发愿来世往生净土——虚无缥缈的西方佛国；但他却反对像道教徒那样地追慕神仙，长生不死。看他写给司徒王谧的信，劝王谧不要"欣羡于遐龄"（《梁高僧传》），就是明证。像慧远这样虔诚的佛教徒，当然不会去为道教作宣传。

魏晋以来，佛教和道教为了争夺宗教上的统治地位，双方都不惜肆意伪造经典。两晋南北朝期间，这种造作伪书，相互攻讦的恶劣行径达到十分猖獗的地步。在慧远前后，道教徒伪造了《化胡经》和《西升经》等，扬言佛自道出，浮屠是老聃教化出来的。佛教徒也伪造了《冢墓因缘四方神咒经》《申日经》《清净法行经》等，鼓吹月光童子和三圣化导之说，扬言孔子、颜渊和老聃是佛的三大弟子，由佛派到震旦来进行教化的。它们相互诋毁，闹成一团，甚至酿成夷夏之辨、本末之争，成为当时纷呶不已的大问题。由于慧远的著作流传下来的不多，我们还没有发现他和道教徒争论的更多材料。从保存下来的有限材料来看，他对当时的一些反佛言论都进行了答辩，如作《明报应论》《三报论》，为因果报应之说辩护。何无忌著论斥沙门袒服蔑弃常礼，慧远也致书质难。桓玄反佛，责怪沙门不敬王者，慧远复作《沙门不敬王者论》以辩之。结果，桓玄下令抄汰沙门，独于慧远，不敢得罪，令中独许"唯庐山道德所居，不在搜简之例"。可见，他在这场斗争中，是坚守佛教阵地的。此外，还可以举出一个旁证，慧远不但对外道进行过一连串的斗争，就是在佛教徒内部，对待一些分歧和争论，他也是依据自己所信奉的原则有所诘难、不肯缄默的。如般若学派内部也是不统一的，当时分出了许多小学派，有所谓"六家七宗"之分。其中有"心无"一派，由于这一派着重否定精神的作用，有转向唯物主义之嫌，被其他般若学派的佛教徒视为"异端邪说"。当慧远还停留在荆州的时候，有个和尚道恒，是"心无"派的大师，他在荆州大讲心无义，风靡一时。慧远和另一个和尚昙壹跟道恒展开辩论，据说，把道恒难住了（参看《梁高僧传》）。这个事例也可以帮助我们了解慧远在所谓弘扬佛法上是不含糊的。

由此看来，慧远绝不可能去写像《庐山记》那样称引神仙，为道教作宣传的文章。何况，在慧远之先，已有名僧竺昙无兰在庐山住了较长时间，而《庐山记》里竟一字不提，岂有舍己祖而祧人祖之理？因此，我们认为慧远的《庐山记》是后人假托的，或者是经后人篡改过的。进行假托或者篡改的人是与庐山有关的道教徒；假托和篡改的时间，约当在宋、齐之间，距慧远死后不甚久；而道教徒所以要假托或篡改，则是为了要夺取庐山作为道教发祥的"福地"之一。理由如下。

许多世纪以来，庐山流行着慧远的一些传说，在这些传说中，有的和道教徒陆修静有关。一个是所谓"虎溪三笑"的故事。陈舜俞《庐山记》说：

> 下入虎溪。昔远师送客过此，虎辄号鸣，故名焉。时陶元亮居栗里山南，陆修静亦有道之士。远师尝送此二人，与语道合，不觉过之，因相与大笑。今世传三笑图。

另一个是慧远和十八高贤立白莲社的故事。宋代的和尚志碧著的《佛祖统记》上说，入社者有123人。但他七拼八凑，强为撮合，也只集录到37人，而其中竟也包括有道教徒陆修静在内。

所谓"虎溪三笑"和陆修静入莲社的故事，前人多疑其伪。如宋楼钥、明王祎等均依唐吴筠《简寂观碑》所载陆修静的行年考之，知慧远和陆修静两人的年岁相差太大，绝无相从之理。明宋濂持调停之说，以谓必有二修静，更是无据而云。汤用彤对这些传说均有辩证，他不仅考出"虎溪三笑"和"莲社"羌无故实，而且连东林寺的《十八高贤传》也是"妄人杂取旧史，采撷无稽传说而成"，毫无史料价值。汤氏的考证基本上是可信的，以文繁不具引。

需要指出的是，虽然陆修静和慧远没有发生直接的联系，但是他和庐山却有密切的关系。

陆修静，生于东晋安帝义熙二年（公元406年），卒于刘宋后废帝元徽五年（公元477年），终年72岁。宋孝武帝大明五年（公元461年），才上庐山置馆（此据梁沈璇《简寂观碑》载雍正《江西通志》）。时距慧远之死，已相隔45年。陆修静死后谥为简寂先生。他在庐山置的馆，后来就叫作简寂观。

陆修静是当时道教中的一个大人物。陈国符《道藏源流考》从《道藏》中辑录了陆修静的生平事迹（参看《三洞四辅经之渊源及传授》和《道学传辑佚》两文，均载《道藏源流考》），虽然杂有许多荒诞不经之辞，但是从中可以看出，陆修静为了经营道教，不仅竭力巴结皇帝王公，极尽装神弄鬼之能事，而且为了抬高道教的地位，还模仿佛教，大肆编造道教经典，成了总括《三洞》诸经，编撰道藏《三洞经书目录》的第一人。这个人在编造道书上，其夸诞荒唐，是丝毫用不着掩饰的。如宋明帝泰始七年（公元471年），他因敕上《三洞经书目录》时，竟公然说什么"道家经书，并药方、符图等，总一千二百二十八卷，其一千九十卷已行于世，一百三十八卷，犹在天宫"，达到极为可笑的程度。所以，后来北周时的甄鸾著《笑道论》，就说："臣笑曰：修静，宋明帝时人，泰始七年因敕而上经目，既云隐在天宫，尔来一百余年，不闻天人下降，不见道士上升，不知此经从何至此？"对他作了公开的嘲弄。陆修静除了编造道书外，还属于巫觋一流。《笑道论》还说："陆修静犹以黄土泥额，反缚悬头，如此觋祀，众望同笑。"很多人是看不起他的。

陆修静究竟在庐山待了多久？因其常常出出进进，不易确数。他于宋孝武帝大明五年（公元461年）上山，宋明帝时跑到建康，至后废帝元徽五年（公元477年）

死在建康，归葬庐山。自大明五年至元徽五年，在这17年之中，大约只有一半的时间待在山上。比起慧远39年足不下山，实在短得多。陆修静待在庐山的时间虽然不算长，可是却使庐山一度成为南方道教的中心。可以说，自东晋迄于南朝，一个东林寺，一个简寂观，是两个中心的象征。庐山究竟是佛教的宝刹丛林，还是道教的洞天福地？这对对方的教徒们来说，自不免有一番争夺。论他们在庐山的资历和影响，道教当然敌不过佛教。因为在陆修静之前，晋宋之间，先后来庐山经营佛教的有慧远和竺道生（公元355—434年，从《释氏疑年录》）两位大师。陆修静和后来的道教徒，想要把庐山攫为"福地"，便只有求助于编造。适逢当时，谈神谈鬼的故事盛行民间，甚至写为专书，贤者不免。如晋有干宝的《搜神记》、陶潜的《搜神录》，宋有刘义庆的《宣验记》和《幽明录》，等等。一些道教徒也乘机写出如匡俗和董奉的故事。这些故事，或是出于自己的编造，或是附会于正在形成过程的传说，如葛洪的《神仙传》、熊默的《豫章旧志》和张僧鉴的《浔阳记》等，先后依傍，相互缘饰，以示庐山本属道教的基业。匡庐之得名，与道教有不解之缘，借以排斥佛教的影响。甚至故作狡狯，塞进托名慧远的《庐山记》中，更借以表示庐山成为道教的"洞天福地"，是得到了佛教徒像慧远这样的大师公开承认的。

假托慧远写的《庐山记》的出笼时间，最早当在东晋之末、慧远死后，至迟在宋、齐之间。稍后，北魏的郦道元注《水经》，齐梁的刘昭注《续汉志》以及刘孝标注《世说新语》，才能见到它而加以引用。

值得注意的是，郦道元在引用后，加上了自己的看法。他说：

> 斯耳传之谈，非实证也。故《豫章记》以庐为姓，因庐以氏。周氏、远师，或托庐墓为辞，假凭虚以托称，二证既违，三情互爽……庐江之名，山水相依，互举殊称，明不因匡俗始，正是好事君子强引此类，用成章句耳。

郦道元认为庐山系因庐江而得名，这一点可暂置不论。他不但不相信匡俗的神话，而且认为是好事之徒编造出来的，对作者的真实性持怀疑态度，这一点在当时是深具卓识的。

更值得注意的是，刘孝标在《世说新语注》中引用慧远《庐山记》之后，紧接着又引用了慧远的《游庐山记》。我们因此怀疑这两篇必有一真一假。《游庐山记》真是慧远写的，而《庐山记》则是根据《游庐山记》加以编造或篡改的。齐梁时，真假两个本子还同时存在，刘孝标分不清，都引入注中。后来，真的反而失传，而假的倒一直不受怀疑地保存了下来。幸亏《世说新语注》留下了这个疤迹，使我们还能作出这一推断。

造成慧远《庐山记》长期以来没有受到怀疑的原因，不外下列三点。

一、由于郦道元、刘昭、刘孝标这三大注释家都曾加以引用，因而，瞒过了有考据癖的人，纵有怀疑，也未便置喙。

二、自唐以后，慧远被佛教净土宗尊为鼻祖。净土宗亦称莲宗，是佛教各派中最简易、最廉价的一派。这一派不讲究佛学哲理的研究，主张只要一心念佛，就可以往生净土。最初以北朝东魏期间的昙鸾（公元 476—542 年）为其代表。这一派把道教求长生不死之术搬进佛教，居然也主张调心练气，肉身成佛。昙鸾在当时就被人称为"肉身菩萨"（参看《续高僧传》）。在净土宗看来，成仙成佛并没有很大的区别。这在一定条件下，净土宗撤除了佛道之间的某些堡垒。这一派最利于向社会中的下层流布，所以，历唐以降，最普遍。慧远既被尊为鼻祖，对他署名的著作，自然就不加怀疑了。

三、唐代在一个较长的时期内，统治者对待儒、释、道三家的政策，颇能持平，佛教和道教都在统治者的奖掖下得到发展。许多官僚士大夫往往出入佛教，与和尚羽客为友，参禅悟道，烧丹礼佛，成了他们的"雅兴"。他们不仅不去怀疑慧远《庐山记》的真伪，而且，约自中唐以后，一好事之徒还给庐山的掌故加上了如莲社、十八高贤传、虎溪三笑等故事。特别像虎溪三笑的故事，把陶潜、慧远、陆修静三个人扯在一起，作为儒、释、道三家的代表人物，用来说明三者的殊途而同归，可以携起手来，为封建统治服务。这个伪造的故事，反映了当时统治阶级政策上的需要，也反映了官僚士大夫的一般心理。而且，还给庐山的历史带来了一些似是而非的传说，增添了一些光怪陆离的色彩。

三

写到这里，问题回到了本文开始的地方，究竟匡庐之得名，是由匡俗的传说而来，还是别有所据？

按《禹贡》："岷山之阳至于衡山，过九江，至于敷浅原。"《汉书·地理志》："豫章历陵县南有博阳山，古文以为敷浅原。"历陵乃今江西德安县。长期以来，许多学人认为德安的博阳山，"甚小而卑"，不足以当《禹贡》上说的敷浅原，只有庐山才配得上；但也有人坚持《汉志》上说的没有错。古今聚讼，迄无定说，这里用不着一一具引。

我们认为敷浅原包括的范围应该广一点，并非专指一座山，庐山自应包括在内，当无疑义。博阳即敷阳，亦即敷浅原之阳，德安在庐山的南面，所以，博阳山在德安是名实相符的。《汉书·地理志》引的《古文》，只错在把博阳山当成了敷浅原。而匡庐之得名，盖实由敷浅原之声转义通而来。

关于庐山的异名，还有另外一个传说。《同治九江府志》引《九微志》说：

> 方辅先生，周武王时人，与李聃骑白驴入山炼丹，得道仙去，惟庐存，故名庐山。

东晋雷次宗《豫章古今记》也说：

> 辅山即庐山也，辅山或即因方辅隐此而名。

这里又多出了一个道教编造的神仙故事，不是匡俗，而是方辅；不叫匡庐，而叫辅山。此外，还有把庐山叫作靖庐的，见南齐谢颢作的庐山《广福观碑》。

其实，剥去宗教迷信的外衣，则所谓"敷""辅""靖""匡"，都不过是由"敷"字辗转而得。"敷""辅"同音，"靖""匡"声转，而"辅""匡"义通。《礼记·文王世子》："慎其身以辅翼之。"《史记·鲁世家》："旦常辅翼武王。""辅翼"一词，自两晋南北朝以后，也有写成"匡翼"的。如《三国志·魏志·常林传》"何暇匡翼朝廷"，《晋书·谢安传》"安与坦之尽忠匡翼"，就是"辅翼"。可知，庐山的种种异名，皆派生于敷浅原一名。盖因世人口耳相传，往往随音义而定字，致使名字歧出，而各种神话传说也得以乘间附会，其时间多发生在东晋南朝之间，正是道教和佛教争夺相当激烈的时候。由此又可知，匡庐与匡俗的关系，绝不是先有匡俗而后有匡庐；恰恰相反，必先有匡庐，而后才有匡俗。剥掉道教徒涂抹的一层油彩，方能露出匡庐的真面目。

载《江西社会科学》1981 年第 1 期。

江西人和南北曲

在我国的戏曲发展史上，江西学者的功劳是不小的，尤其是元、明两代，在中国戏曲完全成熟的时期里，差不多在戏曲的每一个发展阶段上，都和江西人结下了不解之缘似的。无论是北曲或南曲，杂剧或传奇，其声律的订正、声腔的创制以及曲调作法的研究等方面，全都和江西人有关。现从江西人与北曲的关系谈起。

一、周德清和《中原音韵》

北曲一共有几百支不同谱式的曲子，这些不同谱式的曲子，又分属十二个宫调，所以每支曲子既有确定的宫调，又有一定的谱式，作曲家和剧作家都要遵循这些规定，写出来的作品才能便于演唱。

这许多的规定究竟怎么来的，说来话长，有的已不可考了。但有一点是清楚的，它都是经过许多人的创制、探索、总结，而逐渐形成起来的。其中关于元曲的用韵一项，把它加以整理总结而使之成为定式的，当推元代的一位江西作者周德清。

周德清著的《中原音韵》一书未出以前，作曲家都是以当时北方通行的语言来制曲的，即所谓"自关（汉卿）、郑（光祖）、白（朴）、马（致远），一新制作，韵共守自然之音，字能通天下之语"[1]。由于当时还没有一个公认的韵书可循，所以一直到元代中叶，还出现了"衬垫字多于本文，开合[2]韵与之同押，平仄不一，句法亦粗"[3]的现象，这个问题一直到《中原音韵》问世以后，才基本上获得解决，从此，《中原音韵》成了写作北曲的准绳。

周德清，字挺斋，江西高安人。约出生在宋末元初，所著《中原音韵》，成于泰

---

[1]　周德清：《中原音韵》，自序。
[2]　开合即音韵学上的开口呼和合口呼。凡无韵头而韵腹又无 i、u、ü 韵母的，叫开口呼；凡韵头或韵腹为 u 韵母的，叫合口呼。
[3]　周德清：《中原音韵》，罗宗信序。

定元年（公元 1324 年）。可惜他的生平事迹不详。从当时人为《中原音韵》作的序文看来，无人说过他有何功名官爵。明贾仲明《续录鬼簿》也不载其生平别的事迹（县志亦然）。我们只知他长期"留滞江南"①。想来，他大概是个布衣之士。从现今保留下来的周德清写的几十首散曲中发现，有一首戏咏开门七件事的《折桂令》，上面写着："倚逢窗无话嗟呀，七件事全无，做甚么人家……"这支曲如果是他的自道，则他的家境也许不甚宽裕，可能是个寒士出身。

《中原音韵》一书的内容，共分两部分：前一部分是最主要的部分——韵谱，它共分十九韵，每韵又分为阴平、阳平、上声、去声四部分，没有入声，把以前韵书所列的入声字，分别派入平上去三声里。这是以往韵书未曾有过的一项新的创获。后一部分叫作"正语作词起例"，包括辨音、用字、宫调、曲牌子；此外还有作词十法。内中有很多见解，也多为前人所未道。

长期以来，《中原音韵》一书，一直为制作北曲者奉为圭臬，如明人沈宠绥说过："北曲肇自金人，盛于胜国，当时所遵字音之典型，惟《中原音韵》一书已尔，入明犹踵其旧。"② 其实，不仅是北曲，就连以后的南曲也深受它的影响。如明代编著《南九宫十三调曲谱》的沈璟就说过："至词曲之于中州韵（即中原韵），犹方圆之必资规矩，虽甚明巧，诚莫可叛焉者。"沈宠绥还说过："是以作南词者，从来俱借押北韵。"③ 这里说的北韵，指的就是《中原音韵》。后来，虽然也还出过不少供作曲用的韵书，但多数不过是沿袭《中原音韵》，如元末卓从之的《中原音韵类编》、明初朱权的《琼林雅韵》等，都可以看出沿袭的痕迹。

《中原音韵》一书的主要价值，在于作者对当时的成功作品和与北曲关联的方言方音，作了大量的调查研究。正因为作者所根据的是当时的实际语言，并掌握了它的规律，所以，他才敢于归并《广韵》二百零六部为十九部，对唐宋以来的韵书作了一次革命；并且还取得了平声分阴阳和入派三声的重大创获。我们知道，《广韵》一书是宋朝人根据隋朝的《切韵》和《唐韵》增修而成的，它属于《切韵》系统。《切韵》系统是以古音为规范的，它是否符合隋代的实际语言，还是一个有待研究的

---

① 周德清：《中原音韵》，虞集序。
② 沈宠绥：《度曲须知·字厘南北》。
③ 沈宠绥：《度曲须知·宗韵商疑》。

问题，即使符合的话，也只能说它保存了"中原旧韵"。到了 14 世纪或者更早，《切韵》系统如《广韵》的分韵便离当时北方话很远了。在 14 世纪（或更早）的北方话里，入声已经消失了。而《广韵》里面依旧分平上去入四种声调，并且还一直约束着文学语言的读音和用韵。这个矛盾，作为书面的文学语言来说，也许还不甚显著，过得去。但是，一用来演唱，被诸弦索，这个矛盾就十分显著了。又如在《切韵》系统里，声调尚未分化出阴阳来，这是由于清浊音的影响还不显著。可是到 14 世纪前后，平声分阴阳的这种分化，在实际生活中也已经完成了，而《广韵》同样也没有反映出来。这些地方都一直等到周德清的《中原音韵》出来后，才加以科学的订正。所以说，他的成就，不仅是提供了写作北曲的准绳，而且在中国音韵学上，开创了今音韵学一派。在此以前，几乎所有的音韵学家都只局限于钻研古代的音韵，把已经和实际生活脱离相当远的《广韵》奉为金科玉律，譬如作诗，一直到清代，还是按《切韵》系统走的，不敢越雷池一步。只有周德清，才开始突破了这个旧传统，使音韵学的研究回到实际生活中来。今天我们讲普通话，平声分阴阳，没有入声，四声叫阴、阳、上、去，基本上还是和《中原音韵》相一致的。论理，周德清还是一位研究普通话的开山祖呢。

由于周德清只是一位布衣之士，又是江西人，由他来研究当时的北方语言，是否可靠，也引起过一些封建士大夫的怀疑和讥讽，明代的王骥德就骂他是"浅士"，说他"文理不通"，又说他是江西人，"率多土音，去中原甚远，未必字字订过，是欲凭影响之见，以著为不刊之典，安保其无离而不叶于正音哉"。① 其实，这是他的偏见。周德清以布衣之士，在当时即能博得著名的文士虞集的称许，说他"工乐府，善音律"②。欧阳玄也称赞他"通声音之学，工乐章之词""词律兼优"。③ 当时的西域人琐非复初甚至说："德清之韵，不独中原，乃天下之正音也；德清之词，不惟江南，实当时之独步也。"④ 并说这是当时的公论，贾仲明在《续录鬼簿》里也同意这个看法。他何尝是浅士！何尝不通！我们看他所遗留下来的一些散曲，确实是"音节流

---

① 王骥德：《曲律·论韵第七》。
② 周德清：《中原音韵》虞集序。
③ 周德清：《中原音韵》欧阳玄序。
④ 周德清：《中原音韵》琐非复初序。

畅，词采兼妙"。明初的朱权在所著《太和正音谱》中，也称赞"周德清之词如玉笛横秋"，评价不可谓不高，可见，王骥德的讥讽是毫无道理的。至于说因为他是江西人，去中原很远，"率多土音"，就武断《中原音韵》不可靠，这更是毫无道理。其实王骥德自己就承认过，他说："其所谓韵，不过杂采元前贤词曲，掇拾成编。"又说："至元人谱曲，用韵始严，德清生最晚，始辑为此韵，作北曲者守之，兢兢无敢出入。"[①] 在这里，王骥德不是无意说出了周德清的一个了不起的长处了吗？正因为周德清所依靠的是大量的、经过调查研究来的实际材料，所以，尽管他是江西人，却终于能收到"作北曲者守之，兢兢无敢出入"的成效，他的江西籍贯丝毫也不影响《中原音韵》一书的科学价值。

可以想象得到，当年周德清是经过怎样艰苦的努力才取得这一成就的。在那如林的北曲作者绝大多数是北方人的时候，周德清——一位江西的布衣，居然由他来完成这一创制，我们对他的治学精神，不能不表示钦佩。

二、朱权与《太和正音谱》

《中原音韵》一书，虽然总结了北曲的作曲十法，并规定了四十首曲谱的定格，但就曲谱而论，是很不完备的。因此，进一步完成北曲的句格谱式的工作，便落在明初朱权的身上了。

朱权是明太祖朱元璋的第十七子（钱谦益《列朝诗集小传》作十六子），《明史》有传，他的籍贯本属安徽凤阳。洪武二十四年（公元 1391 年）封为宁王（他死后谥为献，后人多称他为宁献王），曾就藩大宁（今内蒙古喀喇沁旗南大宁故城），后来燕王（明成祖）起兵，把他从大宁逮捕起来，软禁于北平。成祖即位，才于永乐元年（公元 1403 年）把他改封南昌。从此他就一直住在南昌。他死于英宗正统十三年（公元 1448 年），在南昌足足度过了四十五年的时间。他的后人大多都成了江西人，应该说，南昌是朱权的家乡。

朱权核定的北曲曲谱，叫作《太和正音谱》。关于《太和正音谱》一书写作的年代，值得先来讨论一下。一般都是根据所谓《影写洪武间刻本》，卷首有朱权的自序

---

① 王骥德：《曲律·论韵第七》。

一篇，序尾印有"洪武戊寅"的朱文图章一方，从而断定是书写成于洪武年间，其实这是值得怀疑的。朱权在他的早年，据《明史·列传》上说："就藩大宁……为巨镇，带甲八万，革车六千，所属朵颜三卫骑兵皆骁勇善战，权数会诸王出塞，以善谋称……"是一个赫赫然有野心的人物，直到后来，他为燕王所乘，失败了，才被迫退居南昌，"自是日韬晦，构精庐一区，鼓琴读书其间……日与文学士相往还"。所以，今人赵景深曾断言："永乐以前，正是朱权热衷事功的时候，决不会顾到曲子的。"[1]他并推测《太和正音谱》一书的写作年代应在永乐以后，虽然他没有举出更多的理由，但我认为这一推测是很有道理的。按所谓洪武间刻本载朱权的自序，其署款作"丹丘先生涵虚子编"，"丹丘先生""涵虚子"都是朱权晚年的别号。如果该书真的刻于洪武年间，则那时尚是青壮年的朱权，是不可能用这些别号来署款的。我怀疑朱权用的"洪武戊寅"这颗图章，是一颗他晚年用的含有政治意义的图章。洪武戊寅是洪武三十一年（公元1398年），正是他父亲朱元璋在位的最后一年，以后便是建文、永乐年号了。朱权和明成祖他们兄弟之间是有着很深的矛盾的。所以，很可能是当明成祖即位之后，朱权心怀不满，不屑用永乐年号，才有所寄托地刻上这颗图章，把它印在书上，假托是洪武年间的作品，实际上是袭用陶潜犹存义熙甲子之意[2]，以表示对明成祖的微弱的反抗。钱谦益《列朝诗集小传》上说他到了南昌以后，"颇骄恣，多怨望不逊"。看来，这颗图章就是他表示"不逊"的一方面吧。又按所谓《洪武间刻本》在印有这颗图章的下面，还印有"青天一鹤"方形图章一颗，"青天一鹤"含有遗世独立或傲然世外之意，把两颗图章合起来一看，显然这一方面表示他只知有洪武不知有永乐，一方面也表示他自"洪武戊寅"以后，就成了"青天一鹤"了。如果我上面的推测不错，那么《太和正音谱》一书，断不可能写于赫然不可一世的永乐之前，而只能写于倒了霉被改封于南昌的永乐之后。所以，尽管有"洪武戊寅"的图章，倒反证正是他晚年的作品，是他来到南昌以后才开始著作的。

朱权还写过不少的杂剧作品，但流传下来的不多，存目中有《豫章三害》一剧

---

① 赵景深：《读曲小记》。

② "义熙"是东晋安帝的年号。公元418年，刘裕杀安帝，立恭帝，旋废恭帝自立，改国号为宋。陶潜生当晋宋之间，晋亡，犹用义熙甲子纪年。因此，后来有人说，这是表示不忘旧朝的意思。

（见《太和正音谱》所著录的《国朝三十三本》杂剧目录），可以肯定，也是他到了南昌以后写的。

《太和正音谱》的内容，基本上可分为两部分，前一部分是关于戏曲的理论和史料，包括体制、流派、作曲方法以及对前辈作家的评语和杂剧作品的目录等，其中也记录了一些戏曲声乐方面的理论与史料，这一部分到今天也仍有其重要的参考价值。后一部分便是北杂剧曲谱，它依据北曲十二宫调的分类，列举出每一宫调里的每一支曲牌，共计有三百三十五支。并各选录元人或明初人的杂剧、散曲作品为例，详细地规定了它的句格谱式，正如作者自己说的"依声定调，按名分谱"①，即每字注明四声，每章标清正字与衬字。这个曲谱，便也成了后来填制北曲的规范。

《太和正音谱》是现存唯一最古的北杂剧曲谱，后人编的如明范文若《博山堂曲谱》、清李玉《北词广正谱》以及康熙间的《钦定曲谱》、周祥钰等人编的《九宫大成南北词宫谱》中的北曲部分，等等，都是依据《太和正音谱》加以增订重编起来的。

尽管王骥德不满意周德清，但他在《曲律》的自序上，仍然要说："惟是元周高安氏有《中原音韵》之创，明涵虚子有《太和词谱》之编，北士恃为指南，北词禀为令甲，厥功伟矣。"可见这两个江西学者，在北曲上的地位，是连王骥德也不能不承认的。

三、沈和与南北合套、魏良辅与昆山腔

前面说的是江西人与北曲的关系，下面再谈谈江西人与南曲的关系。

南戏就其声律而言叫作南曲。早在南宋时，南戏就在民间兴起来了，当时叫作"戏文"。南曲原先的体制，据徐渭《南词叙录》说："其曲，则宋人词而益以里巷歌谣，不叶宫调。"可知，南曲本多是民间小调，只有曲牌，没有宫调，这一特色沿袭到传奇的初期还是如此，如《琵琶记》即是。

南戏到了元代，曾和杂剧同时盛行，当时南北曲各趋一途，畛域分明。但是，后来由于双方经过长时期的交流，又不免互为影响，因而到了元中叶时，便由一位叫沈和的开始以南北调合腔。元钟嗣成《录鬼簿》说："沈和，字和甫，杭州人，能

---

①　朱权：《太和正音谱》自序。

词翰，善谈谑，天性风流，兼明音律，以南北合腔，自和甫始。"后来的明代传奇往往有人采用"南北合套"的办法来制曲，就是受了沈和影响的结果，并且还一直影响到后来的北曲的南曲化（即所谓"北曲南唱"）。

近人吴梅在所著《顾曲塵谈》中曾指出："南北合套之法，自元沈和为始……今人遇场头稍多之曲，往往用南北合调，如〔新水令〕、〔步步娇〕及〔醉花阴〕、〔画眉序〕之类，摇笔皆是。而创始之人皆不能举其姓字矣。此亦数典忘祖也。"可知这位戏剧家兼音乐家沈和，在我国戏曲史上的地位是不应忽视的。

沈和虽是杭州人，但《录鬼簿》说他"后居江州，近年方卒，江西称为蛮子关汉卿者是也"。元代的江州治所，即今江西九江市。可知，他晚年流寓江西。江西人很恭维他，拿他和杂剧大师关汉卿相提并论。朱权也称赞他的词曲如"翠屏孔雀"①，这都可证沈和在当时戏曲界的地位的确是很高的。

到了明代嘉靖、万历之间，南戏已经进入了它的鼎盛时期。这首先要归功于南戏四大声调——弋阳腔、海盐腔、昆山腔、余姚腔——的勃兴。其中弋阳腔就是从江西产生和发展起来的。弋阳腔究竟始于何时，虽尚难确考，但它是最早流行起来的一派，已无疑问，并且流行的地区也最广，徐渭《南词叙录》说："今唱家称弋阳腔出于江西，两京、湖南、闽、广用之。"

弋阳腔兴起以后，不仅以其独特的风格为广大人民所喜爱，而且还直接影响了昆山腔的改革。完成昆山腔改革的，就是明朝嘉靖年间一位原籍南昌而精通弋阳故调的魏良辅。

旧传魏良辅是昆山腔的创始人，现据近人查考，则认为在魏氏之前，昆山腔已流行于民间，后经魏良辅之手才加以改进和提高的。

姑且不论，魏良辅究竟是昆山腔的创始人或是改进者，但所有的记载都提到了魏良辅对于昆山腔的提高与发展起了首创的作用。

关于魏良辅的籍贯，据一些记载说他是江苏昆山人，也有的说他是太仓人，但明人沈宠绥在《度曲须知》里却说："嘉靖间有豫章魏良辅者，流寓娄东、鹿城之间，生而审音，愤南曲之讹陋也，尽洗乖声，别开堂奥……腔曰昆腔，曲名时曲，声场

---

① 朱权：《太和正音谱·古今群英乐府格势》。

禀为曲圣，后世依为鼻祖。"只有沈宠绥说到这位"昆腔鼻祖"是江西南昌人。按沈宠绥是明万历年间的江苏吴江人，从年代和里贯说，沈氏距魏良辅均很接近，所以沈氏之说是相当可靠的。

又据清人朱彝尊《静志居诗话》中说："（魏良辅）始变弋阳、海盐故调为昆腔。"他提到昆腔的改革与弋阳腔有着渊源关系，这是一个很重要的材料。因而，可以得出这样的推论：魏良辅的原籍是江西南昌，本来他就通弋阳故调，后来，这位大师流寓到昆山、太仓间，才将各种声腔加以熔铸，从而创制（或改进）了脍炙人口、蜚声艺坛的昆腔。

魏良辅，别号尚泉，是明代一位卓越的戏剧音乐家。他的生平事迹不详，现存有他写的《曲律》一卷，指出了许多歌唱技术中的关键问题，为后人提供了学习昆曲歌唱的途径。清人余怀《寄畅园闻歌记》中说他"镂心南曲，足迹不下楼十年"。可见他是经过了十分刻苦的学习和钻研，才取得如此成就的。

很有意思，一个沈和，原是浙江人，后来流寓江西，由他开创了南北调合套的先例。一个魏良辅，原是江西人，后来流寓江苏，由他吸取了弋阳故调，改进了昆腔，在中国戏曲的声律、声腔的发展史上，好像和江西特别有缘似的，这真是艺坛春秋上一个饶有趣味的佳话。

四、汤显祖与吴江派的抗衡

最后，想谈谈明代江西一位伟大的戏剧家汤显祖，在传奇创作上，坚持内容决定形式的原则，坚持南戏传统和弋阳腔特色，反对单纯形式主义等方面所作的重大贡献。

自明代中叶以后，昆腔盛行，传奇作者大多集中在江浙一带，几乎所有的剧本都是为昆腔的演出而作的。当时便出现了以吴江人沈璟为首的，在戏曲创作上特别标榜要注重格律形式的吴江派。沈璟此人，精通音律，曾根据蒋孝的《南九宫谱》编成《南九宫十三调曲谱》一书，"自词隐（沈璟号——引者）作词谱，而海内斐然向风"[1]。他于是成了曲坛盟主。他订正南曲曲谱的功劳，自不可泯。但是，他却

---

① 王骥德：《曲律·杂论下》。

过于偏重形式，把它强调到极不适当的地位。他曾说："宁协律而不工，读之不成句，而讴之始协，是为中之之巧。"①只问音律协不协，唱得好听不好听，全然不顾内容意义如何，甚至读之不成句，就是说文理不通，也在所不惜。结果，形式主义太重，弄得剧本写出来，"时时为法所拘，遂不复条畅"②，"词之堪入选者殊鲜"③。当时这一派人的声势可不小。站在与他们对立的立场，反对这种形式主义的就是汤显祖。

汤显祖走的是现实主义的创作道路，不斤斤于形式主义地追求格律，因此，他的作品受到了沈璟等吴江派人的攻击，说他的作品"屈曲聱牙，多令歌者龃舌"④。"不谙曲谱，用韵多任意处"⑤。"惜其使才自造，句脚、韵脚所限，便尔随心胡凑，尚乖大雅。至于填调不谐，用韵庞杂，而又忽用乡音……"⑥认为只能是案头上的东西，"止作文字观"⑦。他们这一派人为了要把汤显祖的剧本搬上昆腔舞台，还多次私自修改汤显祖的本子，把他们认为的所谓"宫商半拗"的地方，"得再调协一番"，使之"辞、调两到"。⑧

汤显祖非常反对这些意见和做法。他知道沈璟私自改易了《还魂记》以后，曾十分气愤地说："彼恶知曲意哉！余意所至，不妨拗折天下人嗓子！"⑨他的一位老朋友吕玉绳，也曾经私自改了《还魂记》，并拿来上演，他知道了以后，为了忠于艺术，竟不惜和老朋友闹翻。他在写给伶人罗章二的信上说：《牡丹亭记》要依我原本，其吕家改的，切不可从！虽是增减一二字以便俗唱，却与我原做的意趣大不同了。"⑩可知汤显祖着重的是"意"，是"意趣"，是以思想内容为主。为了贯彻他的这一主张，他要求演员要忠实于他的剧本。

---

① 王骥德：《曲律·杂论下》。
② 徐复祚：《曲论》。
③ 沈德符：《顾曲杂言·填词名手》。
④ 王骥德：《曲律·杂论下》。
⑤ 沈德符：《顾曲杂言·填词名手》。
⑥ 凌濛初：《谭曲杂札》。
⑦ 凌濛初：《谭曲杂札》。
⑧ 张琦：《衡曲麈谭》。
⑨ 王骥德：《曲律·杂论下》。
⑩ 《汤显祖全集·与宜伶罗章二》。

事实上，汤显祖并不是不"精于音律"①的，他自己也向朋友说过，他曾经长时期地深究过音律，"如暗中索路，闯入堂序，忽然霉光得自转折"。但和形式主义者不同，他对音律下过一番苦功之后，却得出了一条重要的心得体会，这就是"歌诗者自然而然"②的见解。这个见解无疑是正确的，所谓"不妨拗折天下人嗓子"，只不过是一句愤激话而已。形式主义者们拿这句话来责难他，是没有多少道理的。

明代传奇渊源于宋元南戏，前面说过，宋元南戏来自民间，所用的曲调大部分都出自"里巷歌谣"，本来就不讲究什么宫调。正因为它"本无宫调"，所以，对于曲调的运用，范围宽广，可以取舍自由。一直到元末明初，在《琵琶记》里，作者还通过"副末开场"，道出"也不寻宫数调"这个传统。可知，南戏在声律方面，弄出什么"南九宫""十三调"来，这是后起的事，是在明代传奇兴起以后才讲究起来的。它对南曲声律的订正固然有其功绩，但也不免使南戏多了一层束缚。因此，我们不妨说，汤显祖在一定程度上继承了宋元南戏的民间传统，当时的格律派是束缚不住他的。

至于谈到"任意用韵"，当时除了沈璟等人"每制曲必遵《中原音韵》《太和正音》诸书"③外，有很多人已突破了上述韵书的限制，不独汤显祖一人而已。早如高则诚的《琵琶记》，即常有出韵处。后来，如张伯起、顾大典等人，皆用吴音押韵。沈德符曾责问过张伯起，张回答说："子见高则诚《琵琶记》否？余用此例，奈何讶之！"④就连王骥德也是如此，他在《题红记》的自序中说："传中惟齐微之于友思，先天之于寒山、桓欢，沿习已久，聊复通用，庚青之于真文，廉纤之于先天，间借一二字偶用。"也曾遭到徐复祚的嘲笑。⑤可见，杂用乡音，昆腔已自如此。汤显祖杂用江西乡音，有何足怪。何况，他写的作品本来就不是给昆山腔演唱的。

还要指出，从汤显祖写的《宜黄县戏神清源祖师庙记》一文看来，他和海盐腔戏班演员的关系很深，他写的剧本多由海盐腔戏班演唱。又据明凌濛初的《谭曲杂札》说："近世作家如汤义仍（显祖字——引者）……用韵庞杂，而又忽用乡音……

---

① 姚士粦：《只见编》。
② 《汤显祖全集·答凌初成》。
③ 沈德符：《顾曲杂言·填词名手·张伯起传奇》。
④ 沈德符：《顾曲杂言·填词名手·张伯起传奇》。
⑤ 徐复祚：《曲论》。

况江西弋阳土曲，句调长短，声音高下，可以随心入腔，故总不必合调，而终不悟矣！"这段话里也保留了一个很重要的材料，可以看出，汤显祖在作曲上，绝不是以昆腔为依归的，而是除海盐外，还承袭了弋阳腔的某些特色。赵景深在所著《明清曲谈》中也说："有人说汤显祖曲子的唱法，虽承袭海盐戏的资产，其中毕竟渗合有弋腔的成分。可说是海盐腔和弋腔的混合产物，那末，不合昆腔的唱法，也不足为病了。因为他的班子本来就不是昆腔班，他也不是给昆腔班演唱的。"这个看法是很对的，因此，不妨说汤显祖是在一定程度上继承了海盐腔和弋阳腔的传统，而独标一帜与昆腔相抗衡的。

汤显祖是江西临川人，关于他的生平事迹及其在戏曲上的卓越成就，近人研究得很详尽，已为大家所熟知，用不着在这里多占篇幅。这里，只是从南曲的声律与声腔发展史的角度上，谈一点汤显祖的功绩。

由上看来，在我国的戏曲发展史上，特别是在南北戏曲中有关声律、声腔的发展史上，江西人确实占有一个很重要的位置。就北杂剧（北曲）而论，尽管当时的北方作者如林，而订正其声韵、格律为后世所法式的，却偏偏是两个江西人。就南戏（南曲）而论，创造弋阳腔的固然是许多江西无名作者，而从弋阳故调中吸取营养借以改进（或创制）昆腔的，又是一个流寓昆山的江西人，而更早的首创南北合腔的，恰巧又是一个从外地流寓江西的人。至于明中叶以后，尽管江浙一带传奇作者蜂起，昆腔一时鼎盛，格律派称霸剧坛，而坚持现实主义，反对格律派的形式主义，继承和发扬宋元南戏的民间传统以及弋腔故调的民间特色的，又是一位江西人，真是物华天宝，人杰地灵。今天，在党的"百花齐放、百家争鸣"方针的鼓舞下，更是我们江西戏曲界踵武前贤、发扬光大，进一步繁荣我省戏曲事业的时候。

载《争鸣》1982 年第 1 期。
收入中国人民大学书报资料社
《复印报刊资料·戏曲研究》
1982 年第 1 期。

我国古代的精神文明和爱国主义

一

我们伟大的祖国是世界上最具有典型意义的文明古国。

翻开世界史一看，在亚非欧都曾经出现过若干个文明古国，然而，它们的历史命运都不怎么好。古埃及虽然早在公元前3100年，就进入了文明时代，可是，到了公元前525年，就为波斯所灭亡。古巴比伦也早在公元前18世纪就进入文明时代，而它的命运和古埃及一样，到公元前538年，也为波斯所灭亡。古代的印度是在公元前1000年左右进入文明时期的。这个国家虽然延续下来了，可是，长期陷入了分裂割据状态，统一对它来说，只不过是历史的短暂现象。公元16世纪，虽然建立了莫卧儿帝国，统一了印度大部地区，而且名义上还一直存在到19世纪50年代末；然而，莫卧儿王朝从来没有达到过巩固的统一，就在这个时候，欧洲资本主义开始侵入印度，1858年，莫卧儿王朝最终灭亡。从此，印度成了英国的殖民地，直到第二次世界大战后，才结束了英帝国主义在印度长达190年的殖民统治。

亚非的文明古国的命运是这样，欧洲的文明古国也是这样。古代希腊早在公元前8世纪已进入文明时代，建立了城邦国家，以雅典、斯巴达最为著名，公元前5世纪是它的全盛时期，成为欧洲文明的摇篮。然而，好景不长，100年后，希腊的城邦制度就趋于衰落，历史上叫作"城邦的危机"。公元前338年，整个希腊被崛起于北方的马其顿王国所征服，希腊城邦名存实亡。此后，随着亚历山大的东征，希腊的经济和文化中心都逐渐转到东方，希腊本土上的文明的光辉反而日益黯淡了。后来，罗马帝国、拜占庭帝国和土耳其都先后统治过这一地区，直到公元19世纪，希腊才真正摆脱了土耳其的统治而获得了独立。

古代罗马在公元前7世纪，也进入文明时期，到公元前2世纪，罗马的文明有了很大的发展，公元前1世纪末，建立了罗马帝国，又有新的发展。然而，400年后，到了公元395年，罗马被分裂为东西两部分。西罗马从此一蹶不振，终于土崩瓦解。

公元 476 年，宣告了西罗马的覆灭。东罗马又叫作拜占庭帝国，公元 7 世纪，拜占庭成为封建国家，但自 9 世纪起，也日趋衰落。公元 1204 年，拜占庭被十字军东征所攻灭。60 年后，拜占庭虽一度重建，但只剩下弹丸之地，到公元 1453 年，最后亡于土耳其，从而结束了东罗马的历史。

纵览世界上所有文明古国的历史，使我们产生出一个强烈的印象，虽然这些文明古国，一个个都曾经为全人类创造了灿烂的古代文明，都作出过伟大的贡献，可是这些文明古国的遭遇都是灾难性的，唯独中国的历史经历了不同的命运。中国早在公元前 21 世纪就进入了文明时期，具有 4000 余年有文字记载的历史。尽管她在历史上也遭遇过艰难险阻，曲折波澜，也曾经受过欺凌，犯过错误，然而，她怎么样也拆不散，压不垮，打不烂，她至今仍巍然屹立在地球上。在她的 4000 余年的文明历史中，她至少有两个特色举世瞩目：（一）4000 年来，国家的统一始终是历史的主流，而分裂只是历史的暂时现象；（二）4000 年来，她的文明，不仅没有中断过，而且，在很长的时期内，她总是以她的文明而站在世界的最前列，只是到了 16 世纪以后，她才开始在某些方面有所落后，特别是到了 18 世纪以后，她才真的显得落后了。然而，历史进入现代，她在中国共产党的领导下，在马克思列宁主义、毛泽东思想指导下，自 1949 年以来，她又以一个崭新的社会主义国家的形象巍然挺立在地球上，受到全世界的瞩目。特别是自粉碎“四人帮”以后，在党的十一届三中全会路线指引下，正在为实现社会主义四个现代化而英勇奋斗，在她的面前，已呈现出无限广阔的前景。

历史的比较，向我们提出了一个亟待研究的课题：究竟是什么原因，使得我们的这个文明古国避免了像古埃及、巴比伦、印度以及古希腊、罗马的命运？究竟是什么力量，使我们伟大的中华民族日益凝聚、日益发展，终于达到任何别的力量都不能把她压垮、拆散、打烂的程度？

研究这个课题，应该说是我国史学工作者的一项光荣任务，也是一个神圣使命。笔者自愧心有余而力不足，不能窥其一斑，下面只就其中的一个方面，谈一点粗浅的体会，想起一点抛砖引玉的作用。

二

从世界历史看，人类由野蛮进入文明，有一个共同标志，就是国家的出现。由国家制度代替氏族制度，即由奴隶社会代替原始社会，就标志着文明时期的到来。我国的历史也是沿着这条人类发展的总规律向前发展的。夏代的建立，就标志着中国古代文明的开始。然而，对于这个标志，中国古代有它自己的独特称谓，这个称谓叫作礼。

《礼记》中的《礼运》篇，讲的就是这件事。虽然，它从儒家的观点出发，对原始社会不免有所美化，可是，它却反映了由原始社会进入阶级社会的历史事实。国家的建立是靠"礼义以为纪"，"圣人以礼示之，故天下国家可得而正也"。这里的"圣人"其实就是奴隶主阶级，是奴隶主阶级垄断了文明。《论语·为政》也说："殷因于夏礼，所损益可知也，周因于殷礼，所损益可知也。"可见，夏代已经有了礼，而且夏、商、周三代的礼，并没有什么根本的变化，只不过有所损益而已。

礼，究竟指的是什么？它究竟起了什么作用？这是个相当大的问题，笔者将有专文论述，这里不能详谈，只能概括地说一下：在我国文明的"童年时代"，礼的含义几乎是无所不包的。

礼，可以包括古代国家所有的政治制度。《礼记》中的《王制》篇给我们作了简略的介绍，举凡分封、爵禄、命服、赋税、官职、巡守、朝聘、出征、田猎，等等，无所不备，要详细了解，可参看《周礼》一书，还散见于先秦典籍中。《礼记·曲礼上》说的"君臣、上下、父子、兄弟，非礼不定"，"班朝治军、莅官行法，非礼威严不行"两语可以概之。

礼，还可以起到法律的作用。《王制》篇里已提到"凡制五刑""凡作刑罚""凡执禁以齐众"等规定。《礼记·曲礼上》说："分争辩讼，非礼不决。"《荀子》也说："礼义生而制法度。"（《性恶》篇）又说："礼者，法之大分，类之纲纪也。"（《劝学》篇）又说："故非礼，是无法也。"（《修身》篇）均可证。

礼，又是古代中国一切文化教育、学术思想、道德规范的代名词。《王制》篇里有这样的规定："天子命之教，然后为学，小学在公宫南之左；大学在郊。天子曰辟雍，诸侯曰频宫"；"乐正崇四术，立四教。顺先王诗书礼乐以造士，春秋教以礼乐，冬夏教以诗书";"命乡论秀士升之司徒曰选士,司徒论选士之秀者而升之学曰俊士"。这是说,礼包括了教育。《左传·昭公二年》载韩宣子聘问鲁国,"观书于太史氏,见《易象》与《鲁春秋》,曰:周礼尽在鲁矣"。这是说,礼还包括了易和春秋。其实,连六经都可以包括在礼以内,《史记·孔子世家》记载孔子还是小孩子的时候,就"常陈俎豆,设礼容",长大了又"适周,问礼于老聃",老来聚徒讲学,还经常带着学生"习礼"。《论语·八佾》也说他"入大庙,每事问","是礼也"。所以,孔子讲授诗、书、礼、乐、易、春秋,都一本于礼。用孔子的话说,叫作"兴于诗,立于礼,成于乐"(《论语·泰伯》)。不仅六经皆本于礼,就连后来的诸子百家,推其渊源,也莫不皆从礼出。《汉书·艺文志》论列了诸子如儒、道、阴阳、法、名、墨、纵横、杂、农、小说等十家,皆出于王宫,不是没有根据的。这是说,古代的思想文化,也都可以包括在礼以内,或从礼所出。至于古代中国的道德规范为礼所包括,更属显见,《礼记·曲礼上》说"道德仁义,非礼不成;教训正俗,非礼不备",可以概之,用不着再多说了。

礼,在古代中国还起到了宗教的作用。

这个问题,需要多说几句话,它涉及了礼的起源问题和长期形成起来的中华民族的礼俗问题。

礼起源于氏族社会的原始宗教和氏族社会末期父系家长制的祖先崇拜。进入阶级社会后,礼为统治阶级所垄断、所利用,经过统治者的改造,它不仅打上了阶级的烙印,而且还日益复杂,日益烦琐。为了替奴隶主阶级服务,作为原始宗教崇拜和祖先崇拜相结合的礼,又加进了王权崇拜和由原始宗教演变为上帝崇拜的内容。祖先崇拜、王权崇拜和上帝崇拜三者相结合,成了礼的宗教职能,在殷周甲骨卜辞和金文中,有着许多这样的例子,这里就用不着列举了。总之,它是随着统治阶级的需要而发展的,也是随着文明的演变而演变的。

这里,有一个很值得我们注意的问题,就是不管它的宗教职能如何发展,如何演变,其中一项是相当凝固的,不大变化的,这就是祖先崇拜。在中国古代,王权崇拜可以因朝代的递嬗而异,上帝崇拜可以因信仰的不同而殊,但是,祖先崇拜却是百世不易的。不仅如此,正是由于祖先崇拜这一传统的根深蒂固,它在很长的时期里,还对外来宗教起了排斥、抵制的作用,像佛教、基督教,尽管在传入中国后,都曾经有过或大或小的影响，但是，它们的作用都受到了很大的限制，它们在中国的影响无论如何都达不到像在其他国度如基督教在西方那样的程度。这就是说，它们都无法改变中国的礼，更无法替代中国长期形成起来的礼俗。

在古代中国，在所有的礼中，祖先崇拜总是被摆在最突出的位置上。《礼记·祭统》说："凡治人之道，莫急于礼，礼有五经，莫重于祭。"奴隶社会中的最高统治者天子，就是把禘祭视为最重要的礼。《礼记·大传》和《礼记·丧服小记》都说道："王者禘其祖之所自出，以其祖配之。"当有人向孔子请教禘礼时，孔子竟然惶恐地回答说："'不知也，知其说者之于天下也，其如示诸斯乎！'指其掌。"（《论语·八佾》）可见禘礼的重要性。这是因为古代人是把祖先崇拜，把尊祖敬宗看成是不忘本。《礼记·乐记》说："礼也者，报也。"报是古代祭祀有功祖先的祭名，殷代就是用它来祭祀先王先公的，甲骨文里有许多关于报祭的记载。《国语·周语》也说道："上甲微能帅契者也，商人报焉。"其用意就是"报本反始"（《礼记·郊特牲》）。《礼记·乐记》说："礼，反其所自始。"《礼记·祭义》也说："天下之礼，致反始也""致反始以厚其本也""教民反古复始，不忘其所由生也"。甚至《祭义》篇还说："无敬齐之色而忘本也，如是而祭，失之矣。"可见，"报"和"致反始"指的都是不忘祖先之本。甚至在祭祀祖先的时候，如果态度不恭敬，也叫忘本。

据《后汉书·明帝纪》永平元年注引《汉官仪》载："古不墓祭，秦始皇起寝于墓侧，汉因而不改。"王充《论衡·四讳篇》也说："古礼庙祭，今俗墓祀。"可见，先秦时期，祭祀祖先之礼是在祖庙中进行的，自秦汉以降，才有墓祭。中国人的扫墓礼俗，至迟在公元前3世纪就开始了。从此，中国人纪念祖先的活动总是和祭扫祖先坟茔紧密联系在一起，而且其被视为人生中的一件大事，如果由于别的什么原因，以致不能亲自祭扫先人坟茔，则被看成是大不孝，而产生极大的悲痛。所以，司马迁自遭到李陵之祸后，成了刑余之人，视为奇耻大辱，他怀着满腔悲愤，在写给他的朋友任安的信上说道："仆以口语遇遭此祸，重为乡党戮笑，污辱先人，亦何面目复上父母之丘墓乎？"（《汉书·司马迁传》）柳宗元自"永贞革新"失败后，遭到谪贬，他在贬所永州，写给朋友许孟容的信上，也倾诉出他内心的悲痛。他说：

近世礼重拜扫，今已阙者四年矣。每遇寒食，则北向长号，以首顿地，想田野道路，士女遍满，皂隶佣丐，皆得上父母丘墓，马医夏畦之鬼，无不受子孙追养者。然此已息望，又何以云哉！（《寄京兆许孟容书》）

这种对祖先的怀念与眷恋的进一步发展，就成了对故乡的怀念与眷恋。所谓故乡，就是祖先坟墓所在之地，也是亲人居住之所。《礼记·檀弓下》说："去国则哭于墓而后行；反其国不哭，展墓而入。"《孟子·万章下》也说：孔子"去鲁，曰：'迟迟吾行也。'去父母国之道也"。《新唐书·狄仁杰传》载："（仁杰）荐授并州法曹参军。亲在河阳，仁杰登太行山，反顾，见白云孤飞，谓左右曰：'吾亲舍其下。'瞻怅久之，云移乃得去。""白云亲舍"后来成了怀念家乡父母亲人的一个成语。

这种由对祖先、亲人之恋而进一步产生出来的故乡之恋，它在感情上是极为深厚的，反映在我国古代的文学篇什上，其中名篇佳句几乎不胜枚举。如相传为苏武作的诗有云"征夫怀远路，游子恋故乡"，李白诗中的名句"举头望明月，低头思故乡"，都是妇孺皆知、脍炙人口的。古人还往往用一些动物的情态来比喻人与故乡的关系，如《古诗十九首》的"胡马依北风，越鸟巢南枝"，这也是为人们所熟知的。

在古人的著作里，故乡一词，又可以写作故土、故里、故园、旧乡，等等，所以，古书上说的"怀土"，也是怀念故乡。

东汉末年的王粲，由于中州丧乱，他被迫投奔荆州，依于刘表，在他写的著名的《登楼赋》中，感伤身世，从切身遭遇中体会到"情眷眷而怀归兮，孰忧思之可任""人情同于怀土兮，岂穷达而异心"，说明了怀念故乡是人们普遍的心理状态。

故乡一词，还可以写作故国。杜甫诗中有"取醉他乡客，相逢故国人"（《上白帝城》之一）、"鱼龙寂寞秋江冷，故国平居有所思"（《秋兴八首》之四）等诗句，其中"故国"指的都是故乡。原来，在原始社会氏族制度下，每个氏族都有自己的公共墓地，这已为多次的地下遗址发掘所证明。进入阶级社会后，在分封制度下，出现了许多大大小小的封国，它们都还保留了先前的族葬制度。《周礼·春官宗伯》载："墓大夫，掌凡邦墓之地域。"郑玄注："凡邦中之墓地，万民所葬地。"这指的是封国内庶民的族葬墓地。而诸侯以下贵族的墓地，则叫"公墓"，据《周礼》，是另由"冢人"掌管的；不过，"公墓"也仍然保留了族葬制度。在一个封国内，有两种族葬制度，正是阶级社会的产物。上面引到过的《礼记·檀弓下》说的"去国则哭于墓而后行；反其国不哭，展墓而入"，指的就是这种封国内的族葬墓地。后来，封国制度虽然废除了，族葬制度也不完全存在了，哭墓、展墓的仪式也演变为祭扫的礼俗了，而"国"作为家乡的用语还保留了下来。家乡本来就是祖宗之地，父母之邦，所以，前面引的《孟子·万章下》说的"（孔子）去鲁，曰：'迟迟吾行也。'去父母国之道也"，这个"父母国"，后来也成了家乡的同义语。

然而，在古代中国，这个"国"字，又确实具有两重意义，缩而小之，它指的是家乡，扩而大之，它指的是整个国家。所以，在古代文人的篇什中，又往往乡、国连称，如苏轼《游金山寺》诗，"试登绝顶望乡国，江南江北青山多"。这里的"乡国"一词，就不是具体地指某个地方的家乡，而是泛指包括家乡在内的广大国土了。由此可见，在古代中国，祖国与故乡在观念上难以分割；在思想感情上融为一体，经过千百年历史的熏陶和孕育，它形成了在世界上独具一格的民族感情和爱国主义。

伟大的爱国诗人屈原，在他写的《离骚》的结束处，采用了浪漫主义的手法，凭借他的极其丰富的想象力，写出了他乘着马车凌空遨游的情景。正当他在天空中不断上升，感到十分痛快的时候，突然间，他的目光一瞥，看到地面上的他的故乡，情绪马上随之一变。他写道：

> 陟升皇之赫戏兮，
> 忽临睨夫旧乡。
> 仆夫悲余马怀兮，
> 蜷局顾而不行。

在这里，旧乡和祖国融为一体，屈原倾注出他的全部心血，写下了他对祖国的无限眷恋之情。

古代中国经过长期孕育出来的这种把故乡和祖国融为一体的民族感情和爱国主义精神，并不因时代的变迁而丧失它的活力和魅力，反而随着时间的推移，在更高的程度上和更深刻的意义上得到了新的充实而发扬光大。

1931 年，鲁迅面对着国民党反动派的文化围剿，正在进行着坚韧不拔的战斗，这时，外间已有谣传，说他被捕了。有人从日本写信给他，希望他去日本暂避和休养。鲁迅在回信中写道：

> 时亦有意，去此危邦，而眷念旧乡，仍不能绝裾径去，野人怀土，小草恋
> 山，亦可哀也……

（《鲁迅书信集》一九三一年二月十八日与李秉中信）

尽管当时处在国民党反动统治下的中国是个"危邦"，然而，鲁迅关心的是在中国共产党领导下的中国人民的革命事业，他要同中国共产党和中国人民共患难、共命运和共同战斗。所以他不能离开祖国，"绝裾径去"，在他写的这封信里，跳跃着一颗无限热爱祖国的心。鲁迅真不愧为一位伟大的无产阶级革命家、思想家、文学家和爱国者。而他在这封信里所用的语言——"眷念旧乡""怀土""恋山"，还是古代爱国主义者所习用的语言，只是鲁迅已把这些传统的用语所包含的民族感情和爱国主义精神，升华到一个更高的境界。

综上所述，大体上可以得出如下看法。我国古代的精神文明是从"礼"开始的，也是以"礼"作为标志的。虽然，今天看来，在我国文明的"童年时代"，这个"礼"，充满着宗教迷信的色彩，还被历代的奴隶主阶级、封建地主阶级打上了数不清的阶级烙印，显得陈腐、虚妄、欺骗和窒息，然而，从历史主义的眼光看来，这个"礼"，毕竟代替了野蛮，是历史上的一个巨大飞跃。不仅如此，它在一定的意义上，使我们的伟大祖国多少年来在世界上享有礼义之邦的盛誉。"中华"二字的含义，指的正是这样的古代精神文明。中，即中土、中国；华，即华夏，中国在古代又称华夏。中华就是中国、华夏之简称。《说文》："夏，中国之人也。"《左传·定公十年》载："裔不谋夏，夷不乱华。"孔颖达疏："中国有礼义之大，故称夏，有服章之美，故谓之华。"所以，也可以说，中华者，中国是礼义之邦也。

中国这个礼义之邦，孕育出了古代的爱国主义。

由祖先崇拜的礼，经过历史的推移演进，逐渐培育出怀念祖先、不敢忘祖宗之本的感情。又由此而产生出对父母之邦、祖宗之地的故乡的热爱，再进一步扩而充之，就形成了热爱民族、热爱祖国的共同感情和共同心理。中国人民大多把上古的传说人物——炎帝和黄帝视为共同的祖先，而且自称炎黄子孙，因而，人民之间

都相互视为同胞手足一般。早在春秋时期，孔子就说过"四海之内皆兄弟也"(《论语·颜渊》)，后来的荀子也说过"四海之内若一家"(《荀子·议兵》)。到了宋代，唯物主义思想家张载还留下了一句名言，叫作"民，吾同胞；物，吾与也"(《正蒙·乾称篇·西铭》)。至今，中国人民之间还保留了"同胞"这一称谓。孟子还曾经说过："人有恒言，皆曰天下国家。天下之本在国，国之本在家，家之本在身。"(《孟子·离娄上》) 这段话在一定意义上说明了一个道理，就是我们的祖先把国家、乡土、家庭、个人看成是一体的，这种爱国主义是非常具体的，是把爱祖先、爱故乡和爱祖国紧紧地联系在一起的。虽然，从孟子的这段话里，看不到阶级的分野和阶级的对抗，它们被掩盖了；然而，从中华民族的角度上看，正是这种全民族的一体性，正是这种"民胞物与"的思想感情，使得每个人都能和民族的存亡兴衰共命运。因而，在历史上，这一古代的精神文明终于孕育出了亲如手足的民族感情和坚贞不屈的民族气节，孕育出了古代中国独具一格的爱国主义，它在历史上有利于祖国的统一和民族的团结。

写到这里，我们已从一个历史的侧面，初步回答了本文开头所提出的问题。我们这个文明古国之所以能避免世界上其他的文明古国所遭遇的命运，之所以能以她的文明巍然屹立在地球上达 4000 年之久，不仅任何力量不能够把她压垮、拆散和打烂，而且，今天更焕发出了无比美妙的青春，其原因当然不止一端。然而，我们的伟大祖国的古代精神文明所孕育出来的民族感情和爱国主义，在历史上对民族的团结、国家的统一起了凝聚力的作用，应该是重要的原因之一。

今天，我们的海外侨胞还保留着由古代精神文明所形成起来的民族传统和民俗礼俗，例如，他们只要一回到祖国，都要回到自己的家乡，省亲展墓。近几年来，我们的台湾同胞也兴起了"寻根"活动，研究他们的祖先是在什么时候，从祖国大陆的什么地方迁往台湾去的。这些活动都反映出"报本反始"不忘根本的深厚的民族感情，也证明了台湾终将回归祖国是历史的必然，这是任何力量也阻止不了的。可见，这一古代的精神文明，在特定的环境和条件下，仍在起着作为民族凝聚力的作用。

三

恩格斯在《家庭私有制和国家的起源》一书中指出："文明时代是社会发展的一个阶段。"它一方面"完成了古代氏族社会完全做不到的事情"；而另一方面，又"由于文明时代的基础是一个阶级对另一个阶级的剥削，所以它的全部发展都是在经常的矛盾中进行的。生产的每一进步，同时也就是被压迫阶级即绝大多数人的生活状况的一个退步，对一些人是好事的，对另一些人必然就是坏事"。作为古代中国精神文明的标志和特征的礼，也同样具有两重性。特别是到了封建社会的后期，作为封建统治者所宣扬的"礼教"，更日益成为统治阶级手中的反动武器，日益成为禁锢、扼杀中国人民的思想绳索和精神枷锁，因此，五四时期，中国人民在反帝反封建的革命斗争中，在思想战线上开展的提倡新文化、反对旧文化、反对旧礼教的新文化运动是完全必要的，今天我们在思想上仍然还有清除封建思想残余的任务。

本文的目的，只是从古代的精神文明和爱国主义之间的关系这样的角度和侧面，对礼的一个方面的历史作用，提出一些粗浅的看法，它没有也不可能对礼的历史作用作出全面的评价。而且，有鉴于"四人帮"横行时期，在所谓的批判"克己复礼"的批林批孔运动中，不仅仅出于反革命的政治需要，也由于他们对历史的浅薄无知和狂妄愚蠢，把古代的礼给弄成一团混乱，面目全非，所以，本文附带的一个目的，也想就此作一点拨乱反正的工作。

其次，我国古代的爱国主义还包含着另一个内容，是前面未曾提到的，那就是爱国和忠君是结合在一起的，特别是在历史上的统治阶级中，表现得很明显，因此，有必要说明一下。这是因为在古代中国，政治上在很长的时间里都是封建专制主义。古代帝王总是把祖先崇拜、神权崇拜和皇权崇拜紧紧地扭在一起，强调"移孝作忠""忠臣出于孝子之门"。又总是把"四海一家"的观念转变为"四海为家"的观念，所谓"天子以四海为家"（《汉书·高帝纪》），因而，把爱国和忠君混在一起，就成了历史上难以避免的事。这个问题已为大家所熟知。这里只简略提一下，不必多费笔墨。

最后，需要指出的是，今天，党号召全国人民在建设高度的社会主义物质文明的同时，努力建设高度的社会主义精神文明，这又是一件造福人民、造福子孙、造福人类的大事情。社会主义精神文明是人类历史上未曾有过的精神文明，它比古代的精神文明不知要高出多少倍，两者是无法比拟的。因此，我们研究古代的精神文明，并不是为了向后看，更不是发什么"思古之幽情"，而是通过对我国古代的精神文明的研究，使我们能够进一步了解我们的先人，在漫长的历史岁月中，在建设古代精神文明的道路上，是如何一步步地走过来的，他们在当时的历史条件下，又是怎样作出了他们应该作出的贡献，使得我们的伟大祖国始终屹立在世界上，从而进一步激发我们的民族自信心，增强民族自豪感，在党的十一届三中全会的路线指引下，奋发图强，在建设高度的社会主义物质文明和精神文明的伟大事业中，作出更大的贡献。

载《江西大学学报》（社会科学版）1982 年第 2 期。收入中国人民大学书报资料社《复印报刊资料·思想政治教育》1982 年第 6 期。

科学共产主义理论在实践检验中发展 ①

共产主义理论，从 1516 年莫尔的《乌托邦》算起，迄今已历时四百六十余年。其间，它经历了从空想到科学的两大发展阶段。共产主义作为空想的时代早已过去一百多年了，而以科学共产主义理论为旗帜的共产主义运动，经过一个多世纪以来的严峻考验，正以其不可战胜的气势磅礴于全世界。然而，至今还有少数同志认为科学共产主义理论"未经实践检验"，只是一种"幻想"。为此，简略地回顾一下国际共产主义运动检验科学共产主义理论的一般情况，对于纠正这种错误认识，或许不无补益。

一

在实践中被证实，是科学共产主义理论经受检验的一种结果、一种表现，因而也是它经受检验的一种证明。一切非科学的理论都不能在实践中被证实。只有在实践中被证实的理论才是科学的理论。科学共产主义理论在国际共产主义运动实践中转变为现实的过程，就是它经受检验并且被证实的过程。

科学共产主义理论通过国际共产主义运动的不断实践而逐渐转变为现实的情形究竟如何？国际共产主义运动至今已有一百三十余年的历史，笔者认为，在这一个多世纪的时间里，科学共产主义理论在实践中经受检验而不断被证实的情况，可分两个时期来叙述。

第一个时期，始于 1847 年共产主义者同盟的创立，迄于 1917 年十月革命的成功。这是无产阶级从准备推翻资产阶级的统治，建立无产阶级的政权，到终于实现这一目标的时期，因而也是国际共产主义运动检验无产阶级革命和建立无产阶级专政理论的时期。在这一时期里，世界无产阶级以科学共产主义理论为指导，在同资

---

① 本文系合撰，姚公鹬为第一作者。

产阶级的搏斗中，掀起了一系列世界史上的伟大事件。其中最重大者为 1848 年的欧洲革命、1871 年的巴黎公社、1905 年的俄国革命和 1917 年的十月革命。无数的"主义"被淹没在这些澎湃的革命波涛之中。法国路易·勃朗的小资产阶级社会主义在 1848 年革命中烟消云散。蒲鲁东主义、布朗基主义以及新雅各宾派的代表人物在巴黎公社革命中作出了恰好与自己学派的信条相反的革命行动。孟什维克主义也在俄国革命的实践中被击得粉碎。实践证明，这些学派的学说只是一种空想，因此，他们希望成为运动旗帜的欲念同样只是一种幻想。唯独科学共产主义学说能经受这些伟大事变的检验，能给奋斗着的无产阶级指明前进的方向，能由理论变为现实。在席卷欧洲的 1848 年革命风暴中，法国的无产阶级同资产阶级进行了第一次大搏斗，为社会主义革命准备了基础，也宣告了路易·勃朗等假社会主义的破产。1871 年，在第一国际的影响和推动下，法国巴黎的无产阶级打碎了资产阶级的军事官僚机器，推翻了资产阶级的统治，建立了工人阶级的政权——巴黎公社。公社虽然只存在了两个多月，但它是无产阶级推翻资产阶级统治，建立无产阶级专政的第一次伟大尝试。在这些伟大的事变中，尽管未能确立无产阶级的政权，但事变的进程表明，科学共产主义学说对事变进程的分析是完全正确的。此后，无产阶级开始积蓄力量，准备同资产阶级展开决定性的战斗。1905 年的俄国革命是帝国主义时代的第二次伟大的人民革命。这次革命虽然也失败了，但它奠定了下一次革命成功的基础。事隔十二年之后，俄国无产阶级通过十月革命，终于在一国范围内推翻了资产阶级统治，建立了无产阶级政权。科学共产主义关于无产阶级革命和无产阶级专政的理论终于成为震惊世界的现实。至此，科学共产主义在经历了由实践到理论的第一次飞跃之后，又完成了从理论到实践的第二次飞跃。这次飞跃证明，它是符合客观实际的真理。当然，认识过程的推移和深化并未终结，因此它必须在新的实践中发展并得到新的证实。

第二个时期是从十月革命胜利之后开始的，迄今尚未完结。它是各先进国家的无产阶级和人民大众建设社会主义的时期，因而也是科学共产主义关于社会主义社会的理论逐渐转变为现实的时期。在无产阶级取得政权以前，马克思、恩格斯根据资本主义社会运动的规律，提出了关于社会主义社会的理论。但由于历史条件的限制，当时这一理论还没有条件实现从理论到实践的飞跃，科学共产主义创始人只能描绘出社会主义社会的一些基本特征，而未能像实践无产阶级革命和无产阶级专政理论那样，亲自实践关于社会主义社会的理论。十月革命之后，在实践中检验这一理论，终于提上了国际共产主义运动的行动日程。正如列宁在十月革命之后提出的："对俄国来说，根据书本争论社会主义纲领的时代已经过去了，我深信已经一去不复返了。今天只能根据经验来谈论社会主义。"[①] 从列宁逝世到现在，世界上已有几十年建设社会主义的实践了，我们中国人民也进行了三十多年的社会主义建设。实践充分证明，马克思主义关于社会主义社会的理论是科学的。马克思、恩格斯描述的社会主义社会的一些基本原则，如：社会主义社会应实行生产资料公有制；劳动者之间应建立起新型的社会主义关系，应实行"各尽所能，按劳分配"的社会主义原则，应当有无产阶级政党领导的无产阶级和人民大众的政权；生产者应具有新的精神面貌，以及高于资本主义社会的劳动生产率；等等。这些基本原则，都已在各社会主义国家逐渐付诸实践并取得了极其伟大的成功。就总体而言，社会主义国家在经济方面的迅速发展就是这方面的证明。提到经济发展，总有人认为我们的速度缓慢。其实，静而思之，并非如此。1949—1977 年，我国工业总产值平均每年增长 13.5%，1950—1970 年，美、英、法、意、西德等主要资本主义国家的工业产值，平均每年增长 6%，日本的增长率算最高，也不过 12%。可见，我们工业发展的速度比各主要资本主义国家都要快。此外，还应指出，在这二十八年时间里，我国有十五年的时间基本上没有用于社会主义建设，真正在安定的环境中集中力量进行建设的时间只有 1950—1952 年、1953—1957 年、1963—1966 年，总共不过十三年。在短短十三年内能有这样的进展，确实是一项伟大成就。由此可见，只要有一个安定团结的政治局面，只要集中精力进行社会主义建设，我国国民经济发展的前景必定令人鼓舞。

国际无产阶级在社会主义建设的进程中，像在无产阶级夺取政权的过程中一样，也犯过一些错误，受过一些挫折。我国在执行社会主义分配原则中走过的弯路，可作为这方面的一个事例。1958 年我国刮了"共产风"。由于认为共产主义的实现已非遥远的未来，因此在所有制方面实行由集体所有向全民所有过渡，而在分配领域则

---

① 《列宁全集》第二十七卷，人民出版社，1958，第 480 页。

用"一平二调"代替"按劳分配"，结果使国民经济受到重大损失。（在从 20 世纪 60 年代中期开始的十年间，林彪、江青两个反革命集团，对我们国家的破坏就更加全面。他们以"限制资产阶级法权"为幌子，推行平均主义和苦行主义，从根本上否定"按劳分配"的原则，是造成国民经济濒临绝境的基本原因之一。）党的十一届三中全会以后我们拨乱反正，才重新回到了"各尽所能，按劳分配"的原则上来。这一例证就理论原则而论，它说明什么？它说明，产生错误的根源在于从根本上违背了科学共产主义学说。这种情况，同无产阶级在夺取政权过程中所出现的曲折一样，也是对科学共产主义的一种检验，只是，这种检验是从反面证实科学共产主义理论是丝毫也不能背离的真理。

二

在实践中不断丰富和发展，是科学共产主义理论经受检验的另一种结果、另一种表现，因而也是它经受检验的另一种证明。理论的自我完善同理论变为现实属于同一过程。理论只有在不断自我完善的过程中才能被证实。在实践中逐渐趋于完备，是科学共产主义理论以及一切科学理论的重要特征。换句话说，若无实践检验，科学共产主义理论要想得到不断的丰富、发展和趋于完备，是完全不可能的。

科学共产主义关于无产阶级革命和建立无产阶级专政的理论，就是在实践检验中不断得到丰富和发展的。在《共产党宣言》中，马克思、恩格斯提出了无产阶级夺取政权的思想。他们当时的提法是"无产阶级用暴力推翻资产阶级而建立自己的统治"[1]，"工人革命的第一步就是使无产阶级上升为统治阶级，争得民主"[2]，无产阶级的"国家即组织成为统治阶级的无产阶级手里"[3]，列宁认为，在国家问题上，这只是"最一般的概念"。1848 年革命一方面检验并证明，《共产党宣言》中关于无产阶级运动的观点以及共产主义者同盟的方针政策是正确的，另一方面又推动了马克

[1] 中共中央马克思恩格斯列宁斯大林著作编译局编《马克思恩格斯选集》第一卷，人民出版社，1972，第 263 页。
[2] 中共中央马克思恩格斯列宁斯大林著作编译局编《马克思恩格斯选集》第一卷，人民出版社，1972，第 272 页。
[3] 中共中央马克思恩格斯列宁斯大林著作编译局编《马克思恩格斯选集》第一卷，人民出版社，1972，第 272 页。

思国家学说的发展。这次革命之后，马克思、恩格斯写了《1848 年至 1850 年的法兰西阶级斗争》《路易·波拿巴的雾月十八日》《德国的革命和反革命》《德国维护帝国宪法的运动》《中央委员会告共产主义者同盟书》等著作，以实践经验为基础，全面审查了自己的理论，并提出了一系列新的原理。就国家学说而论，最重要的是关于打碎资产阶级国家机器的原理。马克思分析了法国资产阶级国家机器产生、发展和臻于完备的历史，指出：过去的"一切变革都是使这个机器更加完备，而不是把它毁坏"[①]，而无产阶级则应集中自己的一切破坏力量来反对这个权力。马克思还根据这次革命的经验教训，提出了"推翻资产阶级！工人阶级专政！"的口号。1871年的巴黎公社对马克思主义国家学说的贡献主要有两方面：一是它打碎了旧的军事官僚机器，证明打碎资产阶级国家机器原理是科学的，同时提供了如何打碎旧的国家机器的实践经验；二是它建立了巴黎公社式的无产阶级政权，解决了无产阶级专政的政治形式问题。而在巴黎公社以前，这个问题是没有解决的。正如列宁指出："无产阶级组织成为统治阶级会采取什么样的具体形式，究竟怎样才能组织得同最完全最彻底地'争得民主'这点相适应，关于这个问题，马克思并没有陷于空想，而是期待群众运动的经验来解答。"[②]巴黎公社的实践终于解决了这个问题。所以马克思在总结公社的经验教训时，称巴黎公社这种政治形式"是终于发现的、可以使劳动在经济上获得解放的政治形式"[③]。除此之外，在这二十余年的时间里，科学共产主义理论的宝库中还增添了关于工农联盟、关于无产阶级政党等一系列新原理。科学共产主义理论比其初问世之时丰富多了。在马克思、恩格斯逝世之后，列宁同第二国际修正主义进行了斗争，保卫了科学共产主义理论。列宁还根据帝国主义时代的实际状况，运用科学共产主义理论的基本原理，发展了无产阶级革命，特别是无产阶级专政的理论和政策，从而形成了帝国主义和无产阶级革命时代的马克思主义——列宁主义。以毛泽东同志为主要代表的中国共产党人把马克思列宁主义的普

---

① 中共中央马克思恩格斯列宁斯大林著作编译局编《马克思恩格斯选集》第一卷，人民出版社，1972，第 692 页。

② 中共中央马克思恩格斯列宁斯大林著作编译局编《列宁选集》第三卷，人民出版社，1972，第 205 页。

③ 中共中央马克思恩格斯列宁斯大林著作编译局编《马克思恩格斯选集》第二卷，人民出版社，1972，第 378 页。

遍原理同中国革命实际结合起来，对于无产阶级革命和建立无产阶级专政的理论如何适应半殖民地半封建社会的实际状况，作出了不可磨灭的贡献，丰富和发展了科学共产主义理论。

科学共产主义关于社会主义社会的理论，也是在社会主义建设实践的检验中得到丰富和发展的。社会主义社会的理论，只能解决社会主义建设的一般规律。要将社会主义社会的理论变为社会主义社会的现实，只停留于对一般规律的认识是不够的。社会主义建设总是在民族国家的范围内进行的。每个国家都有自己特定的历史渊源和不同的现实状况，因而必定具有本国社会主义建设的特殊规律。因此，要使社会主义建设的一般规律同各国社会主义建设的实际趋于一致，就必须通过实践加以检验，必须在科学共产主义理论的指导下，探寻本国社会主义建设的特殊规律，而这些特殊规律之阐明，就是对科学共产主义理论的丰富和发展。我们党在社会主义建设中的经历清楚地证明了这一点。

中国的社会主义建设有何特点呢？最基本的特点是由半殖民地半封建社会过渡到社会主义社会。为将社会主义社会的理论变为中国社会主义的现实，我们党领导全国人民进行了几十年社会主义建设的伟大实践，这是用我们的经验检验社会主义社会理论的过程，这是在马列主义、毛泽东思想指导下探索中国社会主义建设规律的过程，其中有成功的经验，也有失败的教训。以经济建设为例，我们党坚持了自力更生的原则，建立了社会主义公有制，并在此基础上建立了国营经济，实行了计划经济，奠定了社会主义经济建设的基础，其主导方面无疑是正确的。但是，由于未能充分认识中国社会主义建设的特点，因而在建设中也犯过一些错误，没有把经济搞活，影响了社会主义制度优越性的充分全面体现。自十一届三中全会以来，我们党坚持实践是检验真理的唯一标准这一辩证唯物论的基本原理，拨乱反正，端正认识，并在此基础上科学地总结了我国几十年经济建设的正反经验，以及其他国家社会主义建设的经验教训，从而在党的第十二次全国代表大会上不仅提出了促进社会主义经济全面高涨的几项原则，而且把努力建设高度的社会主义精神文明和努力建设高度的社会主义民主作为建设社会主义的战略方针。这是科学共产主义理论同中国社会主义建设实践相结合的产物，也是科学共产主义理论经受中国社会主义建设实践检验的重大成果。它既反对"左"的倾向，又反对右的倾向；既体现了社会主义经济建设的一般规律，又反映了在中国环境中进行社会主义建设的特点，因此这对科学共产主义学说无疑是个重大的贡献。可以预见，随着十二大制定的纲领路线方针政策的实践，一定能够全面开创社会主义现代化建设的新局面，为科学共产主义事业增添新的光彩。

三

在实践中修正，是科学共产主义理论经受检验的第三种结果、第三种表现，因而也是它经受检验的第三个证据。修正，其实也是丰富和发展理论的一种形式，但它不同于在原有原则或结论基础上的丰富和发展。这里所谓修正，是用符合客观实际的新结论去代替科学共产主义理论中某些业已过时的结论。认识依赖于实践，所以认识必然要受实践的制约。因此，"一般说来，不论在变革自然或变革社会的实践中，人们原定的思想、理论、计划、方案，毫无改变地实现出来的事是很少的"[1]。由于科学共产主义理论的产生和发展受着实践的限制，随着实践过程的推移，人们认识的深化，某些结论经过检验不再跟实际状况一致，因而必须修正。修正在科学共产主义理论发展的过程中本为"应有之义"。

马克思、恩格斯就曾对他们自己的理论进行过修正。在《共产党宣言》1872年德文版序言中，马克思、恩格斯写道："由于最近二十五年来大工业已有很大发展而工人阶级的政党组织也跟着发展起来。由于首先有了二月革命的实际经验而后来尤其是有了无产阶级第一次掌握政权达两月之久的巴黎公社的实际经验，所以这个纲领现在有些地方已经过时了。特别是公社已经证明：'工人阶级不能简单地掌握现成的国家机器，并运用它来达到自己的目的。'……其次，很明显，对于社会主义文献所做的批判在今天看来是不完全的，因为这一批判只包括到1847年为止；同样也很明显，关于共产党人对各种反对党派的态度问题所提出的意见（第四章）虽然大体上至今还是正确的，但是由于政治形势已经完全改变，而当时所列举的那些党派大部分已被历史的发展进程所彻底扫除，所以这些意见在实践方面毕竟是过

---

[1] 《毛泽东选集》第一卷，人民出版社，1966，第282页。

时了。"①

在科学共产主义创始人逝世之后，列宁、斯大林和毛泽东同志，在丰富和发展科学共产主义理论的过程中，对无产阶级革命和建立无产阶级专政理论的某些结论也作过一些修正。列宁对社会主义不能在单独一国胜利的结论所作的修正就是一例。科学共产主义创始人曾认为，社会主义不能在一国范围内发生，并取得胜利。恩格斯在《共产主义原理》中指出："共产主义革命将不仅是一个国家的革命，而将在一切文明国家里，即至少在英国、美国、法国、德国同时发生。"②恩格斯列举了两点理由：（一）由于大工业建立了世界市场，各国人民，尤其是各文明国家的人民，彼此联系紧密，致使各国在事变进程中互相影响。（二）大工业使所有文明国家的社会发展不相上下，资产阶级和无产阶级都成了在社会上起决定作用的阶级，革命形势大体相仿。在 19 世纪，恩格斯的这种分析和结论是恰当的，因为当时资本主义还处在上升阶段，经济政治发展不平衡的规律还不明显，资本主义国家间的矛盾还不像帝国主义时代那样尖锐。但进入 20 世纪之后，这个结论就显得同发展了的实际不相适应了。在帝国主义时代，由于经济政治发展不平衡规律的作用，加剧了帝国主义之间的矛盾，使帝国主义国家间为瓜分世界而进行的战争必不可免。帝国主义世界大战的结果，必然削弱帝国主义的力量，从而在帝国主义链条上造成薄弱环节。处于薄弱环节上的某些国家，如果具备革命的主观条件，就有可能首先推翻资产阶级的统治，进入社会主义。因此，列宁在《论欧洲联邦口号》一文中指出："政治经济发展的不平衡是资本主义的绝对规律。由此就应得出结论：社会主义可能首先在少数或者甚至单独一个资本主义国家内获得胜利。"③1916 年列宁在《无产阶级革命的军事纲领》中又指出："资本主义的发展在各个国家是极不平衡的。而且在商品生产条件下也只能是这样。由此可以得出一个确定不移的结论：社会主义不能在所有国家内同时获得胜利。它将首先在一个或几个国家中获得胜利，而其余的国家在一段

---

① 中共中央马克思恩格斯列宁斯大林著作编译局编《马克思恩格斯选集》第一卷，人民出版社，1972，第 229 页。
② 中共中央马克思恩格斯列宁斯大林著作编译局编《马克思恩格斯选集》第一卷，人民出版社，1972，第 221 页。
③ 中共中央马克思恩格斯列宁斯大林著作编译局编《列宁选集》第二卷，人民出版社，1972，第 709 页。

时期内将仍然是资产阶级的或者资产阶级以前时期的国家。"① 实践证明，列宁的新结论是合乎实际的客观真理。当然，对无产阶级革命和建立无产阶级专政理论中某些结论的修正，正如对它的丰富和发展一样，并没有完结。这一过程可能要到世界各国的无产阶级都取得政权之时才会结束。

至于科学共产主义学说中关于社会主义社会的理论，其中某些结论之被修正，恐怕更难避免。这主要是因为建设社会主义的过程较之建立无产阶级专政的过程要复杂得多。列宁、斯大林、毛泽东同志以及其他无产阶级革命家和理论家，根据社会主义建设的实践经验，撰写了许多不朽的著作，探讨和阐述社会主义社会的运动规律，对科学共产主义理论作出了宝贵贡献，其中就包含对社会主义社会理论中的某些结论所作的修正。如他们对社会主义社会的商品制度和货币制度的分析就是一例。今后还会对这一理论中的哪些结论作出修正？这一问题只有通过实践才能得到解答。

科学共产主义学说中的某些结论在检验中被修正，能否证明这一学说并非真理呢？不能！列宁、斯大林、毛泽东同志以及其他无产阶级革命家和理论家，之所以能作出新的科学的结论，完全在于他们遵循了马克思主义的基本原理。列宁依据《资本论》的基本原理，运用辩证的方法，对帝国主义进行了科学考察，这才揭示了资本主义经济政治发展不平衡的规律在帝国主义条件下所起作用的巨大变动，从而作出了社会主义能够首先在一国胜利的结论。因此，这种修正之发生，证明科学共产主义理论并没有结束真理，而是在实践中为人们不断开辟认识真理的道路，沿着科学共产主义理论指引的方向前进，就能愈来愈接近客观真理。由此可知，科学共产主义理论是一种创造性的理论。以科学共产主义理论为指南，不断研究和解决新的问题，是实现这一理论的基本要求。在新的实践面前，或者宣布旧的结论不可移易，必须"句句照办"，或者宣称基本原理已经过时，必须完全抛开，都是不对的。

上述便是科学共产主义理论经受实践检验中的三种情况。由此可以得出结论：（一）科学共产主义学说被证实、被丰富和发展、被修正，体现了它在国际共产主义

---

① 中共中央马克思恩格斯列宁斯大林著作编译局编《列宁选集》第二卷，人民出版社，1972，第 873 页。

运动中经受检验的全过程，也是它业已经受检验的确凿证据。因此，科学共产主义理论"未经检验"的看法，不符合客观事实，是错误的。（二）科学共产主义学说，在其生命的途程中，由于不断吸进新鲜血液，同时及时剔除陈旧结论，故能永葆青春。因此，结论只有一条，唯有科学共产主义的旗帜能够指引全人类到达美好的未来。

载《江西大学学报》（社会科学版）1982 年第 4 期。收入中国人民大学书报资料社《复印报刊资料·科学社会主义》1982 年第 12 期。

《农业考古》与中国农业考古学

——为《农业考古》创刊五周年作

我国农业具有悠久的历史，约在新石器时代的初期，先民们就开始了农耕生活。到了新石器时代的中期，我们从磁山—裴李岗文化的大量遗存中，可以看到它已有了初步发展，足证我们的祖先至迟在公元前五千多年前便已过着农耕生活，至今有近八千年的历史。进入阶级社会以后，我国在很长一段时期里，一直把"以农立国"作为治国之本。世世代代的劳动人民辛勤耕作，积累了丰富的经验，无论是从地下发掘出来的和传世的有关农业生产的大量实物，或是现存的有关农学的古代文献，都是极为宝贵的历史遗产，其中包含着具有深厚历史基础的优良传统。可以毫不夸张地说，在历史的长时期里，我们的农业和农学，不仅曾经走在世界的前列，而且它的许多方面的特色至今还没有丧失其科学研究价值。在建设有中国特色的社会主义的伟大实践中，用科学的方法进一步发掘、整理、研究这一历史遗产和优良传统，探讨我国农业发展的规律，有着不可忽视的现实意义。

早在 1977 年，在粉碎"四人帮"反革命集团之后不久，江西省博物馆的陈文华等同志，就利用当时所得到的考古资料和文献资料，搞起了"中国古代农业科技成就展览"，并为此付出了艰辛的劳动。那一次展览，在经历了"文化大革命"的人们看来，真有耳目为之一新之感。展出的意义，远远突破了知识性的范围，它在客观上和一定程度上向观众们宣告了一个真理：发展生产力，不断改善人民的物质生活和精神生活，是社会主义阶段的根本任务，是马克思主义的基本原则。因此，这个展览于 1980 年到了北京，受到了农业部的高度重视和支持，展览的内容和形式得到了进一步的充实和改进，后来又被送到全国的许多城市进行巡回展览，受到了人们的欢迎，至今这个展览仍在巡回展出中。

到了 1981 年，陈文华等同志又在搞展览的基础上，在农业部等有关领导部门、学术单位和专家们的支持帮助下，在江西成立了中国农业考古研究中心，办起了

《农业考古》大型刊物，向国内外发行。五年来共发稿五百多篇，总计四百三十多万字，在科学的世界里，开拓了一个既古老又崭新的园地，在这块园地里结出了丰硕的果实。正是在这样的基础上，经过酝酿和研究，一门新的学科已在形成之中，呼之欲出，这就是中国农业考古学。

顾名思义，中国农业考古学的研究对象是中国古代农业，它的主要研究手段是考古。粗粗看来，似乎这个领域比较单纯，属于技术性的研究之列。其实不然，它是一门理论和实践相结合的科学，它的领域相当广阔，所涉及的方面很多，以农业而论，包括农、林、牧、渔和园艺等。从考古的角度，研究它们各自的生产过程，又需要涉及天文、地理等自然科学领域，诸如气象、水文、地质、土壤和自然灾害等。同时，还要看到，农业考古虽然着重在生产力方面的研究，但是，对于生产力的历史的研究，即任何科技史的研究，毕竟不能完全脱离生产关系的研究，离开了生产关系，生产力的研究就难免是孤立的、静止的，甚至是片面的。因为，这样的研究离开了人，离开了社会，也就离开了历史，也就无从探讨它自身发展的历史和规律。所以，农业考古学又必须涉及有关的政治和经济，需要了解某一个历史时期的农业生产状况和当时的政治经济状况这两者的关系，亦即生产力和生产关系的关系。又由于我国是统一的多民族国家，在进行农业考古时，又需要对各个民族地区的农业进行相关的研究，这样一来，它又涉及民族学和民族史。加上，研究中国古代的农业，还需要从古代义献中得到资料和佐证，不能局限于实物考古而已，因而，又需要古文献学的知识。由此看来，农业考古学虽然主要是建立在农学和考古学这样两门学科的基础之上，但是，它又不能不旁及诸如史学、政治学、经济学、社会学、民族学、文献学以及许多相关的自然科学。当然，还有不待言的是，农业考古学必须建立在马克思列宁主义、毛泽东思想指导之下，因此，理论的修养更加必要。由此看来，中国农业考古学并不是一门纯科技性的学科，而是一门以农学和考古学为主体的综合性的学科，它和许多学科都有联系，有的是交叉关系，有的是边缘关系。总之，它是一门理论与实践相结合，自然科学和社会科学相互渗透，文、理兼资的，既古老又崭新的学科。

中国农业考古学作为一门学科，它所起的作用也是多方面的。除了已经提到的，研究历史遗产，发扬优良传统，探讨几千年来中国农业的发展规律，从普遍性规律中，认识和掌握它的特殊规律，在建设有中国特色的社会主义的伟大实践中，有着不可忽视的现实意义，这是它所能发挥的主要作用。此外，它还将有助于许多相关学科的深入研究，帮助解决许多在学术上还存在着争论，还没有定论，以及从文献资料中还无法求得解决的问题。以对中国古代史的研究而论，农业考古所起的作用，就是不可缺少的，不妨举几个例子说一说。

殷墟卜辞中关于劦田的材料，一向被视为研究殷代社会的重要材料。最通行的解释是奴隶们的合力耕作。董作宾则具体地说成是种麦子。但是，经过张政烺同志的考证，则认为应从王襄的解释为祭田祖，也就是说，劦是一种祭祀，相当于后来周代祭先啬的腊祭，并从而指出董作宾的解释完全脱离了农业生产实际，是错误的。张政烺同志的文章——《殷契劦田解》，收入《甲骨文与殷商史》一书，行文很雄辩，可以看作是一篇有关农业考古的文章。此说一出，不仅驳倒了董作宾，就连通行的解释，也不免受到很大的冲击。这是一例。

又如我国古代的耦耕究竟是一种什么样的耕作方式，古今学者对此作了各种各样的解释。中国农业科学院、南京农学院中国农业遗产研究室编著的《中国农学史（初稿）》列举了四种说法：一种是依郑玄注，说耦耕是"两人并发（起土）"；一种是据贾公彦疏，说成是两人一前一后从事耕作，后者扶犁，前者拉犁；一种则认为是两人相向为主，用柄上系有绳子的耜推入土中，再用力拉绳发土；一种则认为是古人相耦习惯的缘故。《中国农学史》的作者则认为四种说法都与当时的农业生产实际不符，从而认为所谓耦耕，并不一定局限于一种固定不变的方式，而是在生产力水平较低、生产工具质量不高、耕作十分困难的情况下，生产者相互配搭成组，进行协作。最近出版的金景芳同志著的《论井田制度》一书，其中言及耦耕，认为古今解释大都不能令人满意，只有程瑶田在所著《沟洫疆理小记·耦耕义述》中，对耦耕所作的解释最有卓识（程氏之说不具引）。经过金景芳同志的考证，最后也得出大致与《中国农学史》相同的结论，所谓耦耕，"实际上是在耕作时二人共同成立一个常年小组"，是我国古代农村公社社员之间的互助合作。此说一出，许多成说都不免受到冲击。这也是一个有关农业考古的问题，同时，它又是一个关系到西周和春秋时期社会性质的大问题。也就是说，对耦耕的解释如何，必然要影响对井田制持何种看法。井田制究竟是一种什么样的耕作制度？是奴隶劳动的大生产制，还是封建领主经济下的农奴耕作制，还是古代农村公社的耕作制？这是一个至今尚未取得定论的问题。顺带说一句，金景芳同志在提到殷代畬田时，他认为是殷代的耕作方式，并说"周人的耦耕正是自殷人的畬田发展而来的"，也与张政烺同志的看法不同。这是二例。

又如据《汉书·地理志》，汉平帝元始二年（公元 2 年）的人口统计，我们江西省当时叫豫章郡的人口，只有三十五万多人，十八个县，人口仅为当时豫州（今河南省一部分）的百分之五弱（豫州有七百五十五万多人），县数仅为豫州的百分之十七弱（豫州为一百零八个县），而豫章郡的面积却倍于豫州，可见西汉末年，江西境内的人口还很稀少，也就是说，农业还不发达。可是，到了东汉，据《后汉书·郡国志》顺帝永和五年（公元 140 年）的人口统计，豫章郡已有一百六十万八千多人，其时上距平帝元始二年，只隔了一百三十八年，人口竟骤增了四倍多。不难想见，在这一百三十八年中，如果江西的农业生产没有取得显著的进步，则其人口的增加绝不可能出现这样的速度。可是，我们遍查这一时期的文献材料，却很难找到有关豫章郡农业发展的具体史实，成了今天研究江西地方史的同志们深感遗憾的一个问题。人们不得不寄希望于农业考古，特别希望能从考古发掘中得到大量的实证。这是第三例。

类似上述的例子还有很多，由此可见，农业考古与研究中国古代史关系至密，正是得力于农业考古的帮助，才有可能在历史上的某些困难问题上取得重大的突破；或者对某些问题作出新的考释，虽一时还不能视为定论，但是，只要农业考古上一有进展，就能把对这些问题的研究引向深入；或者在文献不足的情况下，对一些历史上遗留的空白，则更加只有依靠农业考古去谋求填补。凡此种种，足以说明农业考古在帮助中国古代史的研究方面所起的作用，是不可缺少的。

中国农业考古学作为一门学科，虽然，从一方面说，它的综合性很强，涉及面很广，但是，它仍然有其自身的严密的科学体系。除了它的研究对象、研究目的、意义和作用等，都有其严格的科学规定外，它还有自己的理论体系和成系列的研究方法。一门学科的形成和建立的过程，也就是它的科学体系从开始形成到逐步完善的过程。前面提到，中国农业考古学是一门既古老又崭新的学科，说它古老，不仅仅说它的研究对象是古老的，而且也是说，农业考古，古已有之，当前国内外还有不少专家在从事这方面的研究，成果很多。可以说，农业考古这一科学事业，早有传统，早有基础，早有队伍，早有发展。说它新，是指作为一门学科——中国农业考古学，则又是一门新的学科，因为，长时期以来，从事农业考古的科学工作者并没有把建立学科的主张提出来。只是到了最近，才有了建立学科的构想，并为此下了很大的功夫，所以说，新就新在这里。中国农业考古学作为新的学科，一旦建立，必将有利于农业考古事业的发展，在理论和实践上，更能得到提高，使农业考古工作更加规范化和条理化，也便于培养这方面的人才，壮大这方面的队伍。当然，作为新生之物，它又不可避免地在体系上，在理论和方法上，还显得幼弱一些，单薄一些，甚至粗糙一些，还有可能出现这样或那样的失误，还有一个由不甚完善到逐步完善的过程。好在它有了一个良好的基础，从筹划展览，到办起刊物，到建立学科，也已有了八九年的时间，加上多年从事农业考古方面研究的积累，时间就更长了。再加上，它已经得到国内各有关方面的帮助、支持和爱护，包括许多有关的领导同志和专家的帮助、支持和爱护，再经过切磋琢磨，千锤百炼，精益求精，可以相信，在祖国的百花园中，这棵新破土而出的嫩苗将会很快地茁壮成长，开放出鲜艳芳香的花朵！

笔者于农业考古没有研究，值此《农业考古》创刊五周年之际，为了表示祝贺，更为了希望中国农业考古学早日问世，聊表微忱，才不辞冒昧地写了以上的许多外行话，词芜意浅，见笑方家，至希海内外的专家们不吝教正。

一九八六年四月一日深夜

载《农业考古》1986年第1期。

严嵩与明代政治①

——兼论严嵩的人生道路

严嵩与明代政治，这是一个饶有兴趣的题目。

严嵩这个人在史书上是个奸臣，在舞台上是个大白脸。史书上所载的奸臣也不算少，但老百姓能记住的不多，大概最有名的有三个，一个曹操，一个秦桧，一个就是严嵩。曹操有人给他翻了案，秦桧曾经也有人要给他翻案，但没有翻成功，恐怕这个人是翻不了的。严嵩也有人想给他翻案，能不能翻成？不清楚。不过，清代在修《明史》时，确有人提出过严嵩不应列入奸臣传，结果还是列进去了。从《明史》中许多有关嘉靖一朝的传纪看来，似乎修《明史》的人最后得出一个一致的观点，即明世宗这个人不算太坏，算得上一个"中主"，只是严嵩之辈太坏了，他们一股劲儿地骂严嵩误了国。

严嵩整整做了二十年的阁臣，其中有十五年是首辅。在明朝一代阁臣能获久任的，在严嵩之前，只有三个人比他的任期长，就是杨士奇、杨荣和金幼孜，在严嵩之后，还没有一个人的任期比他更长的。而且，他的任期都在明世宗在位期间，在一个皇帝手下任职如此之久，确乎不易，尤其是他六十三岁入阁，八十三岁才致仕，则更不多见。他为什么能久固其位？他在其位上又干了些什么？他和世宗的关系究竟怎样？嘉靖一朝政治究竟是个什么状况？掌握所谓政局的究竟是谁？这些问题，本来都有传统的看法，翻翻《明史》就知道了，结论就是上面说的，世宗与严嵩的关系就是"中主"与奸臣的关系。而所谓奸臣的定义据《明史》作者说，只有"窃弄威柄、构结祸乱、动摇宗祐、屠害忠良、心迹俱恶、终身阴贼者"，才是奸臣，又说"惟世宗朝，阉宦敛迹，而严嵩父子济恶、贪婪无厌"。如此说来，严嵩够得上奸

---

① 本文系姚公骞为《严嵩与明代政治》（上海社会科学院出版社 1989 年出版）所写的序言，题目为编者所加。——编者

臣，明世宗一朝政局的败坏，祸基于此，没有什么可说的了。

其实，深究一下，似乎未必尽然。有明一代，皇权恶性发展到了什么程度？内阁究竟是个什么机构？皇权与内阁加在一起所进行的政治活动，究竟是些什么内容？稍稍严格地加以甄别，究竟有哪些内容够得上称为政治的？看来还有讨论的必要。我不想为严嵩翻什么案。我只是想，在当时的情况下，如果严嵩对自己的道路进行选择的话，究竟有几条道路可供选择？（一）他可能成为一个和明七子相颉颃的诗人文学家；（二）他入阁以后，利用他所处的地位，对世宗进行强烈的讽谏；（三）贪恋禄位，阿谀取容，以世宗的喜怒为喜怒，千方百计博取世宗的欢心，以求巩固自己的权势。选择一，他做不了大官，但可以留下比现存的《钤山堂集》好得多的作品；选择二，他即使做了大官，但不可能做得长久，说不上在什么时候会遭到下诏狱、受廷杖、削籍为民或授首西市的下场，当然，也可能赢得后世之名；选择三，他可以得到较长时期的荣华富贵，生活上得到极好的享受，但是，他必须彻底地把自己拍卖出去，一切依买主的是非为是非，喜怒为喜怒，去换取二十年的首辅生涯。这是一场交易，买主就是世宗。成交以后，严嵩还必须照此办理，再去买下一批人，去换取对他的效忠，照样以严嵩的是非喜怒为是非喜怒，形成一个圈子。不过，严嵩毕竟老了，他还需要花费很多精力去应付世宗的差遣。因此，他又不得不把他的圈子交给儿子严世蕃去经营，因为，他信得过的只有儿子。严嵩选择的就是这条道路，这是一个既不能成为文学家，更不能成为政治家的荒唐的选择。

明代至朱元璋废丞相以后，就把一应权力全部集中到皇帝手里，内阁的职能虽有若干变化，但归根到底它不是丞相府。尽管严嵩被当时的人视为不是宰相的宰相，有人还把他父子俩称为大丞相、小丞相，但内阁仍然是一个不伦不类的东西。它既不是政府首脑部门，又不是宫廷的正式机构，像宦官的十二监、四司、八局，所谓二十四衙门那样的东西。他所做的事只能是代皇帝起草文书，经皇帝示意，并以皇帝的命令下达。因此，后来的阁臣的官阶越来越高，首辅的地位更越来越显赫，而内阁的不伦不类并未丝毫改变，这个不伦不类正好是君主专制的产物，它适合君主专制的需要。

内阁与皇帝的关系是依附与操纵的关系。皇帝操纵内阁，内阁依附皇帝，这就是明代君主专制的大格局。这个格局所发生的任何变化都是沿着皇帝这根中轴的变化而变化的。皇帝想管的事，内阁不能不依，皇帝不想管的事内阁才能出以己意而以君命行之。当然，这个格局，还离不开宦官这个同样不伦不类而又非常重要的因素，有时，还得加上一个更加不伦不类但在关键时刻起到他人所不能及的作用如方士、道士之流的因素。

明世宗这个皇帝颇不一般，他是以武宗的堂弟而入继大统的。正德十六年（公元 1521 年）三月，他刚被袭封为兴献王，人还在湖北安陆州，不料五天以后，他就成了皇帝。这年，他还是虚龄只有十五岁的孩子。就是这个孩子却很有点个性。从他到北京的第一天起，就坚决不做孝宗的儿子。他的父亲和孝宗是兄弟。他做了皇帝，他父亲也应该是皇帝，尽管他父亲已经死了，而孝宗虽是真正做了皇帝，在他看来只能是皇伯。就为了这件毫无意义的事，从嘉靖元年（公元 1522 年），一直闹到嘉靖七年（公元 1528 年）。在群臣中分了两派，这就是所谓的议礼之争。结果，自然是世宗胜利了，而反对者一个个遭到惩罚，包括有定策之功的内阁首辅杨廷和等在内，不是被迫致仕、削籍为民，就是被下诏狱、受廷杖、贬谪远方，有的竟被活活打死。至于赞成派则大都得到了好处，如张璁、桂萼、方献夫之辈，都进了内阁，张璁还当了首辅。议礼这件事还促成了这个年青皇帝对礼制产生兴趣，居然以礼的权威自命。夏言之得宠，就是靠在议郊礼上赞成世宗的意见而起步的。此后大学士入阁绝大多数都是由礼臣升上来的，即先要经过礼部尚书这个台阶。张璁、翟銮、桂萼、夏言、顾鼎臣等如此，严嵩当然也是如此，以后上来的徐阶、袁炜、李春芳、严讷、郭朴、高拱等也莫不如此。因此，议礼赞成世宗的"裁定旧章，成一朝制作"的官员们，都可以得到重用，似乎成了世宗用人的一条标准。

此外，还有一条标准，而且是更长时期的用人标准，就是看在赞襄世宗修玄这件事上能否博得世宗的欢心。

早在嘉靖二年（公元 1523 年），世宗还是个十七岁的孩子的时候，就受到宦官崔文的引诱，而相信起道士神仙这一套玩意儿来了，什么求长生的把戏全都嗜之成癖，如事斋醮、求符箓、炼丹药以及占验、扶乩、巫术等都一概迷信，迷信到日夜祈祷、长年不断的程度。从嘉靖十八年（公元 1539 年）元月起，因他的母亲——章圣太后死了，就不视朝了；从嘉靖二十一年（公元 1542 年）起，也即严嵩入阁的这一年，因遭到宫女杨金英几乎把他勒死的变故，他再也不入大内了。从此移居西苑万寿宫"日求长生，郊庙不亲，朝讲尽废，君臣不相接"，相接的只是道士和阁臣，阁臣主要的还是首辅。

斋醮既然成了世宗的最大需要，因此，为了撰写斋醮所必需的"青词"——用朱笔写在青藤纸上用来上奏天神的奏章，就成了阁臣们的一项专职，于是"青词"写得好不好就成了世宗用人的又一标准，而且是长期起作用的标准。夏言得宠的又一原因，是他的"青词"写得好。后来，夏言失宠，也是因为"青词"写得不合世宗的意。夏言是如此，严嵩也是如此，以后上台的首辅如徐阶等也是如此。首辅是如此，其他的阁臣如顾鼎臣、袁炜、李春芳、严讷、郭朴诸人，也莫不如此。因而，他们都博得一个可笑的"雅号"，叫作"青词宰相"。由此可见，世宗一朝的政治在很大程度上可以叫作"斋醮政治"，此外，并没有多少政治可言的。

在斋醮政治下的内阁，还能有多大的作为，还能出什么政治家？靠议礼和"青词"上台的首辅，当然也成不了政治家。何况，世宗这个人从年轻时候起，就是个专横自信、凶狠、暴戾的人。史书上说他"英敏自信"，说他"性严厉"，"威柄自操，用重典以绳臣下"，说他"果刑戮、显护己短"，这些话，除了"英敏"一词不当外，其他都说对了。早在他二十二岁那年，就为一次发脾气，把他的老婆陈皇后吓得小产而死。群臣稍有拂其意，往往被下诏狱、受廷杖，廷杖的时候，他要亲自监督，"帝出御文华殿听之，每一人行杖毕，辄以数报"。因而，经常当场打死人，如给事中张选受廷杖，"杖折者三，曳出已死"。大臣们提了不同意见，也轻则被勒令致仕，重则被削籍为民，还有被杀头的如夏言。在专横自信的世宗手下任职，当然不可能有什么政治抱负与政治施为可言。严嵩是如此，严嵩之前的张璁、夏言何尝不是如此；严嵩之后的徐阶、高拱又何尝不是如此。总而言之，明世宗不是什么政治家，他手下的内阁辅臣更不可能出什么政治家。这是一个没有政治和没有政治家的时代。一切决定都是由世宗作出的，这个毫无政治头脑和政治经验的皇帝一旦作出了决定，就既不能更改，也不能讨论，天下没有不是的皇帝。史称"及帝中年，益恶言者，中外相戒，无敢触忌讳"。又说："世宗晚年，进言者多得重谴。"严嵩是深深懂得这一点的，什么都顺着他，他赞成的，严嵩更极力吹捧；他反对的，严嵩即使不同意，也不敢有所谏诤，包括他的亲朋好友一朝获罪，他想救援救援，也是不敢的。因而，他的首辅才做得长久，比别人做得都要长久。说他没有多少骨头是可以的，说他十分忠顺于皇帝也是可以的。徐阶也是非常懂得这一点的，他和法司黄光升等研究如何才能致严世蕃于必死之地时，黄光升等在谳词原稿上曾经写上要为沈炼、杨继盛平反的话，徐阶一看，便说："若是，适所以生之也，夫杨沈之狱，嵩皆巧取上旨，今并及之，是彰上过也，必如是，诸君有不测。"徐阶知道严嵩是按皇帝的旨意行事的，反对严嵩时必须注意避免暴露皇帝的过错，否则，严世蕃杀不了，那些告严世蕃的反而会受到危险。所以，《明史·奸臣传》作者对奸臣所下的定义，什么"窃弄威柄，构结祸乱，动摇宗祐"，等等，对严嵩来说，都够不上，严嵩只不过是太柔媚无骨罢了。要说严嵩是奸臣，那么凡是不敢披逆鳞的，凡是顺着皇帝旨意的，是不是都算奸臣？如果都算，则史传中绝大多数人物都应列入奸臣传里去，如果不能都算，那么，他们的顺从和严嵩的顺从，区别在哪里？界限又在哪里？

世宗嘉靖一朝，财政上是非常困难的，由于北有俺答入侵，南有倭寇之乱，军费大量增加，加上官吏贪污中饱，更造成了入不敷出的情势。而世宗却不管这些，他在宫中的花费，除了日常的奢侈开支外，花费最大的是无休无歇的土木祷祠。一次"斋醮蔬食之费为钱万有八千"；"一役之费，动至亿万，土木衣文绣，匠作班朱紫，道流所居，拟于宫禁"。本来宫内开支属内府管，不属于政府开支，所谓"帑银属内府，虽计臣不得稽赢缩"。但是，世宗要花钱，帑银不够用，就向太后借，亦即向政府支用。甚至"只见内监片纸，如数供御"，"宫中夜半出片纸，吏虽急，无敢延顷刻者"。入不敷出了，还要毫不节制地花费下去，怎么办？只有不择手段地搜刮，许多名目都用上了。明代财政上一个遗祸无穷的"加派"，就是从嘉靖时期开始的。

世宗把大量的钱花在土木祷祠上，当然，不允许有人反对，甚至臣下提出反对贪污，也会触动他的过敏的神经，以为是指桑骂槐，引起歇斯底里的大发作。所以，当严嵩深得世宗欢心的时候，有人告严嵩贪赃枉法、收受贿赂诸情事，世宗不但不查问责怪严嵩父子，反而把上告的如何维柏、徐学诗、厉汝进、叶经、王宗茂、赵锦、吴时来等人大加惩处，对其处以下诏狱、廷杖的酷刑。可见，世宗不仅不反对贪污，反而对贪污起了保护的作用。至于后来邹应龙一疏，告的主题仍然是严嵩父子的贪赃枉法，而这次却一告便准。其原因当然不是世宗果真要反贪污，而是借题发挥，他对严嵩已经很讨厌了。

严嵩贪污，严世蕃更贪污，当然都是事实。然而，嘉靖一朝，为首辅者有几个不贪？前乎严嵩的翟銮，在他充任行边史时，"诸边文武大吏俱橐鞬郊迎……馈遗不赀。事竣，归装千辆，用以遗贵近，得再柄政"。何尝不是个大贪污犯！夏言的生活极尽奢侈，又何尝不贪！徐阶在乡里的横行不法，更何尝不贪！嘉靖一朝，差不多到了无官不贪的地步。史称："督抚莅任，例赂权要，名'谢礼'；有司奏请，佐以苞苴，名'候礼'；及俸满营迁、避难求去、犯罪欲弥缝、失事希芘覆，输贿载道，为数不赀。"这就是当时无官不贪的真实写照。

严嵩贪，是奸臣，其他人贪，却不是奸臣；严嵩贪，列入另册，其他人贪，却列入正册，似乎有失公平，试问他们之间的标准何在？他们之间的界限又何在？

斋醮政治当然不能叫作政治，只能叫作儿戏。世宗从他上台的第一天起，一直到他寿终正寝，在位的四十五年中，他基本上都在儿戏中生活，在儿戏中扮演主角。而严嵩只不过做了二十年的大配角，做了一个被丑化了的跟着主角团团转的配角。

这里应该提到的，是在处理俺答入侵和倭寇之乱两个问题上，对传统看法也有研究的必要。对鞑靼来说，当时有是战争还是互市的争论，对倭寇来说，当时有一个如何对待海外贸易的问题。对前者，有一派人包括夏言在内，不允许互市，要准备打大战。对后者，许多人都主张遵祖制，"片板不许入海"。结果，世宗对前者不主战，夏言因此死了；对后者世宗主战，东南沿海兵连祸结许多年。世宗不敢主动出击鞑靼，不是没有经过一番考虑的。他从英宗被俘一事得到教训，弄不好皇帝做不成。何况，自武宗以来，武备日益废弛，财政日益涸竭，各方面的矛盾日益显露，农民起义不断，宗室起兵的危险并不因宸濠的失败而趋于消灭。世宗不敢打，虽然主观上是谋求苟安，好维持他的斋醮政治的儿戏，但不能打，也是一个实际问题。而倭寇问题中的海上贸易问题却是一个世宗永远不懂的问题。就像对待鞑靼问题一样，并不是因为世宗懂得什么互市问题。不懂，只好瞎碰，有时碰得对一点，有时就碰得头破血流，反正倭寇之乱离宫廷很远，还没有影响到西内斋殿的安宁，世宗尽可以掉以轻心；而俺答入侵如果不像嘉靖二十九年（公元1550年）那样，直接威胁京城，世宗也不会着急起来，而夏言也许不会死的。儿戏政治是谈不上有什么政治原则的，有什么政治思想的。至于对互市或贸易的认识，更不在他们的常识之内。他们只懂得高筑墙、锁海疆。筑城墙和修堤防是老传统。治国如治水，不是沿用大禹的办法，而是沿用他老子鲧的办法，封之壅之塞之闭之，似乎就可以高枕无忧了。

嘉靖一朝除了上面两件事还值得一提外，剩下来的就真正只有斋醮政治了，就几乎是纯粹的儿戏了。演主角的"威柄自操"，演配角的柔媚无骨。严嵩入阁的二十年，这两个演员就是如此简单地和不断重复地表演下去。人们可以骂演主角的愚蠢荒唐，专横残暴，人们也可以骂演配角的贪图富贵，阿谀取容。但是，光骂是不能解决问题的，他们的存在是历史的存在，只要存在封建君主专制，这样的演员也必然存在，这样的儿戏也必然照演，总之一句话，儿戏政治是封建君主专制的必然产物。在中国，封建帝王是不受任何力量制约的，既没有宗教的制约力量——教权，可以抗衡皇权，更没有法律的力量可以约束皇权。在历史上的某些时候，丞相还可以与皇帝坐而论道，面折廷争，还可以由丞相直接下达命令，但是，没有形成牢固的制度，更丝毫也没有形成立法的权威。因而到了封建社会的后期，君主专制日益强化，丞相废除了，六部只是各司其事的执行机关，政府对皇权的一点点制衡作用也完全失去了。至于介于宗教与法律之间的，就像乔纳森·梅休说的"上帝本身并不以绝对专制和横暴的方式进行统治。这位万王之王的权力受制于法——受制于诚实、明智和公正的永恒法则以及正确理性的持久戒律"，希望有一个守法的上帝，在中国也是绝对不可能的。如此一来，儿戏当然不可避免，失去了制约力，就像能量释放一样的权力释放就是无序的，而且是连续不断地无序释放。明朝一代，这种儿戏演员何止是世宗与严嵩，儿戏表演几乎与明代相始终。世宗嘉靖朝之所以能把儿戏演下去，演了四十五年，世宗死后，儿戏还演了七十八年，没有别的原因，就是两种与明代对立的力量都还没有成熟起来。农民起义的力量还没有成熟，边疆民族的力量也还没有成熟，所以，怎么苟安胡闹，都还混得下去。一旦对立的力量成熟起来，这出由朱氏皇朝担任主角的儿戏才宣告闭幕。

严嵩当上大配角，从他自己来说，演了几十年的喜剧，享尽了荣华富贵。然而，他毕竟是个悲剧性人物。他的悲剧不在于儿子被杀、孙子被充军了，也不在于他以八十九岁的颓龄寄食墓舍而死，而在于他中了学优则仕的毒。在人生道路上，作了一个完全错误的选择，既出卖了自己的灵魂，也断送了他另一个本来可以达到的——文学家的前途。

对儿戏演员严嵩不存在有什么翻案问题，却不得不说几句公道话。如果有人对待这段历史仍然还持世宗不失为"中主"、严嵩是误国者的观点，那就是"天王圣明，臣罪当诛"的遗毒未除，对此，作为现代人应该是不屑一顾的。

严嵩与明代政治的讨论之所以令人感到兴味，在我看来，就在于这样的历史常有浓厚的戏剧性。本来，历史作为一个大舞台，都是富有戏剧性的，而这段历史的戏剧性的特征，却是儿戏的表演。这是一个特定历史阶段的产物，只有这个特定的历史阶段过去了，历史的正剧才会拉开序幕。

1988 年 11 月，由江西省社会科学院历史研究所和江西省新余市历史学会、江西省分宜县地方志编纂办公室等三个单位联合发起，在江西分宜县——严嵩的家乡，举行了一次"严嵩与明代政治"学术讨论会。我有幸参加了并拜读了专家学者们所写的论文，得到了很多启发和教益。现在，论文选集即将出版，编辑同志索序于我，借此机会，也谈一点严嵩与明代政治的个人看法。由于自己对明史没有什么研究，佛头着粪，自知不免，匡正纠谬，实所企盼，谨序。

一九八九年五月

"此器能输郡国材"

——读《景德镇陶瓷古今谈》书后

近读杨永峰同志的新著《景德镇陶瓷古今谈》一书（中国文史出版社 1991 年版），令我为之喜悦不置，且引起了我的许多感触。

早年读蓝浦著的《景德镇陶录》（郑廷桂补辑本），其中写道：

> 从来纪陶无专书，其见于载籍者，或因一事而引及一器，或因一器而引及一事，或因吟赋而载一二名，惟蒋祈《陶略》及沈阳唐公《陶成记》《示谕稿》，说景德镇陶事颇详。其他如练水唐氏《窑器肆考》，详天下古窑颇悉，而于镇陶多本传闻，往往出蒋、唐诸集之外，其实不无谬误……

又说：

> 《龙威秘书》有朱桐川先生《陶说》，说分三则，惟说镇器多简略。

又说：

> 镇陶自陈以来名天下，历代著录家多称述，……惜其无专书也……

可知在清嘉庆以前，研究景德镇陶瓷的专著实在太少了，近代以来，尤其是新中国建立以后，研究景德镇陶瓷的专著才渐渐多了起来，其中还包括了外国人的著作。我所接触到的国人的著作，确有不少研究有素、卓有见地的佳作，如陶瓷发展史专著、古窑址的发掘报告、古窑结构及陶瓷烧制的研究论文，以及有关陶瓷古籍的考订等，都取得了相当丰硕的成果，特别是有关现代陶瓷的研究，无论是陶瓷工艺技术方面，还是陶瓷造型、彩绘美术方面，均有长足的进步，这些都很值得人们引为庆幸。

然而，我常常会想起，作为拥有 1600 多年历史的景德镇，它的发生和发展一直和陶瓷结下了不解之缘，而且随着陶瓷业的发展，它一直走着由专业市镇向专业城市迈进的路子。作为一座专业性城市，具有如此悠久的历史，这不仅在中国是罕见的，而且在世界上也是很独特的，在世界城市发展史上，具有不容忽视的典型价值，当然，更具有学术上的研究价值。试以西欧为例，在西欧历史上以陶瓷业而著称的城市也有不少，如意大利的佛罗伦萨、都灵，英国的斯塔福德郡，法国的里昂，等等。意大利的陶瓷业对欧洲其他国家的陶瓷业的兴起，曾经有过非常重要的影响，佛罗伦萨的陶瓷器作为传统产业一直享誉欧洲，而自 16 世纪至 18 世纪兴起于都灵的彩陶更赢得了"都灵彩陶"（Turin Faience）的专称。英国的斯塔福德郡自 17 世纪起，成为欧洲最有名的陶瓷中心之一，也博得了"斯塔福德郡陶瓷"（Staffordshire Ware）的专称。法国里昂的陶瓷业受意大利的影响最深，自 16 世纪至 17 世纪晚期，其生产的彩陶几乎和都灵彩陶难以区别，但也获得了"里昂彩陶"（Lyon Faience）的专称，得到了举世的公认。

上述这些与陶瓷业有关的西欧城市，它们在兴起中呈现出的特点，和景德镇相比较，都有着很大的不同。它们中有的曾经是国家的首都，有的至今仍然是省会所在地，地位都很显赫。如佛罗伦萨在 14—16 世纪是欧洲文艺复兴的发祥地，在 19 世纪曾一度成为意大利的首都，至今仍是托斯卡纳区佛罗伦萨省的省会。都灵在 19 世纪是争取意大利统一运动的政治文化中心，也曾一度作过意大利的首都，至今仍是皮埃蒙特区首府，托里诺省省会。里昂早在罗马时期就是高卢的都城，在 17 世纪已成为法国的政治、经济、文化的中心，至今仍然是法国的第二大城市。它们都和景德镇有着十分显著的区别。只有英国的斯塔福德郡和它们稍有不同，该郡由 5 个区、3 个自治市组成，17 世纪以前，土地贫瘠，人口较少，自 17 世纪起，才逐渐发展起来，不过作为陶瓷业来说，实际上只限于该郡的北斯塔福德煤田区，俗称产陶地区，似乎远不及上述意、法三个城市显赫，和景德镇有某些相似之处，然而该郡陶瓷业的历史，与景德镇相比较，不免太晚，只有 300 多年的历史。由此看来，作为专业性城市，景德镇就显得十分特别，它的历史极为悠久。可是，它不仅从来没有取得作为国家或省区的军事、政治的中心，就连作为县府所在地的资格也长期没有取得，甚至也没有成为经济、文化的中心。要知道在历史上，一个城市的兴起，往往离不开军事和政治，首先是作为军事要冲，而后成为政治的都会，再发展成为经济的重地，这在中国的历史上尤其如此，很少有例外。而景德镇恰恰就是一个例外，它僻处一隅，四面环山，只有一条小河昌江与外界相沟通。然而，就因为它拥有陶瓷生产，竟然驰名中外，历久不衰，而且到了16、17世纪，镇内人口高达十万余众，几乎全是围绕着陶瓷生产而眠食作息的。清人沈怀清《窑民行》诗云："景德产佳瓷，产器不产手。工匠来八方，器成天下走。陶业活多人……食指万家烟，中外贾客薮。坯房蚁垤多，陶火触牛斗。都会可比雄，浮色抵一挦。"这是当时真实的写照。更值得注意的是，在我国古代，生产名瓷的地方有不少，并不限于景德镇一地，如宋代就有定、汝、官、哥等窑，都非常著名，它们的传世产品都已成为国宝。然而，由于多种原因，它们都没有像景德镇那样长期地延续下来，盛衰旋踵，成了历史的遗迹。由此可见，景德镇作为一座专业性城市，既不像其他城市那样以军事、政治为根基依托，又不像某些著名产地那样，骤兴骤歇；地望不隆，而誉满中外；众卉凋零，而一枝独放；时逾千载，而前途无量：这在中外城市发展史上确实是颇为罕见的，所以它具有相当重要的研究价值，无论从城市史、经济史、文化史、科技工艺史、美术史等哪一方面来说，都有其不容忽视的典型意义。

正是本着这样的想法，早在20世纪60年代，我曾和几位同道谈论过如何聚合多方面的力量，通过深入实地调查并广泛收集文献资料，先进行多角度的专门研究，再作综合性的研究，最后写出多卷本的景德镇城市发展史，怀蓄此愿，历有年所。"文化大革命"期间，无从谈起。20世纪80年代开始，我重申此愿，然又限于财力与人力，响应者寥寥，至今仍流于空谈，而我已垂垂老矣，岁月蹉跎，学殖荒落，兴念及此，总觉得是终生的一大遗憾。

也正是本着这样的心情，才引起我阅读杨永峰同志的新著《景德镇陶瓷古今谈》的兴趣。一读之下，便爱不释手，因为这是一本好书，它在一定程度上填补了我心灵中的一个难忘的缺憾。

这本书不是一时率尔之作，没有作者在景德镇工作的几十年的经历——从一个窑业科科长，到出任中共景德镇市委书记，没有丰富的实践经验和丰富的领导经验，是无论如何也写不出来的；没有作者的良苦用心，作了多年的调查研究，广泛地收集资料，片言只字，珍惜无遗，日积月累，寸阴是竞，同样是无论如何也写不出来的。杨永峰同志不是一位历史专业工作者，然而，就凭他孜孜以求，长期不懈，终于完成了历史专业工作者所难以完成的工作，这需要相当的智力、精力和毅力！

通读《景德镇陶瓷古今谈》，我的初浅印象是，它有如下几点特色。

一、贯通古今，详今略古，纵横交错，点面结合，举凡与陶瓷生产的各个环节，包罗无遗，粲然大备。

全书正文分六大部分，后面殿以大事记和附录。第一部分"举世闻名的瓷都"，可以视为全书的概述，作者以简练的笔墨，从时空两个方面，对景德镇作了轮廓的描述，对景德镇能成为千年瓷都的原因，作出了颇为扼要的分析。然后就如何估价建国后的景德镇瓷业这个问题，作者提出了"有发展，有差距，有困难，有希望"四点精辟的看法。书的第二部分，作者以"历代陶瓷话沧桑"为题，自汉唐以迄民国时期分为八个历史段落，展开了景德镇瓷业的历史画卷。篇幅不多，言简意赅，图文并茂，有史实，有人物，脉络分明，言皆有据，可以视为景德镇陶瓷业发展史的一个缩影。第三部分"旧时陶瓷各行业"是将建国以前景德镇陶瓷业生产的各个行业及其生产过程作了横断面的展开，逐一加以介绍和评述。由于陶瓷业生产涉及许多方面，早在明代末年，宋应星在《天工开物》中就曾写道："共计一坯工力，过手七十二，方克成器。"如果加上原料产销和工具、颜料等制作业，以及有关陶瓷商业经营等行业计算，当然不止此数。作者在这一部分把各行各业汇成十二个方面加以叙述，其中有大量的材料都是文献上看不到的。如民国时期的劳资关系有许多具体规定，书中提到的所谓的"红饭""黑饭"，"红饭"中又有各种"酒钱"的规定，还有所谓"散做"与"常位子"等规定，都反映了当时瓷业工人的境遇和地位，具有很高的史料价值。这一部分是作者进行了长期调查研究后所取得的成果，大大地弥补了文献记载的不足。第四部分"继往开来四十年"和第五部分"陶瓷各业吐芳华"，这两部分是全书的重点所在，分别从纵横两个角度，记录了景德镇在新中国成立以后所取得的重大成就，在很大程度上也可以说是作者的亲身经历。先按历史的顺序叙述四十年来陶瓷业在发展中波澜起伏的历程，接着又分别按行业写出了它们各自的变化新貌。材料丰富，文笔流畅，引人入胜。书的第六部分"总结经验谈未来"，可以说是一篇颇有分量的学术论文，倾注了作者的心血。本部分从十个方面既对建国以来景德镇陶瓷业生产所取得的经验进行概括，又对今后的前景作出展望。通篇以贯彻党的十一届三中全会以来的路线、方针、政策为主线，在建设有中国特色社会主义的基本路线指引下，紧紧结合建设景德镇现代化陶瓷业的具体实际，把十个带关键性的重大问题——陶瓷工业与其他工业，生产数量与产品质量，继承传统与推陈出新，传统经验与现代科技，市场信誉与经济效益，自力更生与学习先进，就地改造与迁建改造，重点突破与全面提高，陶瓷生产与商品销售，企业管理与政治工作——分别加以讨论，并作出了作者自己的论证和论断，具有一定的理论意义和现实意义。可惜的是，本书出版于1991年年底，如果用1992年年初邓小平同志的南方重要谈话精神和江泽民同志在党的十四大上所作的报告精神来衡量，则本书的有关展望部分，就不免显得思想解放得还不够，步子迈得还不够大。倘能按照建设有中国特色社会主义的理论和我国经济体制改革的目标是建立社会主义市场经济体制的要求，结合景德镇的实际，加以充分的论证和阐述，相信作者一定会写得更好，这只有期待作者在将来再版时予以增补了。

二、实事求是，秉笔直书，不虚美，不文饰，堪称一部信史。

通观全书，给读者一个强烈的印象，就是实事求是。这不仅仅表现在书中所引用的材料是可信的，而且更表现在对史实的是非得失、成败利钝的评价上，也是可信的。特别是对四十年来景德镇陶瓷业所取得的成就的认识，没有采取简单的画直线的方法，对历史上的某些问题，也不持躲闪、隐讳的态度，而是按照历史的本来面目，秉笔直书，直言无隐。是成绩应该写够，也必须写够，因为实践已经证明，四十年来我们所取得的成绩是极其巨大的，是主流所在，是丝毫也不应该抹杀的。作者正是基于这种认识，所以，在写成就时，包括作者的亲身经历在内，浓墨重彩，饱含激情。无论是新旧对比、技术革新、建设规模的扩大、新产品的涌现等，都写得有声有色。而且对于领导人的品德和作风，也写得感人殊深，如说"有的瓷厂隧道窑中匣柱被烧倒了，卡住了窑车，领导干部穿上石棉衣，冒几百度高温进去扒渣，这就是一种无声的命令。这样一种风气形成了，以后发生了其他事故，领导不在现场，工人都会自动处理"。作者由此而发出许多感慨，对一些"靠坐办公室发号施令，指挥生产"的领导干部，提出了恳切的批评。作者在着力写成就时，并没有忘掉实事求是，不浮夸，不拔高，不涂饰，不把成就写得十全十美，至矣尽矣。譬如写某种改革获得了成功之后，还往往指出此项改革尚有不足之处，留有余地，以便百尺竿头，催人奋进。与此同时，作者对景德镇陶瓷业在发展中所出现的失误和挫折，也没有采取回避甚至掩饰的态度，而是作为经验教训，如实写出。有一些今天看起来完全违背科学乃至违背常识、叫人忍俊不禁的错误，作者也没有放过；而且作者手中的这把解剖刀，不仅解剖别人，同样也解剖自己。譬如作者在 1970 年曾提出过"陶瓷工业十不用"。书中写道："所谓'十不用'，绝大多数都是毫无科学根据、脱离实际的"，是自己的"头脑发热"，"从而使陶瓷生产力遭到了严重的破坏"。又譬如 1975 年景德镇曾组织人力，进行青花自动作业线的试验，这项试验最终失败了。作者是当时的总指挥，可是他不仅没有诿过于人，还赞扬了参加试验的工人、干部和工程技术人员的工作都是努力的，书中写道："失败的根源是指导思想上的错误，作为总指挥，我要负主工责任。"读者从中可以看出，一位共产党员敢于坚持真理，又敢于修正错误的实事求是的品质。总之，只有坚持实事求是，秉笔直书，才有条件将历史著作写成一部信史。

三、作者以第一人称置身书内，既娓娓而谈，又侃侃而论，令人读来如话平生，显得亲切、生动。有似作者的回忆录，由主观去透视客观，又由客观去检验主观。但又不仅仅是回忆录，因为作者的视野并不局限于个人的经历，而是尚论古今，展望将来。加上书中还涉及许多人物，有的以事系人，有的专门介绍，穿插其间，使全书显得更加生动活泼，增添了历史的运动感。本来，历史是人的舞台，离开了人，哪有历史。然而，有些史书却偏偏只叙事，不写人，或者只提到极少数的几个人，这种史书读起来，大有误入空山、不见人迹之感，当然，更谈不上有什么可读性了。而这本以"谈"为基本体裁的《景德镇陶瓷古今谈》，却庄谐间出，幽默横生，既不像板起面孔的历史教科书，又不像单由第三人称出面的史话，因此可以说，这是一部别开生面的史书。

四、全书资料丰富，图文并茂，尤其可贵的是，大量资料来自口碑记录，不少资料是从零星散出的片言只字中爬梳出来的，即此而论，作者对学术界也是有贡献的。从书的后记中还可以看出，作者在撰稿中，得到了许多单位和许多同志的支持与帮助，列举的名单就有 50 余位之多，足证作者的写作态度是很严谨的，唯恐个人见闻有限和识见有误，绝不抱残守缺，而是广事咨问，多方请益，期归一是，这也是治景德镇陶瓷史的一个优良传统。蓝浦的《景德镇陶录》在编写过程中，曾经征求了许多人的意见，据其门人郑廷桂所说，也有 15 人之多，这可谓"转益多师"，"商量邃密"。古人这种下笔不苟的作风，为作者所继承并发扬。我想，这种良好的学风和文风，更是值得在今日加以大力提倡。

总之，这是一本好书，我从中受益良多。记得《浮梁县志》载有清人缪宗周"兀然亭"诗一首，诗云："陶舍重重倚岸开，舟帆日日蔽江来。工人莫惜天机巧，此器能输郡国材。"景德镇的陶瓷业不仅能生产出享誉世界的名瓷，还能够培养造就和输送出有利于省、有利于国的众多人才。在前辈人当中，就已经形成了这一认识，时至今日，这种认识就不仅仅是一种愿望，而是客观存在的现实。今天，正是物阜民康、人才辈出的时候，因此，我在读了杨永峰同志的新著以后，不禁由衷地增强了我的信心。我深信在不久的将来，必将有新的一批俊彦之士聚合起来，写出一部多卷本的《景德镇城市发展史》而加以问世。永峰同志的新著就是一个新的起点，一个好的基础。

"此器能输郡国材"，我深深地期待着！

1992 年 11 月 9 日于南昌青山湖畔北面斋

载《争鸣》1993 年第 1 期。

关于江西省史编研的几个问题

宋洪迈《容斋四笔》卷五载"饶州风俗"一则，内云：

> 嘉祐中，吴孝宗子经者，作《余干县学记》，云："古者江南不能与中土等。宋受天命，然后七闽、二浙与江之西东，冠带《诗》《书》，翕然大肆，人才之盛，遂甲于天下。江南既为天下甲，而饶人喜事，又甲于江南。盖饶之为州，壤土肥而养生之物多，其民家富而户美，蓄百金者不在富人之列；又当宽平无事之际，而天性好善，为父兄者，以其子与弟不文为咎，为母妻者，以其子与夫不学为辱。"其美如此……

吴孝宗是北宋时期江西抚州人，他说宋代的江南，无论经济与文化已为天下之冠，而饶州"又甲于江南"。可见当时的鄱阳湖滨一带，土肥物丰，家富户美，已跃居于今苏、皖、浙、闽、广诸省之首。而于其间的推移变化，原始要终，历来史家多不能详。因有感于治国史者苟不兼明地区之史，则其于国史之疏略错舛，殆不能免。故今日之治史者宜究心于地区史之研索，实所当务。缘不避谫陋，谨就有关江西历史的几个问题，略抒管见，幸读者教之。

江西史迹溯秦汉以上，大多混茫，载笈偶一遇之，类极简约，欲求一比较清晰之轮廓，亦每不可得。前人治江西史者于此皆不能道其一二；所有方志尽付阙如。然自建国以来，江西的考古事业蓬勃发展，地下发掘所获颇多，古文化遗址、古文物遗存，屡见迭出，如万年之仙人洞，修水之山背，樟树之吴城、筑卫城等地所出土的自新石器时代迄于殷周时期的众多遗址，其文物之繁富且粲然各具特色，已为世人所瞩目。尤以近几年来，在瑞昌发现的商周时期的采矿炼铜遗址，浇铸用石范，采掘用青铜工具，而更有令人惊异者，发现有木辘轳的轮轴机械装置和备有溜槽、尾沙池的选矿系统，迄今为止，这是我国最早最先进的采冶成果。新干大洋洲殷代墓葬出土了大批的青铜器，其年代之久远，品类之多，质量之高，特色之鲜明，亦属举世所罕见，较之中原出土之同期文物不稍逊色，则吴孝宗所谓"古者江南不能与中土等"，实未必然。根据考古发掘，补写江西先秦史，极有必要，盖今人拥有之资料已远优于古人，则治古史而能今胜于昔，实属我辈之大幸。此其一。

江西古代先民乃百越之一的越人，又称干越。今余干县，汉时称余汗，汗即干。其地唐时犹存"干越亭"（其址今属余江县）。今人治古百越史者类能言之。然在古代反而言多抵牾，疑莫能明。考诸载籍，如《庄子》《荀子》《吕览》《淮南子》，或称"干越"，或称"于越"；而一书之版本，宋椠作"干越"，而元刻又作"于越"，如《荀子》；又同一书也，如《吕览》，高诱注为"干遂，吴邑"。而杨倞注《荀子》引《吕览》高诱注，又作"于越，高诱曰吴邑也"。于是后世乃有干越与于越之分，而其所在之地俱不能确指。及至三国时期，史书突然又大量出现"山越"人，其众几遍及江西全境，延至隋唐，始不再见，而"山越"的来踪去迹为如何，前人皆不能辨。又《汉书·地理志》谓："吴粤之君皆好勇，故其民至今好用剑。"相传欧冶子为越王作五剑——湛卢、巨阙、胜邪、鱼肠、纯钩，又谓曾与吴人干将、莫邪夫妇合铸二剑。《庄子》曾谓："夫有干越之剑者，柙而藏之，不敢用也。"可见干越之剑在春秋战国之际极负盛名。故晋时发现的丰城故剑，竟获"龙光射斗牛之墟"的美誉。又《吕览》与《淮南子》均载有"次非得宝剑于干遂，还反涉江"，中流斩二蛟的一则古代传说。《淮南子》"次非"作"佽非"，"干遂"作"干队"。而《汉书·宣帝纪》如淳注则谓"得宝剑干将"，而杨倞引《吕览》又谓"得宝剑于于越"。合而考之，则"干遂""干队""干将""于越"云云皆"干越"之误传与误写。按干、于二字，古书极易混淆，古人每每误读，即大学者亦不能免。南宋罗大经《鹤林玉露》载杨万里与同僚谈及《搜神记》的作者晋人干宝时，竟误读干宝为于宝，为一吏检韵书正为干宝，杨万里高兴地对这位吏员说："汝乃吾一字之师。"可证古人分于越、干越为二地，实在是错误的，于越即干越，其地在江西，先秦时期最擅长铸宝剑者，乃江西之干越人也。又按《汉书·宣帝纪》服虔注，对于上引次非得干越宝剑斩二蛟之传说，另持一说，谓"周时渡江，越人在船下负船将覆之，佽飞入水杀之"。剥去了神话色彩，乃是一场争夺宝剑的战斗，而时代竟在"周时"，则江西先民——干越人早在"周时"即能铸宝剑，其文化之高、文明之盛足令后人咋舌。证以近年在江西发现之铜矿、铜器文化遗址及贵溪岩墓文化遗存等，更加确然无疑。今日治江西史者将一扫数千年来之迷雾，重现江西先民之丰功伟业，自当引为己任。此其二。

自来言江西古代文化者，每喜称道唐宋之文章诗词、宋明之理学与心学、明清之戏曲等，大抵家究篇论，累世不倦，然叩其源流影响，以及历代的风俗诸端，则多缄默，盖无宏观达识综而理之，故至今犹如断线风筝或一盘散珠而已。按江西先民好信巫鬼，史称豫章多淫祠。西汉寿春人梅福为南昌尉，"明《尚书》《穀梁春秋》"，盖一儒者，然本传谓"后去官归寿春"，"王莽专政，福一朝弃妻子去九江，至今传以为仙"，居然又成了仙人，而至今江西人还有关于梅福在南昌西山梅岭成仙的传说。梅福虽非江西人，却是史书上第一个给江西带来文化影响的人物（春秋时孔子弟子澹台灭明传说曾来江西，南昌并有其坟墓。而据《史记·仲尼弟子传》则仅言其"南游至江，从弟子三百人，设取予去就，名施乎诸侯"。《索隐》但谓"今吴国东南有澹台湖，即其遗迹所在地"。《正义》且明指"墓在兖州邹城县"。因其未确指曾来江西，故不叙）。东汉时，中原儒学渐被江西，如程曾、唐檀、徐稚等皆豫章南昌人，史称程曾与徐稚均习严氏春秋，即公羊严彭祖学；唐檀习颜氏春秋，即公羊颜安乐学。可知西汉兴起之公羊学的严、颜两派，此时均行于江西。而史又称唐檀并习京氏易，"尤好灾异星占"，尝上书"陈其咎征"，故《后汉书》列在方伎传。徐稚亦曾学京氏易，"兼综风角、星官、算历、河图、七纬、推步、变易"。这位被当代人誉为"爰自江南卑薄之域而角立杰出"的"南州高士"，其实和唐檀一样，都是儒术而兼方术之士，此诚与公羊学本杂以阴阳谶纬有关，然亦当时江西素有好巫觋仙鬼之俗有以致之。缘此而降，至于魏晋南朝，幽明神怪之录始终不衰，陶渊明著《搜神后记》，即贤者亦所不免。而佛道二教亦接踵而至。三国时张盛于贵溪龙虎山，设坛传箓，建立天师道一大宗派；晋人许逊本治水专家，死后在江西被神化，后人建万寿宫奉为江西"福主"，寝假形成道教中的净明一宗。又如刘宋时期的陆修静长期居于庐山简寂观，著书立说，为道教中的名人，影响亦颇不小。而佛教之影响于江西者尤深且巨。晋宋之间，名僧慧远、佛陀跋多罗、僧迦提婆、竺道生等均先后来到庐山。慧远定居东林寺三十余载，到死不复出山，请僧迦提婆译《阿毗昙心经》《法度论》等经。道生则两度来庐山，后住西林寺终老。慧远与道生均葬于庐山。一时江西籍的文人名士如周续之、刘遗民、陶渊明、雷次宗等均与慧远等或相交游或师事之，此为江西古代文化受佛教影响之始。到了唐代，随着佛教逐步中国化、禅宗异军突起，自慧能、神会分创南北禅，南禅主顿悟，北禅主渐悟，江西成了南禅最为盛行的地区。按顿、渐二悟之分，并非始于禅宗，早在晋宋之际，即有支遁倡小顿悟和道生倡大顿悟而慧观倡渐悟之分，慧观亦曾同道生来过庐山，只是其影响不及道生。因此唐代江西的禅林同宗顿悟，盖有其历史渊源。唐时江西禅宗名僧辈出，开宗立派，争做祖师，所谓由"如来禅"而为"祖师禅"者，当日号称"五家七宗"，除云门、法眼二宗与江西关涉不深外，其余各宗派皆与江西有极深之关系，禅风之盛，并世无匹。故有"求官去长安，求佛往江西"之说。迄于宋明，佛教渐衰，而理学与心学交相勃兴，江西又成了理学与心学之重要基地，朱熹之学虽称闽学，而其在江西之影响亦颇深。同时起而与朱熹相抗衡者，则有陆九渊之学，我特称之为"赣学"者，盖前人每以关、洛、濂、闽四大派以包举有宋一代之理学，实不能尽，此乃封建统治者推崇程朱之偏见，今当为之辩明者。朱熹之学大抵主格物致知之说，所谓"穷理以致其知，反躬以践其实""竭其精力，以研究圣贤之经训"，故其所著之书特多。而陆九渊则持"发人本心"为先，所谓"宇宙内事，己分内事；己分内事，乃宇宙内事"，四海之内，心同理同，所以，他不喜著书，至谓"学苟知道，六经皆我注脚"。朱、陆之间，互相诘难，朱谓陆"太简"，陆谓朱"支离"，遂开主张"道问学"的闽学与主张"尊德性"的赣学两大派。而江西学人则多以陆九渊为宗，即使是朱、陆兼治者，也隐然以陆学为主。后来者如元之乐安吴澄、明之崇仁吴与弼等皆当时大儒。吴澄曾说"学问不本于德性，其弊必偏于言语训释，故学以德性为本"。吴与弼则亦不喜著书，而其学"多从五更枕上汗流泪下得来"，皆隐然陆学也。按宋理宗淳祐元年（公元1241年），关、洛、濂、闽四学派始由皇帝下诏，令学官列诸崇祀，至元仁宗延祐开科，遂以朱熹之书，为取士之规程，终元之世，莫之有改。明太祖即位之初，首立太学，一宗朱熹之书，令学者非濂、洛、关、闽之学不讲，至成祖益广而大之，故江西学人虽主陆而不得不兼治朱者，格于功令之故也。然而，就在永乐二年（公元1404年），鄱阳有位儒生叫朱季友的，诣阙上书，专诋关、洛、濂、闽之学，结果遭到明成祖的严厉惩治，"命有司声罪杖遣，悉焚其所著书，曰：'无误后人。'"陈鼎《东林列传》引此并谓："于是邪说屏息，迄今二百余年。"这位江西老表朱季友成了明王朝惩一儆百的罪羊。尽管如此,江西学人朱陆兼治、隐然陆学者仍代不乏人。直到清代,临川李绂虽谓"朱子道问学、陆九渊尊德性不可偏废",然观其著《陆子学谱》《朱子晚年全论》《阳明学录》等,则知其学一本于陆九渊,源流有自。陆学在江西之盛既如此,则又可窥见有明一代王阳明之学在江西之盛行,此盖事势之所必至。黄宗羲谓:"姚江之学,惟江右为得其传","盖阳明一生精神,俱在江右"。陆王一脉,王阳明自谓:"故仆尝欲冒天下之讥,以为象山一暴其说",以发扬陆学为己任。故阳明之"致良知"与陆九渊之"发明本心"同出一辙。王阳明的"一生精神"都在江西,就是因为江西在思想文化上有其所固有的传统,绝非偶然也。又按程朱之道问学与陆王之尊德性两途,又恰恰与佛教之渐悟与顿悟两途相类似,道问学似渐悟,尊德性似顿悟。禅宗主顿悟,喜称教外别传,不立文字,只讲究棒喝、机锋、明心见性。而陆王学派视学问为支离,以"发明本心""致良知"为先务。故明代"人疑其禅",其言未必诬。而南城罗汝芳竟至公然不讳言禅,盖亦知其无可避免或无须避免也。至于程朱与陆王兼治而隐然陆王者,亦犹支遁与道生之主张顿悟而不全废渐修之意。由此言之,古代江西的思想文化其渊源所自,又不仅限于由陆王而上推禅宗,直可上接晋、宋之间,源流不可谓不远也。由此再往上溯,则江西先民之信巫鬼,两汉之儒术杂以神仙方士,以及魏晋之交的道教所形成的古代江西思想文化的特色,沿及明清,亦迄未中断,如宋初宜黄乐史著《太平寰宇记》二百卷(今存一百九十三卷),论者谓"史书虽卷帙浩博,而考据特为精核",然其又著《广卓异记》二十卷,则大谈神仙之类,论者又指为"神怪无稽,舛谬殊甚"。更有甚者,宋真宗时,新喻王钦若曾中进士甲科,主修《册府元龟》一千卷,"及贵,遂好神仙之事,常用道家科仪建坛场以礼神",所著书有《天书仪卫志》《翊圣真君传》《罗天大醮仪》等,又"领校道书,凡增六百余卷",并和南城陈彭年及丁谓、林特、刘承珪等号称"五鬼",策划了大中祥符元年的"天书"事件,怂恿宋真宗东封西祀,王钦若因此晋升宰相,被史家指为"党恶丑正,几败国家",是一个十足的儒术而兼方术的典型人物。至于明代,宪宗时又有南昌人李孜省,本为布政司吏,待选京职,及得知宪宗好方术,"乃学五雷法",厚结宦官,以符箓进,遂日见宠信,"益献淫邪方术""干预政事",甚至"又假扶鸾术言江西人赤心报国",一时江西人竟缘李孜省而多得美差,"万安、尹直(泰和人)、彭华(安福人)等,因之以得高位"。万安为内阁首辅，与阁臣刘珝矛盾很深，万安"与南人相党附"，而刘珝与"尚书尹旻、王越等，又以北人为党，互相倾轧"，皆李孜省有以导之。王钦若的伪造"天书"与李孜省的"干预政事"，当然已越出思想文化范围，而属政治丑闻，我之所以要在这里提及，只是想说明由巫术方术演变为道教，在古代江西所产生的影响，实不仅限于思想文化而已。且由巫术方术跃而为佛教之禅宗、为陆王之心学，虽与方术、道教截然分为两途，然个中消息，实难切而断之，远源近流，或貌同而心异，或貌异而心同，共同形成了古代江西思想文化上的颇具特色之处，非钩陈素隐、细心探求，不易理清脉络，《中庸》谓"莫见乎隐，莫显乎微"，此所以寄望于治江西史者幸留意焉。当然，对于古代思想文化中所夹杂的迷信宗教唯心色彩，不能统统视为糟粕而一律摒弃之。盖在历史条件的限制下，它在一定的历史时期内和一定的客观程度上，也曾经起过积极的作用，影响或产生过许多绚丽多彩的古代文化，包括哲学、文学、艺术等各个方面，至今传诵不衰，甚至对于全国以及世界东方也曾产生过相当大的影响；然而却也影响了江西古代对研寻实学之不振。明清之际，值佛学已衰，程朱之学僵化，陆王之学亦告颓靡之时，由于政治经济的原因，在思想文化界渐开探寻实学之新径。所谓"实学"，即无论从研究对象和研究方法上都接近于科学。当时有不少人有志于自然科学的研究；而通经致用之说兴，改变了宋明以来治经唯求心性义理的老调子。乾嘉的考据学在研究方法上，也可以说较前人更接近于科学。然而，这一切对当时的江西说来却未曾掀起很大的波澜。如具有科学头脑的思想家方以智虽非江西人，晚年来江西，最后主持吉安青原山净居寺。他的老师王宣是金溪人，他的朋友中有易堂九子和新建陈弘绪、泰和萧伯升、新建徐世溥等人，他的大部著作如《物理小识》《通雅》是江西人为之校勘、编辑和刊刻的，其中有方之门人天算学家广昌揭暄。然而他们在长时期里影响并不大。方以智的上述著作被《四库全书》列入杂家，不为学术界所重视，其余著作大多散失，揭暄亦然。至于奉新宋应星的《天工开物》更未为《四库全书》所收录，他的其余著作则仅存孤本。另有天算学家婺源齐彦槐、考据学家婺源江永，当时归诸"皖派"，影响亦未被及江西。而易堂九子则以文章节气著称，虽经方以智许为"易堂真气，天下罕二"，亦终未开出新的风气。星子宋之盛、南丰谢文洊等虽于当时品望颇隆，然仅拘守理学，更无开创之力。从而明清之际，江西之文风学风遂一转而趋于时文八股。袁枚曾说："前明一代，金

正希、陈大士与江西五家，可称时文之圣。"其中除陈金声（正希）为休宁人外，陈
际泰（大士，临川人）及"江西五家"都成了八股圣手，此风沿及有清一代。虽然，
江西人之趋于八股，尚有许多缘由，然而，学风文风之归于衰敝空虚、了无价值，
推其源流，则向日之专事玄言，不务实学之旧传统，不能辞其咎。故今日之治江西
思想文化史者如何从精华中剔除糟粕，又如何从糟粕中淘取精华，穷其演变，评其
功过，为后人留下一份可资鉴戒的历史遗产，也有其不可推诿的责任。此其三。

古代江西的经济文化由逐步开发到迅速发展，有赖于赣江鄱阳湖水系至为深远。
原始先民多居于近水之台地，此在江西发掘的多处新石器时代遗址，也莫不皆然，
无一例外。盖人类之生活与生产不可一日无水。农业生产兴起后，促成了人类的定
居生活，亦必依水而定。所以，江西一境首先发展起来的地方都在赣江鄱阳湖水系
的沿岸。社会生产的进一步发展，农业、手工业的进一步发展，又引起了商品交换
的发展，商业兴起以后，贸易往来日益频繁，商旅交通成了经济文化繁荣的必要条
件。故隋唐以降，由于大运河的开通，海外贸易的渐趋发达，从而南北之间的交流
与大陆和南海的贸易，都倚赣江为其主要之通道，江西遂一跃居于地理上的优势位
置。翻开中国地图一看，便知长江以南纵贯南北的河流，可以通航的只有湘江与赣
江两条。湘江早自秦始皇开灵渠与漓江相沟通，把长江与珠江两大水系联系了起来，
秦汉以来，中原地区与岭南交通曾取道于此。然灵渠本来就很狭窄，时日一久渐渐
难以通航，加上为十万大山所阻，更不能直接出海。因此，长期以来赣江便成了自
中原达于岭南的最主要的通道。经长江入鄱阳湖再由南昌溯赣江而上，抵赣县而至
大余，再改由陆路越庾岭抵南雄，然后又由水路自浈水达北江，顺流而至广州出海，
故宋祝穆《方舆胜览》引韩绛语："（赣州）当岭峤咽喉，公私货物所聚。"宋黄庆基
亦谓："凡闽、粤与夫四方往来，无远迩之人，舳舻衔尾。"（《重修赣州广济庙记》）
直至清代，赣州仍然"为两粤门户，仕宦商贾溯彭蠡而上者，日未尝绝"（邱成和
《赣州太平港石桥记》）。正是由于有了这条连接南北的主要通道，在古代给江西带来
了经济文化上的繁荣。首先在鄱阳湖之滨和赣江水系两岸，出现了城邑和市镇，出
现许多的草市和圩场。其中有不少圩场又发展成了集镇。到了明清之际，景德镇、
河口、樟树、吴城更成了著名的四大镇，其中景德镇以制瓷业兴起的时间更为久远。
而九江亦已成为长江三大米市之一。随着商品经济的发展，文化也随之勃兴，唐宋

以来，江西的名人辈出，其中更有开宗立派，风气远播，影响全国及于后世者，代不乏人。因此，笔者认为要研究江西的古代文化，必须弄清楚它之赖以兴起的经济基础，而赣江水系在历史上所发挥的作用，与江西经济文化的发展关系至深，称之为"赣江文化"，似无大谬。

在古代，随着江西经济的发展，在人口问题上有一点很值得注意，即人口的稳定性与流动性交替发展，其间强弱消长的变化与经济的兴衰隆替正相适应。本来江西有许多地方封建宗法力量相当强，强宗大姓聚族而居，历久不变。人口的凝固性与自然经济的封闭性互为表里。然而，商品经济发展起来以后，人口的流动迁移逐渐打破了封闭状态（这里没有把因天灾战祸引起的人口流亡加以讨论）。在许多城邑里，先是兴起了许多地方"会馆"，后来又逐渐兴起了带有行会性质的地方帮，如庐陵帮、抚州帮、建昌帮、樟树帮之类。"会馆"的兴起，和科举考试有关，但平时也是同乡商旅聚会之所；至于"帮"，则纯粹是以地方为界域的经济集团，从而地域性的结合取代了宗法性的结合。与此相后先的还有成批成批的进入江西边远山区的移民，他们和当地人一道，共同开发山区，并使人口结构发生了很大变化。上述这些变化又进一步促进了经济的发展。因此，在对江西经济文化的研究中，引进社会学的研究方法，看来很有必要。

近代以来，江西的经济文化的发展显得异常迟缓起来，其原因当然有很多，但与赣江的交通优势逐渐丧失有很大的关系。明清之际，外地移民对山区的开发，虽然扩大了耕地，引进经济作物，在一定程度上促进了农产品商品化，然而，也带来了生态失衡的问题，林木植被逐渐减少，水土流失逐渐加剧，赣江水系的含沙量越来越大，河床升高，河道淤塞。沿及近代，更加严重，终至通航期缩短，有的小河或河流上游终年不能通航；或者即使可以通航，船舶的载运量也日见减少。加上反动统治阶级的横征暴敛、战乱频繁，厘卡的重重掠夺等政治原因，遂致商业日见萎缩，经济趋于停滞，文化教育自亦随之不振。迄于海运大开，铁路兴筑，作为古代南北主要通道之赣江更加无足轻重，优势转化为劣势。于是江西在经济文化上的地位由先进转化为落后，自然经济反而有所强化，封建宗法意识有所增强，作为半殖民地半封建的中国的江西来说，除九江一地外，其他各地则封建性更为显著。盖落后一旦没有得到遏止，其恶性循环便有加无已。落后必倒退，不进则退，当为不刊之论。也由此可以理解，江西人民为什么特别富有革命性，在中国共产党领导下，为建立新中国进行了长期艰苦卓绝的斗争，作出了巨大的牺牲和贡献。穷则思变，这又是一个不刊之论。也由此可以理解，新中国成立以来，在中国共产党领导下，江西发生了翻天覆地的变化，然而和先进地区相较，还存在着相当大的差距。怎样正确看待这些差距？当知冰冻三尺，并非一日之寒，其来已久；要想缩短差距，乃至迎头赶上，则更非一日之功，所能成事，必须假以时日，持续迈开大步，始克有成。因此，洞悉省情，实事求是，不妄不躁，自信自强，抓住机遇，开拓前进，实为当前决策者之所当务，应当说，这又是一个不刊之论。为此，作为治江西史者如何进一步把近代江西经济所以落后的种种原因，一一研究清楚，以供决策者参考，确有必要，这也是治江西史者职责之所在。此其四。

上述四个方面的问题，当然不能包括江西历史之全貌，笔者的用意只在提出一些为前人所难以做到或有所忽视的问题，而今人可以做到而一时还来不及做到的问题，借以引起同志们的兴趣，并力以赴，相信这些问题是不难解决的。笔者愿追随诸君子之后，贡其绵薄，实所深盼。

载《江西社会科学》
1993 年第 1 期。

马端临对两宋衰亡的反思①

马端临著《文献通考》，从典章制度方面对中国历史作了系统的整理。并采录历代思想家、史学家的论断，将前贤的议论与自己的观点相比照，发表了自己的历史见解。马端临生当宋末元初，经受了亡国之痛，目睹南宋鼎祚迁移。因此，他在整理历史的典章制度的同时，着重对宋代的衰亡进行反思，探寻宋代衰亡的原因所在。

第一，从整个中国兴衰史的大过程中去看待宋朝的衰亡，以"知时适变"的观点寻求历史的出路。

马端临对中国历史有整体看法。《文献通考》所载，上溯远古，下至南宋宁宗年间，通贯古今，并把中国历史划分为三个阶段：第一阶段是远古；第二阶段是夏、商、周三代；第三阶段是秦汉以后。他认为，三个阶段的前两个是有"公天下之心"，后一个无"公天下之心"，历史的变化是衰退的。这一观点在《文献通考》"自序"中就有明确反映。论钱币则说："古者俗朴而用简，故钱有余；后世俗侈而用靡，故钱不足。"论户口则说："古者户口少而皆才智之人，后世生齿繁而多窳惰之辈。"论市籴则说："古人恤民之事，后世反藉以厉民。"论职官则说：古代的官，"其位皆公卿也，其人皆圣贤也"；后世的官则"自诡以清高，而下视曲艺多能之流。其执技事上者则安于鄙俗而难语以辅世长民之事"。同时他也敏锐地觉察到历史变化中存在着一种必然的东西，是这种东西支配着历史的变化。他论及土地制度演变时，就说："故秦汉以来，官不复可授，田遂为庶人之私有，亦其势然也。"②在《文献通考》各考中谈到古今变经时，常出现"不容不然""不容不如此"等词。马端临所认识的历史变化是衰退的，是受"势"的支配，并试图以此来解释宋朝衰亡的原因，显然是消极悲观的。

---

① 本文系合撰，姚公骞为第一作者。——编者
② 《文献通考·自序》。

但是，他对中国历史的整体性认识和阶段性的区分，把宋朝的衰亡纳入整个历史过程中进行思考，觉察到历史变化中有一种必然的东西存在，这又是他不同凡响之处。

世道在"势"的支配下不断沦丧。这是马端临总结中国兴衰历史的基本思路。但是，马端临不是复古主义者。他清楚地认识到，历史条件发生变化，"返古"是不可能了。他在议论井田、封建时，反复强调这一点，认为：秦废井田、封建，"然沿袭既久，反古实难。欲复封建，是自割裂其土宇，以启纷争；欲复井田，是强夺民之田产以召怨讟。书生之论所以不可行也"①。世道在沦丧之中，又"反古实难"。那么，历史的前途在何方？十三四世纪之际的马端临虽不可能正确回答这一重大问题，却提出了一条拯救衰亡的重要途径，即"知时适变"。这是他对中国兴衰历史特别是宋代衰亡事实进行思考所得出的有重要意义的结论。他在论《周礼》一书时说："凡法制之琐碎烦密者，可行之于封建之时，而不可行之于郡县之后。必知时适变者，而后可以语通经学古之说也。"②"知时适变"，即在洞察时事的基础上进行必要的变革。

"变"与不"变"？如何"变"？马端临以唐代宇文融、杨炎的事例作了明确的表示。"按，宇文融、杨炎皆以革弊自任。融则守高祖、太宗之法；炎则变高祖、太宗之法。然融守法而人病之，则以其逼胁州县妄增逃羡以为功也。炎变法而人安之，则以其随顺人情，姑视贫富以制赋也。"③变法是必要的，变法的基本要求是"随顺人情"。"随顺人情"则是"知时"的内容之一。宋代自北宋仁宗始，为了缓和社会矛盾，改变积贫、积弱的现状，统治阶级中的一些有识之士提出了各种变法的主张，极力推行新政、新法，但最终都没有收到预期的效果，宋朝还是走向灭亡。对于宋朝新政、新法的评论，特别是对王安石变法的评论，是历代学者讨论宋朝兴亡的一个重要课题。马端临以他特有的卓识，运用"知时适变"的观点，对王安石变法以及宋代其他各种变革进行了颇为合理的评论。马端临对王安石变法的评论，不是本文讨论的重点，所以这里仅扼要地说明两点：一是阐明了变法的目的，肯定变法的

① 《文献通考》卷一《田赋考一》。
② 《文献通考》卷一百八十《经籍考七》。
③ 《文献通考》卷三《田赋考三》。

必要性。马端临认为：荆公新法，主于理财。"熙宁初，王介甫秉政，专以取息为富国之务。"①王安石变法是理财、富国之举，无疑是必要的。文彦博反对新法，对宋神宗说："祖宗法制具在，不须更张，以失人心。"马端临对此加了按语，指出："潞公（即文彦博）此论失之。"②王安石变法遭到非议，马端临曾予以辩解。他在论助役法时，虽指出此法在施行过程中存在的弊端，却肯定此法的可行性。"盖荆公新法大概主于理财，所以内而条例司，外而常平使者，所用皆苛刻小人，虽助役良法，亦不免以聚敛亟疾之意行之，故不能无弊。然遂指其法为不可行，则过矣。"③王安石推行新法时用人不当，这是事实，马端临也多次批评过，但他最终还是强调不能因此就说"介甫之党尽不肖也"④。可以说，马端临在根本上是肯定变法的。二是批评新法和新法施行过程中的种种弊端，如王安石不善于言利、用人不当等。最发人深省的是指出王安石还未能做到"知时适变"，如保甲法，本是古法中的"藉民为兵"，在前代行之有效，但北宋年间条件发生了变化，王安石不达时变，照搬这一古法，"则无益而有害。言其无益者，则曰田亩之民不习战斗，不可以代募兵；言其有害者，则曰贪污之吏并缘渔猎，足以困百姓"⑤。这是批评王安石不够"知时适变"的典型一例。批评是否得当，姑且不论，至少可以说是卓然不群的见解。总之，马端临是以"知时适变"的观点，对王安石变法予以肯定或批评。"知时适变"的观点，是马端临在总结历史变迁、思考宋代衰亡以及评论王安石变法基础上所得出的历史观念，并试图以此来寻求历史的出路，拯救日渐沦丧的社会现实。这是马端临史学思想中的最闪光的一部分。

第二，统治腐朽，压榨百姓，是宋代衰亡的基本原因。

物必自腐而后虫生。宋朝自建立之日起，其统治就出现腐败。马端临在《文献通考》中的"选举"和"职官"两考中，对宋朝的官僚机构进行了尖锐的抨击。首先，滥授官吏，导致官僚机构的庞大和杂乱。马端临在总结宋朝三公三师的除授之后，加以按语"三公三师官之滥授，莫甚于宣和（宋徽宗年号，1119—1125 年）以

---

① 《文献通考》卷二十《市籴考一》。
② 《文献通考》卷十二《职役考一》。
③ 《文献通考》卷十二《职役考一》。
④ 《文献通考》卷一百八十《经籍考七》。
⑤ 《文献通考》卷一百五十三《兵考五》。

来，所授者皆非其人……"①中央高层统治集团尚且如此，地方官吏的滥授就更为严重。洪迈《容斋随笔》中曾将唐宋两代地方官吏的除授进行比较，指出：唐代"每道不过一使临之耳。今之州郡控制按刺者率五六人，而台省不预毁誉善否，随其意好"。马端临认为洪迈所说的还不够严重，于是更进一步指出："然宋之监司虽多，而一司犹不过一人专之也。若夫司存鼎立，而每司之称牧、伯、刺史者比肩数人。而以临乎其郡，每郡则称守者比肩数人。而以临乎其县，每县则称宰者比肩数人。而以临乎其民，则其诛求之苛密、奉承之不易易，又振古所无也。"②其次，官阶与职掌分离，造成混乱不堪的现象。宋朝的官制，往往官阶与职掌分离，中央如此，地方也不例外，甚至"有以京西路某县令为阶官，而为河北路转运司勾当公事者；有以陕西路某军节度判官为阶官，而为河东路某州州学教授者；有以无为军判官为阶官，而试秘书省校书郎者。其丛杂可笑尤甚"③。官与职，风马牛不相及，又岂止可笑而已！其三，"虽官极尊，而居之者多非其人矣"。宰相为百官之首，但在北宋哲宗以后，宰相之上尚有贵官，导致了奸邪之辈擅权专政，马端临对此进行了长篇的评论，明确指出："宰相者，总百官，弼天子，既不当侪之他官，而其上则不当复有贵官矣……自宋元祐以后，文潞公（文彦博）、吕申公（吕公著）相继以平章军国重事序宰臣上，而宰相之上复有贵官自此始……文、吕以硕德老臣为之，宜也。自此例一开，于是蔡京、王黼相继以太师总知三省事，三日一朝，赴都堂治事。以至于韩侂胄、贾似道擅权专政之久者，皆欲效之。盖卑宰相而不屑为，而必求加于相，以自附于文、吕……盖虽官极尊，而居之者多非其人矣。"④甚至，马端临还更尖锐地批评南宋以后的大臣，"苟非作奸擅权固位植党者，其于用人，亦不过谨守资格，以为寡过之地"⑤。其四，闭塞贤路，致使才能之士不能自达。宋朝的官吏选拔，有"奏辟"一法。各路安抚司、转运司、知州等，可依法选官。马端临评论"奏辟"法时说："宋时虽有辟法，然白衣不可辟，有出身而未历任者不可辟。其可辟者，复拘以资格，限以举主。盖去古法愈远，而偶傥跅弛之士，其不谐尺绳于科目，受羁马

① 《文献通考》卷四十八《职官考二》。
② 《文献通考》卷六十一《职官考十五》。
③ 《文献通考》卷六十四《职官考十八》。
④ 《文献通考》卷四十九《职官考三》。
⑤ 《文献通考》卷三十六《选举考九》。

于铨曹者，少得以自达矣。"① 宋朝的积贫、积弱，以至最终走向灭亡，这与其吏治败坏有莫大的关系。马端临抓住滥授官吏、官阶与职掌混乱不堪、居官者多非其人以及阻塞贤路等，来揭露宋代统治的腐朽，探索宋代衰亡的基本原因，有他的合理性和深刻性。

对百姓的残酷压榨，以至官民不两立，加深了阶级矛盾，从而动摇了宋朝统治的根本。终宋一代，一系列的统治政策带来了许多弊端。马端临加以总结说："大概其所以疲敝者，曰养兵也、宗俸也、冗官也、郊赉也。而四者之中，则冗官、郊赉尤为无名。"② 庞大的军需粮饷，冗官导致的巨额俸禄，宗教迷信的大量耗费，致使宋朝的府库空虚，统治者对百姓进行残酷的压榨。马端临对此进行了大量的揭露。试举数例：一是揭露权臣巧立名目，疯狂掠夺百姓的土地。"按，圩田、湖田，多起于政和以来。其在浙间者，隶应奉局；其在江东者，蔡京、秦桧相继得之。大概今之田，昔之湖，徒知湖中之水可涸以垦田，而不知湖外之田将胥而为水也。主其事者，皆近幸权臣，是以委邻为壑，利己、困民，皆不复问。"③ 二是指责币制紊乱，朝廷获利，而百姓遭殃。"今既有行在会子，又有川引、淮引、湖会，各自印造。而其末也，收换不行，称提无策……而使后来，或废或用，号令反复，民听疑惑乎？"④ 三是批评徭役之害，百姓不堪侵渔之毒。"按：乾兴元年，臣僚上言影占徭役之害。自官豪势要以至衙前将吏，皆避役之人。请立限田之法，命官三十顷，而衙前将吏亦得占十五顷，余者以违制论。夫均一衙前也，将吏为之，则可以占田给复；乡户为之，则至于卖产破家。然则非衙前之能为人祸也，盖官吏侵渔之毒，可施之于愚戆之乡氓，而不可施之于谙练之将吏故也……此王荆公雇募之法所以不容不行之熙、丰欤！"⑤ 四是斥责苛捐杂税繁重。"盖自中兴以来，朝廷之经费日繁，则不免于上供之外，别立名色，以取之州郡，如经总制、月桩钱之类是也。州郡之事力有限，则不免于常赋之外，别立名色，以取之百姓，如斛面米、头子钱之类是

① 《文献通考》卷三十九《选举考十二》。
② 《文献通考》卷二十四《国用考二》。
③ 《文献通考》卷六《田赋考六》。
④ 《文献通考》卷九《钱币考二》。
⑤ 《文献通考》卷十二《职役考一》。

也。"① "经总制、月桩、板帐等钱，所取最为无名。虽曰责办州县，不及百姓……不过巧为科目以取之于民耳。"② 马端临还在论及"榷酤"时，将绍兴初年"剧盗"马友行税酒法与朝廷的繁重酒课相比，斥问朝廷"便民一事乃愧于一剧盗，何邪"③。宋代统治者的残酷压榨，必然会激起人民的强烈反抗。马端临敏感地认识到宋代官与民誓不两立的对抗局势，他在议论"差役"时，加以长达千五百余言的按语，其中尖锐地指出："礼义消亡，贪饕成俗。为吏者，以狐兔观其民。睥睨朵颐，唯恐堕阱之不早；为民者，以寇戎视其吏，潜形匿影，日虞怀璧之为殃。上下狙伺，巧相计度。"④ 水能载舟，亦能覆舟。终宋一代，农民起义的烽火连绵不断。北宋前期的王小波、李顺，后期的宋江、方腊；南宋前期的钟相、杨幺，后期的赖文政、李元砺、陈三枪等。这一系列的遍布全国各地的农民起义，是统治者残酷压榨的必然结果，导致了宋代统治逐步走向衰亡。马端临从披露统治者对人民的残酷压榨入手，揭示出统治阶级与被统治阶级的严重对抗局势，从而探索出宋代衰亡最基本的原因。

第三，军政不肃，妥协苟且，是宋代衰亡的直接原因。

宋代丧失国土以至灭亡，其直接原因无疑是军事上的失败。宋代有"冗兵"之称，就其军队的数量上说，与辽、金相比较，应该占有绝对优势。但是，兵多的宋王朝为何总是处于被动挨打的局面？为何最终丧土失国？马端临怀着亡国之痛，对此进行了深刻而又沉重的思考，探索出宋朝衰亡的直接原因有二：

一是将骄卒惰，军政不肃。马端临在节录南宋初年汪藻、胡寅两篇揭露南宋军队腐朽的上疏之后，加以按语："建炎中兴之后，兵弱敌强，动辄败北。以致王业偏安者，将骄卒惰，军政不肃所致。"⑤ "兵弱敌强"，以致宋朝军队"动辄败北"。但是，造成"王业偏安"局面的主要原因，还是"将骄卒惰，军政不肃"。这种看法，透过了表面现象，抓住了问题的实质，有其深刻性。对于宋朝军队的腐朽和军政的不肃，马端临进行了深刻的揭露。《文献通考·自序》中论及作"兵考"之意时，就说："唐宋以来，始专用募兵。于是兵与民判然为二途。诿曰：教养于平时而驱用于

① 《文献通考》卷二十四《国用考二》。
② 《文献通考》卷十九《征榷考六》。
③ 《文献通考》卷十七《征榷考四》。
④ 《文献通考》卷十三《职役考二》。
⑤ 《文献通考》卷一百五十四《兵考六》。

一旦。然其季世，则兵数愈多，而骄悍，而劣弱，为害不浅，不惟足以疲国力，而反足以促国祚矣。"宋朝兵事的腐朽，不仅如此严重，而且由来已久。马端临在节录苏轼一篇关于宋、辽兵事的上疏后，进行分析，指出：由苏轼疏中所言，"可以知当时北边军政之弛。中天之祸，有由来矣！所言禁军，大率贫窘，将校不肃，敛掠乞取，坐放债负，习以成风。则知当时虽所募长征之兵，衣食仰给于县官者，犹不能不为将校所渔猎"①。军政松弛，"将校不肃"，由北宋延及南宋，不仅积重难返，甚至愈演愈烈。南宋绍兴二年（公元1132年），官为右相的吕颐浩请举兵北向，高宗采纳其言，出兵北上，但结果如何呢？马端临以按语作了概括，指出：宋军"才至常州，而部将叛之，竟称疾不进，略不能北向发一矢，复还相位，功业无闻焉"②。马端临还在对历代兵制作了总结之后，针对宋朝兵事的腐朽，发表了长篇的议论。他首先肯定："兵之多寡，不关于国之盛衰；国之存亡，不关于民之叛服。"从这一立论出发，他概要地总结了宋朝军事上的成败和兵多为祸的教训，指出："宋有天下，艺祖、太宗以兵革削平海内，暨一再传，则兵愈多而国势愈弱。元昊小丑，称兵构逆，王旅所加，动辄败北，卒不免因循苟且，置之度外。洎女真南牧，征召勤王之师，动数十万。然援河北则溃于河北，援京城则溃于京城。于是中原拱手以授金人，而王业偏安于江左。建炎、绍兴之间，骄兵溃卒，布满东南，聚为大盗，攻陷城邑，荼毒生灵，行都数百里外，率为寇贼之渊薮。而所谓寇贼者，非民怨而叛也，皆不能北向御敌之兵也……及其末也，夏贵之于汉口，贾似道之于鲁港，皆以数十万之众，不战自溃。于是卖降效用者非民也，皆宋之将也；先驱倒戈者，亦非民也，皆宋之兵也。夫兵既不出于民，故兵愈多而国愈危，民未叛而国已亡，唐宋是也。"最后，他十分感慨地说："噫！兵，犹手足也；国，犹身也。手足强壮则身存，手足枯槁则身废；兵多则国存，兵少则国亡，未有以兵多而亡者……宋兵虽多劣弱而不可用，犹病痱癖之人，恣其刍豢以养拥肿之四肢，胫如腰，指如股，而病与之俱增，以至于殒身也。然则所以覆其国者，乃兵也；所以毙其身者，乃手足也……夫兵所以捍国，而皆得不肖之小人，则国之所存者，幸也。纪纲尚立，威令尚行，则犹

---

① 《文献通考》卷一百五十三《兵考五》。
② 《文献通考》卷一百五十四《兵考六》。

能驱之以亲其上，死其长，否则溃败四出，反为生民之祸，而国祚随之矣。可胜慨哉！"①宋朝的将与兵，不能北向御敌，反过来祸国殃民，宋朝的丧土失国也就是必然的了。

二是守内虚外，妥协苟且。马端临是一位富有民族气节和正义感的史学家，他在揭示宋朝衰亡的直接原因时，不仅着眼于宋朝兵事腐朽，还更深入到宋朝最高统治者的对外政策去考察，认识到守内虚外和妥协苟且直接导致了宋朝的衰亡。宋朝自建立始，就一直奉行对内残酷镇压、对外妥协苟且的方针，马端临对此极为愤慨。在议论建都时，他指出："按，先儒谓：宋北不得燕蓟，则河北不可都；西不得灵夏，则长安不可都。此专以形势言也。然愚尝论之，汉、唐都于长安，西北皆邻强胡。汉之初兴也，河西五郡皆匈奴之地，去长安密迩，故胡骑入寇，则烽火通于甘泉。唐之初兴也，突厥雄踞西北，故入寇则犯渭桥，高祖至欲徙都以避之，可谓逼矣……然则汉、唐之于夷狄也，或取其地以为我有，或役其兵以为我用，则密迩寇敌之地岂不可都哉？盖宋之兵力劣于前代远甚，故景德时，澶渊小警，而议者遽谋幸蜀、幸江南以避之。靖康后，女真南牧，一鼓传汴，再驾陷京师，不一二年间，逾河越淮，跨江躏浙，历数千里如入无人之地。"②在马端临看来，北宋建都于汴梁，本身就是苟且偷安。至于真宗景德年间"幸蜀、幸江南以避之"的谋略，以及靖康后金兵得以长驱南下，更是宋朝妥协退让的结果。宋与金长期对峙，宋朝最高统治集团对金一直采取妥协苟且的方针，这是人所共知的事实。而宋朝的衰亡，与其所采取的妥协苟且方针有直接关系。在宋与金是战、是和的问题上，马端临表现出强烈的民族正义感，他认为宋朝多次遣使求和，"不过徒为卑屈之辞，而不能已其吞噬之谋耳。燕、云距江淮数千里，其间土地、人民、城郭，固我之封疆，以此众战，掎角牵制，彼亦未能保其长驱而必胜也"③。卑屈求和无济于事，只有战才有保境安民的可能。马端临还深刻批评宋朝统治者安内与攘外的举措失策，指出："张（张浚）、韩（韩世忠）、刘（刘锜）、岳（岳飞）之徒，以辅佐中兴，论功行赏，视前代卫（卫青）、霍（霍去病）、裴（裴行俭）、郭（郭子仪）曾无少异。然究其勋庸，亦

---

① 《文献通考》卷一百五十四《兵考六》。
② 《文献通考》卷三百二十二《舆地考八》。
③ 《文献通考》卷三百二十五《四裔考二》。

多是削平内寇、抚定东南耳。一遇女真，非败则遁，纵有小胜，不能补过，而卒不免用屈己讲和之下策，以成宴安江左之计。"[1]张、韩、刘、岳的功与过似可商榷，但这里更重要的是揭露出宋朝统治者对内残酷镇压和对外妥协苟且的事实。翻开历史，我们不难发现，宋朝统治者往往不把精兵良将用于北向御敌，而用之于所谓"削平内寇"。1135 年，调抗金主力的岳飞部队前往镇压洞庭湖地区的农民起义，就是一例。马端临从宋朝统治者守内虚外、妥协苟且的方针来考察宋朝的衰亡，得出了有益于后世的教训。

概而言之，马端临对宋代衰亡的反思，痛定思痛，头脑冷静，眼光敏锐，实事求是地作了全面而又深刻的分析。他把宋朝的衰亡放在整个中国兴衰史的大过程中去考察，从而看到了宋朝衰亡的必然性；他认识到宋朝统治腐朽、吏治败坏和压榨百姓、官民对立，是宋朝衰亡的基本原因；他揭示出宋朝的"将骄卒惰、军政不肃"和守内虚外、妥协苟且，直接导致了宋朝走上了灭亡的道路。这一切都显示出这位大史学家对历史运动认识的深刻程度。

作者附注：前人评述马氏《通考》，多目为制度之资料汇编，仅杜氏《通典》之延展而已，无甚深意。我们窃以为不然。盖马氏身罹巨变，怀家国，于痛定中冀以《通考》谋存国史。迹其隐衷，殆亦元好问、胡三省、万斯同之用心，故每思表而出之。曾计划分门别类，发其潜德。唯事冗思杂，无多暇日，迄未成稿。又会期在即，只好以本文作为部分提纲，先予抛出，借求指教。粗疏简陋，见笑方家，幸垂鉴焉。

又本文由周秋生属草。并志。

载《洪皓马端临与传统文化》，刘乃和主编，中国青年出版社 1997 年出版。

---

[1] 《文献通考》卷一百五十四《兵考六》。

论孔子的礼乐观①

把握孔子的礼乐观及其对中国政治思想的影响，不仅要从孔子的整体思想入手，更重要的是须从历史的角度，分析孔子思想的渊源及其与不同阶段的儒学的关系。时下的孔子研究，往往缺乏的就是历史分析的态度，从而把孔子以后的种种儒学形态，都看作是毫无差别的孔子儒学。事实上，孔子儒学和不同历史阶段的儒学，既有联系，也有重大区别。

大体上说，孔子以后儒学的发展经过了三大阶段。第一阶段是战国秦汉。孔子死后，后儒对孔子之学取舍不同，各执一端，"儒分为八"。秦汉时期，统一的封建专制主义国家形成，出于大一统政治的需要，西汉时期经学化的儒学，与阴阳五行学说及谶纬相结合，形成了以董仲舒（后来还有刘向）为代表的天人合一论，使儒学神秘化，孔子也变成了神秘人物。但这一儒学宗教化并未取得成功。第二阶段为魏晋南北朝时期，儒学经历了玄学化的尝试，实质上是抛开了孔子学说。此时期的经典文献为《易经》。玄学化也没有成功。后来受到了佛教特别是大乘学的冲击，使南北朝后期至隋唐发展出儒释道三教相互渗透的新儒学的雏形。唐代佛学大盛，在受到长时期佛学理论刺激后，终于发展出第三阶段宋明时期的理学、心学形态的新儒学。此时儒学才显得哲学化了。宋明时期的理学家大都从佛学汲取养分，陆九渊、王阳明更是与禅学结了不解之缘。伪《尚书》十六字心经"人心惟危，道心惟微，惟精惟一，允执厥中"成为此期儒学理论之一大根据。而经朱熹改编的《中庸》以及《大学》《论语》《孟子》——"四书"，则成为儒家经典。

可见，经过神秘化、玄学化及理学化之三大变，孔子儒学已被不断改装，以至渐渐地几乎失去了其本来面目。

孔子的确是一位伟大的学者与教育家、思想家，但把孔子神圣化，说成是为民

---

① 本文系合撰，姚公骞为第一作者。——编者

作则、万世师表的圣人，就必然会导致孔子时而被吹捧，时而又被冷落的不定状态；要安邦就将其抬起，要革命就将其打倒。这不过都是把孔子及其学说当作了手段和工具，而不是从学术的、历史的角度去真正研究孔子。孔子的"礼"亦遭此命运，它不断被作为政治工具，而按孔子的本意，则仁内礼外，其本身是统一的。然而事实是：随着历史的演变，礼越来越成为一种外化的形式与制度，成为与仁无关的外在秩序。"礼治"一语，就是对古代中国政治运作的恰如其分的形容。

一

礼出自祭祀活动。礼与"巫""史"不可分，最早是祭祖的仪式。礼字从示从丰，其原本为原始崇拜的仪节，发展为风俗习惯和社会规矩是后来的事。从原始崇拜意义而伦理意义而政治意义，是社会发展的必然结果。王国维曾说："盛玉以奉神人之器谓之醴，若丰，推之而奉神人之酒醴亦谓之醴，又推之而奉神人之事通谓之礼。"（《观堂集林·释礼》）《中庸》说："郊社之礼，所以事上帝也。宗庙之礼，所以祀乎其先也。明乎郊社之礼，禘尝之义，治国其如示诸掌乎！"需要指出的是，上古时代虽有上帝崇拜和祖先崇拜的祭祀活动，但实际上并没有超族类的普遍的上帝观念存在，各民族所信奉的神主要是自己部族老祖宗的在天之灵。上帝崇拜为虚，祖先崇拜为实。祖先崇拜是后世礼最主要的根源。

周公制礼的说法，实际上是指他对原始礼仪的变革与改造，使之成为系统的典章制度；其出发点即确定人伦，而人伦的基本纲领即亲亲之属、尊尊之等，并由此演化出五伦。由于周公制礼，基于深度的凝固的血缘关系，他把血缘自然形成的约束关系，变为国家秩序中的等级原则，于是化家为国，化血缘关系为政治关系。有了亲疏贵贱之分，就可确立每个人在社会结构中的身份位置。从《左传》和《仪礼》的规定与记载可得出，"周道亲亲"的政治系统与血缘系统几乎是一而二、二而一的重叠关系。由此看来，礼的实质就是等级制。这在意识形态上，形成了宗法观念；在政治活动中，形成了宗法制度。当时，这确实是个大进步，因为它摆脱了原始的野蛮状态。但在历史的发展中也带来了很大的问题：家国不分，忠孝合一；忠孝成了两个大老虎钳，忠对国，孝对家。君为臣纲，形成了君主专制；父为子纲，形成了家长制；夫为妻纲，形成了大男子主义。由三纲发展下来的各种等级之分，贵贱之分，造成了民族精神中的负面影响——奴隶性、盲从性；不敢独立思考，不能实事求是，难于从实践中去探求和发展真理，而只是听从圣人之言、尊者之言、大人之言。这就大大地禁锢了人们的思想，也导致了自然科学得不到发展。

二

　　研究中国的政治伦理思想，孔子为一中心人物，而孔子之"礼"又为此中核心内容。孔子所处的时代，正值"礼崩乐坏"，它曾使孔子痛心疾首，因为孔子要恢复的就是周公之礼。不过，孔子清醒地意识到，那套十分烦琐的标示血缘关系和等级差别的仪节规范和典章制度，必须注入新的精神。《左传》关于礼之仪与礼之质的争议，就反映了当时礼的僵化之流弊。而孔子正是从已经僵化的形式后面，挖掘出这一普遍的精神原则——仁。这确实有其创造性，足见孔子的高明之处。因为礼本来就是赤裸裸的、露骨的不平等，孔子作出极大的努力来调节它，使它伦理化，使统治者与被统治者双方都有约束，不要过分，不要走极端而使矛盾激化，导致自我孤立和自我破坏；尤其是作为统治者，不要看不到自己对立面的存在，而是要适当地尊重与照顾他们，以化解矛盾。

　　因而孔子提出了一个德、一个仁的观念。尽管周人已普遍具备"德"的观念，但孔子对其意义作了深刻的发挥。仁是一个个体道德的概念。仁是针对自我的，从根本上说，它是针对个人修养而言，所以孔子说"克己复礼为仁"。德则是针对他人的，所以孔子说"为政以德"。统治者要能"君子之爱人也以德"（《礼记·檀弓上》），成为建立德政的基本条件。礼则是普遍的外在的制度，是全面的约束；但没有仁与德，礼则成为完完全全的外在的社会强制。孔子既要恢复周礼，就一方面要使礼制度化、形式化，使人伦秩序化；一方面又要以仁和德贯注到礼的形式中。这样，仁、德对礼的关系所形成的两面性，也就表现在它既是充实礼，同时又是对礼的粉饰。尽管如此，它在民族文明的发展史上仍是一个大贡献。

　　正是在认识了仁与礼的内在关系的基础上，孔子提出，人如果不仁，怎么可能达到礼呢？

　　"人而不仁，如礼何？"仁在，即礼在。孔子所提出的"仁"字，确实为周公制礼画龙点睛。在礼与仁的逻辑关系展开中，礼应是表达仁的恰当形式。仁又是要通过礼才能得到合适的表达，才是合理的。后来儒家拘守仪节，形成礼教，并且养成了只重形式，而不看内容的虚伪性，使礼越来越成为人们思维与认识的桎梏。显然，礼与礼教所造成的几千年的影响，竟成为中国历史长久发展中的一大特色。

今天的人们，似乎很难明白礼在中国古人的生活中，如何占有那么重要的位置。《礼记·曲礼上》中有一段十分重要的话，可帮助我们理解儒家对礼的把握与理解。"道德仁义，非礼不成；教训正俗，非礼不备；分争辨讼，非礼不决；君臣上下，父子兄弟，非礼不定；宦学事师，非礼不亲；班朝治军，莅官行法，非礼威严不行；祷祠祭祀，供给鬼神，非礼不诚不庄。"对此，《礼记·乐记》有最好的解释："礼者，理之不可易者也。"礼之所以为理之不可易，是因为"礼者，天地之序也"。这样，"礼也者，理也"（《礼记·仲尼燕居》），就从形而上的角度得到论证。在儒家看来，它就成为自然而然的了。因而"承天之道以治人之情"（《礼记·礼运》）便成为建立于自然法则基础上的人间法则。儒家认为人道没有天道的支撑，就缺乏信仰基础而没有说服力。当然，儒家的形而上思想，从来都落脚于人间实践。礼与理的逻辑连贯，必然落实于"以礼防民"（《左传·哀公十五年》），"以德服人"（《孟子·公孙丑上》）。

孔子直接从"礼为政本"的角度，昭示了礼的极其重要的政治意义。"古之为政，爱人为人。所以治爱人，礼为大。"（《礼记·哀公问》）孔子即使主张祭祀之礼，也并非在于鬼神存在之理由，毋宁说他更注重以此转向人伦关系、社会关系，从而符合他的政治观点。所以孔子确实提醒在上位者要以礼让为国，以"出门如见大宾，使民如承大祭"的心情，实施政治的操作，避免滥施权威。"如承大祭"，才会有一种"敬"的庄严与气氛。礼的原始表现，是一种非自觉的敬畏感；进一步的礼仪规定之根据，即通过理性活动，认识到自身生命活动及其范围，从而对他人的活动与权利表示敬重。君主亦不例外。这是孔子的本意。所以他才会说"古之为政，爱人为大"，所以他才会崇尚天下为公的大同之世，所以他才会对管仲"不知礼"（《论语·八佾》）进行责问。《礼记·曲礼上》以"毋不敬"作为礼的内在精神，道出了礼之"敬"的严肃庄重之心境。孔子特别提出："上好礼，则民易使也。"（《论语·宪问》）同时亦指出："上好礼，则民莫敢不敬。"（《论语·子路》）一方面强调礼的"使民"的作用，一方面又要求在上位者以身作则，推广礼义。他认为这是社会秩序得以正常的前提。

由此，孔子提出了他的德治主义的仁政。他透彻地发挥了"政者正也"（《论语·颜渊》）的理论。"其身正，不令而行；其身不正，虽令不从。"（《论语·子路》）"苟正其身矣，于从政乎何有？不能正其身，如正人何？"（《论语·子路》）透过孔子"正"与"政"的论述，我们可清楚地看到那种敬畏的态度。而这样的态度与礼有着深刻的内在关联。因统治者本身的正，即有德化的作用。"君子之德风，小人之德草，草上之风必偃。"（《论语·颜渊》）德化的功能，又必然是从在上位者自身的礼、义、信开始的。"上好礼则民莫敢不敬，上好义则民莫敢不服，上好信则民莫敢不用情。"（《论语·子路》）可见，孔子对当时的政治现实，冀望于从礼着手的"德化"。"导之以德，齐之以礼"（《论语·为政》即是最好的概括。所以孔子强调"为政以德，譬如北辰，居其所而众星共之。"（《论语·为政》）孔子所崇拜的禹、汤、文、武、成王、周公的共同特点便是"谨于礼"，他认为"圣人以礼示之，故天下国家可得而正也"（《礼记·礼运》）。看来，"国家可得而正"，才是根本目的。

不过，德治主义最根本的东西是在个人的修养。孔子强调道德修养的"克己"功夫，提出了一个最高的理想原则："克己复礼为仁。""一日克己复礼，天下归仁焉。为仁由己，而由人乎哉？"这既设定了克己复礼为仁的原则，又指出了求仁复礼的根本方法。我们曾指出过，仁这个范畴，既是孔子从三代精神遗产继承发展而来，又是从人的本性发掘提炼出来的。内心仁德，乃为礼乐之本；即为仁由己，完全取决于自己而不假于外力。这无疑是把治政的途径，引向个人的治身。因为具备了克己复礼的功夫，才是仁人。从个人到家庭，一家仁，一国兴仁；因而个人的道德素质仍是最起码最基本的因素。

因此，孔子训诲颜渊所说的"非礼勿视！非礼勿听！非礼勿言！非礼勿动！"（《论语·颜渊》）恐不是那样一种简单的外在约束与要求。尽管孔子的"约礼"包含了人的行为训练的内容，但他把各种外在规范化为"我欲仁，斯仁至矣"的主观能动积极性。外在规范在成为人的自觉行为后，才有了真正的个人修养。不过我们不要忘记，孔子的目的是要人们各安其位；各安其位，名分才正。名分正则礼乐兴，礼乐兴则天下太平。礼的最基本的规定性是"分"，克己以安于分，也就是安于等级。

名分与秩序的关系，确是孔子当时感触最深的问题。据《左传·昭公二十九年》载：晋国铸刑鼎，公布成文法，破坏了周礼，因按周礼，奴隶主贵族有"临事以制"的特权，而平民不能在法律面前论其是非。孔子因此而叹息道："晋其亡乎，失其度矣！……今弃是度矣，而为刑鼎，民在鼎矣，何以尊贵？贵何业之守？贵贱无序，何以为国？"这是从政治的角度，指责其破坏了周礼的规定。孔子的这种现实感，乃出于他痛恶当时等级的破坏所导致的社会动乱。他希望恢复周礼，实现他心目中的理想社会。不过，我们要指出的是，恢复周礼，并非回到那个时代。从他对三代礼乐文化的论述中，可看出孔子当时即已认识到，历史的变化不可避免地要造成礼的变化。尽管他把周礼视为最理想的社会制度，但礼在发展中本身即具有"损益"的必然性。《论语·为政》载："子张问：'十世可知也？'子曰：'殷因于夏礼，所损益，可知也；周因于殷礼，所损益，可知也。其或继周者，虽百世，可知也。'"作为一个历史过程，礼的损益是十分自然的。对这点，孔子实际上是非常清醒的。所以他说："夏礼，吾能言之，杞不足征也；殷礼，吾能言之，宋不足征也。文献不足故也，足则吾能征之矣。"（《论语·八佾》）孔子的这种"征"礼，具有一种深厚的历史感，然而更深刻的意义则在现实政治上。不然，孔子是不会倾其全力，游说各国，鼓吹"为国以礼"（《论语·先进》）的。也不会再三强调要人们"立于礼"，这完全是从等级制的社会制度正常运行这一视角来看待问题的。

三

孔子礼乐并言，礼乐似不可分。乐者为同，礼者为异；同则相亲，异则相敬。其形而上的意义在于：大乐与天地同和，大礼与天地同节。《礼记·乐记》说："乐者，天地之和也；礼者，天地之序也。和，故百物皆化；序，故群物皆别。"应该说，孔子特重乐，是看准了乐所具有的"和"的功能。但如何由音乐的"和"导向社会的和，仍是后人难以理解的一个问题，连柳宗元都表示过无法理解二者的关系。但这确是孔子的目的。

中华文化的原始精神，可以"礼乐"二字概括。在孔子看来，理想之世界必重礼乐。礼使人相互敬重，乐使人和谐流畅，与物通情。《礼记·乐记》说致乐可以"治心"，致礼可以"治躬"。礼乐乃实现社会群居的和谐之道。孔子对乐的最重要的见解即认为音乐要引人入善，顺从天道。《礼记·乐记》说："礼以导其志，乐以和其声，政以一其行……礼乐皆得，谓之有德。德者，得也。"此德亦成己成物之道。

孔子本人具有深厚的音乐素养和高超的艺术鉴赏力，并对古乐富有深刻见解。他能够和鲁国的乐师讨论音乐，透彻地说明音乐的基本法则。因此，他的音乐品评，极具眼光。"《关雎》乐而不淫，哀而不伤。"（《论语·八佾》）"师挚之始，《关雎》之乱，洋洋乎盈耳哉。"（《论语·泰伯》）至于他听了《韶》《武》两种古乐后，所作的论断性评价，则成为后人之典范。"子谓《韶》尽美矣，又尽善也。谓《武》尽美矣，未尽善也。"（《论语·八佾》）他之所以听了《韶》乐而三月不知肉味，实在是由于"不图为乐之至于斯也"（《论语·述而》）。孔子首次"美善"并提，对中国礼乐文化实有开创意义。它所赋予儒家乐论的崭新观念，使其上升到一个全新的高度。可以说，孔子的音乐修养，正是其推行乐教的必备前提。同时，孔子是深知"知乐则几于礼"（《礼记·乐记》）的。他并没有把乐当作纯粹的文艺，而是要为礼服务的；有什么样的礼，即有什么样的乐，乐成了礼的美化、艺术化与教化。

乐的教化作用是通过人之性情而发生的，因此它像布帛菽粟一样重要。《礼记·乐记》说："礼乐不可斯须去身。""乐之入人也深，其化人也速。""可以善民心，其感人深，其移风易俗易。"移风易俗是潜移默化地发生的。显然，孔子的着眼点是倡导仁政，以礼治国，其乐教宗旨落实在政治理想上。孔子十分清楚，乐教导致的移风易俗，是理想治国的最佳途径。如果说，"礼之用，和为贵"（《论语·学而》），那么，这个"和"便是通过乐的教化而达成的。因此，礼为分、乐为合的说法是有道理的。礼为节制，乐为调协；两者功能和谐，则礼乐互不分离。作为节制，礼更有一个能否达到最佳状态的问题。礼的要求，当然是达到"中"，中是最佳状态。"子曰：礼乎礼，夫礼所以制中也。"（《礼记·仲尼燕居》）而"中也者，天下之大本也"（《中庸》）。乐是制中的法宝，孔子就想利用乐教所达到的中和，来调节化解矛盾，使社会政治达到"调协"状态。也就是说，用乐的和谐化调节礼的不平等，用和谐冲淡不和谐。乐合同成了礼别异的调节与缓冲，"和"实质上就是在社会不平等的实际基础上谋求心理上的平衡。

礼乐既是孔子教育弟子的教材，更是作为治国的重要指导方法。《孔丛子·杂训》曾谈到课程设置问题。"夫子之教，必始于《诗》《书》，而终于礼乐，杂说不与焉。"孔子还把乐教当作较高的授业阶段。孔子关于"兴于诗，立于礼，成于乐"的说法，就可证明这点。孔子曾因一些人仅由于未修礼乐，因而无法成为完人而感到遗憾。"子路问成人。子曰：若臧武仲之知，公绰之不欲，卞庄子之勇，冉求之艺，文之以礼乐，亦可以为成人矣。"（《论语·宪问》）可见礼乐所达到的程度境界，实为一重要的人格标准。《史记·孔子世家》亦载："古者《诗》三千余篇，及至孔子，去其重，取可施于礼义……三百五篇，孔子皆弦歌之，以求合《韶》《武》《雅》《颂》之音，礼乐自此可得而述，以备王道，成六艺。"司马迁距孔子年代不算久远，可信程度亦较大。这段话不仅告诉我们《诗经》是乐教的首选经典，而且孔子自有其标准。他之所以下大功夫选编这些教材，目的在于民情与政教。

治心的目标仍在政道。儒家确实在礼乐当中看到了社会秩序的统一与和谐。因而"乐"的社会地位，在儒家手中得到极大提高。他们从"乐者，天地之和"的最高理论，给礼别异、乐合同的说法建立了宇宙论根据，然后回到了实用主义的人道。"是故先王之制礼乐也，非以极口腹耳目之欲也，将以教民平好恶，而反人道之正也。"（《礼记·乐记》）须知人道之正，是政道之正的保证。《周礼·地官司徒》中就说："以五礼防民之伪，而教立中；以六乐防民之情，而教之和。"这大概也是"乐章德"，"乐也者，施也"（《礼记·乐记》）的根本体现吧。而"乐终而德尊"（《礼记·乐记》）的说法，使我们能够更深刻地理解儒家为何要极力提高"乐"的地位。

礼乐文化确实给中国造成了特殊的持久的文明气象，在由野蛮步入文明的过程中，礼乐确曾有过积极影响。但礼的不平等的本质——等级制导致的露骨的专制主义，却给中国带来了深重的负面影响。礼最为突出的作用，即维护了君主专制制度。今天，尽管我们可从不同的角度去看待它、研究它，但它在历史上对人们思维的约束、权利的限制、创造性的束缚所带来的一系列祸害，值得我们去重新认识它。

载《江西社会科学》
1997 年第 12 期。

第二编

序 跋

《苍崖仅存诗词稿》姚序

　　夫西江文物，首重欧公；翥山儒林，必推马氏。异代而降，踵事增华；递世以兴，蔚为风气。翦红刻翠，既敲玉而缀丝；刿目鉥心，亦雕龙而绣虎。惟味在酸咸之外，品居堂室之内者，我大舅父苍崖先生与有焉。先生乐陶家世，里号大田；慕谢风怀，名殊小草。虞集有母，口诵四诗；① 刘殷之儿，亲传七叶。② 巨灵赑屃，曾摘藻芹；③ 秋水芙蓉，遂嗟氍毹。④ 按剑相盼，诚南方之强；击筑放歌，入东林之社。⑤ 尔后为砺锴之掘，利用厚生；兴庠序之教，因材作育。奈刘班首碎，李平腹鳞。怔视睚眦，遭彭年之九尾；抽食饮绝，遇郭霸之四其。⑥ 从此披发以去，矰缴何患乎鸿冥；漱石而来，文章自润其豹影。鸡鸣桑树，绝迹回车；人卧藤花，割茅补屋。⑦ 一百里湖山烟雨，自爱薜萝；四十年秧马土牛，躬亲镵镬。和其光，同其尘，不为天下先；洗其耳，砺其□，愿□□□□。□□□泊，遂若千顷之波；矍铄婆娑，当有百年之寿。今逢八秩，庆南极之祯祥；节届三秋，服东篱之操守。此固然也，亦何盛哉。先生工古诗文词，惟以直抒胸臆，不假枣梨，遂多散佚，今检残篴，得仅存诗稿若干首，乃合近作诗词，裒为一帙。其子凌鹤、天行等为之校镌，将以广征诗文，以介眉寿。因念昔人修禊，为订淇竹之缘；盛世咏歌，亦属香山之会。敢辞孺稚，愿借末锄。博雅君子，垂鉴焉，是为启。

---

① 先生十岁从母王氏授《毛诗》。
② 先生十七岁从父瘦梅公授经史。
③ 先生廿一岁入泮试古第一。
④ 此后先生迭经乡试均不获售。
⑤ 光绪末年先生曾入同盟会为会员。
⑥ 民国之初先生在乡里曾办矿业、兴学校，后以办女子公学为执事者所忤，相谋摈斥，乃一怒而去。
⑦ 先生之居曰藤花小馆。

时在公元千九百五十一年秋外甥姚公骞于南昌客次

此　　陈

　　　　先生

　　　　　　　　赐览

　　　　同志

　　　　　　　　　　　　　　石凌鹤偕媳高履平

　　　　　　　　　　　　　　石天行偕媳蒋　华　　　同敬启

　　　　　　　　　　　　　　石雪书偕婿李竹平

敬辞祝仪，如蒙赐赠诗、文、画，请寄江西南昌环湖路 65 号代收。

《苍崖仅存诗词稿》序

昔曾南丰以知信乎古，而不知合乎世，知志乎，古之道而不知同乎俗时，人遂笑以为迂阔，而其人与其所作亦遂赖以流传，而不朽吾内兄石君子安亦知信乎古志乎道者也，惟知信乎古，故所作皆能敛华为实，有汉魏人朴茂之味，惟其志乎道，故其见诗者皆能外形骸而不游于物之内，其所为如此，则又安能免时人之阔之笑乎。虽然知信乎古者，乃善于读古人书者也，古人之书幽深而闳大非善读者，其孰能窥之孰能穷之，不能窥其深，穷其大，又孰能信之，是知信乎古者，必能善读古人之书者也，惟能善读古人之书，故能志乎古之道，惟能志乎古之道，则其心亦古人之心也。嗟乎！古人之心之见于其所作者，既幽深而闳大，而不易窥、不易穷矣，则信乎古志乎道者之所作，又岂易窥哉。夫既不易窥、不易穷，则时人迂阔之笑又岂能免乎？吾内兄之信乎古志乎道，吾始颇为吾内兄惧，吾惧其必不免为时人笑也，既而又深为吾内兄喜，喜其能如南丰之流传不朽也，第不知吾兄以为可惧乎，抑以为可喜乎然。

《江西地方文献索引》序

语云："工欲善其事，必先利其器。"我们研究学问，也是这样。如果没有工具书，便会走弯路，遇到问题，不容易得到解决，费时旷日，有事倍功半的苦恼。清代王鸣盛尝有"一部《十七史商榷》不知从何读起"之说，何况我国的典籍浩如烟海，梯航不至，津逮无从，往往只好望津兴叹了。如果有了工具书，便如有了锁匙，可以为我们打开学术宝库的大门，指导我们走捷径，省时省力，遇到问题，大都可以顺利地求得解决，可收事半功倍的效果。所以，工具书为人们所重视，所编著，即是它可以济人们治学之窍的缘故。

中国工具书的起源很早，降及后世，国事增华，体裁大备，即以史学领域一门而说，著名的就有《中国史学论文索引》《中国近代史报刊论文与资料篇目索引》《二十四史注补表谱考证书籍简目》《中国古方志考》《二十史朔闰表》《历代方镇年表》《历代地理沿革表》《历代疆域表》《史姓韵编》《二十五史人名索引》，隋、唐、五代、宋、辽、金、元、明各代《传记综合引得》，《清代碑传文通检》《历代名人生卒年表》《历代人物年里碑传综表》《古今同姓名大辞典》《室名别号索引》，以及卷帙浩繁的《艺文类聚引书索引》《太平御览索引》《册府元龟·奉使部/外臣部索引》《古今图书集成索引》，等等，名目繁多，共有一千三百多种，可谓蔚成大国。但是研究江西地方史的专门工具书，却不多见。近年来，江西虽也有人重视这方面的工作，如王咨臣同志编著有《江西人物室名别号索引》《江西人物生卒年表》《宋明理学研究论著索引》《江西地方志综录》《王安石研究资料目录》《同光两朝江西科第录》等，但多限于某一方面，欲求其全面地将江西地方文献编成一种综合性索引，则尚无成书可稽。我院情报资料研究所的同志有见于此，特编纂一部《江西地方文献索引》，作为研究江西地方史志的工具书。它不仅对省内现有资料作了相当细致的收集，而且对散在全国各地有关江西地方的文献资料也作了广泛的搜求，凡有关江西的论文、论著、资料篇目以及历史人物的著作、版本等莫不详加采录。还有历代纂修的江西地方志五百多部也作了详细的著录。

全书采取纵横相结合的编纂体制，按年代分为几个大的阶段，又按内容分为经济、政治、法律、教育、文学、艺术、地理、历史等类别。此外，它还将"人物及其著作""江西地方志""江西考古与文物"作为专栏列出，成为一部较为完备的研究江西地方史志的工具书。它的问世，必将有助于江西经济建设的振兴和学术文化的繁荣。兹编即成，编者索序于我，特不避浅陋，乐赘数语于弁首。

1985 年 10 月

载《江西地方文献索引》（上编），江西省社会科学院情报资料研究所编，1987 年印行。

《乐平县志》序三

乐平素称文物之乡，早在宋、元之际，洪氏父子、马氏父子即先后辉映。史称洪皓"独处冷山，节侔苏武"，其可传者不独限于文章。至其子适、遵、迈等，或考辨经史，或采录金石，或厘定掌故，他们的学问文章，全都称得上淹洽赅博。史称马廷鸾"明德宿儒，通知今古，朝廷典册，多出其手"，其诗文亦皆雅赡秀润。至其子端临，仰承庭训，尽毕生的精力，撰辑《文献通考》，为一代巨制，至今仍属考史者必备之书。自兹以降，乐平还出了不少人才，可谓代不乏人。特别是在中国共产党的领导下，从第一次国内革命战争时期开始，乐平人民为中国人民的解放事业，付出了血的代价，作出了可贵的贡献。解放以后，涌现出来的各项建设人才就更加多了。

乐平又是资源富赡、物产丰饶之乡。在我们幼年时期，就盛传乐平有红、黄、蓝、白、黑五色缤纷的美誉。红指辣椒，黄指萝卜丝，蓝指靛青，白指石灰，黑指煤炭。前三项属于农作物方面的土特产，后两项属于可供开采的自然资源。其实，以今日看来，乐平的物产资源品汇之多，仅以上述五色实不足以尽其特色。盖自建国以来，乐平的各项建设事业都有了很大的发展，特别是自党的十一届三中全会以来，乐平在社会主义的两个文明建设上，更加蒸蒸日上，如果再要用色彩来描画，那就应该说成是色色皆备，万紫千红了。

值此盛世，乐平县委和政府遂有重新编撰县志的盛举，经过几年的努力，一部新编的《乐平县志》即将出版了。

方志之学本是我国民族文化上的一项优良传统，但是，以马克思列宁主义、毛泽东思想为指导，用新的观点、新的方法和新的材料编撰新的县志，又是一项崭新的工作。时代不同，条件各异，虽传统应该借鉴，而体制尤贵创新；借鉴固属不易，创新尤觉綦难，其间必然有一个学习、探索、再学习、再探索的过程。现在贡献给读者的这部新的《乐平县志》，就是乐平县志办的同志们经过多方调查，反复探索，花费了大量心血，而结出的一颗硕果。

方志已公认有资治、存史和教化三大功能。宋代理学家朱熹莅官必修志乘，"论者称其为政知所先"。陈兰森在乾隆《南昌府志》序中也写道："考沿革之籍，可以询土俗之宜；察疆舆之广，可以规抚驭之周；历山川之阻，可以筹防守之备；稽田赋之巨，可以思培养之方；考学校选举之规、名宦乡贤之迹，可以储教化之原、纪人才之盛。"可证方志有资治的作用，已为古人所稔知。当前"四化"大业，日新月异，乐平一县如何从战略高度上作出规划与部署，扬长避短，发挥优势，进而变劣势为优势，需要从总体上，从多种角度上，从多种层次上，从政治、经济、文化、教育以及历史、地理、风俗习惯等方面，总之，包括乐平的过去与现在、地表与地下、物产与人文等方面加以研究，才能深入了解乐平，熟悉乐平，才能制定出合乎科学、合乎规律、合乎县情的决策，而这一研究正是地方志所具有的资治功能。因此，有人说，方志是一门软科学，旨哉斯言！

存史之义，前人亦有所论述，明代陈洪谟在嘉靖《江西通志》序中说："流光易迈，恒性健忘，倏忽之间，遂成陈迹，通都大众之中，求之数年之前，十已遗其四五，穷乡下邑，学士大夫之所罕及，而欲取证于数年之前，其所遗亦多矣，志之修之不可后也又如此。"志书失修，往事多缺，以乐平而论，自清同治以来，至今百余年，因无志书可供稽考，许多史实叩之茫然，此次虽经同志们多方搜集，有所辑补，而较之遗缺，百不存一，思之怃然。南宋嘉定《赤城志》在叙其编纂方法中有谓"意所未解者恃故老，故老所不能言者恃碑刻，碑刻所不能判者恃载籍，载籍之内有漫漶不白者，则断之以理，而折之于人情"。清代学者钱大昕竟夸奖这种方法："洵得著作之体，而可为后代法者矣。"其实，这种方法是在资料不全的情况下，出于不得已而用之，盖凭借情析理断，一稍涉主观，便成臆说，此乃史家之大忌。所以，为了保存史实，便于后人稽考，方志是不应该长期失修的。再进一步说，存史之义又不仅仅限于保存资料而已，循流溯源，鉴往知来，前事不忘，后事之师，其意义尤为重要，还是陈洪谟说得好："志之修之不可后也又如此。"

方志又是一部很好的乡土教材。我们认为爱国主义不是一个抽象的概念，而是非常具体的，一个真心的爱国主义者必然会热爱他的乡土，如果一个对自己的家乡没有什么感情，恐怕这个人很难谈得到对自己的国家有多少感情。热爱乡土，热爱祖国，是我们中华民族的优良传统。历代有许多诗人、学者，在眷恋乡土的题材上，留下了大量的感人至深的名篇佳作。早在《诗经》时代，就有"惟桑与梓，必恭敬止"的咏歌。再如南朝何逊的"寓目皆乡思"，唐李白的"低头思故乡"，岑参的"见雁思乡信"，韩愈的"眼中了了见乡国，知有归日眉方开"，等等，莫不对各自的乡土怀有极为真挚的感情。这种感情的产生当然是基于对家乡的深切了解。因此，我们认为，教育乐平家乡的人民，特别是青年一代，都懂得热爱自己的家乡，都愿意为建设乐平进而为建设社会主义祖国作出自己的贡献，这部新编县志就是一部很好的教材。

当然，用本地人编撰地方志，有一个很突出的优势，就是非常熟悉本地风光，有为外地人所难于替代者。但是，这也不免带来了一个相当大的困难，就是因为本地人熟人熟事，情亲迹近，往往会受到某些关系的胶结纠葛，有意无意地因主观意愿而影响客观分析，因夸饰回护而影响求真务实，加之众手成书，考核不精，也往往导致讹错。清人罗拔在嘉庆《丰城县志》跋中曾说："官非左、董、义爽笔削，牵制之患中于心，回惑之情形于外。"更早在唐代，颜师古在《汉书注》中就指出过："私谱之文，出于闾巷，家自为说，事非经典，苟引先贤，妄相假托，无所取信，宁足据乎！"方志虽非私谱，然而受到"出于闾巷，家自为说"的影响或牵扯是很有可能的。撰写方志的同志要清醒地看到这个弱点，必须在思想上树立一个高境界，还需要拿出很大的毅力，才能把这个弱点克服掉。明代崇祯《太仓州志》是一位曾经任过江西临川知县的叫作张采的人主修的。张采乃明末复社名士。他主修的《太仓州志》曾经得到钱大昕的赞扬，说他"于地方利病，剀切言之，洵非率尔操觚"。古人能做到这一点，的确是很不容易的。

至于因考核不精而出现讹错，更属难以避免。清雍正《江西通志》虽经《四库全书总目提要》评为"广搜博访，订舛正讹，在地记之中号为善本"，然而讹错亦未能尽免，如误认宋人韩元吉为韩维之子，此爰未检陈振孙《直斋书录解题》而致误。如误将元人刘秉忠引入乡贤，被《提要》讥为"是则图经之积习涤除未尽者"。又如其选举门载元代进士题名多误，钱大昕据元统元年进士题名录有所匡正，并指出导致讹错的原因是："盖志所采者多出于家乘墓志，凡曾应乡举者，皆冒进士之名，而修志者不能别择也。"凡此，都是雍正《江西通志》考核未精之处。可见，在方志中要想避免史实上的差错，的确需要作者有很强的功底，并为此付出极大的精力，这当然也是很不容易的。这部新编《乐平县志》，在县志办同志们的努力下，历经寒暑，数易其稿，还得到了省内外许多专家的帮助和指导，相信在求真务实和避免讹错等方面都是注意到了的。但是，像这样数十万字的巨制，想要完全不出差错，恐怕是很难的，甚至是不可能的，匡正纠谬，是所望于广大读者，应该说，这是县志办的同志们和我们的共同希望。

我们多年暌离乡土，见闻不广，加上水平有限，襄助无方，忝为县志顾问，实感汗颜。今值县志出版之际，我们谨以"惟桑与梓，必恭敬止"的心情，向家乡人民致以热烈的祝贺，同时拉杂地写了如上的一番话，聊当序言，至希同志们不吝教正是幸。

石凌鹤　石天行　姚公骞（执笔）

1987 年 3 月 30 日

载《乐平县志》,《乐平县志》编纂委员会编，上海古籍出版社1987 年 12 月出版。

《东夷源流史》序

  1982 年 8 月 6 日《光明日报》头版发表了一篇《失学之后不气馁，困难面前不低头，农民何光岳自学成为历史地理学者》的报道，曾引起我的惊异，急忙找来这位农民学者所写的论著，如《长沙古无"青阳"之称》《荆楚的来源及其迁徙》《古罗子国》等拜读一过，惊异之余，更增钦仰。自此以后，直到 1985 年，许多报刊还陆续发表有关他的报道，有的称其为"岳州八怪之一"，有的更进一步称其为"岳州八怪之首"，也有称他为"怪才"或"奇才"的。我想人们之所以称他为怪为奇，原因不外乎他是一位农民。他治历史地理并非科班出身，而居然在十年内发表论文达一百六十余篇，写成专著十三部，总计五百余万字，这一丰硕成就纯由自学产生。其难度之大，用力之勤，成就之速，几乎是一般人难以想象的。韩愈说过："天池之滨，大江之濆，曰有怪物焉，盖非常鳞凡介之品汇匹俦也。"像我这样的常鳞凡介，自然也会目之为奇才怪才的。大概是 1985 年，我经友人介绍才认识何光岳同志，那时他已是湖南社会科学院的研究人员，享有盛誉，而一见之下，朴野之气，溢于眉宇，仍然是一副农民形象，书卷的馥郁伴以泥土的芳香，不禁令我自惭形秽起来。此后，蒙他好意，先后送给我两部专著——《南蛮源流史》《楚灭国考》，我读着读着，又深深地为他发愿要写一部丛书式的大著——《中华民族源流史丛书》而赞叹不已。这时，我才想到不能仅用历史地理学者来概括他的成就，实际上他是在开拓一个古史领域，他探求的是中华民族的由来与演变，这是一个十分宏大而又极其琐细的题目，它将为世世代代的中国人民提供一个慎终追远、报本反始的门径，作者所怀抱着的正是一个如此雄伟的目的。当然，还可借用龚定庵的诗句来比况，作者所从事的是"一灯红接混茫前"的工作。远古混茫，人神杂糅，后人追写，传闻异辞，东鳞西爪，更何况时代有颠倒，传写有歧异，真伪相混淆，解释多抵牾。因此，光是就材料的收集与整理而言，就是一件非常浩繁而又细密的工作。这项研究所涉及的方面就绝不是专通历史地理所能藏事的，正如光岳自己说的："除历史、地理、民族学、古典文学外，还广泛地涉及考古文物学、民俗学、古农学、天文学、古生物学、地名学等，都多加搜集。"其实还不止这些，还应包括他没有提到的文字、音韵、训诂、考据等学问，没有淹博贯通的功力是完不成这项艰巨任务的。因此，光岳不仅仅是一位历史地理学者，应该说，他是一位古史领域里的探险者，在混茫无垠的古史云海里去攀越一座座隐约缥缈的山峰。

我有幸读到他的近作——《东夷源流史》，这部大著几乎把历史上有关东夷人的材料囊括殆尽。作为一个门外汉的我，不应该也不可能在这篇短文里对这部大著作出具体评价，相信读者自有定评。我只想说的是，对东夷的研究本是一个古老的题目，而像这样全面爬剔、纵横串联、大肆铺开的写法却又新鲜得很。所谓新鲜，就在于新意、新解层见叠出，正如光岳自己说的："在博采诸家之言前提下，抒己之创见，不拘成见，不摒旧说，不斥异端，不立门派，循情察理，旁搜侧证。"这样做，需要作者具有相当强的胆与识。我平日读书，不喜欢看那种只知一味饤饾拘掇、拘守陈言、了无创获之作，而喜欢读那种功力既具、才识足副、取精用宏、排奡古今之作，这种著作即使粗疏一些、浅率一些，留下一些给人们疵议的地方，也比那种四平八稳、拾人牙慧者好得多。因为，在世上要做成任何事业，没有开拓或开创的精神是休想办到的，而要开拓开创，就不可能没有疏漏或失误。随着时间的推移，疏漏与失误将逐渐为后来者所纠补，而其开创之功则历久而愈彰。顾炎武的《日知录》，后人为之匡补之处颇多，然而《日知录》仍然不愧为一不朽之作，道理就在于顾炎武是有清一代学术上的开山者。创业艰难，守成较易，此盖事理之必然。创业者身上即使流露出某种幼稚或笨拙，也比守成者浑身显现出的谨愿或老练，要美得多，可爱得多。宋人罗泌著《路史》四十七卷，"凡前纪九卷，述初三皇至阴康无怀之事；后纪十四卷，述太昊至夏履癸之事；国名纪八卷，述上古至三代诸国姓氏地理，下逮两汉之末。发挥六卷，余论十卷，皆辨难考证之文"。罗泌自序谓："皇甫谧之《世纪》、谯周之《史考》、张愔之《系谱》、马总之《通历》、诸葛耽之《帝录》、姚恭年之《历帝纪》、小司马之《补史》、刘恕之《通鉴外纪》，其学浅狭，不足取信，苏辙《古史》第发明《索隐》之旧，未为全书，因著是篇。"确乎不失为一部自创体例，排奡古今之作，虽然后人因其多采纬书及道家依托之言，而有"宠杂"之讥，然而也不能不承认他"考证辨难，语多精核，亦颇有祛惑持正之论，固未可尽以好异斥之"。清人马骕著《绎史》一百六十卷，"纂录开辟至秦末之事，首为世系图、年表，不入卷数，次太古十卷，次三代二十卷，次春秋七十卷，次战国五十卷，次别录十卷"。时人称他为马三代，他的《绎史》得到了很高的评价。"古无此式，与袁枢所撰《通鉴纪事本末》，均可谓卓然特创，自为一家之体者矣！"当然，人们也曾指出"其疏漏抵牾，间亦不免"。可见，凡在科学研究上有所创获的人，他的成果纵有如白璧微瑕，固然丝毫无损于它的光泽，即使是瑕瑜互见者，只要是处于开拓者的地位，也仍然有其不可磨灭的业绩。历史既是十分严肃的，又是极其公允的。清人评价马骕的《绎史》，还提到它超过了罗泌的《路史》，"搜罗繁富，词必有征，实非罗泌《路史》、胡宏《皇王大纪》所可及"。一代总是胜过一代的，我希望光岳的宏愿很快就能全部实现，《中华民族源流史丛书》也将排奡古今，超越前修而得到作为一个科学事业上的开拓者所应得的评价。

顺便再提一点，在我国古代的文献材料上说到的氏与族、族与家、国与家，都和现代概念不尽相同，甚至有很大的差异，而且它们之间有时显示出区别，有时又混淆不清，甚至还会等同起来。当其显示出区别的时候，则往往反映出历史的嬗变，而显示出由原始社会向阶级社会的演变，由血缘向地域的演变，由野蛮向文明的演变。大体说来，人类由脱离动物界而逐渐社会化，逐渐形成世界性与民族性的矛盾的统一，其间经过了一段漫长的时期。最初，起主导作用的是人种的分布，然后是血缘关系起主导作用的分与合。进入文明阶段以后，地缘关系又逐渐取代血缘关系而取得主导地位，形成了地域上的分与合。与此同时，作为人类社会的共同体所形成的文化上的特征也越来越显示出其强大的生命力，时至现代，文化作用越来越重要。它成了影响一个民族存亡绝续、盛衰强弱的重要标志，一个民族有无凝聚力的关键所在。当然，我这样说，绝不是忽视经济基础的作用，人类的生产活动永远起着最终的、根本的和决定性的作用。如此说来，研究某一民族的源流衍变，把握其自身历史的运动规律，在生产活动的基础上，在其经济基础的发展变化上，需要着重探求它在人种—血缘—地域—文化等各个阶段、各个层次上的各种作用与各种关系。当然，人种问题涉及人的自然史，是属于人类学或古人类学的范畴，在研究人的社会史上也可以置之不论，但血缘、地域与文化上的种种问题，则是不容搁置的课题。如果民族史的研究能在这些问题上取得进展和成果，则不仅在理论上将取得重大的突破，而且有其深远的历史意义和现实意义。我作为一个民族史的门外汉，不辞浅陋，贡此芹曝，不知能博光岳同志首肯否？

论年龄，我痴长光岳好多岁；论学问，则光岳要比我先进得多。孔老夫子说过："先进于礼乐，野人也。"我借来向光岳开句玩笑，光岳是先进于礼乐的野人。当然，我这里说的"野人"，已不是孔老夫子的原意，更不是什么贬义词，正如光岳在《南蛮源流史》上提到"蛮"的解释时，他曾说"'蛮'是个勤劳勇敢的美称，并非像后来派生出来的'野蛮'之蛮的贬义词"。我说光岳是先进于礼乐的野人，正是因为我在他的眉宇间看到了劳动人民的气质，书卷的馥郁伴以泥土的芳香，而这正是我所缺少的，也是我所向往的，更是我自惭形秽之所在。我希望光岳永远保持劳动人民的品质，始终成为我的一位"来吾导夫先路"的畏友。谨序。

1990 年盛夏挥汗于南昌青山湖畔北面斋

载《东夷源流史》，何光岳著，江西教育出版社 1990 年出版。

《王安石教育思想研究》序

罗传奇、吴云生两同志合著的《王安石教育思想研究》一书即将问世，作者索序于我，自忖虽在学校执教数十年，所讲授的是中国通史，然于古代教育却甚乏研究，诚可谓"不识庐山真面目，只缘身在此山中"，实在不敢应命，但作者的盛情难却，只好信笔写一些感受，意浅词芜，有负作者厚爱多矣。

我一向认为中国古代社会的教育有一个鲜明的特点，就是私学盛于官学也强于官学，而私学之中又特别重视师授与家学，率以师弟相承和家学渊源相标榜。即以北宋与王安石的同时辈为例，有如周敦颐任南安军（今大余）司理参军时，程颢、程颐的父亲程珦任通判军事，乃命二子拜周敦颐为师，所以濂、洛二学派有师弟关系。而后程颢、程颐兄弟讲学于熙、丰之际，河、洛之士翕然从之。史称学于程氏之门者"固多君子"，如谢良佐、游酢、吕大临、杨时等四人号"程门四先生"，成了理学洛派的巨擘。像他们的师弟关系，俨同父子，所以程颢得到杨时这样的学生，非常高兴，因杨时是福建将乐人，便说："吾道南矣！"而杨时对待先生程颐，也留下了"程门立雪"的美谈，类此这般的师弟相承的事例，在史书上多得不得了。至于家学渊源的事例也同样不胜枚举，仅以与王安石同时辈的江西人为例，除王安石的一家兄弟外，有如南丰曾巩的一家兄弟，新喻刘敞的一家兄弟，新喻孔文仲的一家兄弟，波阳彭汝砺的一家兄弟，等等，都是同登史册的。《宋史》作者在刘敞、曾巩的传论上便说："若刘氏、曾氏之家学，盖有两汉之风焉！"家学与门弟相结合，可以看成是观察中国古代士大夫在政治上和学术上的兴衰起伏的一根管钥。所以说，中国古代私学之盛且强，是历代官学难以比拟的。古代的官学，其在中央者，不管是太学、国子学或国子监，不管叫什么博士弟子、鸿都门学或广文馆。其在地方者，不管是乡党之学、郡国学、州县学或府县学，尽管在某些时候，特别是在初起之时，也曾有过讲授活动或教学活动，然而，为时不长即流诸形式，隋唐以降，官学又成了科举的附庸，大抵是"科场罢日，则生徒散归……但为游士应寄之所，殊无国子肄习之法，居常讲筵，无一二十人听讲者。"甚至"视庠序如传舍，目师儒如路人。"所以早在唐代，就已有"广文先生官独冷"的感喟。北宋时期的官学，在王安石变法之前，其景况大致如此，用王安石自己的话说，就叫作"取墙壁具而已"。当然，有的时候，在个别地区里，那里的官学也曾有过延揽名师，作育人才，一度有所振兴，如范仲淹守苏州，首建郡学，聘请当时大儒胡瑗主讲席，就是一例，不过从全局而言，这种事例，实在称得上凤毛麟角。惟其如此，所以，那时候的所谓人才，大都不从官学而来，官学之不受重视，可谓历代皆然。至于明清两代有所谓"纳监"，富家子弟通过向官府捐纳财货，即能取得国子监生的资格，便可以在科举考试上越过府州县学，而直接参与省会或京师的考试，这就更加等而下之，和学校教育成了两码事了。

正因为中国古代教育有上述长期存在的特点，因此，在中国古代教育史的研究上便长期存在着一个难题，一谈到古代教育制度，便大谈其官学，不管是否为具文，一律言之凿凿，煞有介事。而一谈到教育思想，则又只能撷取私家议论，尽管那些议论中不乏真知灼见，宏谋远略，然而他们大都与官学无缘，不是空言无补，便是了不相涉，就像上面提到的那位"独冷官——广文先生"，是唐代与杜甫同时的郑虔，这位郑先生却的确做了主管教育的官员，专教"国子学生业进士者"，然而，我们只知道这位郑虔先生是一位诗、书、画号称"三绝"的艺术家，并没有人说他是一位教育家，他在教育上似乎没有留下什么业绩。看来，这位广文先生的处境确如杜甫说的那样"广文到官舍，系马堂阶下，醉则骑马归，颇遭官长骂。才名四十年，坐客寒无毡，赖有苏司业，时时与酒钱"。甚至到了"甲第纷纷厌粱肉，广文先生饭不足"的程度。官冷如僧，馆同虚设，得不到王朝一丝一毫的重视，还有什么教育上的作为可言。所以说，管官学的谈不到有什么教育思想，有教育思想的又谈不到去管官学，即使管了也无法有所施为，有所建树，一方面成了徒具形式，一方面成了徒托空言，充其量只能在私学上付诸一点实践而已。因此，研究中国古代教育史不仅两者往往是脱节的，而且两者都难以形成具体的历史，所谓教育制度只是写在纸上的具文，当然说不上有什么实践上的历史价值，而所谓教育思想既不能形成制度，付诸实施，除了作为思想史上的一项精神财富外，也谈不上有很多实践上的历史经验。我看到的一些教育史的著作，大都在这个历史难题上显得左支右绌，史乎？史乎？殊难言矣！因此，我才大胆地认为要研究中国古代教育史，应该改弦更张，以私学为主，官学只能摆在附庸的地位，略略一提就可以了。把历代私学研究透彻了，那么，诸家的教育思想就可以从私学中发掘出其实践上的价值，只有这样，才能显现出中国古代教育史的真面目。因为这种现象恰恰是那种以自然经济为主体的中国古代社会的必然产物，恰恰是中国古代专制主义官僚政治下的必然产物，恰恰是中国古代宗法家族制度下的必然产物。

然而，历史上也有若干例外。像王安石变法中的一项教育制度的改革，却的确是以王安石的教育思想付诸官学教育的一次实践，一次试验，正因为这是一次例外，所以，在历史上也可以称得上是一次创举。

在这篇短文里，我不想就王安石的教育思想和教育改革再说些什么，因为本书作者已经作了系统而翔实的研究，相信读者能从中得到许多有益的东西。我想说的是，这项研究的价值就在于它是中国古代教育史上教育思想与教育改革相结合、与教育制度相结合、与教育实践相结合的一个典型，这是真正的一次教育改革，它改革的是官学，不是私学。它的影响很大，当时就引起了很大的冲击，有赞成的，有反对的，而这种赞成与反对，不仅仅是学术上的、理论上的，而是成了当时政治斗争中或者说是朋党斗争中的焦点之一，延续的时间也很长。至于它对后世的影响，也不可谓不大，包括积极的和消极的两个方面都有，因而关系到了对王安石变法的评价，也关系到了王安石还能不能作为一个教育家（除了政治家、文学家而外）而载诸史册。

我认为王安石作为一个古代教育家是当之无愧的，他的学问胸襟、识见胆略都是超越时辈的。他所著的《三经新义》，连他的政敌也不敢轻视。他主张培养人才必须兴学校，太学实行三舍法，同时改革科举制度，罢废明经诸科、增进士额，又罢诗赋、帖经、墨义，专以经义、论策试进士，并规定要以他的《三经新义》为依据。这一系列改革的目的，都是为了要养出能够"经世务"的人才，立即能推行变法改革的人才。为了达到这一目的，他不恤人言，力排众议，锐意行之。可见，王安石的教育改革主张的政治目的是极为鲜明的，是他的全面变法（包括政治、经济、军事、教育等）的一个组成部分。应该说，他确实站在他所处时代的前列，他的有关教育改革的思想至今还存在着许多闪光的东西。

然而，他的变法后来失败了。他的教育上的改革也跟着失败，或者说被扭曲了。当然，这里面有种种原因，无待细述。不过还需要提到的一点是，王安石对官学的改革遭致到失败的一个原因，就是他无法废除科举考试，尤其是他无法提出一项有利无弊的考试方法。考试制度历来有利有弊，也经过了多少次的改革。所有改革的总趋向，除了政治因素之外，大体说来，不外两条：一是不断地加严；二是如何使评卷做到公允。加严好办，如弥封、誊录、监临、锁院、搜身等，越到后来越严，形成了一套规矩；而阅卷要求公允则十分不好办。写文章不像做数学题，很难作出为考官们都能确实把握到的客观标准、结果，一篇文章在张三看来好，李四却可以说不好，并且都能说出点理由，相持不下。因此，为了统一标准，只好舍内容而取形式，或者专试记诵，如唐宋试明经的帖经，类似今天的填空，记得的就对了，记不得的只好交白卷，这种卷子好评，但又因只考记诵，而且题目越出越僻，遂为世人所轻。于是进士科要试诗赋，诗赋可以试出人之才与艺。但为了便于评卷，又不得不在形式上多加限制，律诗"八病"之名由此而起，什么"平头、上尾、蜂腰、鹤膝、大韵、小韵、旁纽、正纽"等，在考试中均不得患其一病。这些限制始于唐代，到了宋代遂更趋严密。明清以来的试帖诗相沿不改。所以弄得凡是应试之诗，几乎没有一篇好诗，但对评卷而言，舍内容而取形式，标准毕竟好掌握一些。王安石主张废诗赋而考经义，曾经遭到苏轼等人的反对。从大道理讲，诗赋不能"经世务"，不能识别政治人才，王安石的主张当然是堂堂正正；然而，从小道理讲，苏东坡则谓设科立名，是教天下以伪，策论诗赋，自政事言之，均为无益。不能说他这番话没有触到疼处。毕仲游更直截了当地说："诗赋必自作，经义可用他人；诗赋惟校工拙，经义多用偏见。"考试只校工拙当然便于评卷，一涉经义，便各抒己见，没有评卷标准，至于能否拔擢政治人才，则诗赋与经义都不见得有用。这确实都是科场经验之谈，不容否认。果然，考经义也同样弄得流弊丛生，连王安石也有些后悔，说："本欲变学究为秀才，不谓变秀才为学究"，慨乎言之。

我们翻翻历代的科举应制文章，如经义、策论之流，也确实没有什么好文章，像远在科举之前的汉代董仲舒的贤良对策的所谓天人三策，后于王安石的南宋末年文天祥中状元的集英殿试策——洋洋万言的所谓"法天不息"试策，这样的应试文章在历史上确实稀罕得很。至于经义之文，则几乎找不到一篇像样子的。而且经义一纳入科举考试，为了避免评卷中的"偏见"，统一标准，逐渐地不得不也舍内容而取形式起来。而且标准定得越来越死，这就形成了明清两代科举考试的"八股"。不仅题目有范围——"四书"，考生只能"代圣人立言"，且不能脱离朱熹《四书集注》的内容，而且行文有一定程序和规范，这就是所谓破题、承题、起讲、起股、中股、后股、末股等名目，结果自然是废话连篇，不仅毫无用处，而且害人不浅。值得一提的是，为了帮助考生们做好"八股"，明清时期出现了一种新的赚钱职业，其人则叫作八股选家，像《儒林外史》上的马二先生那样，专门为考生们提供八股选本，以供考生们借以揣摩、研习、记诵、模仿、抄袭之用。如同今天大量销售的什么升学指导或指南、复习提要或解答之类。当然，这类书为图书馆所不录，藏书家所不收，就连考生一经入学，也就立即弃之如敝屣，然而这些选家却从中大捞了一把，还自认为有益于考生，其实，造成考生们的知识面不仅狭窄，而且支离破碎的，正是这类选家。考诗赋则带来"八病"，考经义则带来"八股"，舍内容而取形式，这真正成了科举考试的痼疾。八股源于经义，这已为世人所熟知，而却是王安石始料所不及的。

考试制度的改革关系到教育制度的改革，而考试制度中的评卷问题更是一个举世困恼的问题，恐怕至今世界上也没有真正解决好了的。如此说来，研究王安石的教育改革和教育思想，总结其经验教训，就不仅有其历史意义，还有其现实意义了。

王安石是江西抚州临川人。罗传奇、吴云生两同志是在抚州执教多年的老教师，一直从事王安石研究。由他们二位来研究王安石的教育思想，以内行而兼乡谊，必深刻而又亲切，是再合适也没有的。我非常希望江西的学者都来研究江西的历史和历史人物，更希望罗传奇、吴云生两同志继本书出版之后，将有更多的科研成果问世。谨序。

1991 年 2 月 23 日

载《王安石教育思想研究》，罗传奇、吴云生著，江西教育出版社 1991 年 3 月出版。

《江西史稿》序

少时读洪景卢《容斋四笔》卷五载"饶州风俗"一则，内云：

> 嘉祐中，吴孝宗子经者，作《余干县学记》，云："古者江南不能与中土等，宋受天命，然后七闽、二浙与江之西东，冠带《诗》《书》，翕然大肆，人才之盛，遂甲于天下。江南既为天下甲，而饶人喜事（骞按：此二字疑有误，此据商务印书馆1969年版《容斋随笔五集》引，以手头无别本可校，姑存之），又甲于江南。盖饶之为州，壤土肥而养生之物多。其民家富而户美，蓄百金者不在富人之列。又当宽平无事之际，而天性好善，为父兄者，以其子与弟不文为咎；为母妻者，以其子与夫不学为辱。其美如此。"……

因思北宋时期的江西人（吴孝宗为抚州人），已称"江南为天下甲"，而"饶州又甲于江南"。盖鄱阳湖滨，壤肥物丰，家富户羡，北宋之际，即已跃居今江、皖、浙、闽诸省之首。然其间的变化缘由，史家多不能详。乃有感于治国史者苟不兼明地区之史，则其国史之疏略错舛，殆不能免。我是江西人，波（鄱）阳为我出生之地，研究饶州波（鄱）阳一州一县之盛衰，推及江西一省之隆替，然后探索一国发展之规律，实为我辈治史者之所当务。怀蓄此志，历有年所，而人事倥偬，岁月不居，今且老矣，卒于无成，徒增愧憾而已。今幸获读许怀林同志大著《江西史稿》，洋洋五十万言，自远古迄于20世纪初叶，举凡政治、经济、文化、思想等诸大端，莫不穷原竟委，�缕无遗。读后，大有生平夙愿为之一偿之慨。欣慰之余，聊书所感于下。

江西史迹溯秦汉以上，大多混茫，载籍偶一遇之，极为简约，即求一轮廓貌不可得，故前人有治江西史者，于此皆不能道其一二，所有方志，率付缺如。而自建国以来，江西的考古发掘所获特多，如万年之仙人洞、修水之山背、樟树之吴城和筑卫城等自新石器时代迄于殷周诸多遗址之出土，其文物之繁富且粲然有其特色，已为世人所瞩目；尤以近年来瑞昌殷代铜矿遗址的发现以及新干殷代墓葬大批青铜器之出土，其年代之久远，品类之多，质量之高，特色之鲜明，均属罕见，更为举世所骇异；且与中原出土之同期文物相比较，除无铭文外，其他略无逊色，则吴孝宗所谓"古者江南不能与中土等"，殆未必然。今日治江西史者所拥有的江西先秦史史料已大大多于古人，治古史而能今优于昔，实属我辈之大幸。

江西古代颇得地理之利。我国长江以南诸南北向之水道，唯赣江与湘江有舟楫之便。秦时开灵渠，沟通湘、漓二水，自湖南进入广西，一航可至，惜为十万大山所阻，不能出海。独赣江虽有庾岭与北江相隔，然水陆相继，自长江入鄱湖，沿赣江溯航赣州，改陆行，越梅岭，再换舟循北江而达广州，即与海上相沟通，故湘江之航运自来不及赣江。江西古代其经济生活之日臻发展，端赖鄱阳湖与赣江之水利。考之先民文化遗址，多在赣江两岸与滨湖地区。盖人民生活不可一日离水，"有水井处"即指有人聚居之处，而以农立国，水利尤为命脉，此固不待言者。早在秦汉之世，凡对南方之开拓与战争，每多取道江西。秦始皇三十三年（公元前214年），《史记·集解》引徐广曰："五十万人守五岭。"《正义》释五岭，以大庾岭居首。汉武帝平南越，兵分四路，而以楼船将军杨仆为主力，"出豫章，下横浦"，因其路近，故最先与南越接战，大败之。其余三支军队，一支因"道远，会期后"，迟到了；两支在到达之前，南越已平。在平定东越的战争中，汉武帝亦曾令"诸校屯豫章梅岭待命"。接着兵分四路，而"王温舒出梅岭"为其一路。可见，早在汉世，豫章与梅岭之间，已经成了一条相当重要的交通线。魏晋南北朝期间，由于南北长期的隔绝，南方政权更注意于对江南的开发与经营，江西的地位也日益显得重要。隋唐统一，运河的开通，南北交通频繁，也刺激了江西经济的发展。安史之乱后，北方陷入混乱。自唐肃宗始，唐王朝的财政收入多仰赖于淮南与江南。到唐宪宗时，基本上靠东南八道——淮南、江南、浙东、浙西、宣歙、鄂岳、湖南、福建供应赋税，江西的地位更为重要起来，经济文化都得到了相当大的发展。迄于五代，江西的战争较少，相对来说，经济文化都已达到了繁荣的地位，出现了上引吴孝宗所说的"江南为天下甲"的局面。入于两宋，江西无论在经济上还是文化上又都位在江南之首。特别是到了南宋，江西在整个封建时代，其发展规模，可谓已达极盛。在以农业为主的自然经济基础上，商品交换、贸易运输日渐发达，文化昌盛，人才辈出，直到清代前期，随着政治形势的变化，虽时有起伏，然大体说来，经济仍有一定的发展。盖只要赣江作为重要航道的地位未衰落，则江西经济便具有持续发展的条件。由此可见，在古代，赣江水运之利对于江西经济文化的开发和发展关系至巨。中国东南半壁赖以沟通江湖陆海，纵贯南北者仅此一途，从而形成了江西区域经济文化上的重要特点。因此，研究江西古代史，将其放在区域经济、文化的范畴内加以考察，很有必要。我认为这一很具特色的古代区域文化形态，可以定名为"赣江文化"。其研究范围应以滨湖与沿江两岸为重点，诸如耕地的扩大和粮食作物产量的增加，农产品商品化的出现和经济作物的引进与推广，从而引发出制糖、造纸、绩麻、烟草、染料等加工手工业的逐步发展；传统工业如矿冶、铸钱、制瓷、制茶等以及传统产品如竹木、纺织品等的日益发达，从而导致商品交换的频繁与市场的扩大，圩场的增多，集镇的兴起，以及商业性城市的出现。在此基础上，又促进了文化事业的发达。而文化的发展不仅呈现出地域性优势及其推移变化，而且还往往集中于某些家族甚至宗族在较长时期里占有仕途和文化上的优势。同时反映在社会人口上出现了稳定性与流动性并存的矛盾现象，即一方面存在着聚族而居，另一方面又多次出现人口的大流动。工商业的发达促进了手工业人口集中和商人的经营四方，地域性和行业性的行帮代替了宗族性的聚合，加上其他种种政治的和经济上的原因，在中国封建社会末期，江西的人口既有大量的外流，又有外地人口大量的移入，从而一方面扩大了江西对外省的影响，另一方面又部分地改变了江西的人口构成，也带来了某些产业结构的变化，同时也引起了语言、风俗、习惯上的许多变化。这一切如能加以综合研究，在掌握大量资料（包括文献、考古和调查材料）的基础上，以史学为主干，熔史学、经济学、社会学等一炉而冶之，从全方位多角度上把握住"赣江文化"的种种特色，俾能深层次地揭示出江西古代历史的真貌。应该说，这也是今日治江西史者一项不容稍缓的工作。

近代以来，我国海禁大开，主要运输改由海运，对外贸易与近代工业集中于沿海城市，加之粤汉、京汉、津浦、沪杭等铁路相继通车，内陆的南北交通运输又多改为陆运，赣江的地位迅速下降。再加上江西山地长期以来被过度开发，虽曾一度使耕地面积有所扩大，经济作物有所增多，商品交换有所发展，然而，水土流失亦日趋严重。此在 19 世纪 40 年代以前，生态失去平衡所引起的泥沙淤积于赣江的现象即已发生。近代以来，河床上升，泥沙堵塞逐渐由支流而波及干流，年通航期日益缩短，有的支流竟至难以通航，即使尚可通航，可船舶载运量已日见可减，更何况万安十八滩在历史上已视为畏途者又从未修治。因之，赣江的航运遂一蹶不振。这一条在历史上起过重大作用的南北向河流，终于失去了昔日的光彩。于是江西经济出现了一种反常状态，自然经济与封建土地所有制反而强化了起来，相当普遍地出现了土地的兼并与集中。地租剥削和经济外强日益加重，商业萧条，市场狭小，人民的生活更加陷入贫困，阶级矛盾尖锐，整个社会基本上处于闭塞状态，文化事业和文化生活不断落后。和当时的沿海省市比较起来，差不多可以说江西已处于历史的倒退中。直到中国共产党诞生以后，才给江西人民带来了崭新的希望。井冈山中国第一块红色革命根据地和中央苏区的建立，为江西人民争取自身的解放而献身革命提供了大好时机。从此，江西儿女在中国共产党领导下，为了中国的革命事业而作出了重大的牺牲和贡献。新中国建立以来，江西发生了翻天覆地的变化，四十年来各项建设的蓬勃兴起，不仅在江西历史上是空前的，而且也是极为神速的。然而，毕竟由于底子太薄，加上在建设社会主义的探索中也出现过一些失误，和兄弟省市比较至今还存在着一定差距。当前，如何进一步振兴江西，到 20 世纪末能使全省人民的生活达到小康水平，仍然是摆在我们面前的一个重大课题。因此，研究近代江西这一段历史，不仅用来向人民进行革命传统教育和省情教育是非常必要的，而且对于当前和今后，在振兴江西，建设有中国特色的社会主义事业上，使战略布局和决策更加结合江西而益趋合理，益趋科学，也是极为必要的。

许怀林同志多年执教于江西师范大学历史系，历任江西省史学会秘书长和副会长，对宋史研究有素，近几年，出其余力以治江西地方史，任历史系地方史研究室主任，多次主讲地方史课程，培养地方史研究生，并应省教委之约，主编中学乡土教材《江西历史》，出版后颇得好评，获国家教委嘉奖和省级二等奖。与此同时，江西省各级政府都相继编纂新方志，省志编辑室及各有关方志编纂部门都曾多次邀请许怀林同志或审稿，或提供咨询，许多县的县志办公室还聘请他担任县志顾问，为江西省的地方志事业作出了专家型的贡献。因此，可以说，这部大著是他多年来的研究心得和实践体验的总结，也是以一人之力写出的江西第一部通史。相信这部大

著的问世，对于向广大群众特别是青少年们进行爱国主义和社会主义教育，进一步
了解省情，以及为各级领导提供决策时的参考等方面，都将发挥出相当重要的作用。
谨序。

1991 年 7 月 20 日挥汗于青山湖畔北面斋

载《江西史稿》，许怀林
著，江西高校出版社 1993 年
5 月出版。

《杨杏佛传》序

　　杨杏佛先生是一位深受中国人民景仰的民主斗士，一位为鲁迅先生所奠祭的"新民健儿"。1933 年 6 月 18 日，他遭到国民党特务的暗杀，以他临终时洒下的鲜血，映红了他的充满爱国主义的光辉的一生。他是有着五千年高度文明、坚韧不拔、不畏强御的中华民族的好儿子，同时，他还是一位学贯中西的科学家。早年赴美留学，攻机电工程，并主办《科学月刊》，后又改学工商管理，获哈佛大学硕士学位。归国后，曾任东南大学教授，后任中央研究院总干事，实际负责院事，直至逝世，颇多建树。他还擅长政治和演讲，雄文说论，出自肺腑，每为当时青年所倾倒；又兼工诗词，一歌一咏，多属哀时感事、忧国忧民之作。所以，他又可以说是才兼众长、德孚众望、智足任事的一位不可多得的人才。

　　杨杏佛先生一生所走过的道路，应该说是一条由旧民主主义革命一步步走上或接近新民主主义革命的道路，自 19 世纪末直至 20 世纪 40 年代，在中国大多数知识分子中间具有代表性。杨先生早年参加过辛亥革命，追随孙中山先生从事旧民主主义革命工作，他曾经较长时期地怀抱着"实业救国"的理想，从赴美留学到学成归国，一再为实现他的理想而积极奋斗。然而，在国民党统治下的现实面前，他的理想成了幻想，破灭了。经过一段时期的彷徨与苦闷，他为另一个现实所惊醒：中国共产党领导中国人民为彻底地反帝反封建，为争取新民主主义革命的胜利，正在进行着艰苦卓绝的斗争。他重新为之振奋起来，迎着时代的巨潮，开始迈开了新的步伐，他虽是国民党党员，然而，他坚决反对日本帝国主义的侵略，坚决反对国民党的腐败无能，他曾经秘密地参加了由邓演达等领导的"中国国民党临时行动委员会"（中国农工民主党的前身），反对蒋介石的背叛革命，表示要继承孙中山先生的遗志，坚持反帝反封建斗争。他钦佩中国共产党，在国民党的白色恐怖下，他曾多方参加营救和保护过共产党员，并与宋庆龄、蔡元培、鲁迅等人一道发起组织"民权保障同盟"。他抱定宁为玉碎、不为瓦全、视死如归的决心，毅然担任起"同盟"总干事，在国民党统治区，与国民党展开了面对面的斗争，引起了举世的瞩目，终于遭到了国民党特务的暗杀，杨杏佛先生为中国人民的革命事业，过早地献出了宝贵的生命。

早在 1949 年 8 月 18 日，毛泽东在《别了，司徒雷登》一文中说过："我们中国人是有骨气的。许多曾经是自由主义者或民主个人主义者的人们，在美国帝国主义者及其走狗国民党反动派面前站起来了。"这个结论也完全适用于杨杏佛先生。从旧中国到新中国，中国的旧知识分子中的许许多多的爱国者，在"三座大山"的沉重压迫下，在革命洪流的猛烈荡涤下，他们大多经历了一个很大的变化，即由旧知识分子转变为新知识分子，由旧民主主义革命的参加者转变为新民主主义革命的参加者，杨杏佛先生正是他们中的一位受到人们尊敬的代表人物。非常令人惋惜的是，杨先生死得太早了，比闻一多先生、朱自清先生还早十多年，他没有看到国民党在大陆的土崩瓦解，没有看到新民主主义革命和社会主义革命所取得的伟大胜利，更没有看到社会主义建设的伟大成就。然而，如果逝者有知，当得知中国人民在党的领导下，在爱国主义和社会主义的旗帜下，正在为贯彻执行党的基本路线，为实现有中国特色的社会主义现代化而高歌前进时，相信杨杏佛先生会感到毫无遗憾而含笑于九泉的。

杨杏佛先生是江西人，是我省的乡贤。由江西的同志来撰写乡贤的传记，这是一件值得提倡的事。江西省社会科学院历史研究所的杨宇清副研究员，愿为杨先生立传，蓄志已久。他多方搜集杨先生的遗稿和杨先生的生前友好撰写的纪念文章，并得到杨先生的哲嗣小佛同志的大力支持，还亲自走访了多位尚健在的杨先生的故友，积累了大量的资料，经过悉心研究，写成了八万余言的《杨杏佛传》。杨宇清同志这种勤谨不苟、孜孜不懈的精神值得钦佩，应当说，他做了一件很有益的工作。

兹又承江西省政协文史资料委员会的领导和编辑部诸同志的热心支持和帮助，终于将传记、年谱、著述索引、纪念文章及杨杏佛先生的遗稿等多种，裒为一帙，结集出版，这不仅是为了更好地纪念杨杏佛先生，而且，也使广大读者能借此而比较全面地了解杨先生的一生，从中得到启迪，受到教育，为热爱祖国、建设祖国而更加奋发有为。谨序。

1991 年 4 月 20 日于南昌

《江西古代书院研究》序

李才栋教授的《江西古代书院研究》一书，是继《白鹿洞书院史略》之后的又一部新著。我有幸获睹其部分原稿，深佩其披荆拂莽之勤。盖《白鹿洞书院史略》乃就书院之一典型，穷原竟委，为研究中国教育史树一标鹄，辟一门径；今则又从江西一地区有关书院的源流盛衰，作大范围的研讨，视野廓开，门径广辟。循此以往，将见中国书院史亦必杀青有日，盖由点而线，由线而面，作者之宏谋远识，是可以想象得到的。

中国的古代教育一直以私学为主。历代虽有所谓官学，然而不是仅限于贵族，范围甚窄；就是流于形式，或竟同虚设。科举制度兴起后，官学更属具文，讲诵几乎全废，司其职者但督试衡文而已，教育之旨丧失殆尽。偶有一二识者，亦曾有所更张，起颓振靡，可是，为时不长，人亡教熄，又复如故。所以，今日之治中国古代教育史者倘舍私学而专于官学中求之，则无异缘木求鱼，距中国古代教育之实际，不啻霄壤。苟能以私学为主，再参之以官学，则庶几历史之真相有重现之一日。李才栋教授致力于书院史之研究几十年，窥其旨趣，殆亦以为当从历史之实际出发，而不应仅仅依靠官方典制为满足，这是很有见地的。

中国古代私学兴起于春秋战国之际，金谓肇端尼父，而盛于稷下。秦火之后，百家传授，多凭老儒指画口诵，师弟相接，赖以不坠。受业者遂不得不以师法相标榜，盖师法一失，则无所凭借，无源之水，无本之木，为世人所不重。沿及东汉，世家大族之势力日盛，除操纵政治经济外，文化亦为其所垄断，教育一途，遂由师法而流于家学。强宗巨姓多以累世专治某经之家学相标榜。迄于后世，虽世家大族之旧门第已衰，由科举崛起之新门第取而代之，而标榜家学之风尚，相沿不替，所谓"家学渊源""家学根底"，为世人所称道，所欣羡，历久不衰。

唐宋以降，印刷业兴起，刻印与弆藏图书日趋便利，书院之名，适时而出，始为藏书之所，终为讲学之地。讲学之风兴起之由，来自儒学之哲学化，来自"格物致知、正心诚意、修身齐家"之讲求。初意亦在力矫汉儒治经之失，今文杂谶纬，古文唯训诂，均不足以"治国平天下"，因之大儒辈出，倡言"格物致知""正心诚意""修身齐家"，以为"治国平天下"之本。当时之士，耳目为之一新，遂群趋而和之而学之。唯其所讲求者虽旨归相同，而途径不一，各持一端，学派蜂起，检《宋元学案》《明儒学案》便知派分户异之崖略。有这么多的学派，有这么多的传人，其所以能自树立者，端赖讲学，而书院正是他们借以讲学的好地方、好场所。有人说，书院之讲学是受到佛教禅宗讲堂说法的影响而骤兴的。此说也有点道理。然而，中国古代教育之两大传统——师法与家学，终将结合起来，乃教育发展之客观趋势，有其内在的必然性，书院之兴起，正是这一必然性的具体表现，是师法与家学相结合的产物。

江西之书院发端颇早，本书已言之甚详。然其盛也，端赖理学与心学在江西之盛行。朱熹之学虽称闽学，然其影响于江西者亦至巨。同时起而与朱熹相抗衡者，则有江西陆九渊之学，我特称之为赣学者。南宋一代之学术，实以标举"道问学"之闽学与标举"尊德性"之赣学为两大旗帜，而江西学人遂多以陆九渊为宗。降及后世，虽因格于功令，而不得不朱陆兼治，貌示调停，然觇其实质，则仍隐然陆学也，如元之吴澄、明之吴与弼与清之李绂等，莫不皆然。由此又可窥见有明一代王阳明之学在江西之盛行，实属学术发展之所必至，盖陆王一脉，源流有自。王阳明曾公开申言"仆尝欲冒天下之讥，为象山一暴其说"，以发扬陆学为己任。故王学在江西特别盛行。黄宗羲至谓"姚江之学，惟江右为得其传"，此言不虚，盖王学是在赣学的基础上发展起来的。有陆学而后始有王学，由理学而后发展为心学。江西在中国学术文化史上有着承先启后的地位，是毋庸置疑的。

宋明之间，江西讲学之风特盛，故书院之兴建亦特多。教育与学术迭相鼓煽，互为因果，风气为之大开。然当时之书院与近世的学校有着很大的区别，盖书院因人而盛，因人而传，有名师而后有名书院。师存院兴，师去院寂，除有少数书院续有名师主讲，或得官府之重视而先后延聘名家主持，致使书院之名得以保存者外，大多兴废旋踵，徒存遗迹。故江西先后兴建的书院为数虽然很多，而此兴彼歇，变动不居，欲求能较长时期存在者为数则极少。加之，名家讲学并不一定都建书院，公署、客舍、游宴之地，甚至私人住宅亦可用来作讲学之所，这种地方虽不获书院之名，而确有书院之实，主讲者与专听讲者结成终身的师生关系。盖师法与家学相结合，书院虽是一个好形式，但在当时也不是唯一的形式，有的称会，有的称社，有的称讲会，有的则是会讲而已。至于官办之书院，如省、府、县所在地，后来类多有之，其间情况颇为复杂，有好有坏，有一时好，一时坏，它们的名称延续较长，有较固定的收入借以维持，倘笼统视为培养人才的教育之所，则恐珷玞珠玉，一概混同，无当于史矣。

明清之际，程朱之学已趋僵化，陆王之学亦告颓废，讲学之风遂亦衰敝不振。学术界有识之士乃转而究心于接近科学的实学。唯江西士人之大多数却一变而驰骛于八股。此中原委说来话长，非片言可尽。这里需要着重指出的是，此时江西书院的大多数也相率由讲学之所一变而为会文之地。所谓会文，就是习举业，学八股制义，书院成了研讨八股文的场所，如明泰和胡直为王学传人，但其在句容任学职时，"方率业举，日课诸士文"，即贤者亦不能免。正如明吉水邹元标说的："人生堕地，高者自训诂帖括外，别无功课；自青紫荣名外，别无意趣，恶闻讲学也，实繁有徒。"这是当日的真实情况。沿此以降，直至近代，江西也和全国一样，书院这种教育形式每况愈下，终于走上了它的尽头，近代学校教育才以新的姿态登上了历史的舞台。

我于教育史素无研究，纯属外行，蒙作者不弃，索序于我，情殊难却。只好略抒鄙见，不知作者以为然否？尤幸读者有以教之。谨序。

1993 年 2 月于南昌北面斋

载《江西古代书院研究》，李才栋著，江西教育出版社1993 年 10 月出版。

《白鹿洞书院碑刻摩崖选集》序

庐山白鹿洞位山南之麓，为山中诸胜之一。谷隐岩阿，洞回石罅，长林掩昼，野莽当途，啼鸟闹晨，吟虫慰夜，有朝夕异趣之境，四时不同之景；雄秀清雅，不足写其态；晦明雨雪，不足尽其变，诚游心祛俗，息虑读书之佳地也。

白鹿洞书院发轫于南唐之国学，及于有宋，乃有定称，四方从学之士心慕景从，誉声日起。南宋淳熙间朱晦庵知南康军，崇学贯道，爱此清幽，惜其圮废，遂发愿重葺，诸凡讲堂、馆舍、田产、图籍无不悉备，且自任洞主，手订学规，启后世不易之法，尤以不固闭门户，躬践争鸣，亲邀象山莅洞讲学，使赣闽之学大昌，朱陆之名并炽，而白鹿洞书院遂亦声誉愈隆，天下书院莫之与竞，千百年来赖此不朽。自兹以降，虽迭经变乱，兴废无常，而累废累兴，盖因佳丽之山水倘伴以人文之胜迹，则相得而益彰，而一旦失之，则不啻西子蒙不洁，故其终不致久废者，幸以此也。

书院多石刻碑记。其中有记书院之兴废、产业，以及学人之教思者，皆可以存史；有录书院之教规、学则，以及学人之著述讲义者，皆可以究学；至于骚人雅士乘兴登临，俯仰天地之钟灵，缅怀贤哲之毓秀，每有题咏，刻诸崖穴，原本寄情，竟同寿石。此中佳作，亦犹义山之"金石刻画臣能为"，退之之"拣选撰刻留山阿"之意，俱属人文之瑰宝，不独供后人临风悦目，流连山水而已也。

孙君家骅、李君科友等均长期从事文博事业，近几年来供职于白鹿洞书院，究心学术，颇称专擅。春秋佳日恒以访碑自嬉，攀岩扪壁，剗苔剔藓，或拍照手拓，或心追笔摹，搜觅殆遍，共辑有碑刻摩崖若干种，暇时复加整理，汰其芜杂，存其精美，又辑得若干种，将付枣梨，以供同好。余深赞其研讨之勤，鉴裁之善，且其用意之美，有足以发潜起隐，功在弘扬文化者，更无论矣！

谨序。

1993 年 10 月 9 日于南昌北面斋

载《白鹿洞书院碑刻
摩崖选集》,孙家骅、李
科友主编,北京燕山出版
社 1994 年 8 月出版。

《名家研究》序

张吉良同志新著《名家研究》即将问世。我有幸读到原稿，展卷即不能罢休，一口气读完。盖新意迭起，周匝浑然，几近无懈，真成一家之言。掩卷心喜，有不能已于言者。

战国名家，以公孙龙为其主要代表，《公孙龙子》一书，集名家之大成。而此书自汉世迄于今日，历来号称难读，言无达诂，义无定论，古代博学通人每视为"苛察缴绕""率颇难知"，大多望而却步，"不可措手"。自宋以降，虽亦有校笺、训译之作间出，然又不免歧义杂陈，所谓治丝愈棼，徒乱人心目而已。可见辨章学术，考镜源流，确是一件极不容易的工作。诚如章实斋说的："非深明于道术精微、群言得失之故者，不足与此。后世部次甲乙，纪录经史者，代有其人，而求能推阐大义，条别学术异同，使人由委溯源，以想见于坟籍之初者，千百之中，不十一焉。"（《校雠通义》）然而时至今日，章氏之言犹有未尽，盖今日欲治古代思想史者，苟非深明于马克思主义，则根本谈不到推阐大义，条别异同，这正是今人治学之所以能高于古人又难于古人之所在。

张吉良同志就是一位如章实斋所说的千百之中的十一者，他在马克思主义指导下，敢于向先秦哲学进军，敢于继承传统，而又力摒陈言，善于吸收成说，而又自成机杼，用他自己的话来说，就是"出于旁搜，得以远绍，乃建立既是古义又是作者的独立见解"，良非虚语。盖作者之得力处，正在于始终坚持了马克思主义的世界观和方法论，加之根柢既固，功力亦深，所以，态度是科学的，方法是科学的，自然持论也就谨严了。从而历千百年来号称难读的《公孙龙子》，到了作者手中，便成了一部变深文奥义为明白易懂的古代哲学著作，一件极富辩证唯物思想的人间瑰宝。

什么是名家？张吉良同志认为，"名家主要是从逻辑学，从逻辑概念，从逻辑定义的公式研究哲学的"。也就是说，名家在学术上的成就不仅仅限于逻辑学，而是从形式逻辑出发进入哲学领域，由形式逻辑上升到辩证逻辑，其旨归在于从朴素唯物论的基础上探索知识论中的若干范畴性问题。这样，就把名家从唯心论和诡辩论的牢笼中解放了出来，把历史上所有强加于名家的偏见和误解一一纠正了过来，恢复了名家的本来面目。

名家的理论体系集中反映在《公孙龙子》全书的六篇之中，根据张吉良同志的研究，除了第一篇"迹府"从谭戒甫之说，为后人所抄辑者外，其余五篇都是原作。其中"白马论"与"指物论"旨在解决认识论上的一般与个别的关系问题，"白马论"是"指物论"原理的运用，"指物论"是"白马论"的进一步的理论概括。"通变论"旨在阐述名家的宇宙观问题，认为物是互相排斥又互相关联的"二"的统一，而非"一"的重复，提出了"二元一"的哲学问题，与形而上学的"二有一"论者形成不可调和的对立。"坚白论"则旨在解决感觉与概念的问题，肯定了概念来自感觉，接触到了认识论的反映论这一唯物主义的根本性命题，并且还就"白马论"中已经提出的"离"——抽象，作了进一步的阐述，强调了理性认识的重要性。"名实论"则旨在解决现象与本质的关系问题，概念——"名"反映的是事物的本质——"实"，同时还精辟地解决了物（存在）运动的时空形式——"位"。总之，《公孙龙子》一书六篇比较全面和系统地探讨了哲学认识论中的几个重大范畴和法则：个别和一般、感觉和概念、现象与本质、抽象与理性认识，以及事物的矛盾法则等。因而张古良同志进一步肯定了庞朴《公孙龙子研究》中已论证的，"（全书）只有六篇，既无赝品，也无残缺"，这就是《公孙龙子》的本来面目。虽然《公孙龙子》的本来面目是原书具在，可是，却如王琯《公孙龙子悬解》中说的："以公孙氏之骀荡幼眇，蒙世诟病，遗简残编，彷徨异代，既摈于道，复弃于儒，微言大义，闳之数千百年仅乃得出，学统之钳人，固若斯其极耶！"尽管王琯的"悬解"并没有真正尽发千载之复，而且《公孙龙子》虽谓遗简，却非残篇，然而，他说的学统钳人，千百年后微言始显，真是慨夫斯言！这只有等到今天的学人用马克思主义的立场、观点和方法去研究它，才真正能看清它的真面目。想不到早在先秦时期，我国的哲人已具有如此敏锐精到的洞察力与思辨力，更想不到千百年后这一潜德幽光竟赖张吉良同志而终获昌明。张吉良同志不愧为如章实斋所说的，"使人由委溯源，以想见于坟籍之初者"，成了公孙龙的知己。所以，《名家研究》一书的出版，是值得学术界加以称道的。

在《名家研究》一书中，作者还就名家思想的渊源、历史地位与作用，以及前人与近人的研究中所存在的谬误与臆断等，作了多方面的考辨，如指出名家是道家的别派，并非祖述墨家，且与庄子相对峙；名家自身并不存在惠施与公孙龙的对立；又如对诸家有关《公孙龙子》六篇的笺注、译释方面所作的种种考辨和论难。凡此皆足以看出作者的识见与功力，持论一衷于是，不苟异，亦不苟同，胜义粲然，自非如浅学者之徒逞争鸣而已。

张吉良同志是一位自然科学家，作为自然科学家来研究哲学，尤其是研究辩证法有其不同一般的优越性。恩格斯早就说过："最早的希腊哲学家同时也是自然科学家。"（《自然辩证法》"科学历史摘要"）这是因为一方面，"不管自然科学家采取什么样的态度，他们还是深受哲学的支配"；另一方面，则"只有当自然科学和历史科学接受了辩证法的时候，一切哲学垃圾——除了关于思维的纯粹理论——才会成为多余的东西，在实证科学中消失掉"（同上"自然科学和哲学"）。自然科学家在马克思主义指导下，既研究自然科学，又研究哲学，特别是研究辩证法，两者相互促进，相得益彰，哲学与自然科学共同得到发展，这是一项非常有益的事业。所以，张吉良同志用全部精力寝馈其间，充分表现出他对事业的执着追求，而这正是值得像我这样的心向往之、力有未逮的人所十分欣羡的。

吉良同志和我是同龄人，行年七十，而他依旧终日伏案著述，孜孜不倦，仍然是一副向科学勇迈进军的战士姿态。欧阳永叔在《读书》诗中有云："篇章异句读，解诂及笺传。是非自相攻，去取在勇断。初如两军交，乘胜方酣战。当其旗鼓催，不觉人马汗。至哉天下乐，终日在几案。"真可用来作为吉良同志的写照。相形之下，我则终日忙忙乱乱，岁月蹉跎，了无寸进，恰恰又如欧阳永叔在另一首《镇阳读书》诗中说的："却欲寻旧学，旧学已榛荒。有类邯郸步，两失皆茫茫。"这又成了我自己的写照，不禁为之汗颜。兹值吉良同志大著杀青之日，吉良同志索序于我，未敢方命，聊书所感，言之不文，只益增愧悚尔。谨序。

1993 年 11 月 20 日呵冻于南昌北面斋

载《名家研究》，张吉良著，
江西人民出版社 1994 年出版。

《近代江西诗话》序二

江西之有诗，自渊明始。渊明之诗，旷世绝代，罕有匹俦。诗家之有派，自吕紫微作《江西诗社宗派图》始，仿祖师禅例，尊山谷为江西诗派之祖，其下列二十余人为其法嗣，杨诚斋复推衍赓续之，江西之有诗派，乃成定论。而山谷在世之日，实无所谓诗派也。自李、杜挺生诗坛，学李、杜者众矣，无代无之，而世无所谓李派、杜派或四川、河南诗派之称；东坡在世之日，门下且有四学士，后世学苏者亦众矣，而世无所谓苏派，更无有言东坡之法嗣者。唯江西独以诗派名，唯江西独至北宋季世而后有诗派名，何耶？盖自唐历宋，江右之禅风盛，江右之诗风亦盛，以禅理论诗，效禅宗立派，江西颇称擅场。紫微虽籍非江西，而寝馈山谷之日久，乃仿江西之禅，用推江西之诗。迹其初衷，实无深意。后人不辨，以谓江西之诗自山谷而后真有如沩仰、临济、曹洞之衣钵存焉。故渊明虽为江西人，后世之学陶者亦如学李杜而代多其人，然渊明不得为江西诗派之祖。此无他，当渊明之世，但有如来禅而无祖师禅，且紫微之学诗唯近桃山谷而非远绍渊明者。习性之囿人，贤者不免，尚何言哉。

诚然，山谷之诗并不因有无诗派为之羽翼而损益其高下，山谷之影响所及，尤非紫微之诗派图所能限。诗派云云，倘视为矩步不失，诗必貌肖山谷而后已，则江西诗派兴，江西可无诗矣。诗人必有所学，有所学而又不容失其自家面目，一失面目，则为赝品，为伪制，纵然乱前人楮叶，不足贵也。以故虽有《江西宗派诗》，而其中多有不足传者，皆失其自家面目者也。后此有明一代，诗人多以能追响唐音自诩，而有明一代几无诗，七子之为祸烈矣，良可慨也。嗟夫！山谷可贵，而江西诗派不足贵；江西之诗人以有自家面目者为可贵，而一味规摹前人，不识自身之在何时何地者，为不足贵。杨万里、姜白石、汤若士、蒋心余、陈散原辈百世以下皆可贵，其所可贵者，不外有其自家面目尔。境界阔，功力深，面目显，则其所为诗必有可存可传者；境界窄，功力薄，面目失，则一描红仿真之具耳。持此三语以衡诗，其轻重虽不中，恐亦不远矣。

且夫杨诚斋有言："江西宗派诗者，诗江西也，人非皆江西也。"举诗派实不能尽指为江西人之诗，矧诗派之外，江西尚有诗者。有欲研求江西人之诗，则山谷固应称雄矣，而二谢、三洪、一徐等亦不必缺，唯不必徒以诗派立论尔。余尝欲尚论古今江西人之诗，岁月荏苒，今且老矣，事终不就。居恒又每慨乎晚近江西诗风之不竞，稍得一二，亦犹晨星寥落，光华黯然。近十年来，赖石天行先生创刊《江西诗词》为之倡，风生蘋末，涛始微澜，大观在前，后来居上，心窃喜焉！

胡君迎建，乃庐陵诗人胡守仁教授之研究生。卒业后，从事古籍整理若干年，编辑《江西诗词》亦若干年。所赋诗每有俊思隽句，为时辈所称许。因其读古人之诗多，阅今人之诗稿亦多，积之以渐，所见益广，尤注念于近现代江西之诗人与其诗，时加评点，会心快意，常聚笔端。今汇其稿成《诗话》若干卷，自黄爵滋以下迄建国前得一百七十余家，将以问世。余喜其为江西人而有志研求江西人之诗，鼓扇荡摩，冀挽颓波，蔚为风气，用意至善。且所持论，其人与诗之身价轻重，不关诗派，而诗法之有所承，格调之有所近，亦不忽其所自来；潜德幽光，虽片词只句，亦必表而出之，不忍见其心血之白费，用心亦至善。林林总总，各有面目，尤具特色。借此以窥百余年来江西人之诗，则《诗话》旨趣之所在，或将待来者之有获于心焉！兹值《诗话》付梓之日，胡君问序于我，拳拳雅意，未遑多让，爰略抒一二鄙见，以弁其端，幸胡君及读者方家垂教之。

1994 年立春前一日于南昌北面斋

时年七十

载《近代江西诗话》，胡迎建著，百花洲文艺出版社 1994 年 8 月出版。

《江万里研究》序

江万里是一位很值得纪念的人物。

南宋一朝共历 153 年，其实只能算 150 年，自谢太后挟恭帝于公元 1276 年向元投降，已宣告南宋的覆灭，其后 3 年，虽先后在福州与广州海上经爱国志士们拥立了个小朝廷，然大厦已倾，回天乏术，早已无可挽回了。所以江万里殁于公元 1275 年，距临安之覆巢，不过 1 年；距崖山之覆舟，也不过 4 年，可以说，江万里的一生是和南宋王朝共命运的。江万里活了 78 岁 ①，经历了南宋王朝的一半有余，可以说，江万里的一生在一定意义上，等于半个南宋王朝史。南宋王朝史是一部偏安史，国土还不到北宋王朝的三分之二，在整整 153 年的偏安之局中，和女真之金打打停停、和和战战，就闹了 107 年，接着又和蒙古之元足足打了 46 年。江万里从出生之岁（公元 1198 年，宋宁宗庆元四年）至 37 岁（公元 1234 年金亡于蒙古），虽然其时南宋还存在，可是其衰败腐朽之状并不亚于女真之金，甚至有过之而无不及。国事日非，国土日蹙，为江万里所亲历、所亲见。江万里自 37 岁至 38 岁，则是日日处于蒙古贵族的铁骑威逼之下，直至国运将终，家破人亡，这又可以说，江万里的一生是忧患的一生，是"志士不忘在沟壑"的一生。江万里做了很长时期的官，先后知吉州、知隆兴府，任驾部郎官、尚右兼侍读、监察御史、右正言殿中侍御史，此后遭诬坐废 12 年。及贾似道宣抚两淮，才被起用为参谋官，历迁刑部侍郎兼国子祭酒，自后又多次升官。度宗即位后，一直做到左丞相兼枢密使，到了 76 年，还任过知潭州湖南安抚大使加特进，只是时间很短，就退居草野间，从此不再出。虽然江万里的官位不断擢升，可是长才难展，不但正当盛年时便背谤闲居，长达一纪，蹉跎了岁月；后来却又偏偏遇上了祸国大奸贾似道的推挽。江万里自然不甘心做贾似道的鹰犬，尽管官职越做越高，以一身而领二府——宰相兼枢密使，而与贾似道

---

① 虚岁。

的矛盾也就越来越深。《宋史》本传称："万里始虽俯仰容默，为似道用，然性峭直，临事不能无言。似道常恶其轻发，故每入不能久在位。"不能久在位，自然谈不上能做成什么事，这又如《宋史》作者所说的："江万里问学德望，优于诸臣，不免为似道笼络，晚年微露锋颖，辄见摈斥，士大夫不幸与权奸同朝，自处难矣！"江万里立朝之日，既不能阿谀取容，贪恋禄位，又不能除奸去恶，以清君侧，他的心情与处境自然是非常痛苦和艰难的。可见他虽然身居高位，而一生并没有获得一次真正施展抱负的机会，这又可以说，江万里的一生是悲剧性的一生，也是赍志以终的一生。

江万里之所以值得后人纪念，主要就在于他是我国13世纪末叶的一位爱国主义者。

公元1261年，蒙古贵族发动对南宋的全面进攻，其战略意图是：先取襄、樊及鄂州（今武昌），控制长江中游，然后顺江东下，直捣临安（今杭州），消灭南宋。当时襄、樊两城成了宋、元双方必争之地，自1268年至1273年的五年间，蒙古军（按：1271年蒙古已建立元朝）倾全力围攻襄、樊，战况极为激烈，终因贾似道昏庸祸国，后援不继，1273年农历正月至二月，樊城、襄阳先后陷落。《宋史·江万里传》载，"万里闻襄、樊失守，凿池芝山后圃，扁其亭曰'止水'"。当时人们还不解"止水"二字的用意所在。到了第二年元军大举渡江，史称"万里隐草野间，为游骑所执。大诟，欲自戕，既而脱归"，这已显露出他久蓄以死报国的决心。又过了一年，公元1275年（恭帝德祐元年）二月壬戌这一天，元军攻陷饶州（今江西鄱阳）。在这天之前，江万里"及闻警，执门人陈伟器手曰：'大势不可支，余虽不在位，当与国为存亡'"。这一天饶州城破，"万里竟赴'止水'死，左右及子镐相继投沼中，积尸如叠"。他的弟弟江万顷也遭到元军的肢解，死状极为惨酷。江万里终于以78岁的高龄，以身殉国，履行了他作为一位爱国志士的誓言，而且举家赴难，称得上一门忠烈。"止水"之义也终于获得了全解。身止于水，以清洁之水作为自己生命的归宿，是第一义。《庄子·德充符》曰"人莫鉴于流水，而鉴于止水"，江万里以止水为喻，表示自己一生纯明澄净，同于止水，可以为鉴，是为第二义。白居易说得好——"介圭不饰，止水无波"，江万里是当之无愧的。

江万里之所以值得后人纪念，还在于他一生奖掖人才，以爱国相期许。在他的培养和影响下，南宋末年江西庐陵（今吉安）一带，涌现出一批彪炳史册的爱国志士，最著名的先后有刘南圃、欧阳守道、文天祥、刘辰翁、邓光荐等。刘南圃是江万里最要好的朋友，全祖望补订的《宋元学案》称他"最为江丞相万里所重"。刘南圃又是欧阳守道的老师。江万里早年知吉州，创办白鹭洲书院，首先聘请欧阳守道"为诸生讲说"。后来江万里出任国子祭酒，又推荐欧阳守道任史馆检阅。欧阳守道主讲白鹭洲书院时，文天祥、刘辰翁都是他的学生。江万里最器重文天祥，《宋史·文天祥传》载，"万里素奇天祥志节"。公元 1273 年，江万里任知潭州湖南安抚大使时，正值文天祥出任湖南提刑。文天祥去拜望江万里。两人谈及国事，江万里"愀然曰：'吾老矣！观天时人事当有变，吾阅人多矣，世道之责其在君乎，君其勉之！'"，对着文天祥语重心长地以国事相嘱托。文天祥果然没有辜负江万里的期望，他以他的浩然正气成了中国古代爱国主义者的典范。文天祥对江万里和欧阳守道都是非常敬重的。今天我们还能从文天祥的集子里看到他写给江万里的诗、书信和贺启，对江万里作了高度评价，把他和范仲淹、司马光相比伦。如《贺签书枢密江端明古心》的启中说："范公得经世之望，司马公得救民之望……而范公不及用，司马公不及尽用，天之未欲平治天下，其如之何哉！今先生早以言语妙天下，中以政事动中朝，后以气概风度上结人主之知，而下为四海所倾慕，则先生都范、马之望于一身，盖二公之后，又凡几世几年，而后得此。"公元 1273 年，文天祥在长沙还写了一首祝贺江万里 76 岁生日的诗，题为"古心江先生以旧弼出镇长沙，癸酉十月乙亥是为七十六岁。门下文某以一节趋走部内，谨拟古体一首为寿"，从这个题目中，我们不仅可以得知江万里的出生月日，还可以了解到文天祥亲列江万里的门下，自称门人。他在一封写给江万里弟江万顷的信里还说"大丞相古心老师。某不敢容易上问钧履，丐为转道"，尊江万里为老师。其实，文天祥并没有直接受业于江万里，他的真正的老师是欧阳守道。在文天祥的心目中，江万里比欧阳守道还高一辈，和欧阳守道的老师刘南圃同辈。文天祥则自居为江万里门生的门生，所以他在另一封致江万里的信《通潭州安抚大使江丞相》中便说"某在门墙诸孙辈行中"。由此可见，文天祥对江万里是十分尊重的。公元 1280 年，文天祥已被囚于大都（今北京），他在狱中集杜甫诗句作了两百首《集杜诗》，其中有一首题为《江丞相万里第四十五》，"小序"谓："先生居饶州。虏入城，先生投府第中池水死。其弟万顷，于厅事上被执杀死。哀哉！"其诗云："星拆台衡地，斯文去矣休。湖光与天远，屈注沧江流。"寄托了文天祥对江万里的由衷敬仰和不尽哀思。文天祥对欧阳守道的敬重，可从他为欧阳守道写的挽诗、像赞和祭文中看出，不具引。总之，江万里和刘南圃、欧阳守道、文天祥等人之间的学侣师第关系是十分深厚的。

爱国词人刘辰翁和江万里的关系也是极其深厚的。明代学者杨慎写过一篇《刘辰翁传》，载《升庵集》，传云："（辰翁）家贫力学，游欧阳守道门下，守道大奇之……江万里为祭酒，亟赏其文……万里官帅阃，强与俱。咸淳元年，万里还枢府以书招辰翁，奉母来京，偕参政……万里再相，问政何先，辰翁曰：'当先拔异议遭摈者。'……丙子宋亡，万里死节，辰翁驰哭之。"今检刘辰翁《须溪集》，内有《祭师江丞相古心先生》《古心文山赞》《白鹭洲书院江文忠公祠堂记》诸文。刘辰翁也尊江万里为师，而自居于子侄之辈。《祠堂记》还提到他跟随江万里 15 年，相知至深。他对江万里的以身殉国，备极赞叹，记闻中说："公非无往，死不离城，曰我重臣，无所逃死；生而被执，为国之耻。亭名止水，左手携孙，白刃纷纭，哭入九泉。人言全归，顾得死所，死而若此，尚庶无负。"刘辰翁对江万里一生的学问功业，评价也是很高的，《祠堂记》称江万里"其志念在国家，其精神在庐陵"，把江万里比之如欧阳修。欧阳修谥文忠，江万里也谥文忠，江万里虽非庐陵人，然其精神在庐陵，他所创建的白鹭洲书院就是他精神获得发扬之处，所以庐陵有"两文忠"之称。刘辰翁在《祠堂记》中着重说到了这一点，他说："自斯文一变而至欧公，再变而至先生，而先生以身殉宇宙，与之始终，虽康之山，番之水，同光而共洁，而其道隐然增鹭洲之重，与欧公而并。其好士似欧公，论谏似欧公，变文体似欧公，而又得谥似欧公。"刘辰翁在《古心文山赞》中，将江万里与文天祥并列合赞，其词云："此宋二忠，如国亡何？开卷熟视，龙泉太阿。尘蜕六合，浴于天河；下视万鬼，腐为蚁窠。千秋遗像，涕泗滂沱。"对江万里与文天祥作了崇高的赞颂，对屈辱卖国者则加以无情的鞭挞，从中也流露出了刘辰翁的满腔爱国之忧。

邓光荐也是庐陵人，他留下来的材料很少。全祖望补定的《宋元学案》载有他的小传，内容多出诸《吉安府志》。校刊《宋元学案》的冯云濠在邓光荐传后，加了按语，据《吉州人文记》，邓光荐"出巽斋之门"。巽斋即欧阳守道，可见邓光荐也是欧阳守道的学生。传称："邓光荐，文丞相门友也。少负奇气，以诗名世。登进士第，江文忠屡荐不就。后客文氏，赞募勤王，挈家入闽，一门十二口同时死贼火中，乃随驾厓山，不数日厓山溃，先生赴海者再，辗转不死……后同文丞相送燕京，至建康，囚丞相于驿中，而寓先生于天庆观，得从黄冠归。丞相赋诗三章送别。丞相尝与其弟书曰：'邓先生真知吾心者，吾铭当以属之。'"可见邓光荐也是南宋的一位爱国志士。他与文天祥共过患难，相交至深，也曾经受知于江万里。江万里多次荐举他出来做官，只因邓光荐志不在此，才"屡荐不就"。邓光荐虽然留下来的文字不多，而他写的《文丞相督抚忠义传》却是一篇极为可贵的史文，载入明嘉靖张元瑜刊《文山先生全集》附录中。幸而留下了邓光荐的这篇传记，才使得当年跟随文天祥勤王起兵九死不悔的一大批爱国志士，得以不朽。看来邓光荐作为一位 13 世纪的爱国主义者，绝非偶然，而是渊源有自的，这就是来自江万里精神，是江万里"精神在庐陵"所结下的一个硕果。

总而言之，江万里之所以值得后人纪念，一个很重要的原因就是在他的培养、影响、关怀、奖掖下，涌现出了一批人才，一批铁骨铮铮的奇男子，一批不惜以身许国的爱国主义者。尽管江万里立朝之日，由于权奸执柄，不能久于位而无所建树，而他在庐陵之功业却是非常光辉的，其影响更是极为深远的。正如文天祥在《贺签书枢密江端明古心》的一封信中说的："先生度越常情，嘉惠后学，采于穷约之素，以为可进者而教之。庐陵之士凡来谒先生者，未尝不深念其姓名，至于造化人物之地，先生所以提斯荐进，使之得以齿下士于朝，则既有日矣……是盖有所从来而不敢忘也。"可见江万里的"嘉惠后学""造化人物"是以勖勉爱国为其鹄的的，这从江万里所奖掖与器重的如欧阳守道、文天祥、刘辰翁、邓光荐等的毕生实践，就足以证明，这也正是江万里一生爱国主义实践最集中、最典型、最能启迪后人之所在。

史称江万里"问学德望，优于诸臣""论议风采，倾动一时"，文天祥与刘辰翁都把他比之如范仲淹、欧阳修、司马光一流人物，应该说他一生的著述是很多的。非常可惜的是，由于他举家赴难，遗物荡然，留下来的篇什极少。现在还能看到的只有清曾燠《江西诗征》收录了他的三首诗；元刊本《新编通用启札截江网》收录了他的一首词，1965 年中华书局出版的唐圭璋《全宋词》已采入。又《宣政杂录》一卷，丛书《续百川学海》《古今说海》《历代小史》《说郛》等均收入，载明作者为江万里。然 1957 年商务印书馆刊印的《旧小说》丁集，收录有《宣政杂录》一则，作者阙名。检视其内容，作者自谓靖康之变曾"从徽宗北行"，则其作者当然不是江万里。不过，我来不及遍查诸丛书，姑置疑于此，以待暇日。又明嘉靖张元瑜刻本《文山先生全集》卷二十载《提刑节制司与安抚司循环历》，是文天祥任湖南提刑时与当时任湖南安抚大使的江万里的来往公文，属于衙门公牍一类。其中保存了江万里的五通批文，虽然多属江万里口授而由幕僚代笔的，却是我唯一看到的可以信得过的江万里的文字。全祖望等补订《宋元学案》时，仅据《闽书》《万姓统谱》与《儒林宗派》等书，考知江万里的老师名叫林夔孙，字子武，号蒙谷，古田人，曾从朱熹受业，此外均不详。全祖望又据此将江万里列入"沧州诸儒学案"，视为朱熹之再传，而所撰江万里小传，则全依《宋史》，别无增补。可见，今天我们要进一步深入研究江万里的学术文章与政论风采，不是一件很容易的事，只有从南宋末年及元初人的各种著述中勤加搜讨，可能还会有新的发现，这也只有寄希望于学术界的有识者幸多加意焉。

都昌于南宋时学风文风一时称盛，其间受朱熹的影响颇深。早于江万里、万顷兄弟而见于史传的，还有曹彦纯、彦约兄弟和黄灏。曹彦约和黄灏《宋史》均有传，《宋元学案》均列入"沧州诸儒学案"。当时人对曹彦约的评价是："先生（曹彦约）之在朱门，勉斋（黄干）称为豪杰之士。盖论学统以勉斋为第一，论经济大略有以自见，以先生（彦约）为第一。"可见评价之高。黄灏也是朱门高弟，所以他能够进入《宋史·道学传》。可见江万里之为朱门再传以及巍然特立于南宋之末，是和他家乡的风气崇尚分不开的，和乡前辈的影响与熏陶分不开的，由此又可证乡里的风尚对于一个人物的成长是至关重要的。

江万里赴义于鄱阳。鄱阳曾建有江文忠公祠，时移世异，祠圮已久。我出生于鄱阳，少时尝侍先祖往游芝山，每至止水亭池故址，但见荒池断石，蔓草当途，先祖辄徘徊其上，为我讲述江万里举家尽节之事，盖正值日寇觊觎之秋也。去年夏，我往游鄱阳，登临芝山，重至止水故址，则见池经整治，有亭翼然，私心窃喜，深感鄱阳人民是不会忘记江万里的。

江万里的遗爱在吉安。吉安白鹭洲早在南宋危亡之日，就曾建有江文忠公祠。前几年，我去吉安，也曾往游白鹭洲书院旧址。我见到也很高兴，深感江万里的事业已为吉安人民所继承，而且在社会主义制度下发扬光大。

　　江万里的故乡是都昌。由于没有机会，我至今未曾去过都昌，也没有翻阅都昌的旧县志，不知都昌是否也曾有过江文忠公祠？是否还有遗迹遗物可寻与父老传闻可采？兹闻都昌政协已在发起筹备纪念江万里的学术活动，并将编辑出版《江万里研究》，令我尤其感到高兴。这表明都昌的党和政府把纪念江万里作为进行爱国主义教育的好教材，作为一项社会主义精神文明建设的内容，用来启迪后人，激励后人，为建设有中国特色社会主义，为振兴江西、繁荣都昌而作出更多更大的贡献。都昌县政协为此索序于我，爰不避谫陋，略陈鄙见，借表微忱云尔。谨序。

　　　　　　　　　　　　　1994 年 3 月 10 日于南昌青山湖畔北面斋

　　　　　　　　　　　　　　　　时年七十

载《江万里研究》，王东林、余星初主编，江西人民出版社 1995 年 10 月出版。

《鹅湖书院志》序一

　　江右学术，推轮于两汉，蕴积于六朝，荡摩于唐季，勃兴于两宋。两宋之际并起特立而为一代之宗者，大有人焉。孝宗乾、淳间，金溪陆九渊以扫空千骃、壁立万仞之势，昌言为学当先立乎其大，以发明本心为始事，以尊德性为宗，而与紫阳之学相抗争。谓紫阳之学以道问学为主，视格物穷理为始事，必流于支离。两家门径既别，遂相持不下，交互辩难，学术波澜为之迭起。适其时，金华吕祖谦承其家学，以缵绪中原文献相标榜，加之不名一师，不私一说，兼收并蓄，而与朱、陆成鼎足。乃于淳熙二年，亲约朱、陆等会于铅山鹅湖寺，旨在折中两家异同，期归于一。于是三大主将齐聚鹅湖，相对执手，各申己说，非仅极一时之盛，而实开我国古代学术争鸣自战国以后未有之局。虽异同犹是，未能画一，而其启沃后世之至深至远者，固不在此也。

　　盖学术欲求发展，必借争鸣之相与鼓荡，始克有济。一家之见，武断则锢，锢则塞，塞则蔽，纵能煊赫于一时，而其衰也可立待；各家之见，蜂起争辩，始则众说纷纭，继则愈辩愈明，终则集思而广益，取精而用宏，以至学境大辟，学运大昌，顾不独补偏救敝、存亡绝续而已矣，此诚争鸣之明验大效而为学术界一日不可或缺者也。鹅湖之会所以能令百世而下犹向往不置者，非谓其所具论为百世不可易也，谓其借争鸣以繁荣学术实为百世不可易者也。

　　有鹅湖寺之会，而后有鹅湖书院。世人因仰慕学术争鸣之风尚，追怀前哲大家之风范，乃并书院亦从而推崇之，鹅湖书院遂得享重誉于世，且历久不衰。加之书院所处之地，山水相资，泉石交映，松篁成韵，烟霞可餐，诚读书寻乐之胜境，故虽时有兴废，而终不至湮灭者，良有由也。

　　1983年，铅山县政府在省文化局支持下，动工修复书院，至1991年，三期工程均告竣。凡书楼、讲堂、仪门、泮池、拱桥、牌坊、头门、义路、礼门以及号舍、碑亭等皆备，厚栋大梁，高门夷庭，庄肃朴雅，蔚然大观。时值新编县志出版，杰构鸿篇，同时告成，诚盛举也。顾书院向无专志，县志办同仁因之而继兴纂修书院志之议，锐意搜讨，更历寒暑，又底于成。余嘉其志之诚，用力之勤，谋篇之善，尤钦其旨在发扬鹅湖之会之传统精神，行见铅山之学术事业于百家争鸣中勃然而兴焉，故乐而为之序。

1994 年 4 月 8 日于南昌青山湖畔北面斋

时年七十

载《鹅湖书院志》，江西省铅山县地方志编纂委员会办公室编，黄山书社 1994 年 8 月出版。

《惜余诗草》序

夫在心为志，发言则诗，故四始六义，朝章而国采，一唱三叹，风飏而韵和，此诗之能鼓天下之动者大矣。

天行表兄乐陶家世[①]，诞自藤花[②]。画石宗风，植方桂树。歧嶷之状，已显于髫龄；吟诵之能，早萌于少日。唯时世多艰，膏油乏继，芝阳辍学，弱冠竟反扫乎衡门；旸谷翳云，骏足岂终离乎骥路。乃啜菽以食，闭户而读父书。带经而锄，虚室以绝尘想。偶为咏歌，借抒怀抱。萧然环堵，怡焉永夕。

后值日寇侵凌，烽烟匝起。亟效终军奋毅，笔砚全抛。献身革命，唯党是从。寄迹江淮，与民共运。既获彼东倭，方振胜利之旅；而灭此朝食，又搴解放之旗。于是赴京畿，渡渤海，奔大连，趋沈阳，支前办报，了无片晷之暇；临水登山，复启长吟之兴，遂稍稍有诗作矣。

迄乎建国伊始，欣归故里。任责所系，尚工新猷。讵料解带成结，析薪折斧。名随谤至，祸福倏尔回环；雨过霜来，风云忽焉反复。有臧武仲之智而不容，君子似玉；负刘孝绰之气而被黜，达士如弦。慨乎投置之身，矜其孤抱；疲于劳动之体，惜此微欢，盖唯有于偷闲觅隙中专意为诗与奕焉。甲寅之岁，余自下放地广昌返省，值凌鹤大表哥亦自弋阳获解放归来，劫波历尽，悲喜无端。从此三人结兄弟之社，隔日为文酒之会。西山叶老，南浦花繁，东室棋声，北窗茶韵，歌哭相续，哀乐难分，心固有在，情非得已，竟以忧国之怀困而为远世之雅者，良有由也！

乃至狐鼠熏穴，日月丽天，枯鳞再跃，铩羽重腾。兄乃膺新职，建科院，掌党校，备顾问，躬行履践，不知老之已至。亲持风雅，唯虞诗之失坠。于是创诗社，组学会，办刊物，主编校，不辞辛劳，无间寒暑，尊礼宿学，奖掖后进，江西吟坛

---

① 余外祖父所居曰乐陶山馆。
② 余大舅父所居曰藤花小馆。

因之而称盛焉。

兄之为诗也，虽亦上溯风骚，下窥唐宋，然而逸兴遄飞，衔勒所不能制；适情无碍，音律亦每自谐。发奇似易，因拙得工。盖纯乎至性，任天籁而成章；拔乎流俗，借识见而造境。摒弃陈言，标举新意，深契现代，善铸伟词。抒情则重真挚，叙事则贵贴切，言理则崇科学，琢句则尚白描，故其所为诗盖能别开生面者也。

兹者《惜余诗草》已裒集付梓，天行兄索序于我。尝念诗有恒裁，思无定位，随性适分，为时著作。贯微洞密，应无愧于前修；孕大涵深，期有遇于后世，则结集之能鼓天下之动者，庶亦匪小也。况香山社上，年已逾于白傅；镜湖庵里，老犹学似放翁。硕德高龄，贞姿劲质，则其有以启后者，又岂仅此戈戈而已哉！愧余椎鲁，赖兄玉成，响合笙簧，义兼师友。唯长者之命不敢辞，诚弱手之力所应尽，爰不自量，聊书梗概，无当万一，只益增惭悚云尔。谨序。

1994 年 7 月 11 日于南昌青山湖畔北面斋

时年七十

《中华客家研究论丛》序

《中华客家研究论丛》第一辑即将出版，这对学术界来说，是一件好事，因为它将推动我国客家学的深入研究，而这一研究对于如何从理论上认识中华民族中的民系问题，如何阐释客家人在历史的长河中，在反复的迁徙、流转中和相对的稳定中，竟保持住了它的语言、民俗、生活习惯和性格等方面的许多特征问题，都大有裨益。人们经常说，客家人在不同的生活条件和历史背景下，既有十分顽强的凝固、保守的一面，又有极为灵活的适应、自强的一面，两者相反相成，和谐地融为一体，使得客家人既可以由平原进入山地，又可以由山地流向江海，更可以由江海飘过大洋，不管是平原、山地，还是在江海或大洋彼岸，他们所到之处，都能扎根繁衍、开花结果，开创出令人称道、欣羡甚至赞美、崇敬的事业。例如，居于江西山区的客家人就曾为中国的革命事业，作出了巨大的贡献；而居于广东、福建沿海地区的客家人，有许多人在经营工商业和发展现代企业上，取得了很大成就，其中还有不少现在散居在港、澳、台，有不少留居于欧、亚、美，成了有名的企业家。他们怀着对祖国的眷注亲情，正为发展家乡的建设事业，作出有力的贡献。因此，开展客家学的研究便不仅仅有必要去探求客家民系在历史上的源流演变，也不仅仅有必要去发掘作为客家人的诸多特征的形成条件及其历史作用，它的现实意义更在于加强海内外客家人的联系与认同，进一步取得振兴中华的共识，增强中华民族的凝聚力，在充分发挥客家人的聪明才智和经济实力上，为祖国的建设事业作出更多更大的贡献。

江西是客家人主要聚居地之一，有着悠久的历史，这一汉民系自中原南迁而来，几经流转，渡江进入江南山地，它的第一个聚居点应在江西，后来再由江西而进入闽、广。明清之际，江西有好几次人口大迁徙，现在留居在江西的客家人就有许多是由闽、广返迁过来的，因而江西的客家人既有始迁者的后裔，又有返迁者的后裔，其间错综复杂，想要厘清它的来龙去脉，颇为不易。有人说，江西是客家民系得以形成的摇篮，"客家"之得名当在江西。此说目前虽然还未成定论，我却颇为赞同，盖从历史地理和文化积淀等方面综合加以考求，则此说实未越出情理之外，当然，最终要成为定论，还有待于深入扎实的调查和考订。这是因为长期以来，江西学术界没有注意到这个问题，几乎成了一个空白，这种状况，很不利于弄清客家民系的本来面目，也有损于对客家民系获得整体上的认识，这无论在理论上或实践上，都不能不说是一个重大的缺陷。值得庆幸的是，《中华客家研究论丛》第一辑的出版，可以说在弥补这个缺陷上已经迈出了可喜的一步，其中有着大量的篇幅是研究江西客家的，虽然还仅仅是一个开始，然而，它已经显示出了一定的说服力。我之所以说它迈出了一大步，也就是指它正朝着客家学的科学之门接近了一大步。

作为客家学来说，它既是一个古老的课题，又是一门新兴的学科。它所涉及的领域很广，包括史学、地理学、社会学、民俗学、语言学、古建筑学、心理学等方面。细分起来，史学还应包括谱牒学、姓氏源流学，地理学应包括区域经济地理学、历史地理学，社会学应包括人口学，等等。当然，还少不了华侨史和侨乡史等方面的研究，所以建立与完善客家学这门学科，绝不是一件轻而易举的事，它是一门综合性学科，在一定程度上也可以说是一项系统工程。因此，它需要多方面的专家的参与和协作，才能全方位、多角度、多层面地把客家学真正建立起来。过去罗香林先生对客家人的研究虽然有开创之功，可惜的是，由于受到许多方面的限制，许多条件的不具备，靠单枪匹马，势难兼顾，结果自然是厥功虽伟，而所失亦多。今天不能再像罗先生那样单干了，《中华客家研究论丛》第一辑的出版，就是以一种集体的、协作的新面貌与读者见面了。从所收的 13 篇文章来看，有理论上的探讨，有语言、民俗、地理和建筑等特征的研究，向读者展示出了有关客家民系的不同角度和不同层面，与罗先生当日从事研究的条件相较，真说得上今非昔比了。我在欣慰之余，愿借此机会提出一点希望，希望在编辑出版《中华客家研究论丛》的基础上，在有关方面的倡导下，在江西形成一个客家学的研究中心，使客家学的研究能够有领导、有组织地进行，计划更加具体，合作更加协调，力量更加集中，分工更加周密和明确，这样一来，成效必定愈益显著，成果必定既丰且硕，一门新兴的综合性的学科——客家学的建立与发展就指日可待了。

我愿再一次借此机会，为《中华客家研究论丛》第一辑的出版，表示热烈的祝贺，向作者和出版部门致以衷心谢忱，并希望能陆续看到第二辑、第三辑以至于第 n 辑的问世。谨序。

1994 年于南昌北面斋

时年七十

载《中华客家研究论丛》，汪祖德、许怀林、王东林主编，江西人民出版社 1996 年 1 月出版。

《江西交通史志编纂综录》序

我国交通史志的编纂工作始于 1980 年，当时交通部决定编纂《中国公路交通史》，并要求各省、市、自治区的交通部门也分别编纂本地方的公路交通史。江西省交通厅遂于 1981 年 3 月成立了相应机构，积极推进这项工作。嗣后机构续有扩大，编纂范围也日益拓开，由史而志，由公路、公路运输而及内河航运，同时还由省推及省内各地区和市县，形成了一个覆盖全省的编纂交通史志的网络系统。经过十余年的努力，终于结下了极为丰硕的成果。省交通厅交通史志办公室先后出版了《江西苏区交通运输史》《江西交通古今大事记述》《江西省交通志》，省公路局、省公路运输局、省航运局、航务局史志办先后编辑出版了《江西公路史》《江西公路运输史》《江西内河航运史》等专著，各地、市交通部门的史志办也先后出版了《南昌市交通志》《赣州地区交通志》《宜春地区交通志》《吉安地区交通志》《上饶地区交通志》《抚州地区交通志》《九江市交通志》《景德镇市交通志》《萍乡市交通志》《新余市交通志》《鹰潭市交通志》等专著。这些专著的问世不仅给我省的方志事业填补了一个大空白，而且还为我国史学界和方志界提供了编纂专史与专志可资借鉴的宝贵经验，这真是一件值得庆贺的事情。

交通部中国公路交通史编审委员会办公室为了从全国范围内集中地记录这一宏大工程的编纂过程和汇集其编纂经验，于 1991 年出版了《中国公路交通史志编纂综录》，洋洋四十余万言，系统地反映了编纂中国交通史志的全貌，既具有资料价值，更具有历史价值。江西省交通厅交通史志编辑室有鉴于此，也于 1995 年 2 月撰成《江西省交通史志编纂综录》（简称《综录》），即将交付出版。我有幸读到稿本，洋洋三十万言，深感始末毕具，大体说来有如下几个特色：

（一）《综录》是江西交通部门在编纂史志工作中，积十余年辛勤实践的产物。它从实践中来，通过总结经验，加以理论概括，再回到实践中去，再一次得到提高，如此循环往复，精益求精，终于使实践经验逐步规范化、理论化，具有指导性意义，为江西史学界和方志界作出了一大贡献。

（二）编写新专史与新方志是一项开拓性的工作，有许多问题尚无成例可援，需要集思广益，进行大胆的探索。《综录》用了大量篇幅，忠实地记录了在编写过程中所进行的多项研究工作，包括史志性质、内容、体例、体裁以及史与论、史与志、分期与上下限等等问题，以及每一问题在讨论中的各种见解，充分体现了百家争鸣的精神。实践证明，任何一项科学研究都需要发扬争鸣的精神，形成学术讨论的风气，才能求得发展，我们从《综录》中可以说再一次地受到了启发。

（三）《综录》还用大量的篇幅记录了编写史志的全过程。从建立机构、培训骨干，到每一部书的编写始末，莫不详尽，从中可以窥见一书之成，得来不易。盖史志之作，必须借众手始克蒇事，而众手成书又端赖总纂之合成，方能泯其凿枘。这里包含着多少次的查阅，多少次的商讨，多少次的更改，多少次的统稿。可以说，编写的过程实际上就是许多的作者废寝忘食、日以继夜、挥洒汗水、孜孜以求的过程。《综录》将这一过程记录下来，不仅仅用资存史，以备来者之考镜源流，有所效法，而且也是对作者们的辛劳的一种纪念，即此而论，也是值得读者称道的。

兹值《综录》行将出版之际，承编者的好意，要我写序。自愧年事已高，学殖荒落，有负雅望，不胜惶恐。爰书所感，借致祝贺之忱。谨序。

1995 年 3 月于北面斋

时年七十一岁

载《江西交通史志编纂综录》，江西省交通厅交通史志编辑室编，人民交通出版社 1996 年 11 月出版。

《广昌梅驿赖氏联修族谱序》①

自曹魏立九品官人之法，置中正，尊世胄，于时有司选举，必稽谱籍，故谱学由是而兴。晋太元中，贾弼撰《姓氏薄状》，其子孙继其业。刘宋时复有王俭、王僧孺先后撰《百家谱》，推贾氏之例而增益之，世遂传贾、王之学，而肇谱牒之基焉。唐代谱学则有路敬淳、柳冲、韦述、肖颖士诸家为世所称，而尤以柳氏为显学。入宋以后，家谱之风转盛，遂有庐陵欧阳修立吊图之式，列五世为一系，井然而有序；眉山苏轼又复变通之，以字派为次第，表区而格分。自兹以降，凡纂述者或尚欧，或宗苏，浸假则二家兼综而一矣。迄于近世，唯氏二家为家谱之定式。此乃中国谱学源流之大略也。谱牒学为吾国悠久之文化传统，盖可稽焉。

唯谱牒学兴起之由，旨在定尊卑，别贵贱，分等第。官爵之升迁，人物之品藻，皆因姓氏而定高下，故其弊至于"上品无寒门，下品无士族"，士庶之间矛盾迭起。虽自隋唐以后，废选举而兴科举，门第之风为之稍戢，然封建宗法家长制之余毒陋习，则延及近代犹未尝有所敛息也。近数十年来，谱牒之学遂为世所不重，职此之故耳。

其实不然，盖谱牒之学为史学之旁支，其有益于考世系、稽原委、记变迁、察盛衰，诚有不可或缺者也。缘以脉络有序，则往迹可寻，故考史者每多据谱牒而判疑补缺，探幽发隐，以取资也。更何况人伦敦则风俗厚，乡党睦则社会安，谱牒之有系于世者亦颇为重矣！用是谱牒则不必废，唯封建糟粕则应悉舍弃之，存其精粹，新其义例，补其不备，不唯悖于现代，且更进而为现代人所需要，此则今日之言谱牒之学者，所宜深思深究者也。

广昌松阳赖氏自唐贞观年间，由宁都官竹园卜迁广昌梅驿，苏公为其始迁祖。历千余年以迄于今，族众日蕃，支派日衍，人才日盛，蔚然为一县之巨族矣。如明

---

① 书名为"梅驿松阳郡赖氏联修族谱"，序名为"广昌梅驿赖氏联修谱序"。——编者

永乐年间，有赖巽、赖瑛者，前后举进士，授监察御史，而一以"铁面御史"、一以"贤能御史"称誉当世，足见广昌赖姓素以清廉自洁，以守正自持，为其族尚家风，盖历世而不替者也。非积厚源深，辉光炳焕，何克臻此者耶？岂偶然哉！

广昌赖姓族谱溯清乾隆以前，皆十柱合修，至嘉庆辛酉始由各房分修，嗣后续修，均未尝画一，而岁月迁延，人事倥偬，遂致有历五十年或八十年甚至百年未加重辑。癸酉仲冬一族七房始相聚合议。慨乎前谱仅存，新齿日添，倘不赓续新谱，则追远之义将坠，世绪之紊堪虞，且敦风俗、睦乡党之道，更恐一并失之，遂佥以合修一谱为倡，征之族众，莫不欣然赞同。乃于去岁首夏开局，主其事者赖君和鸣驰书索序于我。因念己酉之岁，余下放广昌图石村，得与赖君相识，廉谨笃实，颇有其祖上之风，因知渊源有自，信不虚也，故乐而为之序。

公元一九九五年岁次乙亥仲夏月吉日

载《梅驿松阳郡赖氏联修族谱》，广昌县梅驿赖氏联修族谱理事会，1995年2月印刷。

《乐平历代名人传》序

自司马迁《史记》创纪传体的史书体例，为后世所尊奉，赵翼至谓"历代作史者，遂不能出其范围，信史家之极则也"，《史记》成了我国古代"正史"体裁的典范，为人立传至今仍应视为我国史学的一个极可宝贵的优良传统。

历史是人民创造的，历史的大舞台无一不是人的活动，所以史书不能离开人物，时、地、人、事是构成史实的四大要素，而以人物为主轴。凡历代之史，其间风飙雷震，云兴波诡，存亡得失，忠奸贤否，以及事功德业，文章技艺，有足以垂范显教于后世者，莫非各种人物的所作所为，因而史存纪传，墓树碑文，都是为了通过人物把一代之史实与一身之业绩，能为后世所效法或当惩惩者，载诸简册，铭诸碣碑。可知历代以来，除了有纪传体的大量史书以外，还有大量的墓志碑铭。这许多的墓志碑文也都可以视为史传之作。刘勰《文心雕龙·诔碑》称："夫属碑之体，资乎史才。其序则传，其文则铭。标序盛德，必见清风之华；昭纪鸿懿，必见峻伟之烈。此碑之制也。"此外还有许多的"家传""自传""自述"，以及学者文人们所撰写的传记文章和年谱等，也都为史家所珍视，甚至有的可作为第一手资料。二十五史上的许多传记，就是依据上面提到这些材料编纂而成的。正如赵翼所说："元修《宋史》，度宗以前，多本之宋朝《国史》，而宋《国史》又多据各家事状、碑铭，编缀成篇。"又云："盖宋人之家传、表志、行状，以及言行录、笔谈、遗事之类，流传于世者甚多，皆子弟门生所以标榜其父师者。"虽然其中难免杂有溢美之词、夸饰之言以及隐讳之处，但只要史家慎于考订，严加别择，就都具有非常可贵的史料价值。可见这许许多多的以人物为主干、以传记为体裁的种种著述，是我国史学史中的一个极其丰富、极具特色的宝库，是一个值得我们永远继承和发扬的优良传统。

我国古代浩瀚的史籍大体上可分为两类。其一为国史，国史记一国之史，或一朝之史；其一为地方史，地方史记国中某一地区之史，每以行政区划为其范围，通常不谓之史，而称之为志，所谓方志者也。地方之史（志）其体例虽然不同于国史的纪传体，大多以事类相统率，而其中仍有人物一门，为诸志之不可剟置者。所谓人物门，依然还是传记，汇集一个地区的人物，写成列传，用以树立本地区足可垂范显教于后世的人物形象。除此之外，历代还有专门记载一个地区的人物传记的专著流传，最早而且著名的有魏晋时期的陈寿《益都耆旧传》、周斐《汝南先贤传》、张方《楚国先贤传》，到了六朝时期还有习凿齿的《襄阳耆旧传》等。后来也成了一个地区采用传记体裁，借以缅怀本地方的"耆旧""先贤"的好传统。这部《乐平历代名人传》就是继承了这一历史的优良传统，又在新的历史条件下有所发展的一部很有价值的读物。

《乐平历代名人传》的出版，其价值首先在于它填补了江西地方人物传记专著的一个空白。历史上江西有关这方面的著述是相当少的。我自愧谫陋，只知六朝时有一部《莲社高贤传》，作者佚名，写的是庐山以慧远为首集僧俗十八人，结莲社同修佛教净土之事。其事虽然发生于江西，而其人物则多非江西人，且仅记有关宗教一时一事之聚会，与累计一个地方的人物专著有着很大的差别。真正为江西或为江西某一辖区编写人物传记的，就我所知，唐以前有《豫章耆旧志》（唐虞世南辑《北堂书钞》引），又有《豫章耆旧传》（宋李昉等辑《太平御览》引）。由于这两本《志》《传》在《隋书·经籍志》中未予著录，久已不知作者为谁。所以前人有疑上述两书为一书的，有疑两书即《隋书·经籍志》所著录的晋熊默所著的《豫章旧志》的讹传，书已早佚，现在已无从考证了。此后则有明代初年吉水人胡广著有一部《庐陵先贤传》，我至今未见到全书，只涉猎过零篇。又听说清代吉安地区还出过一本《吉州人物志》，现在我连作者的名字也记不起来了，不知此书在江西尚有人收藏否。民国时期，1933 年至 1934 年间，当时的江西省教育厅曾编纂一部《江西历代乡贤事略》，事隔多年，现在这本书也很难见到了。至于乐平，则据《顺治乐平县志》上说"起汉建安，迄宋德祐，上下千载，无记事之书"，直到元代才有邑人李士会者开始着手搜集有关乐平的历代史实。"闻前辈能有道邑中事，不惮千里往咨之，又采诸史及古今石刻、文章所载，风钞雪纂，成《乐平广记》三十卷，而后邑之文献始足征。"（按：黎传纪、易平著《江西古志考》，其中据宋乐史《太平寰宇记》载乐平县邓公山引有《开元记》一条，因谓乐平在唐开元时，已有县记，《顺治乐平县志》所说的是不确切的。其实《开元记》究竟是一部什么样的书，现已无从查考，仅凭孤文，恐难遽断。)《乐平广记》也早已看不到了。以后乐平虽陆续有县志的修纂，且凡县志均有人物一门，但是作为乐平历代人物的传记专著，依我看来，这部《乐平历代名人传》应该说是第一部。江西历来有关这方面的著作就不多，而就乐平而言，则是更属阙如。所以说它填补了一项空白，当非过誉。

其次，《乐平历代名人传》在人物的选择上是经过审慎考虑的，目的性较强。乐平自建县以来，人才辈出，如果要逐一写出来，将写不胜写，而且作为现代的乐平人，如何对待乡贤，自应有适应现代、有利后世的新标准，因之在编写过程中最要把握住的是人物的筛选问题，什么人上书？什么人不上书？必须有一个标准来决定取舍。本书的标准是鲜明的，正如"前言"中说的："编撰《乐平历代名人传》其目的是弘扬乐平的历史文化，重现乐平历代名人的形象，借以扩大乐平的声誉，加强乐平人民爱祖国、爱家乡的教育，激发人们建设祖国，振兴乐平的热情，促进乐平经济、文化繁荣，加快奔小康的进程。"由于编撰的目的很鲜明，所以它决定了人物选择的标准是很明确的。我通读书稿一过之后，深深感受到书中人物所起的鼓舞和启发的作用。诸如：政治家有"直以只手支扶桑"的宋代苏武——洪皓，有明代甘冒死罪、赈灾恤民的郑冕，有奠定清代开国规模的范文程，有清代为政清廉、刚直不阿的邹家燮，有清代捍卫台湾、深受高山族人民爱戴的台湾知府袁闻柝，等等；军事家有南征北战、世守边陲的明代名将沐英；学术巨子有宋代文史兼长、学识渊博的洪迈，有史学巨著《文献通考》的作者、宋末元初的马端临，等等；科学家有著名教授戴良谟；艺术家有开创墨彩山水瓷画的大师汪野亭，有以工笔兼写意著称的翎毛花卉瓷画大师程意亭，等等。书中还着重记述了农民起义领袖，有坚持战斗五年，声势震动明代朝野的姚源起义军首领汪澄二，有清代末年在乐平以抗捐纳、反洋教为旗帜的反帝反封建的义军领袖夏廷宜。至于在现代史上，在中国共产党领导下，献身于新民主主义革命、社会主义革命和社会主义建设的乐平籍的革命家，书中更以浓墨重彩作了生动的记述，其中有身经百战、屡建奇功的老红军战士马步英，有从徒工到将军的老红军战士柴荣生，有从放牛娃到副省长的老红军战士马长炎，有在大革命时期入党、毕生从事革命戏剧创作的著名戏剧家石凌鹤，和他的弟弟——抗战时期参加新四军，建国后历任江西省科学院党委书记兼院长、江西省委党校校长的石天行，等等。此外还从报端和刊物上选录有关乐平籍的当代人才的评介文章，作为附录，借证乐平一地，人才济济，不独前贤炳焕，而且后继有人，可谓光前裕后，来者方滋，令我有不可限量之感。总之，《乐平历代名人传》是一部目的性强、可读性强、有特色、有现实意义的好书，一部有助于进行爱国、爱乡教育的好教材，它的问世，应当视为乐平市的一项相当重要的精神文明建设。借此机会，我谨向作者们致以衷心的祝贺。

乐平是我的外家，抗战期间，因避日寇，举家迁居乐平乡间，达十二年之久，解放前后我在乐平中学两番任教，合计亦有三年，因之我一向视乐平为我的第二故乡。乐平的山水——钟灵毓秀，乐平的田野——膏沃丰饶，乐平的人民——勤劳淳朴，乐平的建设——迅猛发展、日新月异，乐平的明日——小康生活更加宽裕，这一切的一切在我的心目中永远是十分美好的，更有进者，在我有限的生命中，还深深铭刻着我对乐平的无限思情，我终身热爱和怀念我的母亲，也终身热爱和怀念我母亲的故乡——乐平，因此，我也深深地喜爱这部《乐平历代名人传》。

荷承《乐平历代名人传》编委会不弃，于属稿之日，委我以顾问之职，隆情高谊，愧不敢当。兹值出版之际，又以序言相嘱，尤感惭疚，谨就所知，略陈鄙意，以答厚爱，有负雅望，统希谅之。谨序。

1995 年国庆日于南昌青山湖畔北面斋

时年七十又一

载《乐平历代名人传》，余南甫、詹锡昌主编，《乐平历代名人传》编委会编，百花洲文艺出版社 1995 年 12 月出版。

《千古一村——流坑历史文化的考察》序

  流坑之所以引起世人的注意，应归功于周銮书同志，是他首先发现了它的价值。

  流坑村首先又是以它的特殊的、古老的建筑群落而引发銮书同志的注目。在他的第一次自乐安返回后，和我谈起了流坑村，他为它的典重、富丽的建筑风格和纵横有序、深具匠心的建筑布局，以及它的文化装饰多属古代名人题款等，而惊叹不已。他认为作为一个远离县城的山村，居然保留下来了如此完整远非一般的古代文化遗存，不独在江西允称罕见，恐怕在南方诸省亦属稀有。他谈得绘声绘色，娓娓不倦，这就引起了包括我在内的许多人的向往。后来就有几位从事社会科学研究的同志自发地前往流坑，进行了短时期的参观和考察。他们回来也都先后和我谈到过。他们的感受已逐渐由流坑的外观进入到文化遗存的内涵，由"目击"进入"道存"，都一致赞叹流坑有研究的价值。于是，在銮书同志的倡导和主持下，于1990年、1993年，先后组织了几位富有学养的同志，前往流坑进行系统的、多角度多层面的考察和研究。经过几年的努力，终于取得了丰硕成果，这就是摆在我案前的即将问世的一部书稿《千古一村——流坑历史文化的考察》。我有幸拜读一遍，深感这既是一部古老的村史，又是一部崭新的村史。说它古老，是因为它研究的是流坑村所遗存的古代文化，其重点放在始宋元而迄明清；说它崭新，是因为就我所知，似乎在当前的出版物中，还没有看到这样一部有特色、有个性、颇具典型意义的村史，甚至我还认为，说它是村史，或是一个村的文化史，还不足以完全反映出它的价值。由于流坑村的文化景观非常突出，文化内涵又相当丰富，它延续的时间又极其悠久，甚至一直到今天，尽管从外貌到内质都发生了很大变化，可它仍然还是一座活标本，似乎还不能把它比作活化石。活化石只是久已死亡的物种的仅存者或幸存者，而活标本并不意味着物种完全僵死或基本绝迹，它不仅自己是活的，而且它可能还有某种代表性，在它身上既保留有古代文化优秀的一面，也残存着落后封闭、奄奄一息的一面；既有新生的生机和活力，也有像老年病患者那样的迷惘与呻吟。因此，历千余年，流坑村以它的荣耀、衰败、转变、更新的过程，在相当程度上成了中国历史，特别是社会史的一个缩影，或一道折光。即小见大，见微知著，解剖一个标本——何况还是一个活标本，这是社会科学研究的一项基本的方法，也是摆在江西研究社会科学的同志面前的一项饶有意义的课题。由此可以说，研究流坑村，并不是单纯地研究一个村的历史，它的真正价值在于：借助这个标本来看中国，不仅用来看中国的前天与昨日，而且还可以用来看改革开放的今天，怎样根据中国的国情、中国历史发展的脉络和轨迹，既推陈出新，又除旧更新。由此又可以说，流坑村的研究，既有它一定的历史意义，又有它一定的现实意义。

关于流坑村的方方面面，书内都作了相当详细的叙述，銮书同志在"概述"里，还作了高度的概括，在拜读之余，深感义无余蕴，没有更多的话要说了。我只是还想说一点读后感，借以就正于作者和读者们。

中国的封建社会有两个重要的特点。一个是自商鞅变法以后，土地可以买卖，过去"君子之泽"尚且"五世而斩"，有了土地买卖，随着历史的推移，这种阶级不变而阶级成员却经常发生分化的现象，就成了地主经济区别于领主经济的一大特色。另一个是隋唐以降，科举制度成了学而优则仕的途径，官吏的选拔大多由科举而来。这样，士庶的界限就为科举所突破，只要科举中式，破落户、穷秀才都可以像范进中举那样徒然富贵，平步青云。所以，在中国古代，科举制度与土地买卖相结合，就出现了阶级关系的不变性与变易性并存，稳定性与流动性并存的形势，出现了地主经济与封建专制主义相结合的形式，地主阶级需要借助专制主义中央集权才能保护自己的利益，以求于变中而能不变，从而使中国的封建社会长期存在着统一性和割据性并存且互相消长的趋向，这也是中国历史上封建专制主义得以长期存在的原因之一。土地买卖属于经济基础的范畴，科举制度属于上层建筑的范畴，这二者使中国封建社会既具有普遍性，又具有特殊性。

与此同时，中国封建阶级为了从变中求不变，还特别强化了宗法关系。这种宗法关系以血缘为纽带，在先秦它以"礼制"——宗法制度的面貌展现于世，后来便作为巩固封建社会的最基层——宗族的核心机制而长期存在，并发挥出为封建政权服务且能起到政权力所不及的重要作用。因此，这种宗法关系作为一种权力，就是族权，作为一种意识形态，就是自宋代发展起来的标榜"三纲五常"的理学（当然，理学还有使儒学哲学化的一面）。政权、科举、族权和理学相结合，就使得中国封建社会的上层建筑更加严密起来，意识形态在其间发挥了重要的作用。正是由于这一强化了的结合，增强了宗族的凝聚力。尽管土地买卖和科举制度给封建阶级关系带来了变易性，封建政权的专制主义和封建族权的家长制，却又可以大大缓解这一变易过程，应当说，这正是中国封建社会在其演变过程中的奥妙之处。揭示出它的奥妙所在，也应当说，正是我们史学界、社会学界需要共同努力之处。流坑村恰好提供了这一典型例证，它的不同于寻常的建筑群落最初就是由科学派生出来的，是由学而仕、光宗耀祖的产物。

到了明清时期，流坑村发生了一个变化，它基本上不再是由学而仕，而是由商而仕了。流坑村先后出现了经营竹木生意而拥有巨资的大商人。本来，到了封建社会后期，商品经济的正常发展，会和封建的自然经济发生对抗，进而与封建专制主义及地主经济相对立。在商品经济比较发达的地方，血缘性的宗族关系便不断淡化，逐渐被地区性的会帮与行业性的行会所代替。再进一步就可能出现雇佣劳动与资本的关系，这就是资本主义因素了，或者叫作资本主义萌芽。然而，流坑村的商人资本却没有朝着正常的道路发展，它仍然迈着由商而仕的步子，族权依然被强化，带有近代气息的行帮或行会不见踪影，更谈不上雇佣劳动了。由此可知，流坑村的竹木经营和商人资本仍然是为封建专制主义服务，没有脱离政权与族权相结合的牢笼，没有摆脱宗法关系的桎梏，并且在宗法关系的掩盖下，流坑村所从事的商业行为并非纯商业行为，而是包含有相当强的经济外强制，是典型的封建官商。不过，这种官不是由科举而来，而是由经商发了财，向政府捐纳所得。这种官是买来的，所以与其叫官商，还不如叫商官。他们倚仗官府，把持族权，仍然是十足的封建势力。当然，随着时代不断演进，像流坑村这样的官商终究要为时代所抛弃，成为民主革命的对象，流坑村的衰败是必然的，是历史注定了的。海禁大开，铁路出现，江西在近代经济发展史上逐渐处于边缘化，等等，只不过是加速了流坑村衰败的过程，流坑村衰败的内因，才是起决定作用的。

流坑村的建筑群落里还有一个值得注意的问题，就是大小祠堂比较多，前前后后建起的书院也比较多。从当日说来，这都是为了政治上和阶级利益上的需要，都是为了从变中求不变，由学而仕是如此，由商而仕也是如此。特别是经商赚的钱，即所谓商人资本，它的投入并不是专注于扩大再生产，而是用于宗族的公共事业，修桥、铺路、建祠、立学。这一方面固然可以看出这种商人资本缺乏近代气息；但从另一个方面看，这种公共事业对增强宗族的凝聚力，增强宗族的稳定性，确实起到了很大的作用。譬如说，祠堂如果管理得法，它是一项宗族或房族的公产，也在一定程度上能起到宗族保障——扩而大之谓之社会保障——机制的作用，也可以说，这是具有中国特色的古老的血缘性的社会保障机制。书院也是如此，既用以兴一族之学，又用以助一族之学，再加上族规民约的规范和束缚，上可以使族人由学而仕，下可以在提到文化的基础上，使族人安分守己，循规蹈矩，借以维护宗族的稳定性，从而达到维护社会安定的目的。由此可见，这是在中国历史上又一个值得重视和研究的问题，也是流坑村的又一价值之所在。

至于流坑村的建筑群落，它的风格既非官非民，又亦官亦民；既非城非乡，又亦城亦乡；既不僭越封建等级的定制，而又匠心独运地有所突破。总而言之，形成了看似不伦不类，其实有伦有类，井然有序，且别开生面的建筑布局，不能不令今天的我们感到惊叹，不能不赞美流坑村的董姓祖先们的宏规巧思。加上流坑村自宋以来的理学传统和至今保存的楹联题匾所显示的文化积累，都是至足珍惜的历史文化遗产。由于这种遗产的不可再生性，它不仅为学术界（包括史学、社会学、建筑学等）带来了研究的紧迫感，也为当前的旅游业提供了一个难得的高品位的人文旅游资源，亟须加以维修、保护。借此机会，谨向我省的有关方面发出由衷的呼吁。

我对流坑的一点点认识，主要是来自銮书同志和作者们的口述，更多的是得自这部书稿，因此，应该说，我对流坑村是没有什么发言权的。际此书即将交付出版之日，承蒙銮书同志好意，要我写一序言，未敢方命，只好拉杂地写上一点读后感，聊以塞责，言浅词芜，无当大雅，至希銮书同志、作者及读者们赐教是正，幸甚！谨序。

1995 年 12 月 6 日于南昌青山湖畔北面斋

时年七十又一

载《千古一村——流坑历史文化的考察》，周銮书主编，江西人民出版社 1997 年 5 月出版。

《吴澄教育思想研究》序

　　崇仁吴澄是有元一代之大儒。自蒙元入主中土，当时的北方承唐末五季及辽金分割战乱之敝，南北声教不通，文化颇形残落。元世祖时，赖赵复由南入北，刘因、许衡之辈从之受学，理学才在北方逐渐兴起。其间尤以许衡推为北方巨擘，而南方岿然与之旗鼓者，则为吴澄，当时目为"北许南吴"，并峙共立。其实许衡在北方，虽传朱熹之学，因当地基础薄弱，只堪尽普及之力，于沟通民族融合促成汉化方面功效殊伟，唯于理学的发挥精进则力有所不及，故后世于许衡有"粗迹"之叹，较之吴澄，实少逊焉。

　　吴澄师休宁程若庸，为余干饶鲁之再传弟子。而饶鲁则为朱熹之再传，故后世皆列吴澄为朱学一脉。吴澄著作号称宏富，《四库全书》收入九种，共一百八十一卷，其余未收入者尚有多种。吴氏一生博极群书，除极研性理之学外，举凡群经诸子天文律吕之学皆能贯通，如著《月令七十二候集解》一卷，以究天候；著《琴音十则》一卷，内附《指法谱》一卷，以探琴艺；又其文章词翰亦甚著名，后世称元代文章大家以吴澄居第一，以下为虞（集）、杨（载）、范（梈）、揭（傒斯）、欧阳（玄）、危（素）等（见明叶盛《水东日记》），凡此皆足证其多才广识。而其于经学致力尤多，晚年撰《五经纂言》，其中《易纂言》"累脱稿而始就"，自谓"吾于《易》书用功至久，下语尤精"。《书纂言》则专主今文，全祖望至谓："宋人多疑古文尚书者，其专主今文，则自草庐始。"《礼记纂言》尤为吴氏晚年之力作，用功最勤，"盖本朱子未竟之绪而申之"。按朱熹曾与吕祖谦商订"三礼"篇次，"欲取戴《记》中有关于仪礼者附之《经》，其不系于《仪礼》者，仍别为《记》。吕氏既不及答，而朱子亦不及为"。于是吴澄依其旨归，复参己意，将《礼记》重加编定，澄自谓："篇章文句，秩然有伦，先后始终，颇为精审，将来学《礼》之君子，于此考信，或者其有取乎！非但为戴氏之忠臣而已也。"可见其自许之高。

　　又不独此也，吴澄早岁即以圣贤自期。《元史》本传载吴氏道统之说，取《易·

乾》卦辞元、亨、利、贞为统系，分上古、中古、近古为三统：上古，羲皇——元，尧舜——亨，禹、汤——利，文武周公——贞；中古，仲尼——元，颜曾——亨，子思——利，孟子——贞；近古，周敦颐——元，程颐——亨，朱熹——利。至此，贞则尚未有所属，揆吴澄之意，盖将有以自期也。可见吴澄的人生目的，并不以通经、博学为满足，而是要究天人之际，力求成为一个上承圣贤、下开道统的新圣人。他一生虽然也任过几次官，可是时间都不长，平居以著书讲学为务，且享高龄，所以终其一生以讲学的时间为最长，今天我们当然不会把吴澄捧为圣贤，然而把他视为13—14世纪我国一位卓越的思想家和教育家，想必他是当之无愧的。

可惜的是，自明季以来，研究吴澄的学术思想和教育思想的人很少。15世纪中叶，叶盛著《水东日记》即谓："今余所见者，草庐《支言集》一百卷。""它如草庐诸经著述，皆未尝见。"这位明代历官三十年的吏部左侍郎叶文庄公，家中藏书颇富，平日搜讨颇勤，而不免慨叹："今仅逾百年，而皆不可得见，惜哉！"可知吴澄死后百年，他所著的书流传即已不广。到了清初，始有黄宗羲《草庐学案》之辑。现在看到的，经全祖望修定的《宋元学案》，其中《草庐学案》即"多仍黄氏之旧"。唯限于体例，仅能标举厓略，明其统绪，于吴氏之学无由责其全备。自后在相当长的时间里，研究者竟寂然无闻。沿及近世，才逐渐有了一些有关中国哲学史、教育史和书院史的著作问世，其间亦多有提及吴澄的。不过，我愧浅陋，就我所接触到的，似乎还很少看到有对吴澄作全面、系统的论述的著作，大多就其某一方面立论，故不易窥其全貌，究其得失，不免引为憾事。

1995年8月江西教育出版社出版了《江西古代教育家评传》，其中收进了胡青同志撰写的《吴澄》一文，此文从教育的角度较全面地论述了吴澄的学术思想和他的教育理论与实践，大都能穷其底蕴，究其精义。如指出吴澄会通朱陆，在方法论上将"尊德性"与"道问学"一炉而治，主张读书励学以防陆学陷入空疏之弊；而在本体论上，则仍持"书之所言，我之所固有"，读书是为了"反之吾心"。心为本体，本体从陆，方法从朱，这是江西自宋末迄于元明以来，凡治朱学者的一大特色，虽深浅精粗有所不同，而其所操持则一也。吴澄在其中正是一位起到关键作用的人物。又如揭示出吴澄曾对科举制度深致不满，因而把培养人才的希望寄托于学校与书院，甚至还提倡兴办义塾，借以普及道德与文化教育。凡此皆确然有得，非泛泛者可比，从而得到了学术界和教育界的好评。紧接着胡君在这篇论文基础上更进一步廓而充之，穷一年之力，又写出了《吴澄教育思想研究》一书，洋洋二十余万言，即将交付出版。我有幸看到原稿，深感无论从深度或广度而言，较之前文，都有许多新的开拓，尤以论及教育诸章节莫不首尾兼顾，巨细无遗，堪谓义馨于此，无有余蕴了。因此，可以说这是胡君的一部力作，是中国教育史上一部有价值的专著。想不到吴澄身后历六百六十余年，始又获一知己，亦足以慰于泉下了。

这本书的要义颇多，好在即将与读者见面，毋庸我再多作评介，相信读者自有定论。我在这里还想稍稍提及一点。胡君于 70 年代末就读于江西师范学院（今已改名江西师范大学）历史系，曾从我受学，当时就是一位为学深思、力求上进的青年。毕业后留校任职，在教育系任教教育史，从此专心致力于中国教育史的研究，朝披夕览，寒暑不辍，加之家学渊源，自其曾祖起，人才辈出，可谓教育世家，故其根柢不凡，十年磨剑，终底于成，不能不令我为之欣喜不置。

最后还想说一说的是，清代昭梿著有《啸亭杂录》一书，其中写道："余尝欲购薛文清遗书及胡居仁《居业录》于书肆，书贾曰：'近二十年来，坊中之不藏此书矣，恐无人市易，徒耗资本。'盖伤哉此言也！"昭梿为乾、嘉间人，其时书店已多年不卖明代理学家的书，可见像研究吴澄这样的书，在当时要想从书店买到，想来也是很难的。清代自黄宗羲以后，竟至无人研究吴澄，买不到他的书，可能也是一个原因。因此，想到胡君的书，今天能蒙出版社慨然允为出版，这的确是一件难得的事，借此机会，谨代胡君向出版社表示感谢！

我想本书的出版，对于弘扬祖国优秀文化遗产，建设社会主义精神文明，都能有所裨益。盖读者能从吴澄的学术思想与教育实践中，吸取精华，弃其糟粕，于为学，则力求掌握现代的科学技术且发扬光大之；于为人，则力求成为当代社会主义的端人正士，则此殆即作者胡君发奋著书本心本意之所在，殆亦出版社出版宗旨之所在，故乐而为之序。

1996 年 5 月 31 日于南昌青山湖畔北面斋

时年七十又二

载《吴澄教育思想研究》，胡青著，江西教育出版社 1996 年 9 月出版。

《江西陶瓷史》序

陶瓷生产在江西有着极其悠久又极其辉煌的历史。至迟自宋代以来，只要提到景德镇，可谓寰球皆知，就是景德镇的瓷器畅销中外，已历千余年的缘故。而其实江西产瓷器并非仅限于景德镇一地，由北而南，几乎遍地皆瓷。自隋唐以迄有宋，著名的还有洪州窑、吉州窑、赣州七里镇窑和南丰的白舍窑等。它们所生产的精美产品，至今仍被视为珍宝，为世人所贵重。如果由瓷器再上溯到陶器，则其历史尤为悠久。早在9000多年前的新石器时代早期，江西万年仙人洞遗址中，即出土有绳纹粗红陶器，这一发现已将中国的制陶史推前了许多个世纪，为中国已知最原始的陶制品之一。自兹已降，在江西省境内有关陶器的制作与生产迄未少衰，历远古、先秦而达两汉，其遗址有如星罗棋布，各具特征，其间承袭变化进步之迹，斑斑可寻，极为显著。而尤为引人注目者，则为在樟树商代文化遗址与新干大洋洲商周文化遗址中，发现了早期原始青瓷器，从而使江西的青瓷生产一跃而居于中国乃至世界的领先地位。嗣后，青瓷的制作与生产在江西也迄未间断，至迟至东汉已获得长足进步，历经三国两晋南北朝，更属全面发展，到了隋唐时期已取得了辉煌成就，可以说是青瓷的鼎盛时期了。由此可见，江西景德镇的制瓷业之所以能成为中国陶瓷的代表，享有中国"瓷都"的称誉，不仅历久不衰，且声名愈来愈振，究其原因，绝非偶然，虽然景德镇有其自身所特有的条件，然而和江西一省自远古以来即具有既深且广的制瓷传统，是绝对分不开的。因此，要研究中国的陶瓷史，离不开江西。江西的陶瓷发展史在中国历史上有着不可磨灭的功绩和不可忽视的地位。

然而，长期以来对江西陶瓷史的研究却几乎是个空白，就连有关景德镇的陶瓷方面的专著在140年前也是绝无仅有的。清代人蓝浦在《景德镇陶录》中写道："从来纪陶无专书，其见于载籍者，或因一事而引及一器，或因一器而引及一事，或因吟赋而载一二名。唯蒋祈《陶器略》及沈阳唐公《陶成记》《示谕稿》说景德镇陶事颇详。"其他如练水唐氏《窑陶肆考》称"详天下古窑颇悉，而于镇陶多本传闻，往往出蒋、唐诸集之外，其实不无谬误"。又说："镇陶自陈以来名天下，历代著录家多称述……惜其无专书也。"这种状况直至近代，尤其自新中国建立以后才得到改变。近几十年来研究中国陶瓷包括研究景德镇瓷业的各种专著论文渐渐地多了起来，其中还不乏外国专家的著述。就我所接触的国人著述来说，确有不少研究有素、卓有见地的佳作。如有关景德镇陶瓷史方面的专著或专论、江西境内古窑址的发掘报告、古窑结构及陶瓷烧制的研究论文、制瓷艺术与颜色釉的专著，以及关于陶瓷古籍的考订等等，都取得了相当丰硕的成果，较之一个半世纪以前，其进步之速是无法比拟的。然而就在业经取得的大量成果面前，迄今为止，我们还没有看到一部囊括全省、贯通古今、资料完备、论断详明、有分量、有见地的江西陶瓷发展专史的问世，这不能不说是一件令人深感遗憾的事。

陶瓷史的研究领域虽属专史，需要具备许多的专业知识，然而它又不仅限于此，它所涉及的领域很广，包括考古学、历史学、社会学等诸门学科，还包括有政治、经济、文化、艺术等各个方面。即以经济这一个方面而论，陶瓷史在一定意义上应该说它属于经济史的范畴。因为陶器的制作与生产一旦从原始先民的手里出现，它就给人类社会带来了更多的文明，它是人类社会大分工的产物，有着划时代的意义。正是由于有了陶器，才促进了商品交换，我们的祖先才能从交换中获得更多的生活需求，不断改善自身的生活状况，同时也加强了人与人之间的经济联系，促进了社会生产力的不断提高，从而推动了人类社会不断地向前发展。早在先秦时期，人们对于商品交换给社会带来无穷的利益，便已有所认识。孟子说过："以粟易器械者，不为厉陶冶，陶冶亦以其器械易粟者，岂为厉农夫哉！"（《孟子·滕文公上》）荀子也说过："农夫不斫削、不陶冶而足械用。"（《荀子·王制》）都是以陶冶作为手工业——器械的代表，以粟作为农业——粮食的代表，将它们二者的交换借来说明商品交换对于社会的重要性与必要性。社会是在人类生产劳动不断地处于分工中而向前迈进的，劳动不断地出现分工，必然要引起更大范围与更多品类的交换，因而由原始人类的大分工带来的简单交换，便随着时代的日益进步而发展成为商品经济形态，开始作为自然经济形态的补充，终于到了近现代，便取代了自然经济而成为社会的主导经济形态，这时的商品经济也称之为市场经济了，这是人类社会自有商品交换以来经过不断发展而达到的高级形态。由此可见，陶瓷史的研究所涉及的范围很广，即就经济史领域而论，此项研究就不仅具有它的历史意义，而更具有现实意义。从而可以说，开展江西陶瓷史的研究，对于进一步了解江西的省情，把握住江西历史上商品经济发展变化的脉络，弘扬赣文化的优良传统，为振兴江西，建设有中国特色社会主义提供历史借鉴，就是一日不可或缺的了。

值得高兴的是，我们终于看到了江西陶瓷史专著的问世，这就是摆在我案头上的，余家栋先生撰写的洋洋四十八万言的《江西陶瓷史》。

余家栋先生自大学毕业后，即来省文物考古研究所从事考古研究工作，四十年来迄未间断。由于余先生在大学专攻历史，考古本其专长，加之毕生精力寝馈其间，所积愈厚，所得益丰。尤其是对于陶瓷史的考古研究，几乎倾注了他的全部精力，几十年来举凡江西境内窑址的发掘与整理、器物的鉴定与考辨，大多亲自参加，始终不懈，写下了许多篇论文和报告。我前面提到的具有价值的科研成果，其中就有多篇是余先生的大作。因此，撰写江西陶瓷史，应当说，余先生是一位合适的也是难得的人选。这部《江西陶瓷史》既可以视为江西一省有关陶瓷制作与生产的历史过程的全面总结，也可以看作是余先生毕生科研成就的总结，其中凝聚着余先生的大量心血。我在拜读之余，钦佩之情不禁油然而生，先前引为遗憾之心，更欣然为之一扫。

余先生的这部大著自远古迄于晚清，纵贯万年，横被全省。自纵的方面而言，由绳纹粗红陶、几何印纹陶，而釉陶，而原始陶器，而青瓷，以及自宋以来得到高度发展的各类瓷器，莫不根据其特色，划分若干历史阶段，然后娓娓道来，脉络贯通，条理井然，加之资料丰富，特色鲜明，故能言皆有据，胜义粲然；自横的方面而言，则于江西境内的大小窑址以及形形色色的传世珍品，一一巨细无遗，厘然有序。加之图片较多，形象宛在。其中特别值得一提的，则是洪州窑的发现与考定，廓清了多年来存在于考古学界的疑雾，至于如景德镇龙珠阁和湖田窑遗址的发掘，吉安吉州永和窑、临江窑以及南丰白舍窑、赣州七里镇窑、寻乌上甲窑等遗址的发掘与发现，都是中国陶瓷史上很有价值的资料，也是作者在本书中浓墨重彩精心描绘的部分。总之，《江西陶瓷史》问世以后，读者手此一编，将见江西一省有关陶瓷业的盛衰变化，了然于胸；千姿百态五光十色的异品奇珍，豁然在目，不独于振兴江西，发展社会主义市场经济，有所裨益，而且于弘扬赣文化，为建设社会主义精神文明，获益尤多。因此，可以预期，《江西陶瓷史》必将成为一部传世之作，这绝非出诸我个人的私誉，相信会得到读者们的同意的。

值此《江西陶瓷史》即将出版之际，承余家栋先生不弃，索序于我。爰不辞谫陋，欣然命笔，年老力衰，学殖荒落，聊赘片言，唯幸余先生有以教我。谨序。

1996 年 8 月 8 日挥汗于南昌青山湖畔北面斋

时年七十又二

载《江西陶瓷史》，余家栋著，河南大学出版社1997年10月出版。

《江西古文精华丛书·史学卷》序

本世纪之初，梁启超在他的《新史学》一文中，曾说道："于今日泰西通行诸学科中，为中国所固有者，惟史学。史学者，学问之最博大而最切要者也，国民之明镜也，爱国心之源泉也。今日欧洲民族主义所以发达，列国所以日进文明，史学之功居其半焉。"又说："试一翻四库之书，其汗牛充栋、浩如烟海者，非史学书居十六七乎！上自太史公、班孟坚，下至毕秋帆、赵瓯北，以史家名者不下数百，兹学之发达，二千年于兹矣！"今天看来，梁氏的话基本上还是不错的。他指出中国之传统史学有三大特色：一、为本国所固有，历史最悠久；二、史籍在古籍中分量最重，占百分之六七十；三、史学家代有其人，名贤辈出，累计起来，是一支庞大的队伍，是他国所难比拟的。至如梁氏所提到的关于史学之功用，"国民之明镜""爱国心之源泉"，虽然没有说完全，特别没有提到历史发展的规律——这在梁氏来说，是不可能认识到的，可是，以史为"鉴"，这是中国史学一个优良传统；而尊祖敬宗，化家为国或慎终追远，爱国如家，又是古代由血缘关系扩而廓之为国家关系，从而成了礼与史由之而生的社会基础与观念准则，则梁氏的这一论定直到今天仍然未曾失去它的光彩。我们今天还是要弘扬我国史学的这一优良而又悠久的传统，既作为治国的一面"明镜"，又作为激励人民爱国心的"源泉"，我想，这也应该看成是编纂本书的一个目的。

江西的史学在中国史学史上占有相当重要的位置。大体说来，自东汉始，已有程曾、唐檀、徐稚等传严彭祖、颜安乐两家的《公羊春秋》之学，把盛行于中原的《春秋》史学引入了江南。两晋南北朝期间，则有邓粲（南昌人，一说长沙人）、喻归、熊默、雷次宗、熊襄等人，他们的著作大都专注于地方史，开了江西私家纂述地方志乘之先河。可惜的是，他们的著作都失传了，只有个别的被古代类书摘录下了一点零星断简，才算留下了一鳞半爪。隋唐五代时期，江西史学一度中衰，三百多年间几乎成了空白，只是到了唐代末年和五代南唐期间，南昌才先后出了两个勉强称得上的史学家。一个是著《唐摭言》的王定保，一个是为了续雷次宗的《豫章记》而作《补豫章记》的涂廙，时至今日，这两本书也是一存一佚了。

到了两宋时期，江西的史学突然大放异彩，风气所趋，钟毓灵秀，一时大家竞出，联镳并辔，出现了空前的盛况。大体上也可以这样说，北宋期间，江西史学以研究、纂述断代史为主，诸如刘敞、刘镴、刘奉世兄弟子侄以研究两汉史学为主，刘恕、刘羲仲父子以研究魏晋南北朝及隋十朝史为主，而欧阳修则以研究唐及五代史为主，他们都是卓然不朽的大家。至如陈彭年也是研究唐与五代史的，曾巩是研究北宋当代史的，他们虽也属大家之列，可惜他们的史学著作都没有流传下来，无法窥其全貌了。南宋期间，江西史学则已转入以研究纂述通史为主，这方面最有影响的要推两个人，前为朱熹，著《资治通鉴纲目》；后为马端临，著《文献通考》。朱熹的《资治通鉴纲目》虽是在司马光的《资治通鉴》的基础上编成的，然而，他自谓"别为义例，增损檃括，以就此编……大纲概举而鉴戒昭矣，众目毕张而几微著矣，是则凡为致知格物之学者，亦将慨然有感于斯！"将史学纳入理学体系之中，这是朱熹最为得意之处，也是对后世最具影响的一端。马端临的《文献通考》，虽然也是在杜佑《通典》的基础上从事纂述的，然而，它不仅在年限与材料上补了《通典》之缺，增加了自唐天宝以后迄于两宋的内容，而且在门类上也由《通典》的十九门，增加到二十四门。《文献通考》的史学价值还在于保存了宋代许多的重要资料，为《宋史》诸志所未载，其中还有作者写的许多按语，可谓贯通古今，折中至当，故国之思，溢于言表，尤为价值之所在。当然，南宋之江西史学多贵会通，这也只是就这一时期的主要成就而言，并不是说，其他方面没有兼顾，其实就以朱熹而论，他对当代史和学术史的研究，也是很有成就的，前者如《宋名臣言行录》，后者如《伊洛渊源录》，都是著名的史籍。此外还有如朱弁，洪皓、洪迈父子，徐梦莘、徐天麟伯侄，以及胡一桂等人也都是很有名的史学家。他们或用笔记，或用编年，或用会要、通要等体裁，为后人留下了大量的资料。

元代江西著名的史学家有吴澄和揭傒斯，吴澄是位春秋学家，晚年著《五经纂言》。全祖望曾许为："草庐（吴澄）诸经，以《春秋纂言》为最。"揭傒斯则是主修辽、金、宋三史的总裁官，可惜的是及其身只完成了《辽史》。他尝谓："欲求作史之法，须求作史之意。古人作史，虽小善必录，小恶必记，不然，何以示惩劝！"他在史馆时，"毅然以笔削自任，凡政事得失、人才贤否，一律以是非之公，至于物论之不齐，必反复辩论，以求归于至当而后止"，可见他是一位正直严谨的史学家。

明代的江西史学又呈中衰之势，没有出什么大家。在二百七十年中，参加政府修史的不过数人，像危素参加过辽、金、宋三史的修撰，后来有曾鲁和谢一夔参加过修《元史》。至如像胡俨、解缙、杨士奇、金幼孜、胡广、曾棨、李懋、彭汝器、曾彦，以及费宏、费寀兄弟等人，虽都大有名于当时，然而就史学而论，他们都只是先后参加过某朝实录的编纂工作，看不出他们在史学上有什么特别成就。真正值得一提的是陈邦瞻，他在冯琦和沈越两人未完成的稿本基础上，完成了《宋史纪事本末》一书，后又独立完成了《元史纪事本末》一书。这是继袁枢《通鉴纪事本末》之后，开断代纪事本末之例的一位史学家。还有一位是艾南英，艾氏博极群书，贯通古今，曾以一人之力，编成古今全史一千余卷，可惜的是，晚年遭逢易代，这部全史连同他的其他著作为兵火所毁，片纸无存。此外还有邓元锡曾著有《函史》和《明书》，张自勋著有《廿一史独断》，他们的著述曾得到当时人的称誉，然而，时至今日，这些史书很难得到，已经存佚不详了。

清代江西史学较之明代有所振起，首先应提到的是历仕康、雍、乾三朝的朱轼，他多次任《圣祖实录》《世宗实录》的总裁官，又任过《明史》的总裁官，他著有《史传》三篇，裁定义例，多所折中，为世人所推重。其后则有谢启昆与彭元端。谢启昆是一位著名的方志学家，他主修《广西通志》，发凡起例，每多创获，成了地方志书中的一部名著。彭元端曾充任清廷三通馆的副总裁和总裁，精于史学，他不满意欧阳修的《新五代史》，认为过于简略，因仿效裴松之注《三国志》的体例，以补注的形式加以充实。积稿有年，可惜未及成书而卒。后来由他的门人刘凤诰继其遗志，为之续撰，刘凤诰以十年之力，先博采宋人载籍，收集资料，后又取文澜阁四库书加以详校，反复订补，倾注了大量心血，终于著成《新五代史补注》，可以说，他是研究五代史中的一位功臣，也是清代江西史学界的代表人物。19世纪至20世纪初，江西史学界还应提到三个人：李有棠、文廷式和胡思敬。李有棠也曾集十年之力，撰成《辽史纪事本末》与《金史纪事本末》两书。参考书籍达数百种，考异之文占全书大半，爬梳考订，殊见功力。文廷式著有《纯常子枝语》（其中有史部部分）、《补晋书艺文志》、《元史西北地附录考》等，又著有笔记多种，颇具史才。胡思敬著有《王船山〈读通鉴论〉辨正》《国文备乘》《戊戌履霜录》等，其人钻研经史颇深，兼及究心理学，思想陈腐，极力反对维新立宪，故与文廷式恰相对立。不过，我们仍然可以从他们的时论著作中，获得不同角度的视野，有助于对晚清历史作较深入的了解。

进入 20 世纪，江西史学界出了一颗耀目的巨星，这就是陈寅恪。陈寅恪是一位学贯中西的大史学家，他的史学著作可谓闳中肆外，见微知著，解蔽发复，提要钩玄，受到海内外学者的高度推崇。像这样的一颗巨星，当然不能用江西史学来范围他，他不但是中国史学的巨星，也是世界史学的巨星。他的史学著作所取得的成果，固然值得珍视，而他的史学方法则尤其值得宝贵，从这一方面来说，他的嘉惠后学、沾溉来者，将是无穷尽的。

我之所以要把江西史学发展状况作一番极其粗略的介绍，目的就是要为本书——《江西古文精华丛书·史学卷》作一点导引的工作，使读者在翻阅本书之前，对江西史学有一点浅近的了解，知道江西史学在中国史学史上有着不可忽视的地位；使读者产生浓厚的兴趣，然后一篇篇地去接触原文，从而达到更深入的了解，并进一步受到熏陶，获得裨益。当然本书所选的史论文章，并不仅仅限于上面所提到的史学家和史学著作，有相当多的入选文章，其人并非专门史家，但其文则属史论（包括方志学），所以本书的视野更宽，取材更广，这是很有必要的。我的这一番介绍，只是画上一条纵线，并非本书入选文章的提要，希望读者在通读本书以后，有所会通，有所增益，将来就可以写出一部更丰富、更完备的江西史学史了。

本书的编定，从选材到注释，都是周秋生同志以一人之力完成的。秋生同志青年时就读于江西师范学院历史系，曾从我受业，毕业后留校任教，专攻历史文选与中国史学史。他在大学读书时，就是一位纯朴好学的青年，这十多年来，力求上进，治学更勤，终日埋头书案，寝馈其间，物竞不起，利欲不萌，甘于寂寞，默默奉献，诚为常人所不易企及的。此次出其余力，研讨江西史学，从所收集的文献资料中，选出若干篇有关史论文章，加以评介和诠释，裒为一册，以飨读者。诠释古书，实非易事，稍有不慎，即将招来郢书燕说之诮，幸秋生同志始终审慎，不敢稍懈，数易其稿，终底于成。我嘉其治学之勤，执着之固，际此书出版之日，为赘数言，以弁其端。此序。

1996年8月30日于南昌北面斋

时年七十又二

载《江西古文精华丛书·史学卷》，周銮书、姚公骞主编，周秋生选注，江西人民出版社1996年11月出版。

《江西邮政通信简史》序

我国的邮政通信事业起源是很早的。先秦时期叫作"传"（《左传·成公五年》）和"传遽"（《周礼·秋官司寇·行夫》），也叫作"邮"和"置"（《孟子·公孙丑上》《韩非子·难势》）。

秦汉期间虽然保留了"传""置""邮"之称，但正式的名称已改为了"驿"。有的古书则在原来的"邮""传"前面加上一个"驿"字，称之为"驿邮""驿传"。沿及唐代，机构的名称没有出现什么变化，只是"驿"已成为通称，统一于政府设立的机构和行文之中。宋代除统一称"驿"外，又增加了"铺"，似次"驿"一等。

元代，"驿"改称"站赤"（"驿"的蒙古语译文），此外也有"铺"。其时制度较前更加严密了：凡大事则遣使驰站赤专送，小事文书则由铺吏传递。明代开国不久，即废去"站赤"之称，恢复"驿邮"之名。清代则又"驿""站"并称。其区别在于腹地各省设"驿"，边陲用兵之地，传递"军报"之所则设"站"。后来逐渐混而为一，统称为"驿站"。此外，明、清两代还继续继承了宋元以来的"递铺"之制。自后"驿站""递铺"一直沿用到近代。19世纪末，中国开始有了近代邮政，"驿站"和"递铺"才逐渐退出了历史。

中国的邮政通信事业不但起源很早，而且发展得很快。据《韩非子·难势》所载，早在战国期间，"夫良马固车，五十里而一置，使中手御之，追速致远，可以及也，而千里可日致也"。就是说每隔五十里设一"置"，只要车马是好的，每到一"置"，则换车马，则一日可达千里。可见战国时期通信已经很便利了。汉、唐之制，规定三十里设一"驿"。元代则有的地方九十里设一大"站赤"，有的地方七十里设一小"站赤"，其间更于各州县设"铺"，一般十里一"铺"，"站""铺"相卸，比以前更加方便了。明清时期亦复如此。可见在近代以前，中国的邮驿通信事业是很发达的，在全世界是居于领先地位的，是值得后人引以为自豪的。

大体说来，中国古代的邮政通信事业有如下几个特点：

（一）邮驿事业的发达反映了交通事业的发达。通信与交通是密不可分的，只有交通便利了，才为方便通信提供了首要的条件。中国古代邮驿事业既有相当大的发展，这就充分说明了古代中国的交通事业必然也是相当发达的。两者结合起来，其有利于政治上加强国家的中央集权，有利于经济上加速交换的扩大，而且有利于国家的统一与巩固。因此，中国的邮驿事业的历史意义和历史价值，就不仅仅限于"通信"而已。

（二）中国古代的邮驿事业是和军事上的需要密切相关的。《左传》《史记》《汉书》《后汉书》中所提到的有关邮驿的史料，几乎都和军旅征伐、传递军报、通缉追捕等相关军事行动有关。虽然古代邮驿在平时也负责传递政府的政令和官府的文书，甚至还包括对在旅途上的官吏们的迎来送往。然而一旦有事，邮驿在军事上的地位就显得非常重要。所以自隋代以降，中国的邮驿事业一直由中央兵部管辖。据《新唐书·百官志》记载，唐王朝的邮驿是归兵部下属的驾部直接管理的。如云："凡三十里有驿，驿有长，举天下四方之所达，为驿千六百三十九；阻险无水草镇戍者，视路要隙置官马。水驿有舟。凡驿马、驴，每岁上其死损、肥瘠之数。"可见古代的邮驿是直接为军事服务的。因此，它对加强中央集权与巩固国家统一的作用，便更加不容忽视。

（三）尽管中国古代的邮驿事业相当发达，然而它对民间的通信却是了不相涉的。邮驿不办理民间通信业务，所以中国古代的老百姓在通信上一直都是十分困难的。他们除了雇人专送外，便只有"托便"，即请"便人"带送。所谓"便人"，指的就是顺路能行方便的人。如既无力雇人专送，又无"便人"可托，则往往两地暌违，多年不通音信的现象是经常发生的。由此可见，中国古代的邮驿事业是不能和近代开始的邮政通信事业相提并论的，当然，与今天的人民邮政通信事业相较，就更加不可比拟了。

上面只是就中国古代的邮政通信事业作了一个极其粗略的回顾，用意在于进一步引起国人对我国邮政通信史的重视。自愧读书甚少，就我所知，书界出版过古代邮驿史、近代邮电史，甚至当代邮电史，但似乎还没有一部观点正确、材料翔实、贯通古今的专著，尤其是没有一部记叙与论述区域性邮电通信的专史问世。如以江西而论，则几乎可以说是个空白。这不能不让人感到遗憾。我以为，邮电史、区域邮电史的研究不仅能为一个地方提供历史的取材与借鉴，而且更能为国史的编纂作必要的准备。因此，进行邮电与邮电区域性的专史研究就更是不容稍缓的了。正是基于这点认识，在我有机会读到王孝槐同志主编的《江西邮政通信简史》书稿之后，心情不禁为之一爽。因为它填补了江西地方史中的一个空白，也为今后编纂中国邮政通信史作出了一份贡献，真是一件值得庆贺的事。

《江西邮政通信简史》全书共六章。自远古迄于现代，纵横上下，包举全省。条分缕析，体例严谨，言皆有据，信而可证，而且图文并茂，词采焕然。尤其是详今略古，较远贵近，允称得体。其中更值得称道的是，书中用专章记述了江西苏区邮政事业，这是本书的一个重大特色。对于建国后的人民邮政通信事业，更是浓墨重彩式地着力挥洒，令人读起来，似乎先驱者们在革命征途上留下的带着血与汗的一步步足迹，依然清晰地呈现在眼前；建国以后更有许多同志在艰辛创业中为人民邮政事业所建立的业绩，尤足令人感奋不已。则此书之功不仅限于存史，对建设社会主义精神文明，也是很有助益的。

值本书即将出版之际，承主笔范铁芳同志不弃，索序于我。自愧于邮政事业为门外汉，加之年龄加长，精力就衰，本不敢应命，顾盛意难却，只好勉力此笔，爰就古代邮驿沿革，略陈片言，无补鸿篇，聊以塞责。幸作者与读者予以指正。是为序。

1996 年 11 月 23 日于南昌青山湖畔北面斋

时年七十二岁

载《江西邮政通信简史》，王孝槐主编，江西人民出版社1997 年 4 月出版。

《中国百年留学精英传》序

　　18世纪60年代以前的中国与当时的西方相比较，尽管自15世纪或16世纪初，西欧以英国为典型，已经开始了通过暴力使小生产者同生产资料相分离和货币资本积累的过程，亦即原始积累过程，在加快促进资本主义生产方式的发展，然而从国家的整体来说，中国仍然居于世界的前列，还不能说落在西方的后头。只是到了18世纪60年代以后，虽然当时的中国还正处在号称"乾嘉盛世"之际，可是当时的西方则由于轻工业的发展对机器和动力等设备的渴求，引发了一场前所未有的"工业革命"。这场革命显示了科学技术是第一生产力，它以空前迅猛的速度推动资本主义社会生产力的高涨，同时也在整体和全新的意义上导致了自19世纪以来出现的现代文明。借用一位外国人M.卡利奈斯库的话说："在作为西方文明史中一个阶段的现代性——这是科学、技术发展的一个产物，是工业革命的产物，是资本主义带来的那场所向披靡的经济和社会的变化的产物。"由于中国没有适逢其时地发生工业革命，因此，这种现代文明当然不为"乾嘉盛世"所理解、所追求，从而只有到了这个时候，相形之下，中国才真正地显得落后了，它一步步地落后于工业化的现代文明。历史毫不容情地证明了，封建主义是现代文明最为不祥的障碍物。

　　进入19世纪以后，中国的命运是众所周知的，自40年代开始，中国处于挨打和受欺凌的境地，也就是说，自鸦片战争以来，在资本—帝国主义列强的侵略下，中国由一个封建社会一步步地沦为了半殖民地半封建社会。中国人民所面临的敌人，不仅在内部有着对外屈辱、对内镇压、愚昧昏庸、凶残贪鄙的封建主义，还有从外面来的以瓜分鲸吞中国为目的的资本—帝国主义。而这些外部敌人则是历史上所从未遇见过的敌人，这是一头头新冒出来的野兽，是一头头有着两副面孔——一面是现代文明，一面是原始野蛮——的双面怪兽。这些野兽闯进了中国的大门以后，就使中国人民遭遇了一场亘古未经的生死存亡的历史巨变，在这场巨变的强烈震荡下，中国人民开始由惊骇到愤怒，由彷徨到求索，经历了一个十分痛苦，十分曲折，也十分复杂的历程。中国的老式武器不管是物质的还是精神的都不足以抵御这些双面怪兽，要想救亡图存，改变中国的命运，必须找到新的武器，于是以谁为师这一个历史的课题，便极其迫切地提到了中国人民的面前，从此一批批有识之士开始陆续地踏上了"路漫漫其修远兮，吾将上下而求索"的新的征途。他们放眼世界，走出国门，求师问学，希望找到救国之道。他们远涉重洋，间关万里，筚路蓝缕，跋涉艰难，而眷怀家国之心，一日未尝去怀；发扬蹈厉之志，一刻未敢稍懈。他们中有的去东洋日本，有的去西欧和美国，大致说来，19世纪末，就已有若干有识之士自费出国留学。20世纪初，当时的清政府也开始通令各省选派学生赴西洋各国讲求专门学业，有了由官费资送的留学生。到了1905年（清光绪三十一年）清政府正式废除了科举考试制度以后，留学生的人数更形激增，不过自费留学的仍占绝大多数，以留学日本而论，官费留学生只占留学生总数的十之二三而已。这许多的留学生在国外学习各种自然科学和技术，学习各种社会学科，特别是政治、经济、法律、教育、历史等科。在历史方面又特别注意欧美和日本近现代史，最为关注的是法国革命、美国独立、俄国彼得大帝的改革，以及日本的明治维新等。此外还有研究西方哲学和文学艺术的。总之，包罗万象，遍及百科。他们先后学成回国，都想将所学的"要言妙道"用之于救国利民，一展抱负。于是给当时的中国带来了许多新的面貌、新的气象和新的风尚，真可谓"激飚飘怒""波涌云飞"。如有的提出实业救国，引进先进技术兴办各种企业；有的提出教育救国，引进科学知识，兴办各类学校。在政治上则有的鼓吹改良，有的鼓吹立宪，而更为先进的分子则鼓吹革命，终于诞生出以孙中山为代表的一大批资产阶级革命家，领导了伟大的辛亥革命，并取得了推翻两千多年帝制的胜利。

然而，辛亥革命以后，中国虽然换得了民国，却并未真正改变国家的命运，依然是列强环伺，军阀横行，民生凋敝，危机四伏。从西方和日本学得来的种种，都不能从根本上解决中国的问题。当时由外面引进来的，而在国内影响最大的所谓"三论"，即哲学上的"进化论"、政治上的"民约论"和经济学上的"国富论"，都从实践上证明了，它们无法拯救中国。在彷徨错愕之余，迎来了俄国十月革命的一声炮响。于是一批更为先进的中国学人，在十月革命的影响下，恍如拨云雾而见青天。他们提出了"以俄为师"的口号，终于找到了马克思列宁主义，终于找到了拯救中国的真理。从此，在中国共产党领导下，经过艰苦卓绝的斗争，并在斗争中把马克思列宁主义的普遍真理和中国革命实践相结合，形成和发展毛泽东思想，从而取得了新民主主义革命的伟大胜利。1949年新中国的诞生，标志着中国的命运才真正获得了翻天覆地的变化，中国各族人民才真正获得了解放，从此，一个崭新的中国昂然屹立在世界的东方。在这场惊天地泣鬼神的巨变中，有许多的留学生为革命作出了巨大的贡献，其中有不少人成了老一辈的无产阶级革命家、伟大卓越的马克思主义者。

新中国建立后，一批批品学兼优的青年还继续出国留学深造，由于当时国际环境的限制，留学生大都前往苏联与东欧诸国。自党的十一届三中全会以后，即自80年代开始，在改革开放的劲风鼓荡下，国门大开，出现了新的留学潮。许多有志青年相继循着他们的祖辈和父辈的足迹，远赴欧美和日本等国留学深造。新中国成立初期的一批留学生，于今大都成为著名的专家学者，有的还成为党和国家的卓越领导人。80年代的留学生，在他们学成回国以后，也都能以其才华和学识，在各自的工作岗位上，为建设有中国特色社会主义事业，正在作出出色的贡献。

总而言之，近百年来，这许许多多的出国深造的留学生是伟大祖国一笔难以估量的巨大财富，尽管自19世纪末至20世纪40年代末，中国的留学生们走的是一条艰难曲折的道路，充满着悲欢苦乐，成败得失，其中还夹杂着探索和迷惘，幻想与失望，甚至还有些人堕落了，背叛了国家和民族的利益，成为资本—帝国主义在华的代理人。然而，除去这些为人民所不齿的民族败类者外，他们中的大多数人即使受到历史与阶级的局限，有的政治上或失之幼稚，有的思想上或陷入偏枯，而他们的一颗颗爱国救国之心，则至今仍然未曾褪去夺目的光彩；他们在各自的专业上所取得的成就，则至今更未失去作为大学者、大科学家的崇高地位，他们不愧为留学生中的精英，中华民族的瑰宝，永远受到世人的尊重。

由此可见，虽然近百年来，中国的留学生们曾经走过一条艰难曲折的道路，然而，爱国—救国—兴国，作为一条极其鲜明的主线，则是贯彻始终的，而且还将继续不断地贯彻下去。在即将到来的21世纪中，在建设祖国、振兴中华的宏伟事业中，必将更加焕发出熠熠的光辉。

正是出于建设有中国特色社会主义物质文明与精神文明的需要，出于提倡科教兴国的需要，出于进行爱国主义教育的需要，时任江西省社会科学院历史研究所所长汪叔子同志率先提出了编写《中国百年留学精英传》的计划，该计划得到了江西省百花洲文艺出版社社长邓光东同志及社中有关同志的全力支持。经过组织撰稿人，集体讨论编写凡例，精心选择入传人，然后分别收集资料，写出初稿，又经过反复讨论，多次修改，历时年余，最后才由汪叔子同志主持统稿，交付出版。在此全过程中，应该特别提出是责任编辑胡一笙同志，由于他细心阅稿，多次认真提出修改意见，才使编写工作得以减少差错，精益求精。同时还应提到的是江西省图书馆馆长漆身起同志和江西省社会科学院图书馆馆长王河同志，他们为本书的编写提供了查阅资料的极大方便，真可谓倾心相助，不惮其劳。趁本书出版的机会，谨向邓光东同志、胡一笙同志以及百花洲文艺出版社的全体同志，也谨向漆身起同志、王河同志及江西省图书馆、江西省社会科学院图书馆的全体同志，致以衷心的感谢！

载《中国百年留学精英传》（卷四），姚公骞、汪叔子、邓光东主编，百花洲文艺出版社 1997 年 6 月出版。

《编礐集》序

　　一九五六年岁次丙申，余与羽岩先生相识于省垣，同厕讲席，两家又一楼上下之隔，颇得朝夕过从之乐。羽岩癯面长身，神情轩举。每相晤，羽岩必言诗，非诗则无与言，而一言及诗，又必声大首摇，娓娓不倦。余初颇奇之，稍久则尤惊其博学强记。其胸中殆贮古人诗数千首，张口即诵，琅琅然首尾不遗一字。且平视古人，不作奴仆态，扬榷评骘，断以己意，片善微颣，摘抉不爽。余钦骇之余，惟唯唯而已。羽岩平日倘不言诗，辄寡言辞，糠秕世故，于他事无所介怀，而不意次年羽岩竟以一言而撄奇祸。羽岩本家寒素，上有老母，夫人无工作，子女多且幼，赖羽岩一人之工资供饘粥。祸未至，家已不给，祸至，则其穷困之难以言状更可想见矣。是时余适移家他调，自后相见颇稀。20 世纪 60 年代初，余得闻羽岩已遭遣放九江，荒村一老，天局地蹐，良用浩叹。"文化大革命"期间，余亦颠沛，彼此不相闻问又十余年。乙丑之岁，余在南昌，偶于诗社之一次集会上得再晤羽岩，执手殷殷，恍同隔世。方悉羽岩仍卜居于庐阜之下，冤已获直，且曾重返教坛，今已退休，虽年逾古稀，而精神矍铄，无丝毫幽忧寒苦之状。羽岩张口仍言诗，自谓困顿二十余年，固未尝一日离诗，声情气貌，不减当年。余乃倐然有悟于此老之不可以常人常情度也。盖人之可夺于人者身外之物，其不可夺者内心之所蓄，纵令夺之至穷，极于饥寒，而但得一息之存，则其不可夺者若学、若识、若性、若情、若志、若操，固赫然犹在也，犹沛然莫之御也！羽岩视诗如生命，言笑咳唾，无往非诗，则羽岩之性命在，即有诗在也。穷愁潦倒安能夺羽岩之诗哉。羽岩之不可以常人常情论，而常人常情更不足以窥羽岩，职此之故也。因念欧阳子序梅圣俞诗，谓非诗之能穷人，殆穷者而后工也；又谓圣俞之不得志，穷之久而将老也为可惜。苟举此以方羽岩，则其所见诚不免浅且陋矣！

　　今岁初夏，羽岩诗集将付梓，承其不弃，索序于我。余为之错愕良久。嗟夫，余乌足以论羽岩之诗哉！羽岩年长于我，曩日与闻高论，曾不敢赞一语。今余亦老衰，学殖荒落，更无力以序羽岩之诗。惟余尝读羽岩之诗，又尝窃闻其绪论，今尚能忆及一二。计唯有撮取大凡，复归之羽岩，兼以供后之人读羽岩之诗者有所取资焉。且夫羽岩之于诗，从不妄作，凡有作必自肺腑出。虽亦旁搜远绍，转益多师，然厚积而薄发，钝入而锐出，含英咀华，引宫变徵，莫不与古为新，化俗为雅，真情实感，言皆有物。其视效颦学步剽窃挦扯为可耻，视分唐宋立门户为多事，而于应酬牵率骫骳悦众之作，尤薄而不为。故就其传统之规矩绳墨而言，则谓羽岩之诗为古诗可也；倘就其真性情真感受真学识真见解而言，则谓之今诗尤可也。夫唯此始可谓之诗也，亦唯此始可谓知羽岩之诗也。兴言及此，未审羽岩其亦许乎？今羽岩已年登耄耋，而老境日佳，夫人健在，子女有成。如其哲嗣九奇，青年时即寝馈庄骚，颇着心得，大有父风，固知君子不至终穷且困也。行见羽岩先生白头伉俪，杖履优游，徜徉山水之间。其诗境诗心必日益开拓，汪洋闳肆而未有止也。如有新作，余将盥手而捧读之。谨序。

一九九七年岁次丁丑七月于南昌青山湖畔北面斋

时年七十有三

载《编磬集》，江西诗词学会主编，1997 年印行。

《竹村韵语》序

粤自新声蔚起，滥觞曲子之词；别调争弹，渊薮诗家之作。遂有飞卿端己，花间严淡之妆；延嗣重光，鼎列周秦之宝。开北宋一代之风气，导西江二晏之波澜。从此醉翁琴趣，人生自有情痴；耆卿乐章，今夕何方酒醒？天涯倦客，江海余生，苏子瞻真绝尘之骏足；十里春风，一帘夜雨，秦少游乃奇花之初胎。沿及美成，曲府大晟，词家少陵。审音创调，繁会相宣；引类征辞，精工富艳。其奈晏安俄顷，而胡马南来；板荡仓皇，而宫车北去。千秋遗垒，一抹斜阳，故幼安有剩水残山之恸，尧章兴废池乔木之悲。更有三刘一史，两竹双窗，莫不发彼哀音，奏其凄调。虽南渡之才人一时称盛，而西湖之好景毕竟无多。致令山中白云，田荒玉老；花外翠叶，碧乱窗零。盛衰交替，风雅沉浮，词牌歇响，杂剧代兴，物换星移，草衰木变已矣。及至有清，词坛复振。侧帽乃乌衣王孙，曝书有金风亭长。困来挟瑟，湖海楼高；老去填词，茶烟阁邃。于是秀水揭清空之旨，风声所播，家白石而户玉田；常州重言外之情，津逮可求，缘碧山而窥邦彦。判而二派，论密于前；卓然四家，实结其后，半塘恢宏，大鹤冷瘦，彊村隐秀，蕙风渊微，词学因之大兴，词作几乎极致矣。然而百年一瞬，万物无常，语业又归寂寞，词林重现萧森。无可奈何，名花寥落；莫衷一是，异取纷陈。当是时也，高树孤鸣，寒江独钓，抱人弃我取之心，发振靡起衰之愿者，则唯我大姐小薇先生致其力焉。

先生武进名媛，吕家爱女。守青箱之世业，宫相居崇；慕红豆之词人，晋卿在迩。昆弟俱江左之衣冠，夫婿乃闽南之阀阅。雪天咏絮，未解言愁；月夜赌茶，惟耽笑乐。讵料世丁运会，人近中年。战氛示警，忍抛阳羡溪山；锋镝逃生，长别延陵祠墓。从此背井离乡，浮家泛宅。滕王阁畔，孺子亭边，一席青毡，盈头白发，幽忧来日，憔悴斯人。然而宁人负我，始终不改初衷；尽心育才，时刻有资后学。如菊之淡，似竹之贞，可谓荣辱两忘，得失俱泯者也。诚可尚矣，不亦难乎！于是昏晓推敲，低昂吟诵，百结之绪，一寄于词。接茗柯之遗轨，作紫薇之传人。铿其美音，弘兹绝学，始于今岁将《竹村韵语》^①结集付梓。嗟夫！李易安之才调，本色当行；谢玄晖之风神，雅人深致。尽多餐霞吸露之辞，不娴嚼蕊吹香之态。陶写真宰，鼓吹正声，传统如新，机杼自出，盖惟冀存琴操之七弦，幸延词学之一脉焉。尤幸先生海屋添筹，庭阶展荫。梳翎立鹤，高士仪型；擎盖长松，良材则范。愧鸳也，蟛蜞空螯，偃鼠俭腹。闻韶善矣，开卷欣然。故不择干枯之笔，为申景慕之忱。未敢言序，聊代祝词。

一九九七年岁次丁丑十二月于南昌青山湖畔北面斋

时年七十又三

载《竹村韵语剩稿》，吕小薇著，江西诗词学会编，1997年12月印刷。

———

① 正式出版的书名为《竹村韵语剩稿》。——编者

《江西古文精华丛书·诗词卷》序

自陶渊明开始，江西的诗人（后来还包括词人）在中国的诗坛下，就一直没有绝迹过。不仅没有绝迹，而且在相当长的时期里，还曾经发生过极其重要的影响。研究中国的诗歌史，可以看出江西诗人是作出过巨大贡献的。虽然在历史的长河中，江西的诗作也经历过它的盛衰演变，然而大体说来，往往在中国诗歌的几个重要发展阶段上，都有江西的诗人在其中起着开风气的作用。

陶渊明的诗作在中国的诗坛上所产生的影响，其时间之久在历史上是少有的。其为历代诗人所倾倒，且从来没有受到什么讥评，则更是历史上所罕见的。尽管后世对李白、杜甫的诗歌极为推崇，但还免不了受到一些人的疵议，或扬此抑彼。虽说这些人是"蚍蜉撼树"，但毕竟也算撼了撼。然而对陶渊明却似乎连蚍蜉也没有一个敢撼的。历史上对陶渊明的称颂赞美，自昭明太子称其诗"独超众类""莫之与京"始，其后循声赞美者多得可谓屈指难数。这里只想举一个例子。苏东坡是一位旷世奇才，他的弟弟苏辙甚至说他的诗作"比李太白、杜子美有余"。然而就是这位苏东坡，他自己却说："吾于诗人无所甚好，独好渊明之诗。渊明作诗不多，然诗质而实绮，癯而实腴，自曹、刘、鲍、谢、李、杜诸人，皆莫及也。"他自谪居儋耳之后，先后追和陶诗达两百篇，差不多把陶诗全和了一遍，并说："古之诗人有拟古之作矣，未有追和古人者也。追和古人，则自吾始。"（《追和陶渊明诗引》）可见他对陶渊明仰慕至深，并将其推为千古诗人之冠。不过自陶渊明以后，从南唐迄于隋唐，江西的诗坛却一度显得相当沉寂，虽然在唐代，江西还出现了像刘眘虚、綦毋潜、熊孺登、王贞白、卢肇、孙鲂、郑谷、沈彬等较为著名的诗人，可惜他们留传下来的诗作却不算多，无法窥见他们的全貌，这不能不令后人，特别是江西人感到非常遗憾。

可是到了宋代，江西诗坛又突然空前活跃起来，陆陆续续地闪现出许多颗耀眼的明星。由于文学史上多以宋词与唐诗并举，把宋词视为宋代文学的代表，因此，我们也不妨先说说宋代江西的词坛。

词作为诗的一种新的体裁，滥觞于燕乐、曲子词，到了唐末五代，逐渐为诗人所喜好。于是五代的前后蜀和南唐两地域便成了新型词坛的两大中心。江西当时属于南唐，地位非常重要，社会经济文化得到了迅速的发展，新兴的词风也随之浸润于江西，但它的佳实要到北宋才真正地结了出来。首先一位就是晏殊，接着一位就是欧阳修。清末有位词人叫冯煦，他曾编有一部《宋六十一家词选》，在这部词选的"例言"中，他曾说道："词至南唐，二主（指李璟和李煜）作于上，正中（冯延巳）和于下……宋初诸家，靡不祖述二主，宪章正中……晏同叔（殊）去五代未远，馨烈所扇，得之最先……为北宋倚声家初祖。"又说："宋初大臣之为词者……独文忠（欧阳修）与元献（晏殊）学之既至，为之亦勤……且文忠家庐陵，而元献家临川，词家遂有西江一派……宋至文忠，文始复古，天下翕然师尊之，风尚为之一变，即以词言，亦疏隽开子瞻（苏轼），深婉开少游（秦观）。"冯煦在这里提出了三点：一、晏殊和欧阳修的词，其渊源皆同出南唐；二、晏殊为宋词之祖；三、欧阳修下开北宋一代之词风，影响到苏东坡、秦少游。晏、欧还开出词家西江一派，总之，他们起到了承先启后的历史作用。

到了南宋，江西又出了一位大词人，就是鄱阳姜夔。姜夔的词在南宋当时就极负盛名，把他和北宋号称"词家杜甫"的周邦彦并提。南宋末年的词人张炎曾说："词要清空，不要质实……姜白石（夔）词如野云孤飞，去留无迹。"中国的词坛自两宋以后，一度中衰，就如清末词人陈廷焯说的："词兴于唐、盛于宋，衰于元、亡于明。"虽然说得稍为过分，但终元、明之世，并没有出现大词家却是事实。可是到了清代，词坛复振。朱彝尊首开秀水一派，他力主张炎的"清空"论，倡言作词应以姜夔、张炎为典范。在他的影响下，一时趋归于秀水门下的，差不多"家白石而户玉田（张炎）"，成为一时风尚。常州的张惠言接着提出作词"意在言外"的主张，对秀水派表示不满，因而不主张师法姜夔，而抬出王沂孙（碧山）为入门之师，遂开清代词学的常州一派。尽管如此，稍后一点的常州派健者却仍然不敢小视姜夔。譬如冯煦的《宋六十一家词选》的"例言"中说到姜夔，称"白石为南渡一人，千秋论定，无俟扬榷"；陈廷焯在所著《白雨斋词话》中也说："南宋词人自以白石、碧山为冠。"又说："词法之密，无过清真（周邦彦）；词格之高，无过白石；词味之厚，无过碧山。词坛三绝也。"可见后来的常州词派，只要稍稍摒弃一点门户之见，便不能不承认姜夔词学的历史地位，姜夔作为南宋词家第一人和两宋词家的三绝之一，是当之无愧的。

由此又可见江西人对词坛所产生过的影响是巨大的，从开宋代风气到振起清词都离不开江西的词人，应该说这一结果得来绝非偶然，绝非幸得。当然，自两宋以来江西词坛还曾涌现出许多著名词人，即以南宋词家而论，据南宋末年的周密编的《绝妙好词》，收集南宋一代词人共一百三十二家，据清代查为仁、厉鹗的考证，查出属于江西籍的就有十四人，还有许多位作者是查不出他们的里贯的。元、明两代江西的词人亦未绝迹，清代江西词人更涌现出不少，就中如《云起轩词》的作者文廷式，就是一位卓立于秀水、常州两大派之外的大家。可证江西词坛一脉延绵，迄未中辍。

再说诗。宋代江西的诗人辈出，且多是领袖群伦的大家，可谓极一时之盛。首先要提到的还是欧阳修，他和苏舜钦、梅尧臣等一反晚唐、五代迄于宋初的诗坛颓靡之风，在提倡古文运动的同时，在诗坛上也树立起了独具特色的宋诗的旗帜，当时人并称"欧苏"或"欧梅"。紧接着江西又涌现出一位大作家王安石。这里值得着重提一下的是江西诗人黄庭坚。黄庭坚和苏东坡并称"苏黄"，然就他们二人的影响来说，则黄庭坚比苏东坡还要大一些。自南宋吕本中作《江西诗社宗派图》，推黄庭坚为初祖，后来遂有"江西诗派"之说。虽然吕本中的"宗派图"学术性不强，很可能是一时游戏之作，大可不必引以为据，但是，不管是否真正存在过"吕图"的"江西诗派"，黄庭坚在中国诗坛的影响却是万万不可抹杀的。即以南宋的著名诗人而论，他们中的很多人都是服膺黄庭坚的，像大诗人陆游，虽然没有人把他列入江西派，然而他的老师江西人曾几，却是十分推崇黄庭坚的。曾几还曾对陆游说过："君之诗，渊源殆自吕紫微（本中）。"（《陆游吕居仁集序》）又如大诗人杨万里也是江西人，他自创了清新活泼的"诚斋体"。他在青年时期曾学过黄庭坚，后来竟把他的千余篇少时作品一把火烧掉了，似乎要作出和"江西体"决裂的样子，然而到了晚年，他又居然写了《江西宗派诗序》，还要把吕本中的"宗派图"续下去。自元以后，特别到了明代，宋诗不吃香了。明代的前、后七子以学唐人相标榜，讥斥宋代无诗。加上他们的学唐诗又过于注重声调、词汇的摹拟和剽窃，结果就弄出许多似唐非唐的赝品。到了明代晚期，这条伪唐之路走不下去了，于是学宋之风又开始煽动起来。到了清代，虽然学唐、学宋、唐宋兼学的大有其人，而且惩明之弊，都主张学别人不能丢了自己，应该有自己的头脑和面目，因而还相继创出了若干诗派。但是越到后来，学宋的越来越多，到了晚清，有所谓"同光体"，风靡一时，学宋的声调越来越高。而只要一提到学宋人，那么黄庭坚就必然会被抬将出来，坐上师尊之座，从而黄庭坚的影响又一直延续到近代。看来就两宋的大诗人对后世的影响而言，几乎无人比得上黄庭坚的既深且巨。这究竟是什么原因造成的？迄今仍无定说，是一个很不容易说清楚的问题。我在这里只能说，不管你对黄庭坚的诗和诗论抱什么态度，是毁，是誉，是既毁且誉，姑可不论，而黄庭坚给予中国诗坛的影响，却是无法不承认的，因为他毕竟是历史的存在。

两宋时期，江西出了许多位诗人。我们从钱锺书先生的《宋诗选注》——这是一本十分精严到苛刻的选本，可以看到，入选者总共只有八十人，而其中江西籍的诗人却有二十六家，超过了四分之一，足以证明江西诗人在两宋时期的比重是别的地方复乎不可及的。元代江西的诗人也不算少，像号称"元代四大家"的虞（集）、杨（载）、范（梈）、揭（傒斯），除了杨载，都是江西人。明代江西的诗人较为衰落，汤显祖虽也写诗，但他是伟大的戏剧家，诗不是他的当行。到了清代，江西诗人又逐渐多了起来，像蒋士铨、吴嵩梁、高心夔、陈三立都是卓尔不凡的大家。蒋士铨与袁枚、赵翼齐名，当时号称"江右三大家"；吴嵩梁则与黄仲则齐名，乾嘉间并称"一时之二杰"；高心夔则为晚清"同光体"的前辈，近人曾称许他"在江西开陈三立之先声"。至于陈三立其诗名尤为卓绝。梁启超最瞧不起清诗，他在所著《清代学术概论》中曾说："以言乎诗，真可谓衰落已极。"可是他在所著《饮冰室诗话》中却又极力称赞陈三立的诗，其"境界自与时流异，浓深俊微。吾谓于唐宋人集中罕见伦比"，评价特高。从以上极其简单的叙述中不难看出，江西诗人在中国诗坛的地位是不容轻视的，更是不能恝置的，这是一个很值得研究的课题。

《江西古文精华丛书·诗词卷》的出版，正是为开展这一研究提供了一个很好的选本。虽然清代江西人曾燠曾经编辑过一部《江西诗征》，为研究江西诗人作了一个开创性的工作，但一因卷帙浩繁，又无注释，一时不易重版；二因他是清代前期的人，对近代的江西诗作当然不可能收入；加上他只收诗而不及词，所以仍嫌不够完备。这本《诗词卷》便在相当程度上弥补了《江西诗征》的缺陷。它不仅有诗还有词，还作了较详细的注释，加上了作者小传，每首诗前还作了类似导读的说明。全书共收入诗人二百一十六家，自六朝而至近代；词人共收一百零五家，自五代迄于近代。尽管限于篇幅，大多属一脔之尝，然而它却具体而微地向读者展现出了江西诗人在中国诗坛上的源流脉络及其轻重分量，即使吉光片羽，也弥足珍贵。尤其是当前处于信息时代，人们所应学习的东西，简直是万类纷陈，读者有此一卷在手，就可以免去检翻原著的辛劳，不至于枉抛心力。所以此卷的出版，编注者确实称得上为江西的文化事业做了件有益的事，做了一件在更新意义上的开创性的工作。三位编著者都是学有专工的中年学者，他们有的从事大学中文系中国古典文学的教学与研究，有的从事江西古籍的整理与研究，有的还从事《江西诗词》刊物的主编工作。他们不仅多年来在自己的工作岗位上作出了优异的成绩，取得了丰硕的成果，而且他们还都是诗人与词人，他们的诗词创作实践为他们编纂本卷奠下了较扎实的基础。他们在编纂本卷的过程中，始终黾勉从事，日积月累，付出了大量的辛勤劳动。其具体分工是：曾子鲁负责由东晋至元代诗的选注；胡迎建负责明、清两代诗的选注；熊盛元负责五代至近代词以及元、明散曲的选注工作。借此机会，谨向三位编注者以及为本卷作过贡献的出版社的同志们一并致以诚挚的感谢。

这篇序言本应在去年暑假前写好的，无奈因杂事较多，学力更嫌不足，加上老病侵寻，竟一直被拖了大半年，未能完稿，直至新岁伊始，才勉强写成，深感惭愧。也借此机会谨向三位编注者和读者们致以深深的歉意。此序。

1998 年 1 月 10 日于南昌青山湖畔北面斋

时年七十又四

载《江西古文精华丛书·诗词卷》，曾子鲁、胡迎建、熊盛元选注，江西人民出版社 1998 年 3 月出版。

《江西古文精华丛书·笔记卷》序[①]

笔记一体在中国古代载籍中占有相当重要的地位，然而在历代图书分类中却从来没有占有独立的位置。《汉书·艺文志》依刘歆《七略》例，在《诸子略》中列有"小说家"一类，自晋荀勖的《中经新簿》改"七略"为"四部"。接着东晋李充将其调整为经、史、子、集四部，从此中国古代图书四部分类法便确立下来了。而笔记一体便因之遭到分割，分别纳入子部"小说家"类和"杂家"类，还将一部分归入史部"杂史"类。兹举清《四库全书总目》为例，作一简要说明。《四库全书总目提要》卷五十一史部七"杂史"类谓："杂史之目，肇于《隋书》。盖载籍既繁，难于条析，义取乎兼包众体，宏括殊名。故王嘉《拾遗记》《汲冢琐语》，得与《魏尚书》《梁实录》并列。不为嫌也……立此一类。凡所著录，则务示别裁。大抵取其事系庙堂，语关军国。或但具一事之始末，非一代之全编；或但述一时之见闻，只一家之私记，要期遗文旧事，足以存掌故，资考证，备读史者之考稽云尔。若夫语神怪，供诙啁，里巷琐言，稗官所述，则别有杂家小说家存焉。"于是遂将宋洪皓的《松漠纪闻》、宋末元初人刘一清的《钱塘遗事》以及明王世贞的《弇山堂别集》等均列入"杂史"类，其实都应属于笔记一体。又《四库全书总目提要》卷一百十七子部"杂家"类称："黄虞稷《千顷堂书目》于寥寥不能成类者并入杂家。杂之义广，无所不包。班固所谓'合儒墨、兼名法'也。变而得宜，于例为善，今从其说。"于是《四库全书总目提要》将"杂家"这一类又分为六小类，即一杂学，二杂考，三杂说，四杂品，五杂纂，六杂编等六类。其中除"杂学"为列入杂家的理论专著，"杂编"为聚诸书刊为一书者外，其他四小类都应属于笔记体。如宋吴曾的《能改斋漫录》、宋洪迈的《容斋五笔》等均纳入"杂考"类；如宋惠洪的《冷斋夜话》、宋

[①] 本篇系姚公骞为《江西古文精华丛书·笔记小说卷》一书所作序言，正式出版时书名为《江西古文精华丛书·笔记卷》，标题据此改。——编者

朱弁的《曲洧旧闻》、宋罗大经的《鹤林玉露》、明胡广的《胡文穆杂著》等均列入"杂说"类。又《四库全书总目提要》卷一百四十子部"小说家"类，谓："迹其流别，凡有三派。其一叙述杂事，其一记录异闻，其一缀辑琐语也。唐宋而后，作者弥繁。中间诬漫失真，妖妄荧听者，固为不少，然寓劝诫，广见闻、资考证者亦错出其中……然则博采旁搜，是亦古制，固不必以冗杂废矣。"于是许多的笔记体著作被纳入了这一类。其数量较之列入"杂史"与"杂家"四小类的还要多。像五代王定保的《唐摭言》、宋欧阳修的《归田录》、宋孔平仲的《孔氏谈苑》、宋彭乘的《墨客挥犀》等笔记都被视为小说一类了。可见古人的这种图书分类法颇不科学，不是失之于大而无当，就是免不了混杂不清，《四库全书总目提要》的作者在卷一四一"小说类"二的按语中也说："小说与杂史最易相淆，诸家著录亦往往牵混。"看来这是个未曾解决的问题。

好在自元末明代以来，一些汇刻丛书的有心人却能注目于笔记一体，如元末明初陶宗仪汇刻的《说郛》、明陆楫的《古今说海》、商濬的《稗海》等，直到民国时期上海扫叶山房编印的《五朝小说大观》、国学扶轮社辑印的《古今说部丛书》、王文濡辑印的《说库》等，都是大部头的笔记小说丛刊，而且愈到后来愈益收罗丰富。读者的检读显得比过去越来越方便。不过从目录学的角度看，这些丛书也并没有摆脱四部分类的窠臼，仍然将笔记与小说混为一体，而且对传统收入史部的杂史类和子部的杂家类的笔记体也往往取舍不一，依旧没有一个科学划一的标准。但时至近世，在一些图书馆的古籍目录分类上却正式出现了将笔记作为目录分类的一项类目，如《江苏省立国学图书馆图书总目》就列有九类"笔记之属"，为前此所未见。虽然这个"总目"依然没有摆脱四部分类的格局，"笔记之属"也照样和"小说之属"都同归入子部小说类，而且其史部杂史类及子部杂家类也仍然收入了一些笔记体，然而《江苏省立国学图书馆图书总目》毕竟将笔记从小说中分出并和小说并列，第一次承认了笔记是古代图书中的一体。这应该说是中国古典目录学的一大进步，笔记体终于从附庸的地位初步显露出了它的独立的头角。至于它在现代图书目录分类上，究竟应该占据一个什么样的位置，如何突破传统四部分类的格局而使之更趋于科学，因我未加研究，知之甚少，便不敢妄议了。

笔记之体自古有之，迨及唐宋遂蔚成风气，作者如林，其间体例既多沿袭，亦多创新。如唐刘悚作《隋唐嘉话》、李肇作《唐国史补》，前人多谓李书为续刘悚之书而作。至宋欧阳修作《归田录》，其自序为"以李肇《国史补》为法"。而李书之法据其自序则谓："言报应，叙鬼神，征梦卜，近帷箔，悉去之；纪事实，探物理，辨疑惑，示劝诫，采风俗，助谈笑，则书之。"欧书即依此法。可见古人著述，其体例皆有所本。当然也存在后来者有所增损、取舍、出入之处。至于以笔记作为书名，则自宋人宋祁始。宋祁著《笔记》三卷。上卷释俗，中卷考订，下卷杂说。其体例与一般笔记体同。此后有明人萧良干著《笔记》一卷，陈继儒著《笔记》二卷。众以"笔记"二字作为书名。所以时至近世，遂将凡是标有"笔录""笔谈""随笔""漫书""漫钞""漫志""漫录""别录""野录""睉录""暇录""谈录""丛谈""丛语""丛话""丛说""杂记""杂说""杂志""札记"，以及"琐言""记闻""旧闻""闻见录"之类的书籍，当然也有不用这些标目的同类之书，都一律归之于笔记一体，这就是将宋祁的书名一跃而为图书分类的类名了。这个类名看来已经得到了目录学与图书馆学的学者们的公认。

笔记一体在近代以前的很长时间里之所以没有得到目录学家们的注意，固然是受到传统四部分类的局限所致，但是也确有其自身的原因。虽然就其体例而言，都属于以若干则条目合成一书，条目与条目之间各自独立，没有连贯性，且每一条目多属短篇，自成起讫。就其内容而言，则可谓毫无一定之规，显得五花八门，极其庞杂，几乎无所不包。天文地理、经史子集、朝章政典、风俗人情、琴棋书画、花鸟虫鱼、里巷琐细、古老相传、奇闻逸事，以及医药僧道星卜等，可谓应有尽有，当然更包括有亲见亲闻与读书得间之作，而且，从其每一部书来说，又不能将上述种种尽收无缺，不是有此缺彼，就是有彼缺此。所以要想从内容上加以归类，实在是很难办到的。而这一切又正是笔记体的特色所在。用洪迈的话来说："予老去习懒，读书不多。意之所之，随即纪录，因其后先，无复诠次，故目之曰随笔。"（《容斋随笔》卷一小序）用岳珂的话来说："亦斋有楹焉，介几间，鬃表可书。余或从缙绅间闻闻见见归，倦理铅椠，辄记其上，编已，则命小史录臧去，月率三五以为常。每窃自恕，以谓公是公非，古之人莫之废也。见睫者不若身历，滕口者不若目击，史之不可已也审矣。"（《桯史》序）可见笔记就是"意之所至，随即记录"，甚至把亲见亲闻信手写在几案上，然后由人把它抄存下来。短、小、杂、琐固然是笔记体的一大特色，而闻、见、考、辨，则更是它的特色中的特色。评价一部笔记的价值，往往是从这后四字上考验它是否精审，是否正确。笔记体之所以赢得后世读者的重视，不外乎此。由此看来，短、小、杂、琐和闻、见、考、辨八个字从其形式到内容，差近可以概括笔记体的全部特征，并可以此作为标准，把笔记从史部的杂史类和子部的杂家类分出来，更可以将其从子部的小说家类分出来，使之厘然有统，互不相混，尤其是与小说创作判而为二，将令笔记一体单然独立于众体之外，应该说这是中国古籍分类上的一个凿空之举，为读者们的查检将能提供更大的方便。

《江西古文精华丛书·笔记小说卷》还是沿用了传统四部分类和一些笔记说部丛书的老体例，将笔记与小说创作混合在一起，当然这一传统不是一下子可以改变得了的。我的上述意见只是想借此机会引起读者们的注意，不要把笔记视同小说，至于将两者截然分开，那只有期之将来了。

本卷共选录江西籍作者所作的笔记小说 28 种，合计条目 248 则。虽称"笔记小说卷"，其实笔记体占绝大部分，只有《搜神后记》和《夷坚志》两种属于小说体。可见选注者对小说别择綦严，而于笔记则颇有独钟的。

唐宋时期笔记体得到了长足的发展，特别是两宋期间，真可谓极一时之盛，而江西籍作者在其中又居于领先的地位，有相当多的名著都出诸江西人的手笔。例如：《四库全书总目提要》称王定保的《唐摭言》"是书述有唐一代贡举之制特详，多史志所未及"，称欧阳修的《归田录》"多记朝廷轶事及士大夫谈谐之言……然大致可资考据"，称孔平仲的《珩璜新论》"是书皆考证旧闻，亦间托古事以发议，其说多精核可取"。特别是洪迈的《容斋五笔》，自南宋以来，学人多将它和沈括的《梦溪笔谈》、王应麟的《困学纪闻》并称三大名著（参看《容斋随笔五集》洪璟"纪事二"）。而《提要》更推为"南宋说部终当以此为首焉"。其他的如惠洪的《冷斋夜话》、朱弁的《曲洧旧闻》、曾敏行的《独醒杂志》、吴曾的《能改斋漫录》、罗大经的《鹤林玉露》，以及元刘埙的《隐居通议》、清文廷式的《纯常子枝语》等都是相当有价值的笔记。这部《笔记小说卷》虽然是选编，读者不能窥见各种笔记的全貌，然而尝鼎一脔，借知其味，既可获知笔记写作之体，又可略窥江西先辈们读书记闻之法，再循此觅读原书，当不至于茫无头绪了。

注释前人笔记是一件极不容易的事，一是自来笔记多无注释，无所凭借；二来笔记的内容十分庞杂，注释者往往无此学力，不免捉襟见肘，顾此失彼。本卷注释者欧阳小桃同志是江西一位年轻学人，毕业于南开大学中文系，回赣就职于江西省社会科学院历史研究所。多年来致力于魏晋南北朝文学与历史的研究，勤奋好学，蕴积日富。本卷从选材到注释概出诸其一人之手。穷搜冥索，左稽右考，经年累月，锲而不舍，精神实在可嘉，我曾笑着说他具有"筚路蓝缕，用启山林"的勇气，要不然，是未敢问津的。当然，一个人的精力毕竟有限，注释中难免会出现一些缺失和错误。而我又因年老事冗，学殖荒落，无力匡助，殊感惭疚。值此卷出版之际，除向出版社有关诸同志表示感谢外，更寄望于读者多所指正，实深企盼。此序。

1998 年 3 月 1 日于南昌青山湖畔北面斋

时年七十又四

载《江西古文精华丛书·笔记卷》，周銮书主编，江西人民出版社 2001 年 6 月出版。

《云峰集》序

在我的案头上摆着一摞厚厚的文稿，这里面有手写的、铅印的、油印的；有厚的，有薄的；还有的是在一张纸上写下的一首诗。它们的纸色也各不相同，有新的，有半新半旧的，还有已旧得发黄的。看来这一摞文稿并非一时写就的，它是积有岁月的，然而，它却收拾得十分整齐，显然作者是一位一丝不苟的人。仔细看看它的目录，更知这部文稿很不简单，它是作者半个世纪心血的结晶。它的每一篇都显现出岁月的烙印，但这烙印却不是毫无色彩的岁月流逝的痕迹，而是像一座炼钢高炉的炉口前闪烁着的火花，五十年来，这朵朵看似寻常而实在并不平凡的火花聚合在一起，这就是即将交付出版的《云峰集》，它的作者就是今年已届古稀之龄的刘云同志。

我怀着景慕的心情读了其中的一篇《行年录》。所谓《行年录》，就是作者的自订年谱，作者用编年的体裁逐年记下了生平的行迹。我才知道，刘云同志十八岁就参加了革命，在东北家乡战斗了三年。1949年6月随军南下，间关千里，来到了南昌，时年二十一岁。从此刘云同志就一直在江西从事文化工作，1985年离休。离休后还仍然担任《江西文艺史料》的主编和进行革命文化史料的征集、整理出版工作，至今十余年了，还没有停下来，离而不休，乐此不疲。他在江西生活了大半辈子，也为江西的文化事业贡献了大半辈子，可以说他的文稿不仅仅是他个人的写作成果，还可以从这个侧面看到在这半个多世纪的岁月里，江西的文化事业经历过它的发展—挫折—再发展的历史过程，为江西留下了一份弥足珍贵的史料。

尤其珍贵的是，我从这部文稿中还看到了一位共产党员的赤诚的心。刘云同志的生平经历似乎很单纯，只生活在文化圈子里，然而过程却颇为曲折。他当过演员，当过剧作家，与人合作写过著名的话剧《八一风暴》，还参与省文化部门的领导工作，主持过艺术教育事业。他得到过许多荣誉，有模范党员、省劳动模范、先进工作者，还获得著作奖，其中有来自单位的、部门的，有来自省级的、国家级的，甚至在他离休以后，还多次获得对他本人的表彰和对他的著作的奖励。但是他也经历过许多的风风雨雨，他参加革命不久，一纯洁之青年就遭到莫须有的牵累。到了江西以后，又在几番风雨中，受到错误的打击和诋毁，"文化大革命"期间更逃不脱无妄之灾，然而在荣与辱的面前，尽管发生了许多变化，炎凉冷暖交替袭来，可是他这颗共产党员的赤诚之心却没有发生任何变化。它总是红彤彤的，遇宠不骄，临辱不惊，从来不改变颜色，连褪一点颜色也没有，这就是人们所说的"本色"。我从刘云同志的文稿中看到的，正是这种极可珍贵的本色。

还有一点值得我景慕的，就是在他离休以后，于1990年2月，突然发作心绞痛，引起心肌梗死，经抢救居然奇迹般地活了过来。他在医院里住了一年多，就在这一段时间里，他居然抱病关注《江西文艺史料》的编辑出版工作，不能不令我感到惊异。值得庆幸的是，自此以后，刘云同志的病情没有再恶性发展，然而毕竟一年比一年老，也毕竟是有病之身，差不多年年要住一住医院，复查或治疗。可是想不到就是这样一位年老有病的人，竟然在近几年内主编出版了总计约三百五十万字的《中央苏区革命文化史料汇编》《井冈山·湘赣苏区革命文化史料汇编》《湘鄂赣苏区革命文化史料汇编》《闽浙赣苏区革命文化史料汇编》《闽浙赣湘鄂苏区革命文化纪事·人物录》《江西抗战文化史料汇编》以及《中央苏区文化艺术史》等大型的珍贵资料书和史著，为中国近现代革命文化史的流传和研究作出了十分有益的贡献，这是令人感到骇异的奇迹。当然，这也更加使我想到，这一奇迹也只有在一位具有赤忱之心的共产党员身上才能出现，正是这颗赤忱之心，才能使年老有病的刘云同志迸发出蕴含着旺盛生命力的夺目的火花。这又使我想起了《诗经》上的两句诗："我心匪石，不可转也；我心匪席，不可卷也。"（《邶风·柏舟》）刘云同志的赤诚之心恰恰又是一颗始终不转不卷的坚实之心，这也就是本色中的本质之所在。

这本文集所包含的体裁是多方面的，大体说来有四个部分：一是创作部分，其中包括戏剧、诗歌、散文等；二是文艺理论部分，其中包括专论、影剧评论，以及有关的文章和讲话等；三是革命文化史部分，其中包括概述、简史和回忆录等；四是专著和文学史论部分，如《古今庐山》及有关江西古代著名作家的研究论文等，可见刘云同志的笔触所及是相当广泛的，特别是在他离休以后，还把精力转入到研究欧阳修、曾巩、黄庭坚、汤显祖、蒋士铨等江西古代人物，写出了多篇论文，其中还对王安石的政治思想及其变法作了专门的论述，这都是难能可贵的。

此外，刘云同志还有两个业余爱好：集邮和收集钱币。他还是省市老干部集邮协会的副会长、江西省老干部钱币协会常务副会长。我从这部文稿中还读到他的一篇《中国历代钱币概述》，对中国钱币的始源与演变，缕缕道来，颇为精到。除此之外，刘云同志似乎再没有别的嗜好。由此又可见，刘云同志的生活情趣是相当严肃的，是富有文化品位的，是不同于一般流俗的。

最近我见到刘云同志，他还是老样子，脸色红润润的，腰板挺得很直，说起话来，思路很清晰，还保持着一丝不苟的神态。我比他痴长几岁，却远远不具有他那种老不显衰、病不示弱的倔强的精神。在他的身上似乎还蕴藏着相当多的潜力，真令我心向往之。值此《云峰集》即将出版之际，承刘云同志不弃，索序于我，我为之欣然命笔。趁此机会，我深深地祝愿刘云同志健康长寿，在未来的岁月里，更加发挥余热，为弘扬江西文化，为建设社会主义的精神文明，作出更多的贡献，取得更多的成绩。谨序。

1998 年 1 月于南昌青山湖畔北面斋

时年七十又四

载《云峰集》，刘云著，江西省老年文艺家协会编，1998 年中共江西省委党校印刷厂印刷。

《先驱者——中国古代改革家》前言

历史虽然像一条长河，然而它并不是毫无阻碍地顺流直下，一泻千里的。历史这条河总是曲曲折折地迂回前进的，在前进中往往由于受到巉岩暗礁的阻挡，会经常地激起惊涛骇浪，因之，历史只有在汹涌澎湃的巨大冲撞中为自己开辟道路。

历史的根本动力是人类创造的社会生产力。历史的流向在最终意义上说，是社会生产力的运动轨迹。历史之所以像一条长河，就因为社会生产力像长河的流水一样，它永远活泼泼地从不休止地向前流去。"逝者如斯夫，不舍昼夜！"然而，它的流向或运动又不能单独自如的，它必须伴随着一定的生产关系才能流动。生产力和生产关系这一矛盾永远联结在一起，怎样也分不开，只是生产力一般地表现为主要的决定的作用。当生产关系适应生产力的状况时，生产力就能不断地得到发展；而当不变更生产关系，生产力就不能发展的时候，生产关系的变更就要起到主要的决定的作用。在阶级社会中，这就意味着革命的到来。因此，在历史上已经相继出现的几个社会形态中，在所有的阶级社会里，除了发生过几次大的革命，使历史呈现出有序性地向它的高级社会形态发展之外，而在革命尚未到来的相当长的时期里，在某一种社会形态在历史尚未消失其客观的合理性之际，则此时此际的历史步伐，它的每跨前一步，大多是通过当时的统治阶级实行某种程度的改革来实现的。所以，我们除了要研究历史上所有的革命之外，也要研究历史上出现的种种改革，因为，这些改革也都是推动历史进步的运动，它们在历史的长河中，都多多少少地在排除巉岩险礁上作出过大大小小的贡献，涌现出一个又一个的波涛，把历史推向前去。

首先，这里需要明确地指出的是，在先前的阶级社会中所出现的种种改革，也都是生产力与生产关系、经济基础与上层建筑这两大矛盾的产物，只是还没有发展到双方必须采取外部对抗的形式。也就是说，在历史的特定阶段上，当时的生产关系基本上适应生产力发展的，上层建筑同样也是基本上适应基础的发展的，只是出现了某些部分的不适应。因此，这个时候出现的改革，只是解决不适应的某些部分。

从哲学的意义上说，属于历史的量变过程，或者叫作部分的质变。这都是从历史的客观方面来说的。至于从主观方面来说，历史上的种种改革都是当时统治阶级加以推行的。这些统治阶级不可能解决社会的根本矛盾，不可能消除由社会的根本矛盾所引发的阶级对抗，也就是说，统治阶级不可能自己否定自己。不能指望历史上的统治阶级能够通过他们的某些改革，使他们的统治长期化、永久化。所以，先前的种种改革不可避免地存在着根本性的局限。这种局限可以归结为：他们只能作出枝节性的改革，一旦到了生产关系完全阻碍生产力发展的时候，历史进入革命前夜的时候，任何旧的统治阶级的任何改革，不是彻底失败，就是根本提不出来。所以，我们在研究历史上的种种改革时，只有深刻地把握住了它的历史局限性，才能恰如其分地肯定它的正当性，或者说是进步性。

其次，在先前的阶级社会里，所有统治阶级所推行的改革，都不是统治阶级自身处在完全自觉的思想基础上进行的，而是在出现一定的政治危机或经济危机的条件下，被迫地进行的。但也不能无视统治阶级在自身的阶级利益的驱动下，所作的某种历史的选择。统治阶级面对着危机的威胁，为了本阶级的利益，作出了有利于本阶级的改革，而只要统治阶级当时还处在历史的正当性阶段，只要他们所推行的改革还能有利于生产力的发展，那么，这些改革客观上就多多少少是符合历史发展规律的。那些推行改革的改革家们，尽管他们站在统治阶级的立场，维护的是本阶级的利益，尽管他们对改革并不是很自觉的，甚至是被动的，而在历史唯物主义者看来，他们在历史上仍然是不可磨灭的。因为，否定了他们，也就否定了历史。

复次，先前历史上的任何一次改革，都不能和今天我们党和国家领导的为建设有中国特色社会主义的伟大改革相比附。我们今天的改革是在邓小平同志关于建设有中国特色社会主义理论指导下，在党的领导下自觉地进行的，是在科学的世界观和方法论的基础上进行的，这是社会主义制度的自我完善和发展，而历史上的任何一次改革都不可能具备这样的条件。所以，也只有我们今天的改革才称得上是继把一个半殖民地半封建的旧中国变为社会主义新中国——中国有史以来最伟大的革命之后的又一次伟大革命，而先前的任何一次改革，都不可能赋予革命的意义。总之，无论从改革的实质和目标、从改革的深度与广度、从改革的历史地位和历史价值等等所有的方面来看，先前历史上的任何改革较之今日，都是不可比拟的，也是无法比拟的。

我们之所以要研究中国历史上的改革，当然，绝不是为了把它们拿来和今天的改革相比附，这是毫无意义的。我们之所以要研究它们，主要的原因是，我们这些从事历史研究的人，在当前的改革大潮中，从历史研究的角度上受到了来自两个方面的启发，或者叫作驱动。

其一，过去的几十年里，我国的史学研究虽然取得了很大的成绩，在马克思主义指导下，有许多位史学家无愧为新史学的创立者。然而，由于种种原因，在一定程度上，我国当前的史学研究忽视了对历史上的改革的研究。虽有几位学者对若干改革如商鞅变法、王安石变法等，做过专题研究，但在当时的条件下，难以引起史学界的足够重视，在通史的著作中，更显得相当单薄。因此，当前有必要加深这方面的研究。

我们认为，在革命没有到来以前，历史的每一步发展，大多是通过改革而具体地体现的，即使是跨出小小的一步，往往也要经过改革的步骤。而每一次改革都会引起形形色色的冲突和各种各样的波澜。其中有阶级的和阶层的，有政治的和经济的，甚至还涉及观念的和文化的，所以，矛盾与冲突是不可避免的，只不过在程度上有所差别而已。在众多的矛盾和冲突当中，展现出历史发展的复杂性和曲折性。不是每一次改革都是成功的，有的虽然一时成功了，但到后来又失败了；有的改革虽然成功了，而改革者却因此付出了代价，甚至生命；有的改革在历史上长期存在着争议，对其是非成败不易作出令人信服的判断，因而影响到对某个历史时期的评价。我们的研究目的就在于弄清这些改革的真实情况，还它历史的本来面目。更何况先前的改革虽然不能拿来和今天的改革相比附，但是，历史毕竟是今天的昨天和前天，在时间上是不容割断的，在空间上也是不容截断的，"抽刀断水水更流"。因此，在同一空间上的今天，它有它自己的昨天和前天，有它自己的滥觞和源流，这些形成了中国历史的特色和中华民族的特征。今天我们要建设有中国特色社会主义，这里说的特色正是历史所形成的。从这个意义上说，历史上的改革虽然不能和今天的改革相比附，但又不能不和中国特色相关联。为了加深对中国特色的理解，也为了从历史中得到借鉴和启迪，把历史上的改革作为一项研究课题，提到历史工作者的面前，是有其积极意义的，也是非常必要的。

其二，我们说的历史，指的是人类的历史。历史离不开人，这是个常识问题。然而回想十多年前，我们历史工作者在对待历史人物上却是采取尽量回避的态度，其结果不仅使得历史出现了大量的空白和盲点，而且使活生生的历史弄成了死气沉沉，读起来就像走进了"千山鸟飞绝，万径人踪灭"的荒野。这种结果当然不能完全责怪历史工作者，而是为许多人所共知的原因造成的。不过，对历史工作者来说，长期养成的重事轻人的习惯，也颇不容易改过来。近几年来传记体史书和传记文学已陆续有所问世，其间不乏佳作，这是一个很好的现象。我们也想步时贤的后尘，在研究历史的改革中，试图以人物为主，从改革家的角度看改革，通过人物的思想和实践，使之活生生地再现历史的面貌。

历史需要改革，历史就会把改革家推向历史的前台。列宁曾经说过："历史必然性的思想也丝毫不损害个人在历史上的作用：全部历史正是由那些无疑是活动家的个人的行动构成的。"①改革家的思想与实践直接关系到改革的成败，所以，我们研究历史上的改革，主要就是要研究改革家的思想与实践。改革家为什么要提出改革？他的目光的敏锐性和思想的睿智处在哪里？他凭什么提出问题？提出了些什么问题？这些问题为什么是当时历史的迫切问题和关键问题？他的答案是什么？他回答得对不对？能不能说他是当时站在时代最前列的人物？在他的改革实践中，他碰到了一些什么困难？他是怎样解决这些困难的？历史是怎样通过他的改革举措而向前跨越一步？社会生产力是怎样通过他的改革而得到了新的活力？他在改革举措中有没有失误？他的改革举措有没有先天不足之处？他的改革举措有没有不切实际流于空想之处？等等。

当然，由于史籍的记载详略不一，也由于我们的所见有限，对于上面所提出的许多问题，就每一位改革家来说，我们不可能都回答得清楚，不过，从总体上来说，上述问题是我们研究的主旨所在。所以，我们不拘泥于改革的细节，力避烦琐的考证，而是从大处落墨，着重勾勒与分析，借助于建筑师的审基借景和中国画的遗貌取神之法，首先把改革所处的时代以及所面临的问题勾画出来，然后着力勾勒出站

---

① 中共中央马克思恩格斯列宁斯大林著作编译局编《列宁选集》第一卷，人民出版社，1972，第 26 页。

在时代前面的改革家的烛隐见微的智力和济世利民的抱负。我们认为，作为现代人，如何从古代的改革家身上得到启迪，并不在于改革的具体过程，因为历史毕竟不同了，当时的具体过程有很多早已成为陈迹，是摆在博物馆里的东西。所以，我们对古代改革的具体过程，不想花费很多的笔墨，而是把着重点放在至今还有生命力的地方，这就是上面已说到的：改革家们的抱负与识见，当然还有在改革过程中所显现出来的魄力与毅力，那种献身改革、一往无前、生死以之的精神。我们的勾勒与分析就是围绕着这些方面进行的，古为今用，使后人在改革的洪流中、从历史上得到某些启发，受到鼓舞，从而增添自身的精神力量。这就是我们共同抱有的一个冀其不至成为奢望的希望。

至于改革家们的失误和个人品格与作风上的弱点或毛病，我们一般也不回避，实事求是地指出来。金无足赤，人无完人，这些都可以把它看成是历史的产物，作为一面镜子，对后人也许还会有一点益处的。

中国古代的多次改革，大体上说，都是围绕着巩固统一与富国强兵两个主要方面进行的，而且在一般情况下，这两个方面往往是紧密地联系在一起的，不过有的时候改革家的侧重点会放在其中的一个方面。

中国历史有一个在全世界值得最为自豪的特点，就是五千年的文明发展史从来没有中断过，国家的统一始终是历史的主流和常态，分裂只是间断的和短暂的非常态，而且即使是处于分裂时期，经过若干岁月的文化撞击与相互吸收乃至融合，往往为后来的统一创造了必要的条件和坚实的基础，使中华民族的优秀传统文化不仅继承了下来，而且还得到更大的充实和发展。这个特点是世界上其他所有的文明古国都无法比拟的，换句话说，其他所有的文明古国在历史上都有过长期地被分裂、被占领以及古老文明遭到中断而黯然神伤的时候。

在中国，巩固国家的统一，一直是人民最为关切的事情，也是历代改革家极为重视的事情。随着历史条件的不同，各个改革家所提出的巩固统一的改革措施也不相同。周公是通过分封制来巩固和扩大共同体的，这是一次空前未有的创举，维系了周王朝长期统一的局面。秦商鞅变法，改分封制为郡县制。这是自春秋战国以来由于时移事异，原来有利于统一的分封制已经走向了它的反面，成了分裂割据的基础。在一些诸侯国中业已开始个别地借设置郡县来集中王权。商鞅在其改革中，看准了这一新的时代趋势，把它作为一项基本国策制定出来。到秦始皇统一全国后，又把它推向全国。从此两千多年来，我国的行政区基本上是沿着这个路子没有什么大的变化。郡县制对于加强中央集权，强化中央管辖地方，巩固国家统一，起着十分重要的作用。商鞅作为一位伟大的改革家，在中国历史上对巩固国家统一作出了极其重大的贡献。以后的改革在巩固统一的问题上，则大多是和民族政策联系起来的。自汉朝以降，可以说，国家的统一问题也就是国家对待边疆民族的关系问题。这个问题处理不好，统一就会受到影响，甚至酿成分裂。因此，自汉以来的改革家在对待这个问题上一般都能根据历史的条件，采取许多相应的措施，使民族关系得到一定的调整。曹操和诸葛亮在局部地区取得了成效，诸葛亮的经验还成了历史上的美谈。又如唐太宗那样的多民族一体化的政策，以及明清两朝前期相继采取的一面加强国防，底定边陲，讨伐叛乱，一面注意加强与边疆少数民族的团结，在西南地区逐步推行改土归流的政策，改土司制为行省制，归中央直辖，政令得以畅通，等等，都为巩固国家统一作出了重大贡献。由于历代的改革家都特别重视国家的统一，所以才使得有着五千年的文明古国的文化没有遭到中断，这在世界上几乎是独一无二的。

富国强兵可以说是历代改革家的又一共同目的。所谓富国，在自然经济条件下，从表面上看，似乎在改革家的心目中，只是一个理财问题，或者叫作增加国用问题，用现代的话说，是一个解决国家财政的收支问题。然而，深入一点地看，理财问题并非一个简单的问题。一个真正的改革家在考虑到解决国家财政问题时，必然要涉及国计与民生这两大方面，尽管古代的改革家的重点是谋划国计，然而民生的好坏和国计的多寡密切相关，这一点他们都是懂得的。因此改革的每一举措，虽然在于增加国库收入，却又不能不考虑到人民的生计将会受到什么样的影响。由于在自然经济状态下，国家不直接管理生产，又由于生产资料所有制的限制和阶级关系的限制，在改革中不可能引起根本性的变化。这样，我们在改革家的理财措施中，就不难发现，古代赋役制度的变化是沿着一条田亩与人丁两方面轻重地位的交替变化而向前发展的。改革家们在其中所能起到的作用，就是从赋役制度的变革中，既使国家增加了财政收入，又使农民逐步地减少了人身依附和人身负担，相对地提高了农民的生产积极性。当然，这一变化的过程是十分漫长的，它几乎贯穿中国古代社会始终。从春秋战国之际的鲁国"初税亩"，到清前期的"盛事人丁永不加赋"，这期间实际上经历了丁税重于田赋，丁粮并重，粮重于丁，到"摊丁入亩"等阶段。"初税亩"时所说的"履亩而税"，是要等到清康熙规定"盛世人丁永不加赋"以后，才说得上是"履亩而税"了。因为在此之前，尤其是隋唐以前，丁税与力役是远远重于田赋的。"初税亩"的"履亩而税"，只反映了井田制废除后征收田赋方法的改变，对生产者来说，并没有减轻人身依附和人身负担。只有随着唐后期的两税法的颁行，明中叶一条鞭法的实施，以及清前期的地丁制度等的改革，才使农民的丁税和力役负担逐步有所减轻与减弱，从而相对地提高了农民的生产积极性。这就是古代的改革家们在自然经济条件下，在不改变生产资料所有制的前提下，所能做到的"富国"和所能做到的体察民情。虽然，直到近代，农民被束缚于经济外强制的人身依附，并没有完全放松，而力役负担则更是层见叠出，尤其是随着改革家的退出历史，其所处的朝代已走上了它的季世与末叶时，这种反复更属寻常，但不管历史的足迹如何曲折，它毕竟不可能完全退到改革以前的样子。这就是古代改革家们对历史所能作出的功绩。而古老的中国不仅因之避免了文化被中断的命运，而且，直到近代以前，在国力上还能够长期排在世界的前列。这里还要提到一点的是，历代的以"富国"为目的的改革，除了以农业为对象的赋役制度的改革为其最主要的改革之外，还涉及一些商品—货币关系方面的改革，如历代的币制问题，汉武帝时的盐铁问题、"五均六筦"——控制货源、平抑物价问题，唐代宗时的以盐利通漕运和掌握全国物价信息问题，宋神宗时的市易问题，以及历代以来与境外的通商、互市问题等。改革家们所提出的方案和措施，有的在一定程度上能解决国用问题，有的还因物价的调整使社会得到相对的稳定，有的还多少有利于商品生产和市场的发展。这些改革都是我们所不应忽视的，特别是到了中国封建社会后期，类似这样的改革尤显重要。尽管在实践上大多会遇到多方面的阻挠甚至破坏，有一些改革收效可能很小，但是，改革家能提出这样的问题，就很不简单，足以显示出改革家目光的敏锐，不愧为站在时代前列的人物。

古代的改革的另一个重要方面是强兵，而强兵的实质问题又是一个如何养兵的问题。他们要考虑可能，养多少？如何养？这就成了历来改革家最为头疼的问题。在我国古代坚持最久的一项政策是寓兵于农，兵农合一，因而耕战政策成为国家一项谋求长治久安、具有战略地位的政策。商鞅变法之所以取得成功，实基于此。以后的取兵于役，视当兵为农民的一项义务，其前提必出以耕战相结合，以土地为条件，达到民自养兵的目的。这样，在平时可以节省国家的财力，并且可以积聚起来以应付战时的需要。所以自汉以降，举凡"屯田""占田""均田""保甲"，以及明之"卫所"、清之"八旗"等，种种举措，无不与养兵有关，虽然历史条件发生了某些变化，而谋求耕战结合、兵农合一的目的，则始终是一以贯之的。

然而，兵农合一又往往会遭到破坏，被破坏的原因虽然有许多，但其最主要的则为农民被迫脱离土地。土地可以买卖，在中国封建制度下，通过经济的手段，尤其是通过经济外的强制手段，就会经常出现大范围和大规模的借买卖和兼并夺走农民土地的现象，结果，农不着地，兵与农分，这时便不得不以募兵代替征兵了。募兵制的出现，标志着由民自养兵转变为由国家政府养兵。在平时，国家就需要支出大量的财力来维持它的军事力量，而这时的兵则成了职业兵，士、农、工、商之外，多了一个兵。封建社会有一个无法完全摆脱的人身依附关系，当中央政府的权力还能号令四方时，这时的职业兵是依附于国家的；而一旦中央失去了约束的力量，出现将骄兵惰的局面，这时的职业兵便依附于主帅，成了名副其实的或是变相的私家武装了。试以唐代为例，《旧唐书·兵志》称："唐有天下二百余年，而兵之大势三变。"即由全省时的"府兵"，变而为开元时之"彍骑"再变而为"方镇"之兵。"府兵"是兵农合一的，所谓"府兵平日皆安居田亩……以农隙教习战阵，国家有事征发"（《文献通考·兵考三》）。"彍骑"则为募兵。安史之乱后，中央失去控御，"彍骑"遂亦废弛。藩镇林立，兵归私门，强臣悍将，布满天下，形成了割据势力，唐朝因之而亡了。可见，兵农合一与兵农分离是中国古代兵制的一个最基本的变化。这个变化关系到国家的盛衰，关系到国家的统一与分裂，所以，历代改革家在对待如何实现"强兵"的问题上，都是围绕着这一基本变化而绞尽脑汁的。总之，所谓"强兵"，其实质是一个"养兵"问题，而"养兵"又是和"富国"紧密相连的，不可分割的。这就是孔子说过的为政之道，"足食足兵"（《论语·颜渊》），管子说过的"国富者兵强，兵强者战胜"（《管子·治国》），荀子说过的"足国之道，节用裕民"，"辟田野，实仓廪，便备用，上下一心，三军同力"（《荀子·富国》），说的都是同样的道理。古代的改革家们正是把他们说的道理，作为治国的指导思想，从而"富国强兵"成了所有改革家们的最高目的。

当然，这并不是说历次的改革仅仅限于上述的两个方面，事实上，除了这两个主要方面之外，改革还涉及许多领域，涉及诸如上层建筑和意识形态等方面。在中国古代的历次改革中，都很注意加强中央集权，这在一定程度上对巩固统一、畅通政令起到过很好的作用。然而，在历史条件的局限下，一味地加强集权，其结果只能是加强皇权，把君主专制推演到极致，就又必然要走向改革的反面，成了阻扰历史发展的一个令人十分憎恶的障碍物。这从"三省制"到"内阁制"到"军机处"等的演变中，就可以看到其中的利弊，由利大于弊到利弊相当，再到弊大于利，直到有弊无利的结局。又如由九品中正制到科举制度的变化，这也是一次比较重大的改革，它关系到统治阶级中的各个阶层之间利益的调整，关系到铨选用人权力的转移，关系到中央集权的巩固。然而，科举制度发展到后来，越来越僵化，越来越陷入死板的形式中，毫无生气，终于也走上它的反面，成了阻碍人才脱颖而出的桎梏。如此之类，在历次的改革中还可以举出一些，在这本书里，我们一般都把它从略了。取其大而舍其小，举其重而弃其轻，"视其所视，而遗其所不视"，这就是本书在论述古代改革举措时的又一基本旨趣。

古代的改革家留给后人的遗产，固然可以从其改革的成败利钝中，使后人得到启发，得到借鉴，得到教益，也能令后人从历次的改革轨迹中，把握历史长河的基本流向，穷原竟委，加深对国情的了解。不仅如此，古代改革家所留下来的遗产中，最值得后人珍惜宝贵的是他们在改革中所表现出来的意志与品德。他们那种献身改革的精神，绝不会因历史的消逝而消逝，反而历久而弥新，尤其是在今天改革的大潮中，会更加显示出夺目的光彩。归纳起来，大致有如下几个方面。

一　天下兴亡、匹夫有责的志向

我国古代的改革家自小就受到修身、齐家、治国、平天下的教育，把个人、家庭和国家视为一体，把治国、平天下视为个人毕生立身处世所追求和所奉行的最高也是最终的目的。自先秦以来，先哲给我们留下了许许多多的治国名言。如《尚书》"安定厥邦"，《诗经》"以匡王国"，《易·系辞》"以利天下""举而措之天下之民"，以及《孟子》说的"治天下可运之掌上""以安社稷为悦者也"。所以，古代的改革家从青年时代起，就怀抱着利国利民的志向，就像东汉的范滂那样，"登车揽辔，慨然有澄清天下之志"。在个人、家庭和国家三者的关系上，总是把国家的位置放在家庭与个人之上，用古人的话来说，叫作"天下之本在国"，因此"不以家事辞王事"，要求"国尔忘家，公尔忘私"。个人与家庭的利益一旦和国家的利益发生矛盾，则不惜"毁家纾国难"，甚至"以身殉国"。杜甫在他的诗中庄严地喊出"丈夫誓许国"，柳宗元的诗句"许国不复为身谋"，欧阳修的诗句"丹心未死惟忧国"，等等，都代表了中国古代志士仁人们的心声，这种铿锵之声是不绝于史的。

二 居安思危、先忧后乐的抱负

历代的改革家都有着很强烈的忧患意识。孔子曾经说过："人无远虑，必有近忧。"孟子也说过："生于忧患而死于安乐。"所以有远见卓识之士，都有着一颗居安思危之心。他们不满足于现状的安宁，善于透过现状去发现潜在的矛盾。事物的发展总是会不断地引发出新的问题，当它尚处在隐微状态为一般人所难察觉的时候，改革家的可贵之处，就在于他们能超越常人之上而能见微知著。正如《周易·乾卦》说的，"君子终日乾乾，夕惕若厉，无咎"。君子不会像庸人那样，以为天下太平，可以把枕头塞得高高的，躺下来睡大觉，而是朝乾夕惕，始终抱着如临深渊、如履薄冰的态度。他们都认识到像司马相如说的那样："且夫王事固未有不始于忧勤，而终于佚乐者也。"魏徵在《谏唐太宗十思疏》中也曾严肃地指出："不念居安思危，戒奢以俭……斯亦伐根以求木茂，塞源而欲流长者也。"就是说，治国者如果不懂得居安思危，就像砍伐树根而希望树木茂盛，塞绝水源而望水能长流。这种倒行逆施，未有不酿成败家亡国的。所以值得用《易·系辞》的话再强调一下，"君子安而不忘危，存而不忘亡，治而不忘乱，是以身安而国家可保也"。

一个对国家能真正居安思危的人，他的个人修养也就自然而然地不因穷达而易其操守，不论在朝在野，"庙堂之高"，"江湖之远"，为官为民，他都能坚守"天下兴亡，匹夫有责"的志向。而这种志向的最高境界，就是范仲淹说的"先天下之忧而忧，后天下之乐而乐"。居安思危，朝乾夕惕，深谋远虑，就是先天下之忧而忧；而布衣菲食，握发吐哺，摩顶放踵，出斯民于水火，登斯民于衽席，就是后天下之乐而乐，这是一个真正的改革家的胸怀和抱负。

三　知变趋时、洞烛机先的识见

　　一个改革家除了具有以身许国的志向和先忧后乐的抱负外，还必须具有知变趋时、洞烛机先的识见。因为所谓忧患意识，所谓居安思危，所谓见微知著，都必须是忧其所当忧，危其所当危。就是说，改革家不仅要有敢为天下先的志向与抱负，更要有能为天下先的识见和能力，善于把握当前的形势，总结过去的经验，顺应时代的潮流，认准历史的走向，从而适时地提出改革的要求和举措。用古人的话来说，改革就是变法。变法就是要求把已经为实践证明了不利于国家兴旺的陈规旧章加以革除掉，用新法代替旧法，不仅使国家转危为安，而且要使社会获得进一步的发展。因此，改革面临的问题，既要在具体法制上提出正确的新举措来取代过时的陈规旧章，还要在思想观念上摆脱因循守旧传统观念的束缚。变法的过程从思想领域上说，是一场深刻的转变观念的过程。不同的观念所反映的实质是不同利益的冲突。变法不可避免地会触及某些人的既得利益，因而，在观念形态上，便不可避免地会形成变法与反变法之间的尖锐对立。这在商鞅时代，就是"师今"与"法古"的冲突。历代的改革家敢于领先喊出在当时足以振聋发聩的最强音。像商鞅就一再说过"治世不一道，便国不必法古"，"当时而立法，因事而制礼。礼、法以时而定，制、令各顺其宜"等话。王安石也多次阐述要"知变""趋时"以"救弊"的道理，驳斥司马光等人的标榜"守常"、反对变法的主张。到了魏源口里，便干脆地发出了"变古愈尽，便民愈甚"的呼声，而谭嗣同则更干脆地倡言"彼君之不善，人人得而戮之，初无所谓叛逆也"。把变法与"民为邦本"结合起来，甚至连皇帝也可以变掉，可见改革家的思想是一代接一代不断进步的。只是魏源和谭嗣同等人所处时代已是封建社会末期，社会的进步已不能再从变法那里去获得，只能依靠革命了。魏源、谭嗣同等人的思想虽属进步，却不能进入革命的行列，这是中国古代改革家留下的最后的遗憾。然而，必须指出，历代的改革家们要求变革的识见，从他们所处的时代来说，却都是思想上的一次或大或小的解放。

　　历代的改革都有一个抓住机遇的问题，用古人的话说，就叫作"知变趋时"，趋时就是要抓住机遇，机遇抓住没有，关系到改革的成败。所以商鞅不断地提醒，变法要"随时"，要"当时"，要"以时而定"，王安石提出要"趋时"，也就是

《易·系辞》上说的"变通者，趋时者也"。《吕氏春秋》说："圣人之所贵唯时也。"西汉的王恢也说："凤鸟乘于风，圣人因于时。"把抓住机遇视为极其重要的事。这是因为他们都懂得"世界则事变，事变则时移"（《说苑》），机不可失，时不再来，甚至稍纵即逝，间不容息。《史记·淮阴侯列传》上有句名言："夫功者难成而易败，时者难得而易失也，时乎时，不再来！"所以绝不能像腐儒那样，不知时移事变，而一味抱着前人教条、祖宗旧制不放，胶柱鼓瑟，刻舟求剑，坐失时机，贻误大局，这就叫作"若真鄙儒也，不知时变"（《汉书·叔孙通传》），"庸儒泥文不知变"（《旧唐书·姚崇传》），为改革家所不取的。

能否抓住机遇，关键在于改革家是否具有洞烛机先的识见。所谓洞烛机先，就是说要在机遇到来之前，或者是机遇尚处于萌动之时，还在一般人未经察觉之时，而改革家凭其敏锐的识见，所谓"愚者暗于成事，知者见于未萌"，能清晰地看出新机遇即将到来，从而提出改革的理论、方法和举措，把机遇牢牢地抓在手中。这就是《易·系辞》上说的"君子见几而作，不俟终日""知几其神乎""唯几也，故能成天下之务"。所以说，古代的改革家一般都具有知变趋时、洞烛机先的识见，才能站在所处时代的前列，推动改革获得成效。

四 择善固执、义无反顾的勇气

上面提到，改革不可避免地要触及方方面面的利益，必然会遭到某些人的反对。在改革和反改革中，冲突往往是很激烈的，因此，要使改革不致遭到挫败，不致半途而废，改革家还必须具备择善固执、义无反顾的勇气，下定决心，排除阻力，坚持到底，毫不动摇，才有希望使改革收到成效。《中庸》说："诚之者，择善而固执之者也。"孔颖达疏："言选择善事而坚固执之，行之不已，遂致至诚也。"朱熹注谓："则必择善，然后可以明善……则必固执，然后可以诚身。"古代的改革家就是按照这样的原则，只要自己所选择的是好事——善，只要看准了改革之势在必行，就必须固执地坚持下去，不管会遇上多大风险，甚至个人会遭到什么样的打击，都一概在所不计，用司马相如的话来说，叫作"义无反顾，计不旋踵"，不反顾，就是不后悔；不旋踵，就是不退缩。《诗经》说得好："我心匪石，不可转也；我心匪席，不可卷也。"《离骚》更说得好："亦余心之所善兮，虽九死其犹未悔！"改革家就是需要这样大无畏的勇气，才能"障百川而东之，回狂澜于既倒"，把改革进行到底。

五　夙夜在公、清廉自持的操守

操守，对于一个改革家来说，是一个至关重要的品质。只有真正具有"不改其度"，"确乎其不可拔"的操守，才能在历史上树立起崇高的品德和威望。一个人的操守当然包括很多方面，但主要表现在两个方面。

一是要一心为公，用古人的话说，叫作"夙夜在公"。改革千头万绪，纷纭复杂，会不断地出现新情况和新问题，会出现意想不到的来自对立面的阻力和来自自身方面的失误，必须竭精殚思，全力以赴，无时勿懈。否则一有蹉跌，后患立至，差之毫厘，失之千里，所以许多的改革家无时无刻不在警惕着自己，必须"夙夜在公"。"夙夜在公"一语出自《诗经》，像这样类似的格言，古代文献上屡见不鲜。如《诗经》上还载有"夙夜匪解，虔共尔位"一句，就是说处在你的位置上，要一天到晚毫不松懈地严肃认真地履行你的职守。春秋郑国的改革家子产曾经说过："政如农功，日夜思之，思其始而成其终。"（《左传·襄公二十五年》）对待改革要像农民对待农时一样，早晚不能松懈，这就是一个改革家应有的操守。

二是要清廉。一个真正的改革家的立身处世应该是冰清玉洁的，不应受到一点污染。刘禹锡说："清越而瑕不自掩，清白而物莫能污。"他最痛恨的是贪赃枉法，贪污受贿。孟子说过："非其有而取之者，非义也。"贪污国帑是大盗，接受私赂也是大盗，都是为正人君子所不齿的。孟子又说："焉有君子而可以货取乎！"一个人的人品、人格是不能作为商品交换的，所谓"一介不以取诸人"。这也是一个改革家所必备的操守。再借用唐人刘长卿的话重复一下："外示贞坚，内含虚澈。无受染以保其素，元纳污以全其洁。比玉而白，不为蝇玷；比月而明，不为蟾缺。"这是对清廉自持者最高的赞语。

六　鞠躬尽瘁、死而后已的忠贞

改革总是要付出代价的。虽然作为改革家来说，总希望改革所付出的代价越小越好。然而历史上的事实是，每一场改革的代价都是相当高昂的，甚至是巨大的，大到改革家要付出自己的生命。像商鞅、谭嗣同之死最为典型。其实，即以本书所提到的改革家如晁错、桑弘羊、刘晏、杨炎、张居正等人，也都遭到了不幸（张居正虽得善终，但死后被剖棺戮尸）。由此可见，改革的道路是险峻的，改革与反改革的斗争是很尖锐的，改革所付出的代价的确是沉重的。

然而，历史上的志士仁人并不因此而裹足不前、临难苟免，而是如韩愈所说："得其道，不敢独善其身，而必以兼济天下也。孜孜矻矻，死而后已。"只要改革能有利于国，能"兼济天下"，便应蹈死不顾，绝不因守旧派的阻挠、构陷而改变自己的初衷。王安石就曾经说过："如曰今日当一切不事事，守前所为而已，则非某之所敢知。"所以他抱定"守义而后动，不见可悔"，对改革所持的态度始终是坚定的。用诸葛亮的话来说，就是要有一颗"鞠躬尽瘁，死而后已"的忠贞之心。只要有了这颗忠贞之心，就必然表现出一往无前的果敢之气与刚正之节，才可以"寄以社稷之安危"（王安石语），才可以将改革进行下去。林则徐因在广州禁烟和抗击英国强盗的侵略，而受到诬陷，被遣戍伊犁，临别家人时，他曾口占两首诗示家人，其中有一联："苟利国家生死以，岂因祸福避趋之。"高风亮节，溢于言表，百世而下，犹能动人心魄。把这两句诗移来作为所有真正的改革家的写照和座右铭，看来是很合适的。

当然，需要指出的是，上面所说的六点，是就历史上的改革家所表现的共同品质加以概括而言的，也许还概括得不够。但不能说，这六点反映在每一个改革家的身上，都是一模一样的。事实上，从每一个改革家来说，他们都是不相同的，他们的禀赋、气质、人品、德行也各有自己的特点。就以上述六点而论，他们之间也有此强彼弱、此有彼无之分。因此，就每一个改革家来说，他们都不是完整无缺的，恰恰相反，他们都各有自身的缺点和错误，这些缺点、错误还不仅仅归结为时代和阶级的局限而已。譬如晁错的"欲图自全"，桑弘羊的居功自傲，诸葛亮的"事必躬亲"、后继无人，杨炎、刘晏两个改革家之间的水火不容、互成死敌，王安石的举措太骤、任用非人，张居正的"刚愎自用、威福自恣"，等等，都给改革带来了很不利的影响，至如一些身为帝王的改革家，则更往往表现出为善不卒，终至崇奢侈欲，有的甚至从改革的巅峰上倾跌下来，则更是常见的事实。而这一切又正好说明每个改革家都有自己的个性，每一场改革也都带有自身的特色。历史的普遍性正是寓于特殊性之中，使历史在沿着普遍规律的发展道路上，呈现出多样性和复杂性。

作为后人的我们对待历史上的多次改革，当然要采取慎思明辨的态度，分析的态度，不必从一史一事去考究它的细枝末节，而是从宏观上去把握历史的动向和特征，为深入了解中国国情之一助。对待历史上的改革家则更宜采用"取其精华，弃其糟粕"的态度。他们——包括历史上所有的志士仁人的嘉言懿行、丰功美德，是一份优秀的民族文化遗产，值得异常地珍惜，将其作为自身修养的参考。至于他们每个人的缺点和过失，可以视为历史所遗留下来的某些教训，也是值得后人深思再深思的。

早在 1993 年夏季，时任的江西省委书记在一次晤面中，曾嘱咐我写一本古代改革家的书。我受命之下，深感年事渐增，力有未逮，唯恐方命，乃相邀几位年轻的专家，协力以赴。经过多次商讨，将收入书中的名单和全书体例确定下来，分工撰写。由于作者们都有课务和职务在身，平时都很忙，只能抽出余暇，一面研究，一面写作。再加上集体讨论和多次修改，因而时间拖得比较长，直到去年才告定稿。更由于我老病侵寻，精力日衰，时常头晕目眩，艰于伏案，不独阅稿、改稿感到困难，就连这篇前言竟断断续续地写了两年，中间搁笔几达一年之久，直到发稿前才勉强完篇，因此，更耽误了很多时间。

在此期间，田立立、余谦二位同志除了撰写传记外，还为全稿的打印、校对、改定以至付印，做了大量的工作。邵鸿、赵明二位同志则承担了更多的撰稿工作，最后在全书定稿上还耗费了他们不少的精力。如果没有他们的辛勤协助，靠我一人之力，则本书的出版将更不知要延宕到何日。

这本小书终于出版了。首先要感谢省委书记的提示、关怀与鞭策。没有他的始终一贯的支持，这本书是出不来的。遗憾的是，由于我们的水平有限，研究的时日仍嫌不足，学养、识见更有待于提高，因此不能达到他的期望。尤其是我，更应该深表惭愧。

借此机会，谨向江西人民出版社的同志们表示感谢。

最后，我们希望读者同志们指瑕摘谬，以匡不逮。

载《先驱者——中国古代改革家》，姚公骞、田立立主编，江西人民出版社 1996 年 11 月出版。

《两刻豫章丛书题记》序

　　1875 年江阴缪艺风（荃荪）为张之洞撰《书目答问》，书后附《劝刻书说》，有谓"凡有力好事之人，若自揣德业学问不足过人，而欲求不朽者，莫若刊布古书一法……其书终古不废，则刻书之人终古不泯……且刻书者，传先哲之精蕴，启后学之困蒙，亦利济之先务，积善之雅谈也"。稍后江安傅沅叔（增湘）也说过："余尝谓古人著述其幸而留贻至今者，必赖后人为之护持而传播之，使其精神照耀于天壤。至其传播之方，则刊刻为上。"（《藏园群书题记·校本知非堂稿跋》）可见前代学人都很重视刻书，将其视为保存与发扬民族优秀文化的一项要务。因为书籍一经刊布流行，则不独可令作者心血不至流于白费，更可令后人得其沾溉，故其功劳是不容轻视的。

　　自宋以降，更有丛书刻本问世，明人踵而效之，所刻益富，然佳本不多。迄至清代始发扬光大，一时佳刻竞出，递相祖尚，细校精雕，蔚成风气，其佳本之名贵，数量之宏富，可谓空前，至今仍称道不绝。丛书之特色在于搜秘聚珍，集众书而为一书，网散佚而存久远，加之选家别择，由综合而日趋专门，尤显特色。综合者类能贯串古今，但求善本，如《守山阁丛书》《粤雅堂丛书》是也。而专门者或仅收一代，如《昭代丛书》之类；或专收一类，如经类有《学海堂经解》（《皇清经解》），子类有《二十五子汇函》，史类有《史学丛书》，集类有《汉魏六朝名家集初刻》《国朝文录》《彊村丛书》等是也；或专收一姓之书，如《高邮王氏遗书》《侯官陈氏遗书》是也；或专刻一人之作，如《顾亭林先生遗作》《船山遗书》之类是也。更有专收某一地方之书者，前人谓之"郡邑类丛书"，则有如《畿辅丛书》《常州先哲遗书》《武林掌故汇编》等，而《豫章丛书》就是属于这一类的丛书。这一类丛书不仅具有一般丛书的特色，而且更有地方性的特色，是研究地域文化不可或缺的文献资料。

　　《豫章丛书》世传两种，其一刊刻者为新建陶福履，另一种刊刻者为新昌（今宜丰）胡思敬。陶福履于近世志传多失载，其生平仕履每不能详。赖王咨臣老先生著有《新建人物志》，我蒙其赐手稿本，从中得见陶福履小传一则，盖自其族中所存家传及墓志征引而得，始略知其生平梗概。陶福履（1853—1911），原名福祝，字华峰，一字稚箕。清光绪八年（公元1882年）举人，光绪十八年（公元1892年）成进士，授翰林院庶吉士，旋因母病请假返里。母死，遂在家丁忧三年。据《豫章丛书》第一集欧阳熙序、第二集喻震孟序、第三集皮锡瑞序，得知陶刻《豫章丛书》三集先后刊成于光绪十九年（公元1893年）、二十年（公元1894年）、二十一年（公元1895年），正是陶福履丁忧期间完成的。在此期间，他还曾一度掌教友教书院。丁忧期满后，即回京复职。光绪二十四年（公元1898年）任翰林院散官，改任户部主事。后值八国联军陷北京，他曾随从慈禧等出逃西安。光绪二十七年（公元1901年）辛丑和议成，陶福履返京到部供职，后因上书言事，未被采纳，乃自请补外，遂于光绪三十一年（公元1905年）出任湖南慈利知县。在湘前后七年，还曾改任沅江、益阳两县知县，直至辛亥革命爆发，始解职返回长沙，未几卒，终年五十九岁。

陶福履青年时期即颇负才名，与新建勒深之、瑞金陈炽、丰城欧阳熙相友善，并称"江右四才子"，且曾合刻《四子诗录》行于世。陶福履于中举后及未成进士前，曾一度任会昌学官，著有《常谈》一书，概述科举之源流，已收入其所刻之《豫章丛书》中。又著有《远堂诗文集》若干卷。

陶刻《豫章丛书》共三集，第一集收书12种18卷，二集10种11卷，三集4种19卷，共计26种48卷，凡经部8种，史部5种，子部9种，集部4种。其中绝大部分为清代人的著作。

考陶福履刊刻《豫章丛书》，颇得力于其好友欧阳熙。首发此愿者则为欧阳熙的老师乐平石芸斋（景芬）。石景芬曾对欧阳熙言及，当年阮元刊刻《皇清经解》及其所撰《十三经校勘记》，实赖江西人之力居多。然而该书却不收江西人的著作，当然不能说江西人就没有一个治汉学的。石景芬有志于此，乃发愿欲辑江西人之经说为一编，并嘱欧阳熙为之留意。可惜此志未就，而石景芬遽尔谢世。迁延三十余年，及至陶福履点了翰林，请假返里。欧阳熙与之谈及此事，两人不谋而合。遂尽出两家之所藏书，加以甄选，且在体例上又不限于石景芬所说的经学一门，而推及经、史、子、集四部，这就是陶刻《豫章丛书》的一段缘起。欧阳熙在《豫章丛书》序言里已言之颇详，读者可以参看。

陶福履刊刻《豫章丛书》，其旨趣当然不应仅仅归之于他有憾于阮元汇刻《皇清经解》不收江西人的著作，而应看到他还有深一层的考虑。早在他任会昌学官时，在他所撰的《常谈》自序中即已说道："自科举法行，士不复通经学古。杨绾有言，'少而就学，皆诵当代之诗。长而博文，不越试家之艺。六经则未尝开卷，三史则皆同挂壁。'隋置科目，至于唐代才及百年，弊已如此。今之学者，殆又甚焉！经史、性理、掌故诸书，悉不研究，而惟攻时文。"陶福履所说的"今之学者，殆又甚焉"，实暗指江西。盖江西在清代自乾嘉以降，学风一直不振，不仅如吴派、皖派治汉学考据者，在江西找不到几个人，就连治宋明性理之学者，也为数寥寥。当时江西士人普遍热衷于科举，舍八股闱墨之外，大都束书不观，直至清末几乎成了通病。陶福履有憾于此，才与欧阳熙一拍即合，想借刊刻《豫章丛书》之举，挽此颓风，重振江西之实学。所以《豫章丛书》喻震孟的序言里也说道："如太史与欧阳子倦以汉学为言。夫汉学者别于宋学而言之也。洛闽诸贤为经术义理之祖，而考证则未能不疏；为汉学者旁征博引，补所未逮，则不惟不相病，而适以相救，岂非宋贤所心许哉。此殆太史之意也。"他虽持调停汉宋之论，而于叹息"真汉学之少"，以窥见陶福履刊刻《豫章丛书》的本意所在，则非一般的空言泛论，的确道出了陶福履的一番苦心孤诣。

陶刻《豫章丛书》虽所说之书不多，但有一个重要的特点，均属《四库全书》未收之书。在当时来说，就是稀见之本。陶福履皆一一加以序或跋，以志其得失，间亦另作考辨，作为附录。如徐世博《夏小正解》，陶序谓："全既校刻之，复参考诸书，条其同异，撰《举异》一篇，附诸简末。"对一些流传极少的书，还特别加以说明。如黄永年《春秋四传异同辨》，陶序谓："书刻先生《南庄类稿》中，无单行本。今《类稿》极不易得，假阮斋（欧阳熙）所藏残本，校付梓人。"又如辛绍业《冬官旁求》，陶序谓："原刻甚精，阮斋所藏，余假钞庋箧有年，历览藏书家罕觏其贰，盖流传希矣！"甚至对一些几乎失传的书还发出深深的惋惜与嗟叹。如对王朝璩《唐石经考证》，序谓："是书颇鲜传者，冷官白首，仰屋著书，章句摈绝于大师，名氏翳如乎家巷，求以椎轮积水自居，不可得也。吁，可慨哉！"哀叹作者的心血一旦得不到有力者的推毂与宣扬，则将湮没而无闻。可见陶福履刊刻《豫章丛书》尤贵乎发潜起幽。正可谓"其人虽亡，而音徽未泯；宿草已列，而青简尤新"（用刘孝标语意）。清人魏锡曾还曾说过："为前人搜拾残剩文字，以掩骼埋胔。"我则认为发潜德之幽光，为后人之津逮，其功尤远在掩骼埋胔之上。

陶刻《豫章丛书》曾于 1936 年分别收入王云五的《丛书集成初编》，由商务印书馆出版。其中有的书系依原版缩小影印，而有的却又用铅字排印，颇不划一。加上排印本校对不精，且于陶福履的序跋又多错乱移置，所以称不上好的版本。书贾射利，不顾质量，王云五可以算得上是很出名的一个。

胡思敬（1869—1922）也是清末江西的一位名翰林，字漱唐，一作瘦唐，别号瘦筼，光绪二十年（公元 1894 年）中举，次年连捷成进士，充翰林院庶吉士，时年二十七岁，与陶福履恰为前后科。胡思敬任翰林院散馆补吏部主事，后擢升御史。宣统元年（公元 1909 年）因胡思敬奏劾端方颇著直声，终以建言不被采纳，辞官返里。他在政治上是极保守的，他反对戊戌变法，著《戊戌履霜录》，于一切新政皆致不满。辛亥革命后，他曾一度与清室旧臣们图谋恢复帝制。张勋复辟，他曾被授左副都御史，未及赴京，闹剧即告收场。从此他以遗老自居，自号退庐居士。他平生酷爱访书，讲求版本，晚年遂专以访书刻书为务，民国十一年（公元 1922 年）病故，终年五十三岁。

胡思敬离京之日，曾携二十余万卷藏书南返，在南昌东湖之滨建"问影楼"加以庋藏。民国初，他将"问影楼"改名为"退庐图书馆"，并向社会开放，供人借阅。晚年更将退庐图书馆及所藏图书十万余卷捐赠公家，用来筹建江西省图书馆。他至老访书不倦，尤倾心于江西地方文献之收集与整理，计其毕生所藏之书竟达四十万卷之多。虽然他在政治上于民主革命格格不入，可是他在保存民族传统文化和弘扬地方文献事业上，却作出了相当大的贡献，有着不可磨灭的劳绩。他除了校刊《豫章丛书》外，还有多种著作行世，主要有《退庐文集》《退庐诗集》《驴背集》《退庐疏稿》《戊戌履霜录》《国闻备乘》《九朝新语》《盐乘》（即宜丰县志）等。

1915 年胡思敬发起辑刻《豫章丛书》，至 1923 年（癸亥）全书告成，有孔文仲三兄弟之《三孔集》及邹维琏《自做录》之癸亥牌记可证。是时胡思敬已于前一年谢世，他生前已不及见到丛书的全貌。全书牌记均有"退庐"字样，只有最后刻印的附录《四库著录江西先哲遗书钞目》，其牌记则已改称"豫章丛书编刻局辑"。其人已逝，人去楼空，可发一叹！

胡刻《豫章丛书》凡收书103部672卷（校勘记虽列卷，未计入），基本上是按四部分别部居，只有最后刻的7种应属史部的，而列入集部之后，想系后来增补的。全书总计经部12种，100卷；史部28种，89卷；子部14种，62卷；集部49种，421卷。

胡刻《豫章丛书》的特色是贯通古今，不以断代为限，力求善本、珍本，包括佳刻本、家藏本、家钞本、藏书家手钞本等。为了达到这一目的，胡思敬采取了很多办法。《四库著录江西先哲遗书钞目》的前言中写道："乙卯（公元1915年）之春，同人谋刻《豫章丛书》。文献所系，征求宜博。既由当道檄下各县，复驰简友朋，广辟途畛。"除了由当时江西省政府出面，原各县提供善本外，还经他本人发函，遍向公私商借。其中最得力的有两处，一为江南图书馆所藏钱塘丁氏八千卷楼本和十万卷楼本，一为杭州文澜阁所藏四库全书本。两者都是著名的手抄本。还有宝颐堂本、汲古阁本、集思堂本、振绮堂本、前翰林院钞本，以及多种明清刊刻的丛书本，等等。

胡刻《豫章丛书》不仅注意收藏善本，而且选择颇为严格。哪种书可入选，哪种书不可入选，都有一定之规。胡思敬曾订立《豫章丛书凡例》，明确规定有十一种书不收：（一）屡经翻刻，已通行者，不收；（二）书虽未经通行而同时有人认刻者，不收；（三）已入近人丛刻者，不收（原注：唯宋元小人史卷帙无多，合数小种为一大种，参用各本精校，不在此例）；（四）已入本集者，不收（原注：《激书》虽入本集，为原刻评本，甚劣，不在此例）；（五）撰人品学不端正者，不收；（六）官书非出一人之手者，不收；（七）未经名人论定者，不收（原注：近人李厚冈遗稿凡二十余种，只选刻四种，皆经檀墨斋诸人论定）；（八）卷帙过繁重者，不收（原注：以经费有限，不敢过贪）；（九）书涉伪托者，不收；（十）籍贯不甚分明者，不收；（十一）续作应附原书者，不收。可见别择精审是胡刻《豫章丛书》的又一特色。

胡刻《豫章丛书》的最大特色还在于校勘细密。胡思敬不仅亲自负责校勘，还聘请了他的好友南昌魏元旷加以协助。魏元旷（1857—？），原名焕章，字斯逸，号紫侯。与胡思敬为同年进士，回乡后曾讲学南昌东湖书院。清光绪三十年（公元1904年）任《南昌县志》主纂，至民国八年（公元1919年）志书方始印行。他的这部《南昌县志》和胡思敬的《盐乘》并称近代江西的两部名志。其著作已刊行的还有《魏氏全书》37 种，合计 112 卷。他又是近代江西一位有名的藏书家，因此魏元旷校勘《豫章丛书》就当时的江西而言，堪称上上之选。

胡思敬和魏元旷两人在校勘《豫章丛书》上合作得很好，态度都很严谨。我们从《豫章丛书》中可以看到，有的书出魏校记，有的书出胡校记，而大部分则既出魏校记，又出胡校记。还有的书由魏校记而由胡出"遗补"，可称魏校胡补。只有个别三四部书请了他人如刘家立、卢耿等参与校勘。可见胡思敬在对待校勘上是极其郑重的。胡思敬不但注重校勘，还注重刻板与印刷，讲究纸墨精良。他为了保证印刷用纸，还在家乡宜丰，自办纸槽（即造纸作坊），加以督造。总之，胡思敬为刊刻《豫章丛书》费尽了心力，他在整理江西先哲文献上的一丝不苟、精益求精的精神，缜密严谨、广搜博采的态度和方法，是很值得后人加以追怀和学习的。

19 世纪末 20 世纪之初，江西在很短的时间里出刊了两部《豫章丛书》，胡刻的最后竣工上距陶刻相隔只有 28 年，这不能不说是江西文化史上的一桩佳话，为历来所未曾有，也为他省所未曾有。可惜的是，像这样的两部精刻本丛书，不知什么缘由，竟未受到近世藏书家和版本目录学家的青睐，除了陶刻本曾为商务印书馆《丛书集成初编》所收外，再没有多少人提及过。自胡刻问世，至今已历 75 年，而两刻俱属罕见。1985 年杭州古籍书店与南昌古旧书店曾合资复印全套胡刻《豫章丛书》，共 24 布函，266 册，于是坊间遂有胡刻新本。不过该书索价颇昂，一般人特别是青年学人还是无力购买。我曾和一些青年朋友谈及两刻，大都茫然，可见至今两刻《豫章丛书》还没有引起学术界的足够重视，不免令人感到遗憾。

王咨臣老先生和张来芳、胡迎建、喻剑庚、王令策四君有鉴于此，遂于今岁发愿合著《两刻豫章丛书题记》一书，由喻君剑庚任主编，旨在帮助读者初步了解两刻的基本内容，进而根据各自需要有目的地去查阅原著，借收事半功倍之效。所以书目提要与题记之作，一向深受学术界的欢迎。

做四部书的书目提要是一件很不容易的事情。考其源流，实始于西汉刘向、刘歆父子。成帝时刘向受诏遍校经传诸子诗赋。《汉书》本传称："每一书已，向辄条其篇目，撮其指意，录而奏之。"这就是刘向的《别录》。刘歆上承父业，于哀帝时，又集中秘六艺群书，"种别为《七略》。"《别录》与《七略》成了后世目录提要学之祖，成了"辨章学术""考镜源流"的典范。可惜至唐宋五代之际，《别录》与《七略》已亡佚不存。不过目录提要之学却流传了下来，特别到了宋明时期，由于印刷术之普及，版本日富，公私藏书益丰，因而目录提要之学得以兴起。如宋代官书有《崇文总目》《中兴馆阁书目》，都是巨制，且如《崇文总目》原本于每条之下，例有论述，颇似提要，可惜两书早已失传，只有《崇文总目》清代始有辑本，已远非原貌了。私家著述宋代则有晁公武的《郡斋读书志》和陈振孙的《直斋书录解题》，这又是目录学中的两部典范之作，所作提要，均极精到。故后世竟有人称目录学为晁、陈之学。明代虽有较多的目录学著作，然大多偏重版本、鉴赏，不涉及书籍内容，不免存在着很大的缺陷。

到了清代，随着学风之趋向考据，学者精力多专注于辨章学术，考镜源流，目录提要之学为之特盛。一时名家辈出，佳作如林。《隋书·经籍志》曾谓刘向校书"论其旨归，辨其讹谬"，此义唯至清季，才粲然大备。为节约篇幅计，这里仅举《四库全书总目提要》为证。乾隆三十九年（公元 1774 年）诏修《四库全书》，至乾隆四十六年（公元 1781 年）全书告成。当时集中了一大批一流学者，总纂官以纪昀出力最多。纂修兼分校官则由戴震主持经部，邵晋涵主持史部，周永年主持子部，此外还有程晋芳、任大椿、王念孙、金榜、孙希旦、赵怀玉以及翁方纲、姚鼐等都各有专职，堪称极一时之选。《四库全书》共收书 3461 种，79309 卷，存目书 6793种，933551 卷（按：《四库全书》究竟收了多少种书，包括存目书，共有多少卷，至今迄无定说。我所接触到的如中华书局 1985 年版《四库全书简明目录》的前言，商务印书馆 1979 年版《辞海》的条目，以及王欣夫《文献学讲义》等所列的统计数字，无一相同，且有相当大的出入。此处是依据中华书局 1965 年影印本《四库全书总目》的前言，据称是经过"仔细统计"的）。每种书前面都冠以提要一篇，由纪昀总其成，这就是洋洋大观的二百卷《四库全书总目》，称得上是一部空前的大著作。余嘉锡曾誉为"《别录》既亡，惟清代《四库全书总目》能言作者之旨意，为刘向以后仅有之书"（《藏园群书题记》序），成了后来治古籍者案头不可或缺之书。

尽管如此，然其中仍不免存在着相当多的疵误，包括考订、评骘、议论等方面每为后人所指摘，致有胡玉缙著《四库全书总目补正》，余嘉锡著《四库全书提要辨证》，都作了大量的纠补。余嘉锡不愧为《四库提要》的功臣，尤以余著几以毕生之力写成 24 卷巨制，更为学术界所推重。可见，当年编辑《四库全书》，依靠皇朝的无上权力，向全国征集了大量的图书，集中了一大批优异的人才，花费了七八年的时间，才撰成 200 卷提要，错误尚且不免。甚至近世学者卢弼还因《四库全书》中的每一书的序跋被尽行删去，而指斥编纂者是企图掩盖其作提要的痕迹，"与盗窃何异！"（引自王欣夫《文献学讲义》）简直是破口大骂了。可见撰写经、史、子、集四部群书的提要，确乎是一件极不容易的事情，所以后来虽有多次议论过续修《四库全书》，终未实现，究其原因当有多种，而不易纂写提要，有可能是其中原因之一。

王咨臣老先生是当代我省一位著名的藏书家。他一生清贫，笔耕度日。自幼即嗜书如命，不惜节衣缩食，藜藿自甘，罄其所有以购图书，尤以搜求乡邦文献为己任，居恒如苦行僧，为访书常奔波数百里之外，蹀躞陈乡旧邑之间，冀求觅得故家遗物。倘偶获片纸零缣，则视同拱璧，所慰莫名。且更有得之于废纸堆中、冷摊檐下者。人弃我取，积数十年，居然楹书满屋，四壁缥缃。致令省内外学术界人士闻风造门，借观请益，嘉惠量多。今王老已等望九之岁，犹能参与《两刻豫章丛书题记》的著述，躬自拟稿，老而弥勤，更非常人所可企及，我获悉之下，实深仰佩。

喻君剑庚、胡君迎建、张君来芳、王君令策等四君均学有专长，致力于江西文献的研究积有年所，富有成果。今四君与王老先生分工合作，大著行将脱稿。我既服诸位作者之勇，又钦其弘扬乡邦历史文化之志，更庆其大著告成之日，即为潜德幽光重明于世之时。今承作者诸君不弃，索序于我，爰不辞谫陋，略陈所见，幸作者与读者有以教我。是为序。

该《序》发表于《南昌大学学报（人文社会科学版）》1999 年第 2 期。载《两刻豫章丛书题记》，喻剑庚主编，百花洲文艺出版社 1999 年 9 月出版。

第三编

杂　著

平生所学今无负

我是去年十一月才加入民盟的。

我之所以参加民盟，只有一个念头，我想在民盟组织的关心和帮助下，能更好地受到中国共产党的教育，能更好地坚持四项基本原则，趁我尚未进入衰老之年，努力学习，努力工作，把我的平生所学，哪怕是一孔之见、一得之愚，贡献给社会主义祖国，贡献给四个现代化，希望能实现像陆游的诗中说的，"平生所学今无负"，这就是我唯一的希望。

粉碎"四人帮"之前和粉碎"四人帮"之后，我的心情，我的精神面貌，可以说，前后有着极不寻常的变化。

我一生从事的是教育工作。平生志之所向，力求在马列主义、毛泽东思想指引下，把书教好，并做一点中国古代史的研究工作。尽管有人瞧不起教书的，但只要还让我拿起粉笔上讲台，我总还是青毡一席，自得其乐的；尽管有人散布历史无用论，但只要我还能拿起毛笔，铺上稿纸，我也总还是敝帚自珍，自得其趣。我有一个信念：社会主义是需要教育的，只有社会主义，才能极大地发挥人的聪明才智，才能最充分地培养出各项事业所需要的人才；马列主义是需要历史科学的，也只有马列主义，才能有真正的历史科学。这个信念，我从来没有动摇过。

然而，在林彪、"四人帮"横行时期，我不能教书了，不能拿粉笔上讲台了，只好把书都卖掉，带着一身衣被，走出了学校大门。这时，我感受到了真正的寂寞和无依，我只有缄默了。后来，林彪垮台了，我才回到了学校，又让我再教历史课。开始，我也曾怀着对林彪的满腔愤怒，准备积极地投入史学领域里的"批林批孔"。然而，稍稍一看，不对了，"四人帮"根本不批林彪，而是借批林之名，加紧了篡党夺权的罪恶活动，"司马昭之心，路人皆知"，我只好又缄默了。而那时的所谓教书，不如说是鼓励交白卷，既然交白卷成了风尚，还有什么书可教呢？误人子弟，莫此为甚！于是，我只有混日子一条路了。混日子，是实在不好受的，想说的不能说，不想说的偏要你说，"课"还要上，讲还得讲，讲些什么呢？讲梁效、罗思鼎的，讲所谓的"儒法斗争"。作为一个知识分子，要他把科学的良心涂黑，干起违心悖理的事来，其痛苦之状，诚非笔墨所能宣。而要真正做到像汉朝刘向说的那样，"君子独处守正，不挠众枉"（颜师古注："不为众曲而自屈也。"）又确实很难，我自问不是英雄，最多够得上一个"腐儒"，这又做不到。怎么办？不想混日子，还有最后一条路，退休，希望害场大病，病退！平生所学今无负，这辈子只好拉倒，算了。

粉碎"四人帮"，我曾经激动得彻夜未眠。随后，党的三中全会路线，宣告了一个新的历史时期的到来，我们的伟大祖国，在党的领导下，正在朝着社会主义四个现代化的目标，日新月异地前进。多年的理想正在一步步地化为现实，教育事业已日益受到党和国家的重视，历史研究又重新回到了马列主义、毛泽东思想的轨道上来，各个学会，各种书刊，真如灿烂群星，炫人眼目。我似乎也年轻了许多。原先那种忧心忡忡、百无聊赖的情绪，早已一扫而光。我所授的课程和我所从事的研究，再也用不着去仰人鼻息、拾人牙慧、随波逐流、闻"风"而动了。个人的经验可以交流了，个人的一点心得可以倾吐了，只要坚持四项基本原则、坚持真理，在同志式的帮助下，随时准备修正错误，就用不着再担心挨棍子、戴帽子、下私牢、进牛棚了。现在，我的心情，真可谓厕身天地之间，我与万物俱荣了。

今年，我学习了中共中央工作会议的精神，深深感动，党所提出的经济上实行进一步调整，政治上实现进一步安定的方针，是当前唯一正确的方针。尽管前面还有障碍，还有困难，还有不少"文化大革命"所遗留下来的问题，但是，只要全国人民团结在党的周围，十分珍惜当前得来不易的安定团结的政治局面，十分珍惜新的历史时期的大好年华，同心同德，群策群力，就一定能够排除一个个障碍，克服一个个困难，解决一个个问题，加快四个现代化的建设速度。对此，我是满怀着信心的。

我很惭愧，平生所学实在有限得很，又没有别的什么能力，不能为祖国作出更多的贡献。我只有一个想法，把书教好，不仅不允许误人子弟，而且要百倍努力，尽快地把青年人培养出来，同时，再搞一点科研，在科学的大厦里，希望能添上一块瓦片。为此，我需要教育与帮助，需要通过民盟的组织，更多地得到党的哺育。这就是我加入民盟的愿望。我把它写出来，算作是入盟后的第一次思想汇报。

陆放翁说过："平生所学今无负。"可惜，他生不逢辰，没有赶上好时光，他的希望并没有实现，平生所学还是有所负的。而我，我想，际此前程似锦的新的历史时期，我应该庆幸，只有今天，才真的称得上"平生所学今无负"了。

载《江西盟讯》1981年第1期。1980年12月16日，中共中央召开工作会议，着重讨论了经济形势和经济调整问题。决定在经济上实行进一步调整，在政治上实现进一步安定。本文称"今年，我学习了中共中央工作会议的精神"，应是在1980年12月份中、下旬成文。

如闻其声 如见其人

我哥哥姚一苇创作的话剧《红鼻子》，最近在首都中国青年艺术剧院正式演出。我家虽远在南昌，但从中央人民广播电台的节目里，听到了这出戏的实况录音，我们全家顿时都沉浸在极度兴奋和欢乐之中。

我哥哥自 1946 年秋从厦门大学毕业，赴台湾银行工作以来，就再也没有跟我们见过面。三十多年来，留在我心里的，除了儿时的音容笑貌和青年时期在案头灯下一同读书的情景之外，剩下的只有深深的怀念。我妈妈今年八十五岁了，白发盈头，念子之心老而弥切。一旦得知哥哥成了剧作家，并能听到他的剧本的上演实况广播，真如闻其声，如见其人，怎不叫我们悲喜交集，恍如梦寐，心潮起伏！

我们全家衷心感谢青艺的同志们，为上演我哥哥的剧本《红鼻子》付出了辛勤的劳动，祝贺他们的演出成功。

听了《红鼻子》的录音，我们还深深地为剧中的主角红鼻子的高尚情操所感动，使我们特别感到兴奋的是：虽然我和哥哥长期隔绝，但是，彼此都仍然保持着一颗赤子之心，我们的心永远是相通的。

海峡两岸的亲人不能再隔绝下去了，叶委员长在去年提出的和平统一祖国的九条建议通情达理，切实可行。我希望在不久的将来，妈妈能盼到她的儿子含笑归来，回到她老人家的怀抱里。我们和哥哥嫂嫂以及孩子们团聚在一起，共看演出，共诉离情。

我们一家人渴望骨肉团聚的心愿，也是海峡两岸同胞的共同心愿，我深信，这个心愿一定会实现。

载 1982 年 3 月 19 日《人民日报》第 3 版。该文又被收入《〈红鼻子〉的舞台艺术》，中国青年艺术剧院林克欢编，中国戏剧出版社 1984 年 4 月出版。

谈谈编写公路交通史的几个问题

我国的专史研究是非常薄弱的。我看过中国社会科学院历史研究所编写的《七十六年史学书目》，从 1900 年到 1975 年的 76 年期间里，关于中国交通史的著作只有 34 种，其中有 11 种还是香港和台湾出版的。据我所见到的，真正以交通史作书名的实际上只有 3 本：一本是 1923 年王倬写的《交通史》；第二本是 1928 年袁德宣写的《交通史略》；另一本是 1937 年白寿彝先生写的《中国交通史》。由于当时各种条件的限制，这几本书写得都比较简略。

我们这次编写中国公路交通史，没有现成的成果可借用，几乎全靠第一手资料重新进行编纂。因此，这绝不是抄抄拼拼可以写出来的，它需要大量的原始资料、大量的档案材料、大量的文献材料、大量的调查材料。同时，需要花很大的功夫，经过反复的分析和科学的综合，才能够完成这项任务。所以说，这是真正的科学研究。

公路交通史是一门专史，属于经济史的范畴

我认为，公路交通史属历史学的领域。它的性质是专史、部门史，是历史学的一个分支，属于经济史的范畴。它是专门的史学，不是历史科学的边缘科学。当然，编写公路交通史同地理学有关系，同专业科学技术也有关系，但不能因此而把它写成一部地理著作，也不能写成单纯的科技著作或公路交通业务教科书。

恩格斯在《德国农民战争》的"序言"里说："我是企图指明：当时德国的政治制度，反对这一制度的起义，以及当时那个时代的政治和宗教的理论等，并不是当时德国农业、工业、海陆交通、商业和货币流通发展程度的原因，而是这一发展程度的结果。这个唯物主义的历史观不是由我，而是由马克思创立的。"工业、农业、海陆交通等，发展到什么程度，才产生什么样的政治制度，什么样的阶级斗争，什么样的政治宗教理论，等等。这就是上层建筑同经济基础的关系。显然，交通运输

属于社会经济基础，是社会经济生活的一个重要组成部分。

如果从生产力的这个角度来说，同样可以这样理解。恩格斯在 1894 年写给瓦尔特·博尔吉乌斯的一封信里说过，社会经济关系究竟包括些什么呢？他认为："我们视之为社会历史的决定性基础的经济关系，是指一定社会的人们生产生活资料和彼此交换产品（在有分工的条件下）的方式。因此，这里包括生产和运输的全部技术。这种技术，照我们的观点看来，也决定着产品的交换方式以及分配方式，从而在氏族社会解体后也决定着阶级的划分，决定着统治关系和奴役关系，决定着国家、政治、法等等。"恩格斯的论述中包括有生产和运输的全部技术装备，并专门提到运输这种技术装备。根据这一观点，可以说它同时决定着交换和产品分配方式，从而也决定着阶级的划分，决定着统治和从属的关系，决定着国家政治法权等。恩格斯讲的还有其他的附属关系，如地理基础、前社会的残余和外部环境，这些都提到了。但是，主要的、基本的是生产生活资料和彼此交换产品的方式，这里面包括了生产和运输的全部技术装备，这就是社会历史的决定性基础。所以，编写交通史应当把交通运输提到经济基础的主要组成部分的高度去认识。实际上，现在世界上的目录学和图书分类法也是把交通史摆在经济史的门类之中的，我觉得有道理。

有了以上的认识，我们就应当把公路交通史纳入经济史的范畴去观察，去分析。脱离当时历史条件、社会条件，脱离当时的政治、经济、军事，单纯去谈科学技术的发展，就不能形成一个历史的看法，也得不出一个科学的结论。

交通史与通史的关系

通史是综合性的，是探求总规律。专史则是阐明这一个领域、部门、分支的发展规律。各个专史的研究汇合起来，加以综合，更有利于通史的研究。因此，通史的研究离不开专史，没有专史作基础，不吸收各个专史的成果，通史将会是干巴巴的，是有缺陷的，甚至许多问题说不清楚。我们历史专业工作者力量也有限，所以还得靠各行各业都来编写专史，这样做就好办了。可以设想，当我们的公路交通史编出后，中国通史的内容就会大大地丰富起来，对我们祖国的认识也就会大大地跨进一步。

有人说，专业史书读者少，没人看，似乎没价值。我认为，一部书的科学价值的高低不是以它的销售量的多少来衡量的。《爱因斯坦论文集》能在某地售出100本，就了不起了，但《三侠五义》可能卖出1万本。你说谁的价值高？如果我们编写了一部质量高的公路交通史来，可以告慰先人，有助今人，给后人留下一份宝贵的研究资料。尽管发行量少，但它的科学价值大，有很强的生命力。我非常赞赏这样两句话：古为今用，今为后用。

当然，专史也要依靠通史。我们搞专史不懂历史发展总规律不行。比如说，近代史是作了历史结论的，它是半封建半殖民地社会，有它的历史规定性。假如写专史的同志不注意，把它写成了资本主义，那就糟糕了，就会出问题。

地方交通史与地方志的关系

地方史与地方志是两个既有联系又有区别的概念。地方史是一部历史著作；地方志则是百科全书，是一个地方的各个方面的资料汇总，是地方的"资料库"，是集大成，不能将其看作是一部历史书。

但地方史、地方志二者之间有其联系。大家知道，旧方志书里，交通是一个不可缺少的重要项目，不管县志、府志、省志，都详细记载这个地方有大道多少，小路几条，哪里到哪里，有多少路程以及津梁等。这是个好传统。我们所编的方志更不例外了。所以说，地方交通运输史写出后，大大有利于地方志中交通内容的编写。

编写交通史如何贯彻宣传爱国主义精神

编写地方志要贯彻宣传爱国主义精神。这个问题，中宣部一再强调，力群同志在多次会议上指出过。中宣部正在组织编写《当代中国丛书》《当代名人录》等，都有一个进行爱国主义教育的主题。我们编写公路交通史同样有这一任务。

中国有着历史悠久的古代文明和灿烂的文化，都是劳动人民创造的，是宣传爱国主义，进行爱国主义教育的好材料。从历史上看，在16世纪以前，中国基本上是走在世界的最前列；16世纪到18世纪只在某些方面落了后，但仍有若干方面是站在世界前列的；到了18世纪，别人搞了工业革命，我们吃了亏。我们承认落了后，但有信心，有爱国之心，有民族自尊心，要拼命把"四化"搞上去。这个方面，我们如实地、不夸张地把中国古代的优秀文化和各方面的事业成就向青年讲出来，这就是最好、最有力的爱国主义教育。我国的驿站制度起源很早。考古资料不说，就从文献材料来看，《左传》上讲，文公十六年，楚子乘驲。驲就是后来的驿站用来送信的车。《孟子》载："德之流行，速于置邮而传命。"意思是说道德的影响力，道德的流行，比设置邮传达命令还要快。这使我们从侧面知道当时驿站制度的发达状况了。到了汉朝，关于驿站还有一法律，把驿站分作四个等级。"律，四马高足为置传，四马中足为驰传，四马下足为乘传，一马二马为轺传。"（《汉书·高帝纪》颜师古注引如淳说）自魏晋南北朝以后，驿站自平原地区向丘陵地区发展，后来又向山区发展，由马车发展到驿骑（单置马）。隋唐时期，驿站就更多了。我们读杜甫的诗，从题目和内容知道，有不少是在驿站里写的。到了唐宋，驿站设置很讲究。杜甫诗曰："驿楼衰柳侧。"说明驿站建有楼房。陆游的诗句有："闲坊古驿掩朱扉。"说明驿站建有朱红漆的大门。中国的里程碑起源也很早，是用土堆来标志的。据《周书·韦孝宽传》载，路侧一里置一土堠。后来规定为五里一土堠。堠，就是土堆。韩愈的诗中有："堆堆路傍堠，一双复一只。"陆放翁也有诗句云："驿前双堠惯逢迎。"比起希腊罗马时代，海运方面我们差些，但内陆交通我们不比罗马差。至于中世纪的欧洲，是大分裂时期，我们是大一统的局面，那时的交通，他们远远不如中国。以上这些历史，都说明我们民族文明古老嘛。

进行爱国主义教育，交通方面的教材很丰富，是很有作用的。列宁说过，所谓爱国主义，就是要培养人们千百年来所形成的对祖国的感情。要培养这种感情，就要把祖国当作母亲，热爱她、保卫她，希望她日益强大。但由于现代青年对祖国的悠久历史不了解，这就需要我们从事历史工作的同志，使他们知道中国什么时候是站在世界前列的，什么时候什么情况下落后了，蒙受了耻辱，从而激发他们的爱国情怀和民族自尊心，奋发图强，为建设"四化"献身。

我们今天讲的爱国主义，是指建立在共产主义思想基础上的爱国主义。从中国共产党领导我们闹革命以来的历史看，交通运输方面体现爱国主义的内容就更多了，更值得大书特书了。无论是大革命时期，第二次国内革命战争时期，抗日战争时期，或是解放战争时期，苏区人民群众、解放区人民群众为了支前，为了解放全中国，他们前仆后继，舍生忘死，用各种交通运输工具，采取各种运输方式，冲破了敌人的重重封锁，为革命建设了自己的交通事业。这种动人的历史场面，在中外史上是从来没有的。在世界史里，一些西洋史学家往往夸耀拿破仑传达军令速度快，因为那时没有电报，没有现代化的交通通信工具。但是，他们不了解我们中国的"鸡毛文书"。我们用鸡毛信，靠两条腿日夜奔跑，其速度并不亚于拿破仑。总之，我们编写交通史，要注意把这些具有教育意义的历史记载下来。这是人民群众创造的历史，是进行爱国主义宣传教育的好材料。

怎样评价历史的问题

历史上，如果一项事业（包括交通事业）是反动阶级搞出来的，或是帝王将相搞出来的，那么，这个问题我们今天如何看待，怎样评价呢？

我认为，不管历史上什么东西，它今天回到人民的手中，现在都姓"人民"了。这个观念要树立。"文化大革命"中"破四旧"，把许多的古迹、古代文化、古代文明、古代文物都捣毁了，这是一件极其愚蠢的事情。他们的论点是，那些所谓"四旧"是封建帝王将相的。你说这种论点愚不愚昧？解放后，古代文物和古代建筑怎么还是封建帝王的呢？北京故宫，现在就是劳动人民的游览场所，是一个博物馆，成千上万的国际友人前来参观、考察，从中可以了解和研究东方非凡的建筑艺术，了解和欣赏中国的古代文物，借这个机会了解中国，这有什么不好呢？不要因为这些东西是过去的反动阶级搞的，现在保存它就是保存了封建的东西，保存了反动的东西。在物质方面，这个看法是完全错误的。再举个例子说吧，解放战争时期，我们缴获了蒋介石的枪支弹药和美国佬送给蒋介石的武器，包括飞机等。我们能不能说这些武器是蒋介石反动派造的，是美国人造的，它是反革命的武器，我们不能用，应全部销毁？我看谁都不会发这样的谬论的。国民党造的子弹，美国佬造的大炮，哪怕上面写着"USA"，一旦拿到我们手中，管他姓蒋也好，姓美也好，都成为打击敌人的革命武器了。从辩证唯物主义和历史唯物主义的观点讲，古代的文物、古代的建筑、古代的交通、古代的运输工具、古代的运河等，任何的物质创造，任何的物质设施，归根到底，都是劳动人民造出来的。这个问题一定要说清楚，说清楚了就不会有什么顾虑了。

当然，对于反动派搞的事业，比如交通公路，对它的反动目的应当揭露。我们在处理这些问题的时候，要严格注意把原来的目的和今天的作用客观地、实事求是地区分开来。过去的江西，国民党为了"围剿"苏区，修筑了很多公路，其目的是非常反动的。可以说他们的公路修到哪里，我们的革命人民、红军战士就处在他们的"围剿"之中。就以吃盐来说，当时要冒很大的危险，甚至要牺牲一些同志的生命，才能搞到一点食盐。这是铁的事实。但是，解放后，这些公路回到人民的手中，它不再姓蒋了，而姓"人民"了。这个问题，我们编史时要正确处理。就是说，写史应当用辩证唯物主义和历史唯物主义的立场、观点、方法去评价历史事件或人物。

关于史论结合的问题

研究历史，包括研究任何部门史，史论结合的原则是大家共同承认的。所谓史，就是指全面地可靠地占有史料；所谓论，就是指马列主义的理论。史论结合也叫理论和实际相结合。但是，研究历史、理论和史实的位置究竟怎么摆法？这个问题是史学界长期讨论过的问题。大家知道，研究历史，当然离不开史实。离开了史实，就根本不能说明问题，不能叫历史。马克思在《资本论》第一卷第二版的跋中讲过："研究必须搜集丰富的材料，分析它的不同的发展形态，并探寻出各种形态的内部联系。"有了丰富的材料，才能进行分析，分析它不同的发展形态，并且探寻出它的内部联系，找到它的规律。列宁在《统计学与社会学》里说道："应当设法根据准确的和不容争辩的事实来建立一个基础……要使这成为真正的基础，就必须毫无例外地掌握与所研究的问题有关的全部事实，而不是抽取个别的事实。"所以，我们不能赞成"以论代史"的提法。"以论代史"违背了马克思列宁主义，是从概念出发，而不是从史实出发。从概念出发，找个别的例子，实际上它是主观主义和教条主义。当然，我们也不能同意"以史代论"，没有综合、没有分析地排比史料、汇编史料，缺乏正确立场、观点、方法，没有一个统帅驾驭史料，没有消化史料，看不到历史的发展规律，不能把历史上升为科学，其结果就是自然主义和客观主义。"史论结合"这个提法，也要正确去理解。史论结合不是机械的结合，不是形而上学的结合，不是一半对一半。史与论究竟应该怎么摆，四个字不能说明问题。史是基础，论是站在指导地位上说的，我们的所谓"论"，是马克思列宁主义、毛泽东思想。研究历史需要在马克思列宁主义、毛泽东思想指导下，运用它的立场、观点、方法去研究分析综合所掌握的历史材料的全部总和，从而总结出历史的规律，得出科学的结论。这样，关于史论结合的提法，我是赞成六句话的：论是指导，史是基础，史论结合，寓论于史，实史求是，论从史出。实事求是得出科学的结论，这个结论是从史实中产生出来的，是根据丰富的材料，分析它的不同的发展形态并探求出各种形态的内部联系。所以说，上面六句话可以比较完整地解决研究问题、写作问题和体例问题。有同志讲，把史实摆出来了，里面就包含了分析，不要外加什么分析。这句话有一定的道理。中国古代史学家，写历史讲笔法，这是《春秋》的传统。春秋笔法是字眼里有褒有贬，这是《春秋》大义，所谓"一字之褒，美如华衮，一字之贬，严如斧钺"。这种笔法现在看来有它的局限性。完全排比材料，把我们的观点放在史料里面去，要做到比较困难。什么缘故呢？如果那样写，你就不能利用原始材料，因为原始材料，有古代的，它是地主阶级史学家写的；有近代现代的材料，有的是资本家的，资产阶级的，甚至还要用国民党的材料。编写的时候，除非你全部用自己的语言写一遍，把所有的原始材料列上附注，正文部分自己另写，这就麻烦了。如果在正文中既要用到历史材料、各个阶级的材料、各种观点的材料，又想用马克思主义的立场、观点、方法把它加以归纳和分析，又不想以议论的笔墨加以表述，达到这样一个目的是不可能的。只能是：既要注意在叙述史实的时候，用我们的立场、观点、方法去加以综合和分析，又要有总结，概括地总结历史规律，得出马克思主义的结论，这才是有史有论，既寓论于史，又论从史出。

本文系作者在《中国公路交通史》华东片第四次编写经验交流会上的学术发言，刊载于《公路交通编史研究》1983年第1期。

东乡县发现宋徽宗赐给米芾的端砚[①]

东乡县在不久前收集到一方古砚，经鉴定，确系宋徽宗赵佶赐给大书法家米芾的御用端砚，是一件传世将历千年的珍贵文物。

砚高9厘米，长23厘米，宽14.5厘米，重达16.5斤。石质极佳，颜色呈青中透紫，微露云雾状，诚为端石中罕有之物。砚池额上镌有篆书"御赐之宝"四字，砚的上下左右四侧各浮雕一龙，造型古朴生动，张鳞奋爪，似欲飞去，信为皇帝用品。砚台底面刻有米芾署名的跋文，笔势凝重而飘逸，气度雍容，可惜略有漫漶。跋文八行，因系行书，每行字数不一，多者二十一字，少者十七字，原文照录于下：

□□□□□□举朝大□入贺　上寿毕聚缉□□」□□□□□□希世之宝非人间所有适命臣芾□□」□□□□□□其石润而□其制奇而朴望之若有五色□」飘举墨池之间昔人所谓凿云根以为研非即此□」芾挥洒之余不觉喜跃无已乃帝先知芾意」书竟即　赐之芾即捧出墨渍朝服并失拜□」之礼孰意帝亦跃称芾为米颠此诚君臣」相遇千古旷□之事不□□者也芾谨志之。

在跋文的末行左侧的中下方刻有篆文"元章"一印。

考宋何薳所著《春渚纪闻》卷七"诗词事略"类载有"米元章遭遇"条目，记载米芾得砚的始末甚详，可以互证，兹亦摘录于下：

米元章为书学博士……又一日，上（即宋徽宗——笔者注）与蔡京论书艮岳，复召芾至，令书一大屏，顾左右宣取笔砚，而上指御案间端砚，使就用之。芾书成，即捧砚跪请曰："此砚经赐臣芾濡染，不堪复以进御，取进止。"

---

① 本文系合撰，姚公骞为第一作者。——编者

上大笑，因以赐之。芾蹈舞以谢，即抱负趋出，余墨沾渍袍袖，而喜见颜色。上顾蔡京曰："颠名不虚得也。"京奏曰："芾人品诚高，所谓'不可无一，不可有二'者也。"

由上可知，何薳所说的宋徽宗赐给米芾的端砚，正是东乡发现的这方砚台。米芾跋文虽简，且有残泐，幸重要字句犹存，与何文对勘，其当日颠状可掬之情态，跃然在目。曩读何文，但知艺林存此佳话而已，不料历尽沧桑九百余年，此砚复出人间，原物俱在，诚令人惊叹不止。

此砚得自东乡县上池王家，其收藏始末已失考。

载《江西历史文物》1985 年第 1 期。原稿文末还附有该端砚的 5 张拓片图。

在抚州王安石研究会首届会员代表大会上的讲话

首先请允许我代表江西省社会科学院、江西省历史学会向大会表示热烈的祝贺!

刚才听了很多同志的发言，很有启发，周部长提到明年纪念王安石逝世九百周年学术讨论会将和中国宋史研究会联合举行，并作了布置，我完全同意。王安石研究会今天在王安石的家乡成立，这确实是我省学术界的一件大事，我能应邀参加成立大会，感到非常荣幸。

当前，开展王安石的研究，看起来有一定的难度。因为，很多前辈和史学工作者做了大量的研究，取得了丰硕的成果，但是，这并不代表对王安石的研究已经做得差不多了。我个人认为还有很多的问题说不清楚，需要更进一步深入地去加以探讨。如对王安石的时代、王安石的思想、王安石的左邻右舍，都有必要作更深入的研究。这就是说需要我们把宏观的研究和微观的研究进一步结合起来，才能在已有的基础上取得新的成绩。我对宋史没有什么研究，平常翻阅一些历史资料，使我既喜欢王安石，也喜欢司马光，还喜欢苏东坡。不仅仅是喜欢他们的文学，而且觉得他们在政治上都有自己的见解，很值得玩味，很值得摆在宏观中去作比较的研究。又如，吕惠卿这个福建人，我们过去对他研究得够不够呢？看来是很不够的。附带说一句，福建在宋代可不简单。不要光夸江西，江西在宋代固然是人才辈出，要一个一个数，一下子数不完。但是福建也出了不少人才，如果我们作个统计的话，福建在宋代出的人才比江西还多。这也是一个值得研究的问题。且不说吕惠卿，就说江西的曾布，我们又研究得怎么样呢？这些王安石的左邻右舍，曾经一度是他的左右手，过去我们都没有深入研究，所以有些问题说不清楚。王安石变法的原因是什么？这个问题就很复杂，不是简单的一下子就可以回答得了的。

还有，宋代商品经济究竟发展到什么程度？这是我们研究王安石的一个重要方面。现在对宋代商品经济发展的程度，说法就很不一致。所以说，我们研究王安石有一定的难度。难度就在于他是一个全世界都知名的人物，是一个涉及很多方面的人物，既是政治家、改革家、思想家，又是文学家、教育家，这些方面都需要我们投入大量的精力，政治方面、思想方面、教育方面、文学方面，都值得深入研究，可以写出很好的文章，取得新的成果。

我刚才翻了一下你们的计划，你们打算在王安石研究会成立以后，准备写些文章，拍些照片，拍摄有关王安石的遗址，第一个是拟岘台，第二个是盐埠岭。我恰恰昨天晚上睡在床上拿起陆游的诗集翻了一下，陆游写了好多首有关拟岘台的诗。我知道拟岘台在抚州，但是，我到抚州几次，从来就没有去看过拟岘台，直到现在还不知道它在哪里。昨天，我看到陆游游拟岘台的诗，有几首写得很好。同志们，陆游在江西写下了相当多的诗，特别在临川，写了不少好诗，大家都知道很有名的"山重水复疑无路，柳暗花明又一村"，这首诗就是在临川写的。今天我看到拟岘台和王安石还有关系，我长了一个学问，所以我要感谢我们的研究会。这说明什么呢？说明我对王安石的知识了解得还是很少很少的。所以我的态度是这样的，第一希望王安石研究会成立以后，要加强对王安石的研究，一定要在明年纪念他逝世九百周年的时候，拿出一点有质量的文章。王安石在读唐代张籍的诗时，写了一首绝句，后面两句是"看似寻常最奇崛"，看起来很平常，实际上非常奇崛；"成如容易却艰辛"，看起来好像成功很容易，其实是付出了艰辛的劳动的结果。我们做学问就一定要像王安石这样"看似寻常最奇崛，成如容易却艰辛"。借用王安石的话，希望我们明年一定拿出好的成果来。另外，我一定要向王安石研究会的同志们学习，学习你们的自学精神和自学方法，从你们的丰富知识中去获得教益。

最后，祝贺大会成功！

原刊注明为"一九八五年四月九日"。

全民抗战胜在团结

——纪念抗日战争和世界反法西斯战争胜利四十周年

今年是中国抗日战争和世界反法西斯战争胜利四十周年。四十年前，中国人民经过长期的浴血奋战，终于打败了骄横狂妄、不可一世的日本侵略者，捍卫了伟大祖国的神圣领土。这是具有重大历史意义的事件，我们将世世代代记住它、纪念它。

日本帝国主义控制和灭亡我国的企图由来已久。1894 年甲午战争之后，它的侵略野心更是膨胀起来。然而，中华民族绝不是可以任人宰割的民族，从 1894 年到 1945 年，恰好半个世纪，中国人民主要依靠自己的力量，不仅打败了日本帝国主义，收复了失地，而且取消了帝国主义列强在华的特权，取消了它们强加给我国的许多不平等条约，雪洗了一百多年来的民族耻辱！抗日战争是中国人民反对外来侵略第一次取得完全胜利的民族解放战争。

经过抗战，中国人民觉醒了，人民革命力量壮大了。在中国共产党的领导下，建立了一亿人口的解放区，拥有一百多万革命军队，奠定了建立中华人民共和国的基础。毛泽东指出："这个战争促进中国人民的觉悟和团结的程度，是近百年来中国人民的一切伟大的斗争没有一次比得上的。"抗日战争的胜利是中华民族复兴的转折点，是值得在历史上大书特书的！不仅如此，中国抗日战争还标志了半殖民地弱国打败帝国主义强国的光辉范例，它对于世界各国人民反对侵略、反对殖民主义斗争的影响也是巨大的。

我们之所以能取得抗日战争的胜利，根本原因在于这次战争是在中国共产党倡导的抗日民族统一战线旗帜下，以国共两党合作为基础，工农商学兵各界各族人民、各民主党派、抗日团体、社会各阶层爱国人士和海外侨胞广泛参加的一次全民族抗战。在敌后战场上，中国共产党领导的八路军、新四军、东北抗日联军、华南抗日游击队和敌后人民，在极其艰苦的条件下，抗击了大部分日军和几乎全部伪军，成为抗日民族统一战线的中流砥柱，在全民族抗战中起了决定性的作用。在正面战场上，国民党所领导的军队和人民，从 1937 年卢沟桥抗战到 1945 年桂柳追击作战，先后进行了二十多次大战役，给日军以沉重打击，在全民族抗战中起了重要作用。历史清楚地表明，国共两党的团结与合作，直接关系祖国的安危、民族的兴亡。全民抗战，胜在团结。这一宝贵的历史经验，在今天仍有着重大意义。

中国抗日战争是世界反法西斯战争的一个重要组成部分。中国战场对欧洲、太平洋等战场抗击以至最后歼灭法西斯侵略势力，起了重大的支援和配合作用。当时德国和日本曾经狂妄地计划采取联合军事行动，北面在西伯利亚会师，南面在印度洋会师。中国战场抗击并牵制了日军主力，粉碎了日军"北进"西伯利亚的计划，使苏联得以避免斯大林最为担心的东西两面作战；也遏制了日军"南进"太平洋地区的计划，有力地支援了美、英盟军在太平洋战场和东南亚战场上的作战。美国当年的总统罗斯福客观而公正地评价道："假如没有中国，假如中国被打坍了，你想一想有多少师团的日本兵可以因此调到其他方面来作战？他们可以马上打下澳洲，打下印度——他们可以毫不费力地把这些地方打下来，他们并且可以一直冲向中东⋯⋯和德国配合起来，举行一个大规模的夹攻，在近东会师，把俄国完全隔离起来，吞并埃及，斩断通向地中海的一切交通线。"[①] 结果，与法西斯的愿望相反，中国没有被打坍，德、日法西斯也未能实现它们的痴心妄想。

中国抗日战争开始作战的时间最早，持续的时间也最长。早在 1931 年九一八事变发生，中国人民就开始了英勇的武装抵抗。到 1941 年苏德战争爆发和太平洋战争爆发，中国人民已经战斗了十年之久。可以说，中国抗日战争是世界反法西斯战争的前哨战。在长期战争中，中国人民付出的代价是十分巨大的。日寇惨绝人寰的野蛮烧杀政策，给中国人民造成极大的痛苦和损失。中国人民在世界反法西斯战争中作出的民族牺牲和巨大贡献是永远不可磨灭的！

世界反法西斯战争是个统一的整体，各个战场是互相支援、互相配合、不可或缺的。其他战场同时也支援了中国战场，不少国家的政府和人民团体还直接给予我国以人力物力的援助。这里特别需要指出的是，战争后期苏联红军直接进军我国东北，歼灭了日本关东军主力，加速了日本法西斯的总崩溃。这种革命的国际主义的

---

① 伊·罗斯福：《罗斯福见闻秘录》，李嘉译，新华出版社，1951，第 49 页。

行动，中国人民也将永远不忘。

江西是抗日战争的重要战场之一，著名的南昌会战、上高会战，以及保卫大武汉的赣北抗战和湘赣会战，就发生在江西的土地上。项英、陈毅同志和当时的国民党当局关于改编南方各省红军游击队为新四军的谈判，主要在江西境内举行。新四军军部首先就设立在南昌市内。在江西，有过抗日军民惊天动地的喊杀之声，有过无数抗日壮士奋勇杀敌的刀光剑影，有过日本侵略军尸横遍地的失败记录，这是我们江西人民的光荣，在众多的抗日部队中，都有江西籍的横戈跃马的将军和士兵，他们是江西人民的骄傲！

抗日战争胜利了，但胜利来之不易，是无数先烈和前辈用生命和鲜血换来的。他们的英名将永垂史册。值此纪念抗日战争和世界反法西斯战争胜利四十周年之际，让我们继承先烈遗志，在党中央领导下，沿着党的十一届三中全会指引的道路，为建设社会主义现代化的新中国，为完成祖国的和平统一，为维护世界和平，生命不止，奋斗不息！

载《江西盟讯》1985 年第 5 期。原文下注有："此文系姚公骞同志在省政协召开的纪念抗日战争和世界反法西斯战争胜利四十周年座谈会上的发言。"

经验与思考

——在《玉山县志》学术讨论会上的发言

四天的学术讨论会，省内外的专家、学者和修志同行们对新编《玉山县志》发表了许多很好的意见，使我们深受教益。在此，我想谈一些个人的感受。

一

新编《玉山县志》是地方志"六五"规划首批成果之一，与会同志们出于爱护之心，给予了充分的肯定。认为《玉山县志》观点正确，资料翔实，体例全备，时代特色和地方特色都比较突出，文字清新，装帧典雅，不愧是一部社会主义新方志。有的同志甚至认为是新方志中一种比较好的模式的代表。这不仅给予了编纂《玉山县志》的同志们以莫大的鼓舞，而且也是对我省全体修志工作者莫大的鞭策。从《玉山县志》的编纂工作中，我们可以总结出三条值得推广的基本经验。

第一，修好一部县志的关键在于领导重视。领导重视表现在两个方面。一方面是领导对修志要有正确的认识。玉山县的领导认为编修新县志可以为玉山县的物质文明和精神文明建设提供历史借鉴和科学依据，是一件惠及子孙的千秋大业，他们把修好第一部社会主义新县志视为义不容辞、不可推卸的责任。领导对修志有了正确的认识，就会采取积极的态度领导修志工作，首先考虑的就是要组成一个什么样的修志班子。是选拔优秀人才还是滥竽充数，这是决定县志质量高低的大问题。玉山县领导由于有了正确的认识，从县里各部门先后选拔了数十名优秀人才参加修志，同时保证了修志经费。五年来，县志办同志三人入了党，四人转了干，五人提了职，改变了所谓"修志不得志，得志不修志"的陈腐观念，出现了"人才修方志，修志出人才"的新局面。正是因为玉山县领导做到要人给人，要钱给钱，要物给物，当好了修志的"后勤部长"，县志才得以保质保量地完成。

此外，领导重视还表现在抓住修志的各个重要环节，实现具体领导。除了保证人、财、物外，玉山县领导在编纂过程中，从收集资料、拟定篇目、撰写志稿、评议定稿，直到出版发行等环节都一一过问，解决具体问题和困难，使修志工作能够顺利进行。如果领导对修志工作各个环节漠不关心，那么修志工作也可能半途而废，或停步不前，我省有些县已经出现了这种情况，修志人员非常苦恼。可以这样说，领导对修志工作实现具体领导，对修志工作的成效是至关重要的。

第二，虚心求教，努力学习，反复修改，精益求精，是提高修志水平、变外行为内行的必由之路。玉山县志办的同志们几年来采取"请进来，走出去"的办法，如参加方志学习班，走访省内外兄弟单位，礼聘专家来县指导，不惜"千里访师，万里求教"。志稿写成后，又不厌其烦地四易其稿，精益求精，在"改"字上狠下功夫，总之，勤于学习，善于总结，敢于修改，在实践的基础上提高，在提高的指导下不断开拓志书加工的深度，终于使多位同志由外行变成了修志的行家里手，在理论和实践上都取得了较为丰富的经验。

第三，县志办是一个团结、协作、融洽的集体，这是修好新方志的重要保证。从去年二月参加《玉山县志》稿讨论会以来，我和玉山县志办同志们几次接触，感觉到他们是一个亲密无间的集体，上下一心，有一个共同的信念：不完成县志决不离开县志办。这个集体的精神感染了县各个部门各个行业，都积极主动地配合县志办收集资料，审定志稿，形成了专业修志人员和非专志人员团结、协作、融洽的修志大集体。众手成志，众志成城。玉山县的经验用一句话来说就是实现了领导与专业修志人员、专家与专业修志人员、各部门与专业修志人员三个结合，可以这样说，《玉山县志》的出版其中也灌注了全县人民的心血。

二

同志们给《玉山县志》提出了许多不足之处，给了我很大启发，我想在这里提出需要进一步认真思考和研究的几个问题。

第一个问题是在改革中修志，修志如何反映改革。《新编地方志工作暂行规定》提出"编纂具有时代特点和丰富内容的社会主义新方志，是我国社会主义物质文明和精神文明建设的需要"，强调必须以《关于建国以来党的若干历史问题的决议》和《中共中央关于经济体制改革的决定》为准绳，充分反映改革是当前我国形势发展的迫切需要。我们是在盛世中修志，而当前盛世的最大特点就是改革，通过改革实现四个现代化，建设具有中国特色的社会主义。现今农村经济体制改革取得了成功，城市经济体制改革正在进行，政治体制改革已经提上了议事日程。这就需要我们从改革的角度去思考问题，记载过去的经验教训，反映今天改革的成功经验，都要掌握好记述的角度和分寸，要做到这一点确实不容易。《玉山县志》反映改革的部分只记载了农村生产责任制等，至于农村生产结构、乡镇企业等记载过略，显得薄弱。看来志书中反映改革首先要有明确的思想，要认真学习中央关于改革的方针政策。总之，用改革的精神指导修志，才能在志书中充分反映改革，写好改革。

第二，在修志中如何处理好深加工问题。一部志书从拟定篇目到最后定稿就是一个不断深加工的过程，也就是不断提高志书质量的过程。深加工的关键就是在实践中提高，把修志实践上升到理论，再用理论指导实践，使志书质量不断提高，不断完善。《玉山县志》多次修改篇目，调整县志结构和比例，反复核实资料，润色文字，编排图表，是进行了相当程度的深加工的，但是不是《玉山县志》就彻底完善了呢？不是的。同志们在会上指出了一些还需要进一步深加工的地方，如大事记对各个时期大事的比例、大事要事的标准、个别事实的核实等还有失当或粗糙的地方，尤其是对待资料问题，这是一个涉及新方志是续编还是新编的问题。有些资料客观上不存在了，无法查找，增加了我们的困难，而有些是主观努力还不够，没有收集到手，造成志书某些史实上的不准确。玉山的修志实践告诉我们，志书的深加工是一项艰苦细致的工作，需要耐心、冷静、客观地作出尽可能准确的表述，使之趋于完美。

第三，如何正确对待新方志的模式和范例问题。与会同志们称《玉山县志》"是新方志一种模式的成功代表""堪称范本"，这当然是对我们的鼓励。但我们应该看到，不管什么模式或范本，对今后的修志只能起参考和借鉴的作用，决不是要所有的县志都按一定模式去照搬照套，依葫芦画瓢。试想，全省乃至全国的县志都只是一个模式，千篇一律，千人一面，岂不令人索然寡味。画家齐白石曾说："学我者生，似我者死。"模仿是没有生命力的，需要创新，要在坚持方志基本原则和体例的基础上突出自己的个性，显示自己的风格。《玉山县志》的模式是细分门类，窠为一志，多卷平列式。县志是不是就只有这一种模式呢？不是的。我赞成百齐花放，百家争鸣，大家都来努力，不断探索，创造新的模式。总之，新编方志，贵在创新，希望每一部新方志都显得体例完备，特色鲜明。

在这里，我还想谈谈志书的质量问题。从编纂者主观上说，希望完美无缺，经得起各方面检验，这当然是好的。但客观上往往不能符合主观的愿望，"众手成志"，志书各篇章之间质量很可能出现不平衡的现象，有强有弱，有精彩之处，也有平庸之处，《玉山县志》就既有精彩的篇章，也有薄弱的环节。我们不要求全责备，允许一部志书有强有弱，重要的是如何充分发挥编纂者的优势，写出特色。当然，如果整部志书的各个篇章都写得出色，写得精彩，那是上乘之作，我也希望出现这样上乘的志书。

从我省来说，《玉山县志》是先行者，在先行者的带动下，通过认真的学习和讨论，使后来者更加坚定信心，更能扬长避短，相信在各级领导同志们的努力下，几年后，我省将出版多部县志，其中应有若干部名志问世，这是我们共同的希望。

黄远生学术讨论会开幕词

今年，是近代中国著名爱国记者黄远生先生诞生一百周年，又是他在海外遇刺不幸逝世的七十周年。今天，我们在黄远生的故乡九江举行黄远生学术讨论会，是很有意义的。

远生先生的经历是曲折的。他考过举人，中过进士，到日本留过学，做过京官，当过律师，直至成为蜚声报界的新闻记者。但是，纵观远生的曲折一生，我们可以发现，其中一以贯之的，便是他热爱祖国、追求进步的这种可贵的精神。远生所处的时代，正当 19 世纪末期 20 世纪初叶，那时，我国外受帝国主义列强的凶暴侵略，内受清朝腐朽的封建统治，灾难深重，贫弱不堪。爱国，就要救国；救国，就要改革。为了挽救民族危亡、谋求中国富强，当时有许许多多的爱国志士仁人们纷纷起来，搞维新，争立宪，行革命，建共和，进行了一次又一次前仆后继的斗争。斗争的波澜不停地高涨，改革的思想也不断地升华。面对着近代中国社会的这一历史性大转变，远生先生所持的态度是积极的，所取的立场是进步的。虽然曾经是封建王朝的一名进士，可他没有去当亡清的遗老。他由旧式的经邦治国思想，进而接受了西方的民主自由"新学"，他摒弃富贵仕途，投身报界，以卖文为生，为新兴资产阶级共和政治作鼓吹；在记者岗位上短短数年，他写下了大量的新闻报道、通讯和评论，激烈谴责外国帝国主义的侵略，尖锐揭露北洋军阀政府的黑暗统治，热情宣传科学与民主的新思想。对于袁世凯复辟称帝的反动倒退行径，他一旦认清之后，立即登报声明，公开表示决裂，直至牺牲身家性命也在所不惜。他对于祖国的光明未来，始终满怀信心；在他生命的最后日子里，他郑重地表示他要争取做一个自食其力的精神上的工人的愿望。远生先生的这种终身热爱祖国、追求进步的精神，将永远受到后人的尊敬与纪念。

远生先生死后七十年的今天，在中国共产党的英明领导下，我们已经推倒了"三座大山"，建立了人民当家作主的新中国，建立了远远优越于资本主义的社会主义新制度。今天，举国上下正在为建设"四化"、振兴中华的宏图大业而继续奋斗。在这样的时刻，对于包括远生先生在内的近代中国千千万万爱国志士的那种热爱祖国、追求进步的精神，尤其需要我们科学地加以总结，并使之在共产主义思想的指导下发扬光大。

远生先生在我国新闻史上，首创新闻通讯体裁，"远生通讯"以其丰富的情感与明快的笔调，曾经风靡一时，产生过广泛积极的社会影响。《远生遗著》翔实地记录了民初的政治风云，成为了解当时政治历史的必读资料。远生在近代中国的文学史、思想史上，也有所建树。他的这些成就与贡献，正越来越引起学术界的注意与重视。当然我们也不必讳言远生先生一生曲折的经历中，也有过缺点和错误，这应该从当时的社会历史条件加以说明，大可不必苛求于前人。

对于愿意努力用历史唯物论来观察分析历史人物的社会主义新史学工作者而论，值得注意的是，远生先生的思想与实践，正如与远生同时代的许多追求进步的爱国者们一样，是充满着矛盾的，是和整个近代中国处于社会大转变时期的各种历史矛盾运动息息相关的。黄远生先生就是这一特定历史时期中的一位历史性人物。

近来，从事远生研究工作的已日渐增多，通过诸如新闻、政治、文学等的某一方面或某一角度进行研究已取得了若干成果。然而，怎样从整个近代中国社会大转变的广阔历史背景上，更深入地来把握远生的作品与行动的实质，辩证地剖析其思想与实践的矛盾运动，并由此而引出关于近代中国社会大转变时期的人与事、思与行的一些带有规律性的认识来，这方面的研究工作，则似尚有待于我们的继续努力。我衷心希望并且相信，通过我们这次学术会议，一定会有力地推动和促进这一方面研究工作的蓬勃开展。而这又必将为我们今天正在进行的改革事业，提供更多的历史借鉴，这当然是一件很有意义的工作。

借此机会，让我代表江西省社会科学院，向在座的各位同志表示诚挚的谢意，因为你们来到江西参加这次学术会议，对于我省的社会科学事业的发展，是一个很大的支持和促进。

同时还要向九江市委、市委宣传部、九江报社、九江市广播电视局等单位的领导与同志们表示衷心的感谢，感谢他们为这次会议提供了良好的条件和热情的接待。

最后，预祝这次学术会议圆满成功。

载《社科情报与资料》
1986 年第 6 期。

"全盘西化"是个烂调子

"全盘西化"是一个老调子，早在 20 年代就有一些人唱过，而且是早就唱烂了，是个烂调子。

所谓"全盘西化"，其实质就是要全盘否定中国的特色，全盘否定民族的优良传统。这种论调早就遭到人们的普遍唾弃，被视为奴性，因为它借向西方学习之名，把中国人民的脊梁骨都丢掉了。我们反对"全盘西化"，并不是不要向外国学习。向世界学习，学习别人的长处，以补自己的不足，是十分必要的。鲁迅先生也说过拿来主义，把外国的好东西都拿过来，但所谓拿过来，并不等于把自己的一切都丢掉，而是要结合自己的特点加以融合，加以消化，成为自己的东西，转化为民族的精华。一个民族、一个国家不能没有自己的特色，民族的自尊心与自信心是其立足于世界的精神支柱。歌德就曾经说过："民族性就是世界性。"如果一个国家完全丧失了自己的特色，一个民族完全丧失了自己的民族性，那将是十分危险的，因为，这就意味着它已经丧失了立足于世界之林的资格，不可避免地走上自取灭亡的道路。

历史的经验早已证明，要振兴中国，全国各族人民只有坚持四项基本原则，在中国共产党的领导下，把中国建设成为具有自己特色的社会主义现代化国家，这才是唯一正确的道路，别的道路是没有的。当前的一切改革和开放都是为了达到这个目标而进行的。我们说的现代化，是指社会主义的现代化，而绝不是"全盘西化"，这是一个人所共知的常识问题。可是，今天居然又有那么几个唱起"全盘西化"的老调子、烂调子，企图借此全盘否定社会主义，引向资本主义，他们说的"全盘西化"，就是要全盘资本主义化。他们完全违背了作为现代中国人起码应该具有的常识，他们没有一点作为现代中国人的骨气，这是很令人痛心的。

"全盘西化"论不仅在政治上是根本错误的，就是在逻辑上、理论上、实践上也都是根本说不通的。因此，奉劝青年人千万不要把腐朽看成神奇，千万不要上当受骗。"全盘西化"对现代的中国来说，所谓全盘资本主义化，就是全盘殖民地化，这是一条绝路。这绝不是危言耸听，而是人类历史的惨痛教训。所以，我们一定要旗帜鲜明地反对"全盘西化"的论调，在党的领导下，一心一德，为建设具有中国特色的社会主义现代化强国而奋发努力，去创造真正美好的未来。

载《江西盟讯》1987 年第 1 期。

为《江西诗词》季刊募集发展基金启

启者：中华，诗国也；江西，诗邦也。唐之诗，宋之词，盛世之音，明时之兆，而治乱之乘也。故国运之盛衰，于诗词可以觇焉。

溯自十年内乱，四害横行，百卉摧于庭园，万马喑于槽枥。三中全会，拨乱反正，四化大业，纲举目张，开放搞活，改革之花盛开；美景良辰，城乡之春永驻。大雅可作，豪情骏发于灵台；韵事方兴，诗思萦迴于胸次。《江西诗词》，于焉问世。试刊两期，誉声四起。现经江西省委宣传部批准，公开发行，省文化厅颁发期刊登记证。从此芳草奇葩，有滋荣之园地；名篇佳什，获同寿于梨枣矣。

本刊立足江西，面向全国，以歌颂社会主义祖国，坚持四项基本原则，繁荣诗词创作，促进精神文明为职志。寄慨倚声，斥全盘西化之谬论；借诗言志，树振兴中华之信心。分设专栏，兼收众体。或颂世运，或赞建设，或写旅游，或咏史事，或扶助老区，放歌脱贫致富；或诱掖后进，伫看踵事增华；或描彭蠡轻帆，碧波唱晚；或状吴城近景，丹鹤翔空；或览胜怀玉山前，铜都与瓷城腾飞比翼；或觅句大庾岭下，钨矿伴稀土奔竞联镳；或披襟而送抱，通海峡两岸之灵犀；或同气以连枝，续夜雨联床之佳话；寻常春朝秋夕，浮想联翩；多少老凤雏凰，清声并奏；无负明时，当期超唐轶宋；不标畛域，何限北曲南词。凡属斐然成章者，概可优予刊布也已。

惟是发行伊始，百端待举。而资金短缺，刳剔维艰。故特恳请企业名家，财界巨子，社会知音，诸位诗友，解囊纳句，典裘换诗，庶几片羽零缣，赖嘉贶而集锦；雅人高致，因刊物以流芳。如蒙惠赐，款请汇寄江西省南昌市省府大院一三五栋江西诗社收。电话：六八八四七；银行账号：南昌市四交办六〇八八二八一。捐资芳名，将逐期公布，以昭征信。

（一九八七年二月）

江西诗社社长　石天行

副社长　盛　朴

姚公鹜　同启

吕小薇

（姚公鹜执笔）

在《南昌县粮食志》（送审稿）评议会上的讲话

接到《南昌县粮食志》之后，实在是因为忙，所以，对志稿来不及仔细看，仅仅粗略地翻了一下。今天看了主笔杨汉源同志的汇报材料，临时有些感想，就只好随便谈谈。

关于县的专志，我看过几本，有外省的，也有本省的。我的初步印象是，《南昌县粮食志》有它的特点。首先，它比较详细，材料丰富，特别使我感兴趣的是有关解放前的资料。关于解放前粮食的某些经济现象和政策规定，这些资料的价值，恐怕不仅仅限于南昌县，对我们研究解放前的粮食问题，可以说有相当重要的价值。这是花了功夫的，所以，很有特点。还有其他的特点，等下我会讲。

通过杨汉源同志的汇报，最突出的一条，就是南昌县粮食局的领导对编志工作很重视。同志们概括为"一放心、二相信、三支持"，这几个字得来不易呀！领导对编志的同志如此放心，如此相信，如此支持，就把编志同志们的积极性完全调动起来了。所以，尽管领导同志在编志上也许没有写过一个字，但是，他有一份大大的功劳。可以设想，没有领导这样的支持，是不可能拿出这么一大本 24 万字的专稿的。里面有的资料的确不是在江西省内找得到的，要到外省才能找得到，所以，同志们跑了若干的地方，如果没有领导支持的话，是办不到的。这是我深有感触的第一点。

第二，同志们在编志时是花了功夫的。首先，在宏观上是有过考虑的。编写粮食志要不要单列，还是应隶属于商业志，刚才王田有主任讲了，是有过争论的。粮食是不是商品呢？从商品的属性上来讲粮食当然是商品。因为粮食局管的粮食都是商品粮，所以，它有商品的性质。不过，这只是一个方面。另一个方面，它又是特殊的商品。解放以来，粮食是管得非常好的。解放初期我们南昌县的粮食要归中南区管，中间隔了两级，抓得很紧，直到今天，粮食价格问题仍然是一个非常敏感的问题，各政府在处理这个问题上是极为审慎的，这都反映了"民以食为天"的极端重要性。如果不是这样的抓，我们十亿人口的国家，就会出大乱子。"手中有粮，心中不慌"，这是真理，因此，我认为粮食志单独成志，不仅是应该的，而且是必要的。《南昌县粮食志》的主笔同志，在考虑志书的结构、体例以及重要问题上，宏观的把握是比较好的，怎么写好粮食志，怎么写出自己的特色，胸中都是有数的。我翻了一下志稿，觉得很高兴，我认为主笔同志的起点比较高，着眼点比较高，这是我觉到的第二大优点。我们编志书的，写历史的，必须具备三个条件：史材、史学、史识。其中史识是最重要的。编志的同志写出这么一部24万字的志稿，写得比较全面，收集到了大量的资料，是很不容易的，这是同志们辛勤劳动的成果。

借此机会，就老杨同志提出的八个问题，谈一点个人临时想到的意见，对这八个问题，我基本上同意同志们的看法。

首先，我讲一下志书的剪裁问题。刚才已经讲了，我觉得《南昌县粮食志》一个最突出的特点是资料丰富翔实，这是好的一面。但是，也还需要作再进一步的剪裁。这里面有两个问题要考虑到：一是志书和档案的区别，档案不能代替志书，志书也不能代替档案，这就要很好地区别一下志书和档案的关系，因此，我觉得有些材料就可以考虑删掉。比如第十五章第一节"政党组织"，这里面把共产党员的名字都写进来了，我认为可以不这么写，只要写什么时候粮食系统有共产党员，什么时候成立党支部，什么时候成立党总支，在各个不同时期，发展党员是怎么发展的，就可以了。至于"中国国民党"这一目，也没有必要写上几个查到的国民党员名单，有组织就写组织，没有组织就不要写。这样的记叙，就符合志书的体例。又如第十六章第二节"职工奖惩"里，记叙了"各种经济刑事案件"，对这些犯罪人员，我同意你们的观点，要加以记叙，但是，在志书中一般对这类人员只是作一个统计，那一种类型的案件有多少，对某些典型的案件，可以有选择地叙述一下案情就行了。选择的典型案例，要反映我们的政策，反映我们社会主义的法制。这样的记叙就使志书和档案有了区别。另外，我再提一下人事任免问题，在志稿中记了副股长、副所长一级以上的干部任免情况。原则上我同意老杨的观点，人事任免的记载，不等于入传，因为它没有任何的褒贬，仅仅是一个记录，另属领导班子的记录，只是为了存史，但要注意写到什么层次，不宜涉及过宽，最后放在附录里。因为志书不存档案的作用。总之，修改的原则是：详其所当详，略其所当略，删其所当删。

一本专志是不设"人物传"的，因为时间短，人物大都还在，就是不在的人物也未必可以入传，所以，专志是不设"人物传"的。但是，在专志中如何反映人？我看最好采用以事系人的办法来处理，一个劳动模范，可以在有关章节中把他的先进事例记下来，这也就记下了人。在志稿的第十六章第一节里有"知名人士"这一目，是否有此必要，请考虑，我想最好不要设"知名人士"这一条目。

在这本志稿中，没有写概述，这是一个遗憾，我是主张设概述的，我看可以在第一章"本县概况"里补上一些本部门的综合叙述，以提纲挈领的方式写一个概述，使人一翻开志稿，就可以看到一个大概的轮廓，收到以简驭繁、全局在胸的效果。

老杨同志还提到不想设大事记的意见，我看了一下大事记，里面的大事占少数，小事占多数。一本专志要写大事记，是有困难的，写少了不成篇章，写多了又不免要把一些小事写进来，我想改用年表来代替大事记，也许比较好些。

总之，这本志稿，基础是好的，就是不再修改，作为历史资料是有一定价值的。但是，为了使它编写得很好，我看篇目要小改，篇幅要削减，表格要有所选择。不当之处，请同志们批评。

载《南昌史志》1987年第 2 期。原刊注明"省地方志编委会副主任姚公骞"。

在抚州地区新编《东乡县志》稿评审会的讲话

同志们：

我是来祝贺，来学习的。

向东乡县的领导同志和县志办的同志们表示祝贺，表示敬意，并向同志们学习。

抚州地区的修志工作方面是取得了很多经验的。这次审稿会，在全地区还是第一次。这次会议是在全国、全省修志工作会议后召开的，形势很好。

我原来对东乡的情况不很了解，是通过看县志才了解东乡的。

解放后，东乡变化很大，"三十八年过去，弹指一挥间"。这"一挥间"，变化确实大呀！从农业看，到1984年，全县粮食平均亩产1100斤，总产超过4亿斤，与1949年比较，粮食单产和总产分别增长了3.8倍和5.4倍，是全省商品粮生产基地之一。从工业看，到1985年，全县工业产值11189.5万元，工业产值占工农业总产值的比例由1949年的3.9％上升到46.5％。工业与农业产值之比也发生了很大变化，由1949年的1∶24缩小到1∶1.15，一举成为全国一百个食品工业县之一。上述数字表明，解放后18年，东乡工农业生产突飞猛进，发生了翻天覆地的变化。回顾解放前，由于东乡水、旱、虫、风等自然灾害和战争频繁，阶级斗争激烈，造成了东乡"一穷二白"，人民生活贫困。然而，东乡人民进行了不屈不挠的斗争，终于使这里发生了改天换地的变化，可以说，东乡县的历史是一部史诗，是一部可歌可泣、可敬可佩的史诗。这在志书上应该记录下来。这是我看了东乡县志后的感性认识，感谢东乡县提供了一个好材料，更要感谢地区和县里的领导同志对修志工作的重视和支持。全省方志会议后，我相信抚州各县（市）编的志书，将会一部更比一部好。

我们修志，一要坚持四项基本原则，反对资产阶级自由化，二要坚持"改革、开放、搞活"的总方针和总政策。这是两个基本点，一个也不能少。我们一定要在坚持四项基本原则，坚持改革、开放、搞活的原则指导下修志，这是非常重要的。梁寒冰同志在南昌讲话时也谈到这点。可见对修志工作来说政治上的要求越来越高了。修志就是为了进一步了解中国的特色，研究特色，对今后建设社会主义的作用很大。将来，在我们大学图书馆，要购置有全国各省、市、县的志书，到那时，无论哪个学生，都可在大学图书馆看到家乡和全国的志书，了解家乡和全国的变化。志书，宝贵得很呀！

就讲这些，谢谢大家！

载《新编东乡县志稿评审会专辑》，抚州地区史志办公室、东乡县志编纂委员会编。据新修《东乡县志》编后记记载：1987年6月，东乡"县委、县政府邀请省、地有关领导、专家、学者和地区11个县、市修志办公室主任莅县，由中共抚州地委县志审稿领导小组主持，召开了新编《东乡县志》稿评审会，对志稿进行了评审"。

略谈对新编《东乡县志》稿的几点看法

我看了新编《东乡县志》的《编目》《凡例》《概述》《城乡建设志》《人口志》《人物志》《风俗志》等，借此机会谈点粗浅看法，不一定对，仅供参考。

今天上午听了东乡县志办邹主任关于其志编写工作的介绍，对我很有启发。《东乡县志》得来不易，编目修改了五次，概述修改了四次，大事记也反复修改了三次，现在这个送审稿是第四稿了，整个编写过程，邹主任介绍得很细。原来是怎么定的，后来是怎么改的，现在是什么样子，这样精心地编写对我很有启发。说明要办成一件事是不容易的，不是一蹴而就的，确实要经过反复修改、反复讨论，才能使志稿不断完善。当然，这个稿子还不是定稿，通过评审后，还可能有小部分要大改，局部要中改，大部分要小改，经过这样的程序，稿子就会更加完善。所以说，编修《东乡县志》的路子是对头的，是很好的。

关于编目问题，《东乡县志》稿有自己的特色，有自己的试验，有自己的考虑，很多例子可以说明这点。

比如，把人口划出来，专门作为一个分志来写，占《东乡县志》全部分志的二十分之一，突出了人口志，这是一个特色。人口不仅是一个数量问题，还包括了人口变化、人口结构、计划生育等问题，把人民生活也写进去了，既有数量问题又有质量问题，这是一个新的尝试。我接触过一些县志，有的把人口志摆到自然编里去了，有的摆到卫生编里去了，有的摆到政权编里去了，有的摆到社会编里去了。而《东乡县志》的编委们把人口问题提到新的高度，单独作为一个志突出来，这个尝试我是很欣赏的。

又如，把城乡建设也专设一个分志来写，同样是有特色的。有的县志写"城乡建设"是分散的，没有集中起来表述它，前几天，我听省里领导同志讲话，他说江西今后要上去，要抓农业，抓工业，还要抓乡镇企业。要把乡镇企业的产值提高到占全省工农业总产值40％的高度。这说明乡镇企业愈来愈被重视了。同时，也揭示了一个问题，农业要有后劲，农村改革要深化，只有走一条路，就是要不断提高农产品商品化程度，只有这样，农业才有后劲，改革才有深度。农产品商品化必然要和发展乡镇企业结合起来。这个问题，可否设一专节写，请考虑。

另外，《社团志》也是有特点的。过去有的地方很少提及《社团志》。现在把《社团志》提到志的高度，把宗教团体也摆到里面去了，这些虽然是一些尝试，但都是经过同志们反复考虑过的。像"民政劳动""教育科技""卫生医药"等都设分志，也是一种考虑，一个尝试，我原则上都是赞成的。

在编目问题上，我还有一点考虑，和同志们商榷一下。《东乡县志》共设有20个分志，这20个分志提到"志"的高度来看，哪些合适，哪些不合适，还要好好斟酌。从系统工程来说，母系统和子系统是不应混淆的，要在编目安排上，合理地体现出来。从母系统的层次上作横向看，假如有20个母亲，它们是不是相称呢？当然要求所有的母亲都一样的高低大小，这不可能，十几个人，一班人、一排人站在一起，也还有高矮嘛！横向看，绝对的相称是不可能的，但不宜相差太大，像一个祖母和一个年轻的妈妈站在一块，这就相差太大了。从纵向看，母子关系要理顺，不能把儿子当母亲，也不能把母亲当儿子。这些关系请同志们在设计编目时认真研究一下，既要从横向上考虑，又要从纵向上考虑，这里最基本的最重要的一条，就是要把系统理顺。我有这么些想法，说得不是很具体，只是作为一个问题提出来，请同志们考虑。

《概述》写得相当好，最后定稿是4600字，我相当满意，做到概而不繁，述而不作。我特别欣赏县志办邹主任说的，《概述》要起"启后"的作用。这个提法很深刻。有人说，《概述》会重复，我想它不可能不重复，但重复是巧妙的重复、必要的重复，是言简意赅的重复，所以，它不能简单地叫作重复。我看了许多县志《概述》，觉得《东乡县志》的《概述》是写得相当好的，该说的都说了，写出了新意，起了提纲挈领的作用。比如，1949年以前，在那漫长的岁月里，东乡是个什么样子？1949年以后在党的领导下，一直到1985年，我们东乡又是什么面貌？对这个变化《概述》不仅说清楚了，而且把今后该注意的问题也提出来了。现在东乡还有荒山50万亩，这是一份很大的土地资源呀，发展经济的后劲很大。东乡没有河流，水上运输是个劣势。今后交通运输如何发展？也提出了一个问题值得决策者研究。总之，《概述》就是要写成一篇完整的文章，不能把它写成压缩饼干什么的。这篇《概述》是篇好文章，因为它站得比较高，鸟瞰式，能环顾全局，要言不烦哪！可见写这篇《概述》是花了功夫的。当然，《概述》还有美中不足的地方，比如一些用语、个别词和语气方面，定稿时要逐字逐句地推敲。是不是还有什么没有写进去的，都要认真考虑修改、补充。因为我对东乡没有多少了解，就说不准了。我是从体例这个角度感到这个《概述》，写得很好。同时，我正是通过看《概述》才了解东乡基本面貌的。

关于《人物志》问题，我昨天晚上把所有的传全看了一遍，我知道吴伯宗是明朝时期江西的第一个状元，是洪武四年的状元，但我原先所知道的是他是金溪人，看了传后，才知道金溪县的一部分辖地在东乡建县时，划到东乡来了。吴伯宗当时是金溪人，现在是东乡人，我学到了一点新东西。所以说，关于吴伯宗的传是写得好的，尊重了史实。但在写人物传时，也有不足的地方。在这里坦率地提两条意见，请同志们研究。

第一，从体例看，有两点不足：1. 所有分志都设有"编、章、节"，而唯独《人物志》只有编，却无章、无节，《人物志》的体例乱了整个志的体例；2. 有点违背"生不立传"的原则，把一些在世的人包括干部、科技人员都列了个表，放进人物志，这就乱了体例。这样说不一定对，请同志们考虑。

第二，从内容上看，是否要考虑三点。1. 翻译"旧志"，既要尊重史实，又要用新的观点加以改编。你们写古代、近代、现代人物基本上是忠实于旧传，某些用语、某些典故，你们也适当地加上注解，这很好，说明同志们是花了功夫的。但翻译成白话时，就要有点考虑了。比如，旧志是明朝人或清朝人写的，他们都是按照自己的立场、观点、方法写的，现在把它翻译出来当然也可以。但完全照旧，只起一个翻译的作用，那问题就大了。因为我们是在编新志呀，要按马列主义的观点、历史唯物主义的观点在改编上下功夫，按照我们的观点、立场和方法就要删掉旧志中无关紧要之词、阿谀不实之词。我觉得人物志要多花点功夫，小传的字数不宜太多。总之，有的传可以删去一半，有的传甚至可以删去三分之二。2. 人物的排列顺序是否可以重新考虑，你们按照出生年月来排，这种排法照顾不到历史事件。所以，是否可按历史事件来排。立传是某人在某件事上有一定的位置，才有立传的价值。如果某人出世晚，所牵涉的历史事件在前，他应该排到前面去。比如，他是处在第一次国内革命战争时期的历史事件中，那么他虽然年轻，在排人物的顺序上就该排在第二次国内革命战争时期的历史事件之前。按历史事件的顺序比按出生年月的顺序排列要好，这样排可以使人对历史事件一目了然。3.《人物志》有个优点，就是有单传、合传和附传，这很好，但要在《凡例》中说明一下。此外，在写完正面人物后，可以在后面附几个反面人物。

最后谈一下《风俗志》。我认为风俗可以包括方言。如果叫"社会志"，那就麻烦了。因为社会所包括的内容太多，所以，叫"风俗志"叫得对！另外，语音、词汇、俗谚都可以写进方言，但不要搞得太烦琐，因为我们不是在这里专门写语言学，能把一县的方言与普通话的对应关系找到就行了。方言里写的语音和词汇，蛮有意思，但有的地方我仍然看不懂，是不是因为用文字表达口语还不够准确的缘故？关于谚语，有些要调到别的分志去。如气象谚语应摆到气象里去。因为这种谚语地方色彩比较少，基本是通用的，比如南方在相同纬度的情况下，气候差不多，民间气象谚语也大致差不多。而属于东乡话的谚语、歇后语等，还是要写进方言去的。有的歇后语后面打了破折号，显然是把东乡的土话记下来了，但让人费解。

还有风俗，什么是风俗？这里牵涉到的具体问题比较多，界限也比较难分。这里写了"俗成禁忌"一节。我看了这节的一些内容，有的列入"禁忌"，有的列入"俗成"，实际上就是迷信。所以到底这一节怎么处理，我也没有什么好的见解。我总觉得这一节不容易写，不好给它定一个什么科学的定义。我看，民间一般的迷信用不着把它摆到禁忌里面去，没有写的价值。这一节究竟应如何写？请同志们再三考虑，我的意思就是这一节干脆不要写，"俗成禁忌"也令人费解。

总的来说，对《东乡县志》的评价，因为我没有完全看完，所以我不敢多说。但我看了《概述》以后，我觉得这个基础很好，看了编目以后，我觉得有新意。总的印象是材料丰富、基础好、有新意。但这个"新意"哪些是稳当的，哪些是值得推敲的，请同志们好好研究一下。要定下一个盘子，盘子定下来了，才能明确哪些地方要大改，哪些地方是属于中改的，哪些地方是属于小改的。从我所接触到的，就发现还有一些问题需要进一步研究。像《人物志》如果将在世的人物附入有关分志中去，就比较好。因为那不是立传，而是存史了。

总之，我看得不多，水平有限，说得也不准确，刚才一些意见，仅供参考。说得不对，请同志们纠正，谢谢大家。

载《新编东乡县志稿评审会专辑》，抚州地区史志办公室，东乡县志编纂委员会编。

在抚州地区县志《概述》评稿会上的讲话

由于抚州地委、专署的重视，地方志的编纂工作开展得很好，至少有两点经验值得推广。一个是搞协作，几个县合起来研究县志初稿，大家一面看稿子，一面讨论，左邻右舍彼此都相当了解，提的意见比较切合实际，比较中肯，大家都感到有收获。全国有几次分片开的县志评议会，实际上是一个大的协作，我们抚州搞的是地区内的小协作，这是个很好的经验。第二个经验就是今天这个会。这是个专题讨论会，专门研究县志中的《概述》，拿出几个本子进行讨论，使大家进一步明确概述在志书中的地位和作用。由此看来，抚州地区在编写地方志的工作上是作出了很多成绩的，希望把这些好的经验进一步总结出来，以便给其他地区其他县借鉴。

我看了五个县的《概述》，总的来说，初步印象是：基础很好，各有特色。它们都经过了多次讨论和反复修改，对一个县来说，在宏观上有了一定程度的认识。即对一个县的概貌，从静态到动态都已有所把握，心中有了一定的底，在逻辑思维上，也都具备了一定的综合分析的能力。

如果说，还有些不足之处的话，就是深度不太够，视野尚欠远，战略观念不够强，对这五个县的总体认识，包括它的过去、现状，以及未来的估计、预测等方面写得还不太够。从综合概括能力来说也还不是很强的，有些地方详略失当，取舍不一，剪裁也不完全得法，看起来不是一气呵成的，有拼凑的痕迹。总的来说，一个县的优势，它的自然优势、生产优势、经济优势、两个文明的优势或特色，不论是已经显示出来的，还是潜在的优势，在表述上还不是很充分，不那么具有吸引力。所以，一个深广度，一个突出优势，一个综合概括的能力，一个剪裁，还有可以进一步加工的地方。

在此，我不可能把每个县的《概述》一一加以评说，总的说是好的，有基础，都有自己的特色。

我今天想与同志们商量这么五个问题，就是概述的地位、概述的作用、概述的基本内容、写概述的基本方法以及我们衡量概述的几个基本标准，提出来和同志们商量。

第一个问题是概述在方志中的地位。概述究竟要不要？大致来说，研究中国传统方志学的同志中有一些人不赞成要有概述，但是具体从事编纂方志或领导编纂方志的同志，其中却有相当多的人赞成要有概述。从我们的传统来看，自宋代以来，所有旧志的确没有一个有概述，直到民国，黄炎培先生领导编修的《川沙县志》才独标概述，这是一个创新。要不要概述的争说，实际上是个体例之争，它涉及概述在方志中的地位和如何看待体例的问题。

科学的发展，总是螺旋式地从综合到分析，由分析再进入更高的综合。现代世界科学的趋势，就是向更高层、更系统、更综合的方面发展的。所以有很多人主张大学里面要文理渗透，要开展边缘科学、交叉科学和新兴科学的研究，而且，有许多科研项目，都是聚集了许多方面的专家共同攻关才得以完成的。

所以，我们现在迫切需要的，是各级领导同志、各部门从事管理工作的同志，都有一个善于综合的头脑，对待自己的工作有一个宏观上的认识、总体的认识。这是在当前四化建设中，我们的思想方法上的一次重大跃进。只有这样，才能盱衡全局，才能高瞻远瞩，才能对客观事物正确地作出判断，才能有一个正确的战略观念。所以，同志们要提高综合分析能力，就是要多进行宏观方面的研究，要把宏观和微观结合起来研究，这是搞"四化"的需要，也是现代科学发展的必然结果。我们在工作上有了整体观念和辩证的方法，就有可能避免单打一，避免形而上学。

从这个角度来看，地方志不但需要有个概述，而且它在方志中应该占有一个突出的地位、重要的地位，绝不是可有可无的。在封建社会搞地方志，为什么可以不要概述？那是因为受到自然经济和小生产思想的局限，加上封建专制，地方上没有什么自主性，一切按上面的安排办事，所以它难以形成宏观认识。思想的狭隘正是自然经济、个体经济在人们头脑中的反映，可是现在地球越缩越小了，我们搞的是社会主义的大生产，这就要求我们的视野一定要宽阔，要从总体上去把握事物发展的进程。所以，今天修地方志一定要有概述，我想，这对于懂得现代科学的同志来说，是容易接受的。

另外，地方志是按照横排竖写的，是并列的，必须各个方面的内容都要有。地方志横排了，各成了一个小块块，如果没有概述，如果缺乏一个整体的综合，那么我们看起方志来，只看到一棵棵的树木。整个森林是个什么面貌？不知道。这就叫作"只见树木，不见森林"。所以，有了专志，在各个专志之上又有一个整体的综合，就能很快地掌握一县的全貌。在掌握全貌的基础上再去了解一个局部，比单纯地从局部到局部要好得多。因为从局部到局部，局部之和不能等于整体，这是哲学上早已解决了的问题。如果某位同志看县志没有一个概述去帮助他，让他自己去从农业看到工业，从工业看到财贸，从财贸看到交通，要他很快地概括一个全貌出来，是绝对做不到的。

所以，概述绝不是可有可无的，它在体例上的出现，是当前搞四个社会主义现代化的需要。体例是什么？无非是在一个历史特定条件下，某一方面实践经验的条理化，有什么样的内容决定它具备什么样的形式。封建社会编地方志，形成了封建社会的体例，这是它那个时代的产物，适应了那个时代的需要，是那个时代的经验上升到条理化的结果。今天我们搞社会主义的"四化"，搞两个文明建设，编写地方志不是为了满足前人的需要，而是要服从今天人民的需要以及我们子孙的需要。所以，前人的体例、优良的传统，我们当然要吸收。传统是有时效的，只有在它没有丧失时效以前，才能称为优良传统。我们不仅仅需要优良传统，还要发展优良传统。体例不是不可改变的，它总是在变化中不断完善的，不能因为过去的方志没有概述，今天也不增加概述。我认为按照今天的科学发展的趋势来看，概述是今天的方志所必须具备的内容，它在体例上要占一个重要的位置或突出的位置。如果只因没有前例就不赞成有概述，这个道理是不够的，是有偏颇的。这是没有站在发展的观点、需要的观点和现在科学的发展趋势上去看的缘故。

如果概述在地方志的地位确定下来了的话，那么它的作用就比较清楚了。概括地说就是资治，就是为"四化"服务，就是为两个文明建设服务。当然，还有其他的作用，时代越长，它的作用就越大，但它的直接作用就是为了资治，帮助建立战略观念，帮助有关同志树立全局的观念和总体的观念。一个领导同志有没有全局观念，是衡量他是不是明智、聪明，是不是个比较成熟的人的重要标准。在军事上，一个指挥员要制定作战方略，首先要有沙盘作业，沙盘就是一个全局的浓缩。指挥员根据沙盘作业才能够定出他的作战计划：这个仗应该怎么打，兵力应该怎么部署，哪里该虚，哪里该实，哪里是主攻方向，哪里是偏师，这沙盘就好像是个概述。不是把一个地方所有的东西都摆到沙盘上去，但是要把必要的东西摆上去。如果沙盘上缺乏一个必要的东西，会形成作战计划的错误。沙盘就是一个全局，这个全局是经过了加工后的全局，经过了消化后的全局，经过了挑选、筛选的全局。

我们的任何认识，总是从宏观到微观，又从微观到宏观，总是由粗到精、由简到繁，又由繁到简、由精到粗这种循环式、上升式的螺旋运动。概括起来说，总是由整体到局部，由局部又丰富整体。所以，概述的作用是不能由别的什么来代替的，只有用概述来反映。如果没有概述，靠方志的别的部分是树立不了一个整体观念的。工业志、农业志代替不了，文化志更不能代替它。因此，要求编写概述的同志首先自己必须明确概述在地方志中的重要地位、作用，必须先有全局在胸。有了全局在胸，才能够宏微相济，才能够取舍得宜，才能够撷取精英，才能够通其会归。

那么，概述究竟要写些什么内容呢？

概述的基本内容，只能在此提个框框，同志们在这个问题上可以充分发挥自己的主动性、自己的思考。我不赞成千篇一律，但是大框框要有，基本内容不能丢。我们了解一个地方，要了解它静态的方面，也要了解它动态的方面。从一个地方来说，静态的方面一般都指自然方面，因为自然变化会慢一些，动态的方面就是社会方面，要更多地着眼于动态的方面，但静态的方面不能没有。自然的面貌，自然的优势，有多少山，多少丘陵，多少河流，通航能力有多大，矿藏有多少，潜在的优势有多少，地下资源、地表资源等等都要有所反映。社会方面，这个县有多少年的历史，政治状况、经济状况、文化状况如何，把政治、经济、文化情况写进概述不是为反映而反映，而是以其是否能为两个文明建设服务来决定的。概述的笔墨是不能浪费的，不能为反映而反映，在概述里有所反映的都是要起作用的。反映的内容都要着眼于写未来，现在是为了它的未来，或者是改变这个面貌，或者是要促进它的发展。

所以，我认为写概述要着眼于未来，着手于现状。为未来而写现状，就是为了帮助有关同志看了概述以后，大致上对这个县应兴应革，哪些应该办，哪些办错了的，哪些是有前途的，哪些是没有前途的，哪些现在已经看到了成果，哪些还是潜在优势，等等，有一个明确的认识。写过去是为了说明现在，写现在是为了说明未来。

因此，我看了这几篇《概述》，微微感觉不足的地方，就是视野不够远，前景、未来考虑得少。当然，这并不是要同志们大量地写上你的预测，用大量的文字去描述未来的图景。未来的文字并不需要很多，如果着眼点在未来的话，就会注意该强调什么，该指出什么。要摆在动态中去写，才能把握住事物发展的规律。

写概述有两个基本方法，一个是概而不繁，一个是述而不作。概而不繁，就是在观察、表述事物上具有高度的概括能力。我们的民族是具有这样的优良传统的，历史上，凡是有成就的作家、思想家都是具有这种能力的。譬如绘画，就有尺幅之内，能收到"致千里之遥"的效果，其缘故就在于有所取有所舍，高度概括。如果什么都画上去，那就不成其为艺术品了。文学上也是如此。唐代温庭筠有过"鸡声茅店月，人迹板桥霜"的诗句，我在年轻的时候看到过一位英国人在翻译《西厢记》时，是这样译的：

当月亮斜斜地照着山村野店用茅草盖的屋顶的上面的时候，听见了一声鸡唱，就在这时候，在那浓霜覆盖的木板桥上，已经留下了早行人的足迹。

古人十个字的意思，外国人都要用这么多的文字才能解释清楚，而且十字之中形、神、意、境全有了，真正是高度的概括。类似这样以少胜多、以一代万的例子就太多了，像王安石《读孟尝君传》《伤仲永》《答司马谏议书》等都是概括力很强的。所以我们写概述，正如在形象思维上要善于抓住典型一样，在逻辑思维上要善于抓住本质。

述而不作，就是要根据事实说话，要寓议于述，如果离开事实来发表议论，就不符合概述的体例，要把你的立场、观点融合于叙述之中。

以上两方面的结合，就是概述。

关于衡量的标准问题，我想分三个方面来讲。先从内容方面来看，概述是否成功，主要看三个方面，一个是概貌，一个是特色，一个是趋势。

什么是概貌呢？概貌是自然状况、社会状况总体的轮廓，轮廓的图像要像，要基本清楚。特色就是你那里的优势，这个优势包括潜在的、已有的、地上的、地下的、自然的、社会的、物质的、精神的。一地的优势写出来了没有？所谓优势就是一县今后发展的根据、内因。然后，再看你那里的发展趋势，就是前景，要看出发展的可行性在哪里。

概貌、特色、趋势要着重三个字：粗、重、准。写概貌，是粗线条的，这个"粗"不是粗糙的粗，而是粗细的粗，像画画一样，粗线条，大笔头，着墨不多，神采具备。写概貌写轮廓宜粗，写特色写优势要重，要用重彩，要突出，使人感觉有吸引力，这个内因、根据要清楚地把握住。当然，也不要过量，要审时量度。写趋势写背景一定要准，不要浮夸，不要搞假、大、空，要确实感觉到这是个趋势、前景，是大有可为之处。写前景、写趋势不要着墨太多，着墨多了，会空。要写到什么程度呢？今天的概貌和特色应是前景的根据，今天的趋势，就是明天将要出现的概貌。

第二个标准，还要一个"准"字，就是政治上要准，不要贵古贱今。我们是盛世修志，如果你这个县还没有出现盛世，还是"左"的东西在当道，那你就不要修县志。修志的下限就是要写到党的十一届三中全会以来的路线、方针、政策以及党的十二大提出的总的目标在你县贯彻执行以后，有了新的气象的时候为止，一定要写到盛世，一定要写出鼓舞人心的事物。

不要评议失当。写经验、写教训都要恰如其分，要适当，更不要感情用事。

要注意两个文明一起抓，既不要忽视物质文明，也不要忽视精神文明。要达到这样的要求：一个概述单独拿出来，可以作为这个县中学的乡土教材，可以作为教育青年的补充课本。要让我们的中学生懂得本县、了解本县。这样，就更能发挥概述的作用。由此看来，概述写好了，它是多功能的，它可以帮助领导同志树立战略观念，树立决策思想，有利于描绘出今后发展的蓝图。同时，又有利于培养下一代，给我们的青少年、中学生提供一个教材，使他们能够熟悉本县，热爱乡土，懂得应如何立志建设美好的家乡，如何来为桑梓服务。

第三个标准，行文也要标准化。要注意逻辑、结构以及文字的表述，防止缺乏内在联系的拼盘式结构，防止不分主次的平行性的现象罗列。缺乏内在联系的拼盘式结构，往往也是不分主次、不分轻重、平行性的罗列。文字表述既要简练，又要合乎现代语言的标准，至少要让高中生看得懂，而且不要出现语病。

我想，衡量一个概述的好坏，就是这样三条标准，内容上能够轮廓鲜明、优势突出、前景美好，政治上评论恰当、富有启发，能够成为乡土教材，逻辑性强，文字表述规范化。如果我们的概述达到这样的标准，它的作用就会越来越大，那我们就为"四化"建设、为我们的家乡建设、为两个文明的建设做了一件有意义有贡献的事情。

要写好概述，确实是困难的，是不容易的，希望同志们反复修改。我赞成概述要最后定稿，这不是说概述一定要最后来写，而是一直要改到全志定稿时止。此外，要看到这是一个很好的锻炼机会，对写概述、研究和讨论概述的同志都是一次很好的锻炼机会，是一次全面性的锻炼，它可以训练一个同志如何进行宏观考察，怎样从总体上去把握一个地方的概貌，从而树立战略观念、战略思想。在写的过程中，对每一个同志都是一次很大的提高。

所以我对概述的总的意见，就是不要忽视它的重要性和重要地位，要充分认识到这是一项艰巨而有意义的工作，是一项需要经过调查、研究、访问、请示，和同志们讨论、反复思索、反复修改的深入细致而又严谨的工作。随着概述的完成，对写概述的同志来说，他在很多方面的收获也是不小的。

我是赞成写概述的，今天说了这么多的话，都是老生常谈。我来的目的是向大家学习，请同志们批评指正。我昨天晚上只花了不到一个小时看完了五个概述，对五个县有了一个轮廓的了解。如果一家伙把五个县志全给我看，那就什么也看不了，我今天就没有办法发言了。在"时间就是生命"的今天，能使我以最短的时间得到五个县的若干概貌，光凭这一点，我也应该感谢大家！

载《抚州地区县志概述讨论会专辑》，
中共抚州地委史志办编。

有关编写方志的几个问题

今年 9 月 22 日南昌市召开了修志工作会议，今天又举行修志研讨会，这说明市委、市政府、市志编委会及办公室对此项工作非常重视，抓得很紧，工作进展很快。在 9 月份的修志工作会议上为参加修志的同志颁发聘书，这是一个创举，因为这样一来，很多同志身上就压了担子，工作就主动多了。这次研讨会，很多部门的领导都参加了，这一盛况反映盛世修志，深入人心，是把修志看成是全市的一件大事，是百年大计，是造福子孙的大好事。两个月之内能打开这样一个局面很不简单。

我今天说两个问题：一、修志是中国文化史上的一个优良传统；二、地方志的作用和体例上的特点。

修志是中国文化史上的一个优良传统。为什么说修志是我国文化史上的优良传统？因为从古至今世界上还没有另外一个国家、一个地区像中国这样有长期的修志传统。虽然在国外，一些资本主义发达的国家，也注意地方性资料的收集和地方史的研究，他们在某些方面也确实有很大的发展，比如在城市志方面，有些还超过我们，但是，把地方志作为一项历史文化遗产，作为精神文明建设，中国是独一无二的。它的部头之多、数量之多、价值之大以及连续性和普遍性都是举世无双的。现在中国的藏书，以丛书为例，明朝的《永乐大典》是世界上第一部最大的百科全书，它的部头也只是万余卷。后来清朝编的《四库全书》，这是一个更大部头的丛书，也不过万卷，而现存的地方志（不包括失传的）就有一万种之多，十多万卷，这是世界上其他任何一个国家不能相比的。从历史的悠久性来看，《周礼》上说的两句话"小史掌邦国之志""大史掌建邦之六典"，表明我国很早就有专门的人来记载邦国的事和四方的事。

《周礼》这部书到现在还有争论，但它成书的时期最迟迟不过战国时期。这样来看，中国地方志的编纂到现在至少有两千多年的历史。目前史学界公认的有两部书。一部是《禹贡》，《禹贡》这部书在时间上史学界还有争论，但最迟也迟不过战国。

还有一部《越绝书》，也是战国末年成书的。这两部书现在都保留下来了。古代的地方志尽管体例不完整，很简单，但从一开始就是记载地方的事情，《禹贡》是记载全国地方的事情，而《越绝书》是记载一个地方的事情，就如今保存下来的史料而言，像这样记载地域性的专书是从战国时候开始的。如果再往上溯，我认为可以提得更早。

到了两汉，记载地方性的文献就多起来了。特别到了东汉，专门记载一个地方的人物、风俗、风土的书有不少。到三国、两晋，就更多了。如记载江西的书就有《豫章记》，作者叫雷次宗，可惜这部书失传了，现在只能从别的古书的引用中找到一些零星片段，后来又有《浔阳记》写九江方面的，这部书也失传了。

载《修志资料选编》（二），南昌市志办公室编。（按：讲话约发表在1985—1987年之间。）

在《星子县志》稿评议开幕式上的讲话①

我很高兴能参加《星子县志》稿的评议会。我来的目的有两个：一是学习，二是祝贺。

最近一段时间工作比较忙，志稿来不及细看。本想在这里多待几天，可惜这个计划又落了空。今天上午匆匆赴会，下午还得匆匆赶回，因而读得比较粗糙，谈不出什么好的意见；各位同志在会上提出的宝贵意见和经验，也来不及听取，实在抱歉得很。

尽管看得粗糙，志书中不少成功的地方还是给我留下了鲜明的印象。由于同志们的辛苦劳动，新编《星子县志》也写出了特色。特别使我感兴趣的是志文不到60万字。《星子县志》共14卷48章，上起五代十国吴国杨溥太和年间立星子镇，下迄1985年。一千多年的历史用60万字拿下来，据我所知是不多见的。全国若干地方的新编志书字数多达百万，或百余万。胡乔木同志和梁寒冰同志都一再强调要把字数压下来，不要过分追求篇幅大。我们的这部志书，从量上看是符合中央精神的，值得提倡，希望其他县的志书都能精简篇幅，在不超过60万字的限度内写完全书。

《星子县志》稿分卷、章、节三个层次，体例的编排有一定特色，如水电不入水利志，而入工交邮电志。工资不入劳动人事志，而入财政金融志。这是按事业性质进行分类。总的说来，篇目既要立全又要立准，不一定要全部照搬别人，要求大的方面一致，又允许在小的方面有所不同，目的在于突出特点。按事物性质分类，不失为一种编排方法。

星子有优美的自然风光，地理位置又很险要。《概述》中引用了两句话，道出了这个特点：一是"清涵蠡水，秀耸匡庐"，一是"南国咽喉，西江锁钥"。因而，星

---

① 2016年5月，根据《国务院关于同意江西省调整九江市部分行政区划的批复》，江西省调整九江市部分行政区划，撤销星子县，设立县级庐山市。——编者

子过往的名人很多。记得原先有座牌坊上书有"真儒过化"四字，原意是表彰北宋理学家周敦颐，说他当时对星子的文化教育有陶冶、启迪之功。后来这个概念扩大了。山以人传，名山与名人往往是联系在一起的。我去过云南的西双版纳，那里的风光险奇幽美。什么庐山、黄山、三清山，在那里比比皆是。可惜去的人少，尤其是名人去得少，没有留下很多胜迹，因而，就出不了名。星子既有庐山、鄱阳湖这样优美的自然景观，又有丰富的人文景观，这是一种优势。《星子县志》用了一定的笔墨写名人行踪，说明抓住了这个特点。从人文的角度去写星子的山川，我看很有必要。

《人物传》写得也很让人满意。文字比较简练，泛泛的颂扬之词一律不用，浮词赞话删得比较干净。客籍人物也立了传。从《人物传》还可看出，编者对宋之盛是有一定研究的。宋之盛，号髻山，明末清初星子人，是位理学家，有较高的学术造诣，著述很多，尤其是对"狂禅"的批判很有见地。宋之盛还以气节闻于世。清初，他隐居不仕。同他一道隐居的还有吴一圣、查世球等六人，世称"髻山七隐"，是个值得研究的人物。

这部志书还善于安排附录。文选部分选择和处理都比较慎重，只标点、分段，我赞成这种做法。保留它的原貌，不译成语体。

《星子县志》写出了特色，成果显著。这首先应归功于领导。如果没有领导的热情支持和严格要求，志书是写不好的。可以说领导重视一分，志书便好十分。其次应归功于编写志书的同志。你们从搜集资料，到编排类目，写出书稿，耗费了心力，非常辛苦。我钦佩星子县领导对修志工作的热心、关怀和支持，以及全体修志人员的辛勤工作。

下面谈谈志稿中美中不足的地方。志书的概述总的说来写得不错，但也有欠缺之处。概述要从全方位的角度宏观展开，要反映一县的全貌，写出本县具有的优势和不足，以及如何去扬长避短，发挥优势，并又得进一步变劣势为优势。这方面的研究似乎做得还不太够，因而还需要在深度上和高度上再下些功夫。

志书有些地方过于简略，如《财政金融志》的"田赋"部分写得很细，材料丰富。而"公粮农业税"则仅仅列表，没有文字说明，太简单了。请同志们再仔细斟酌一下，不当压的地方不要压。

关于《人物志》，拟谈两点看法。一是要处理好"存人"与"存史"的关系。新志稿将本籍在世的一些人物列了一个表，放入《人物志》。根据"生不立传"的原则，这种做法是不妥的。这里就有个"存人"与"存史"的关系问题。不管是表还是传，放入人物志的都是重在"存人"。如果一些在世的同志确为星子的革命和建设作出了贡献，有一定影响，我们可以在志书的其他部分用以事系人的办法予以记载，而不收入《人物志》，这主要是为了"存史"。同样是写人，但"存人"与"存史"的关系一定要摆正。二是人物的褒贬问题。志书的褒贬不是体现在语言上，而应寓于具体的事实中。一个人有善有恶，理应褒其所当褒，贬其所当贬。比如说有这么一个人，他确实做过一些好事，但临到解放时又做了一些不利于人民的事，甚至犯了罪，被人民政府关押起来了。如果后来平了反那是另外一回事。如果他犯罪的事实确凿，不能平反，他坐牢就是罪有应得。这些事实我们都应如实记载，既不溢美，也不隐恶。要让后人知道此人确实做过一些好事，后来晚节不终，用事实说话。这样做就叫秉笔直书，既体现了党的政策，也对得起我们所写的这个人物和他的后代，更对得起人民。应注意政策界限，做到善恶并存，褒贬得体。

我再就志书的修改问题谈一点意见，提出一些步骤，供同志们参考。

在讨论会上，我们的专家、学者会提出很多有价值的具体的意见，县志办的同志要注意收集、研究、融合、消化，然后决定吸收哪些、扬弃哪些，取得一致意见后再着手修改。第一步的修改为分改，可将志书分解为若干部分，落实个人负责。最好是由谁起草的仍由谁改。分改的最重要、最基本的要求是材料翔实、数据准确，着重在事实上下功夫。改完后，由分改的同志签字，表示改过的内容事实无误。

第二步是大家交换审阅分改后的各部分内容，然后开个讨论会，将有矛盾的地方、重复的地方、缺漏的地方、不准确的地方、有错误的地方都提出来。主编要做好详细记录，再根据编目和凡例的要求以及大家提出的意见，将分改后的全部志稿反复阅读、推敲。可边看，边用红蓝铅笔划上记号，做好眉批，确定该改的地方，然后亲自动手将志稿统改一遍，主编统改的最重要、最基本的要求是使全稿"如出一手"。注意，统改主要不是改事实，这一步是分改中已经完成的。统改的任务是解决矛盾、剔除重复、补充缺漏、订正错误，从而使整部志书像是一个人写出来的。

统改完成后，再召集大家看一看，如果没有意见，内部通过了，再送领导审核。

领导签了字，说明领导放了心。这时还可进行第四个步骤，请语文、语法专家审查一下行文是否规范、标点符号是否准确。语法家的任务不是改内容，而只能是进行语法、文字的修饰，做到"文通字顺"。如果觉得有必要的话，还可请保密机关的同志看一看是否符合保密要求。

我认为分改一遍，讨论一遍，统改一遍，审核一遍，修饰一遍，做到事实无讹，如出一手，领导放心，文通字顺就可以定稿，可以交付出版。

最后，附带谈一谈志书的生命力问题。一部志书价值的大小，生命力的久暂，关键在于修志的同志是否忠实于史家职守，是否求真务实。我们现在也许还感觉不到新编志书的分量，这需要时间来论证。一部求真务实的、具有高度科学性和准确性的志书，历时越久，越能显示出它的珍贵价值。百千年以后，它就是一块瑰宝。拿出这样的志书来，我们才不愧对前人，也不会贻误后人，而是为我们的时代、我们的后代提供了一份宝贵的精神的（也可说是物质的）财富。

只有在解决了志书内容的准确性这个前提下，我们才能来考虑它的可读性问题。一部好的志书应该讲究可读性。但是，切不可离开准确性而去单纯追求可读性。首先是准确性，然后才是可读性，这是一个原则。志书的修改过程，也是一个学习的过程。我们的修志人员要好好学习党的路线、方针、政策，还要学习修志理论，学习史家笔法，努力提高自己的马克思主义理论水平和方志编纂水平。这样，我们的实践就会更加得心应手，写出的东西也会更加得体。

我相信在九江市委、市政府的关心、支持下，在县委、县政府的直接领导下，在各方专家、学者的帮助下，在县志办同志的进一步努力下，我们的这部志书一定会修改得更加完善，也一定能够后来居上。希望它能继《玉山县志》之后，在省内、国内产生重大影响。谢谢大家！

载《新编星子县志稿评议会专辑》，九江市志办公室、星子县志编纂委员会编。

历史的昭示
——为鸦片战争 150 周年作

今年是鸦片战争爆发 150 周年，同时又是八国联军侵华战争爆发 90 周年。中国人民永远不会忘记这些由西方资本—帝国主义所发动的战争给我们的国家带来的长达 100 余年的深重灾难。

19 世纪初叶，在自 18 世纪开始的产业革命的基础上发展起来的英国，是当时世界上最强大的资本主义国家，英国的资产阶级为了谋取更多的利润，迫切要求占有更大的市场，对于中国这样一个庞大的潜在市场更是垂涎欲滴。而当时的中国却依然处在以自给自足的自然经济为主的封建社会中，英国商人想进入中国市场，开始时是以正常贸易的方式进行的，以它的毛织品和印度生产的棉花来换取中国的茶、丝等物。然而这种正常贸易并没有给英国商人带来更多利益，相反，还出现了贸易逆差，有材料证明，在鸦片战争前，英国东印度公司每年从中国进口的货物约值 700 万元，而向中国输出的货物一年平均约为 350 万元，出现了 50% 以上的差额。为了改变这种状况，英国商人（当然也包括一些美国商人）这时便完全撕去了伪善的假面具，悍然不顾道义的谴责，毫无羞耻地把对中国的贸易转向为以贩运鸦片为主的大宗非法贸易了。据统计，早在 1773 年（乾隆三十八年），东印度公司在印度实行鸦片专卖，便已有 1000 箱鸦片输入中国，进入 19 世纪初期，直到鸦片战争前夕，几十年间，鸦片的输入量便由每年的 4000 余箱，猛增到 4 万箱左右，每箱装有鸦片 100 斤到 120 斤，每斤的出售价值在 400 到 800 银圆上下。英国商人就是利用了这种大规模的毒品贩卖，不仅改变了对中国的贸易逆差，而且从中获得了前所未有的暴利。

鸦片是一种有毒的麻醉剂，其主要成分为吗啡，吸食鸦片极易成瘾。鸦片的大量输入，造成了吸食鸦片的人迅速增多，这些人精神上和生理上都遭到极大的摧残，劳动人民更是直接蒙受其害；同时还使白银大量外流。英国每年从中国掠去的白银达数百万元，从 1828 年到 1836 年，总计达 3800 万元，从而在我国国内造成了银贵钱贱的现象。鸦片战争前夕，用铜钱兑换白银，由原来的一千文铜钱兑换一两白银，猛跌到一千六百多文才能换到一两白银。按清朝政府的规定，农民必须用白银缴纳赋税，在此之前，农民粜谷一石多一点就可以完纳税银一两，此时，农民需要粜谷将近两石才能完纳税银一两，而国库并未增加，农民都已身受其害。总之，鸦片输入直接危害到国计民生，使中国更加迅速地陷入国贫民弱的境地。

中国人民理所当然地要坚决禁止鸦片输入和吸食鸦片，1838 年 12 月，广州爆发了万人大示威。封建统治阶级中也不乏有识之士，他们纷纷发表意见，要求朝廷严加查禁，其中如江西宜黄人、当时任鸿胪寺卿的黄爵滋就是一位有代表性的人物，他于 1838 年 6 月上书道光皇帝，痛切指陈鸦片输入所造成的危害，并指出过去禁烟之所以没有奏效，是官吏的贪赃枉法、营私舞弊所致，他建议采用"重治吸食"的办法，借以抵制鸦片的输入。他的建议受到了很多人包括林则徐的赞许。虽然他们的意见也曾遭到一群贪官污吏和昏愦无能的大臣们的反对，但是，当时的道光帝出于自身统治地位的考虑，一度下决心禁止鸦片，1838 年（道光十八年）12 月 31 日，任命林则徐为钦差大臣亲赴广州去查办鸦片问题。

中国人民的示威和清政府的决心触动了英国商人的不法利益，他们当然不甘心鸦片生意被禁止，千方百计要进行破坏。1838 年 12 月 12 日，当广州地方官吏决定处决一名中国鸦片烟贩时，他们（还包括美国的鸦片贩子）便公然干涉中国内政，捣乱刑场，肆意破坏查禁工作。自林则徐到达广州以后，一场禁止鸦片输入和坚持鸦片输入的斗争，一场正义与非正义的斗争就成了不可避免的了。

需要指出的是，为了占有中国的广大市场，在必要时准备用炮舰轰开中国的大门，这是当时的英国政府和英国商人蓄谋已久的事。早在 1830 年末，在贩卖鸦片上获得厚利的英国商人们就在呈递下院的请愿书上，悍然提出："任何高尚的外交手腕，在中国都是不会有什么收获的。"他们公开要求诉诸战争，大量散发鼓吹侵华的小册子，积极进行院外活动。到了 1839 年 1 月，在林则徐抵达广州之前，一个名叫威廉·查顿的英国人在广州靠贩卖鸦片成为最富有的英国商人，这个家伙居然还有一个博士头衔，他匆匆忙忙地跑回伦敦，大肆鼓吹侵华战争，并私下向英国政府的外交大臣帕麦斯顿提出建议，只有采取战争手段，才能迫使中国政府赔款割地和开禁，其中还具体提到开放除广州外的四个新港口和占领香港等几个岛屿。这个家伙甚至狂妄地提出要以长江分界，把中国劈为两半。所有这些战争的叫嚣，都受到了当时英国政府的支持和鼓励，并且已着手进行挑起战争的准备。由此可以断言，英国政府和英国商人们的这一蓄谋总是要伺机实现的，即使没有林则徐禁烟，英国资产阶级也不会改变预谋，他们还会找出另一个借口来发动侵略战争的。

更需要指出的是，英国资产阶级发出的种种侵华战争的叫嚣，又都是在所谓的"自由贸易"和"平等通商"的口号下进行的。早在1813年，英国资产阶级就在"自由贸易"口号下，促使英国议会通过了废止东印度公司在东方的贸易垄断权的法案，"自由贸易"的口号成了英国资产阶级发展工商业、进行对外掠夺的一张王牌。这时，他们又用"自由贸易"这一颇为高雅的口号来为发动一场肮脏的侵华战争进行辩护，他们说，贩运毒品乃是高雅的"自由贸易"。而继之以大炮来残杀无数中国人民的生命，这也是为了"自由贸易"。他们还说，中国的封建王朝在贸易关系上不是以"平等"的态度来对待他们英国的，他们之所以要发动战争，不过是为了争取"平等通商"的地位，这就是说，用武力强行进犯一个独立的主权国家，这是"平等"，强迫一个战败的主权国家签订丧权辱国、割地赔款的不平等条约，这也是"平等"。他们还标榜自己是什么"文明"的国度，而把当时的中国说成是什么"野蛮"的国家，对华战争不过是"文明"克服"野蛮"，他们的战舰和大炮统统变成了"文明"的传播物。当然，他们也没有忘记标榜所谓的"民主"，在英国议会进行的关于战争的辩论，以及1839年10月，英国政府的内阁会议所作出的发动侵华战争的决定，都是在"民主"的程序下进行的。由此可见，英国资产阶级尽管用尽了"自由""平等""文明""民主"等字眼，想借此掩盖发动鸦片战争的肮脏与无耻，然而，一切的谎言都是徒劳的，马克思早已一针见血地指出：这场战争是英国资产阶级"旨在维护鸦片贸易而发动和进行对华战争"。同时，还充分暴露了西方资产阶级所谓的"自由""平等""文明"和"民主"不过是他们为了攫取利润而拿在手上的工具，在一定的条件下，这些高雅的字眼可以完全成为强盗逻辑的同义语。一切好心的善良的人们都可以从英国政府和英国商人们在发动鸦片战争的种种表演上，看出西方世界所标榜的"自由""平等""文明"与"民主"的本质所在，看出西方资产阶级的本性，还可以看出这一本性在150年后的今天仍然没有丝毫的改变。当然，这样说并不意味着在西方资产阶级里就没有一个有识之士，这种有识之士还是有的，就以鸦片战争时期的英国而论，在他们的舆论界和议会里，确实也有人提出过反对侵华战争的意见。例如一个叫作格登斯顿的就曾经说过："我不知道而且也没有读到过，在起因上还有比这场战争更不义的战争；还有比这场战争更加想使我国蒙受永久耻辱的战争。"然而，所有的反对意见，都无法阻止这场臭名昭著的战争，1840年2月（道光二十年正月），英国政府下令派出所谓的"东方远征军"——一支英国舰队，作为侵略者的前锋，远涉重洋，于这年6月，驶进了中国广州的海面。

1839年3月林则徐到达广州，立即开始多方面的查禁鸦片的工作，如缉拿烟贩、惩治不法官吏，同时严令外国烟贩限期交出鸦片，出具甘结，保证永不再犯，并于6月3日至25日在虎门当众销毁了英美商人交出的鸦片237万余斤。虎门销烟这一壮举，使当时的中外震动。

1840年6月，一场侵略与反侵略的鸦片战争终于爆发，战争初期由于林则徐等预先有所准备，整顿海防，致使英军凶焰并未得逞，接着侵略者沿海北上，浙江、天津告警，这时，道光帝举措无方，竟然采取"羁縻"政策，林则徐等抵抗派遭到排斥。从此清政府或和或战，充分暴露了清朝政府的腐败无能，昏庸怯懦。自1841年8月至1842年8月，在这一年的时间里，英国侵略军以进犯江浙两省为重点，控制运河截断南京漕运，遂于1842年6月进入长江，7月镇江陷落，8月英国军舰闯到南京下关，至此，清政府决定屈辱求和，于1842年8月29日全都接受了英国提出的议和条款，订立了丧权辱国的《南京条约》。条约规定清政府割让香港岛，开放广州、厦门、福州、宁波、上海等五处为通商口岸，赔款2100万元。历时两年多的战争遂以外国侵略者强加给中国的第一个不平等条约而告以结束。

重温150年前的这段历史，值得我们思考的是，这段历史究竟向我们昭示了什么？

首先，历史昭示我们，鸦片战争是中国由封建社会逐渐沦为半殖民地半封建社会的历史转折点，成了中国近代史的开端。

战前的中国是一个政治上完全独立自主的国家，由于鸦片战争的失败，中国的领土开始被分割，主权开始受到侵犯；经济上也开始由自给自足的封建经济占统治地位的国家，而日益沦为世界资本主义的附庸。战前，中国社会的主要矛盾，是农民阶级和地主阶级的矛盾，而战后，则外国资本主义和中华民族的矛盾成为另一个主要矛盾。这一矛盾尤为突出，因为，中国人民之所以陷入灾难的深渊，中国社会之所以沦落至半殖民地半封建社会的悲惨境地，罪魁祸首就是外国资本主义，是他们一手造成的，是他们改变了中国历史的正常进程。

由鸦片战争开始，一百年间，外国资本——帝国主义一步步加紧了对中国的侵略，1849 年英法联军发动的第二次鸦片战争，1884 年至 1885 年的中法战争，1894 年的中日战争，外国侵略者不断采取蚕食鲸吞、分割肢解等无所不用其极的手段，使中国向半殖民地半封建的境地愈陷愈深，中日甲午战后，中国已面临着被世界列强豆剖瓜分的严重危险。当时的列强竞相在中国争夺划分"势力范围"，此即殖民地的过渡形式，这充分说明了外国资本——帝国主义的狼子野心，必欲陷中国为殖民地而后已。

到了 1900 年，又发生了八国联军侵略中国的战争，次年订立了《辛丑条约》，通过这个不平等条约，清朝反动政府完全处于列强刺刀的"监护"之下，国家主权几乎丧失殆尽，亡国之惨，已迫在眉睫。

历史昭示我们，外国资本——帝国主义妄想消灭我国的野心，已非一日，可谓蓄谋久矣！一百多年来，从老殖民主义到新殖民主义，尽管花样有所翻新，其实质并无改变。时至今日，我国已经建立起伟大的社会主义国家，但国外的一些反动势力，则不但野心未泯，而且对我们更加恨之入骨，其亡我之心尤为迫切，不过花样再度有所翻新。这就是当前的所谓"和平演变"战略，企图从社会主义国家里找到他们的代理人，从内部进行颠覆活动，达到推翻社会主义的目的。可是，中国人民已经积累了 150 年的经验，不管国外反动势力的花样如何翻新，从军舰大炮到"和平演变"，经过长期血和火考验的中国人民，一眼就能看穿他们的恶毒用心。从鸦片战争开始的这一段历史的昭示，会长期地提醒我们，要对国外反动势力的亡我之心保持高度的警惕。

历史还昭示我们，虽然外国资本主义通过发动侵略战争，在 150 年前，改变了中国历史的正常进程，然而，经过中国人民 100 多年来前仆后继的斗争，究竟是什么力量才能领导中国人民进行民主主义革命，最终取得反帝反封建的伟大胜利，重新改变中国历史的进程，由一个半殖民地半封建的国家一跃而为一个完全独立自主、拥有完整主权、空前统一的人民共和国？

毛泽东早就指出："帝国主义和中国封建主义相结合，把中国变为半殖民地和殖民地的过程，也就是中国人民反抗帝国主义及其走狗的过程。"外国资本——帝国主义对中国的侵略是和中国人民的反抗斗争同时开始的，有着五千年文明历史的中国，爱国主义本来就是中华民族的优良传统，侵略者的大炮使中国人民更加迅速地觉醒起来。一百年间，无数的志士仁人，包括广大农村与城市的劳苦大众、先进的知识分子以及许多爱国的清廷将领和官员，他们为了争取民族的生存、国家领土与主权的完整，纷纷拿起武器，走上沙场，此起彼伏又此伏彼起，甚至以血肉之躯去迎向敌人的枪口，义无反顾，壮烈牺牲。一百年间，中国人民差不多每一年都在流血，牺牲了无数的生命，付出了极大的代价，中国近代史上的爱国主义的旗帜完全是用志士仁人们的鲜血染成的，中国人民将为此而永远表示崇敬和感到骄傲。

鸦片战争以来，中国人民的反抗斗争之所以付出了极大的代价，就是因为在相当长的时间里，中国人民的每一次斗争，其结果都免不了失败。从 1841 年 5 月，最先站起来高举爱国主义义旗的广州三元里人民的反英国侵略者的斗争开始，一百余年来经过大大小小无数次的战斗，其间最著名的有自 1851 年至 1864 年的太平天国革命和 1900 年的义和团反帝爱国运动，规模一次比一次扩大，人数一次比一次增多，特别是太平天国革命，坚持了 14 年，义旗所向，纵横半个中国，攻克 600 余城，达到了中国有史以来农民革命战争的最高峰。不仅如此，中国人民在长期的斗争中，还逐渐意识到反抗外国帝国主义的同时必须反抗国内封建主义，必须打倒一切汉奸、走狗、卖国贼，推翻清王朝的反动统治。然而，所有这些斗争，都先后相继失败了，这就是说以农民阶级为领导的反帝反封建斗争不能完成历史的使命，无法改变中国历史的进程。

在此期间，还于 1898 年出现了戊戌变法运动。戊戌变法运动是一次中国资产阶级改良主义的维新运动，运动的领导人希望通过建立君主立宪政体，以自上而下的变法，达到救亡图存的目的，然而他们很快就失败了。变法维新只不过进行了 103 天，史称"百日维新"，结果，在清朝顽固派的屠刀下，以"六君子"的血溅北京菜市口而告终，变法的失败表明了资产阶级改良主义在中国行不通，更无力改变中国历史的进程。

1911 年爆发的辛亥革命，是以孙中山为代表的资产阶级领导的民主主义革命。毛泽东说过："中国反帝反封建的资产阶级民主革命，正规地说起来，是从孙中山先生开始的。"辛亥革命的伟大功勋，就在于它推翻了统治中国 260 余年的清王朝，结束了持续两千多年的中国封建君主专制制度。然而，革命并未成功，由于民族资产阶级的软弱性，革命的果实很快就落到帝国主义走狗北洋军阀的手里，中国人民又重新陷入水深火热之中。辛亥革命的失败，宣告了中国资产阶级想仿效西方资本主义国家那样，在中国建立资产阶级共和国的幻梦破灭了，宣告了中国资产阶级无力领导中国的革命，同样无法改变中国历史的进程。

鸦片战争以来的历史昭示我们，农民阶级、民族资产阶级都不能领导中国革命走向胜利，因为他们手上没有掌握科学真理，不能正确把握中国历史发展的方向，纵然历次革命斗争的领导和参加者都是爱国的志士仁人，但仍然达不到救国的目的。只有当中国的无产阶级登上政治舞台以后，在以马克思列宁主义、毛泽东思想为指导的中国共产党——无产阶级的先锋队领导下，经过了千辛万苦、浴血奋战，才终于取得了新民主主义革命和社会主义革命的胜利，建成了独立、民主、统一的社会主义新中国，这才真正改变了中国历史的进程。所以，"没有共产党就没有新中国""只有社会主义才能救中国"，这两句至理名言，绝不是中国共产党人自封的或自吹的，而是 150 年来历史的高度概括，这是任何人也否定不了的。

由此可见，从 1840 年鸦片战争开始，改变中国历史正常进程，使中国人民陷入百年灾难的，是外国资本——帝国主义。自 1949 年新中国建立，又一次改变中国历史进程，使中国人民走上社会主义康庄大道的，是中国无产阶级及其先锋队——中国共产党。这就是 150 年来中国历史昭示我们的一条最重要的结论。由此可见，爱国主义是一个历史范畴，它总要随着历史的发展而不断地有所扬弃、有所发展，也即扬弃旧的内容，发展新的含义。现代中国所提倡的爱国主义所包含的基本内容，就绝不能离开中国共产党为建设有中国特色的社会主义而制定的基本路线，即以经济建设为中心，坚持四项基本原则，坚持改革开放。离开了这条基本路线，就不成其为现代的爱国主义，就完全有可能走向爱国主义的反面。所以，今天的中国人民热爱祖国和热爱共产党、热爱社会主义是完全一致的，是根本不能分割的，社会主义的旗帜和爱国主义的旗帜是同一面旗帜，这同样是历史的必然。

让我们高举伟大的社会主义和爱国主义的旗帜阔步前进！

载《江西盟讯》1990 年
第 3 期。

要为猛士守四方

——与青年教师谈学习历史

今年的 10 月 10 日，是孙中山先生领导的辛亥革命武昌起义 80 周年纪念日。在这回顾历史、缅怀先烈的日子里，我想和青年教师们谈谈学习历史的问题，先得扯远一点，从学习的目的谈起。

学习的目的是什么？简单地说，就是学习科学，掌握科学规律，并用之来为社会服务。对我们来说，就是用来为人民服务，为社会主义服务，把我国建设成为有中国特色的社会主义现代化国家。

科学与反科学是根本对立的。科学的要求是在学习与实践中去认识客观规律，并按客观规律去再学习、再实践，去促进事物按规律发展，推动社会的不断进步。反科学则与之相反，它不是按规律办事，而是凭主观盲目性办事，它是愚昧无知的产物。因此，违反科学规律的人在盲目性的支配下，他不可能对客观事物的发展、因果关系、偶然性与必然性等等作出正确的判断，也就不可能作出正确的选择，而科学则总是沿着探索客观真理的道路不断前进的。只有掌握了科学的客观规律，才能对事物的发展前景和社会的发展方向，作出正确的判断和正确的选择。

早在 19 世纪 40 年代，马克思和恩格斯就认为历史科学是一门唯一的科学。他俩在《德意志意识形态》上写道：

> 我们仅仅知道一门唯一的科学，即历史科学。历史可以从两方面来考察，可以把它划分为自然史和人类史。但这两方面是密切相联的；只要有人存在，自然史和人类史就彼此相互制约。自然史，即谓自然科学，我们在这里不谈；我们需要深入研究的是人类史。

在马克思主义者看来，从广义的角度说，科学也可以叫作历史。因为人对自然的认识，掌握自然规律和人对社会的认识，掌握社会规律，对认识的主体来说，都有一个认识和掌握的过程；对认识的客体来说，客观规律就是它自身的发展过程，规律也就是过程，作为过程，就可以称之为历史，历史就是过程，就是规律。科学是研究客观规律的，所以，科学也就是历史。用公式表示，就是科学＝必然过程＝客观规律＝历史。因此，马克思、恩格斯才说："我们仅仅知道一门唯一的科学，即历史科学。"

当然，这是从历史科学的广义或其哲学意义上来理解的，广义的历史科学包括一切科学，即包括自然史和人类史（社会史）两个方面，亦即包括自然科学和社会科学两个方面。这两个方面是彼此相互制约的。因此，作为现代人来说，就必须既要学习自然科学，也要学习社会科学。否则，不是不懂自然发展的规律，就是不懂社会发展的规律，都会陷入盲目性，陷入愚昧与无知。

在这篇短文里，我们要谈的是狭义的历史科学。狭义的历史科学是属于社会科学的一个部分。它的研究范围大体上是指整个世界或一个国家或一个地区或一种社会现象的发展过程，这就是通常所谓的历史学，包括世界史、本国史、地区史和专史以及按时代划分的古代史、近代史、现代史等。研究它的发展过程，掌握它的发展规律，这就是历史学的任务。所以，只有学习历史，才能了解世界的发展规律及其发展趋势，才能了解一个国家的发展规律及其发展趋势，才能在风云变幻、纷纭错杂之中，不为某些暂时出现的现象所迷惑，不为某些枝节的非主流的甚而是曲折的现象所困扰，而能在任何情况下，把握住历史的必然性，把握住历史的根本动向，而作出正解的判断和选择。

需要着重指出的是，在马克思主义诞生以前，历史并没有成为一门科学。虽然以往的历史书籍很多，但是所有的历史书都没有阐明人类社会的发展规律。它们只限于历史现象的某些表述或描述，而且由于受到阶级利益的左右，即使在历史事实的表述上也常常有所歪曲，加上在各种各样的唯心史观的指导和影响下，历史家们在错综复杂的历史现象面前显得茫无头绪，当然无从找到社会发展的本质所在，不能揭示出历史运动的客观规律，当然也就不能把历史上升到科学。

只有到马克思主义诞生以后，历史才真正成为一门科学，这首先归功于马克思。恩格斯曾经在卡尔·马克思《路易·波拿巴的雾月十八日》一书德文第三版序言中指出："正是马克思最先发现了重大的历史运动规律。"后来，他又在《在马克思墓前的讲话》中再次指出："正像达尔文发现有机界的发展规律一样，马克思发现了人类历史的发展规律。"这是因为马克思首先运用辩证唯物主义和历史唯物主义来研究人类历史，才真正发现了人类历史发展的普遍规律。而这一普遍规律一经发现，它就不仅仅使历史成了一门科学，它的伟大之处还在于，它成了一切革命人民，特别是无产阶级手中的最锐利的武器。无产阶级和革命人民凭借这一武器，把普遍真理和具体的革命实践相结合，就能自觉地把握历史的大方向，战胜一切邪恶，推动历史按照其自身的发展规律而不断前进。总之，人们一旦掌握马克思主义，掌握了历史的发展规律，而且不断付诸实践，就可能成为历史的真正主人，就不再是历史的奴隶了。

江泽民同志在今年3月，语重心长地强调，坚持不懈开展近代史、现代史教育和国情教育，这是具有战略意义的。

因为学习中国近代史、现代史，可以从中得到最好的例证和教益。近代中国自鸦片战争以来，在长达一百年的时间里，中国人民内受封建主义的残酷压迫，外受帝国主义的疯狂侵略，面临着瓜分豆剖、任人宰割的严重危险。在中国共产党成立以前，已经有许许多多的志士仁人，为了挽救民族危亡，争取生存权利，曾经进行过一次又一次英勇的斗争，流血牺牲，前仆后继。然而，就因为这些志士仁人们没有掌握历史的发展规律，对于中国应该向何处去的问题，不能作出正确的判断与选择，找不到正确的答案，因而一次又一次的斗争都失败了。

即使像辛亥革命那样，正如毛泽东同志在《新民主主义论》中所指出的，是"在比较更完全的意义上开始了""反对帝国主义和封建势力，为了建立一个独立的民主主义的社会而斗争"的革命，它从此结束了曾经盘踞在中国这块土地上长达两千多年的帝制，树起民主共和国的旗帜。应当说，在中国的历史上，辛亥革命是有其不可磨灭的伟大功勋的。然而，中国的资产阶级和小资产阶级领导者有其自身不可克服的弱点，不能坚强而又正确地把革命继续引向胜利，辛亥革命也终于失败了，中国人民仍然陷入在帝国主义列强统治下的半殖民地半封建社会的悲惨境地。只是在中国共产党成立之后，由于中国共产党人坚持以马克思主义为指导思想，把马克思主义的普遍真理与中国革命的具体实践相结合，真正掌握了历史发展的客观规律，也就真正掌握了中国的前途与命运。中国共产党人和中国人民几十年的奋斗实践和智慧的结晶，形成了毛泽东思想。在马克思主义、毛泽东思想的指导下，中国革命发生了开天辟地的变化，从一个胜利走向另一个胜利。江泽民同志《在庆祝中国共产党成立七十周年大会上的讲话》中指出：

> 七十年里，我们党领导各族人民为中国社会的进步，做了许多事情。总起来说，就是三件大事：第一，完成反帝反封建的新民主主义革命任务，结束了中国半殖民地半封建社会的历史；第二，消灭剥削制度和剥削阶级，确立了社会主义制度；第三，开创建设有中国特色社会主义的道路，逐步实现社会主义现代化，这件事情还正在做。

这就是中国近现代史的科学总结，这就是中国社会发展的客观规律，这就是中国共产党人领导中国各族人民，按照马克思主义、毛泽东思想所揭示的客观规律，作出了正确的判断和选择，并为之奋斗不息所取得的结果，从而使中国发生了翻天覆地的变化。

由此可知，我们青年教师认真学习中国近代史、现代史，是何等重要！因为它关系到国家的前途和命运。中国近代史、现代史活生生地告诉了我们，当人们还没有掌握历史发展规律的时候，不管他们如何爱国，付出了何等代价，仍然不能解决中国的问题；而一旦掌握了历史发展规律，革命由胜利走向胜利，中国的面貌就得到了根本性的改变。"没有共产党就没有新中国""只有社会主义才能救中国""只有社会主义才能发展中国"，走社会主义之路，这是中国唯一光明的前途和命运，这是历史科学所作出的结论。所以，今天的爱国主义的旗帜是和社会主义旗帜紧紧结合在一起的。也可以说，是同一面旗帜的两个方面。离开了社会主义，就谈不上爱国主义。如果今天还有人以为不走社会主义道路也算爱国，那么，必须严正指出，这绝不是爱国而是害国，因为他违背了历史规律，违背了科学，违背了真理，是逆历史规律而动。我们今天纪念辛亥革命80周年，其重要意义在于：它在历史上已经证明，资产阶级共和国只是一个幻想，辛亥革命的历史教训，是无论如何都不应该忘记的。

　　我们的广大青年教师，绝大多数是热爱真理、热爱科学、热爱社会主义祖国的，他们一旦接受了马克思主义，学习了中国历史特别是近代史、现代史，掌握了历史发展的必然规律，熟悉了中国的国情，人生观和世界观就会建立在马克思主义的科学基础之上，就会把个人的前途和命运同国家的前途和命运、同社会主义事业的前途和命运紧紧地联系在一起，就会为建设有中国特色的社会主义而奋斗终身。这样，作为"为人师表"、肩负培养社会主义接班人和建设者重任的人民教师，作为迎接21世纪的前锋，就是当之而无愧的。

　　教育者必先受教育。广大青年教师首先自己要努力学习中国近代史和现代史，深刻认识和掌握中国的国情，才能坚持不懈地、有效地对广大青少年进行国情教育、爱国主义教育和社会主义思想教育。

　　汉高祖刘邦曾经写过一首《大风歌》，其中有两句："大风起兮云飞扬""安得猛士兮守四方？"今天的国际形势也颇有"大风起兮云飞扬"的样子。西方敌对势力正加紧对我国推行"和平演变"的战略，国内顽固坚持资产阶级自由化的人和敌视社会主义的人，正在蠢蠢欲动。我想借用它一句，把它改动3个字，叫作"要为猛士守四方"，用来奉赠给当代的青年教师——21世纪的前锋猛士们，希望你们在风起云飞中，经受时代的考验，在中国共产党的坚强领导下，筑起抵御"和平演变"的钢铁长城，去争取最后的胜利！

　　载《江西教育》1991年第 10 期。

北面斋茶话

我嗜茶，每日晨起必灌一大碗，授课必带一大杯，遇开会，席前必置茶。旁座或略啜，甚而有不沾唇者，唯我必饮尽且屡屡添水，故友人有戏呼我为茶桶者，相视一笑。然绝不谙茶味，更不懂茶如何产，如何制，如何保存，如何分别等级高下，则谓之茶痴汉亦无不可。但我自认绝非嗜水之翁，非茶不饮，宁可渴杀，绝不喝白开水，盖此即我个人之所谓茶道也。无他故，缘饮茶亦可败家，我固措大，花大价钱买高级茶，配以清泉炭火，而后一一品尝之，实非我之力所能办，故我之茶道谓之穷茶道也无不可。陈文华同志编《农业考古》杂志，已届十稔，今复有另辟茶文化专号之议，索稿于我，即认定我能喝茶，而又喜欢讲讲中国古代文化，似乎有话可说；殊未知我的茶道已属蹩脚，而于茶文化更加外行，然其盛情不可却，爰撷拾前人言茶而有韵致者，杂以我自幼至老饮茶生活中或亲历或闻见中之琐细者，拉杂成文，零星散乱，毫无系统可言，无以名之，名之曰"茶话"。好在前人多有写诗话者，而其作者并不一定都能写好诗。谨援此例，有谓我之"茶话"乃不懂茶之茶话，我将引为知己。

一

茶树（Camellia sinensis）的最早产地在中国，以茶叶为饮料也以中国人为最早。公元 6 世纪饮茶之风由中国传入日本，到 13 世纪日本才盛行起来，至于欧洲则直至 17 世纪早期方始引入。而种茶则待到 19 世纪才先后引入印度、斯里兰卡和印尼爪哇等地。由此而言，中国茶文化是祖国最悠久的传统文化之一，也是世界上最悠久的文化之一，绝非虚语。

相传茶文化的老祖宗是神农氏，距今将近五千年，虽无文物佐证，然西方人至今仍沿此说，载诸《不列颠百科全书》。神农先生尝过百草，当然完全有可能品尝了茶叶，发现其味无穷，于是乎他的家人、氏族、部落都跟着饮将起来，想来这种猜测够得上事无足据而理有或然的。

中国人饮茶虽然始原极早，然而先秦文献中却找不着"茶"字。《诗经》中出现许多"荼"字，如"谁谓荼苦，其甘如荠""周原膴膴，堇荼如饴"。《毛传》均谓："荼，苦菜。"《尔雅·释草》也解作："荼，苦菜。"这种苦菜，前人多谓指野蔬。当然，在《诗经》的另外一些地方的"荼"字，还有其他别的解释，似乎都未言及是茶，而只有在《尔雅·释木》上举出一个"槚"字，作"槚，苦荼"。晋人郭璞注《尔雅》，始认为"槚"字即后世之"茶"。他说："树小如栀子，冬生叶，可煮作羹饮，今呼早采者为荼，晚取者为茗，一名荈，蜀人名之苦荼。"郭璞虽也没有提出茶字，然其已谓可作羹饮，又可名之为茗为荈，唐陆羽《茶经》谓蔎（音社）、茗、荈都是茶名。可证郭璞业已认定《尔雅·释木》的槚——苦荼就是茶。

写到这里，就碰上一个问题。按《说文》："荼，苦荼也，从草余声。"宋初徐铉等注："此即今之茶字。"清段玉裁著《说文解字注》却援《诗经》毛传而认定应作"荼，苦菜"，下面则仅说了一句"及后世荼荈，皆用此字"。段玉裁的意思似乎是说，荼字本义只是苦菜，到后世才用来称荼荈，才是茶，徐铉的解释过早了。其实"荼"字本有两读，一读涂音，一读弋奢切即茶音。唐颜师古注《汉书》，在《王子侯表》，荼陵节侯诉"条下注："荼音涂。"而在"地理志长沙国荼陵"条下则注："荼音弋奢切。"又按《尔雅·释木》"槚"字，《唐韵》作"古雅切"，属马韵，茶属麻韵，马麻二韵同部，仅为声调上的区别。则知《尔雅》释槚为苦荼，这个"荼"字就应该读成茶音。清人郝懿行《尔雅义疏》也说："今茶字，古作荼。"由此可知许慎著《说文》释荼字，不取《毛传》作苦菜，而径释为苦荼，与《尔雅》释"槚"字为苦荼同，这并不是以相同字互释，而是将上一"荼"字作"余声"，即读如涂，下一"荼"字则读为茶。字虽一字，而读音有别，盖苦荼即苦荼，在许慎时代已属普遍用语，用苦荼解释"荼"字，在当时的读音上不会产生混淆，自然谈不上是同字互释。而徐铉对苦荼的解释当然更为清楚。段玉裁的注文中虽未明白指出以苦荼释荼错在哪里，但他仍以"苦菜"释荼，看来实在有点泥古不化。不过，这位段先生毕竟是一位古音韵大师，在他著的《六书音均表》上，"荼"字列入第五部，属模韵，又说"今兼入麻"，即又可列入第十七部，属麻韵。承认荼字有两读，入麻韵的荼字就是茶字。只是说成"今兼入麻"，还是把读茶音的"荼"字看成是后起的。其实在模、鱼两韵中同时又入麻韵而有两读的字并不算少，如"车，尺遮切，麻韵"，又可读"九鱼切，鱼韵"，"家，古牙切，麻韵"，又可读"古胡切，模韵"，均可为证。如此说来，虽然在先秦文献上找不到一个比"茶"字少一画的"荼"字，但却找到了可以读"茶"音的荼字和"苦荼"就是茶的古名。那么，我们再来看《诗经》上的"谁谓荼苦，其甘如荠""周原膴膴，堇荼如饴"中的"荼"字，既然音有两读，义有二解，为什么一定要依《毛传》，说成是苦菜，而一定不能依《尔雅》《说文》说成是苦荼即茶呢？何况荼又苦且甘，如荠如饴，这和品茶，也很相像。我虽自愧不懂茶味，但喝起来初时也觉得有苦味，而过不久又觉舌本回甘，则如荠如饴，用来形容茶味，不是也很恰当吗？更何况，茶叶原本可食，据记载，唐朝人饮茶，和以姜盐，是连汤带茶叶，通统吃掉的。至今在江西、湖南的许多地方仍然保持着这一传统，既饮且食。那么《毛传》说的苦菜，也未必不包括茶叶而言，把"苦菜"一词，解释成既可指某些带有苦味的野蔬，也可以指"即今之茶叶"，则"苦菜"与"苦荼"，义本相通。宋人王楙《野客丛书》中曾写道："世谓古之荼，即今之茶，不知荼有数种……惟荼槚之荼，即今茶也。"虽然说到了苦菜与苦荼两者之有区别，却不知两者亦可相通，仍不免失之片面。我们说，早在《诗经》时代，中国就已经有了饮茶或食茶的记载，应该说是无可疑的了。

在中国古代文献上，究竟最早在什么时候才出现现在通行的"茶"字呢？据查西汉人王褒写的《僮约》上有"武阳买茶"一句，这是最早相传出现的"茶"字。史书上则以《三国志·吴书·韦曜传》为最早。传载孙吴的暴君孙皓每设酒宴，不管客人能不能饮酒，一律以饮七升为限，不能饮的则强加浇灌，而韦曜曾一度得到孙皓的礼遇，韦曜的酒量只有三升，孙皓便特许裁减，"或密赐茶荈以当酒"。这就是在所谓的"正史"上第一次出现的"茶"字。而宋人魏了翁之《古今考》、清人郝懿行之《尔雅义疏》都说唐人陆羽著《茶经》才把"荼"字减去一画而成为"茶"字。如魏说："惟陆羽、卢仝以后，则遂易荼为茶。"郝说："至唐陆羽著《茶经》，始减一画作'茶'，今则知茶不复知荼矣。"段玉裁虽不明说是陆羽改的，但他既说荼读茶音为后起，又说"俗书减一画"，则可知在他看来茶字是更为后起的，而且还是个俗字。古代的许多韵书，也确实都把茶字看成是俗字，有的韵书如《集韵》作"槚"字，清阮元主编的《经籍纂诂》也把它写成"槚"字，并说"今俗作茶"。而近世印的《韵书》如《诗韵》竟又写作"槎",画蛇添足,真堪发噱。总之,把"茶"字说成是陆羽的发明,或者说它是俗字的,都统统错了。"茶"字古已有之,把"荼"字减一画,以示与读涂音的"荼"字相区别,至晚应该是汉代人的发明,何俗之有?

远古混茫,神农氏之尝百草,毕竟是个传说,落实不了,而尝百草中是否尝到了茶,则更加难稽,因此,对中国之茶文化始于神农时期这一问题,可以权置勿论。然而早在西周时期,即距今两千多年前至三千年之间,中国文献上确有"茶"字,即"荼"字,而且"谁谓荼苦"一诗乃《诗经·小雅》篇什,"堇荼如饴"一诗乃《诗经·大雅》篇什,协之宫徵,披于簧弦,茶文化业已进入文学艺术的最高层次。如果还有人说《诗经》时代的茶文化是食茶而非饮茶,那么至迟到公元3世纪三国时期的韦曜,以茶代酒,便足以证明饮茶之习早已有之。西晋时期饮茶之风,已经相当盛行,这可从郭璞注的《尔雅》中看到,他不仅说茶"可以作羹饮",而且还能列举出茶树之生态,茶叶之产地,以及茶之异名等等,确乎是位行家。同时作为一种高级文化形态,这时已经有人用赋体来专门描写采茶和饮茶了。《艺文类聚》载晋人杜育作《荈赋》中云:

灵山惟岳,奇产所钟。(瞻彼卷阿,实曰夕阳。——编者补录)厥生荈草,弥谷被岗。承丰壤之滋润,受甘露之霄降。月惟初秋,农功少休。结偶同旅,是采是求。水则岷方之注,挹彼清流;器泽陶简,出自东隅。酌之以匏,取式公刘。惟兹初成,沫沉华浮。焕如积雪,晔若春敷。

《荈赋》就是《茶赋》。杜育与郭璞年辈相若,杜比郭还可能年长一些,都生于西晋,郭还活到东晋。自来有不少人认为由饮茶之风而真正兴起的茶文化,要待到唐代才始盛行,其实,这种看法是很不确切的。至迟在公元3世纪至4世纪之初,中国的茶文化即以其卓立之姿而登诸大雅之堂,有文学家专门为茶文化而写的作品问世,早已由附庸而蔚为大国了。

二

中国人饮茶之风,迄于唐代,浸已成俗。如果说,唐代以前,北方人于饮茶尚未普及，则至此已遍及南北。朝廷且倚为正税。德宗贞元年间，仅茶税一项，每年"得钱四十万贯"，此后还续有增加，足证茶之产量已蔚为大宗。而且饮茶之风染及回纥、吐蕃等地，据《新唐书》与《文献通考》皆谓"回纥入朝，始驱马市茶"，李肇《国史补》并谓吐蕃赞普拥有之茶，尽东南名品，可见茶风所被之广。

人们多举《新唐书·陆羽传》，以谓唐代茶风之盛，源自陆羽著《茶经》三篇。"言茶之原、之法、之具尤备，天下益知饮茶矣……有常伯熊者，因羽论复广著茶之功。其后尚茶成风"。就是说，自陆羽与常伯熊两人先后著文宣传茶原、茶法、茶具、茶功，而后，才把饮茶之风广泛地带动了起来。其实，这一看法并不十分准确，尽管陆羽在唐代就被人们尊为茶神，"时鬻茶者，至画羽形置炀突间，祀为茶神"，然而，准确地说，他只是把品茶之艺加以总结提高，由于论述精湛，得到人们的普遍承认并大加称誉。陆羽《茶经》在中国茶文化史上，当然有其极为显著的地位，盖饮茶而讲究到属于文化中之一艺。论其功自应推陆羽为首，而此正是饮茶之风早已普遍之后的结果。不是先有《茶经》，而后茶风始盛，恰恰是茶风已盛，而后始有《茶经》，总结在实践之后，普及在提高之前，乃事理之常也。

唐代茶风缘何而盛？唐人封演《封氏闻见记》另有一说：

> 开元中，太山灵岩寺有降魔师大兴禅教，学禅务于不寐，又不夕食，皆恃其饮茶。人自怀挟，到处煮饮。从此转相仿效，遂成风俗。

宋人李石《续博物志》亦持此说：

> 开元中，太山灵岩寺有降魔师，教禅者以不寐，人多作茶饮，因以成俗。

我颇赞成此一说。盖禅家参禅入定，每为睡魔所扰，唯有饮茶可以涤烦疗渴，驱困解乏，为禅林必备之物。随着禅宗在唐代的勃兴，尤以慧能创立的标榜顿悟成佛的南宗禅，自中唐以后成了禅宗正统，为中国佛教最大之宗派，在士大夫和平民中均有很深的影响。就当时来说，提到禅宗，几乎成了中国佛教的代名词，因而，饮茶之风自然也就不胫而走。

唐代许多诗人中，有的是禅门信徒，有的则与禅家结为方外交，不管在朝在野，或居官，或逃隐，他们都喜欢游山逛庙，在禅院里和禅家品茶，甚至，参加茶会，视为风雅，形诸吟咏，在唐人集中颇不少见。兹略举与陆羽同时或相后先的数例，以示一斑。

刘长卿《惠福寺与陈留诸官茶会，得西字》：

　　到此机事遣，自嫌尘网迷。因知万法幻，尽与浮云齐。疏竹映高枕，空花随杖藜。香飘诸天外，日隐双林西。微吏方见狎，真僧幸相携。能令归客意，不复还东溪。

李白《答族侄僧中孚赠玉泉仙人掌茶》有序：

　　余游金陵，见宗僧中孚，示余茶数十斤，拳然重叠，其状如手，号为仙人掌茶。盖新出乎玉泉之山，旷古未睹，因持之见遗，兼赠诗，要余答之，遂有此作。后之高僧大隐，知仙人掌茶发乎中孚禅子及青莲居士李白也。
　　常闻玉泉山，山洞多乳窟。仙鼠如白鸦，倒悬清溪月。茗生此中石，玉泉流不歇。根柯洒芳津，采服润肌骨。丛老卷绿叶，枝枝相接连。曝成仙人掌，似拍洪崖肩。举世未见之，其名定谁传。宗英乃禅伯，投赠有佳篇。清镜烛无盐，顾惭西子妍。朝坐有余兴，长吟播诸天。

高适《同群公宿开善寺赠陈十六所居》：

　　驾车出人境，避暑投僧家。徘徊龙象侧，始见香林花。读书不及经，饮酒不胜茶。知君悟此道，所未披袈裟……

柳宗元《巽上人以竹间自采新茶见赠，酬之以诗》：

　　芳丛翳湘竹，寒露凝清华。复此雪山客，晨朝掇灵芽。蒸烟俯石濑，咫尺凌丹崖。圆方丽奇色，圭璧无纤瑕。呼儿爨金鼎，余馥延幽遐。涤虑发真照，还源荡昏邪。犹同甘露饮，佛事薰毗耶。咄此蓬瀛侣，无乃贵流霞。

刘禹锡《西山兰若试茶歌》：

山僧后檐茶数丛，春来映竹抽新茸。宛然为客振衣起，自傍芳丛摘鹰觜。斯须炒成满室香，便酌砌下金沙水。骤雨松声入鼎来，白云满碗花徘徊。悠扬喷鼻宿醒散，清峭彻骨烦襟开。阳崖阴岭各殊气，未若竹下莓苔地。炎帝虽尝未解煎，桐君有箓那知味。新芽连拳半未舒，自摘至煎俄顷余。木兰沾露香微似，瑶草临波色不如。僧言灵味宜幽寂，采采翘英为嘉客。不辞缄封寄郡斋，砖井铜炉损标格，何况蒙山顾渚春，白泥赤印走风尘。欲知花乳清泠味，须是眠云跂石人。

陆龟蒙《和访寂上人不遇》：

芭蕉霜后石栏荒，林下无人闭竹房。经抄未成抛素几，锡环应撼过寒塘。蒲团为拂浮埃散，茶器空怀碧㔉香。早晚却还宗炳社，夜深风雪对禅床。

司空图《重阳日访元秀上人》：

红叶黄花秋景宽，醉吟朝夕在樊川。却嫌今日登山俗，且共高僧对榻眠。别画长怀吴寺壁，宜茶偏赏雪溪泉。归来童稚争相笑，何事无人与酒船。

由上可知，有禅风之盛，方有茶风之盛，加上诗人骚客士大夫辈的赏会品评，推波助澜，才把中国的茶文化推到了一个新的高度。盖禅门空寂，而空寂过度，则违反生理自然规律，令人不耐，遂不得不借茶提神，破其岑寂；而世途烦嚣，诗人士大夫久处其间，则又不耐其扰，遂亦不得不往游禅林，借茶求静，暂解尘网。一个要静极求醒，寂中得趣；一个要闹极思静，忙里偷闲。两个看来颇为矛盾的心理要求，却在饮茶一道上，互相统一了起来，彼此的心理都得到了平衡，也都得到了满足，于是乎茶文化便由此而更加兴盛起来，也是在这个基础上，陆羽的《茶经》才得以问世。

陆羽这个人本来就和禅家有很深的关系。《新唐书》本传载："不知所生，或言有僧得诸水滨，畜之。"这条材料可能是采自唐人李肇《国史补》。可知陆羽是在僧寺中长大的，后因吃不消劳苦，才从寺里逃跑出来，一度还当过伶人。《国史补》称他"有文学，多意思"，这是在他结"庐火门山"成了一位所谓"隐逸"人士以后的事。陆羽也能作作诗，但留下来的极少，《全唐诗》只搜集到他的两首诗和几句断句，看来不算高明，但在当时确有名气，和他有过交往的官僚士大夫、诗人、诗僧不在少数。除与著名诗人如刘长卿、孟郊，著名诗僧如皎然、齐己等颇相契合外，还曾经是颜真卿的座上客。《全唐诗》所收集的联句诗，就有颜真卿多次主持下的诗会联句，陆羽大多参加了，如《登岘山观李左相石尊联句》《水堂送诸文士戏赠潘丞联句》《与耿湋水亭咏风联句》《又溪馆听蝉联句》《三言喜皇甫曾侍御见过，南楼玩月联句》等。当时的参加者还有刘全白、裴循、张荐、吴筠、强蒙、范缙、王纯、魏理、王修甫、颜岘、左辅元、刘茂、颜浑、杨德元、韦介、崔弘、史仲宣、权器、陆士修、裴幼清、柳淡、颜颙、颜须、颜颀、李萼、潘述、杨凭、皇甫曾、陆涓、耿湋、杨凝等，此外，诗僧皎然、释尘外和昼上人等也都参加了。这些人和颜真卿的关系非亲即友，大多是缙绅士大夫和当时名士名僧，陆羽能厕身其间，当非偶然。

陆羽在当时来说，虽然出身较为低微，可是后来读了书，虽然未应科举，不登仕途（也有传说他做过"太子文学，徙太常寺太祝，不就"，不可的考），而日子却也过得很不坏，苕溪有隐所，青塘有别业，上饶有山舍，说不定丹阳还有房舍，所到之处如不住禅寺，就自己做房子，看来还不怎么简陋，可以会客赋诗，如皎然有《喜义兴权明府自君山至，集陆处士羽青塘别业》诗和《春夜集陆处士居玩月》诗可证。他之所以能著《茶经》，固然与他的嗜茶有关，而他之所以嗜茶，又与他自幼及长为禅徒畜养有关，后来成了名士，与禅家诗客往还，除品茶敲韵外，别无他事，自然于饮茶一道，经验越来越丰富，研究越来越深入，在主客观上都拥有优越的条件，故《茶经》之作，也并非偶然。

史载陆羽还著有《毁茶论》，这是因为他受到一次很大的侮辱。《新唐书》本传称：

> 御史大夫李季卿宣慰江南，次临淮，知（常）伯熊善煮茶，召之。伯熊执
> 器前，季卿为再举杯。至江南，又有荐（陆）羽者，召之。羽衣野服，挈具而
> 入。季卿不为礼。羽愧之，更著《毁茶论》。

像李季卿这类人以匠役视陆羽，势焰熏人，官架十足，固无足论。然而，也怪陆羽
涉世无方，立身不稳，知人不明，有以致之。盖陆羽虽经史家列入隐逸传，然而，
迹其生平，殊难画一。既亦士亦僧，又非士非僧；既亦雅亦俗，又非雅非俗；既亦
艺亦匠，又非艺非匠；既欲寄身于市朝之外，又欲延誉于公卿之间，左顾右盼，前
后失据，则其受辱，未尝不是咎由己取，自讨没趣。当然他写的《毁茶论》并未起
到丝毫作用，唐代茶风反而益炽，故知唐代茶风既不缘《茶经》而始盛，自然更不
会因《毁茶论》而遂息。

　　陆羽的《毁茶论》没有流传下来，流传下来的是他的《茶经》。《茶经》虽然说
不上起过开启风尚的作用，陆羽的好友皎然还在他的一首《饮茶歌》里写道"楚人
《茶经》虚得名"，对它颇著微词，然而，它却是中国第一部专论茶文化的名著，影
响不小，陆羽之名，赖此不朽。因泛言唐代茶风兴盛之由，遂不免稍稍涉及陆羽，
信笔所至，初非尚论古人，任情扬抑。长夏多困，北窗纳凉，清茶一盏，聊资谈助
罢了。

三

　　唐人有关饮茶之诗颇多，而后来成为典故的则以卢仝"七碗"与皎然"三饮"
为著。移录于下：

卢仝：走笔谢孟谏议寄新茶

日高丈五睡正浓，军将打门惊周公。口云谏议送书信，白绢斜封三道印。
开缄宛见谏议面，手阅月团三百片。闻道新年入山里，蛰虫惊动春风起。天子
须尝阳羡茶，百草不敢先开花。仁风暗结珠琲瓃，先春抽出黄金芽。摘鲜焙芳

旋封裹，至精至好且不奢。至尊之余合王公，何事便到山人家？柴门反关无俗客，纱帽笼头自煎吃。碧云引风吹不断，白花浮光凝碗面。一碗喉吻润，两碗破孤闷。三碗搜枯肠，唯有文字五千卷。四碗发轻汗，平生不平事，尽向毛孔散。五碗肌骨清，六碗通仙灵。七碗吃不得也，唯觉两腋习习清风生。蓬莱山，在何处？玉川子，乘此清风欲归去。山上群仙司下土，地位清高隔风雨。安得知百万亿苍生命，堕在巅崖受辛苦。便为谏议问苍生，到头还得苏息否？

皎然：饮茶歌诮崔石使君

越人遗我剡溪茗，采得金芽爨金鼎。素瓷雪色缥沫香，何似诸仙琼蕊浆。一饮涤昏寐，情思朗爽满天地。再饮清我神，忽如飞雨洒轻尘。三饮便得道，何须苦心破烦恼。此物清高世莫知，世人饮酒多自欺。愁看毕卓瓮间夜，笑向陶潜篱下时。崔侯啜之意不已，狂歌一曲惊人耳。孰知茶道全尔真，唯有丹丘得如此。

卢仝是一位颇具傲骨的儒者，在他谢人送茶所抒发的感慨中，有着强烈的要为民请命、苏息苍生的志愿。但后来言茶者却多以"七碗"为典实，竞相搬弄，聊举南宋二例。陆游《昼卧闻碾茶》：

> 小醉初消日未晡，幽窗催破紫云腴。
> 玉川七碗何须尔，铜碾声中睡已无。

吴潜《履斋诗余·谒金门·和韵赋茶》：

> 汤怕老，缓煮龙芽凤草。七碗徐徐撑腹了，卢家诗兴渺。君岂荆溪路杳，我已泾川梦绕。酒兴茶酣人语悄，莫教鸡聒晓。

至于后来诗家一说到茶，例不免要提到什么"搜枯肠""两腋风生"之类，就更多了，不烦具引。偏偏卢仝在茶中提到的为民请命、苏息苍生的好思想，我愧读书太少，就我所接触到的似乎没有什么人加以引用，据为典实的印象。

其实，卢仝的七碗茶的来历，倒是受到道家和道教思想的影响，并非他老人家的专利发明。盖饮茶而能羽化成仙之说，至迟在晋代即已流行。《太平御览》引王浮《神异记》谓："余姚人虞洪，入山采茗，遇一道士，牵三青牛，引洪至瀑布山，曰：'吾丹丘子也，闻子善具饮，常思见惠。山中有大茗，可以相给……'"又蔡襄《茶录》引陶弘景语，谓："陶隐居云：'苦茶换骨轻身，丹丘黄石君服之仙去。'"王浮、陶弘景二人是两晋南北朝时候的著名道士，也是两个伪造道教经典的能手。王浮伪造了《老子化胡经》，陶弘景伪造的更多，如《真诰》《上清握中诀》《洞玄灵宝真灵位业图》等等。当时正是佛、道二教竞相争取自身地位的时候，王浮造《老子化胡经》以压佛，佛教徒也就造起《申日经》等以压道，互相瞎诌，羌无故实。"丹丘"本属楚人的古老传说，《楚辞·远游》："仍羽人于丹丘兮，留不死之旧乡。"原指神话中的一个地方，到了王浮、陶弘景手里又成了一位仙人，并且和饮茶联系了起来。这就好像禅家编造了达摩面壁，抉眼皮而成茶树的神话一样，都是各认祖宗，争称自己是王麻子老店。卢仝"七碗"不过是沿袭旧说，作为诗人笔下浪漫之辞，其实卢仝何曾羽化得了，文人狡狯，故作夸饰，以神乎茶效而已。然而想不到作为禅家的皎然，居然也在他的《饮茶歌》中写了"孰知茶道全尔真，唯有丹丘得如此"这样的诗句，错认祖宗，出主入奴，犯了禅门的大忌。这亦可证，诗僧毕竟是诗僧，只知一味搬用典实，却忘了禅门家风，较之谨守禅门祖训之缁流，自然是很不纯的了。但是，皎然的"三饮"也还是成了一个典故，诗人中引用的似乎不太多，然而在禅家当中却成了"公案"。"公案"也可以说成是禅门典故，不过比一般典故显得神秘得多。兹引江西禅家二例以证：

　　袁州仰山慧寂通智禅师……陆希声相公欲谒师……师乃门迎。公才入门，便问："三门俱开，从何门入？"师曰："从信门入。"……又问："和尚还持戒否？"师曰："不持戒。"曰："还坐禅否？"师曰："不坐禅。"公良久……师曰："听老僧一偈：滔滔不持戒，兀兀不坐禅。醇茶三两碗，意在钁头边。……"

　　吉州资福如宝禅师。问……"如何是一尘入正受？"师作入定势。曰："如何是诸尘三昧起？"师曰："汝问阿谁？"问："如何是一路涅槃门？"师弹指一声，又展开两手……问："如何是和尚家风？"师曰："饭后三碗茶。"……

以上两则禅家"公案"，均引自宋普济《五灯会元》。仰山慧寂禅师是沩山灵祐禅师的传法弟子，他们师弟二人共同开创了沩仰宗。慧寂所说的偈中"酽茶三两碗"，这"三两碗"说的就是"三碗"，"两"字在此是没有意义的，只是为了凑足五个字一句而已，这是中国语言的习惯用法。如宝禅师的答问不采偈语形式，所以就干脆地只说"三碗"。可知"三碗茶"是禅门公案中的通常用语，出诸宗门宗师之口，载诸《灯录》，当然不是随便说说的，用禅家的话来说，其中骊栝禅机，是具有深意的。至于说，"公案"中的"三碗茶"是否一定是沿用皎然"三饮"而来，自不敢必，不过，他们都同属禅门，在饮茶上，他们之间有一定的默契、传统或联系，大概总是有的吧，则我的这番闲话似乎还不至于是妄加搅缠的了。

我平日饮的茶是泡茶，每泡一次之后，只能再冲两次水，加起来也是三碗或三杯，再要饮就得换茶叶另泡了。我小时候在江西家乡常常听到过一句俗谚，叫作"头水烟筒二水茶"。老辈人抽烟多抽水烟袋，水烟袋要经常换水，否则烟会变味，因此，以新换水的烟味为最佳；而饮茶则初泡时茶味尚未尽出，三泡则茶味又将出尽，故以二泡茶为最出味。这是饮茶的经验之谈，也不妨称之为"三饮"或"三碗茶"。

唐人饮茶之法与今日不同，其碗之大小与今日也不尽同。卢仝能喝"七碗"，如果其碗之容量和我的差不多，则我这个"茶桶"不得不甘拜下风，只好投票选举卢仝为"茶桶冠军"，不敢和卢仝斗茶了（附注：我之斗茶只斗量，旁的一概斗不了）。

如此说来，如果让我在诗文中搬弄饮茶典故，我愿意引皎然"三饮"，而不敢引卢仝"七碗"。因为皎然"三饮"和我的三泡茶在数量上相吻合，至于其中含有什么禅机，则非如我这样的凡夫俗子所能参悟得了的，当然，我也决不会想去参悟的。

四

禅门中以饮茶作为"机锋""公案"而广肆流传颇具影响的，当首推"赵州茶"或叫作"吃茶去"公案。这桩"公案"的创作人就是赵州从谂禅师。《五灯会元》载：

赵州观音院（亦曰东院）从谂禅师。……师问新到："曾到此间否？"曰："曾到。"师曰："吃茶去。"又问僧，僧曰："不曾到。"师曰："吃茶去。"后院主问曰："为什么曾到也云吃茶去，不曾到也云吃茶去？"师召院主，主应诺。师曰："吃茶去。"

从谂是南泉普愿禅师的弟子，江西马祖道一禅师的徒孙。此人在当时很有名气。有个凌行婆曾恭维他，说："赵州眼光，烁破四天下。"（参见《五灯会元》"浮杯和尚"条）从谂还自立禅关——"赵州关"。他曾问某僧从哪里来，答："从南来。"从谂又问："还知有赵州关否？"可证。因而这三声颇具神秘色彩的"吃茶去"，后来也被禅林看成是赵州禅关。"吃茶去"就成了唐末五代禅林中的一大典故，经常在禅家"公案"中为僧徒所引用，多次出现在《灯录》里。兹就《五灯会元》中所载，略举数例。

马祖门下，西堂智藏禅师弟子，虔州处微禅师：

（师）问仰山："汝名甚么？"山曰："慧寂。"师曰："那个是慧？那个是寂？"山曰："只在目前。"师曰："犹有前后在。"山曰："前后且置。和尚见个甚么？"师曰："吃茶去。"

青原下六世，石霜庆诸禅师门下，九峰道虔禅师弟子，同安院常察禅师：

（师）问僧："甚处来？"曰："五台。"师曰："还见文殊么？"僧展两手。师曰："展手颇多，文殊难睹？"曰："气急杀人。"师曰："不睹云中雁，焉知沙塞寒。"问："远趋丈室，乞师一言。"师曰："孙膑门下，徒话钻龟。"曰："名不浪得。"师曰："吃茶去。"僧便珍重。

青原下五世，德山宣鉴禅师弟子，雪峰义存禅师：

全坦问："平田浅草，麈鹿成群，如何射得麈中主？"师唤全坦，坦应诺。

师曰："吃茶去。"

雪峰义存禅师弟子，青原下六世，化度师郁禅师：

僧问："如何是西来意？"师举拂子。僧曰："不会。"师曰："吃茶去。"

雪峰义存门下，长庆慧棱禅师弟子，闽山令含禅师：

僧问："既到妙峰顶，谁人为伴侣？"师曰："到。"曰："甚么人为伴侣？"
师曰："吃茶去。"

雪峰义存禅师第三代弟子青原下八世，福清行钦禅师：

僧问："如何是佛法大意？"师曰："诸上座大家道取。"问："如何是谈真
逆俗？"师曰："客作汉问什么？"曰："如何是顺俗违真"。师曰："吃茶去"。
问："如何是燃灯前？"师曰："燃灯后。"曰："如何是燃灯后？"师曰："燃灯
前。"曰："如何是正燃灯？"师曰："吃茶去。"

上引数例，除马祖道一出于南岳怀让门下外，其余诸禅师皆出于江西青原行思
一派，而马祖一生实在江西传法，有谓："厥后江西嗣法，布于天下，时号马祖。"故
不独南禅因马祖而盛于江西，且因马祖而流行于国中，播于海外。青原一派虽始于
江西，而经其弟子石头希迁传法于湖南，以后也遍布海内外。上引青原诸禅僧，同
安常察在洪州，雪峰义存、闽山令含在福州，福清行钦在泉州，化度师郁在杭州，
分布于江西、福建、浙江三省境内。这三个省都盛产茶叶，所以，由慧能开创的南
禅所衍生的两大系——南岳与青原，在僧徒们说法问答中，其"机锋""公案"用
语，都往往提到"吃茶去"，并非偶然。盖茶叶乃本地风光，饮茶乃就地取材，将日
常生活用语加以神秘化或哲理化实为禅门惯技。此种禅门语言，倘过于深究，诚大
可不必，然竟等闲视之，恐亦未当。

佛教自隋唐以降，逐渐趋于中国化，天台、华严二宗已肇其端，而禅宗则独辟门径，以"不立文字，教外别传"相标榜，主张"直指人心，见性成佛"。迄于慧能开创"顿悟"法门，更是异军突起，别开生面。他在《坛经》中说：

> 世人性净，犹如青天，慧如日，智如月，智慧常明。于外著境，妄念浮云盖覆，自性不能明。故遇善知识开真法，吹却迷妄，内外明彻，于自性中，万法皆见。一切法在自性，名为清净法身。
>
> 汝若不得自悟，当起般若观照，刹那间，妄念俱灭，即是自真正善知识，一悟即知佛也。

所谓"顿悟"，就是要"直显心性"，不假外求，对于一切诵经拜佛的种种形式，都认为是外求而非自悟，他们都不赞成。他们只赞成"即缘心迷，不能自悟，须求大善知识，示道见性"。这就是说，"顿悟"虽不能外求，但可以"求大善知识示道见性"，这种"示道见性"的方法，就是南禅一贯采用的"机锋""棒喝""公案"的"传灯"之法。简单地说，这种方法就是所谓的"大善知识"在对待那些尚未"自悟"的僧徒提出问题时，用所答非所问的方式，亦即通常所谓的牛头不对马嘴的对答，来个冷不防地切断对方的正常思维；也可以不作言语回答，冷不防打他一拳，敲他一棍，使之由"外求"而返归"自悟"，亦即所谓"顿悟"。用禅家的话来说，这种方法叫作单刀直入，或用"吹毛剑"去"截断众流"。所以，在许许多多的禅门"公案"中，当僧徒们提出像"如何是佛？""如何是西来意？""如何是和尚家风？"以及"如何是真如？"等等的问题时，所得到的种种牛头不对马嘴的回答，可谓无奇不有。前人有云"问答机缘，有正说，有反说，有庄说，有谐说，有横说，有竖说，有显说，有密说"，等等。总之，禅家们把这种方法也叫作"因语识人""应病与药"。其实，非常简单，只要妙想天开，答非所问，就算是此中高手了。因此，"吃茶去"这一"公案"，也就成了所谓的"大善知识""示道见性"的范例之一。

在许多的禅门"公案"中，"大善知识"的"吹毛剑"用语往往是非常粗鲁，极不雅驯的，如"一棒打杀与狗子吃""这里还有祖师么？唤来与我洗脚"之类，与

"吃茶去"相较，则"吃茶去"就显得风雅得多，而且还含有耐人寻味的一层意思。原来，在禅门"公案"中，遇到一些僧徒虽然经过"大善知识"以"棒喝"或"机锋"的"开示"，而仍然不能"自悟"的，有的"大善知识"就会当着僧徒的面，骂他是"瞌睡汉"。兹举二例（均见《五灯会元》）。

青原下六世，雪峰义存禅师弟子，保福从展禅师：

> 僧问："泯默之时，如何为则？"师曰："落在甚么处？"曰："不会。"师曰："瞌睡汉，出去！"……

青原下七世，保福从展禅师弟子，报庆省僜禅师：

> 僧问："如何得不伤于己，不负于人？"师曰："莫屈着汝这问么？"曰："恁么上来已蒙师指也。"师曰："汝又屈着我作么？"问："当锋一句，请师道。"师曰："嗄。"僧再问。师曰："瞌睡汉。"

从展与省僜是师徒关系。他们师徒二人都喜欢用"瞌睡汉"来责备未能"顿悟"的僧徒，而从展的师父雪峰义存则喜欢用"吃茶去"一语去开示僧徒。可见，尚未"醒悟"的是"瞌睡汉"，能使"瞌睡汉""醒悟"的是"吃茶去"。"瞌睡汉"与"吃茶去"是对待同一问题的两种说法，而其目的也是同一的。则又可见"吃茶去"这一"公案"用语较之别的"公案"用语，意味更为深长，其所以能成为禅门的一大典故，历久不衰，道理也许就在这里。

一说到"吃茶去"，自不应忘记"始作俑者"的"赵州茶"。径直用"赵州茶"作为典故的，也大有人在，历久不衰。到了宋代，由临济宗分出的黄龙宗的开山祖师江西黄龙慧南禅师，曾以"人人尽有生缘，上座生缘在何处？""我手何似佛手？""我脚何似驴脚？"这三个牛头不对马嘴的提问，标榜为"黄龙三关"，"三十余年，示此三问"，借以"接引"僧众。而他在总结"三关"的"自颂诗"中，却也提到了"赵州茶"。《五灯会元》载：

师自颂曰："生缘有语人皆识，水母何曾离得虾？但见日头东畔上，谁能更吃赵州茶。……"

意思是说，谁能过得他的"黄龙三关"，就能如日东升般醒来，便不需要再吃"赵州茶"了。这又可见，"赵州茶"一语在禅门中是有其特定的解释的。

禅宗是佛教中国化的典型代表。它的出现，对于以往僧徒于佛学拘守经典、摆弄字句，专事经院式的烦琐考订的学风，一时大有廓清之功。它的影响所及，广被于中国哲学、美学、文学、艺术以及风俗习惯等众多领域。然而，也由于它自身存在的弊端，遂日益流于空疏荒诞、放浪狂愚、不学无术的境地，终于衰败下去。以今日视之，这种托生于禅门"公案"的"赵州茶"或"吃茶去"，早已进入历史博物馆了，只是作为中国历史上的一种文化现象，尚有其一点研究价值而已。

五

我写了几篇茶话，被友人看到了，闲谈时问到我，古人在茶风未曾普及之前，日常用什么为饮料，答曰：唯饮水与浆耳。酒甚珍贵，非一般人日常所能享用。即使殷人有酗酒之风，也只限于大贵族。周公以成王命作《酒诰》，要康叔监视殷贵族，不得"群饮"，否则"汝勿佚，尽执拘以归于周，予其杀"。酗酒而至于被杀头，看得如此严重，这是因为在周公看来，酗酒足以亡国。所谓"天降威，我民用大乱丧德，亦罔非酒惟行；越小大邦用丧，亦罔非酒惟辜"的缘故。所以说，在饮茶未曾普及之前，古人平日生活中，在饮料上唯有水和浆而已，聊举二例。

《论语·述而》："子曰：'饭疏食饮水，曲肱而枕之，乐亦在其中矣。'"

《礼记·檀弓》："曾子谓子思曰：'伋，吾执亲之丧也，水浆不入于口者七日。'"

"饭疏饮水"和"水浆不入"后来都成了成语。前者指人们的日常生活，连孔老夫子平日过的也就是蔬菜淡饭以水为饮的日子；后者往往用来表述重病的人或过于忧伤者的状态。曾老先生因亲人死了，悲痛得就连水浆都咽不下，自然是更没有别的什么东西能吃得下了。

古人平日喝的是水，这当然用不着再加解释。可是，古人在祭祀时或在主与宾的一些正式礼仪上，相敬的往往也是水，但在这种时候，古人并不叫它作水，而是给它安了个雅号，叫作"玄酒"。

《礼记·礼运》："故玄酒在室，醴盏在户。"孔疏："玄酒，谓水也。以其色黑，谓之玄，而太古无酒，此水当酒所用，故谓之玄酒。"

《仪礼·士昏礼》："酌玄酒，三属于尊，弃余水于堂下阶间，加勺。"郑注："属，注也。玄酒，涚水贵新，昏礼又贵新。""涚水"就是新鲜干净的清水。《礼记·郊特牲》："明水涚齐，贵新也。"郑注："涚，犹清也。"贾公彦在解释上引郑注"玄酒涚水"中说："玄酒，据色而言，涚水据新取为号，其实一也。以上古无酒，用水为酒，后代虽有酒，用之配尊，不忘本故也。"所以，到了《仪礼·士冠礼》篇里"玄酒在西"句下，郑玄就干脆注上："玄酒，新水也。"

玄酒就是水，淡而无味，所以，后来也有两句成语，凡是指淡而无味的饮食、文辞，可以称之为"太羹玄酒"；称颂拯民水火，深得民心的，谓之为"玄酒瓠脯"。"太羹"是上古之人用作祭祀的肉汁，只将肉加水煮一煮，不再加任何调味，吃起来自然也是很乏味的。《左传·桓公二年》："大（按：与"太"通，亦作"泰"）羹不致。"杜注："大羹肉汁，不致五味。"《正义》："《郊特牲》'大羹不和，贵其质也'。《仪礼》士虞、特牲'皆设大羹湆（按：同汁）'。郑玄云：'大羹湆，煮肉汁也。不和，贵其质，设之取以敬尸也。'是祭礼之礼有大羹也。大羹者，大古初，食肉者煮之而已，未有五味之齐。祭神设之，所以敬而不忘本也。《记》言'大羹不和'，故知'不致'者，不致五味。五味即《洪范》所云酸、苦、辛、咸、甘也。"

所以陆机《文赋》提到那些过于质朴的文章时，便比之为"阙大羹之遗味，同朱弦之清泛。虽一唱而三叹，固既雅而不艳。"李善注："言作文之体，必须文质相半，雅艳相资。今文少而质多，故既雅而不艳。比之大羹，而阙其余味；方之古乐，而同清泛，言质之甚也。余味，谓乐、羹皆古，不能备其五声五味，故曰有余也……大飨之礼，尚玄酒而俎腥鱼，大羹不和，有遗味者矣……大羹，肉湆不调以盐菜也。遗，犹余也。然大羹之有余味，以为古矣，而又阙之，甚甚之辞也。""玄酒大羹"后世成了成语。《新唐书·王勃传附骆宾王传》"（张）说与徐坚论近世文章……说曰：'韩休之文如大羹玄酒，有典则，薄滋味'"，《晚晴簃诗汇》载清人李学孝跋《宛陵集》有云："冰雪文章避俗携，太羹元酒供斟酌。"都是借以形容平淡之诗文，就像现代人看到乏味的文章比之为喝了清水大锅汤一般。然而，也并非都用作贬语，如陆游有诗云："琢雕自是文章病，奇险尤伤气骨多。君看大羹玄酒味，蟹螯蛤柱岂同科。"就是于诗文平淡深致赞美。上引李学孝诗也有点这个意思。

至于"玄酒瓠脯"的出典见于《晋书·祖逖传》。祖逖久蓄规复中原之志，提师北伐，颇著功绩，曾使"黄河以南，尽为晋土"。传称："百姓感悦。尝置酒大会，耆老中坐流涕曰：'吾等老矣！更得父母死，将何恨！'乃歌曰：'幸哉遗黎免俘虏，三辰既朗遇慈父。元酒忘劳甘瓠脯，何以咏恩歌且舞。'其得人心如此！"瓠脯，就是晒干了的瓠子。祖逖当日所谓"置酒大会"，请来的耆老们所喝的其实不过是清水，所吃的不过是干瓠子。但尽管是清水干瓠，比起做五胡贵族的俘虏生活来说，却有天壤之别。所以后世才把"玄酒瓠脯"作为成语用来称颂拯民水火、深得人心的人和事。

为什么古人把水的颜色看成是黑色的而称之为"玄"呢？原来古人把黑色的东西固然称之为黑，但也把辨不出颜色的或无色的东西称之为黑。古代人照明困难，一天当中，总有一半的时间处于昏暗之中，长夜漫漫何时旦，在没有光线的地方，是辨不出颜色来的，唯黑暗而已矣。阴阳五行说兴起之后，在方位上则以南属阳，以北属阴；以南属火，以北属水。故北方太阴之神，谓之"玄武"（见《楚辞·远游》）。水神谓之"玄冥"（见《左传》昭公十八年杜注）。而"玄冥"又有昏暗之义（见《庄子·秋水》），所以在古代词汇里，凡指昏暗不明的字词，多有黑义，如默、黯、黬皆是。玄的原意是辨认不出颜色，无以名之，拟之为黑，而称之为玄。后来才从玄字引申出玄妙、玄虚、玄风、玄通等等的精微奥妙、莫测高深的含义。总之，当光线昏暗辨不清颜色时，可以称之为黑乎乎的；泛而言之，则并不因光线昏暗，只是某物体本身无色，或是人们说不上它属于什么颜色的，也可以称之为黑，或者叫作玄，故玄酒就是黑水。如此说来，现代人说喝白开水，在古代就应该说喝黑开水了。

再说浆。什么是浆？在古代，泛言之，就是醋。确言之，就是带酸味的饮料。《周礼·天官·酒正》："辨四饮之物，一曰清，二曰医，三曰浆，四曰酏。"郑注："浆，今之酨浆也。"《礼记·内则》："浆，水，醷，滥。"郑注："浆，酢酨。"又《说文》水部"浆"，酉部"酨"，都解释为"酢浆也"。《广雅·释诂》："酪，酨，醇，浆也。"因此孙诒让在《周礼正义》上便说："案：浆、酨同物，累言之则曰酨浆。盖亦酿糟为之，但味微酢耳。"酢是醋的本字。《四部丛刊》影印的明钞南宋本《齐民要术》，在"作酢法"篇题小注下注有"酢，今醋也"。截即醋，故浆也是醋。

说到这里，顺带提出一点。1983 年出版的《辞源》修订本，在酉部截浆词条下解释为"酒类饮料……北魏贾思勰《齐民要术》九有'作寒食浆法'，于古时浆饮之法，言之甚详"。按：这样的解释是不对的。截浆和酒类饮料是有区别的，不加分辨，会使现代人产生误解，这是一。其次，《齐民要术》卷九，并无"作寒食浆法"。我手头上有本 1982 年出版的缪启愉校释的《齐民要术校释》，是根据今天还能看到的从两宋以迄于近人整理的共计 23 种版本，进行校勘的。从校记中找不到任何一个版本有"作寒食浆法"，不知《辞源》是根据什么本子说的。另外，在《齐民要术》卷九中确有一节"醴酪第八十五"，其中说道："……煮醴酪（按：缪启愉校记有"酪，各本脱，据日本《金泽文库》旧抄卷子本补。"）而食之，名曰'寒食'，盖清明节前一日是也。中国流行，遂为常俗。"书中写的是"寒食醴酪"，并不是什么"寒食浆"。而且缪启愉还对"寒食醴酪"作了新的解释，引录于下：

> "醴"本来是带滓的甜米酒，"酪"是乳酪，但在本篇都不是指这些。本篇的"醴"，实际是一种液态的麦芽糖，"酪"是一种像乳酪的杏仁麦粥。而"醴酪"连称，则是二者的混合物，即麦芽糖调和的杏仁麦粥。隋杜台卿《玉烛宝典》卷 2 引陆翙《邺中记》"……寒食又作醴酪"下作注说："今世悉作大麦粥，研杏人为酪；别煮饧（"煮饧"原误作"者一锡"）沃之也。"说明寒食节吃的"醴酪"是一种饴糖杏仁麦粥，到隋唐时还是这样。

缪启愉的解释是很科学的。《齐民要术》既没有提到"作寒食浆法"，而"寒食醴酪"更不是什么"寒食浆"，可见《辞源》的解释全都错了，应据改。

浆就是醋，但作为饮料，当然不是酽醋，还是孙诒让说得不错，"盖亦酿糟为之，但味微酢（醋）耳"。作为饮料的浆，只应是淡醋，略带酸味，颇像现今暑天到北京喝的酸梅汤。真正用梅子做的酸味饮料，在古代亦已有之。就是上面提到的《礼记·内则》上的"醷"，郑注："醷，梅浆。"孙诒让《周礼正义·天官·浆人》："醷者，煮梅取其汁为酢浆，即六饮浆之别，故云梅浆。"《齐民要术》卷八有"作酢法",内载"乌梅苦酒法"云:"乌梅去核,一升许肉,以五升苦酒渍数日,曝干,持作屑。欲食,辄投水中,即成醋尔。"按:《要术》中凡提到今天我们说的醋(名词),一般都写作酢,而提到我们今天说的酸(形容词)时,就写作醋。这里说的"乌梅苦酒法",就是教人如何做梅浆,与上引郑玄"醷"说的是一回事,这也就是古人饮的酸梅汤。

酒和浆不仅在制法上有区别,饮起来有区别,而且在价值上也有区别。酒贵而浆贱。《诗经·小雅·大东》:"或以其酒,不以其浆,鞙鞙佩璲,不以其长。"说的是统治者任人唯亲,只看血缘关系的亲疏,贵族等级的高下,而不问是否有才能。亲的尊的就赏给酒吃,疏的卑的就连浆也喝不上一口。这就是郑笺说的:"或醉于酒,或不得浆。"可见酒贵浆贱。《孟子·梁惠王下》:"箪食壶浆以迎王师。"孙奭疏引刘熙《释名》曰:"浆,水也,饮也。""或云:浆,酒也。"两种解释都不对。《释名》把浆和水混起来了。"或云"又把浆和酒混起来了。《论语·雍也》:"子曰:贤哉!回也,一箪食,一瓢饮,在陋巷,人不堪其忧,回也不改其乐。"可见"箪食瓢饮"的生活是很贫困的。"箪食壶浆"与"箪食瓢饮"差不多,不过是用"壶浆"代替了"瓢饮",看来用来迎接"王师"的也不过是一些糙饭酸浆,让军士们聊以充饥止渴而已,当然不会用上价值昂贵的酒。酸味饮料可以生津解渴,而军士们行军最易饥渴,"壶浆"虽较价贱,却颇合乎需要,所以,《世说新语·假谲》篇提到的显示曹公机敏的"望梅止渴"的故事,说的也是行军中发生的事,是来自生活实际的。"壶浆"就是比较便宜的带酸味的饮料,这个解释想来是不错的。

饮浆之风,在古代是相当普遍的,自天子、贵族以至于庶民百姓,都要饮浆。《周礼·天官》载录的,除了"酒正"之外,还有"浆人","掌共王之六饮",负责天子的饮浆,庶民百姓饮浆,则有卖浆家为之供应,至迟在战国时代就兴起了许多的卖浆之家。《庄子·列御寇》:"列御寇……曰:'吾尝食于十浆,而五浆先馈。'"郭象注:"浆,卖浆之家。"(参看《列子·黄帝》张湛注:"浆,客舍卖浆之家")《史记·信陵君传》说:魏信陵君在赵国纡尊降贵,结识了两位处士——毛公和薛公。"毛公藏于博徒,薛公藏于卖浆家"。这件事遭到了赵国平原君的耻笑,说:"乃妄从博徒、卖浆者游,公子妄人耳!"就是说,信陵君不该降低自己的身份,做了一桩大糊涂事。可见,在贵族们的眼里,卖浆是很卑贱的,但它却适应了平民百姓日常生活的需要。

饮浆之风，沿习很长。到了魏晋南北朝时期，虽然饮茶业已相当流行起来，尤其是南方；但饮浆迄未稍减，尤其是北方。此时北方居民出现了新的变化，大量的胡人进入了中原，他们日常的饮料还保持了昔日游牧的胡风，喝的是乳酪。本来，酪也是一种酸味饮料，《礼记·礼运》："以为醴酪。"郑注："酪，酢酨。"《礼记·杂记》："功衰，食菜果，饮水浆，无盐酪。不能食，食盐酪可也。"郑注同上。足证酪也是醋一类，与浆区别不大，是否亦为乳制品，无确证，只是注意不要和《齐民要术》的"醴酪寒食"混同起来。可见饮酪也是和饮浆一样，其源亦甚古。然而，胡人饮的确是乳酪。杨衒之《洛阳伽蓝记》"报德寺"条下，讲了一个故事。"（王）肃初入国（按：指王肃由南齐出逃北魏），不食羊肉及酪浆等物，常饭鲫鱼羹，渴饮茗汁……经数年以后，肃与高祖殿会，食羊肉酪粥甚多。高祖怪之，谓肃曰：'卿中国之味也，羊肉何如鱼羹？茗饮何如酪浆？'肃对曰：'……以味言之，甚是优劣。羊比齐鲁大邦，鱼比邾莒小国。唯茗不中，与酪作奴。'……彭城王（勰）谓肃曰：'卿不重齐鲁大邦，而爱邾莒小国？'肃对曰：'乡曲所美，不得不好。'彭城王重谓曰：'卿明日顾我，为卿设邾莒之食，亦有酪奴'"。

这个故事典型地说明了南北朝时，北人与南人（北人主要指胡人）在饮食习惯上的区别。北人喜欢羊肉酪浆，南人喜欢鱼羹茗饮。酪浆在这里指的就是乳酪。刘熙《释名·释饮食》："酪，泽也。乳汁作，所以使人肥泽也。"刘熙释酪为泽，不足为据，但其言"乳汁作"，则是对的。《说文》大徐本新附亦作："酪，乳浆也。"可证。王肃是南齐王奂的儿子，自小生长在南方，他的饮食习惯本是南方的鱼羹茗饮。只是因为他父亲及兄弟们都被齐武帝杀了，他才逃到北魏来，受到了孝文帝的宠信（参看《南齐书·王奂传》和《魏书·王肃传》）。初来时，吃不惯羊肉酪浆，几年以后，为了博取欢心，在孝文帝面前大吃起羊肉酪粥来，引起孝文帝的疑问。王肃的回答极尽拍马屁的能事。其实，王肃的南方饮食习惯又何尝真正改掉了，所以，才有彭城王勰邀请王肃于明日去他那里，他将用南方的鱼羹和茶招待王肃，算是优礼有加了。可是在王肃的口里，茶成了"酪奴"，与酪浆竟有主奴之别，反映了北魏鲜卑族和王肃的关系是主奴关系。可见王肃之在北魏，过的是奴颜婢膝、仰人鼻息的日子，连茶茗也跟着倒了霉，真可谓其状可鄙，其情可悯了。

自魏晋南北朝以来，除了北方诸胡饮酪浆外，其他中国人士也还要饮浆，就是先秦已有的酸味饮料。（附带说一下，我至老未曾饮过乳酪，局促斗室，闻见极隘。据说乳酪也带酸味，未知确否？）直到宋代，连皇帝老倌也还在饮浆。清人潘永因辑的《宋稗类钞》载："宋仁宗游后苑还宫，索浆急。宫嫔曰：'大家（按：宫中称皇帝为大家）何不于外宣索而受渴？'"看来解渴还要靠饮浆，其所以历久不衰，职此之故也，就像今天也还离不开酸味饮料如酸梅汤之类一样。

由上可知，古代人们的日常饮料就是水和浆。从孔老夫子的"饭疏食饮水"到孟子的"冬日则饮汤，夏日则饮水"（《孟子·告子上》）。春秋战国时的圣贤们平日喝的都是水。冬天才喝温水或开水——汤。夏天干脆喝生水。孔老夫子没有说饮汤，但《论语·季氏》"子曰：'见善如不及，见不善如探汤'"，想来孔老夫子在冬天也会要喝热开水的。从曾老先生的"水浆不入"，到《礼记·杂记》的"功衰，食菜果，饮水浆"，水与浆往往连称，一直到白居易作《琵琶行》，还用"银瓶乍破水浆迸"，借以形容弹琵琶的音调之美。可见我国古代以水浆为日常饮料，历史十分悠久。饮清水——玄酒，吃酸醋——酢浆，我们的老祖宗向来就是喜欢"吃醋"的。用时髦的话来说，这也应该叫作"水浆文化"，或者干脆叫作"水醋文化"，显得更为通俗一点。

老祖宗的"水醋文化"虽然至今仍绵延未绝，然而，随着时间的推移，"水醋文化"终于让位给了"茶文化"。茶由南而北，渐渐地进入了城乡的千家万户，成了人们日常生活中的主要饮料。在南北朝时期，尽管北朝以饮酪浆为主，然而，那里并不是没有茶，从彭城王勰能用酪奴——茶来招待王肃，就可以得到证明。到了隋唐时期，茶风大盛，成了生活中的必需品，成了所谓的"开门七件事"之一。至迟在南宋时已见于记载。吴自牧《梦粱录·鲞铺》："盖人家每日不可缺者，柴、米、油、盐、酱、醋、茶。"吴自牧所记的是当日临安——杭州的情事，还是就南方而言。到了元代，武汉臣《郑琼娥梅雪玉堂春》杂剧（按："玉堂春"亦作"玉壶春"）："早晨起来七件事，柴、米、油、盐、酱、醋、茶。"武汉臣是元济南府人。看来元代的北方人，也已把茶列为"开门七件事"之一了。而且"开门七件事"不仅出现于文人的笔下，还演唱于舞台之上，证以王祯《农书·百谷谱·杂类》所言：茶为"上而王公贵人之所尚，下而小夫贱隶之所不可缺"。连蒙古贵族也嗜起茶来，足见流行之广了。"开门七件事"既然成了人们的日常需要，那么为适应这些需要而专门提供

"七件事"的商店，也随之在市场上应运而生。吴承恩《西游记》第六十八回载：

> 却说行者在会同馆中，着沙僧安排茶饭，并整治素菜。沙僧道："茶饭易煮，蔬菜不好安排。"行者问道："如何？"沙僧道："油盐酱醋俱无也。"行者道："我这里有几文衬钱，教八戒上街买去。"……有两个在官人问道："长老那里去？"行者道："买调和。"那人道："这条街往西去，转过拐角鼓楼，那郑家杂货店，凭你买多少，油盐酱醋姜椒茶叶俱全。"

这种杂货店除了不卖柴、米外，其他五件事全都可以提供。而柴和米也能在市场上买到。《西游记》第一回载：

> 樵夫道："我一生命苦，自幼蒙父母养育至八九岁，才知人事，不幸父丧，母亲居孀。再无兄弟姊妹，只我一人，没奈何，早晚侍奉。如今母老，一发不敢抛离。却又田园荒芜，衣食不足，只得砍两束柴薪，挑向市廛之间，货几文钱，籴几升米，自炊自造，安排些茶饭，供养老母。……"

卖柴、籴米都在市场上交易。可见"开门七件事"市场上全有。吴承恩是明代中叶人，他所写到的市场能买到"开门七件事"，这当然不是指到明代才开始兴起的。应该说是早已有之。至于在市场上专门经营茶叶买卖的茶商、茶贩，专供客人们饮茶的茶坊、茶肆、茶店、茶房、茶楼、茶馆等等，见诸唐、宋、元、明的笔记、说部的，就更多了，不烦具引。

自唐以降，孔老夫子的"饭疏食饮水"和颜回大贤人的"箪食瓢饮"作为成语，只在人们写文章或作诗要搬用典故时，才会出现。而在日常生活中，已为"粗茶淡饭"一语所代替，成了人们的习惯用语。黄庭坚《山谷诗集》"四休居士"诗有序云："太医孙君昉，字景初。为士大夫发药，多不受谢。自号四休居士。山谷问其说，四休笑曰：'粗茶淡饭饱即休，补破遮寒暖即休，三平二满过即休，不贪不妒老即休。'""粗茶淡饭"的生活也就是"饭疏食饮水"的生活，上引《西游记》写的樵夫卖柴籴米，"安排些茶饭，供养老母"的生活，也和"箪食瓢饮"的生活差不多，不过，值得注意的是，饮水都被饮粗茶代替了。不管日子过得如何贫困，粗茶还是要饮的，这是老祖宗们生活中的一大变化。

"水浆不入"这句成语，后来也被"茶饭不思""茶饭不沾"一类的话所代替了。这种例子很多，随手举明冯梦龙《醒世恒言》为证，第三卷《卖油郎独占花魁》："美娘哭了一日，茶饭不沾。"可见在日常生活中，饮浆也已为饮茶所代替了。浸假连酸味饮料也不叫作"浆"了，而改称之为"汤"，如酸梅汤之类。作为"开门七件事"的醋，只是佐料，而非饮料。到了现代，饮料而称之为"浆"的，恐怕就只剩下"豆浆"一词了。

由"饭水"连称，"水浆"连称，到"茶饭"连称，反映了我国古代人饮食习惯上的一大变化。这个变化至少改变了老祖宗们在饮用上的两个老习惯。一是由喝生水改为喝开水，因为饮茶必须经过煮或泡，所以又或称为茶汤；一是借酸味生津止渴，改为借茶的由苦而甘来生津止渴，其中还可能有许多生理上的好处，限于学识，非我所知了。总而言之，由"水浆文化"演变为"茶文化"，应该视为我们的老祖宗在饮食习惯上的一大进步。两千多年前的所谓的"圣贤"，如孔丘、孟轲、颜回、曾参之流，如果地下有知，也应懊恼没有喝上茶了。拉杂说来，义罄于此，质之高明，未审以为然否？

1992 年 5 月 25 日

本篇文章分节发表，分别载《农业考古》1991 年第 2 期、第 4 期，1992 年第 2 期、第 4 期。

"从容询旧学 惨淡闷阴符"
——悼念谷霁光先生

谷霁光先生和我们永别了。追悼会上我怀着悲痛去瞻仰他的遗容，还是那么安详庄穆。

我认识谷先生是在 1956 年，我去北京参加全国高等院校中国古代史教学大纲讨论会，在会上第一次见到面，会后我又去他的下榻处，作了礼节性拜访。当时因为年轻，不敢多有打搅。次年我转到江西师院历史系，讲授中国古代史。谷先生当时任教务处长，还兼上历史系的课，才慢慢地接触得多了起来。

1956 年以前，我虽然还不认识谷先生，但在解放前我读过谷先生的文章，如收入开明书店出版的《二十五史补编》的两文——《补魏书兵制》《唐折冲府考校补》，是谷先生三十多岁时用文言文写的，以后又陆续看过他写的关于西魏府兵的文章。当时在我的印象里，曾误以为他是一位乾嘉学派的传人，一位钩沉索隐、引据洽博，致力于中国兵制史研究的老先生。他在厦门大学历史系任教时，我还没有去厦大，无缘执弟子之礼。直到解放后，共事于江西师院，我才能较多地了解到他做学问的涯略。

谷先生治学虽较专注于魏晋南北朝隋唐史，其间又多以兵制史为主，而其实他的学问又不仅仅限于这些方面。他在大学授课，主要是讲通历，自远古以迄于近代，是能上下贯通的。他所发表的兵制史方面的文章，也不仅限于就兵制论兵制，而是将有关的政治、经济、思想、文化等方面一炉而治，还涉及古文字学、古地理学。他还写了多篇有关古代经济史方面的专论，对古代田制、赋役上的一些重大问题，提出了许多精到的看法。可以看出谷先生做学问的方法是通专兼顾，既以专会通，又以通济专，所以他无论是讲课或是写文章，都很有深度。如他编的中国古代史讲义，就与一般通史不一样，在重点问题上着力特多。尤其自建国以来，他学习马列主义、毛泽东思想非常勤奋，力图用马克思主义的观点、立场和方法贯彻于教学与科研之中。所以，谷先生在解放后的所有著书立说，较之解放前的著述，发生了明显的变化，他是一位新中国的史学家，是不能仅用乾嘉学派来比傅的。

60年代初，是他在学问上达到高峰的时间。中华书局出版了他的专著《府兵制度考释》。这是一部积聚了谷先生多年心血的结集，在国内外得到了很高的评价。这时，他还不到六十岁，精力充沛，他正准备以《府兵制度考释》作为新的起点，计划在他七十岁以前，再完成几本专著，其中有《中国兵制史》《魏晋南北朝会要》《中国土地制度史》等，这些都是煌煌大著，足证当时谷先生在中国共产党的领导与感召下，满怀激情，要为发展马克思主义的新史学作出更大更多的贡献。就在这个时候，自50年代后期起，他先后参与了省内教育行政、高等学校和省人大、省政协等多方面的领导工作，还是民盟江西省委的主要负责人，担负了相当繁重的社会活动，这些耗去了他的大量精力和时间。可是他不仅没有放弃史学研究，而是在百忙中尽量挤出时间，伏案著述，不间寒暑，不舍昼夜，没有假日，不知疲倦地忘我地投身于他的研究事业之中。

然而，"文化大革命"开始，谷先生在省内首当其冲。1966年，谷先生正满六十花甲，面对着飞来横祸，精神上受到极大的打击，加上谷师母经不起惊吓，心脏病猝发，不幸辞世，更加重了他精神上和生活上的压力，更不消说他的研究计划尽成泡影。当时，我们一些熟悉他的人，为他的处境深深捏一把汗，担心他会垮下去。想不到谷先生居然能在极端困难中挺了过来。十年过去，谷先生已经七十岁了，我从下放点回南昌去看他，更想不到他和我一见面就谈学问。问他这十年是如何过来的，他只是淡淡地说几句，有时还带着一丝自我嘲弄的微笑，令我感到十分惊讶。虽然在他脑子里有时会出现有关过去十年的种种幻觉，引起老人的惊疑、怔忡和悒郁，但只要一谈到学问，顿时，他就涣然冰释。事后想来，他是凭一种过人的定力才活下来的。这种定力来自对党的信赖，对人民的信赖，也来自对自己的出处进退、待人律己的自信心，这是一种平常人难以企及的境界。

自中国共产党十一届三中全会以后，谷先生的精神又重新焕发了出来。80年代初，他写了好几篇论文，除了继续探讨府兵制外，还写了有关王安石变法和王安石的经济思想的研究文章。这时，蕴藏在他脑海中的宏大计划又再一次涌上心头。不过，毕竟年逾七十，精力已不如前，因之，他把先前的计划加以压缩，首先完成

《中国兵制史》的研究。他找来几位同志商量，并得到了他的弟子周銮书和江西大学领导们的大力支持。我由于对兵制素无研究没有参加，但内心是很高兴的，常常祝愿这一计划在他晚年能得以实现。谷先生当然更高兴，为了不影响研究，他把所担负的几项社会工作都极力辞去，准备一心一意完成夙愿。

然而，他又一次遭到了不幸，1984 年他突然患脑血栓，左手与左脚因风痹而接近瘫痪，虽然长期治疗，仍无多大进展。从此，他以半身不遂之身忍受着几乎长达十年的痛苦，对于一位老年人来说，所受的精神上与肉体上的折磨，是十分巨大的，尤其是他的科研不得不因此而延缓下来，他的学生们也因此不便更多地去质疑问难，从而使《中国兵制史》至今尚未最后脱稿。去年 3 月，谷先生的高足左行培教授又不幸患脑出血逝世。左教授是参与编写《中国兵制史》的主要成员之一，他的逝世对谷先生来说又是一次沉重的打击。如今谷先生终究未能等到《中国兵制史》的出版，这成了他老人家的终身之憾，思之怆然。联想到 60 年代初，他老人家曾约过我合编《魏晋南北朝会要》，我当时因课务等原因，无法腾出时间来立即着手，只答应假以时日，从长计议。"文化大革命"期间，一切无从谈起。粉碎"四人帮"以后，谷先生把计划作了压缩，不再提了。我亦因循至今，只算许了一个空愿，不能不令我感到内愧。更想到谷先生 60 年代所定下的宏愿，在他生前未能一一实现，应该说，这是史学界无法弥补的一大损失，更令人痛心不已。

尽管谷先生生前未能实现他的宏愿，但并不等于说，他患了脑血栓病之后，没有再作研究，他以病残之躯始终在坚持治学，只要能坐起来，凭借一只右手，仍然终日伏案看书写作。他还患有老年性白内障，近年来，双目近乎失明。我常见到他右手执放大镜左手拳曲在腋下，头低到几乎靠近桌子，还在艰难地查阅资料。前几年我从江西大学学报上看到他写的考证有关殷代兵制的甲骨文字的论文，那年他已经过了八十高龄了。这都使我想到史学研究是谷先生的生命，一息尚存，笔耕不辍，研究不止，真可以说，他的史学生涯是和他的生命相始终的。舍此之外，身无长物，别无所求，他过了一辈子清苦的生活。如今，他离开了我们，哲人其萎！他留下给后人的何止仅仅是他的研究成果，他的德业、他的风范、他的锲而不舍的精神等都留给了后人，是很多很多的。

我从谷先生的灵堂退出来，在回家的路上不禁想到了杜甫的两句诗："从容询旧学，惨淡闷阴符。"《阴符经》是一部古兵书。借用这两句诗来概括谷先生做学问的一生，似乎是合适的，然而，谷先生高尚的一生、充实的一生又岂是这十个字所能包容得了的……

谷先生安详庄穆的遗容已深深地留在我的心中，永志纪念！

在江西书院研究会成立大会闭幕式上的讲话①

非常抱歉，开幕式没有赶上，原因是省人大常委会突然延期，另外车子也坏了。

今天非常高兴同大家见面，一是看望大家，向你们表示敬意；二是感谢大家推选我为会长，这与大家厚爱是不相称的。关于书院的研究，我为李才栋同志的《江西古代书院研究》一书写了序言，表白了我的观点。

我这个人较懒，不愿意写文章。这次书院研究会的成立，是江西学术界的一件喜事。应该感谢省委宣传部、省社联的同志们。我们书院研究会得以成立并事先铅印出了学术论文集，这在省内是首创，是第一次。不久前，国内召开了关于秦汉史的学术讨论会，材料一大堆，打印的、复印的、铅印的，我们老头子看也看不清，远不如这次事先征集而后汇编成册，既免除了与会同志的打印劳苦又能更好地阅读交流。这与庐山管理局及白鹿洞书院的热心支持是分不开的，我向他们表示谢意。我想我们的研究会是有希望的，展示了美好的前景，我倍感欣慰，充满信心。

下面我谈两个问题：第一，书院研究大有搞头；第二，1995 年前研究会的工作打算。

先讲第一个问题，书院研究领域宽广，书院始于何时虽然有争议，但肇基于唐、五代，兴盛于宋却是有根据的。书院鼎盛时期是宋代到明代中期，这与中国儒学的哲学化是分不开的。中国的儒学可谓是个大口袋，儒分为八，西汉董仲舒以儒为主，吸收阴阳五术，到东汉谶纬学，走向神学，趋于衰败。魏晋时玄学盛行。唐代的韩愈，吸收佛学，进行儒学哲学化的探讨。宋代的周敦颐、二程、朱熹、陆九渊到明代的王阳明，完成了两个体系的儒学哲学化的使命。从唐代开端，经宋到明，载体就是书院。书院史不仅是教育史，不仅是教育思想、教学方式的问题，而且进入到哲学领域，是研究的综合体，先是哲学的然后才是教育的。应把书院摆在一定的历

---

① 本篇文章由闵正国整理。——编者

史阶段和环境中去考察，研究可以说涉及当时的社会、政治、经济、文化，它的研究领域可拓宽到史学、社会学、文化学等，进而关系到社会发展。

随着儒学哲学化的完成，已经走上了僵化的道路，明后期到清代有书院，专意八股，醉心仕途。明末的书院是政治化了，除开了抨击政局还是搞八股，只少数的进行经学的研究，哲学的研究也趋于僵化。到了近代，办学堂、废八股，书院就寿终正寝了。

书院研究还有没有现代意义？是不是一朵花？我只出题，我年纪老大，研究恐怕来不及了，就拜托大家。我从不喜欢说江西差，即使有暂时差距，原因也是多方面的，江西不是没有人才，从古到今，可以说是人才辈出，愿我们的书院研究向纵深拓展。

两年的工作，共有六项。

1. 发展会员，壮大队伍，我主张不滥收，不关门，特别不对青年关门。当今商海大潮把一些青年冲得昏头昏脑，我们不能再搞高度集中的计划经济，也不能人人都去经商赚钱。不能今天做生意，明天卖被子。我赞成欣赏下海要下就痛痛快快地下，不能想下不想下，想干不想干，美好的光阴从巴掌之中白白漏掉了。而做学问就要坐得住冷板凳、甘寂寞，看书，思考，做调查，不能晕头转向不清醒。

2. 关于科研经费，一讲"金"字我是一窍不通，但我建议搞个研究基金，多方筹集。

3. 力争 1995 年召开第二次年会，地点大家可以议议。江西也有四大书院，除白鹿（洞）书院之外，还有吉安的白鹭洲（书院）等。我父亲就曾在那儿教过书，他还有一副对联留在那，是写六一亭的。六一亭是纪念宋代大文豪欧阳修的，不知能否恢复。

白鹿洞书院办了个刊物，原来叫"通讯"，现在已改为"学报"，是否可以让研究会与白鹿洞书院联合举办，因为白鹿洞书院也是研究会的挂靠单位，那就只好让家骅他们破费了。研究会没有刊物，科研成果发表也会成问题。

4. 组织编写江西书院的条目，可以一个书院一个书院地进行，也可以分地、市进行。

5. 举办各种学习班、培训班，白鹿洞书院近年已分别在福建泉州、海南海口举办了诗词研讨班。学员可以交点费，我们也尝试着走一走以文创收的路子。

6.加强与兄弟学会的交流。研究会已成立了理事会和秘书处，要有专人负责处理日常事务与上下联系。

谢谢大家。

1993 年 10 月 20 日

由本及末　穷原竟委

看了《江西日报·文化广场》版对赣文化的研究和宣传，又知这一工程将由许许多多有心人继续进行下去，省电台、电视台及出版部门对此也表示极大的兴趣，很是兴奋。

10多年前，我曾向学术界提出要研究赣文化，但响应者寥寥。几年前，《江西日报》记者曾有过一次赣江行，可说是身体力行，惜乎后无继者。如今，赣文化的研究由一批卓有胆识的中青年学者推向高潮，因是时机的成熟，也足见后浪推前浪、新人胜旧人。

我研究中国文化、江西文化40年，一直认为，一个没有文化、没有现代文明的民族是没有希望的民族。要振奋民族精神、发扬优良传统，必须从研究自身的文化着手。同样，欲振兴江西，唤起所有江西人的自信，让大家都来关心江西，为江西出力，也必须从研究赣文化着手，这是一项大的系统工程，需要各方面的支持与参与。

赣文化的研究应从历史研究着手。中国古人喜欢用树木生长、江河形成来比喻研究方法。树木生长由本及末，由根到干，由干到枝、到叶；江河形成则是由小到大，由支流到主流。这就叫作由本及末，穷原竟委，枝分而派衍。

现今世界对文化下的定义有一百数十种，但不管如何解释，都必须充分注意文化形成的三大要素：在传统基础上更新，在特色影响下发展，在网络形态下展开。世界各种文化包括中国文化、赣文化均应如此看待。有活力的文化时刻都在更新和演变、充实和发展、辐射和展开，但这种更新和演变是以传统为基础的，充实和发展是具有个性特色的，而辐射和展开，则离不开其多层次、多方面的网络形态。这既是理论，又是方法，但如何操作，则有待于研究者的探索。

如果从意识形态方面看，民俗—宗教—哲学，是古代传统文化的主干。由主干再行展开，讨论民俗与文学艺术、宗教与文学艺术、哲学与文学艺术的关系，以及与其他文化现象的关系，从而发现出多层次、多角度、全方位、绚丽多彩的文化现象，并由此寻觅到一个又一个既看似寻常却又难以打开的文化迷宫。

举例说，隋唐是中国佛学的发达时期，形成了各种流派，但为何只有禅宗能在江西立足并得到发展？道教陆修静在庐山修炼数十年，葛洪在樟树也很有根基，但为何炼丹派在江西得不到发展，而以画符念咒、驱神捉鬼等巫术为特点的天师教却居统治地位？再如宋明理学在江西曾有很大的发展，尤其是陆王心学，是以江西为基地的，理学家很多，科举文化也非常发达，但明清之际兴起的实学及至清代发展起来的考据学，对江西的影响都很小；江西虽然有曾巩、王安石、欧阳修这样的大散文家，但更多的江西人在行的却是骈文、律诗、词曲、音乐。这些，也都是赣文化现象，但其根基又何在？

我曾对赣文化的传统、特色和形态发表过一些看法，今试言之。

自来言江西古代文化者，每喜称道唐宋之文章诗词、宋明之理学与心学、明清之戏曲等等，大抵家究篇论，累世不倦。然叩其源流影响，以及历代的风俗诸端，则多缄默，并无宏观达识综而理之，故至今犹如断线风筝或一盘散珠而已。

江西先民好信巫鬼，故史称江西多淫祠。史书所载第一位给江西带来文化影响的人物是西汉末的南昌尉梅福，是一位习榖梁《春秋》的儒者，在江西做过不少好事，去官后回原籍寿春，但江西却一直流行着梅福在南昌西山梅岭成仙的传说。到东汉，江西有了自己的学者，如程曾、唐檀、徐稚，三人均习《春秋》公羊学，又皆习京氏《易》，好灾异星占，都是儒术兼方术之士，此诚与公羊为本来就杂以阴阳有关，但也是江西好巫信鬼的民俗所致。沿此而降，至于魏晋，幽明神怪之家始终不衰，即陶渊明亦著《搜神后记》，可见，贤者也难脱俗。由此可知，天师道在江西的发展并非偶然。

然而，在思想文化方面对江西产生重大影响的，不仅仅是巫术方术及由此而产生的道教天师教，禅宗及陆王心学的影响更有过之。禅宗既分南北，江西便成了南禅最为盛行的地区，唐代就有"求官去长安，求佛往江西"之说。迄于宋明，佛教渐衰，而理学与心学交相勃兴，江西又成了理学与心学的重要基地。朱熹之学虽称闽学，而其在江西之影响亦颇深。同时起而与朱熹相抗衡者，则有陆九渊之学，我特称之为"赣学"。前人每以关、洛、濂、闽四大派以包举有宋一代之理学，此乃封建统治者推崇程朱之偏见。当南宋之际，朱陆之间，互相诘难，遂开主张"道问学"的闽学，与主张"尊德性"的赣学两大派。而江西学人则多以陆九渊为宗，即使朱、陆兼治，也隐以陆学为主。其后来者，元之乐安吴澄、明之崇仁吴与弼，皆一时大儒。吴澄认为学当以德为本，否则必偏于言语训释；吴与弼则自称其学"多从五更枕上汗流泪下得来"，皆隐然为陆学。

陆学在江西之盛如此，可窥有明一代王阳明之学盛于江西，乃事势所必至。明末清初黄宗羲作《明儒学案》，称"姚江（王守仁）之学，惟江右（江西）为得其传"，"盖阳明一生精神，俱在江右"。王阳明也直言不讳："非尝欲冒天下之讥，为象山一暴其说"，以发扬陆学为己任。可见，陆王心学之植根于江西，是和江西在思想文化上有其固有的传统分不开的。

由此言之，古代江西的思想文化渊源有自，又不仅限于由陆王而上推禅宗，直可上接魏晋之道术与佛学、西汉之儒术杂以神仙方术乃至先民之信巫鬼。由巫术方术而及于佛教之禅宗、陆王之心学，与由巫术方术而及于道教，其途虽分为二，而其间消息与关联，则不可切而断之。远源近流，或貌同而心异，或貌异而心同，共同形成了江西思想文化的个性。虽然这一文化传统夹杂着宗教迷信的唯心色彩，却不能统统视为糟粕而摒弃之。它在一定的历史时期内，在一定的客观程度上，也曾经起过积极的作用，影响过或产生过绚丽多彩的古代文化，至今不衰。但也不可否认，这种讲究德性、推崇顿悟、搬弄玄机的文化传统，也影响了明清以来江西在研寻实学、追求科学方面之不振。这是今日研究赣文化不可不予重视的。

江西不仅有过灿烂的精神文化，也有过繁荣的物质文明，这与赣江、鄱阳湖水系有着密切的关系。人类之生活与生产不可一日无水，江西境内首先发展起来的地方都在赣江鄱阳湖水系沿岸，商业兴起后，贸易往来日益频繁，商旅交通成了经济文化繁荣的必要条件。隋唐以降，由于大运河的开通及海外贸易的渐趋发达，南北交流及大陆与南海的贸易，都以赣江为主要通道，江西遂有明显的地理优势。唐宋以后江西文化的勃兴，与运河、长江、赣江这一南北通道开辟后江西经济的繁荣有直接关系。故研究江西文化，又必须弄清它赖以兴起的经济基础。

同样，近代以来江西文化的落后也与江西经济的落后，尤其是赣江交通优势的逐渐丧失有直接关系。

明清之际，外地移民对江西山区的开发及引进经济作物，虽然在一定程度上促进了农产品的商品化，但也带来了生态失衡的问题，林木植被逐渐减少，水土流失逐渐加剧，赣江水系含沙量越来越大，沿及近代，终于通航期缩短乃至上游不能通航。迄于海运大开、铁路兴筑，作为古代南北通道的赣江便无足轻重，优势转化而为劣势，自然经济反而有所强化，封建宗法意识增强，加上各种政治因素的影响，江西在经济文化上的发展逐渐趋缓。欲改变这种状况，固然应该而且必须从发展经济入手，但要发展经济，却不是一个单纯的经济问题，还应该有一个随之而来的文化问题。

我认为，研究赣文化，既要看到它的开放性和包容性，又要看到它的保守性和排他性，只有这样，才能弄清一种文化传统的利弊得失，才能真正做到扬长避短、去粗存精、吸收养料、摈弃糟粕。

载《赣文化研究》第一辑，南昌大学赣文化研究所编，江西经济管理干部学院印刷厂1994年8月印制。

开展江西历史名人研究的重要意义

研究历史当然离不开历史上出现的重要的人和重大的事。以人为主的则事随人起，以事为主的则人随事出，从而形成了中国古代史书的多种体裁，如传记体、纪事本末体等，还有一种编年体，则是物、人和事按年月顺序排列的。近代以来的史书不论是通史还是专史，多用章节体。章节体有它的好处，对于历史发展的脉络，看起来比较清楚，特别是在马克思主义指导下，便于科学地揭示历史的发展规律。但是，它也存在着一个缺陷，就是难以充分展示出历史人物的基本面貌和人生历程，使史书缺乏生动性和血肉感。因此，传记体仍然是不可或缺的。

近十年来，江西的学术界把很大的注意力放在地方史志的研究上，并已取得了相当丰硕的成果，这是一件可喜的事。因为它为区域文化的研究创造了条件，拓开了一个新的领域。而区域文化的研究，又正是将史学和文化学、社会学融为一体，在一个区域范围内，在历史、现状和未来的几个既相互衔接又相互区别的层面上，展示出一个地区的文化积累和文化特色以及其间的来踪去迹。就江西一省而言，此项研究对于进一步深入把握省情，洞悉底蕴，从而在盱衡全局的基础上，如何扬长避短，如何弃旧图新，如何充实提高，如何进退有序，等等，都有着极大的助益。不仅如此，区域文化的研究，还最终为国史的研究，为国情的把握提供更具体更科学的依据，使之具有更坚实的基础。可见区域文化的研究，其有功于国史、有补益于民族文化之深入研究，自不待言了。近来江西的学术界提出开展"赣文化"的研究，正是适应了这一客观发展的必然趋势，又是认识到了这是一项义所当为、责无旁贷的自身责任。最近出现的"赣文化"热，就是明证。

开展"赣文化"的研究，当然需要从各个方面、各个层次、各个角度去进行探索，然而概括地说，不论其方面、层次、角度的具体情况为如何，总离不开其人与其事，而在其人与其事中，人物又总是以主人翁的地位而出现的。欲明一事，而不明事中之人，则无异扣盘扪日，甚至是白费气力，所以"江西历代名人研究中心""江西省历史名人研究会"的成立和《江西历史名人研究》的出版都可以说是应运而生和应有之义了。

历史上的名人在旧史上大多有传，也许有人会认为要了解其人，只消把旧史拿过来翻翻就可以了，似乎用不着再花功夫去研究，这种看法实属大谬不然。旧史上的人物传记虽然可以视为重要的依据，但绝不能以此为满足，因为旧史的作者受到时代和阶级的局限，在知人论世方面往往不能正确对待，从而在旧史传上因回护、掩饰、偏见等动机而造成的缺漏、夸张、谬误等失实之处，所在多有。清人赵翼在指出《宋史》诸传中的错误时说得好："元修《宋史》，度宗以前，多本之宋朝《国史》，而宋《国史》又多据各家事状碑铭，编缀成篇，故是非有不可尽信者。""盖宋人之家传、表志、行状以及言行录、笔谈、遗事之类，流传于世者甚多，皆子弟门生所以标榜其父师者，自必扬其善而讳其恶，遇有功处辄迁就以分其美，有罪则隐约其词以避之。宋时修《国史》者即据以立传，元人修史又不暇参互考证，而悉仍其旧，毋怪乎是非失当也。"（《廿二史札记》）其实何独《宋史》如此，其他诸史大率亦如此。所以要真正了解一个历史人物，首先非下一番参互考证、钩稽剔抉、综核补正的功夫不可，而且还要把人物放在时代的宏观上摆正其位置，分析其得失，评论其是非，才能达到知人论世的目的，这当然是很不容易的，实际上是舍旧传而立新传，使传记上升到历史科学的高度。即以江西的历史名人而论，要想一一加以研究，一一写出新传，也是一项十分巨大而又极为浩繁的工作。

历史上的江西名人，有不少在其生前就以其文章、德业、事功，在全国范围内产生巨大的影响，而于身后仍历久不衰，甚至影响及于全世界。因此，对于他们的研究就不仅仅有助于"赣文化"研究的深入，而是直接与国史相联系。也可以这样说，在他们各领风骚之日，也正是我国历史文化不断得到发展之时，在历史进程的某些阶段上，在不同的文化层面上，其间的因革变迁，承先启后，枝分派衍，几乎都可以从他们的身上看到历史的痕迹，甚至是历史的缩影。兹就文学艺术史方面，揭举近代以前一二荦荦大者，借资佐证，挂一漏万，识低言浅，不敢辞咎。

在中国文学艺术史上，自晋以前，江西已有若干名人见诸史传，然多语焉不详。江西在历史上能称得上文学巨匠的，当首推陶渊明。东晋南朝期间，陶渊明以庶族之身与当世高门巨姓相抗行，他的诗作一反六朝颓靡之习，以返归自然天趣相宗尚，具高洁之怀，写真实之境，于朴素中见高华，于生活中寓理想。当时不为世人所重，钟嵘《诗品》仅推为"古今隐逸诗人之宗"。然自唐以降，声誉日隆，学陶的越来越多，杜甫在诗中提到"此意陶潜解，吾生后汝期"。白居易亦谓："常爱陶彭泽，文思何高玄。"苏轼论陶诗，有谓"精能之至，乃造平淡，如佛说蜜，中边皆甜"。后世学陶者大多自承不可企及。有不少诗人学的其一体者，即足以名世；而陶集版本之多，注者之众，后世诗人亦多难匹敌，可见他的影响至深且远。

唐代自韩愈、柳宗元等提倡古文运动，世称韩文"起八代之衰"。然终韩、柳之世，迄于五代、宋初，古文运动并没有真正鼓荡起来。如宋初诗文流行"西昆体"，"务以言语声偶摘裂……以相崇尚"（欧阳修《苏氏文集序》）。"是时天下学者，杨（亿）、刘（筠）之作，号为时文，能者取科第，擅名声，以夸荣当世，未尝有道韩文者"（欧阳修《六一题跋》）。仁宗时应试举子又一度兴起所谓"太学体"，也称之为新时文，以新奇怪僻是尚，甚至闹出许多文理不通、牵强附会的笑话，这时赖欧阳修挺身而出，与尹洙、梅尧臣等以弘扬"古文运动"为己任，借知贡举操黜陟之权，推挽、奖掖、识拔善古文者，一时人才辈出，如曾巩、王安石、苏氏父子等，使文风为之丕变，"其后天下学者亦渐趋于古，而韩文遂行于世……学者非韩不学也，可谓盛矣"（《六一题跋》）。可见，古文运动虽首唱于韩、柳，而真正使之蔚为风气且历八九百年而不衰者，却不能不归功于欧阳修。

又如诗之有派，在我国文学史上第一次正式揭举诗派旗帜的是江西诗派。始于南宋初年的吕本中作的《江西诗社宗派图》，尊黄庭坚为诗派之祖，列陈师道、潘大临、谢逸等二十五人，为其法嗣，并编辑印行《江西宗派诗集》一百十五卷，另有曾纮辑《江西续宗派诗集》二卷，后来杨万里还为这两个集子作序。江西诗派之名从而大张，一直影响了七八百年。江西诗派的产生当然和黄庭坚的影响分不开。两宋之际，许多有名的诗人几乎都学过黄庭坚，有的甚至终身服膺不懈，如李彭、曾几等，有的后来虽然卓然树立，自成一家，但也不讳言曾以黄庭坚的诗法作为入手功夫，如陆游、杨万里等等。迄于清末的所谓同光体，也未曾摆脱黄庭坚的潜在影响。可见自 11 世纪后期起，黄庭坚在中国诗坛中的地位是极为重要的，也是极为深远的。

然而，就所谓江西诗派而言，则自来就存在着争论。吕本中当日著《宗派图》，有人就曾提出过不同意见，不过那时还只是就派中人物而言，指其别择不当，后来则是对江西诗派有所指摘。至于近世，则大多对诗派横肆攻击，且将矛头指向黄庭坚，把黄庭坚的诗作与诗论说得几乎一无是处，大有推原祸始之意。

其实，黄庭坚生前并无所谓江西诗派，黄庭坚死后几十年也没有所谓江西诗派，只是到了吕本中作《宗派图》后，才有了诗派之称。吕本中究竟是哪一年作《宗派图》已不可考。不过黄庭坚出生之年（公元 1045 年），至吕本中去世之年（公元 1145 年），相距正好一百年，黄庭坚死于 1105 年，那年吕本中只有 21 岁。吕本中于南宋高宗绍兴六年（公元 1136 年）才成进士，已经 52 岁了。可见吕本中直到晚年才成名的，更可见江西诗派的得名和黄庭坚毫不相干，黄庭坚可以不负任何责任。因为后人学习前人，这是客观规律。黄庭坚本人并无意要创立什么诗派，过去学陶、谢的，学李、杜的，学元、白的，也从来没有叫作什么派的，过去也只有什么建安体、元和体、西昆体的称谓，而所谓体，也并不等于派。和黄庭坚同时的，黄庭坚自谦不敢与之齐肩的，大名鼎鼎的苏轼，后来学他的人也很多，可是却没有人说过有什么四川诗派，尽管当时有苏门四学士之称，连黄庭坚也是其中之一，可是也没有什么人把"苏门"视为"苏派"的。唯独黄庭坚有此殊荣，也唯独黄庭坚被一些反对与指责江西诗派的人说得一钱不值，这实在是没有多少道理的。

原来，吕本中之所以要搞一个诗派，不过是受了当时佛教禅宗的影响。自唐代南禅崛起，成为中国最大的佛教宗派，且把如来禅一变而为祖师禅，分化出什么五家七宗，各家各宗都尊奉自家门派的祖师，且自祖师以下又各有自己的法嗣——正宗的徒子徒孙，代代相传，各自标榜自家宗派的接引与传法的特色。自唐后期以迄于两宋，士大夫谈禅之风很盛，以禅学说诗，更成了一时风尚，苏轼、黄庭坚也无法避免。而江西又是禅宗发迹的一个大本营，黄庭坚是江西人，吕本中虽非江西人，但受禅学的影响很深，加之他对黄庭坚又十分崇拜，因而，吕本中敢于仿禅宗开宗立祖之例，首创江西诗派之图，乍看起来颇雅，细看起来却俗气得很，这是过分地推崇黄庭坚所导致的结果。想不到黄庭坚死后，竟成了类同缁流香火的崇奉者，时俗移人，累及泉壤，这是黄庭坚生前所料想不到的。

所以说，黄庭坚与江西诗派既有联系，又有区别。有联系，是说江西诗派的诗人们是学黄的；有区别，是说学生们的缺点不能都怪老师，学生们的不长进，学生们自己应负的责任居多，何况，这些学生们并非都得自黄庭坚的亲授。如此说来，研究黄庭坚，还有许多问题要重新加以论定。黄庭坚的诗虽有其自身的缺点，但看来还是朱自清说得比较公道："史称（黄）自黔州以后诗句法尤高，实天下之奇作；自宋兴以来，一人而已，非规模唐调者所能梦见也。惟本领为禅学，不免苏门习气，是用为病耳。"（《宋五家诗钞》）只有把黄庭坚和江西诗派既有联系又有区别地来看，才能作出正确的评价。

又如，说到中国戏曲发展史，江西在其中所处的位置也是非常显赫的。自元杂剧兴起以后，中国才有真正的舞台戏剧。而所唱的曲子应如何用韵，却要等到元代江西高安人周德清著的《中原音韵》问世后，才有了准绳。至于曲谱的规范化，则一直要等到明代永乐元年定居于南昌的朱权著《太和正音谱》问世后，才算有了定式。正如明万历年间的曲律学家王骥德在所著《曲律》自序中说的："惟是元周高安氏有《中原音韵》之创，明涵虚子（笔者按：涵虚子系朱权别号）有《太和词谱》之编，北士恃为指南，北词禀为令甲，厥功伟矣！"北方的戏曲要待南方的两个江西人才使之规范化，这是文学史上一个颇为奥妙的问题。另外元代还有一位沈和，字和甫，他本是杭州人而定居于九江，并终老于九江，成了江西人。他的生平不详，只有元钟嗣成的《录鬼簿》留下了极其简略的记载，说沈和是一位文学家而兼音律学家，"以南北调合腔，自和甫始，如潇湘八景、欢喜冤家等曲，极为工巧"。不过，值得注意的是，现在流行的一些《录鬼簿》的版本，有的在上述引文后，接上是"后居江州"字样，令读者看来，似乎沈和原在杭州创南北合调，只是后来才定居江州。然而查《录鬼簿》最早的版本——明末孟称舜校刻本，却没有"后居江州"的"后"字，这一字之差很重要，说明沈和虽是杭州人，但家居江州，他的创作戏曲活动基本上应在江西，所以《录鬼簿》在他的十分简略的小传上，最后还提到一句，"江西称为蛮子关汉卿者是也"。江西人尊沈和为南方的关汉卿，绝非偶然，正是他久居江西的结果。

南北合调，亦称南北合套，合起来颇不容易，因为北曲用七音阶，无入声，而南曲用五音阶，有入声。加上南北用韵也不同，南曲以江浙一带的语音为准，而北曲则依《中原音韵》，所以，非精于音律者，难以将二者合起来。沈和的功绩就在于他解决了这个难题，这在中国戏曲史上也是一项富有开创性的成就。

　　与此无独有偶的是昆山腔的创始人，也是一位江西人魏良辅。明沈宠绥《度曲须知》中说："嘉、隆间有豫章魏良辅者，流寓娄东鹿城之间，生而审音，愤南曲之讹陋也，尽洗乖声，别开堂奥，调用'水磨'，拍捱'冷板'……腔曰'昆腔'，曲名'时曲'。声场禀为曲圣，后世依为鼻祖。"至今驰名于全国的昆剧，其声腔原来还是由一位南昌人作出的具有创造性的卓越贡献。沈和原籍杭州而流寓九江，创南北合套；魏良辅原籍南昌而流寓苏州，创昆腔时曲。中国戏曲史上差不多每一个重大发展，都和江西人结有不解之缘，这究竟有没有更深刻的因果关系可寻，是一个很值得探讨很耐人寻味的问题。

　　至于汤显祖在戏曲上和当时吴江派沈璟的争论是人所共知的一场公案。沈璟于南曲处在权威地位，他非常重视音律。明王骥德《曲律》曾引他的话，"吴江尝谓：'宁协律而不工，读之不成句，而讴之始协，是为中之之巧'"。可见沈璟是个极端重视唱腔，而连唱词内容是否通顺也可置之不问的戏曲家。《曲律》还接着说："（沈璟）曾为临川（汤显祖）改易《还魂》字句之不协者，吕吏部玉绳以致临川，临川不怿，复书吏部曰：'彼恶知曲意哉！余意所至，不妨拗折天下人嗓子。'其志趣不同如此。"《汤显祖文集》载"与宜伶罗章二"的一封信，上面也写道："《牡丹亭记》要依我原本。其吕家改的，切不可从。虽是增减一二字，以便俗唱，却与我原做的意趣大不同了。"又在《答凌初成》的信上说："不佞《牡丹亭记》大受吕玉绳改窜，云便吴歌。不佞哑然笑曰：'昔有人嫌王摩诘之冬景芭蕉，割蕉加梅，冬则冬矣，然非王摩诘冬景也。'"

　　有一些人往往把汤显祖与沈璟等人的争论看成是内容——"意趣"与形式——"音律"之争，认为汤显祖主张的是形式应服从内容，只要内容好，音律不谐也无关紧要。这种看法一时几成定论。其实，汤显祖何尝不重视音律，只不过汤所用的声腔音律，并不是沈璟所重的昆山腔。近读徐朔方《汤显祖诗文集编年笺校》，在《宜黄县戏神清源师庙记》一文后，徐笺略谓："按：此记可注意者三。一、宜伶盛行于江西，实为江西化即弋阳化之海盐腔。二、宜伶人数达千余人之多，足见其盛。三、知玉茗堂曲之演唱者实为宜伶，是原不为昆山腔作也。以其一代才华为江右之乡意俗调，其情至处人所莫及，盖协宜黄腔之律而无意协昆腔之律也。"旨哉斯言！

　　上面说的只是中国文学史上与江西有关涉的方面的荦荦大者，作为例证，目的在于说明，研究江西的历史人物，研究江西的区域文化，我们有着许多要做的事情，甚至有些重大问题，还需要从头做起。我们绝不是为了庸俗的尊祖敬宗而研究人物，更不是为了夸饰乡土而侈言区域文化，而是本着实事求是的精神，科学地去看待历史，究明它的发展规律，古为今用，达到真正地弘扬我中华优秀的文化传统，这就是我们的旨归所在。这就是《江西历史名人研究》创刊的旨归所在。

衷心希望有更多的同志关心、爱护、扶持这一新的园地，使之尽快尽好地茁壮成长起来。

1994 年 7 月挥汗于南昌北面斋

载《江西历史名人研究》第一辑，陈文华主编，中国人事出版社，1995 年 1 月出版。

弘扬赣文化　迈向新世纪

7 月 29 日《江西日报》头版刊登了一篇题为《赣文化：有辉煌的过去，有繁荣的现在，将有美好未来》的文章。这篇文章不仅肯定了当前我省在研究赣文化方面所取得的初步成绩，肯定了开展这一研究的重要性与必要性，而且还着重指出了今后应该进一步明确的关于目的、要求、基本途径和方法等一系列原则问题，强调了对待这一事业的责任感和历史使命感。文章既充满了对江西的深情热爱，又具有深刻的指导意义。可以预期，赣文化的研究必将迈出新步子，展现出新的面貌。

读后，我有如下三点粗浅的体会。

（一）开展赣文化研究，是我省加强精神文明建设的重要举措

早在 1981 年，邓小平同志就曾经提及"最近有一件事做得好，就是大讲精神文明"[①]。《邓小平文选》第三卷还专门有一篇文章题为《建设社会主义的物质文明和精神文明》，文中指出："现在我们要特别注意建设物质文明，与此同时，还要建设社会主义的精神文明。"文中列举了大量的史实，指出"江西是出思想家的地方，也是出文学家的地方"，"江西不但有很多思想家、政治家、文学家、艺术家，还有很多有名的科学家"，有许多热爱祖国、热爱民族、热爱民众的英雄人物，"还有不少伟大的女性"。这一切都是江西历史上给我们留下来的宝贵的精神财富，不仅证明了赣文化有着辉煌的过去，而且古为今用，正是我们今天需要加以珍惜爱护、发扬光大的一份中华民族优秀的文化遗产和文化传统。所以，开展赣文化的研究，应当视为加强精神文明建设的重要举措，这是完全符合党和国家的要求的。

（二）研究赣文化要和我省的经济建设紧密结合起来，旨在促进我省经济建设的加快发展

恩格斯早就精辟地说过："政治、法、哲学、宗教、文学、艺术等等的发展是以

---

① 《邓小平文选》第二卷，人民出版社，1994，第 382 页。

经济发展为基础的。但是，它们又都互相作用并对经济基础发生作用。这并不是说，只有经济状况才是原因，才是积极的，其余一切都不过是消极的结果，而是说，这是在归根到底不断为自己开辟道路的经济必然性的基础上的相互作用。"(《致瓦尔特·博尔吉乌斯》)正是根据马克思主义这一基本原理，作者在文中首先写道："改革开放十多年来，江西国民经济发展很快"，接着指出"研究赣文化，首先要了解江西现实，要有一个基本看法：江西不是什么都比人家落后，近十多年来，江西变化很大，发展很快，这个事实应当承认。江西是非常有前途的地方，可以大有作为，这是研究赣文化的一个起码的基础"。最后，文章给出了三点建议，其中第一点建议，就是"要学点经济，研究江西历史、文化，要以经济为基础"。这都是十分中肯的意见。我们从事赣文化研究的同志，绝不能抱残守缺，以饾饤载籍为满足，单纯地为研究文化而研究文化，而应该走出书斋，面向社会，面向现实，在当前经济建设的大潮中，要敢于提出赣文化应当怎样为经济建设服务的科研课题，并交出一份有价值的答卷。

（三）研究赣文化的首要目的是开辟未来，要教育我省青年了解江西，热爱江西，献身江西，在跨入新世纪的光辉征程中，把江西建设得更加美好

文章还尖锐地提出了一个问题，就是当前我省还有许多人，主要是青年人，"对江西过去不了解，对现实也不了解，主要是宣传还不够"。研究赣文化首先要达到的一个目的，就是要让广大青年，深刻地了解江西，了解江西的过去和现实，只有在深刻了解的基础上，才会激发出热爱江西的深厚感情。而一旦有了这种深厚的感情，才会由衷地立下献身江西的宏图壮志。青年是祖国的未来，也是我省的未来，千千万万的跨世纪的人才要从他们当中产生，所以研究赣文化，一定要把广大青年作为我们最主要的服务对象，和他们广交朋友，做青年人的知心人，增强青年人建设江西的责任感与历史使命感，这个目的达到了，赣文化的研究才真正具有无限的生命力。

载《江西历史名人研究》第一辑，陈文华主编，中国人事出版社，1995年1月出版。

赣文化研究需要进一步深入

几年来，赣文化在区域文化方面的研究，如考古学、佛教、道教、理学的研究，文学史的研究，社会学与民俗学等方面的研究，都已取得了一定的成绩，这是十分可喜的。现在的问题是需要把文化研究进一步引向深入。下面，仅就江西几个有特色的，对中华民族文化产生过巨大影响的问题，谈点个人看法。

（一）古越族文化问题。江西考古，成绩卓著，这个问题已逐渐明朗，贵溪崖墓是典型的古越族文化遗址。而青铜、石器、陶器及江西居住遗址在断代上也基本取得一致意见。但族属问题及其与中原文化关系问题到现在仍然说法不一，相当模糊。如果这个问题搞清楚了，对整个江南领域的文化都会产生典型突破性进展。

（二）江西禅宗和宋明理学关系问题。要特别注意禅宗与陆王心学的关系，这涉及儒学哲学化的问题。陆学产生于江西绝非偶然。后来的王学把江西作为基地，都和禅宗在江西的发展与行化分不开。搞清楚它们之间的继承、发展、取舍与变化并揭示它们之间的因果关系，还需作深入研究。吃透这个问题，学术史上佛教的中国化和儒学的哲学化诸问题当不难解决。

（三）五代南唐史问题。这个问题自宋以来一直没有得到史学界的重视，至今是个薄弱环节。研究五代十国史，只以五代为主线，这是封建正统派的观念。五代，总共才54年，而南唐则有40余年。当时北方的五代干戈扰攘，其经济、文化南移。南唐时期，一度成为江南盟主，由于社会安定，南方经济、文化得到进一步发展。此时的江西，是个举足轻重的地方。要研究南唐史，要研究江西在南唐时期的地位，要填补这项空白，这个问题研究好了，才能解释为什么江西在两宋时期会出现经济、文化极其绚烂与辉煌的局面。

（四）古文运动问题。古文运动奠基于唐代的韩愈、柳宗元，而真正把古文运动推向全国，历久不衰的，应从北宋开始，是欧阳修的功劳。欧阳修、曾巩、王安石在古文运动中处于非常突出的位置。朱熹的文章师承于曾巩，直到清代桐城派学的也是曾巩，欧阳修、王安石就更不用说了。当时江西涌现了一大批赫赫有名、成就卓越的文学家。这个问题历来有人研究。但迄今为止，作为一个区域文化，赣文化究竟为古文运动的产生与发展提供了什么条件，起了什么作用，它的源流和脉络，隐伏和发扬都没有真正深入、全面地揭示出来。在某些阶段上，如禅宗、陆王心学、古文运动等方面，江西都起着带有革命性的开拓作用，都处于一种前行的位置。这个问题解决好了，有助于我们进一步了解当时的江西在中国文化史上的地位。

（五）江西诗派问题。我不赞成按照吕本中"诗派图"来研究江西诗派，那是个游戏之作，没多大价值。但黄庭坚在中国诗坛上的影响是巨大的。从南宋到元，尽管有相当多的诗家对江西诗派不满，但对黄庭坚却很推崇。明前、后七子由于推崇唐诗而贬宋诗，黄庭坚一度受到冷落，由此有明一代，诗风下降，为之不振。到了清代，反明七子积习，宋诗重新受到重视，黄庭坚影响起，至清末民初，始终不衰。实际上，黄庭坚诗独辟蹊径，别开生面，继承了自《诗经》到唐诗的优秀传统并赋予其生命力，起到承先启后作用。因此，研究黄庭坚诗，从中可以看出中国古诗的发展脉络以及唐以后中国诗是向哪些方面发展、延续它的生命的。只有认真研究黄庭坚诗的作用、影响及其不足，才能真正把握住中国诗学的发展规律。

以上五个问题，虽然作为区域文化产生于江西，但从影响来说却都是中华民族文化的重大问题。所以，开展文化研究，其目的还是弘扬中华民族优秀文化。

载《文史知识》1998 年第 199 期。

在庆祝《江西诗词》创刊十周年暨京九铁路通车诗会上的讲话

今天我们幸会一起，济济一堂，一方面庆祝《江西诗词》创刊十周年，一方面庆祝京九铁路通车。这两件事都是喜事，大好事。

《江西诗词》是由省委宣传部和省出版局正式批准、向全国公开发行的文艺类季刊。自1986年创刊，到现在已经整整十年了。回顾十年来的历程，虽然取得了一定的成绩，积累了一些经验，但也存在着一些问题。借此机会，谈谈我的几点体会。

一、创刊的经过

创办《江西诗词》之议，始于1985年江西诗社成立之际。当时，由石天行同志牵头，将我省一些爱好传统诗词的学者、教授、诗人组织起来。大家深感江西自古以来就诗风甚炽，为了继承和发扬传统诗词这一文化遗产，推动社会主义精神文明的建设，有必要创办《江西诗词》这一刊物。此举得到省委宣传部的高度重视，于1986年批准创刊，但（当时）没有给正式刊号。从1987年开始，经省出版局审批，《江西诗词》方获得正式刊号，由江西诗社主办，挂靠在省文联，主编是石天行同志。1988年11月，江西诗词学会成立。《江西诗词》作为学会主办的刊物，改由省社联主管，主编仍然是石天行同志。1991年，石天行同志因身体欠佳，提议由刘国藏同志兼任本刊主编，仍由省社联主管。

由于《江西诗词》是省诗词学会主办的刊物，不是正式的机构，因此办刊经费无从落实。经我会已故会长石天行向省有关部门交涉，省财政厅专门下达文件，从省古籍办的事业经费中，每年拨出两万元，作为《江西诗词》的办刊经费。省社联对我刊的编辑工作也给予了切实的关怀和大力的支持，不仅保证了这两万元专款专用，还为我们提供了办公场所。

二、本刊的栏目设置

《江西诗词》栏目众多，有《感事篇》《建设篇》《杂咏篇》《咏怀篇》《登临篇》《咏物篇》《爱情篇》《诗话篇》，这是根据内容而设立的。另外，根据作者的年龄和存殁，我们还特别设立了《老骥篇》《青年篇》和《遗作篇》三个栏目。

《老骥篇》是供退居二线的老同志发表作品的园地。方志纯、赵增益、王一琴、廖少仪等老同志都曾在此发表过诗作。李一氓同志的《击楫集》去年由中华书局出版，其中有将近半数的诗词曾在此栏中发表过。还有不少以前从来没有写过诗词的老同志，在此栏发表其处女作后，兴趣大增，经过自身的努力，已具有一定的创作水平。

《青年篇》是发表青年诗词的园地。我省有许多中青年诗人如舒传宁、赖竹林、刘晓南、韩晓光、赵怀青、徐晖、李志丹、邓达芳、孔淑梅、李真龙、徐忠民、黄梦明、严光明、许续芳、黄健保、左乐夫、余启香、吴鑫生、刘慎、周泽安、菜人、张永球、金道华、单庆华、陶建国等，都是由此在全国崭露头角的。

《遗作篇》专门发表我省已故著名学者和诗人的作品。十年来，我们先后发表过陈三立、胡诗庐、王易、王浩、陈寅恪、汪辟疆、辛际周、龙榆生、姚钝剑、涂世恩等乡贤的遗作，既为广大读者提供了学习写诗的典范，也给有关研究者提供了必要的资料。

由于栏目众多，许多海内外著名的学者和诗人都远惠珠玉。缪钺、施蛰存、钱仲联、苏渊雷、周振甫、启功、孔凡章、周退密、马祖熙、沈轶刘、富寿荪、刘逸生、霍松林、饶宗颐、常任侠、石凌鹤、胡守仁、余心乐、蔡厚示、张志岳、吕小薇、宗远崖、袁第锐、林从龙、宋谋玚、李汝伦、丁芒、熊鉴……都有作品在各栏目发表，使《江西诗词》大为生色。

《诗话篇》是我刊办得较有特色的栏目之一，许多著名的学者如周退密、吴孟夏、周振甫都曾来函，称赞这一栏目的文章耐读。已故著名史学家吕思勉先生的遗著《诗论》首次在这一栏目连载，得到学术界的广泛重视。美国哈佛大学图书馆专门来函，要求邮购这几期《江西诗词》。此外，钱仲联先生的《〈晚清阁诗〉序》和刘世南先生的《南楼谈艺》也备受学者称赏，《中华诗词年鉴》第四册曾予以转载。

《感事篇》和《建设篇》是最能反映时代风云的栏目，可惜的是，偏偏这两个栏目的稿件最缺乏。当然，也有不少力作曾在这两个栏目发表过。如丁剑欧的《千亿谣》和廖绍禹的《蓝萍曲》等，就曾在广东举办的"李杜杯"诗词大赛中获过奖。

十年来，《江西诗词》共出 41 期，登载诗词作品（含散曲与楹联）12400 余首，诗词论文和诗词 328 篇。与全国同类刊物相比，《江西诗词》创刊时间并不算很早，但所出期数却名列前茅。至于刊物的质量，《江西诗词》也毫不逊色。1994 年，孙轶青、沈鹏等七位政协委员在向全国政协所交提案中，表彰了全国七家诗词刊物，其中就包括《江西诗词》。

三、本刊的编辑工作

《江西诗词》没有专门的编制，从主编到编辑、校对，都是兼职，没有报酬。但大家都任劳任怨，从不叫苦。每星期四上午，编委们都集中碰头，商议稿件的取舍，讨论工作的安排。平时处各地的来稿，由专人登记、汇总，然后交廖宇阳先生初审。初审完毕，再分发给各栏目的编辑。最后由主编或副主编定稿发排。由于大家都不是专职，为了及时出刊，不得不占用大量的业余时间，有时甚至通宵达旦。

值得一提的是，老诗人魏向炎先生，从 1986 年创刊到 1990 年年底，一直是《江西诗词》的执行编辑。为办好刊物，他花费了大量的心血。主编刘国藏同志虽然出版局的工作极忙，但还是抽空指导本刊的编辑工作，并经常向北京的名家约稿，同中华诗词学会联系，使本刊的知名度大大提高。此外，周缉熙、李传梓、刘世南、徐高祖等先生都曾直接或间接参与本刊的编辑工作，大大增强了本刊的编辑力量。

特别令我们难以忘怀的是已故会长石天行和常务副会长盛朴二老，他们不仅负责学会全局性的工作，而且还亲自指导并参与本刊的编辑工作。盛老是在筹办我省首届诗书画联展时，因劳累过度而病逝的；石老在弥留的前一天，还躺在病榻上阅读《江西诗词》。这确实可以说是"鞠躬尽瘁，死而后已"。在《江西诗词》创刊十周年纪念之时，我们缅怀这两位老会长的筚路蓝缕之功，真不知情何以堪！

在此，我们还应感谢我会常务副会长胡亚贤同志和顾问杨小春同志。这次诗会的经费就是他们二老亲自奔波才得以解决的。如果不是他们，这次诗会根本就开不起来。

四、存在的问题

在十年的办刊过程中，有两个问题一直没有得到妥善的解决。这就是通联工作不够和刊物发行量过小。

先说第一个问题。十年来，我们虽然对通讯联系工作很重视，但由于人手缺乏，这方面的工作做得很不够。比如，我们平时开展了不少诗词联谊活动，却没有及时向中华诗词学会汇报，以致《中华诗词学会通讯》杂志上很少反映我们的活动。又比如，许多兄弟诗词组织都按时给我们寄赠刊物，而我们却往往投桃而不报李，以致不少刊物的主编对我们产生意见。再比如，许多会员或读者来函询问一些情况，我们大都没有及时复函，以致不少人认为我们编辑架子大，造成感情上的隔阂。

再说第二个问题。虽说诗词刊物发行量不大是全国普遍存在的问题，但如果我们能扎扎实实地进行宣传，并分派专人负责发行工作，发行的渠道肯定会多一些。《湖南诗词》在这方面做得比较好。其经验是每个分社都尽义务订购 50 份，每个会员都必须订 1 份。倘若我们也能够做到这一点，则完全可以达到 5000 份的发行量。恳请各地、市、县诗词组织的领导支持我们的工作，我先此表示感谢。

同志们，最近党的十四届六中全会号召我们加强精神文明建设，这是一项重大的战略任务，是中国共产党人和中国人民一项艰巨的历史任务。它关系到我国跨世纪宏伟蓝图的全面实现，关系到社会主义事业的兴旺发达。我们这次诗会适逢其时，相信大家一定倍受鼓舞。"登高作赋，是所望于群公"，祝愿大家逸兴遄飞，写出不负于时代的瑰丽诗篇，也祝愿《江西诗词》在党和政府的领导下，在省委宣传部和省社联的具体指导下，在各位同志、诗人的大力支持下，越办越好，为推动社会主义精神文明建设作出应有的贡献。

京九铁路通车是我们这次诗会的主题歌。京九铁路举世瞩目，其三分之一地段在江西，而南昌又是这条铁路上的唯一的省会城市。京九铁路将为我省经济、文化带来巨大的变化。在古代，赣江、鄱阳湖水系是岭南与中原交流的要道。交通的便利，有力地促进了江西经济、文化的高涨。宋明时期，江西"人杰地灵"的特征表现得尤为充分。近代以来，由于沿海交通的发达，及京汉、粤汉铁路的贯通，江西失去了交通优势，经济、文化与沿海省份相形之下，显得滞后了。改革开放以来，江西人民盼望有一条纵贯全境的铁路，希望江西的物产能够运得出去，外地的投资能够顺利进出，希望江西的工业布局更为合理，旅游资源能够得到进一步开发。现在京九线为江西带来了新的发展机遇，这是关系到江西振兴的一件大事情。作为诗人，理所当然地要讴歌这一盛举，要满怀激情，倾注心血，精心创作。既要反映重大题材，又不流于空泛口号，用形象生动的语言，雅俗共赏的风格，达到为人民群众喜闻乐见的目的。这次会议结束后，我们还将编印专刊，相信它能受到诗词作者、爱好者的关注。

在此同时，我们也得知九江诗词学会举办庆祝九江火车站建成暨京九通车诗词大赛，在京九沿线省市，我们江西举办的两个大的活动，足以表明我们江西诗人对京九铁路与振兴江西的殷切期望，也必将在全国诗词界产生大的影响。

我们盼望，在江西这块热土上，有更多更好的以"京九"为题材的佳作传诵吟坛。

载《江西诗词》1996 年增刊。

读大作《也谈青词》^①有感

周洪同志：

读大作《也谈青词》后，颇有所感，简述于后。

唐代设翰林学士，德宗时颇参机要，掌"内制"（中书舍人掌"外制"）。为翰林学士益知制诰，则内、外制皆归学士。故自唐入宋元，凡文人曾任学士者，其文集多收有内、外制。外制多属军国大事，内制则为宫中琐事。"青词"属内制之一，此外尚有"口宣""斋文""祝文""批答"等类。宋人文集中往往收有内制，其中不乏"青词"。如《欧阳修集·外集·内制集》卷一有《皇帝本命兖州会真宫等处开启道场青词》《舒州灵仙观开启上元节道场青词》《内中福宁殿开启三长月祝圣寿道场青词》等。自卷二迄于卷七尚有多篇。又《苏东坡全集》，其前集卷三四，收有青词二首，《凤翔醮土火星青词》《徐州祈雨青词》。另附《内制集》，又收有若干则，可见青词文体在古人文集中所在多有，不待查《清容居士集》而后有也。大作谓据章载文多指称青词原型今已不易觅得，此诚少翻古书之一病耳，可发一哂。

又青词之撰写，入明则属于内阁之职，凡大学士都能写青词。至嘉靖时，大学士遂有"青词宰相"之谑称，因附及之。

又现在治文献学的人太少，望勿自弃，为幸。

草草专复　即祝

暑祉

1996 年 7 月 7 日

---

① "青词"属道教，"斋文"属佛教。欧阳修《内制集序》已谓"至于青词斋文，必用老子、浮图之说；祈禳秘祝，往往近于家人里巷之事；而制诏取便于宣读，常拘以世俗所谓四六之文。其类多如此。然则果可谓之文章者欤？"故青词、斋文在当日即不为作者所重视，欧阳修甚至说："其屑屑应用，拘牵常格，卑弱不振，宜可羞也。"皆可证。

石田种玉话耕耘

——漫谈萧高洪的治印与印学

萧高洪今年才 39 岁，而在我国印学界已经崭露头角了。他刻的印章曾多次参加展览并获奖。10 余年来，他先后发表了 70 多篇印学论文，主编或参与撰写的大型印学专著亦达 4 种，共 70 余万字。他的勤奋好学、刻苦磨砺的精神，不是常人所能及的。

高洪出身于湖南衡阳世代知识分子家庭，自幼在家学的熏陶下，喜欢以刀代笔，玩起摹刻游戏，经常雕镂刻画，乐此不疲，虽无章法，却为后日的志趣与腕力打下了幼年功的基础。（20 世纪）80 年代初，高洪就读于江西师范学院历史系，课余之暇，常来我处商量印学。我于印学所知甚浅，唯于时下治印风尚，雅不喜初学者刚刚涉足印林，便幻想走奇险一路。明明是蛇头蚓尾，狼奔豕突，却标榜为野趣霸气，蹊径新开；明明像丢盔弃甲的疲兵，却自诩为力拔山兮的壮士。这种弯路是万万走不得的。所以我常常勉励高洪应从规摹汉印入手，取法乎上，坚植骨格，然后上溯甲骨钟鼎秦玺汉瓦，下窥明清诸大家，择其性之所近者，再师从二三大家，心摹手追，积以岁月，则将有融会贯通之一日。到那时才真正谈得上有自家面目了。高洪果真这样地执着追求，在大学读书期间，他的仿汉印便已具备一定功底，并已初步领悟到了"敛华就实""蓄锋养志"的境界。与此同时，他主攻中国古代史，更有意于古史中专注官印的发生、发展及其变化。这本是一个很冷僻的课题，历来很少有人研究它。而高洪却不惜耗费大量精力，从浩繁的史籍中，一丝一忽，一点一滴地把材料搜集上来，终于在学生时代就写出了长篇论文——《我国历代"主玺"官职略考——兼论与封建专制主义的关系》。

高洪大学毕业后，就职于江西省社会科学院历史研究所，从此更加致力于治印与印学研究，取得了令人瞩目的成绩。

先谈高洪的治印。经过一段追摹汉印之后，他即转入师法黄牧甫，取其精致深稳，后又参学赵㧑叔，取其圆润流丽，转益多师。时至今日，应当说，高洪已经形成了自己的印风，可用醇、秀、庄、雅四个字加以概括。试以例言之，如朱文印"抱残守缺斋藏"，结构严谨，线条坚劲，显得气度凝重，刚而不露。而"宜堂过眼"一印，则线条多取弧形，布局整练精致，且显得圆融无碍，恬淡冲和。其"清清世界"一印，在布局上，"清"字占的位置很重，第二个"清"字占的位置又最小，"世界"二字，基本上是等分，"界"字略显微长。四个字各具变化，而整体又极为和谐，寓不统一于统一之中，愈见对称与平衡之妙用。又如他的白文印，试看"快然自足"一印，其布局颇类朱文"清清世界"印，四字大小都有所差异，而字体、刀法则多从秦汉玺印中来，金石味很重。而"取食砚田"一印，其布局上略宽，下略窄；右下"食"字微上耸，左上"砚"字两笔则下伸。奏刀则方中见圆，疏密错落，处处有变化，而统一于古拙朴茂之中，深得汉印神韵。又其"有容乃大"一印，四个字作四等分，初看起来，似乎变化不大。仔细一看，其变化全在"乃"字上，"乃"字一撇作一短竖形，作者在奏刀时，刚一下刀，便戛然而止，显出一片朱红，留下了大量的想象空间，使整颗印显得平整中有跌宕，令人涵泳其间，真个是有容乃大了。

由此可见，篆刻虽为艺术之一技，却万万不可小视，非腕力与笔力合一，功力与学力合一，印风与襟抱合一，则不能臻其佳境。高洪治印多年，在这三个方面都有精进，才能有此成就。

再说高洪的印学研究。从他的数十篇论文和几部专著中可以看出，他的印学研究是全方位的。大体说来，他着力于印学与史学、美学三者的结合。关于印史方面的论著，不局限于前人的就印言印，而能够于印外言史，印内言艺。既阐明历代官私印的传承和递嬗关系，又识别其时代特征之所在。尤其在研究历代官印中，还能标举出它所具有的特殊政治功能，能发前人所未发。高洪在这方面的代表作，可举《官印二十讲》（《书法报》连载）和《中国历代玺印精品博览》一书中的《官印》篇，多方举证，言之凿凿，允称力作。高洪对印学的艺术流派也下过一番穷原竟委的功夫，如他在《中国历代玺印精品博览》的《流派篆刻》篇中，上溯元代，下讫建国前，自赵孟頫、吾丘衍直到邓散木、来楚生，一共评价了38位印人，都是卓然开派者，高洪都能一一明其缵绪，揭其特征，在论述他们的美学价值时，更能见微烛隐，穷其底蕴，描形绘色，而且还往往出之以史家笔墨，尤为难得。

　　石田是不容易耕作的，因为石田是种玉的，一颗方寸大的印章，如果它的艺术价值高，就不啻一块美玉，甚至比美玉的价值还高。高洪是一位石田种玉之人，我默默地希望他收获得更多更好。

载《江西日报》1998 年6 月 23 日，原文附有印章六方，此处删减。

第四编

诗词联语

诗　　词

送行
一九三六年

作者于1990年代重书时自题："此余十二岁时所作《送行》诗。老年追忆，慨夫！童心应葆。"

杏花落尽梨花白，不遣离愁遣寒食。

今朝浇酒告行人，天涯风雨清明节。

记梦
一九四○年代

鄱阳湖上几停桡，细雨斜风燕子槁。

前有瑶琴弹不得，春心已许一枝箫。

自勉
一九五七年

不着僧家百衲衣，墦间耻食祭余归。

多师转益开生面，自抚琴弦定一徽。

春节书怀
一九六二年

乾转坤旋岁又周，东风浩荡满高楼。

九州引领尊中国，一士端居耻下游。

正论长存邪论破，板臣未死史臣羞。

今年力写奸人传，斥罢朱三斥仲畴。

题《鲁迅诗集》影印本
一九六二年

其一

风云大泽走龙蛇，立马沙场急战笳。

魂魄得归公应笑，花坛艺苑满中华。

其二

植骨横眉绝代无，雷霆一击胜锟铻。

至今片羽精灵在，留与千秋作楷模。

颂雷锋

一九六〇年代

其一

美玉精金百炼钢，心胸万古起光芒。

此生愿下雷锋拜，长敬湘江一瓣香。

其二

惶悚年华游若驰，艰难闻道惚何迟。

欲除庸鄙敦风骨，信有雷锋是我师。

······

辛亥新春自广昌下放地寄怀任哥二首

一九七一年

其一

连朝冰雪满阶除，翘首南州意未孤。

已分短辕唐在肆，何妨长尾曳于途。

新春邻馈年猪肉，故里人轻尺蠖躯。

独美哥哥容小病，一天能读半天书①。

---

① 接任哥信，中谓索居养病，每日有半天时间可以读书，令人羡煞。

其二

青阳初动岁云除，寒鹊窥檐影自孤。

漫解散韦嘲旧业，笑从老马认前途。

朝暾暖暖还晞发，晚景依依已病躯。

儿女不原争问字，愧非安世记忘书[①]。

小住任哥寓中

一九七二年

衣上泥痕近十秋，重阴霭霭客南州。

乍寒乍暖成闲梦，微雨微风伴小楼。

一掣醉雷心共逝，才苏香草迹相俦。

老来情味何曾减，笑看春光上白头。

---

① 吾家藏书已于一九八六年以八分钱一斤之价，悉数售与废品收购者。

浣溪沙

一九七三年十一月，凌鹤、天行、公骞八一公园拈阄联句。

绿隐红亭照水明（骞），画桥西畔菊缤纷（行），高秋风物最宜人（骞）。
长记百花洲一战（鹤），仰瞻双马石千寻（骞），老怀激烈足行吟（行）。

奉题咨臣老兄《春山访书图》二十五韵
一九七六年

春阳熙空谷，晴云散轻雾。肩囊挟伞盖，踟蹰觅径路。
指点二酉山，神注足为驻。借询行者谁？新风小楼主。
访书遍省中，费尽平生屦。或游升平里，西堂询镇库。
或寻春明坊，僦居愿受顾。张华无余赀，挚虞常饿肚。
惟搁三寸翰，四尺展油素。人休我不休，善赋读千赋。
削荆题衣裳，燕发燃麻炬。颠倒耽织帘，竟尔非百务。
常坠坑岸间，马足慁难数。护鸡立中庭，流麦忘雨注。
出门状货鬻，对镜甘蟫蠹。嗤嗤腾众口，凡目抢迂腐。
毁誉庸讵伤？掉头略不顾。人弃我独取，劳劳庶有补。
兢砣持寸心，未可寻常谕。皤然颜面老，腰脚健如故。
行之重行之，春山不空赴。相迓满山花，相惊迷烟树。
野鸟知姓名，溪流浣尘土。断简冀获全，逸篇幸可赌。
外此非取求，悠悠互今古。

读任哥《岁暮有怀大哥》诗二首
一九七〇年代

其一

蕭岭嵯峨见二难，风雷笔底露倪端。

诗犹肝胆皆冰雪，人与梅花共岁寒。

醉后每怀关塞远，闲中惟问食眠安？

虚舟不系宁归棹，欲赋竖写有故峦。

其二

赌胜争奇故作难，弟兄豪兴总无端。

休嗟白发边青发，但作消寒复守寒。

险韵阄成诗学积，醇醪瓶尽梦魂安。

别来意懒肠共结，久负澄江与翠峦。

缅怀美籍华人艺术家蒋彝绝句
一九八二年

扬州加江州，八怪添一怪。

我是江西人，仰公宛然在。

足迹遍五洲，独寄祖国爱。

遗作纷然陈，瓣香甘下拜。

鹊桥仙
一九八二

逊之、丽娜结婚之庆喜填《鹊桥仙》词，用少游韵以贺。

天明珠阁，星辉绮户，兰芷芳馨沁度。红丝长系有情人，正好是摞梅年数。
描花弄笔，儒书证史，骎骎并驰前路。相亲相勖白头期，更勤学无荒旦暮。

奉题润芝道兄指画
一九八三年

千百年来赞虎威，我于威处识公悲。
风云大泽龙蛇尽，独倚高丘卧夕晖。

庆祝中华人民共和国成立三十五周年
一九八四年

奋翼鹏图举，乾坤卅五年。
高标真旷代，勋业已空前。
天启文明运，人歌大雅篇。
英才争用世，雨露润心田。

满江红

一九八四年

调寄《满江红》，庆祝中华人民共和国成立三十五周年。

十月新秋，晴宇旷，山川绚丽。卅五载，腾龙跃虎，翻天覆地。历史新篇成巨册，英雄伟业真名世，自三中，全会奠弘基，凌云势。

先拨乱，反诸治，两文明，同时备。数英才云涌，波连无际。破浪千重乘巨舰，追风万里跨良骥。待雨雷，翻过看中华，从头记。

赠贵州省政协

一九八四年

看尽名山数贵阳，友情弥厚酒弥香。
今宵共赏黔霞月，长忆花径一水长。

甲子之岁讲授中国古代文化史发愿作

一九八四年

案前灯下绝韦编，地狱门多牛角尖①。
论学愿闻相左意，纵难接受也欣然。

---

① 前哲有言：做科学研究如入地狱之门。尖，盐韵，这里把它拉进先韵来了。

读白石道人集书赠波阳县文联[①]

一九八五年

南渡君臣后，西江少管弦。

干戈才士遁，身世小红怜。

彭蠡飘灯夜，吴兴怯梦船。

千年故乡月，犹是旧时圆。

· ·

游"三孔""三孟"感咏

一九八五年

其一

史轮久已迈东周，洙泗遗风逐逝流。

独立苍茫松桧下，莫矜轻薄作蚍蜉。

其二

漠漠秋云四野垂，侵阶苔藓蚀残碑。

我来默默荒烟里，两世家风愧作师。

---

① 载《江西诗词》1986 年第 2 期。——编者

喜江西诗社成立，献长歌一首以代祝辞

一九八五年

江西代有诗人出，首屈一指陶靖节；

匡庐莲社发莲花，玉盖亭亭最清绝。

煌煌有唐多通儒，高阁作赋来洪都；

开元以下无时无，王季友与吉中孚，

更有宜春郑鹧鸪。两宋人才号最丰，

星斗熠熠横天中，永叔半山文之宗，

格调大变声摩空，典则一代开诗风。

若问分宁黄庭坚，七岁能诗惊客筵，

百家句律罗胸前，不独烛后兼辉先。

从兹江西有诗派，缒幽凿险掉书袋，

蟠蚌江珧废盘餐，"论诗宁向涪翁拜"。

其时两子能自立，不向宗门仰鼻息，

茶山堪作剑南师，诚斋变俗尤俊逸。

元初三家虞范揭，诗亦堂堂称人杰，

道园学古少新腔，遂教挺斋曲谱北。

明代南曲演传奇，临川若士居白眉，

还魂一记情胜理，程朱陆王皆颓靡。

晚明迄清世变多，西江豪气渐销磨，

易堂九子唤奈何，八股义理掇高科。

鸣机夜课铅山子，成就心余蒋太史，

藏园虽稍逊云松，却与随园相并齿。

尔后百年更荒秽，诗界中人杂醒醉，

同光崛起散原翁，无力补天终破碎。

我辈当思革命功，乾旋坤转九州同，

马列主义振瞽聋，长歌短咏意气雄，

体裁虽旧境界崇，诗随国运日兴隆。

君不见赣江两岸处处春，中华腾飞万象新，

今朝聚首老中青，都是江西社里人。

江西诗社成立，口占一绝
一九八五年

新开诗社聚玑珠，四化江西有远图。

欣看吟鞭遥指处，龙光正射斗牛圩。

喜逢第一届教师节口占一律[①]
一九八五年

三十年餐粉笔灰，寸心为要报春晖。

已将岁月留书砚，更愿余年护蕊蕾。

千里马从刍豆出，九方皋自序庠来。

喜逢节日秋容好，相约师生尽酒杯。

---

① 载《江西诗词》1985 年第 4 期。——编者

临江仙·纪念方志敏烈士就义五十周年

一九八五年

怀玉山头开曙色，英魂化作红霞。悼歌久久绕天涯。有生皆革命，到死爱中华。

五十年来人世换，神州簇锦团花。旧时豺虎化虫沙。丰碑高耸处，松柏并桑麻。

学习"七五"计划感赋①

一九八五年夏

轨伴天下沐清芬，"七五"宏图日正昕。

景慕光历坚步武，勉随同志立新勋。

《江西地方志通讯》创刊周年纪念

一九八六年

莺飞草绿水平隄，春满中华万物齐。

訏看新年添虎翼，凌空长啸振江西。

---

① 载《江西诗词》1986 年第 3 期。因原稿字迹难辨，故可能存在讹误。——编者

广昌甘竹大桥
一九八六年

盱江水碧一桥横，甘竹长怀父老情。

十八年来新气象，大开眼界两文明。

出席王安石逝世九百周年纪念活动代表参观上池时题诗
一九八六年

一代风流百代师，熙宁新法费深思。

月塘景色依稀在，重睹遗容到上池。

奉和吴老自寿诗即席口占
一九八七年

经年水驿与山程，肝胆都为济困倾。

少挈青衫观剑器，老骄白发作干城。

史文不泯前人迹，謦咳当留后代英。

我亦晚生随步武，心头常暖眼常明。

萧有为三段持扇嘱题^①

一九八七年

大千同一局，小憩得三闲。

黑白分淄渑，青黄戏触蛮。

机藏深布垒，觚破转成圆。

弈罢童心静，回眸远处山。

广昌发现恐龙化石^②

一九八七年

亿年历史费推寻，幻石蟠蜿隐翠岑。

秋水寒涛风雨夕，盱江深处有龙吟。

---

① 载《江西诗词》1987 年第 3 期。——编者
② 载《江西诗词》1987 年第 3 期。——编者

参观修水黄庭坚纪念馆口占 ①
一九八七年

涪翁馆内石琳琅，双井坟前一瓣香。

今日豫章新结社，人文蔚起望修江。

游武夷山九曲溪联合得句 ②
一九八七年

九曲清流三仰峰 ③，晴波潋滟半篙风。

山光水色拿供眼，尽在舟人指点中。

纪念象山书院创办 800 周年题
一九八七年

六经注我象山翁，四海心同即理同。

太简支离余一笑，万川映月月当空。

---

① 载《江西诗词》1987 年第 6 期。——编者
② 载《江西诗词》1987 年第 2 期。本诗系姚公骞与友人联句。——编者
③ 九曲溪畔有三仰峰。

戊辰冬日自南昌往贺乐平诗词学会成立①

一九八八年

早岁烽烟匝地哀，外家更作故乡来。

风光旧识梁园景，人物今逢楚国材。

雁过高天平野阔，诗迎豪兴锦囊开。

明时不负雕龙手，指点江山尽酒杯。

戊辰暮冬，大哥一苇自台湾返大陆探亲，因风雨滞留广州数日，天涯咫尺，犹艰一面。深宵不寐，赋此短章②

一九八八年

五十年来两地暌，关河风雨望中迷。

神驰南岭梅前讯，情系西江雪上泥。

童梦怯温游子老，高堂苦忆寝门低。

劫磨历尽相逢日，付与儿孙作话题。

---

① 载《江西诗词》1988 年第 1 期。——编者
② 载《江西诗词》1989 年第 2 期。——编者

己巳初夏来彭泽参加县志稿评审会偶成^①
一九八九年

青山抱郭一江横，衣破群生大有声。

我笑渊明应自悔，微官可弃莫离城。

· · · · · · · · · · · · · · · · ·

贺《银阳诗词》创刊^②
一九八九年

群山环抱势崔嵬，蓄聚金精宝藏饶。

小邑梦寻街七步^③，浮溪史誉策三条^④。

楼崇簇拥新铜市，谷邃低回古玉箫。

遥望吟坛多胜士，相期凝笔学承蜩。

---

① 载《江西诗词》1989 年第 4 期。——编者
② 载《江西诗词》1989 年第 4 期。——编者
③ 旧时德兴县仅有小街一条，名曰七步街。
④ 南宋时，县人汪藻以三策说高宗，名重一时，著有《浮溪集》。

奉题《吉水县志》
一九八九年

简严赅雅，史所取裁。

鉴览知要，发施得谐。

诚斋之乡，文风素尚。

新天新地，后来居上。

七律一首
一九八〇年代

投闲小卧息犹雷，寒暑何曾乔老怀。

门外青山开一扇，冠缨索绝好风来。

铅华已久换雕戈，暂脱征衣学着蓑。

借得扇裁如月魄，闲情好写大风歌。

题周銮书《庐山史话》
一九八〇年代

九成乃转丹流火，三折江纹篆印沙。

万古乾坤清粹气，一峰庐埠倚晴霞。

龙尾砚厂留念

一九八〇年代

云烟凝处有龙藏，碧海金星泛紫光。

一自神工施鬼斧，山川常带墨痕香。

贺徐高祉教授执教五十周年

一九九〇年

粉笔生涯五十年，个中滋味涩而鲜。

人言蜡烛随光蚀，我道岩磐作砺坚。

老境笑同牛憩影，学生欣似鹄摩天。

枝柯交荫花千树，桃李园中一散仙。

西安咏古（有序）

一九九〇年

　　一九九〇年十二月初旬，赴西安参加国史研讨会，得暇，往游附近诸胜。时虽大雪新霁，而连日浓雾不散，咫尺之外，一片混茫；仅午后至申初，始见阳关，逾时复聚。旷远秦川，都为蔽障，兹游遂不广矣。得诗四首。

秦兵马俑①

一闭辒辌二世休，空留土偶护灵丘。

长平赵卒坑中骨，易水燕歌剑下头。

应省崇陵同蚁穴，讵知大泽有狐篝。

朔风落叶咸阳道，雾掩前村未尽收。

昭陵

寒日驱车谒墓门，雾浓宛似战云屯。

九原应否惭墙阋？六骏依稀带箭痕。

日月金轮儿媳梦，天街锦绣胤孙魂。

君臣地下常相聚，一代兴亡待细温。

大雁塔

登临高塔势崔嵬，极目秦川四望开。

帝座星辰皆北向，昭陵龙马自西来。

欲穷法相资唯识，得悟估卢仰卓裁。

遍觅题名了无迹，玉堂过客等尘埃。

华清池

千古伤心未定评，可怜丽质本天生。

地泉水暖池增媚，帝子风流妄负名。

心腹患成脐已噬，肌肤亲罢帛终横。

兴平抔土荒烟里，犹对皇陵寄恨声。

---

① 《秦兵马俑》一首被收入《诗词卷》。——编者

集稼轩句成七绝一首寄 "辛弃疾诞辰 850 周年" 学术会议

一九九〇年

待唤青刍白饭来①，问君怀抱向谁开②？

用之可以尊中国③，百世孤芳肯自媒④？

· ·

《农业考古》创刊十年志庆⑤

一九九一年

齐家治国在兴农，民食为天岁有功。

南亩嘉禾恣稆秠，东皋多稼遍提封。

氾书要术开新径，博考穷搜集锦虹。

十载丹铅千万字，累累成果庆歌丰。

---

① 《沁园春·和吴尉子似》。

② 《水调歌头·和赵景明知县韵》。

③ 《满江红·婺女潘子贱席上作》。

④ 《浣溪沙·种梅菊》。

⑤ 《农业考古》创刊十年，谨步国磐教授原韵勉成俚句志贺。

风雨冱寒之夜，惊闻盛朴老逝世噩耗，悲怆竟夕，诗以哭之

一九九一年

渊淳气谊信无涯，不负昂藏许国家。

笃意九畴农是本，浮生三黜兴犹赊。

老怀契合缘诗草，遗貌冥思总泪花。

推枕移灯频起坐，夜阑风雨正交加。

恭祝中国共产党成立七十周年 [①]

一九九一年

开天辟地建奇功，七秩巍巍仰岱嵩。

十一亿心同一德，横流沧海显英雄。

---

① 载《江西诗词》1991年第4期。——编者

辛未春日送曹涛兄赴美探亲

一九九一年

出塞应逾三万里，著书须计一千年。

临行痛饮休辞醉，明日长风客远天。

·········

鹧鸪天（有序）

一九九一年

辛未初冬，赴萍乡纪念文廷式先生百三十五年诞辰学术讨论会。按《云起轩词》有《鹧鸪天·即事》一阕，盖芸阁在家乡之作也。勉依原韵用志景慕。

隔世缘悭竭路尘，百年今幸岁华新。河寸寸销魂地，剑器沉沉买醉春。

前日渡，故乡晨，流连雅集上城闉。依稀老辈风流在，欢乐毋忘味苦辛。

·········

鄱阳中学校庆诗（附记）

一九九二年

先父钝剑先生曾就读于饶州中学堂。余与兄一苇、妹凤仪亦曾就读于鄱中。先父于解放前，余于解放后，又均一度执教母校。追思前尘，历历如昨。爰掇喜词，用贺母校九十周年华诞。姚公骞壬申夏日时，年六十又八。

自昔师存即道存，重新黉宇教弥尊。

吾家两世承栽植，芝阜桃蹊记旧痕。

霁光先生八十五岁高寿志贺[①]
一九九二年

皓首穷经汉伏生，砚田作息类农耕。

补苴史乘惊年少，托意波澜属老成。

脱略形骸风骨重，萧疏声利羽毛轻。

厌馀膏馥多沾丐，桃实三千正向荣。

敬悼竹平姊夫
一九九三年

初逢秋老客章门，执手悲欢对屈原。

愧我樗材忝戚旧，仰公事业系寒温。

天胡竟醉人焉在，身不能留道已尊。

终夕长歌聊当哭，北辰依处奠英魂。

---

① 载《江西诗词》1992 年第 1 期。——编者

乘快艇畅游江口水库口占 ①

离弦一箭势凌空，小艇冲波趁舟风。

两岸群峰迎送急，将晴欲雨色空蒙。

奉题《江西知名医院志》 ②

扶伤救死折肱功，

医国医人道本同。

从此声名垂竹泉，

春风浩荡杏林中。

---

① 载聂朋、胡明编著的《仙女湖》一书（1986 年印刷）及单巍全主编的《走近仙女湖》（百花洲文艺出版社，2001 年 3 月出版）。——编者

② 《江西知名医院志》，张伊主编，中共中央党校出版社 1993 年 8 月出版。（图书封面题词亦是姚公骞所书。）——编者

祝贺《永丰县志》出版
一九九三年

星焕西阳，日丽龙岗。

文明之邑，革命之乡。

鸿篇巨制，记述审详。

展望前景，大道康庄。

小诗一首书赠惟磐清玩
一九九四年

无物不可复何求，恬荡真如不系舟。

吐纳百川归大海，始知身在大江头。

题段輗画展^①

一九九四年中秋前一日赴八大山人纪念馆参观段輗画展，口占二绝，用贺。

其一

金色秋光满院中，淋漓彩笔气如虹。

平生眼拙艰真赏，今日方知段画风。

其二

万紫千红总雅宜，群山万壑出雄奇。

香飘桂子存真宰，八大而今有段輗。

祝贺《中国母亲》出版
一九九四年

历史车轮辙迹新，英雄儿女志材伸。

黄金合铸凌烟阁，第一功勋是母亲。

---

① 题目为编者所拟。

七十自咏①

一九九四年

阅世悠悠几重轻，非清非染即平生。

长街窄巷成低隐②，巨典精英避贱名③。

荆士默怜完璞美，杞人愚抱匹夫贞。

菜根粉笔传家物④，肯向玄坛献祭牲。

与凤仪妹同陪一苇兄嫂访波阳故里⑤

一九九四年

桑梓崇柯拂丽天，离群兄妹又团圆。

八千里路如邻舍，七十光阴胜壮年。

魂梦每浮芝岭影，衣衫犹湿瀹湖烟⑥。

杯盘笑语相期许，多积蹄涔供砚田。

---

① 载《江西诗词》1994 年第 2 期。——编者
② 低隐，杜撰之词，不敢谬托高隐。
③ 有以所谓名人辞典来征者，一笑谢之，不敢厕迹。
④ 余家三世皆教书匠。
⑤ 载《江西诗词》1994 年第 2 期。——编者
⑥ 县城有芝山、瀹湖。

恭贺任哥甲戌元旦七旬晋八大寿
一九九四年

百年元日四逢辰，今日迎来七八春。

身似苍松矜晚节，心犹赤子惬童贞。

比肩兄妹耆英会，绕膝儿孙藻栋伦。

最是唱随情挚蜜，神仙眷属白头人。

长歌一首赠厚铎
一九九五年

汪君厚铎，乐平畸士也。诗、书、画皆有奇气。与余为总角知交。阔别多年，日前忽自武昌寄赠诗、字五帧。展卷狂喜，为作长歌，以抒积念。

廿年前承赠画鹰，颇疑破壁将飞升。今年又惠五帧字，恍如热渴骤饮冰。

奔雷掣电殆俗喻，漏痕锥沙未足凭，但觉罡风肃面目，槎枒古木垂寒藤。

忆昔我居大田村，舅父设帐科伦墩。子廉先生喜告我，得徒如君眉为掀。

"绘事出手有神悟，腕下点画藏精魂，此子秉赋类荆璞，厚铎远胜姚公骞。"

尔我把臂从兹始，倾倒自策下泽辕。昌江侧畔共寒暑，嬉戏不忘相讲论。

异地负笈各奔走，隔岁同离大学门。归来约作教书匠，新书堆案忙狼吞。

期年再别稀相见，云扰波骇总乏善，冀免尤悔断知闻，稻粱谋外无所眷。

支床卷帙积尘埃，只字不留荒笔砚。一朝雨过天朗清，鬓发皤皤人已倦。

我居南昌君武昌，两地相牵江作线。偶然随众蜀山行，夜访东门谋一面。

匆匆又是十年余，愈懒未改疏鱼书。何须勾起旧时梦，侧闻平安心暂舒。

迩来默坐常自责，得一知己生不虚。君逾六十我七十，濡沫不应忘江湖。

万言在胸才欲吐，临颖坠绪失语初。何期厚铎先念我，令我愧汗立踟蹰。

始知君荷刀圭助，疾除神健筋力固，容颜犹似少年时，腹笥东壁更称富。

淋漓元气纸上痕，铿锵大声诗中句。周金汉石彻中边，稼轩迦陵适前步。

爱君风骨老弥坚，耻趋姿媚宁郁怒，本此廉顽立懦心，藉弘孤诣成通路。[①]

江汉睽违心未违，岂待审详觇平素。我今老病免撑支，头岑凿齴无能为，

诗思褰钝字如蚓，与君相较何由追。惟盼归舟来天际，重温少年快意时，

苍然平楚望不尽，为君一奏鼓子词。

赠江西师大历史系 60 级同学[②]
一九九五年

一堂砚席伴青春，执手临岐各转轮。

三十五年重聚首，湖山无恙白头人。

---

① 君来诗有《雨花石》《题兰叶，用献缺氧高原战士及山区民办教师》《卜算子·读邓大姐遗书》等，皆足警世。

② 江西师范大学历史系 60 级同学，入校时为 98 名，毕业后隔别 35 年，于今年国庆日聚会于母校。到会者仅 50 余名。青年分袂，白首重逢。余以师生之谊，承邀赴会，感触良多，为赋小诗以赠。

波阳澹湖小学校史题词^①

一九九五年

绮岁情萦十八坊，书包时映澹湖光。

百年世纪翻新页，无数人才放眼量。

乙亥端午前二日，诗词学会雅集省畜牧良种场，席上有怀天行社长

一九九五年

青郊蹑屐过蛟桥，拾翠人来俗氛消。

有泪共倾前社长，持杯先酹旧诗瓢。

但开风气酬孤抱，莫二波澜诵大招。

隔日即逢端午节，吟魂卷起赣江潮。

祝雪书表姐八十寿辰

一九九五年

雁来菊绽值佳辰，八十光阴晚景新。

早岁辞家奔革命，老年论世作诗人。

丹心白发青松质，澹叶清枝劲节身。

伫看南山金石寿，慈霞长驻画堂春。

乙亥重阳诗会口占

一九九五年

一行登啸到诗乡，健笔题糕共举觞。

满座高年同一笑，捋须搔首度重阳。

奉题星子县五柳诗社

一九九五年

千载犹存五柳风，落星湖畔漯田东。

醪新樽湛停云日，都在缥囊一卷中。

叶挺将军百岁诞辰纪念
一九九六年

英年许国靖妖氛，兵甲罗胸建铁军。
汀泗桥头寒敌胆，茂林村外斥凶豮。
补天炼石天方醉，振玉声金玉竟焚。
荏苒百龄逢盛世，虬松贞柏护高坟。

丙子四月十六日偶成
一九九六年

年来随名学风流，偶尔揩油复打油。
工拙无心媸作美，老夫前世一阿 Q。

丙子上巳赴清江诗社谷雨雅集
一九九六年

一春常苦雨，今日乍晴和。
越野秧针直，临流禊事多。

满堂分韵赋，九岭共讴歌。

身在糟丘里，何辞两颊酡。

丙子元宵次日，省诗社同仁雅集于民星集团公司，席上喜赋用谢主人 ①

昨宵月赏上元灯，今日寻春白昼妍。

九五宏规固基础，几番甘露润心田。

纷陈佳句诗人醉，品汇名牌企业贤。

宾主尽欢同祝愿，民星更上一重天。

贺俞纶先生八十高寿
一九九六年

俞纶先生波阳名中医，工诗文，精内典，青年时期即有才名，今值八十高寿，诗以贺之。

杏林门巷近东湖，树影波光水墨图。

雨后苍山真面目，霜前翠柏老肌肤。

---

① 载《江西诗词》1996 年第 2 期。——编者

三年艾已成良药，八十翁犹握智珠。

何日驱车回故里，登堂索讨酒千壶。

读《海岳风华集》①
一九九六年

绝似麻姑痒处搔，手扶大雅尽英髦。

菰蒲寥落龙吟起，桑柘披离茧绪缲。

轻浪摇人矜小立，孤灯助日愧徒劳。

风樯阵马惊昏眼，不竞心犹卷暮涛。

丙子中秋赏月②
一九九六年

今夜清光满十分，楼头桐影散冰纹。

案陈果饼邀临赏，室送笙歌冀远闻。

剑匣乍开人已老，木樨初蕊意先芬。

振衣更欲凌空舞，一笑衰颜借醉醺。

---

① 载《江西诗词》1996 年第 4 期。——编者
② 载《江西诗词》1996 年第 4 期。——编者

京九吟^①

一九九六年

汽笛长鸣雷轰隆，驰骋万里来铁骢。极目蜿蜒失始终，恍如巨虬离神宫。

方觉虬首下高穹，倏忽虬尾隐地窿。面山背壑垂霓虹，隧桥相接穿涧峰。

田父辍耕村巷空，愕哈翁媪闹儿童。众人欢笑奇呼嵩，历世才睹自我躬。

旁有野老语从容，手抚路轨身支筇：年年企盼眼睽瞢，今日一见气为雄。

江西自古文物丰，此路未通多闭壅。南北阻隔山水重，财委于地人犹穷。

此路一通豁惆悰，一路能促路路通。北起京华南九龙，纵贯江西挺脊胸。

更迎香港归尧封，江西从此当要冲。经济建设奏肤功，精神文明日恢洪。

富哉江西转瞬中！伟哉中华大业崇！

九七年元月六日诗社雅集于省农业畜牧水产学校共庆新年

一九九七年

豪情新岁借诗催，社友南郊约探梅。

忍辱百年终雪耻，凌寒一月待春来。

平冈日暮牛羊下，曲港澜旋鲫鲤回。

共庆苍生温且饱，席间宾主乐衔杯。

---

① 载《江西诗词》1996 年第 4 期。——编者

丁丑新春奉题德兴诗词三百首①
一九九七年

银城之庆成铜市，老燕犹思觅旧巢。

远惠新诗三百首，雅章懿采乐箫韶。

· ·

丁丑人日
一九九七年

檐间鹊噪岁更新，杯水瓶花代荐辛。

过眼风光留晚景，入怀冰雪袭前尘。

楩材刻画难名物，末学商量孰可人。

不效渊明形赠影，闭门煮茗作佳辰。

① 据手稿整理收入。——编者

抗日战争六十周年
纪念日读《江西抗战文化史料》感赋^①
一九九七年

日寇侵中国，西江亦战场。

引吭皆草檄，挥笔尽投枪。

器宇留青史，云霞集锦章。

河清新甲子，舞蹈报炎黄。

恭贺乐平中学六十周年校庆^②
一九九七年

蕭山洎水护城闉，五十年前一蠹鱼。

丹庞曾经容再宿^③，青毡依旧惜三馀。

当时钟铎存芥藻，今日衣冠尽珮琚。

且喜白头逢校庆，凌云多士任腾舒。

---

① 载《江西诗词》1997 年第 3 期。——编者
② 载《江西诗词》1997 年第 3 期。——编者
③ 余于解放前后曾两度执教乐中。

浣溪沙·丁丑冬至
一九九七年

起看彤云酿雪无？扑身寒意薄肌肤。春来消息趁招呼。

老我青萍闲霸气，任谁白眼睨狂奴。楼前樟树未曾枯。

读史
一九九七年

毁誉缠人果自媒？说难孤愤漫相猜。

几多名士争趋俗，未有英雄不妒才。

忍窃余蔬窥鼠壤，宁抛瘦骨绝燕台。

腾车径侍彭咸去，古往今来剧可哀。

戊寅三月三十一日偶成①
一九九八年

燕石珍藏覥不殊，冷摊檐下誊残书。

心摇籩簋滔滔是，竞向春风拜紫牯。

① 作者自注："有感于礼品书。"

答谢桂涛学兄惠赠手书一册
一九九八年

含章抱素孙虔礼，墨注神凝宋仲温。

长想芝阳风鬐日，驿前渔火映高门。

题《江西师大历史系七八级同学录》
一九九八年

廿载分飞重聚首，两番经历史无前。

雪泥鸿爪留新迹，相约毋忘戊午年。

樟树诗征^①

诗在清江凤所钦，酒边词液有槐荫。

十年一卷题襟集，韶濩卿云共好音。

---

① 又名《奉题樟树诗征》。《樟树诗征》为清江诗社主编，系清江诗社成立十周年社员自选集，1998 年 2 月印行。——编者

回赠周洪女史
一九九八年

都缘识字起心澜，男困尘劳女更难。

清梦味同《甜月亮》，天边川上几回看。

奉题柏森乡先生诗集^①
一九九八年

早岁尝参笔受功，尼拘杨柳度西东^②。

冷斋一榻疑萧寺，寂枕空弦守欓桐。

身得长闲才未老，诗推健举力常雄。

压槽燕市输家酿，乔木池台念醉翁。

---

① 载《江西诗词》1998 年第 1 期。——编者
② 梵言尼拘，即华言柳也。见宋赞宁《高僧传》。

老学（有序）①
一九九八年

杭大宗《诸史然疑》自序谓："旧业就荒，桑榆景迫。时过而后学，独学而无友，二者交讥，吾业止于是矣。吾衰不能复进矣，悲夫！"余读后颇不谓然。老而向学，晚景自娱，日积日忘，日忘日积，恐亦未必有止境也。大宗何其衰惫乃尔！志之以诗。

观溟乏术候澜来，老对屠门亦快哉。
节急曦灵空逐景，声谐瓦釜愧成雷。
谋身久谢囊锥器，通识宁甘袜线材。
自笑楛壶盈霤水，块然一室作书呆。

老学杂咏（有序）
一九九八年

两汉之书不可不读，唯不可堕入尊经；宋明之书不可不读，唯不可误入证道；乾嘉之书不可不读，唯不可悬考据为鹄的。应知由通经而穷理，由穷理而明心，由明心而返回识字，后先相续，古人治学之态度与方法，确乎随时势之推移而日趋近于理性与科学。此诚吾国古代文化精神元气之所在，文化遗产之所可宝贵者实系于此，其书之所以不可不读者，其理亦在于此。循此以求，日进于理性与科学，以竟古人未竟之业，斯为善学也已。不然，胶固古人之学，不敢越其樊篱一步，则将反为古人所误也。殊不知古人所谓通经、穷理、明心、识字云云，虽各有专精，要其

根本，则无非肆力发挥圣人之言。今人倘亦以圣人之言为旨归，则恐终不能追及古人于万一，且必陷没于文化上之祖先崇拜而后已。此殆殷人尚鬼之遗风，几曾不似傩舞演员以形与貌而为一活化石耶！视此以为学，岂不颠哉！

初民群狂狂，万物堕冥眩，崇拜油然兴，生殖实首愿。从此敬祖先，子孙崇祭奠。
进而一族盛，血缘变国宪。有般聪明人，繁礼作羁绊，大智欺下愚，亲贵凌疏贱。
戒慎加恐惧，昏然团团转。人皆比尧舜，孟轲勇且悍。后世喋不声，相顾渐弱孱。
刘季起草泽，祖宗非荣灿。又有聪明人，图谶杂占验。皇帝穿新衣，光环谎如现。
聪明者谁何？巫觋饰巧宦。学人耻为伍，傲然萌理念，群经皆史尔，公羊逊左传。
嵇阮薄周孔，风气又一变，奈何乱离世，玄谈死刀剑。梵学自西来，众睛为眩焕，
是法平等观，惊呼舞又抃。圣贤我可为，宋人敢自擅。理性启程朱，陆王气尤健。
明末及清初，英豪重履践。乾嘉多学人，识字藉考辨。无征不足信，斯言堪三叹！
科学已临近，理性开生面。学人真精神，昭然不可掩，遗产实在兹，淘金须洗炼。
循此力探寻，庶几达彼岸。

戊寅端午前四日诗社同人雅集省司法学校感赋[①]
一九九八年

端阳迎丽日，黉舍会群英。执法如山重，持衡似水平。
剑蒲邪毒尽，角黍智商盈。慷慨诗人节，三闾耻独清。

① 载《江西诗词》1998 年第 1 期。——编者

戊寅处暑后一日偶成^①

一九九八年

八月八日节立秋，昨日匆匆便处暑。依然火伞张天中，气温高达三九度。
古谚立秋未淋秋，引来十八秋老虎。果然只只磨爪牙，横霸晴空逞威武。
天象昧茫难穷知，年来阴阳交相迕。去冬地无一日干，今夏连朝倾盆雨。
沿江滨湖尽汪洋，七次洪峰雷霆怖。上下两忙无粒收，万顷良田化沮洳。
屋倾物漂付东流，嗷嗷生灵堤上住。某处江堤豆腐渣，居然夸口金汤固。
差幸众志成坚城，百万军民奋力堵。千里水线作战场，上蒸下泡无完肤。
伟哉人民解放军，砥柱功勋侔大禹。至今水位仍超高。惴惴两月心焦苦。
自来江湖灾害多，时久面广史未睹。生态长期病失衡，天灾实多人因素。
上游砍伐植被尽，下游造田水为阻。中流挖沙堤岸危，百孔千疮难尽数。
屈子问天天无言，转而问人人应语。

- -

苦雨叹

一九九八年

自丁丑立冬至戊寅立春，凡三越月久雨不止。纵不雨亦阴昏不开。计其晴日，累之不足六日。作苦雨叹。

入冬三月雨不止，前为暖冬后冻痌。大雪收势仍不晴，偶然半面若蒙耻。
江水灏灏八月涛，江心沙洲沉水底。积潦巨浸陷堤防，波漂浪激失涯涘。

---

① 载《江西诗词》1998 年第 2 期。——编者

割来晚稻俟打场，堆垛腐烂芽累累。到口粮食化为泥，日月病瘄苍天死。

哀哉城中升斗民，雨中摆摊湿裤履。明日不晴无干裳，夜阑辗转难交眦。

四野灰蒙如覆盆，寒风胜刀雨胜矢。厄尔尼诺果逞威，七十余年仅遭此。

衰翁终宵卧空斋，畏寒俨同畏虎咡。纵有电褥不藏温，每被雨声惊坐起。

窗外近处有酒楼，霓虹闪烁似鬼视。小车辚辚往来频，漏泄春光唯彼耳！

侧闻久旱虐北方，新井汲深绠短已。大河断流逾半年，小河干涸成砻砥。

北旱南涝两失衡，较古灾异尤奇诡。此时若逢刘更生，五行志谱春秋史。

奉题梦明先生《舒卷集》
一九九八年

药世医人迹本同，处方才了理诗筒。

为湔尘俗明孤抱，听叩空山远寺钟。

天天曲：金婚日戏赠老伴汪一芬同志①
一九九八年

五十年来两傻瓜，天天和水捏泥巴。揉干先塑吾将汝，捣烂重雕你与咱②。

珍重糟糠心贝肉，安排酒菜饭烟茶。而今寸步须依倚，片刻离开即怨嗟。

---

① 载《江西诗词》1998年第2期。——编者

② 叶 za，读若喳。

并蒂终生不谢花，耐寒耐热耐风沙。朝参般若波罗蜜，晚趁维吾达板车。
情话番番炒豌豆，骂声切切拢琵琶。儿孙堂上尊翁媪，不怕旁人笑肉麻。

●····················●

自嘲^①

一九九八年

老来多病，颈椎、心脏、血压、血糖都有问题，长期服药，未见大效，只得
自嘲。

> 平生茅塞厌求医，老去方知吃大亏。
> 气压不忧忧血压，力衰无惧惧心衰。
> 翻疑苦汁成糖尿，转悟魔头变画皮。
> 讳疾终教乱投药，可怜如此岁寒姿。

---

① 载《江西诗词》1998 年第 2 期。——编者

奉题志瑗先生诗集
一九九八年

春弦秋诵布衣勋，许郑门前问字群。

黑发盈头添日月，缁尘过眼等烟云。

平居诗契三生石，老去情怀二妇坟。

沉响亮音归大雅，琅玕芝草共清芬。

七十四岁生日作
一九九八年

七五旛然一老佣，闲来寻梦觅前踪。

敢持升斗量沧海，漫捻丸泥视岱宗。

苜蓿饔飧同皂枥，草叶吟唱类莎虫。

图书之外余茶榾，相伴经春又越冬。

戊寅中秋夜半作
一九九八年

四境声初寂，孤怀越杲空。

淡云平树杪，明月正天中。

叶上三更露，楼头一夕风。

凉生人欲睡，花影渐朦胧。

读《散宜生诗》书后[①]
一九九九年

才溺儒冠便变牛，局天蹐地老诗囚。

神经麻木心灵美，面目全非背脊道。

带铐行吟身颤舞，笑颜乍露泪哗流。

沉吟掩卷重回首，也属中华一阿Q。

贺霍松林先生执教六十周年暨八秩华诞
一九九九年

明人欲矫江湖弊，七子心期亦可钦。

惟惜师形不师义，遂教胶柱复胶音。

云端紫阁雄三辅，海内青衿仰一岑。

更借耆英窥世运，盛唐气象迨重临。

---

① 载《江西诗词》1999年第2期。——编者

恭贺《心潮余韵》出版
一九九九年

病中欣闻亚贤兄诗集《心潮余韵》出版，恭贺一律。

晚岁相知各鬓霜，勉扶大雅衍西江。

英年革命输肝胆，投老歌吟沁肺肠。

目力窥穿新世纪，心潮涌入旧诗囊。

嗟予抱病耽佳句，长对鸿篇细品量。

题石国磐《苍崖仅存诗词稿》

剑南诗境老犹宽，独擘尘埃守阙残。

举世咿唔腾笑口，艰难吾道已荒寒。

奉题刘乃荣学兄诗词联全集
一九九九年

少羊同学识岐嶷，中子逾周两地违。

打击何伤鸿鹄志，折磨更显劲松姿。

兹村媪解香山句，汲井人歌抑永词。

最是高龄身特健，每成新作一扬眉。

石城客家研究题辞[①]

文苑新开一树花，古松娇柳并枝丫。

中原血脉传山海，请到源头问客家。

奉和张老退休诗

奉和张老退休诗，遵任哥嘱。

斗柄频旋老应休，芒屩饱饭尚能求。

吹簧何必贤乎奕，鼓瑟悉为果也由。

诗到高年深漫与，醉回少壮解忘忧。

一杆长向瓜荫坐，滋此生涯不识愁。

---

① 载《琴江诗词别裁》第七期，石城县琴江诗社编，2008 年 11 月发行。其 68 页收录该"题辞"并有作者介绍称："姚公骞，江西诗词学会副会长，江西省社科院名誉院长，历史学教授，诗人、书法家、社会活动家。"——编者

题《江西省德兴县地名志》

一九八五年

美哉德兴　古号银城
□□铜山　为物至精
域中形胜　市镇乡村
考校准望　指掌其名
服务四化　利溥后人
载□详审　乐观厥成

又得七律一首

一九九〇年代

年逾七十不称翁，终日糊涂睡醒中。
契友乍疑初识面，旧书翻悟未藏胸。
开窗怕碍穿花蝶，散步难逃落帽风。
自在痴愚惟利乐，故应人唤老顽童。

赠傅伯言
一九九〇年代

鹏翅扶摇万里搏，廓然胸次海天宽。

一泓秋水半城剑，风雅亲裁仔细看。

联　语

纪念姜夔诞生八百三十周年①

集姜夔句。

小舫携歌，维舟试望故国；

垂杨联苑，此地宜有词仙。

- -

汤显祖纪念馆楹联②

宦海从来浪不平，为坚拒权臣市利，甘抛弃鼎甲科名。便坎坎坷坷勿自嫌，楚楚酸酸弗自怜。曾除夕释囚，拯民猎虎。点缀红泉旧本，亏得君子山前，短衣塞卫。踵古今贤令，更留连偃武修文，劝农陌上；桑麻蔽野，彩练舒空。何尝佛道依违，尽长啸低吟，竹箫檀板，筑击弦歌，石盘铁砚，梨园传诵千秋笔。

世间只有情难诉，须揭穿礼教网罗，敢劈开纲常桎梏。盼花花草草由人恋，生生死死随人愿。乃临川谱曲，发聩振喑。标题玉茗新词，果然牡丹亭畔，高冢丰碑。看中外瑶台，争搬演锄奸义侠，寻梦梅根；蚂蚁缘槐，黄粱醉醒。好在大同伊始，凭朝飞暮卷，云霞翠轩，雨丝风片，烟波画船，华夏腾欢万众家。

---

① 此联是姚公骞于 1985 年为波阳县兴行"姜夔诞辰 830 年纪念会"而作。——编者

② 载《人民日报》1985 年 10 月 21 日第 8 版，姚公骞为第二作者。——编者

宋应星纪念馆题词

应世究天人之际，

星光耀斗牛之间。

题抚州王安石纪念馆门联①

天变不足畏，祖宗不足法，人言不足恤，自古英雄钦卓识；

道德可以师，学问可以传，文章可以诵，至今乡里仰遗风。

题滕王阁联

眼空冀北无余暇，

人在江西第一楼。

---

① 载《江西诗词》1987 年第 3 期。——编者

滕王阁

南国无双士，
西江第一楼。

又

杰阁重新，现代洪都添气象。
长江依旧，今朝人物尽风流。

挽左行培教授联

身居师范，人推师范，师范长留风范；
生拥书城，死仆书城，书城永在江城。

天行表兄千古 [1]

德业并事功，卓立风标人不朽；
手足兼师友，抚摩诗卷泪难干。

---

[1] 载《江西诗词》1994 年第 4 期。——编者

文天祥纪念馆联 ①

上为日星，下为河岳；

尊以天柱，立以地维。

庐山白鹿洞书院、白鹭洲书院题联题匾 ②

报功祠联

白鹿无踪，与唐文宋理，都成陈迹；

青山常在，共民生国运，大启新图。

西碑廊联

十步之内有芳草，

广厦所育皆英才。

---

① 载《庐陵诗词》（总第八、九合辑），胡又来主编，江西庐陵诗词学会 1994 年 6 月印行。——编者

② 系作者在 1995 年 11 月于吉安召开的江西书院研究会第二次年会暨学术讨论会上，对白鹿洞书院和白鹭洲书院教育成功的评价。——编者

贺民星集团三联

其一

民为邦本崇基固，星作旗徽大道行。

其二

民生在勤，自强不息；星月交映，光景常新。

其三

民富国强，气凌东亚；星月地接，声阵西江。

题吉安白鹭洲书院楹联

其一

事业足千秋白鹿导前迎白鹭，忠贞播万里丹楹启后育丹心。

其二

二水中分，乐也弦歌盈蓼藇；两楹共奠，浩然正气薄云天。

靖安宝峰禅寺三庆法会题佛堂楹联 ①

马祖传衣弘佛宝,

德公说法隐灵峰。

昆明世界园艺博览会江西"瓷园"楹联

始于汉,兴于唐,盛于宋,隆于明,千载修名远播;

青如天,白如玉,薄如纸,声如磬,四绝造化同功。

城隍阁景区题联 ②

结邻伍相祠堂,凛凛仪型,魂依浙水无穷浪;

相望岳王陵墓,巍巍功业,气压吴山有美堂。

---

① 载江西靖安诗社编《靖安旅游文化集》,靖安县印刷公司 1996 年 10 月印刷。

② 载金若水:《西湖楹联辑存》,钱塘诗社,2003。

树人教授前辈千古

所爱惟才，一代风范长贻后世；
以名铭志，百年树人无负平生。

康山忠臣庙联

祠宇喜重新。想当年瀛洲旗帜，彭蠡戈船，上复汉衣冠，已卜归心怕逐鹿。
康山笑无恙。看今日斜阳帆影，淡月芦花，中流明砥柱，不妨息虑且盟鸥。

挽任哥

德业并丰功，单立风标人不朽；
兄弟益师友，抚摩诗卷泪难干。

挽鹤哥

开时代风气之先，文苑剧坛尊老将；

维玉茗藏园有后，申江赣水陨长庚。

· ·

挽大哥一苇①

大哥一苇于一九九七年岁次丁丑四月十一日（夏历三月初五）晨病逝于台北台大医院，前夕入院作（做）第三次心血管手术，终至不起。是日下午接大嫂应强长途电话，始悉噩耗。海天遥隔，既不能于生前亲往侍药，死后又不能一临祭奠，翘首云山，痛何如之。当夕成挽联一副。

弱冠离家，飘零毕业，暮年才三返故乡，青草池塘终是梦；

一苇渡海，著作等身，素愿于重温祖泽，白头荨棣竟余悲。

_____

① 原稿未拟题名，题目为编者所加。

集杜甫苏轼诗句七言联

传语风光共流转，

始知真放在精微。

壬申清明后一日，集《诗品》句

体素储洁，

积健为雄。

代徐益挽凌鹤

为革命作战士，为文化任前驱，九十年哀乐悲欢，都与国家共休戚；

向敌顽扬匕首，向人民献赤忱，数百篇诗文戏曲，只留心血付儿孙。

书周銮书"三瓜轩"联

为学总期瓜蒂落，

平居时味菜根香。

文政先生属书

量弘福亦大，

机深祸愈多。

后记

　　整理姚公身后文字的工作，在他生前已提出并开始操作。

　　据我的工作日记，首次提出此设想是在千禧年的1月21日，恰逢大寒，那天与时任南昌大学校领导的邵鸿教授同去探望周公、姚公及徐炽庆等老师。姚公已卧床不起，只能和访客握握手，话音微弱，完全失去往日声如洪钟、豁达诙谐的光彩。因为肺癌扩散，他已做了5次化疗，老伴汪师母又因摔跤而手臂骨折，人极憔悴。出门时与师母第一次谈起我们想为姚公整理文集的打算，并说先做一个编目请姚公审核，师母很高兴并致谢。2月3日，在邵鸿教授的办公室里，我们二人将分别收集的姚公文字汇总到一起，有近30篇。2月6日大年初二，我俩赶到江西肿瘤医院给姚公拜年，第一次对他说出编文集的计划，并呈上编目初稿请他过目。姚公起初不允，几经劝说他才同意，并向我们致谢。此后我还获得姚公手写的一份著述目录，但在何日已无记录可寻。只是没想到初二的见面竟是与姚公的永诀，5月3日下午接邵鸿教授电话，告知姚公于前一日晚去世。追悼会定于10日举行，与我去上海开学术会议的时间冲突，遂于4日先去姚公家吊唁，正遇周公夫妇送来长长的挽联。在进进出出的忙乱中，叮嘱姚公子糖在办理后事过程中，尽力搜集姚公所著文字的原始资料，以助文集编成。姚糖赞同且与我议定，编辑宁可慢些，但求精致为好。

2000年10月20日，江西省历史学会以会长邵鸿教授的名义，将《姚公骞先生论文杂著汇编》申报"江西省社科研究文库出版资助项目"，并定名为《北面斋集》。课题申报虽未获批，但整理方向和内容分类已基本明确，此后即在熟悉的师友圈中，发起第一波征集工作。

第一个要致谢的人，是时任江西诗词学会副会长和《江西诗词》副主编的熊盛元先生，他可谓姚公诗作的知音之一。还在3月份发现姚公癌细胞转移时，我们即与盛元先生联系收集姚公诗词。年底他托人转来厚厚一沓稿纸，逐字抄录了姚公诗词50余首，多数还注明了撰写时间或发表在《江西诗词》的期数，总计7000余字，基本奠定了姚公诗词整理的框架，诚为不易，很鼓励了我们的信心。

2001年3月，历史系77级同学曾鹤鸣君寄来姚公为他题写的七绝一首。时任吉安市博物馆副馆长的黄年凤女士，5月寄来姚公为白鹭洲书院撰写的两幅楹联抄件。时任修水县文化局副局长的刘经富先生，9月寄来姚公为黄庭坚纪念馆的题词。

2002年2月，时任省民盟领导职务的徐奔、陈秋玲二位去探望姚师母。秋玲女士联想到在吉水县挂职期间，见过杨万里研讨会录像中有姚公的镜头，就立即与吉水方面联系。徐奔先生又督促民盟工作人员逐期查找《江西盟讯》，将姚公发表的文字全部找到，然后亲自送到师大，表达了省民盟对姚公的独特感情和追念，令人嘘唏感叹。

2003年5月初，许怀林教授建议我与"文化大革命"前曾任江西省历史学会秘书长的聂国柱先生联系，从聂先生处获知1960年代黄霖先生任历史学会会长时，曾组织副会长谷老、秘书长姚公等人撰写系列论文。虽然未及付印，但这些掌故可以说明1960年代姚公所撰论文的一些背景。

通过近三年的收集，尽管时有新见，但进展不快且显零散。时日迁延愈久，更怕遗文散失。于是在2003年12月19日《江西日报》A3版，刊出署名江西省历史学会的《征集姚公骞教授遗文启事》。看到《启事》后给予反馈的，有以下二人：省司法厅政治部刘品韬先生来信一封，内有姚公书法照片一张；署名"智影斋主人"的新余市博物馆副馆长聂朋，寄来姚公在新余的题词。此外再未有其他反响，足见通过报纸广而告之的效果已远不如前。这份《启事》所起的作用，更像是收集整理工作第一阶段的通告和下一个阶段开始的起点。

此后一段长达十几年的时间里，可称为随机随缘，抓住各种线索跟踪前进。在此期间，有心人热心人有长长一串，限于篇幅，只能简述其人其事如下，且一并致以谢意。

1962年内部出版的《中国古代史分期问题讨论集》，收录姚公两篇长篇论文，很长时间未见到原书。2004年江西藏书家王咨臣老的哲嗣令策先生，慷慨出示家藏孤本，并允许借出全文输入，玉成其事。

2006年2月，邵鸿教授即将赴京履新，我也快去哈佛大学访学半年，遂在行前作了一次情况汇总和下一步完善与出版的计划。迄2009年2月中旬赵明君转告，邵鸿教授找了在京公干的省社科院领导，积极谋划姚公文集的出版。正是在此举的推动下，我指导的研究生王康敏将九年来获得的各类资料作了最详细的整理输入。姚公有多篇论文为手稿本，不仅引文繁复，且不乏古文字，输入时费时费心费眼。到11份资料输入基本结束，文字部分约40万字的篇幅，即在此次基本奠定。康敏现在奉新县一中任教，很感谢他。

2008年12月底，江西师大周洪教授转来姚公与她的通信和一首诗。为了避免还有遗漏，我在2009年11月11日给历史系77级全体同学发去一封征集信件，其中还举例说到已获鹤鸣、邵鸿二君转来的两幅姚公题词。此后寄来姚公题词文字或照片的先后有蔡晓明、赵明、程德林诸君。这次征集活动的一个有趣结尾，是历史系胡水凤教授转来两幅姚公题词，并注明是姚公为学生结婚所写的喜联，一幅在1975年元月，联曰："何处而来，来自江州；虽然皆是凡鸟，确是一片真情。"一幅是给胡水凤本人的志喜，时间是1977年9月30日，联曰："水天一色凤凰于飞，荷花并蒂胜利之祝。"通过这些题词的逐渐收拢，姚公为一批学生题词的兴致和风格也逐渐显现出来。

在姚公书法及诗词查找和完善方面，省社科院胡迎建研究员的支持和指正贡献多多。2013年5月他寄来姚公书法手迹三幅，题写的是唐孙过庭所撰《书谱》卷上，并有确切时间为"辛亥年"（即1971年），这是当时所见两篇姚公长篇书法手迹中有确切纪年的一幅。迎建君长期活跃在江西诗坛，不时发来散见的姚公诗作，甚至还发现一首姚公的父亲（曾任省文史馆馆员）姚钝剑老先生在吉安白鹭洲题写的

《六一亭》联语："六代暮云沉，试看二水中分，与建业地形似否；一亭春雨霁，惟问四山怀抱，比滁州风景如何。"不仅遗文可贵，并可增加我们对姚公家学底蕴的了解。2015年11月，迎建君又打开《江西诗词》编辑部的库房，让师大研究生余婷将其中的姚公诗词原件作了拍照，以便对照诗词手稿题写时间和发表时间。近年有了手机通信，迎建君每有新的发现，不分昼夜一定及时告知并发来照片，令人感动。经过他的悉心搜讨和专业指导，姚公诗词不敢说绝无遗漏，但荦荦大端已在于此，应非虚言。

此后几年，拾遗补阙不绝如缕，77级历史系同学还是推动这项工作的主力。2015年9月，胡青君提供了两个新线索：一是姚公1984年为《江西地方文献索引》所写的序言，此前漏见；二是姚公1987年为象山书院创办800周年的诗作，胡青君发现后及时告知。11月，赵明兄审读了《北面斋集》全稿，并对编排体例和相关篇章的归属等，提出修订建议。

2015年底，江西师大的谭小军老师对文集作了再次的清理和精校。他在研究生毕业后留校做管理，又因伤致残而只能在轮椅上工作，完全是用业余时间热情参与此事。文字校对精细认真，还提出一系列修订建议。更出人意料的是：在我们已基本确定搁笔之时，他通过网络又搜寻到20篇姚公的遗文并逐一校对，其中论文3篇，序跋2篇，杂著12篇，诗作1篇，联语2篇，几占全书篇幅的八分之一，实在是很感谢他！2015年底，研究生唐金瀚还协助我整理了姚公讲授《中国文化史》的课堂笔记，也不可忘记。

2016年8月至10月间，我在谭小军整理本基础上，做了最后一次总成和校读。只是到了这个阶段，才可能清晰地看出十几年来一个众手拾柴不断发现的过程，一个一批人心心念念放不下的过程，同时也是一个整理前贤学术贡献并审视江西历史文化建设的过程。这是在起议之初未曾能完全预料到的事情，或许也只有经历了这个过程，才可看出整理姚公文字之外的其他社会意义；或许只有与一批和江西文化教育相关人士交流商讨共襄斯举之后，才可进一步加深对"学者姚公"的理解和诠释力度。

2023年9月开始，省教育厅主要领导强力推动和积极运筹，江西教育出版社接手具体的组稿编辑事务，姚公文集的整理及出版事宜，进入一个加速度的阶段，也可称为"第三阶段"。令人不无感慨的是，即使在当下已可建立手机工作群，迅速检索和传递信息，几个月来有关姚公遗文的新线索新发现，还是不断涌出。由此反观过去十余年的积累，更觉不易和可贵。

2023年4月，省社科院人事处罗亨仁处长去省委组织部复印了姚公的履历资料；联系和推动上述工作的，是时任省社科院副院长的钟小武先生，在此也一并致谢。

最后，还有一位难以忘怀的长者，就是姚师母汪一芬老师。姚公去世后，有几次接到她的电话，都是轻轻一句话略带南昌口音："小梁哎，文集编好了吧？"我的回答自然让她失望，但未闻一句怨言。2011年7月，汪老师一跤中风而去世，我内心的歉意再也无法表达。因而如果可以仿照出版界流行的格式，我会建议在本书的扉页题签如下："谨以此纪念姚公骞教授和他的夫人汪一芬女士。"2024年4月21日，业师左行培教授的遗孀王灿珠女士以99岁高龄去世。她是江西师大历史系"公"字辈老师及其配偶中最后一位离世者，她的离去也代表一个时代的永逝。姚公文集在今年印行出版，当视为那个时代的一部纪念册和一首咏叹调，足令我辈由衷地高兴和无限地感怀。

梁洪生

2024年6月16日